U0655292

建基雄主

努尔哈赤

田芳芳◎著　上册

中国铁道出版社有限公司
CHINA RAILWAY PUBLISHING HOUSE CO., LTD.

图书在版编目（CIP）数据

建基雄主：努尔哈赤：全2册 / 田芳芳著. — 北京：
中国铁道出版社，2017.3（2021.9重印）
（中国历代风云人物）
ISBN 978-7-113-22738-8

Ⅰ.①建… Ⅱ.①田… Ⅲ.①努尔哈赤(1559－1626)－
传记 Ⅳ.①K827=49

中国版本图书馆CIP数据核字（2017）第005315号

书　　名：建基雄主：努尔哈赤
作　　者：田芳芳

责任编辑：殷　睿　　　　　电　　话：（010）51873012
编辑助理：奚　源　　　　　电子邮箱：tiedaolt@163.com
封面设计：MXK DESIGN STUDIO
责任印制：赵星辰

出版发行：中国铁道出版社有限公司（北京市西城区右安门西街 8 号，100054）
印　　刷：三河市燕春印务有限公司
版　　次：2017年3月第1版　2021 年 9 月第 2 次印刷
开　　本：787mm×1092mm　1/16　印张：33.5　字数：638千字
书　　号：ISBN 978-7-113-22738-8
定　　价：84.00元（全二册）

版权所有　侵权必究

凡购买铁道版图书，如有印制质量问题，请与本社读者服务部联系调换。电话：（010）51873174
打击盗版举报电话：（010）63549461

目 录

【第 一 回】 北斗思凡坠黑水，少年壮志出白山/1

【第 二 回】 结深仇父祖皆丧，报血恨英雄会盟/39

【第 三 回】 一曲生情琵琶调，半世恩怨睚眦仇/87

【第 四 回】 建新城持礼赂使，携旧部跨马御敌/123

【第 五 回】 城下将军发飞羽，巷中商贾惊锋芒/153

【第 六 回】 铁骑屠灭乌拉部，贤臣惊梦万寿宫/183

【第 七 回】 出谋划八方兴战，运策略一统女真/223

【第 八 回】 贪欢总兵终丧命，痴心林丹誓复国/253

【第 九 回】 宣文化女真造字，献红丸光宗驾崩/291

【第 十 回】 摇三寸贤臣自荐，挥万钧猛将显威/329

【第十一回】 于守志火焚细作，袁应泰悬印尽忠/387

【第十二回】 范文程投石问路，康进思暗箭伤人/445

【第十三回】 弃世生殉悯幼子，继统开元立大清/493

【第一回】

北斗思凡坠黑水，少年壮志出白山

中国的东北，有一座长白山。

这长白山的主峰，高高地插入天际。

从长白山发源的四条大河，图们江往东流入日本海，鸭绿江往南流进西朝鲜湾，牡丹江往北流入松花江，而松花江又与黑龙江合流，注入鄂霍次克海。

长白山有许多的温泉和巨大的火山口，形成大小不一、众多的火山口湖。湖里波光粼粼，一碧万顷，水鸟翔集，景色迷人。

每当春夏来临，在悬崖峭壁、高峰林立之间，草木繁茂，松杉错落，林木苔藓，郁郁葱葱，风光绮丽，一向被誉为塞北的江南。

若在秋冬季节，正是千里冰封，万里雪飘，山上崖下，白雪皑皑，处处银装素裹，一派北国风光。

迷人的青山绿水，又迎来了一个明媚的春日。

艳阳高照，百鸟和鸣，突然之间，一串莺啼似的笑声，从婆娑的树丛后面传了过来。随着迷人的笑声，林子里奔出了三匹高头大马。马背上坐着三位妙龄女郎：一个着绿装，一个着红装，一个着白装。她们以娴熟的马上功夫，相互嬉戏着，表现出游牧民族特有的风韵。

这三位骑马的女孩子，正是布库里山的女真族少女，布尔胡里寨寨主干木儿的三个宝贝女儿。这三个女孩子是布尔胡里最美丽的少女，有沉鱼落雁之容，闭月羞花之貌。马背上着绿装的姑娘是大姐，名叫恩库伦，不久前，她才出嫁。那个着红装的女孩是二姐，名叫曾库伦，婆家已说定，尚待字闺中。穿一身白色衣服，长得最俏丽的，是三姑娘佛库伦。

这佛库伦是父母的心头肉，她长得面似桃花，皮肤细腻如玉，两眼顾盼生辉，全身上下光彩照人。布尔胡里寨的人们，都说她像从画里走出来的美人一样。

这一天，三姐妹趁着明媚的春光，骑马在林子里玩耍，听着那百鸟在枝头歌唱，嗅着芬芳清冽的野花香气，霎时觉得心旷神怡。

不一会儿，她们走到一泓清水池边。大姐恩库伦高兴地喊道："多好的池水！咱们下去玩水吧！"

二姐曾库伦大声应道："好啊，我要下去洗个冷水澡！"

说完以后，她拉着恩库伦脱下衣衫，如蝴蝶一般，"扑通"一声，一齐跳入池中。

两姊妹在水中扑打着白色浪花，尽情地嬉戏，开心地说笑。玩耍了不久，二姐突然尖声喊道："三妹呢？"

"是啊，三妹怎么没下水？"

大姐恩库伦边说边向水池周围搜寻。两个姐姐的目光同时落在一棵大树下边，她们见三妹佛库伦坐在树下的大石头上，玉手托着香腮，正呆呆地想着心事哩。

二人跳上岸来，慌忙披上衣服，齐向三妹跑去。而三妹佛库伦仍然坐在那里，对两个姐姐的言行浑然不觉，口中还在叽叽咕咕地自言自语："乌拉特……乌拉特……"

恩库伦和二妹刚来到三妹身边，猛然听到"乌拉特"这个名字时，像被雷电击中了似的。

乌拉特是布尔胡里寨主、三姐妹的父亲干木儿的仇人之子。乌拉特的父亲，是梨皮峪寨的寨主猛哥，因为两个寨子有世仇，经常发生械斗。尽管起因多是些小事，但双方生性勇猛好斗，往往一点纠纷也能酿成大战。十多年来，仇怨越积越深，终于闹到兵戎相见，势不两立的地步。每次械斗，两个寨子都要伤亡许多人。自从乌拉特成人后，梨皮峪寨子力量大增。

因为乌拉特生得虎背熊腰，力大无比，他从小学得一身武功，能飞檐走壁，马上百步穿杨，水上行走如飞。布尔胡里寨子里的人，听到"乌拉特"的名字，都吓得两腿打战，东躲西藏。

这时刻，恩库伦一听到三妹嘴里吐出了"乌拉特"的名字时，不由得急着问道："乌拉特这个恶魔在哪里？"

二姐曾库伦也急忙向三妹说："快告诉我，是这坏蛋欺侮了你？"

看着两个姐姐着急的样子，佛库伦才如梦方醒似的，使劲摆着手，摇着头，惊诧地瞪着两只杏眼，大声地重复着："不！不！不是他欺侮我。"

这时候，恩库伦抬头看了看二妹，相互交换了一下眼神，然后盯着佛库伦说道："我的好三妹，你说实话，快向姐姐说实话，你和乌拉特之间到底发生了什么？"

佛库伦道："没……没发生什么，我，我……"

恩库伦双手搂着佛库伦，又亲切地说道："我的好妹妹，你要对姐姐说实话，也许，我和你二姐还能帮你什么忙呢！"

听了大姐的话，佛库伦双肩一颤，想了一下，又使劲摇头道出一句话来："你们帮不了我。"

恩库伦听后，伸手拉着二妹的手，呼地一下站了起来，大声地说："走！二妹，我们去找乌拉特！"

佛库伦一听，立刻站起来，双手拦住两个姐姐，流着泪，抽抽噎噎地说："姐姐，你们不能去……找他，我……我肚子里已经有……"

此时，已经出嫁的恩库伦，心中已经全明白了，上去搂着佛库伦细声问道："跟我说实话，是他强迫了你么？"

佛库伦摇了摇头，轻声说："没……没有，他没有。"

"那是你爱上他了？"

"嗯。"

听了大姐和三妹的对话，曾库伦不由得气愤地道："三妹！你好糊涂！乌拉特可是我们的仇人啊！"

佛库伦低声向两个姐姐道："这事不能怪他，那天，我……"

于是佛库伦当着两个姐姐，娓娓讲出她与乌拉特那次邂逅并相爱的往事……

原来，四个月前，佛库伦一个人骑上马，到林子里去打猎。她打了几只野兔和山鸡后，看天已近午，正准备勒马回寨，猛然看到一只黑熊拦住道路。当时，佛库伦倒没有惊慌失措，她早就听父亲说过："在一般情况下，熊闻到人的气味以后，立刻就一逃了之，到底它是怕人的呀。"

这时的佛库伦不动声色地骑在马上，两眼瞅着黑熊，等它从一旁过去。那黑熊却未逃走，反而两眼露着凶光，一步步地向她逼近。"不好！这畜牲想吃掉我。"佛库伦脑子里闪出了这个念头，一股恐惧像一阵狂涛在心中荡起，两条腿禁不住微微发抖。

突然，那头熊两只前爪抬起，怒吼一声，喘着粗气，扑向佛库伦的马前。黑熊猛然扑过来，佛库伦的马吓坏了，只见它惊叫一声，前蹄扬起，直立起来，将佛库伦甩出好远，马头一昂，跑向林子里了。

那头熊被马一惊，也停了下来，坐在路上，瞪着被摔在地上的佛库伦。后来，在这熊要扑向她时，却来了个青年救了她，而这个人竟是她的仇人——乌拉特。佛库伦与乌拉特聊了一会儿，发现他并不像人们所说的那般坏。

乌拉特钦慕佛库伦已久，诉说了自己的钦慕之情后，见佛库伦并不讨厌自己，就急忙走到她身边，伸出双臂，将她拦腰抱起。佛库伦浑身一软，仿佛身子浮起来了，渐渐地离开了地面，升到空中，直至浮云之上……

说来也怪，仅是那一次野合，佛库伦就红潮无讯，暗结珠胎了！她的小腹日渐隆起，再也难以隐瞒下去了。

"我的好姐姐呀！你们要帮我，让我渡过这一难关！"

佛库伦双膝跪在两个姐姐面前，珠泪滚滚落下，顷刻间，那粉面桃花变成了雨打梨花，实是令人怜惜！

姐妹三人绞尽脑汁，终于想出了一条妙计，编造了一个神奇美丽的故事，向她们的父母娓娓说道：一天，姐妹三人相约到布尔胡里山涧里去洗澡。忽然有只喜鹊叼着一颗红色的果子，正飞时，果子掉到了佛库伦的裙子上。等到她们洗完澡，跳上涧边穿衣服时，佛库伦一眼就看到了那颗红果。当时，佛库伦把红果捡起来，那一股幽幽的特别芳香顿时扑入鼻孔，于是就将那红果吃了。不料，吞下这红果后，她当即就觉得腹部沉重。更没有想到，从此以后佛库伦珠胎暗结，怀下了身孕。

她们的父母干木儿老两口听了这段十分离奇、近于荒诞的故事，简直不敢相信自己的耳朵，怎么也不信这是真的。可是，活生生的现实摆在他们面前，他们只得默认了。

不久之后，原来体形十分苗条的佛库伦，逐渐变成一位行动不便、大腹便便的妇人。

又过了一段时间，佛库伦怀胎十月期满，她已临盆、要生产了。

那一天，一阵风雨过后，艳阳高照，忽然从山外飞来一群喜鹊，叽叽喳喳，齐集干木儿的大堂之上。佛库伦在一阵剧烈疼痛之后，只听"呱呱"数声，产下一个男孩子。

干木儿夫妇亲眼目睹自己的女儿是无夫而孕，孩子出世时刻，又有那么多的喜鹊汇聚堂上，他们认为这一定是大吉大利了！

这个天生的孩子，被全家人看为天物下凡，长大之后必成大器。这位布库里寨主干木儿哪里知道，那个所谓"天生"的孩子，竟是他世代仇人的种！

佛库伦产下的那个"天生"的男孩子，也真令人喜欢。孩子落地能言，身高体壮，啼声洪亮，食量惊人。

不久，佛库伦向儿子讲述了这段离奇的身世，命其以爱新觉罗为姓，名为布库里雍顺。

又过不久，佛库伦郑重地嘱咐儿子说："上天生你，以定乱国，终有一天你要前往治之。"

说完之后，佛库伦便背着父母，瞒着两个姐姐，丢下孩子，私自进山里寻找她丈夫乌拉特去了。从此以后，佛库伦音信全无。布库里雍顺在外祖父母的关怀下，渐渐长大，他的外貌、体形、性格等，都活像其父乌拉特。

女真族是个游牧民族，无论男女，都自小学会骑马射箭。由于狩猎要求，人人都会使枪弄棒，以至尚武之风十分盛行。

布库里雍顺长到十五六岁时，由于他平日勤学苦练，谦虚上进，马上能百步穿杨，百发百中。他经常带领一帮小朋友，在山林里面斩木为兵，揭竿作旗，喊杀之声，山鸣谷应，气势甚为壮观。

有一天，布库里雍顺正与一群孩子玩乐，忽然来了一位白胡子老爷爷。

看到孩子们玩得有趣，尤其是看到布库里雍顺这个孩子们的"头目"，带着小朋友表演得有声有色，不由地赞叹道："别看这孩子人小，志向倒不小哇！"

那位老爷爷告诉他们说："这条河的下游，有一个三姓地方，那里不光是好玩，还欢迎你们去治乱呢！"

听了老人的话，小朋友们都嚷嚷着要去。

"怎么去呢？"

孩子们都不吭声了，大家都注视着他们的头儿——布库里雍顺。布库里雍顺也默不作声，他一边想着老爷爷的话，一边隐隐约约地回忆起来一件事。

小时候，母亲离家前曾嘱咐过他说："上天生你，以定乱国，终有一天你要前往治之……"

想到这里，布库里雍顺计议已定，他决心去那三姓地方，干一番事业。看着那些朝夕相伴的小朋友们，布库里雍顺说道："三姓地方在这河的那一头，我们又没有船，现在自己动手，做个筏子吧！"

小朋友们听了，十分高兴，大家七手八脚，一齐动手干了起来。有的到林子里去砍树，有的将树扛到河边。布库里雍顺回家里拿来了绳子，指挥大家把树枝捆起来，并且堆成一排排，一层层。

不到一天工夫，一只结结实实的筏子便造好了。

在布库里雍顺一声命令之下，大家将筏子推入河里。小朋友们胆子小，看那筏子在水上摇摇晃晃，都不敢上筏子。布库里雍顺从岸上一个纵身，很轻快地跳到筏子上去了。

那些小朋友也跃跃欲试，准备往筏子上跳。

就在这时，忽然一阵风刮过来，紧接着狂风大作，河水被大风吹得浪花翻腾。再看那筏子，已被风吹得顺着滔滔翻滚的河水，往下游冲去。布库里雍顺在筏子上又紧张，又害怕。

这时，岸上那些小朋友，还有些看热闹的大人们，看到布库里雍顺坐在筏子上，被河水载着，眨眼之间，已被吹得无影无踪。

布库里雍顺在筏子上面，被吹得头晕目眩，连续三天三夜，一惊二饿三害怕，就昏迷过去了。殊不知，这三天三夜小筏子已走了千里以上，布库里雍顺怎能知道！

后来，风息了，浪也平了，河水流得也不急了。那小筏子被河水冲到山涧的一个转弯处，终于靠岸、停下了。

布库里雍顺在昏迷中也不知过了多长时间，突然眼前一亮，发觉自己睡在床上的被窝中。他不禁张眼四望，发觉房中布置雅洁，像是女人的卧室。他回想昏迷前的情景，知是被人救了，心中无限感激。

这救他的是这三姓地方的寨主白哩的女儿博喜。他醒来后，博喜便把事情告诉了白哩。

老人问道："你是何地方人？怎么一个人坐那筏子？"

布库里雍顺回答老人道："我是布库里山布尔胡里寨子的人，我母亲生我是因为她吃了仙果怀孕的，我生下来就未见过父亲。"

"那你是一个'天生'的人喽！"

那姑娘突然打断布库里雍顺的答话，又笑着问道："你坐筏子去做什么呀？"

布库里雍顺连忙说道："我与小朋友坐筏子玩耍的，未想到被大风刮到这儿来了。"

听了布库里雍顺的答话，白哩笑着说道："这是老天爷把你送到我这儿来的，你就在我这里住下来吧！"

说完之后，白哩又对女儿道："博喜，你去把后院那间厢房打扫一下，给这孩子住。"

姑娘答应一声，朝布库里雍顺深情地看了一眼，一转身，向后院走去。

三姓本是百户人家的小镇，原名叫斡朵里。

布库里雍顺是从布尔胡里寨子附近——牡丹江上游登上筏子，借着风势，顺流而下。在牡丹江与松花江的汇合点，也就是三姓地方——斡朵里，那筏子随着风的停息，也就靠岸了。由于这三姓地方交通闭塞，加上这些女真人以狩猎游牧为生，形成了生性好斗的性格。同时，他们也具备刚直不阿、热情好客、待人真诚不苟的美德。

这斡朵里住着三个姓氏的人家，他们为了争当头人，原始仇杀的遗风，使村寨笼罩在一片杀气中。白哩为人忠厚，待人真诚，处事公道，被三姓的首领推为寨主。

布库里雍顺的到来，成为斡朵里的一大新闻，大家争着传诵：寨主家里来了一个"天生"的人！于是，男女老少都三三两两地到白哩家来看那个"天生"的人！

布库里雍顺人长得膀大腰圆，浓眉大眼，本是个大富大贵的形象。这些山里的女真人，一下子把寨主家围得水泄不通，大家奔走相告："这'天生'的人，就是与众不同！”

为了庆贺布库里雍顺的到来，白哩一面接待到家的客人，一面派人杀猪宰羊，让人准备酒菜。到了晚上，白哩将三姓地方的头面人物都请来，共摆下三桌酒席。酒席开始，白哩向大家介绍了布库里雍顺的情况，希望各位客人开怀畅饮。酒桌上，大家万分喜悦，有说有笑，各人推杯换盏，猜拳行令，热闹非凡。

布库里雍顺住在白哩寨里，白天陪着博喜去山下牧放羊牛，晚上回来伴着她唱歌弹琴，有时练拳棒，舞刀剑，日子久了，两人互生爱慕。不知不觉，布库里雍顺已来到这里一个多月了。白哩看到两人的身影常常合在一起，心里也全明白了。过了几天，白哩选了一个黄道吉日，找来寨子里三姓的老人，将女儿嫁给了布库里雍顺。

办喜事那天，白哩办了五桌酒席，热闹非凡，全寨子的人都来贺喜。喜事办过没有几天的工夫，更大的喜事又降临到布库里雍顺的头上。这斡朵里的三姓头儿们，经过共同协商，一致推举布库里雍顺为新的寨主。

尽管布库里雍顺多次推辞，三姓人还是交手为轿，抬着他到寨中，将他奉为寨主，以后又称为贝勒，称博喜为福晋。

布库里雍顺当了贝勒之后，对自己要求甚严，处处起带头作用。他召集三姓的头人，共同制定寨规民约，对违犯者及时惩治，决不手软。

布库里雍顺提倡耕种，带领寨民兴修水利，奖励勤劳致富的人。每到农闲时节，布库里雍顺把青年男子组织起来，操练军事，防备外敌入侵。他让博喜带领年轻妇女上山采药、挖参，医治病痛，减少死亡。

经过治理，这三姓地方很快富庶起来。

为了施展自己的雄心壮志，布库里雍顺又同三姓地方的老百姓商量，计划在三面靠山、一面临水的斡朵里修建一座新城。

在全体百姓支持下，他亲自设计图样，带头开山打石，花了一年时间，终于建成了一座方圆数十里的新城。

新的斡朵里城，有高大的城墙，威武的四座城门。

在城内，有宽敞的贝勒府，平整的练兵场。城内街道纵横，商店林立，一排排居民住宅，非常适用美观。

不久，三姓地方的老百姓全部搬进新居，家家欢乐，人人满意，齐声赞颂这位“天生”的人——布库里雍顺。

这样一来，布库里雍顺的名声更大，也更响了。

在斡朵里周围的几个小部落，都自动来投靠，请求保护，他们保证说：“年年进贡谷物，岁岁送来牛羊等。”

也有少数不大明智的，布库里雍顺就带领人马，在他们寨子周围演习了一下。不久，这些人也就老老实实地前来归顺。

从此，布库里雍顺的大名，正如高山上打鼓——传得很远很远。

斡朵里也自然成为周围弱小部落朝拜的中心了。

又过了许多年之后，布库里雍顺贝勒和博喜福晋已相继去世，由他们的子孙相继担任贝勒，一代一代传下去。

父死子继，这在华夏大地上已推行了二千余年的宗法制度，不仅成就了一姓单传的家天下，连尚存部落遗风的女真人也躬行不悖。

当猛哥帖木儿继任斡朵里城的贝勒时，更加强盛。

明朝的永乐皇帝得知这一情况，担心他们生事作乱，便把斡朵里改为建州卫，改封贝勒为都督。都督的子孙就可以世代承袭。

这个猛哥帖木儿便成为建州卫的第一代都督，也是后来记入史书的"肇祖原皇帝"。后来，猛哥帖木儿死后，传位于福满；福满年老，传位于董山；以后又传位给觉昌安。

这时，都督府已从斡朵里迁移到赫图阿拉。

赫图阿拉，原是一个坐落在群山之中的小小山寨，发源于长白山西麓的苏子河就从这寨子下面流过。依山面水的自然环境，使赫图阿拉成为女真人渔猎、耕作的摇篮，那些广阔的山林，更是慷慨地赐给他们各种飞禽走兽、珍宝和人参……

当时，赫图阿拉被建成一座坚固的城池，以后，又把它改名为新京。

觉昌安当建州卫都督时，势力很强大。

这是因为他有五个儿子，个个都有万夫不挡之勇。

他的大儿子礼登巴图鲁，两膀有千钧之力，能在万军之中取上将头颅，如探囊取物。二儿子额尔衮，手使一杆两百斤重的大枪，临阵挥舞起来无人能敌。三儿子介堪，不光武艺超群，还能行走如飞，外号叫"飞毛腿"。四儿子塔克世，是有名的智多星，能文能武，善用谋略取胜于人。五儿子塔克偏右，能力举千斤，曾经力劈两只猛虎，威名赫赫。

当时，建州卫附近的大小部落，全被他们父子征服了，在苏克素浒河以西二百余里的地方，全部归建州卫所管辖。

不久，明朝皇帝为了笼络觉昌安，又封他为建州卫都指挥使。

觉昌安这个都指挥使的官职，是满人六祖中唯一受到明朝封职的。几年以后，觉昌安年已老迈，大儿子礼登巴图鲁、二儿子额尔衮也相继去世。觉昌安便把建州左卫都指挥使的职位传给了较有谋略的四儿子塔克世。

这时候，建州卫另一个名叫王杲的指挥使又开始强大起来。

明朝统治者对女真族的政策，历来是采取分而治之，希望各部之间"力足以自立，势足以对抗，互不统属，各自通觉，不得纠合"。

在万历初年，势力逐渐强大起来的王杲，自以为羽毛丰满，野心扩大，觉得能调动建州各部兵力，可以与明朝抗衡了。

于是，王杲无视朝廷边将的禁令，经常指使军队扰乱边境，制造麻烦。当时，明朝派驻抚顺的总兵官李成梁，多次接见王杲，同他讲过其军队扰边之事，但王杲两耳不闻，坚持不改。

李成梁又让觉昌安去做王杲的工作。

因为王杲的义女额穆齐是塔克世之妻，一向傲慢自大的王杲，哪把这位亲家放在眼里，对明边的侵扰变本加厉。

这个王杲不仅政治上有野心，而且生性残暴，淫乱成癖。平日，仗着自己有几千军队，四处打家劫舍，奸淫掳掠，干尽坏事。更令人生愤的，是他尤其贪恋处女。

王杲所驻扎的土坪城内外，方圆百十里地，凡是婚嫁迎娶，必须让他王杲享受"初夜权"。

那些年轻稍有姿色的新娘子，被他强暴之后，顺其意的，还可以让其生还；王杲稍感不随意的，他就赏给一般士兵，任其轮流奸淫，毫不在意。

因其如此恶行，王杲在建州的名声特坏，百姓们恨得咬牙切齿。觉昌安多次直言规劝，可王杲仍然一意孤行，继续胡作非为。

在王杲的淫威下，不甘受屈辱的老百姓，见去建州卫塔克世那里诉说无用，便到抚顺总兵衙门里去告状。一时之间，李成梁总兵应接不暇，他见成群结队的老百姓来控诉王杲的罪行，不由得怒火中烧，便决心为民除害。

那时女真势力较为强大的，还有海西哈达部的王台，李成梁遵循"以女真治女真"的策略，向王台施加压力，让其诱捕王杲。

王台接受李成梁的指使，派人到王杲处说："李成梁总兵准备攻杀阁下，请立即到哈达部商议对策。"

王杲信以为真，遂来到哈达府，当即被捆绑起来，送往李成梁处。王杲被装入槛车，由李成梁派兵押送到北京。

不久，朝廷刑部以王杲屡犯边境的谋反罪判其死刑。

万历三年，明朝皇帝亲自登上午门城楼，将王杲枭首于北京菜市口。

哈达部王台诱杀王杲有功，总兵李成梁写表申奏明朝皇帝，后来，万历皇帝发下圣旨，封王台为龙虎将军。

为了笼络建州都督觉昌安、塔克世父子，李成梁将王杲的属地全部拨给建州都督府管理。又见塔克世年轻有为，对明朝统治者比较忠顺，遂正式任命塔克世继承其父觉昌安的都督职位。

塔克世继任建州都督之后，决心整顿军政事务，干一番事业，每天早起晚息，在都督府里与部下议论公事，又经常到演兵场去察看训练情况。

一天，忽有探马来报告说："哈达部王台担心王杲的儿子找他报仇，去联络总兵李成梁，联合出兵攻打古埒城。"

塔克世听后半疑，正在迟疑间，他的卫侍又前来报告说："古埒城告急，派人来请救兵了！"

塔克世这才相信消息确实，便带着来人，急忙回府与父亲商议对策。

觉昌安知道后，有些生气地说："一人做事一人当！如今，王杲已死，为什么要株连他的儿子？"

塔克世也不满地道："这李总兵也糊涂，你把王杲的属地已给我管辖，这古埒城主又没有谋叛，为何兴师问罪？这不是出师无名么！"

"即使要攻打古埒城，也应该与我们讲一下，这样目中无人，实在是让我难以咽下这口气！"

父子二人正在议论间，又有探马来报："李成梁与王台联合起来，不仅攻打古埒城，又派兵攻打建州卫的宁右塔部落，并拉拢图伦城主尼堪外兰，要他背叛建州卫，共同派兵围攻古埒城。"

这消息传来，简直是火上浇油，觉昌安气得白胡子都翘起来了。

原来，王杲的儿子阿太章京又是塔克世大哥礼登巴图鲁的女婿。

在这种情况下，塔克世觉得李成梁与王台欺人太甚，再不出兵实难立身于世，于是安排五弟塔克偏右守城，自己遂披挂整齐，与父亲觉昌安一道，去校场点齐了兵马，带领全体将士，急奔古埒城而去。

再说这次出兵攻打古埒城，李成梁与王台二人互有心思，各怀鬼胎。王台诱捕王杲之后，担心其子阿太章京嫉恨于他，将来一定找他报父仇。建州卫都督塔克世既是王杲的女婿，又是阿太章京的叔丈人。有了这亲上加亲的关系，塔克世也定会恼恨于他王台，将来也会找他麻烦，或是帮助阿太章京报复他。

抚顺关的总兵李成梁秉承明朝皇帝以女真人治女真人的政策，总是希望王台、建州卫之间互相征讨，来达到削弱力量的目的。当王台向李成梁提出攻打古埒城时，这位总兵大人自然是很爽快地答应了。

图伦城主尼堪外兰是个忘恩负义之徒。

十年前，叶赫部落攻破图伦城，杀死了尼堪外兰的父亲，并将其家小全部掠走时，觉昌安带着五个儿子杀进叶赫军队，救出了他，并让他继承其父职位，担任图伦城主。

十年前的这件事，尼堪外兰怎么竟忘了？这次，王台拉拢他背叛建州卫，他居然毫不犹豫地投向王台怀抱。

觉昌安父子领着兵马，星夜直奔古埒城而来。

老都督觉昌安年近七十，本已挂甲藏刀，将职位让给了儿子塔克世，准备安度晚年，坐享天伦之乐。可是，眼前是李成梁与王台将刀架在他的脖子上，他能坐以待毙吗？

觉昌安心里想道："我年近古稀，已经快死的人了，若能亲手杀死像尼堪外兰这样的小人，死在战场上亦足矣！"

觉昌安与儿子塔克世率领军队日夜兼行，向古埒城赶去。

阿太章京所驻守的古埒城，乃弹丸之地，城里兵少将寡，且都是老弱残兵。他父亲王杲活着时，本有几千人马，后来他一死，那些人见主人没了便如鸟兽散。

阿太章京虽然年轻，但他从未带过兵、打过仗，一听说李成梁与王台的军队要来攻城，他便吓得坐在板凳上站不起来了。

情急之下，他便派人到建州卫请救兵，然后让内侍到城门口传达命令："紧关四个城门，等待建州援军。"

阿太章京正在家里坐等消息，见有内侍前来报告说："建州的救兵已到城外。"

一句话还未说完，只听城外炮响震天，还有喊杀声、军马嘶鸣声，混在一起，惊天动地。

阿太章京急忙跳起来，向城门楼跑去。

站在城头，果见在建州卫的大道上，尘土飞扬，随着阵阵炮声，那建州的兵马如潮水一样，往城下冲来。

那老都督觉昌安，由于胸口闷着一股愤恨之气，又救人心切，一见王台、尼堪外兰的军队，便手挥大刀，见人就杀。

那王台老谋深算，尼堪外兰狡诈阴险，他们早有准备，先将老弱残兵布置在外面，精锐之师置于二线。

建州卫的兵马一路上人不停步，马不下鞍，早已是人困马乏，开始冲锋来势迅猛，但不久之后便锐气大减，士气低落了。

王台与尼堪外兰一见对方攻势减弱，立即拉出二线的精兵强将，对建州兵马反冲过去。建州的军队再也无力抵挡，一下子垮下来了，如洪水决堤，一泻千里。

在一阵乱杀当中，塔克世若不是马好，跑得快些，便难保活命了。

后来，觉昌安让塔克世清点兵马，这一仗已损失了一半以上。老都督一听，顿时心里凉了半截子。

塔克世走了进来，告诉他说："尼堪外兰要见你。"

觉昌安一听到这个名字，立刻火冒三丈地对儿子说道："他来得正好，我早就想杀他了！"

塔克世忙劝说道："那又何必呢？尼堪外兰是个势利小人，他既然来见，不妨听听他说些什么。"

老人听了儿子的话，认为有些道理，就对塔克世说："那就看他狗嘴里能吐出什么样的牙来。"

儿子走后，老都督心里想道："等尼堪外兰来了，听他说些什么，然后再杀这个有奶就是娘的坏蛋。"

不一会儿，塔克世领着尼堪外兰进来了。

尼堪外兰果然狡猾，未等老人发话，他便双膝跪下，说道："请老都督饶恕小人的罪行。"

觉昌安没有答话，立即逼问道："我们父子哪一点对不住你，为什么你联络李成梁，听从王台的指使，发兵来攻打我属下的古埒城？"

只见尼堪外兰急忙叩头解释道："我是一时鬼迷心窍，才上了王台那老贼的当，请老都督高抬贵手，让我过这一关，我将终身不忘您老的大恩大德。"

说到这里，他又向前膝行了两步，神秘地对觉昌安说道："我已跟总兵大人讲妥，只要你孙女婿阿太章京能向明朝皇帝年年进贡，岁岁送礼，皇上就会封你老人家为龙虎将军。"

听了尼堪外兰这一席话，觉昌安高兴得连胡子也翘起来了，急忙问道："此话当真？"

"我的话若有半句是假的，将死于乱刀之下！"

尼堪外兰的重誓终于赢得老人的信任，觉昌安当即吩咐道："快备酒菜来。"

尼堪外兰慌忙制止道："不麻烦了，若退兵以后，我再去府上叨扰吧。"

老都督真的相信了，遂笑着说："那也好，来日方长嘛！"

尼堪外兰又叮嘱道："明天晚上请老都督领兵进城，我的兵马保证退出五里之外。"

塔克世又追问道："那他们的兵马呢？"

"我已向总兵大人建议，他们的军队接着也会退兵回城的。"

说完之后，尼堪外兰又叩了三个响头，一溜烟地走了。

其实，尼堪外兰讲的话，完全是一场骗局！白天打完仗，收兵以后，李成梁、王台及尼堪外兰一起计议，让尼堪外兰来假道歉，假献计，引诱觉昌安、塔克世上钩，将其一网打尽。

第二天晚上，天一黑下来，觉昌安、塔克世便领着兵马，来到古埒城下。

他们果见尼堪外兰的军队早已撤离城下五里之外。

于是，父子俩欢天喜地地带兵进城。

见到阿太章京夫妇，大家心里万分高兴。

为了犒劳建州卫的兵马，也为了替老都督、新都督接风，阿太章京命人杀牛宰猪，大办酒席。酒席桌上大家万分高兴，都开怀痛饮，士兵们都是大碗喝酒，大块吃肉，直到酒足饭饱后，才各自休息。

夜半时分，忽然传来震天的喊杀声，炮声也此伏彼起，老都督与塔克世被惊醒，慌忙走出屋子，准备集合兵马。

谁知，父子俩刚走到房门口，便看见手持大刀的敌兵已杀进院子了。

建州卫的士兵从睡梦中惊醒，酒意尚未退尽，醉醺醺地就被剁去了脑袋。

由于天黑伸手不见五指，匆忙中觉昌安父子被乱兵冲散。

老都督上身只穿一件单衣，下身只有一件短裤，手里握着大刀，对涌来的敌兵一阵乱砍乱杀。

忽然听到一个熟悉的声音喊着："快去放火！把房子都烧掉。"

这人正是尼堪外兰，觉昌安一见到这个畜生，心里恨不得能咬他两口，大骂道："你这个狗娘养的东西，老子跟你拼了！"

老都督一步冲过去，挥起大刀向尼堪外兰砍去。

尼堪外兰见是觉昌安，奸笑道："老都督别生气，明年的今日就是你的祭日！到时候，我一定会到你的坟头去的。"

尼堪外兰向周围士兵们大声命令道："快快放箭！"

在尼堪外兰命令之下，如雨一般的箭射向觉昌安。年近古稀的老都督，被尼堪外兰的士兵们乱箭射死！

在混战中，塔克世凭着年轻力壮，刀马纯熟，冲出了府院，但终因寡不敌众，被尼堪外兰的兵马围在街上，乱兵杀死。古埒城主阿太章京夫妇更是可怜，他们被士兵们捉住，剥去衣服，活活地吊死在树上。

尼堪外兰见到建州卫的兵马被杀得落花流水，已死伤大半，心中暗喜，遂命令他的士兵："赶快打扫战场，清点府中财物！"

于是，古埒城中所有金银财物被掳掠干净，全都装在一辆辆大车上。那些年轻的姑娘，也被集中起来，将被带到图伦城去。

尼堪外兰对建州卫被俘获的兵士、器械、马匹全部清点后，充实在自己的军队中，都换上"尼堪外兰"的旗帜，全归自己统领。

面对阿太章京府第的冲天大火，尼堪外兰阴冷地笑着，然后勒转马头，带着兵马，押着一车车的战利品，冲出了被毁的古埒城。正当尼堪外兰高唱着凯歌，得胜回城之时，忽然探马前来报告说："建州卫老都督觉昌安的孙子、新都督塔克世的大儿子——努尔哈赤带领兵马，沿途高喊要报父祖之仇，他已攻破了图伦城，军队正往这里杀来！"

尼堪外兰一听，顿时想起来了——对这个努尔哈赤的情况，自己早有耳闻：

他曾经到九鼎山找七星老人学艺三年，武艺超群，有万夫不当之勇。后来在铁刹山亲手摔死猛虎，两膀有千钧之力。传说他脚心长有七颗红痦子，这是大富大贵的福相！

想到这里，尼堪外兰感到脑后凉风嗖嗖，脊背上冷汗直流，不由得自言自语地说道："今天，我遇到这个野猪皮（在满语里"努尔哈赤"就是"野猪皮"的意思），恐怕小命难保了。与其死在他手里，不如……"

狡猾阴险的尼堪外兰立刻调转马头，丢下军队，单枪匹马地落荒而逃了！

努尔哈赤确是建州卫老都督觉昌安的孙子、新都督塔克世的儿子。

塔克世共生子五人，长子努尔哈赤，次子舒尔哈齐，三子雅尔哈齐。这三个儿子是塔克世的大福晋额穆齐生的。第四子是巴雅喇，他是二福晋纳喇氏生的。第五子名叫穆尔哈齐，由宠妾所生。

比较起来，塔克世的二福晋长得标致一些，因此深得塔克世的宠爱。

大福晋额穆齐，原是山里砍柴的樵女。王杲游巡山中，见其相貌异人，遂收为义女，抚养她成人。这额穆齐虽没有天姿国色，却有副令人骇然的贵相，在她的双眉之间，长有一颗鲜红色的圆痣，大如鸽卵。相学上，这叫"眉担日月"，生子贵不可言。因此，当额穆齐成人后，身为都指挥使的王杲，曾为她大摆擂台，比武择婿。在众多跃跃欲试的女真豪杰中，塔克世终以骑术、箭术、刀术精湛而连连夺冠。

额穆齐性情温和，是一位贤妻良母。她在王杲家读过汉文，能背诵不少古典诗词，对努尔哈赤的汉语能力影响甚大。平日，额穆齐勤俭持家，劳碌不辍，和气待人，疼爱儿女。

本来体弱多病的额穆齐，生下三个孩子之后，便一病不起。

早在额穆齐被病魔缠得奄奄一息时，曾泪水涟涟地拉着塔克世的手说道："要善待努尔哈赤，让他有出息，我会在九泉下感激你。"

在额穆齐嫁给塔克世之后，一天夜里，她梦见天眼大开，突然从五色祥云上面，飘飘荡荡走下一个人来，只见他身上披着野猪皮，发着灼眼的光，然后告诉她说："北斗思凡，降临人间，望你好自珍重！"

说罢，只见一团白光扑入腹中。

醒来以后，觉得腹内有物体在微微蠕动，不久遂怀有身孕。

于是努尔哈赤便有了天上率斗星下凡投胎的"身世"。塔克世知道妻子的这段梦中奇遇，便对额穆齐说道："你在梦中见到的那个天神，既然他是披着野猪皮的，那就让这孩子的名字也叫野猪皮——努尔哈赤吧！"

以后又见努尔哈赤的右脚心上长了七个红痦子，更给努尔哈赤的身世增加了神奇的色彩，塔克世也欣喜万分，渐渐觉得这个儿子将来必有出息。

说来也有些非同寻常，努尔哈赤小时跟同龄孩子相比的确是与众不同。他凤眼大耳，面如冠玉，身体高耸，骨骼雄伟，言语明爽，声音响亮，一听不忘，一见即识，龙行虎步，举止威严。

其实，他的名字努尔哈赤，即"野猪皮"，不过说明他同所有的女真人小孩子一样，是个穿着兽皮长大的普普通通的人。

因为生长在都督世家，整日在耍刀弄枪的人中间厮混，努尔哈赤老早就接触了轻功武打，刀枪棒戟都能练上两手，拳脚功夫也非一般孩子所能赶上。七岁时，塔克世让他在家塾里读书，加上母亲对他的影响，在不长的上学时间里，努尔哈赤认识了不少汉字，对蒙古文、朝鲜文也略微认识一些。

在十岁时候，他的母亲额穆齐因病魔缠身，突然去世了，而由此带来的不幸，都远远胜过丧母的悲哀。开始是继母纳喇氏的白眼，继之而来的，是父亲的辱骂。

从此，努尔哈赤不再拥有家庭的温暖。

也许是出于褊狭自私，或是由于女人的妒忌，继母把他们兄弟三人视如眼中钉、肉中刺。纳喇氏公开地嫌弃他们，鄙视他们，甚至无缘无故地指责他们。惑于妇言、耳根软弱的塔克世也不明视听，反而把母子之间的不睦统统归咎于无辜的努尔哈赤兄弟。

努尔哈赤生来不苟言笑。如今，父母的冷面孔，生活的尖酸刻薄，使沉默寡言的他变得更加淡然与冷漠。

他默默地忍受着，没有辩白，没有抱怨，更没有反抗。

努尔哈赤小小的年纪，却干着跟大人一样的劳动，纳喇氏仍不满意，还经常在塔克世面前说他的坏话。

努尔哈赤心中想道："家中既然没有温暖，就到外面寻点乐趣吧。"

那天，他背着弓箭走进了山林，准备打点猎物，也顺便散散心。

刚进了林子，见在一棵大树下围着许多人，努尔哈赤也走了过去。一打听，才知道董鄂部的一个神箭手在表演射箭本领。

努尔哈赤早就听说过："董鄂部里的一个善射者，能百发百中，被人们誉为神箭手。"

于是，他走近那神箭手，请他献技，并表示自己也想试试，愿与他切磋箭技。那人面对一棵百步远的柳树，连发五箭，结果中的三箭，上下相错。之后，努尔哈赤也连发五箭，不仅箭箭中的，而且五矢环聚，远者不过五寸。

围观的人一片喝彩，都说："这才是神箭手呢！"

努尔哈赤急忙说道："这是偶然得很，我的箭技还差着呢！"

他说完，又走到那神箭手面前，与他攀谈起来，询问一些武艺方面的问题。

那人见努尔哈赤箭技高超，态度又很谦虚，便向他问道："小兄弟，你有这么好的射箭本领，准备将来去干什么？"

努尔哈赤听了，笑了笑，抬头瞅了瞅辽阔的天空，又看看脚下的大地道："我要改天换地！"

那人又说道："想干大事，单凭射箭还不行！"

努尔哈赤告诉他道："我浑身有的是力气，还能使枪弄刀，打拳踢脚，武打轻功都知道一些。"

那人听了不以为然，又说："你这些本事不足称道，充其量当一名阵前的将军，干不了大事！"

努尔哈赤听后，立即走上前去，拉着那人的双手，诚恳地请教说："请求大哥指教，小弟当洗耳恭听。"

那人见他真心询问，遂说道："自古以来，一身武艺的人，只能带兵，不过当一名大将足矣。关键是学习兵法、韬略，那就能运筹帷幄之中，决胜千里之外。"

努尔哈赤接着追问道："向谁学习兵法、韬略呢？请大哥指路。"

"要真想学本事，你就去九鼎山八宝洞，找七星老人学吧！"

"大哥，那九鼎山在哪儿？"

"九鼎俗名南华山，离此地有一千余里，从这里往正南方向走，能看到大海，就到了。"

听了那人的指点，努尔哈赤连声道谢，然后转身往回走，不想去打野味了。一边急急走着，一边心里说："我要早日去九鼎山学艺——"

不知不觉，已来到门口，一眼望见纳喇氏寒着脸，急忙又向屋里一看，心里不由得咯噔一下，遂停在了门口。

原来努尔哈赤见到舒尔哈齐、雅尔哈齐都跪在屋子里，父亲气呼呼地坐在椅子上，嘴里直喘粗气。

见努尔哈赤进屋，塔克世一拍桌子，喊道："去哪儿了？天黑了才回来！"

纳喇氏跟着挖苦道："两个弟弟在家偷着吃东西，哥哥心又野，是嫌我们这池子水浅，养不下他这条大鱼了，他是想凫上水喽！"

塔克世铁青着脸，大声地对兄弟三人道："你们统统给我滚，永远不要回来，我不想再见到你们！"

听到丈夫赶他们走，纳喇氏急忙对努尔哈赤说道："你父亲已经说了，还不快去收拾自己的东西。"

努尔哈赤听父亲与继母如此说，遂走到两个弟弟面前，伸出手去拉他们起来，向自己的卧室走去。

听说塔克世把努尔哈赤兄弟三人赶出家门，觉昌安心里觉得很不是味，他知道这是纳喇氏从中作梗，也不好出来拦阻。

后来转念一想，心里说："说不定三个孩子出去了长了志气，会大有出息的。"

觉昌安暗中给了一些银两，嘱咐兄弟三人出门要遇事冷静，处处小心为上。

不一会儿，努尔哈赤领着两个弟弟，背着简单的行李，走出了家门。

此时，天已黑了，三个孩子往哪儿去呢？

兄弟三人走了一日，前面已是三岔路口，三人坐下，努尔哈赤从怀里掏出祖父给的银两平均分了。三兄弟相互看了看，不禁抱在一起大哭一场，之后，三人站起身来，各奔前程。

此时，努尔哈赤十五岁，舒尔哈齐十三岁，雅尔哈齐最小，才十一岁。

努尔哈赤与二弟舒尔哈齐、三弟雅尔哈齐分手之后，沿着山林小路，向着正南方向，大踏步走去。

这时正是暮春三月，因为关外的春天来得较迟，气温仍然很低。不一会儿工夫，努尔哈赤走得浑身冒汗，一边脱着外衣，一边心里合计着："我这就去九鼎山，找七星老人学艺去！"

一个十五岁的孩子，长途奔波，有时走在深山老林，荒无人烟的地方，其艰险困苦，自不待言。

一天晚上，努尔哈赤来到路边的一家小店住下来。不想，这是家黑店，那店里的男主人想趁晚上杀掉努尔哈赤，劫他的包袱。那女主人不乐意，两人就争执起来。

努尔哈赤被吵醒，听了一会儿就听出了头绪，他想道：我不如趁早离开这黑店。

遂举目一看，借着外屋的亮光，见屋子后墙有一窗户朝外开着。他走到窗下向外看去，发现窗下是菜地，再后面就是山坡了。努尔哈赤不再犹疑，把行李捆在身上，双手按着窗台，用力一纵，跳了出去。

这时，北斗星高高挂在天际，他辨认了一下方向，一头钻进了林子，往山上急走。天快亮了，这一吓一惊，又是刚刚睡醒，迎着山风一吹，身上冷得打战。为了摆脱麻烦，急着赶路，努尔哈赤不由得加快了脚步，向山上飞奔。正走着，天又黑下来了，加上树大林密，已不好分清方向、路径。

他已爬到山顶，往山下一看，黑乎乎的，既像林子，又似草塘。

"管它去，先下山再说。"

想到这里，便抬腿过去，谁知脚下便是一个山崖的边沿，这一脚踏空了，身子随即坠了下去……

也是努尔哈赤命大，他从崖上坠下来时，落在一棵大树的枝上，再从枝上滑下，就摔得不重了，只是昏迷了过去。

正当努尔哈赤躺在谷底的草丛中昏迷之时，被一位采药的老人发现了。

这老人名叫张聿华，原是山东大名府里的一个师爷，是个进士出身，因为耿介正直，得罪了权贵，只在府里当个闲职师爷。后来，知府的儿子看中了他的名字，让他改名，这位刚直之士在一气之下带着独生儿子和老伴一起来到这老山口住下。

后来，因为水土不服，儿子病死了，老两口靠上山采药，开荒种地为生。

这一天夜里，正睡得香甜之时，忽然听到后面老山上有人喊道："快来救人啊！"

张聿华慌忙披衣下床，走到门外往后面老山看去，隐隐约约似有一个高大的人站在山坡上，断断续续地喊着："救……人……啊。"

老人向老伴一招手便背上药篓，让那黑毛狗拉着爬犁，向老山谷里跑去。来到谷底，果真见到一个年轻人躺在荒草丛中，人事不知地昏迷着。张聿华再向山坡看去，那喊话人儿早已没有了，他心里好生奇怪。老人遂把昏睡着的努尔哈赤放在爬犁上，拉回自己家里。

当努尔哈赤醒来时，发现自己睡在热乎乎的被窝里面。睁开双眼一看，见到两位老人站在床前。他依稀记得发生在自己身上的事情，就挣扎着坐起来，慌慌忙忙下床，双膝跪在两位老人面前，激动地说道："感谢老人家救我一命。"

张聿华连忙伸手，将努尔哈赤拉起来，问："你是从哪里来的？"

面对两位老人，努尔哈赤感到从未有过的亲切，禁不住激情满腔，双泪涌流，便竹筒倒豆子似的，将自己的种种遭遇，如实地倾诉出来。

两位老人听了，唏嘘数声，深表同情，对努尔哈赤体贴地说："别急。孩子！你在这里过一阵子，让身体养息好，再去九鼎山不迟。"

努尔哈赤听了，点了点头，心里说："我的父母能像他们，该多好！"

他也不再说什么，就暂时住在张聿华家里。

努尔哈赤在老人张聿华家里住着养息身体，发现老人屋子里的书架上满是书，还有一些古玩器皿。又见老人谈吐不俗，气度不凡，便知这位深居山林的"药农"非等闲之人。

每天饭前饭后，努尔哈赤主动与老人谈心，向他请教一些自己不懂的问题。张聿华都是有问必答，而且讲得头头是道。时间一长，渐渐熟悉起来，努尔哈赤问道："大爷，你老人家还收藏不少书籍？"

张聿华听了，微微一笑说道："孩子，因为你不是外人，我也不瞒你了，我这老头子可是个货真价实的进士出身啊！"

接着，张聿华便将自己的遭遇向努尔哈赤一五一十地叙述一遍。

张聿华的房子是坐北向南，背依老山，面对松子河。偌大的院子里，有一间牛棚，里面养着一头牛和一头猪。

大门里边有一间狗舍，那条拉爬犁的大个子的长毛黑狗就住在里面。

努尔哈赤见屋子上的草已被风吹去不少，再不修葺，下雨就会漏了。他瞅见院子里堆着现成的干草，便蹲在草堆前，捋出许多把草来。然后爬上屋子，将那干草苫上，并用稀泥泥上，又用石块把屋脊压好。

张聿华的老伴看到了，高兴地笑着说："这可好了，下雨就不会漏了。"

说完后，又不放心地说："你的跌伤刚好，别再累坏了。"

修好了房子，努尔哈赤拿着柴刀，走到屋后的山林里，工夫不大，扛来一大捆树枝，去修补院里的篱笆。

张聿华去镇上买菜回来了，一见这些便道："这些活计等你伤完全好了再干也不迟，一旦累得伤势复发，那就不值得了。"

努尔哈赤笑着说："别担心，大爷，我累不着的。"

晚饭后，努尔哈赤走到张聿华面前，"扑通"一声跪下，恳切地说道："大爷，想求你老人家一件事，请你教我学习汉文。"

张聿华看着努尔哈赤，忽然想起山坡上站着的那位高个的人，他为什么喊救命呢？后来怎么又忽然不见了？

面对眼前的这个十五岁的小伙子，觉得这个年轻人的身上，透出一股不寻常的力量。

张聿华拉起努尔哈赤，笑着说："这有何难？只要你愿意学，老夫随时可以教你。"

从那以后，每天晚上张聿华都认真地教努尔哈赤认识汉字。

有时，张聿华又讲解华夏发展的历史，从春秋、战国谈起，讲秦始皇为何统一中国，讲刘邦与项羽争夺天下的成败得失。以后他又介绍了几个马上皇帝：唐朝的李世民，北宋的赵匡胤，明朝的朱元璋。

这些历史的、现实的传奇与故事，对年轻的努尔哈赤来说，不仅增长了见闻，扩大了知识的视野，也丰富了他的生活与斗争的经验，坚定了他克服困难的决心和勇气。

又了几天，努尔哈赤向张聿华夫妇辞行时，眼含热泪，激动地说道："大爷、大妈，你们是我的再生父母，我将终身不忘！我今年十五岁，十年后，我一定来接你们。"

张聿华听了，拉着努尔哈赤的手，也非常动情地说道："当年，姜子牙年过八十还登台拜相，我今年五十有五，再过十年，也才六十五岁，到那时，我还可以替你牵马提镫呢。"

老人家说着，从怀里掏出一包散碎银子，交到努尔哈赤手里，亲切地关照着："你带在身上留途中零用。"

努尔哈赤又跪在两个老人面前，连磕了三个响头，站起来，伸手接过银子，道："恭敬不如从命，我走之后务必请大爷、大妈保重身体！"

张聿华伸手向南指着说道："从这老河口向南走一百五十里，便能看到大海了，那九鼎山就在大海边上。"

努尔哈赤转过身去，顺着南去大道，大步流星地走了。

时光如梭，几年过去了，努尔哈赤在七星长老的教授下，学得了一身武功，于是又踏上了回家的路程。

离家三年多了，父亲塔克世虽然听信后母纳喇氏的挑唆，但他毕竟是自己的生身之父，努尔哈赤仍然很想念他。

祖父觉昌安更使努尔哈赤想念异常，老人该有七十岁了吧？每当他被纳喇氏詈骂，遭父亲毒打的时候，祖父总是出来保护自己。特别是兄弟三人被赶出家门，他老人家又送来银子作盘缠，此情此恩怎能忘？还有，那两个弟弟不知眼下流落何处，尤其是三弟雅尔哈齐，当时年仅十一岁，身体又弱小，让努尔哈赤最不放心，他时时在心里祝告天地，希望能保佑弟弟平安地活着。

如此想着，努尔哈赤一路归心似箭地往北走着。

在步云山下，努尔哈赤结识了一位抱打不平的壮汉子，这大汉名叫额亦都，也是女真人，家住叶赫部。经打听，方知额亦都在九岁时父母被仇人所杀，他独身逃出，被长白山里遇到的一个无名老人收养并传授武艺。三年后，无名老人去世，额亦都返回叶赫，并亲手杀死了仇人，当时他年仅十三岁。以后，额亦都便到姑母家里住下来。

嫉恶如仇的额亦都，为人性情刚毅，对朋友忠心耿耿，有侠义心肠。

在步云山上，两人各吐心曲，插草为香，结成八拜之交。当时，努尔哈赤十九岁，额亦都十八岁。

下了步云山，二人相约：三年后努尔哈赤派人去嘉木湖寨接额亦都。

次日早上，兄弟二人洒泪而别，额亦都继续往南走，去瓦房店讨马钱。努尔哈赤仍是往北走，翻山越岭，过沟涉河。

在抚顺关正北二百五十里，有一座佟家庄园。

这庄园的主人名叫佟万顺，已年过古稀，老伴早已去世，共有两儿五女。

说来令人伤感，大儿子佟有强，新婚不久，小夫妻二人到庄南的铁刹山上打猎，儿子被凶恶的老虎咬死，新媳妇回到庄园也自尽了。二儿子佟有盛，娶妻兀娅，是女真人，不久生下一女，取名春娅娜。一天，佟有盛到铁刹山狩猎，被毒蛇咬伤，回庄园不久，也去世了。

后来，五个女儿相继出嫁，庄园里只有祖媳孙三代同堂，相依为命。佟老汉为人善良，热心帮助乡邻，被乡亲们称为"佟大善人"。

这一年的清明节又到了，佟大善人思念两个儿子，又要去庄南的铁刹山上祭奠儿子。老人来到两个儿子的坟前，禁不住伤心地流下了老泪，不由得说出了内心的话语："你们走得太早！让我这白发人为你们黑发人烧纸，实在令人可悲、可叹！"

正当佟大善人伤心哭诉之时，猛地一阵狂风刮来，那树叶也随着哗哗哗地落下。那匹马一纵身蹿向林中，这是受惊吓以后才跑走的。老人立刻警觉起来："这是老虎出来了！"

他心情异常紧张，小鼓在胸膛里打得扑通扑通响。就在这时，一只斑斓猛虎，大得如牯牛一般，两眼射着凶狠的亮光，站在一块大石头上面，往佟大善人这里张望。

老人惊魂不定时，努尔哈赤恰好路过，他不由分说扑向猛虎，把猛虎抢起来甩向岩石，眨眼工夫，猛虎就死了。

刚才发生的这一幕打虎的场景，被佟大善人看在眼里，惊在心头，佩服得五体投地！

这时候，老人慢慢走过来，对努尔哈赤说："我老汉还得感谢你！若不是你把那畜牲打死，说不定它会吃了我，你也算是我的救命恩人了！"

努尔哈赤这才走过来，急忙向老人问道："大爷，你老人家怎么也在这深山老林里？"

佟大善人走上前去，一五一十地把自己来扫墓，遇到那猛虎的前后情况，讲述给了年轻人。佟万顺又向努尔哈赤问道："年轻人，你是怎么来到这铁刹山上的？"

努尔哈赤见老人比较和善，遂把自己的身世、学武艺的经历告诉了他。

听了之后，老人同情地说道："想不到你还是个苦命的孩子！这样吧，我的家离这儿不远，天又晚了，到我家里去，我还得好好感谢你这个救命的恩人呢！"

努尔哈赤随着佟大善人，挑着野猪和老虎走进了佟家庄园。庄园里的长工们见了，无不惊奇万分，大家议论纷纷地说道："这人的力气真大！一会儿工夫，杀了野猪，摔死了老虎，又把它们挑到庄园里，走了这么远的路，还面不改色，气儿不喘，简直是神人！"

庄园的女主人兀娅听说公公扫墓回来，又带回来一个打虎的年轻人，急忙走出来迎接。

老人见到媳妇说："今天若不是这个努尔哈赤打死了老虎，恐怕你就见不到你公公了！"

兀娅听了，急忙走到努尔哈赤面前，深施一礼，真诚地说道："勇士在上！你救了我公公，是我们全庄园的大恩人，我们将永远不忘。"

努尔哈赤急忙扶着兀娅坐下，对她说："这不算什么大事，请大妈别放在心上。"

大家正说着话儿，忽听院子里一个姑娘说："谁是打虎的英雄，让我来瞧瞧！"

话音刚落，走进一个十八九岁的少女，只见她穿着一件粉红色的旗袍，高底的粉鞋，绿色的裤子，满头乌黑的头发挽着高高的髻，脸不擦粉却洁白如玉，唇不涂丹而红若胭脂，那弯眉、杏眼把瓜子脸儿衬托得分外俊美。

努尔哈赤看得直发怔，心里说："这姑娘多俊！简直是仙女下凡尘，我长这么大，还从未见过这么好看的人！"

且说春娅娜进屋一看，这个努尔哈赤身材魁伟，浓眉大眼下面，鼻梁高高的，嘴巴又宽又阔，下面大手大脚，站在那里活像一座铁塔！她不由得产生了敬佩之情，遂说道："努尔哈赤大哥，你救了我爷爷的命，你就是我们佟家的大恩人，我春娅娜这厢有礼了！"

说完，就向努尔哈赤轻弯柳腰，深施一礼。

这样一来，倒使得打虎大汉努尔哈赤很不好意思，便微微笑着说道："这不算什么。"

春娅娜将樱唇一抿，深情地看了一眼努尔哈赤，又嫣然一笑，说道："该摆下酒席，对努尔哈赤大哥表示欢迎。"

佟万顺立即笑道："对，对，孙女说得对！"

不一会儿工夫，满满一桌酒席摆上了。

酒席中间，兀娅向努尔哈赤问道："你今年多大了？"

"我十九岁了。"

听说努尔哈赤十九岁，春娅娜小声地说："原来大我一岁。"

说完之后，粉脸腾地红了起来，又低下头偷眼瞄着努尔哈赤。

佟大爷与兀娅对春娅娜的表现全看在眼里。

"你学了这一身的武艺，准备回家，还是到别的什么地方去？"

听了兀娅问他今后打算，努尔哈赤说道："我本想回家，但是后母不欢迎我回去，我准备到抚顺关去找事做。"

听了努尔哈赤的话之后，春娅娜赶忙说道："不要啊，努尔哈赤大哥，你哪儿也别去！我们佟家庄园就是你的家，你救了我爷爷的一条命，我们怎能不报答呢！"

佟大爷也跟着说道："孙女说得对，这儿就是你的家。"

努尔哈赤不再说什么，就在佟家庄园住下来了。

努尔哈赤住在佟家庄园，每天受到热情款待，春娅娜姑娘更是分外关心。开始，那姑娘有些不好意思，后来熟了，便没话找话，天天来找努尔哈赤。

一天早上，春娅娜起床后对爷爷、母亲说："我想与努尔哈赤大哥去铁刹山林子里打猎。"

佟大爷知道这孙女的心思，便对她说："去吧，到山林里散散心，打几只野鸡回来给我下酒，也是好事。"

正飞马奔驰，努尔哈赤偷眼一瞧，见春娅娜的装扮非常靓丽。她那乌黑的头发，编成了两根大辫子，拖在背后闪着亮光。一件红缎子紧身夹袄，非常合身地包裹着她那丰满的胸脯。下身是用黑绸子做的小脚裤子，脚蹬一双云步便鞋，被玉白色的丝袜衬托得更加油黑闪亮。这一身装束，简便不失典雅，标致却又端庄，浪漫更显妩媚。这俏丽的扮相，配上她那仙女般的花容月貌，谁见了都会心旌摇荡的。

春娅娜早已感觉努尔哈赤在悄悄地觑视着她，但是，聪敏的姑娘知道，一个女人能够吸引男人的主要东西，不就是她的容貌？

春娅娜突然转过脸来，将她那一张桃花粉面迎向努尔哈赤的贪婪目光，嫣然一笑道："你看什么？努尔哈赤大哥。"

努尔哈赤说道："我在看一朵艳丽的出水芙蓉！"

春娅娜的粉脸一下子红了起来，露出了娇羞万种的姿态，斜睨了努尔哈赤一眼，哂道："坏，你真坏！以后我再不喊你大哥了！"

一边说，一边对胯下马轻轻抽了一鞭，那马儿四蹄翻花，电掣似的奔驰而去。努尔哈赤急忙也打马追上去，大声喊道："要拉紧马缰绳！"

不一刻工夫，他们便来到山下，走进林子里就感到空气清新，散发出松子与野花混合着的香味。

努尔哈赤不敢让春娅娜一个人单独行动，总是不离左右地在旁边跟着，担心会遇见野兽出来。两人直到天色将晚，才回到佟家庄园。

佟大爷见到一大袋子野物，又是野鸡，又是野兔，非常高兴，笑眯眯地问孙女道："你打了几只？"

未等春娅娜回答，努尔哈赤忙说道："都是她打的——"

"嗬！我孙女的射箭技术提高了，过去，总是'十次去打猎，九次空手回'，以后你们常去，我就常有下酒菜了。"

其实，老人这么说，有一多半是寻开心，他见到努尔哈赤与春娅娜成双成对地出入，他是太高兴了，心里早就明白了：这么下去，日久天长，还能不抱重孙子？

春娅娜与努尔哈赤第一次去铁刹山打猎时，二人就私订了终身，并成了好事。

兀娅见了努尔哈赤也很满意，那凤眼龙鼎，高鼻梁，大脸盘，都是大吉大富的福相。兀娅也就顺着公公、女儿的意思，同意了这门亲事。

佟家庄园这两日忙得红红火火，热热闹闹，就是为了招努尔哈赤在佟家入赘，在准备喜酒喜宴呢。

佟大爷最高兴，天不亮就起床了，指挥佣人们槌牛杀马，捆猪宰羊，还要杀鸡杀鹅，下塘逮鱼摸虾，忙得跑里跑外，不亦乐乎。

按满人的规矩，婚礼在上午举行。不久，在震天的锣鼓声中，喇叭吹起来了，鞭炮放起来了，那些唱戏的奏着《凤求凰》。

……

努尔哈赤入赘佟家之后，小两口情投意合，相敬如宾，日子过得祥祥和和。

光阴荏苒，不觉一年过去，那佟大爷先得了中风，卧床不起，不久便溘然离世。半年后，兀娅也半身瘫痪，很快去世了。从此，这个佟家庄园，便由努尔哈赤独自掌管。

一天晚上，努尔哈赤对怀中躺着的妻子说："男子汉大丈夫立身处事，要胸怀天下，去建功立业，不能整日缠绵于温柔乡中。"

春娅娜听了，翻身坐起，急忙说道："你要干什么，尽可以放心去做，我绝对不会扯你的后腿，我们已是夫妻，不必有什么顾虑的，自古以来是夫唱妇随，我会全力支持。"

努尔哈赤不由得将春娅娜搂得更紧，说道："你真是我的好妻子！今后，这庄园的内务就交给你了，我准备如此、这般——"

努尔哈赤在她耳边小声地说着，将他的想法都说予妻子，希望得到她的理解。

春娅娜也轻声地说道："我信得过你，你放开手脚去闯你自己的事业，我一定把家守好，请你一百个放心吧！"

努尔哈赤听了，就像嘴里喝了一碗蜜，心里甜得舒舒服服。

次日早上，努尔哈赤让管家去找来工匠，便与那工匠一起来到庄园外面，他对工匠说："这庄园有些小了，我想将它扩大一倍。"

说罢，努尔哈赤把自己绘制的设计图纸交给了工匠，二人便围着庄园勘察了一遍。

过了两天，扩大庄园的工程已经开始了，努尔哈赤天天出现在工地上，指挥工匠们按图纸的规定施工。

努尔哈赤深深感到缺乏人才，身边没有助手，这怎么能行呢？第二天，努尔哈赤亲自写了一封书信，派庄园里的一个佣人前往嘉木湖寨，嘱咐说："你一定把信交到额亦都本人手里，切记不能交给别人，然后随他一起回来。"

等送信人走了，努尔哈赤这才安下心来，他认为额亦都看到信一定会来的，当年他俩约定三年后见面，如今已经过了两年又十个半月了。一天午后，努尔哈赤正在午睡，忽然守门的侍卫前来报告说："大门外面来了一个人，他说自己名字叫洛寒，要求见见春娅娜姑娘。"

未等努尔哈赤答话，春娅娜急忙说道："快请他到家里来。"

那侍卫走后，春娅娜对努尔哈赤说道："这个洛寒的父亲原是我老爷爷在世时的管家，对我家有恩，我爷爷活着时，曾几次带信让洛寒来，直到这时才到。"

春娅娜正与努尔哈赤谈着话，那个名叫洛寒的人便进了屋子。

他径直走到春娅娜面前，流着泪说道："我来得太迟了，未能给佟大爷爷送终，实在辜负了他老人家的一片慈爱之情。"

春娅娜也不由得落下泪来，对洛寒道："这也不能怪你呀！爷爷年过古稀，药物岂能回天，望小弟切勿自责。"

洛寒又看了一眼努尔哈赤，遂走上前去，弯腰施礼，说道："小弟冒昧前来，还请姑爷宽恕。"

努尔哈赤连忙起身还礼，伸手拉着洛寒道："既不是外人，就不必拘礼了，以后你就喊我努尔哈赤大哥就行了。"

春娅娜指着洛寒对丈夫说："你不是觉得缺人手吗？这个小弟倒是个能干的老实人，就让他跟着你罢！"

"那太好了。"

努尔哈赤听了，高高兴兴地拉着洛寒，就走了出去……

原来洛寒的父亲叫陆家鼎，是关内北京附近的人，在家经商。佟大善人的父亲到北京做生意，认识了陆家鼎，相处甚为投契，遂成莫逆。因为陆家鼎经商有道，又善于理财，深得佟老爷子的赞赏，便邀他到佟家庄园当管家。

佟老爷子去世后，佟大爷继续留他，后来佟大爷的二儿子佟有盛去铁刹山狩猎，被毒蛇咬伤，抬回庄园里。陆家鼎将他的伤口割开，用嘴去吸那蛇的毒液，结果也中了毒。不久，二人都因中毒不治而死。

为了报答陆家的恩情，佟大爷派人将洛寒母子接来佟家庄园。后来，洛寒母亲想念故土，才带着洛寒离开佟家庄园。因为洛寒在佟家庄园生活了十多年，与春娅娜一块玩耍，像亲姐弟一般，相处甚好。

佟大爷听说洛寒母亲去世了，遂连续带信，让洛寒来庄园长住。这洛寒，原名陆寒，是兀娅认他作干儿子以后，才将他的名字改为女真人名洛寒。春娅娜一直对洛寒以小弟呼之，洛寒也喊她叫春姐姐，不了解内情的人，还真的以为两人就是同胞姐弟呢！

洛寒从小在关内老家读过书，也学了些武功，在拳脚上也略能应付几招。

来庄园以后，洛寒曾教过春娅娜汉文，他也认识一些蒙文。

庄园与蒙古人做生意时，往往让洛寒前去交涉，是庄园难得的人才。

庄园的扩大工程，已基本完工，四周的围墙，高约一丈五尺；墙基用石块砌成，上面用窑砖并留有城垛。

庄园大门朝南，能并排行驰五匹马，可以看到有多宽大了。

高大的城门楼上方，书"佟家庄园"四个大字，这是工匠专门到抚顺关请人写的。在围墙四角，建有四个垛楼，分上下两层，上层留有瞭望孔，可供专人放哨使用。在围墙外面，挖有护城沟，宽约五丈开外，深有两丈多，沟里栽有荷藕，并放有各种鱼类。

在沟河与围墙之间的空地上，遍栽桃、杏、梨、枣、柿、葡萄等果木。在护城沟外，栽种了五排杨树、柳树、槐树、桐树、松树、桦树等，形成了一道绿色的围墙。

在大门外的护城沟上，设立吊桥，可以随时起吊；到了夜晚，吊桥高悬，谁想进庄园，比登天还难。距离吊桥约有二百米外，建有广场，既可蓄养兵马，又可作为赛马场使用。

努尔哈赤带着洛寒，绕庄园一周，查看各项设施的质量完成情况。洛寒看看护城沟，向努尔哈赤建议道："可以将铁刹山上流下的山水引来，就能使沟水保持清洁，变成活水了。"

受到洛寒的启示，努尔哈赤也说道："护城沟的四角留出水口子，让水直接流到庄外的田里去，可以作为灌溉之用水。"

"为了防止沟里的鱼随水跑掉，在进、出水口上，装上屏障、丝网之类。"

洛寒又补充了这一条，努尔哈赤笑着说："这真叫万无一失了呢！"

二人一路走着，谈笑着，通过吊桥时，努尔哈赤说道："明天成立护庄队，由你先领着他们操练，教他们各项技能及注意事项，可好呀？"

"行！我还多少懂得一些这方面的知识，到时候，还请大哥多给予指点。"

看到洛寒如此谦逊，努尔哈赤笑道："咱兄弟之间别那么客气！"

二人正说着话儿，忽然看见广场那边的大道上来了两个人，努尔哈赤双手一拍，喊道："好啊！额亦都——我的好兄弟来了！"

说完之后，努尔哈赤拉着洛寒，飞也似地冲过吊桥，往广场跑去。

额亦都也早已发现了努尔哈赤，两方都跑着，在广场上兄弟二人紧紧地拥抱在一起。

洛寒与额亦都来了之后，努尔哈赤非常高兴，他对春娅娜说道："我现在有了左膀右臂，再不是光杆司令了，再过不久，我还要招纳更多的英雄豪杰！"

一天早上，努尔哈赤找来了额亦都和洛寒，一起吃过早饭，便走出大门，往广场那边走去。他们来到林子里边的一块草地上，努尔哈赤踩着绿毯子似的草地，对二人说道："咱们坐下来，商量几个问题。"

洛寒听后，看了额亦都一眼，说道："大哥你说怎么办，我们就怎么办，还讨论什么，不要耽误时间了。"

努尔哈赤笑道："这里依山靠水，你们看看想想，留作家禽家畜的饲养场所，如何？"

洛寒站起来，仔细看了一会儿，说道："好是好，需要拉一个围墙，因为山林里有各种野兽，不安全不行。"

额亦都也站起来看了一会儿，认真地道："这里饲养家禽、家畜太好了，真正是风凉水便，空气新鲜；只是马圈不应放在庄外，还是建在围墙里面，一旦有事，需要骑马了，总不能来庄外骑马。"

"说得对！这里只盖牛棚、猪圈、羊栏、鸡舍、鸭池、鹅池。"

努尔哈赤说后，对洛寒说道："兄弟有什么看法，只管说来听听。"

"我建议养一些猎犬，它的护家威力不小。"

额亦都忙点头表示赞成，并说道："猎犬的作用不小，可以多养一些，有时候，猎犬能做一些人所不能做的事。"

接着，努尔哈赤把压在心头好久的话当着他的这两个最亲近的兄弟，大胆地说出来了："这里地处僻远的山林地区，便于屯兵积粮，是个极好的藏龙卧虎之地，咱们年纪轻轻，总不能安于受人摆布。当年的陈涉在田垄上发出了豪言壮语，不知二位兄弟可听说么？"

额亦都与洛寒二人同声说道："请大哥说与我们听听。"

努尔哈赤遂将张聿华老人说给他听的陈涉起义前后故事讲了一遍，最后又道："当今的明朝皇帝昏庸无能，官吏贪污腐败，关内的老百姓怨声载道，这且不说，就讲我们女真族，也是乱得如一盘散沙，各部落之间争斗不息，为什么我们不可以振臂一呼，揭竿而起？"

额亦都听了，立即说道："大哥！你说得对，我一定支持你，拥护你当我们的首领！不过，这是干大事，不能性急，要一步一步来。"

洛寒也兴奋地接着说："我也拥护大哥当头，领着咱们干，但是，这要有长计划，短安排，由小到大。"

努尔哈赤看着身边的两个兄弟，又说道："当年，刘邦、朱元璋也是慢慢拼出来的，咱们更要胸怀大志，团结天下有志之士，还愁大事不成？"

兄弟三人在一起又具体议论了一些当前急需办的事情，便一起回到庄园里。

努尔哈赤这一阵子扩大了庄园，砌围墙，挖河沟，修广场，建家禽、家畜圈舍，大兴土木工程，花去不少银子。前几天，又为额亦都办了婚事，帮他把寨子里的莫愁姑娘娶进了门。

洛寒接受操练护庄队的任务以后，他就立即行动了。佟家庄园共有二十二名护庄队员，洛寒先让他们到广场集结，进行队列训练。他选出两人负责管理大门，并兼管吊桥的及时升降。为了及时了解周围信息，又选出两人担任探马，让他俩早出晚归，将开原、抚顺关等外面消息，及时报来。

其余十八人当中，任命尕喇当护庄队长，让希沙做副队长。这尕拉与希沙都是失去父母的孤儿，佟大善人收养他们时年仅七八岁。如今二人都长得高大魁梧，一身好力气，为人忠厚老实，对佟家耿耿赤胆。

在围墙四角有四个垛楼，洛寒对尕喇说："每座垛楼有两人站岗放哨，日夜轮班，不得疏忽，其余人员随叫随到。"

于是，两个护庄队长日夜在围墙上巡查，督促队员认真值班。如此安排，佟家庄园防备严密警戒森严，连飞鸟也别想轻易飞进来。

不久，洛寒又去了蒙古的科尔沁部落，努尔哈赤知道他会蒙古文，又派他去买马。

佟家庄园每年一度的春季赛会即将来到，这是一次重要的活动。

原来每年春末夏初的五月五日至十日，佟家庄园的广场上都要举行赛马、射箭、摔跤比赛或是打擂活动。

每逢这个时候，周围方圆数十里，七庄八寨的青年男女，都是争先恐后，前来赛马。

努尔哈赤与额亦都商量，以为这是一次较好的机会。可以通过竞赛活动，广泛认识、结交前来参与比赛的天下豪杰；可以在切磋武艺的前提下增进了解，建立友情，提高水平；可以扩大佟家庄园的知名度，提高佟家庄园的影响力。

经过商量，努尔哈赤负责组织并参与射箭比赛，额亦都将负责组织并参与打擂的比赛活动。

为了办好这次盛会，春娅娜也亲自上阵，指挥管家、尕拉、希沙等人员采购物品、搭高台、扎彩棚，忙得不亦乐乎。

在这景色如画的时刻，佟家庄园一年一度的盛会，已经拉开了帷幕。

在比武中，安费扬古和费英东脱颖而出。努尔哈赤见二人身材高大，武力过人，十分高兴。在酒宴上，三人一番长谈，更是志投意和，大有英雄相惜之感。

这一晚喝酒，努尔哈赤太高兴了。

前一阵子，洛寒与额亦都来了，他高兴得合不拢嘴儿，对妻子春娅娜说道："我现在有了左膀右臂了！"

今天，他又结识了安费扬古、费英东两位有志之士，欢喜得眉开眼笑，心里道：我有了这两个人，简直就像腋下生了翅膀，可以展翅高飞了！

酒席宴上，共同的抱负与理想把他们吸引到一块，共同的语言说不完，知心的话儿吐不尽。

面对女真族当前的混乱局面，他们个个忧心如焚，同时感到羞愧、难堪。为了女真族的复兴，为了她的统一，几个人共同说出了一句话："不惜吃苦、流汗，以至抛头颅，洒热血，也在所不惜，不达到目的，誓不罢休！"

后来，又把话题转回到这次打擂比赛，安费扬古对他们说道："在台下观看的人中，还有不少英武豪杰，像董鄂部的何和理，雅尔古寨的扈尔汗等，全是武功高强，且忠厚老实的有志之士，一定要给他们提供出头的机会，不能埋没人才呀！"

听了安费扬古这么说，费英东也说道："在这么多的人中，还有许多人才没有被发现，咱俩明天就别比了，小弟情愿认输了。"

安费扬古忙笑道："好兄弟！你说的话正是我心里想的，咱们为什么要争呀？谁赢、谁输无关紧要，还是让他们都站出来，咱才能广结天下豪杰啊！"

努尔哈赤听了他们的话，激动得立刻站起来，走过去搂住他们，眼里噙着泪道："真是我的好兄弟！"

第三天是打擂比赛发奖的日子。何和理、扈尔汗等果然脱颖而出。几位青年一番畅谈后，志同道合，颇为投契。日月如梭，秋去冬来，不觉一年一度的春节又将来临。

一天早上，安费扬古、费英东、何和理、扈尔汗一齐向努尔哈赤辞行。

他们家中都有父母，需要回去看看，一旦有事，他们将召之即来。努尔哈赤心知不便挽留，随即又备下丰盛酒宴，为四位兄弟饯行。这且不提。

佟家庄园这次英雄大聚会，一连热闹了十多天，尤其是那么多的获奖者，回去之后，真像是粮食种子一样，撒遍关外的白山黑水之间。

这消息很快传到抚顺关的总兵李成梁耳里。

老奸巨猾的李总兵，多年来秉承明朝皇帝对女真族的离间策略——以女真人治女真人，达到削弱各部、各个击破、分而治之等政策。如今，听说佟家庄园的主人努尔哈赤，利用办庙会的机会，又是比赛射箭，又是开台打擂，搞什么英雄大聚会，招纳八方勇士，这是公开地招兵买马，妄想扩大势力的野心大暴露！

李成梁深知：防患于未然，防微以杜渐。于是，他断然决定：不管他是三头六臂、青面獠牙，还是能呼风唤雨、撒豆成兵，我要亲自面见这位传奇人物——佟家庄园的主人努尔哈赤！

次日，李成梁修书一封，派侍卫到佟家庄园去把努尔哈赤请来。

从抚顺关到佟家庄园二百余里，那侍卫骑的"日行千里"的火龙驹，一天时间就赶到了。次日早晨，努尔哈赤早起后，与那侍卫用过早饭，又对额亦都说道："庄园里的事，一切仰仗贤弟了。"说罢，攀鞍上马，与那侍卫一起，打马加鞭，绝尘而去。

当晚，努尔哈赤便来到抚顺关的总兵府里。

李成梁弟弟李成材，在其兄麾下担任参将。平日，倚仗其兄势力，为非作歹，百姓对他无不咬牙切齿，恨入骨髓。李成梁有子十余人，其中嫡出的五人，他们是如松、如柏、如桢、如樟、如梅。庶出的，在其府内长大的就有四人，他们是如梓、如梧、如桂、如楠。李成梁那五个嫡出的儿子，全都当了总兵官；连庶出的四个儿子，也都是参将。

努尔哈赤坐在客厅里，不禁举目四顾，见这客厅乃是坐北朝南的三间大瓦房。正中放一把披着虎皮的太师木椅，背后是一满墙的横幅画，那画面上一只蹲卧着的猛虎，正迎着东方的红日在吼叫。在太师椅的两边胡乱地放着十几张木椅，这是来客坐的，或是总兵大人议事时，下属坐的。

正在想着的工夫，听得门外响着很重的脚步声，接着便听到一声响亮的话音传来："为什么不告诉我早一些，我好去迎接呀！"

努尔哈赤转身一看，面前站着一位五十开外的高个子官员，此人两颊清癯，印堂灰暗，分明是酒色过度的表现。

努尔哈赤断定：这就是总兵大人李成梁了！

他立即趋前几步，向李成梁深施一礼，说："佟家庄园努尔哈赤前来拜见总兵大人！"

李成梁双手拉着努尔哈赤，从上看到下，又从下看到上，欢喜地说道："你这么年轻？你真是那个杀死野猪、摔死猛虎的努尔哈赤？"

"正是我。"

李成梁显得很激动，也很高兴，指着旁边的那些木椅，对努尔哈赤说道："随便坐。"

努尔哈赤见李成梁坐上那张虎皮椅子，自己也就在他不远的椅子上坐下了。

"你的名声很大，请你来是想在一块喝喝闲酒，认识一下。"

李成梁正说着，侍卫进来报告说："酒席已经准备好了。"

"那好，咱们边喝酒，边谈心。"

说着，李成梁站立起来，拉着努尔哈赤走出了客厅，朝后面的宴会厅里走去。

努尔哈赤见那张大桌上菜肴丰盛，又放着两瓶酒，他没有看清什么名字。

这时，侍卫搬了把椅子放在李成梁的下首，请努尔哈赤坐下。

李成梁指着那瓶酒说道："这是关内有名的杜康酒，你就放开量喝吧！"

努尔哈赤忙说道："谢谢大人，我不常喝酒，也没有酒量。"

李成梁听了之后，哈哈大笑道："别瞒我了！打虎英雄不会喝酒？当年景阳冈上的武松，一气喝了十八碗酒，这可是实有其人，真有其事啊！"

努尔哈赤谦虚地说道："大人高抬了，我怎敢与那古代的英雄人物相比？"

"怎不能比？你也是打虎的英雄。听说你的武功高强，真的么？"

努尔哈赤随即敷衍着说道："这都是他们高抬我的。"

过了一会儿，李成梁手握酒杯，在桌子上划了一圈子，然后对努尔哈赤说道："就在这大屋子里，能否将你的拳脚功夫显露一手给本大人开开眼。"

努尔哈赤听了，心里说：露一些实力给他看，也有必要。

于是，他放下酒杯，走到李成梁面前，深施一礼，说道："请李大人指教。"

努尔哈赤走到门口，在那侍卫耳边说了几句话，便走回屋里，伸手抓了一条板凳，笑着向李成梁说道："就用这条板凳作兵器，耍一套关内的少林拳吧！"

只见努尔哈赤伸手抓起那条板凳，上下翻飞，左冲右突，风声呼呼，人影闪现，不一会儿工夫，什么也见不到了，只有一道白光。门口那个侍卫过来了，他手里端着一大脸盆水，对准努尔哈赤所站的位置泼过去。只听"哗"的一声，水花四溅，水珠儿洒向四处。

原来，是努尔哈赤让他去端水，这么做的。不久，那道白光渐渐消失，慢慢现出了人影，以至连板凳也能看得到了。

努尔哈赤停了下来，放下板凳，走到李成梁面前说道："请李大人检查，在我身上，或是在板凳上若能发现有水点，我情愿受罚。"

李成梁真的走过来，先看看努尔哈赤身上，又走到那条板凳前，仔细看着，信服地道："真的是滴水未沾，可见功夫高强！"

见到努尔哈赤是真的有武艺，有功夫，李成梁心里立刻决定：必须把他留在总兵府里。

于是，他又端起酒杯，然后说道："你有这一身的武艺，来总兵府里帮我训练兵马，怎么样？"

努尔哈赤未置可否地说道："感谢大人对我的信任，就怕我不能胜任呀！"

"这么说，你同意来了？"李成梁当即高兴得很，又给努尔哈赤斟酒，又是夹菜，并笑着说，"有你这一身的好武功，怎么会不能胜任！"

努尔哈赤只是说道："还是要靠李大人的全力支持啊！"

"没有什么难办的事，我再给你配个助手，他的功夫也不错。"

说着话的工夫，李成梁向门外一招手，一个侍卫走了进来，他向侍卫道："快去喊舒尔哈齐来！"

一听喊舒尔哈齐来，努尔哈赤禁不住内心一惊：难道我二弟真的在这里？

突然，一个年轻人走了进来，他仔细一看：啊！不是别人，正是自己的二弟舒尔哈齐，如今，虽然二弟长大了，但他也一眼就认出来了。李成梁见到他们二人的惊异表情还不知怎么回事，只见努尔哈赤与舒尔哈齐快步走到一起，互相拥抱着，哭了起来。

努尔哈赤向李成梁谢道："我们兄弟二人失散多年，未曾想到能在总兵府里重聚，真的要感谢李大人！"

李成梁这才知道他们是亲兄弟俩，遂道："这也好，反正我才招进来的那五百兵丁，就交给你们兄弟俩了！"

这一晚，酒席一直喝到深夜才散。

次日早晨，努尔哈赤便与舒尔哈齐一块吃过早饭，同去练兵场了。

舒尔哈齐怎么也来了李成梁的总兵府里？说来话长！

那天，在三岔路口，兄弟三人分手以后，舒尔哈齐就顺着那条路往前走，不知不觉走进了山林里面。以后，渐渐迷失了方向，连路也找不到了，又累又饿，便昏倒在林子里。后来，他被一个猎户老人救回去了。

说来也有些缘分，这老人名叫乌善，年轻时曾在觉昌安的麾下当过兵，以后就在山林里打猎为生。舒尔哈齐被救时才十三岁，还是一个孩子呀！

乌善老人就不让他走了，每天带着他爬山攀崖，蹿沟过涧，过着狩猎的生活。在这与世隔绝的山林里，舒尔哈齐跟着乌善学会了射箭，也学了一些拳脚功夫。舒尔哈齐掌握了投镖的本领，这镖，有木制的、竹制的、石制的，铁制的更好，舒尔哈齐能在百步之内投镖时百发百中。

一天，他正在追杀一头受伤的野猪，突然在草丛中发现了一个年轻男人。他上前去一看，此人被捆绑着四肢，遍体是伤，像一个血人，却还未死。自己当年就是被乌善老人救活的，想到此，舒尔哈齐就把这人背回住处。

后来，舒尔哈齐才知道这年轻人名叫李成材，是抚顺关的总兵李成梁的胞弟。

他平日恃着李成梁的权势，挂着参将的头衔，游手好闲，到处寻花问柳。最近他看上抚顺关马市老板窝古的妻子伊里苔，就故意去勾引，两人竟眉来眼去开了。

那窝古虽然混迹马市之中，却经商不忘做人，此人性格耿直，处事讲究义气二字。李成材这些日子经常往马市里跑，又老是与他的伊里苔搭讪，他渐渐生疑起来。窝古知道这李成材并不好惹，但是，那顶绿帽子他是不会戴的，便苦思冥想了一条计策。

店里有个账房管事名叫翁文俭，原是关内的汉人，在家乡惹了人命官司，才避祸来到这辽东地区。此人文武兼备，跟窝古相处多年，成为生死之交，马市里的大事小事，全都仰仗这翁文俭替他顶着。

一天晚上，窝古与翁文俭喝酒中间，将李成材的卑劣行径告诉了翁文俭。两人便商量着怎么对付李成材。

次日，窝古便借故去了开原。

李成材每日都来，他得知窝古去开原了，便放心大胆地去找伊里苔，但找遍了院子都没找到。一个小伙计告诉他说伊里苔一个人去黑龙沟采蘑菇了，他就骑上马朝黑龙沟跑去。

其实伊里苔就在马市里，压根儿就没到黑龙沟去采什么蘑菇。翁文俭知道李成材这只猫闻到腥气以后，一定会来的，便让伙计编了瞎话。

之后，翁文俭跟去黑龙沟，把李成材打晕了。也许这个风流鬼命不该绝，他在那黑龙沟里竟然安安稳稳地躺了一夜，既没有被野兽吃掉，也未被冻死，可谓奇迹！

次日上午，舒尔哈齐发现了他，把他搭救回去，李成材总算拾回一条命。后来，舒尔哈齐就跟着李成材来到了抚顺关总兵府里，并做了李成梁的贴身侍卫。

努尔哈赤来总兵府后，佟家庄园里也发生了一些变化。

庄园里的事全由额亦都夫妻俩管着。洛寒也从蒙古科尔沁买回了二十匹良种马，他与额亦都一块，领着庄园里的护庄队员，加上新选进的，约有百十人，提起了各季训练。

一天，额亦都向洛寒说道："兵器太少，若是要发展，没有人制造兵器不行，单纯去买，价格又太贵了。"

洛寒听了，觉得很有道理，忽然想起努尔哈赤有一个结拜的兄弟名叫龙敦，他一家也是女真族，住在龙凤山下。

想到这里，洛寒就对额亦都说："那个龙敦家里有好几十人哩，其中就有会打造兵器的铁匠，咱们向大哥大嫂提出来，把那龙敦一家全接来，既增加了人员，又有了铁匠，岂不是两全其美？"

当晚，额亦都向春娅娜说了此事，春娅娜听了笑道："你大哥不在家，你就是当家的，我不会扯后腿的，你就放心大胆地去干吧！"

次日，额亦都对洛寒说道："小弟，我要去抚顺关，这庄园里的大凡小事，全都给你了！"

洛寒听了，笑着说道："你老兄放心地去吧，庄园的事，我会放在心上的。

我另派人去龙凤山接龙敦一家。"

额赤都不再说什么，打马向抚顺关飞驰而去。当晚，他就来到了抚顺关，心想：那总兵府也不是说话的地方，不如先住在我那朋友处，明天再去找大哥也不迟。想好，额亦都便勒转马头，往马市里走去。

原来，额亦都在姑母家时，每年都有几次到抚顺关来，不是用人参换布匹，便是拿兽皮、熊掌等来换各种生活用品。来的次数多，与马市的老板窝古也就熟了，二人越处感情越深起来，时间一长，也就成了好朋友了。

舒尔哈齐来到总兵府里，既然当了李成梁的贴身侍卫，便整日不离这位总兵大人。这李总兵每天上午办公事，下午或是上山林里打猎，或是在总兵府后花园里与他的几个小老婆调情取乐。

李成梁虽然年过五十开外，却花心不减，天天得有女人陪着才行。府外养的女人不算，他一共娶了八个老婆。其中，他的第八位小老婆长得风流俊俏，细挑挑的个子，雪白的皮肤，平时一笑起来，两腮上便显出两个深深的酒窝。她的腰很细，走起路来，袅娜婷婷，很招人爱。这位李总兵年过知天命之年，岂能满足了那七个年轻女人的要求，尤其是老八！

李成梁满足不了她们的要求，他的弟弟李成材却不顾什么腥气、膻气，对她们一个个地"过火"，尤其是那个老八，更是他怀中的一个宠物。

不过，舒尔哈齐来了之后，他那高大英俊的体形，特别是他具有的童男子的阳刚之美，在总兵府的后宫闱里很醒目。

一天午后，李成梁正在屋里睡晌觉，老八在院子的树荫下纳凉，她见舒尔哈齐在跨院门口坐着，便勾引舒尔哈齐。年轻的舒尔哈齐在她的引诱下，只觉头脑晕得厉害，禁不住迷迷糊糊地随她上了床……

舒尔哈齐与老八之间自从有了这一次，便一发而不可收，二人常常幽会。他们瞒得了李成梁，却瞒不住李成材！老八与李成材之间早就"那个"上了，如今老八有了舒尔哈齐这个新欢，竟把他这个旧情人给忘了。

经过一番侦查，李成材将他俩人逮个正着。三人又通过讨价还价之后，达成一个"和平共处"的协议：在方便的情况下，老八随时恭候李成材的到来；舒尔哈齐要听从李成材的指挥。

自此，舒尔哈齐已深深陷入总兵府的淫窟中了，再想自拔比登天还难！

舒尔哈齐随着李成材常常周旋于总兵大人的七八个小老婆之间，尽管是"酒里吃，肉里眠"，却整日提心吊胆，惶惶然不可安寝。

李成材准备趁着夜色的掩护，去找梦中的情人伊里苔，刚到府门口撞见了舒尔哈齐，他心里想：何不让他一道去？万一遇上麻烦，自己也多一个助手。"走啊，跟哥们一块儿出去玩玩。"

舒尔哈齐心里本不想跟他去，但是一见他那身参将的狗皮武装，便软了下来，一声不吭地随着他一起走出了总兵府的大门。说来也巧，二人进了马市，顶头撞见了那个小伙计，李成材伸手一把抓住，厉声问道："你这狗杂种！那天为何要骗我？"

小伙计被他一吓唬，遂道："那是管事的告诉我的，与我无关。"

李成梁问道："管事的在哪里？带我去找他！"

窝古为额亦都的到来，办了一桌丰盛的酒席，又叫翁文俭来作陪，给额亦都洗尘。三人正喝到酒酣脸热之时，突然见到小伙计把李成材领来，后面还有一个身材魁梧的年轻人。

窝古心里直犯嘀咕：这夜猫子进宅，绝没有好事！一想到这儿，就禁不住埋怨翁文俭了，那天为何没有把他弄死。

额亦都不认识他，只有翁文俭心中最清楚，知道李成材是来找茬子的。他连忙离开桌子，走到门口去表示迎接，并满脸堆笑地向李成材问道："天这么晚了，参将来有何事？"

李成材本想说是为了找伊里苔的事，后来抬头见到窝古老板在桌前坐着，旁边还有一个浓眉大眼，脸上长满络腮胡子的大汉，就急忙把话咽了回去，临时又找不到合适的理由，在慌乱中急中生智，大声喝道："你坏了老子的好事，我……我来找你算账！"

翁文俭故作不知地笑道："参将言之差矣，我怎么能坏你的好事。"

这时候，小伙计突然走上来插嘴道："就是那天他来找老板娘的事。"

小伙计的这句话，把窝古老板的火气一下子点燃起来了。对李成材的到来，他早已很反感，看这家伙纠缠不休，存心来挑衅的样子，已是强压着胸中的火气。

此刻，听小伙计讲李成材来找伊里苔时，更加恼羞成怒，火气陡然上升，大声喝道："你是存心来这里找事，还是怎么样？"

这李成材一见窝古发怒，正是求之不得，他早就想与伊里苔勾搭，只是碍着他，现在不能失掉这千载难逢的好机会，便张口骂道："老子就是来找你闹事。"

李成材一边骂着，一边就要进门来掀那酒席桌子，被翁文俭急忙拦住。

额亦都一向疾恶如仇，又是一个急性子，对李成材的行为他早看不下去了，便严肃地说："有话好好讲，不能出言不逊。"

李成材正在气头上，一听更火了，骂道："嗬！你是一个什么东西，也敢多管闲事？"

额亦都气得两眼圆睁，脸上的络腮胡子根根立起，只见他从桌子后面猛一纵身，跳到门口，对着李成材一巴掌打去。

说时迟，那时快，舒尔哈齐看得真切，顺手把李成材推了过去，才躲过了这一巴掌。额亦都见了，不觉一怔，心想此人手脚还挺麻利，正想与那人搭话，忽听那人先说道："请好汉多多包涵，刚才参将言语不恭，有所冒犯，还请……"

那人的道歉话还未说完，就被李成材打断了，只见他从地上爬起来，大声喊道："你还不动手，等待何时？"

说完，他便从背后抽出一把大刀，对着他身旁的翁文俭就砍。那翁文俭也不是一盏省油灯，见李成材拔刀砍来，立即看出这位参将武功平常。于是，他身子一晃，躲过了刀，立即伸出右腿，对李成材的左膝轻轻一点，就听这位参将"哎哟"一声，便倒下了。

舒尔哈齐听到李成材叫他动手时，他还迟疑着，见到李成材被打倒了，便举拳向额亦都打来。二人便你一拳，他一腿，来来往往，打在一处。

李成材倒下之后，见那管事的并无伤害之意，遂悄悄爬起来，看了一眼舒尔哈齐，便一拐一瘸地逃出了马市大院。

翁文俭见李成材跑了，知道他是回总兵府报告，搬救兵去了，忙对窝古说道："这事闹大了！要是李成梁来了，怎么办？"

"就是李成梁来了，他也要讲理呀！他的弟弟是什么人，他自己不清楚？"

其实，这翁文俭并不是胆小怕事，他是想套套老板的话，听听老板的打算，便说道："既然老板这么说了，这事是我惹的，应该由我顶着！就是李成梁来了，我去与他说话，请你别过问！"

二人正在商量着，忽听院里脚步声杂沓，乱哄哄的说话声由远及近地传来。

李成材领着一群人，气势汹汹地进了院子，其中有一个高大身材的人，一见打斗中的舒尔哈齐与额亦都时，便大声喝道："快住手！快住手！我是努尔哈赤！"

二人一听，立刻停止了打斗，都走过来与努尔哈赤说话。

这时，窝古与翁文俭也走上前去，他们早就听说过努尔哈赤的事情，额亦都也向他们介绍了。

只有李成材一时傻了。原来，他逃回总兵府里先去找李成梁，听说不在家，便去对努尔哈赤说道："你弟弟舒尔哈齐在马市里被人欺侮，两个人打他一个人。"

听李成材这么一说，努尔哈赤才赶来的。

李成材担心人少吃亏，又喊来十多个侍卫，一路上吵吵嚷嚷，来到马市。站在院里，看了一会，才恍然醒悟地道："原来你们是一伙的！"说完，他悻悻地走出了马市大院。

听了李成材的话，大家都哄一下笑了。

努尔哈赤这才向额亦都问道："贤弟，你怎么也来到抚顺关了？"

额亦都这才将前前后后的情况，一五一十地说了一遍，忽然有些不好意思地说道："只是有些对不住舒尔哈齐二弟了！"

舒尔哈齐急忙说道："这也不能全怪你，我也有责任。"

听了两人的话，努尔哈赤哈哈笑道："这叫做不打不相识，不知者不罪呀！"

窝古一边让翁文俭再去准备酒菜，一边说："请各位兄弟到屋内说话，等酒菜准备好，咱们再接着喝！"

努尔哈赤看着舒尔哈齐提醒道："对这种无耻之徒，你以后离他越远越好，绝不能跟在他后面转。"

舒尔哈齐连忙点头，嘴里不住地说道："大哥说的对！我以后少跟他来往就是了！"

"不是少跟他来往，根本就不能跟这种人来往！二弟啊，你可不能跟他藕断丝连！"

这时候，翁文俭又派人将酒菜端上桌子，招呼大家重新入座，边喝酒，边谈心。

这一晚直喝到半夜才散，额亦都送努尔哈赤出来时，向他说道："明天，我就不到总兵府里去了，办完事，后天一早我就回佟家庄园。"

努尔哈赤答应了一声，便与二弟舒尔哈齐与窝古、翁文俭告辞，回总兵府去了。次日早晨，兄弟二人早早起来，吃罢吃饭，继续到训练场里去指挥练兵。

努尔哈赤自从与李成材弄僵之后，心里总觉得不大对劲。

他心里在想，人家毕竟是亲兄弟，不是有句古话么：上阵要数父子兵，打架还靠亲兄弟！何况弟兄二人全在人家眼皮底下过日子，以后还是小心谨慎为好。

这一天练兵之后，努尔哈赤不知不觉便来到了马市，窝古见到了，热情地拉他进屋说道："最近又要打仗了，听说哈达部的王台正在集结军队，准备攻打古埒城，还要袭击建州卫呢！"

努尔哈赤听到这些消息，不觉大惊失色，便借口府里有事，告辞窝古，走出马市。走在大街上，见三三两两的人围在一块，也在议论打仗的事，还有人说道："李总兵也带着军队去了古埒城，他也支持王台对建州卫用兵。"

努尔哈赤知道，古埒城原是母亲的义父王杲的地盘，自王杲死后，其子阿太章京袭其位，掌管其城。这阿太章京又是努尔哈赤的堂姐夫，如今有难，怎能坐视不问呢？何况哈达部的王台也太目中无人了，还有建州卫，努尔哈赤更不能袖手旁观。

一路想着，努尔哈赤回到总兵府里，找到二弟舒尔哈齐，兄弟俩又一合计，便决定立即回佟家庄园。

努尔哈赤考虑：即使要走，也要给李成梁有一个交待，以便稳住这位总兵大人。

他让舒尔哈齐找来笔墨纸砚，稍作思索，给李成梁写了一封书信，说家中有急事。

之后，兄弟二人收拾停当，滚鞍上马，向佟家庄园狂奔而去。

由于他们归心似箭，一夜之间马不停蹄，人不下鞍，于次日中午回到佟家庄园。

额亦都、洛寒等将兄弟二人接进客厅，正不知他们为何连夜回来，努尔哈赤就把在抚顺关听到的那些消息转告大家。

舒尔哈齐又补充道："今天早晨我们在途中又听说哈达部的王台拉拢李成梁、尼堪外兰，一起前去攻打古埒城，然后再打建州卫。"

额亦都与洛寒都听不明白，不知道这些事情与他们兄弟俩有什么关系。

这时候，努尔哈赤眼泪汪汪地向他们诉说了自己的身世。

额亦都、洛寒听了，相互交换一下眼色，一齐说道："事已至此，救兵如救火，大哥尽管吩咐罢！"

额亦都说道："我以为现在要做两件事，你们兄弟十多年未回建州卫了，先回去看看，再作定夺；我和洛寒在庄园里加紧练兵，抓紧打造兵器，以备战时急用。"

努尔哈赤思索一下，忙对大家说："这两件事都需要做，还要立即派人把安费扬古、费英东、何和理、扈尔汗等找来。"

额亦都也想起了一件事，连忙说道："据估计，龙凤山的龙敦一家，也快要来了。"

努尔哈赤又想起了一件事，忙对洛寒道："派一个可靠的人去把张聿华老两口接来，他老人家可是当今的诸葛孔明呀！"

这时候，额亦都的妻子莫愁也过来说道："大哥，你就放心地去吧，这庄园的后勤全由大嫂与我承担了。"

听了大家的议论，努尔哈赤非常高兴，说："有你们的支持，我这胆也壮了，气也豪了，腰杆也硬了！"

洛寒一晚上没有说话，这时慢吞吞地道："天已经晚了，明天你们兄弟要赶路，我们各人也都有事，都及早休息罢！"

于是，大家各自走了出去。

努尔哈赤与春娅娜回到家里，奶妈就把东果格格抱出来了，他一见女儿这么大了，非常高兴，忙过去抱在怀里，又是逗又是亲，惹得小东果"格格"地笑个不停。

【第二回】

结深仇父祖皆丧，报血恨英雄会盟

努尔哈赤与二弟舒尔哈齐一路马不停蹄，驰向建州卫。

离家十年了，如今又回到生养自己的地方，真是百感交集。当年，被继母纳喇氏赶出家门时，努尔哈赤才十五岁，二弟十三岁，三弟仅十一岁。一想到这些，努尔哈赤心情就平静不了，二弟回到自己身边，只是三弟至今没有消息，那时他的年龄太小，若是他还活着，也该长成一个大小伙子了。

不久，努尔哈赤兄弟俩来到了建州卫，进了都督府，放眼四顾，不禁感触万千！全家老少听说他们兄弟二人一起回来，慌忙迎出来，真是悲喜交集。唯有继母纳喇氏自觉无趣，又担心受到努尔哈赤的嘲讽，便躲在屋里装病。

兄弟俩也不计较，便先拜见了伯父、叔父及伯母等，相互倾诉了别后的情景，又引来一片唏嘘、嗟叹之声。

努尔哈赤带着弟弟舒尔哈齐又走进了纳喇氏的房门。

这一举动使纳喇氏愧悔得很，彼此谈了一会儿，她见兄弟二人不仅仪表堂堂，而且还学了一身武功，尤其是如今的努尔哈赤已成为驰名百里的佟家庄园的主人，这才宽慰了一些。面对兄弟俩的真情探望，她流着泪道："过去的事，都怪……怪我糊涂，你们兄弟能不……不记恨于我，实在难得了！"

这时候，大伯母进来从旁劝慰，各自才又高兴地说些别后的情况。

努尔哈赤对伯父、叔父道："明日我们兄弟俩要去古埒城一趟，看看爷爷和父亲，一旦打起来了，我们都可以上阵。"

大家听了，都表示赞成。

正准备休息时，忽有探马回来报告："尼堪外兰骗开古埒城门，杀了老都督、新都督，以及阿太章京夫妇……"

努尔哈赤猛一听到这一噩耗，就像一声闷雷在头顶炸开，不觉大喊一声，晕倒在地。

39

一时间，全府上下，男女老少，皆哭声不止。

老都督觉昌安的大儿子礼登巴图鲁、二儿子额尔衮都早已去世；还有老三界堪、老五塔克偏古，两人此时都是病体未愈，也都哭得泪人儿一般，上气不接下气地呜咽着。

努尔哈赤止住悲痛，招呼大家要节哀，应坐下来一起商议复仇之事。

说是商议，实际全靠努尔哈赤拿主意。

在全府哭嚷嚷、悲切切，一片混乱之中时，努尔哈赤立即站出来，沉着地吩咐道："二弟速到校场检点兵马，抓紧训练，做好迎战的准备。"

舒尔哈齐走后，努尔哈赤向众人说道："全府上下人等一律节哀，因为人死不能复生，要化悲痛为动力，可以搭灵棚，糊纸宅，自觉守灵，寄托哀思。"

然后，努尔哈赤又对大家说道："我即刻就去佟家庄园，搬来救兵后便去找我们的仇人讨还血债！"

说完，一口水也不愿再喝，便翻身上马，直奔佟家庄园，绝尘而去。

额亦都正在广场训练兵马，忽见西方大道上一片尘土飞扬，连忙整顿队伍，让众兵做好战斗准备，自己也手握钢枪，纵目观看。

不到一刻工夫，那人马已来到眼前，额亦都仔细一看，原是安费扬古领着他们瑚济寨的五十名护寨队员前来，不觉大喜。

兄弟俩商议一番，便合兵一处，继续训练。过了一会儿，见东边与北边的大道上，同时有人马往佟家庄园开来。安费扬古微微一笑，对额亦都说道："那东边大道上来的，是苏完部的费英东；北边大道上来的，是董鄂部的何和理。"

额亦都听了，非常高兴地道："这可好了！人多力量大，咱们这次一定要大干一番。"

一句话未说完，何和理、费英东二人的人马同时来到广场。

因为雅尔古寨距离佟家庄园最远，直到天色将晚，扈尔汗带着一百多人马才赶到。兄弟五人把兵马集中一块，加上庄园原有的护庄队员，足有五百人马。兄弟五人刚回到庄园里面，努尔哈赤也就赶回来了。

一见到妻子春娅娜和众位兄弟，努尔哈赤禁不住放声大哭。

春娅娜见丈夫如此伤心，心知不妙，她强压心中悲痛，问道："安费扬古等五位兄弟来了，并带来了人马，你也不感谢一声，进门就痛哭流涕，能解决问题么。"

额亦都也接着说道："大哥，你尽管放心，咱们兄弟之间情同手足，肝胆相照，你有什么难处，说出来一起想办法解决。"

费英东也接着说道："大哥的事，就是我们的事，有什么困难，大哥讲出来，咱六个人分担，就容易解决了。"

努尔哈赤急忙站起来，扑通一声双膝跪下，向五个兄弟说道："我回到建州卫不久，就听到消息，尼堪外兰骗开古埒城门，祖父、父亲以及姐夫、姐姐全都遇难。"

大家听了之后，又忍不住哭泣一番。额亦都抹了一把眼泪，对努尔哈赤说："四位兄弟带来的兵马，加上庄园里原有的，足有五百兵马，这个数目虽不算多，也还说得过去，望大哥决定，什么时候出兵，咱们兄弟几个不会有人说出一个'不'字的！"

努尔哈赤收住眼泪，向五位兄弟扫了一眼，然后说道："有一个问题，我现在拿不准，请兄弟们各抒己见，认真讨论一下。"

额亦都、安费扬古等五人都在看着努尔哈赤，听他继续说道："攻打古埒城的有三支人马，一是尼堪外兰，二是哈达部的王台，三是抚顺关的总兵李成梁，在这三个仇人中，我们先攻打哪一支？还是另作他计。"

安费扬古首先提出了自己的看法："自古以来，出兵打仗，都要师出有名，据说刘邦当年就是打着反对秦始皇暴政的旗号起兵的，项羽也是那样。咱们是为了报仇，那就打着复仇的旗号，要找准仇人，这是最主要的。"

何和理也提出了自己的看法："李成梁是明朝的总兵官，他虽然出兵，我们不好现在就去与他打仗；哈达部的王台距离较远，势力也比我们强大，我们不能越过图伦城的尼堪外兰，再去与哈达打仗。这尼堪外兰就是我们先要打的仇人，大家以为怎样？"

额亦都与费英东也认为先打尼堪外兰好。

这时候，安费扬古又提出了一个问题："前次攻打图伦城时，是李成梁、王台和尼堪外兰三支人马，这次咱们攻打尼堪外兰时，李成梁与王台会不会来救呢？"

大家认为像尼堪外兰这种首鼠两端之辈，王台不会救他，李成梁更不会救他。

努尔哈赤激动地说道："万一有谁来救尼堪外兰，他就是咱们不共戴天的仇敌，我们也要不惜一战！"

额亦都也说道："我们这些人无官无职，怕他们什么？打得赢，咱们报了仇，雪了恨；万一打败了，我们还回来种地，或走到深山老林里打猎去，咱们没有负担！"

费英东也激动地大声说道："这话说到我们心里了！咱们无官一身轻，干吧！对尼堪外兰这种无耻小人，杀得再多，老百姓也会拥护我们的。"

正当兄弟六人谈得热烈、兴奋之时，忽有侍卫进来报告说："龙凤山龙敦一家六十余口，已经来到庄园门口了！"

努尔哈赤与额亦都等兄弟六人，急忙出了客厅，前去迎接。

这时候，庄园大门口站着黑压压一班人马，老太太与龙敦正站在那里东张西望，评议着庄园的门楼与围墙。除了马匹以外，还有好几头高大的骆驼，驼峰上堆的是满满的行李等物品。

努尔哈赤一到大门口，便大声喊道："大妈！你老人家总算来了。"

老太太高兴得眼泪都流出来了，拉着努尔哈赤的双手，上下打量着，激动地说："这十年不见，你也成大人了，越长越英俊，真是更有出息了！"

关于龙敦一家，是努尔哈赤在学武途中偶遇的，龙敦曾救助过努尔哈赤。努尔哈赤早已向额亦都兄弟们讲过，大家并不感到陌生。努尔哈赤拉着龙敦的手，把兄弟们一一介绍给他，使龙敦感到很激动，他笑着说："我心里觉得，好像来到自己家里一样！"

努尔哈赤也笑着说道："这就对了！我的家就是你的家，咱们兄弟之间，就根本不分彼此才好！"

次日，努尔哈赤让龙敦留下，领着几十名护庄队员，负责警戒庄园的安全。

他又与龙大妈告辞，又嘱咐了妻子春娅娜几句话，让她与莫愁好生照顾大妈。

这一切安排妥当之后，努尔哈赤与额亦都、安费扬古、何和理、费英东、扈尔汉众兄弟一起，领着五百多兵马，往建州卫奔去。

他与众位兄弟领着人马，日夜兼程，赶回到自己的出生地——赫图阿拉，即建州卫的都督府。两支兵马合在一块，已经接近千人了。

努尔哈赤派舒尔哈齐抓紧训练兵马，争取早日上阵。

兵马、干粮准备齐全之后，努尔哈赤便取出祖父觉昌安老都督、父亲塔克世新都督遗留下来的十三副盔甲，分发给额亦都、安费扬古、费英东、何和理、扈尔汉等各将官穿上。

他自己也穿上盔甲，披挂起来，领着他们祭拜天地，立下誓言道："成败在此一举。若能取胜，亲手杀死仇人尼堪外兰，当年的奉祀，岁岁厚祭；一旦溃败，当与仇人同归于尽。"

祭奠已毕，一声炮响，努尔哈赤与众弟兄领着大队人马，浩浩荡荡，直奔尼堪外兰的老巢——图伦城驰去！

此时，是明朝万历十一年（1583年）五月，努尔哈赤正好二十五岁。

尼堪外兰攻打古埒城时，将城内兵马已大部分带走了，只留下极少数老弱残兵留城。未曾想到努尔哈赤的复仇兵马忽如天兵天将来得这么突然，这么迅速！探马将图伦城内部空虚的情况及时向努尔哈赤作了报告，只见他微微一笑，说道："这是老天爷睁眼了！我们先去抄他的老窝，然后再找这个叛贼算账！"

努尔哈赤的军队开到图伦城下，不消一个时辰的工夫，额亦都带着一百人率先攻进南门。

安费扬古、费英东各带一百人，也相继攻进了东门和北门。

努尔哈赤让何和理坚守大营，自己与扈尔汗带领一百人也攻进了西门。

努尔哈赤与安费扬古等来到尼堪外兰的府第，命人将其一家老小全部杀死。然后，用那些人头来祭奠冤死的祖父、父亲、姐夫和姐姐的在天之灵。努尔哈赤命人将尼堪外兰的金银财物全部集中起来，装上车，一起运走。

为了堵死尼堪外兰的近路，他又派安费扬古的弟弟守图伦城，又留下二百名士兵，让他加紧训练，管好图伦城。

为了寻找尼堪外兰报仇，努尔哈赤急忙传令："兵马离开图伦城，向古埒城进发。"

走了不到二十里路，便撞见尼堪外兰回城的军队，探马早将消息报给努尔哈赤了。

努尔哈赤非常高兴，不觉心里说道："这真是踏破铁鞋无觅处，得来全不费工夫。"

只见他手提长枪，拍马走向前去，决心要与仇人大战一场。

尼堪外兰正领着军队，带着从古埒城掳掠来的金银财物，唱着凯旋歌，返回自己的老巢图伦城的途中，突然探马前来报告："建州卫老都督觉昌安之孙、新都督塔克世之子、外号名叫野猪皮的努尔哈赤，带着一千复仇人马，已攻破图伦城，把城主一家老小全都杀死了，现在又领着兵马杀来了。"

尼堪外兰一听这消息，好像在头顶上响起了一声炸雷，差一点儿被吓得坠下马来。

尼堪外兰不再迟疑，他立刻勒转马头，丢下他的军队，丢下他不久前掳掠来的金银财物，落荒而逃！

努尔哈赤一见那兵马中间，挑着一面上书"尼堪外兰"的大旗，真恨得咬牙切齿。他把手中枪一提，如下山猛虎一般，一马杀入阵中，只见他那条枪所到之处，士兵纷纷倒下。

正当努尔哈赤杀得性起之时，额亦都前来告诉他说道："尼堪外兰不敢对阵，早已丢下兵马，只身一人逃跑，现在去追，已经来不及了。"

努尔哈赤听了，气愤地说："躲得了和尚，能躲得了庙么？我就不信尼堪外兰能躲到天上去！不亲手杀了他，我誓不为人！"

此时，尼堪外兰的兵马见主将逃跑，遂不战自乱，溃不成军了。努尔哈赤与额亦都等，便将尼堪外兰的兵马收编过来，扩充到自己的军队中。那些金银财物等，也尽归努尔哈赤所有。

努尔哈赤图伦城一仗，真是旗开得胜，他领着人马，进入图伦城里。

为了笼络人心，他及时下了安民告示："凡与尼堪外兰划清界限、不与联系者，免死；凡主动前来报告尼堪外兰下落者，受重奖。"

一时之间，城里的百姓全都向着努尔哈赤，他又派何和理的一个部下头目吉布提管理古埒城，然后又领兵回到赫图阿拉——建州卫。

不久，有人前来报告说："尼堪外兰已逃往浑河部的嘉斑城。"

努尔哈赤与兄弟们商量，从赫图阿拉到嘉斑城，中间还隔有其他部落，怎好带兵前去？

安费扬古提出建议道："不如找明朝辽东巡抚提出来，也许会得到帮助，也未可知。"

努尔哈赤说道："我也想去找明朝官员询问：我祖父、父亲被尼堪外兰无端杀死，应该怎么处置？"

大家议论已定，努尔哈赤让额亦都等在家抓紧训练兵马，以备随时调用。他自己带着费英东，亲自去到广宁找明朝巡抚诘问。

明朝辽东巡抚名叫张学颜，他在广宁巡抚里已有探马报告了努尔哈赤的情况。张学颜是个胆小怕事的人，遂派人找来了抚顺关总兵李成梁，批评他道："我只让你杀王杲，为什么连建州卫的觉昌安、塔克世父子一起杀了？"

李成梁也听说努尔哈赤起兵攻破图伦城，杀死尼堪外兰一家之事。李总兵一听巡抚的口气，知道巡抚大人一向求稳怕乱，担心努尔哈赤会在辽东制造混乱，给他带来麻烦，便平静地说道："大人不必担心，那努尔哈赤虽是武艺高强，但是，他年轻幼稚，不会有多大能耐，只要把觉昌安、塔克世的尸体还给他，再让他继承建州卫都指挥使的袭位，赏他一些东西，他就会满足的。"

这老奸巨猾的李成梁的一席话，说得张巡抚一时无话作答，也就不吱声了。

又过了几天，努尔哈赤真的来到广宁，在巡抚衙门里，他向张巡抚诘问道："张大人，我有件事不明白，想请大人说明：我祖父觉昌安、父亲塔克世是大明皇帝治下世袭的建州卫都督，一向忠顺朝廷，为何被杀？"

张学颜巡抚到底觉得理亏，遂安慰道："对他们的不幸，我深表同情，这是误杀，不过，人死不能复生，我准备奏明皇上，让你继承都督职位。"

不久，张学颜责令李成梁派人尽快找到觉昌安、塔克世的尸体，并盛棺送往建州卫州赫图阿拉城。

接着，张巡抚通知努尔哈赤道："皇帝已批准你承袭建州卫都指挥使职位，并赏赐予你赐书三十道，好马三十匹，建州卫都督敕书一函。"

又过了两天，父子俩的灵柩已送回建州卫都督府，努尔哈赤一见两口棺材，便飞跑过去双手拍着，号啕大哭起来。

努尔哈赤决定把爷爷和父亲的棺材先放起来，等到捉住尼堪外兰的时候，将他的头拿来祭奠后，再进行埋葬。

对努尔哈赤的决定，在众多的伯叔、兄弟中，尽管有人有不同看法，但因为他现在是都督了，所以也不敢公开反对。

当了都督之后，努尔哈赤深深觉得：在建州众多的女真部落中，自己是何等的势单力薄！幸亏有额亦都、安费扬古、费英东、何和理与扈尔汗的来投。为了成就大业，共同对敌，必须把全宗族的力量团结起来，这是努尔哈赤的当务之急！

他的爷爷觉昌安，一共兄弟六人，他们共有儿子二十三人。

他的父亲塔克世兄弟五人，共有儿子二十一人，其中包括他和舒尔哈齐。如此算来，努尔哈赤的父祖、伯叔、兄弟、宗侄多到一百至二百人。这么多的同宗室人员，对某一件事、某一个问题，有不同看法，产生各种矛盾，是不可避免的。

努尔哈赤与额亦都、安费扬古等兄弟，对这个棘手的问题认真进行了商讨，制定了对付宗室们的一个原则。

努尔哈赤以海纳百川的宽容态度，坚持扶弱济危，扬善斥恶，达到团结大多数人的目的，以求发展实力，扩充势力。

可是父、祖的大仇未报，努尔哈赤总觉得寝不安席，食不甘味。不久，努尔哈赤听说明朝的辽东巡抚又换人了，便以为这是一个机会，又前往广宁，向新巡抚周泳大人说道："杀我祖父、父亲的人是尼堪外兰，你们把他交给我，我就甘心了！"

谁知这个周泳很难讲话，他对努尔哈赤没有好感，竟说道："据我所知，你的父、祖之死，是因我兵误杀，所以朝廷给你敕书、马匹，又让你承袭了都督职衔，这事已经结束了。如今，你又来纠缠不休、乱提要求，就是你的不对了！"

努尔哈赤听了，很反感，气愤地说道："这是正当的要求，不是纠缠不休。"

周巡抚打断努尔哈赤的话，见他仍然不依不饶，也很生气，态度更加强硬起来，他竟然带有恐吓性地对努尔哈赤说道："若再喋喋不休，我们将帮助尼堪外兰在嘉斑筑城，派他担任你们建州女真人的首领，你以为怎么样？"

努尔哈赤怎么也没有想到会得到这样的答复。他怀着极其愤怒的情绪，回到赫图阿拉。

周巡抚的威胁和恫吓，只能加剧努尔哈赤心中的仇恨，并将仇恨之"结"越结越紧。而明朝边吏的残暴蛮横，他们对女真人的勒索屠戮，使努尔哈赤心中郁积已久的民族激情，更加高涨。

努尔哈赤的仇人尼堪外兰也向他挑战了！

由于明朝堂堂的辽东巡抚周大人公开扬言要扶持尼堪外兰，一时间，附近的一些女真部落，竟都趋附于他。

那个一度曾惶惶犹如丧家之犬的尼堪外兰，也有恃无恐，竟派人来到赫图阿拉，胁迫他道："你努尔哈赤若能向我投诚，我将保你做建州卫的副首领。"

努尔哈赤气得肺都快要炸了，他大声地对来人说道："尼堪外兰是杀我父、祖的罪魁祸首，我努尔哈赤不报此仇，誓不为人！"

一波未平，一波又起，努尔哈赤陷入愤怒的漩涡里了。

来自外部的敌人固然可恶，努尔哈赤气愤地感受到，在他的宗室内部，也有人从他的背后，向他射出了暗箭。

此时的努尔哈赤像一头愤怒的狮子，在赫图阿拉的家中，焦躁不安地撞来撞去。

额亦都及众兄弟们，非常心疼地看着他们的"大哥"，大家商议后，派人从佟家庄园把春娅娜及其两个孩子接来了。佟氏春娅娜的到来，才使气急败坏的努尔哈赤逐渐冷静下来。此时，长女东果格格已成聪明美丽的小姑娘了，长子褚英已在牙牙学语。难得的天伦之乐，给努尔哈赤带来一丝安慰和欣喜，但仇恨的胸膛仍是不能平静。

这段日子里，努尔哈赤被仇恨和愤怒裹挟着，他的脑海里不时闪现出一个老人的影子。努尔哈赤从内心深处企盼着他赶快到来。

正当努尔哈赤与额亦都等兄弟们在举棋不定之时，侍卫进来报告道："萨尔浒城主卦喇的二弟诺米纳派遣使者来了，急于求见都督。"

努尔哈赤与众兄弟一听大喜，忙着将那使者接进客厅，那使者直言不讳地道："我们城主的二弟诺米纳将军素来瞧不起尼堪外兰，他已联合嘉木湖寨主噶哈善，沾河寨主常书及其弟杨书等人，想与建州卫结成同盟，共同抗拒尼堪外兰，不知大都督愿意否？"

努尔哈赤听后，看看额亦都等，说道："我们愿意结盟，不知在何日可以签订？"

"那就订在后天吧，结盟地点也在你们这里。"

努尔哈赤当即同意使者的这个提议，让安费扬古送使者去馆舍休息。

当晚，安费扬古在酒桌上，从那使者口中，得知了一些建州卫所不了解的情况。原来诺米纳将军与尼堪外兰曾经为争夺哈达部的一个女子而反目。这次尼堪外兰逃到嘉斑城，辽东巡抚又扬言让尼堪外兰当建州卫的女真人的首领，诺米纳心中不服。诺米纳深知努尔哈赤要找尼堪外兰报仇，便联合嘉木湖寨、沾河寨一起抗拒尼堪外兰。

据何和理所知，嘉木湖寨的噶哈善，此人忠厚老实，很讲义气。

沾河寨的常书、杨书兄弟俩，与费英东他们曾在一起练过武。

到了第三天，诺米纳、常书、杨书以及噶哈善全都来到赫图阿拉。努尔哈赤带领额亦都等弟兄们，热情接待了他们。

常书在会谈中气愤地对大家道："尼堪外兰是一个小人，他经常诬陷我们，向抚顺关的李成梁总兵说我们的坏话，希望我们受到惩罚。"

噶哈善说的话不多，但是很实在："尼堪外兰是个奸佞小人，我拥护你努尔哈赤为首领，愿意出兵与你一起攻打他。"

谈判中，诺米纳言辞闪烁，显示不出有多大的诚意，他只是希望努尔哈赤能及早消灭尼堪外兰。

为了慎重起见，努尔哈赤提议：在黑牛、白马祭品前，大家立下誓言，不能走过场。噶哈善立即响应，第一个跪下去，常书、杨书兄弟与努尔哈赤也跪下去，唯有诺米纳迫于情势与脸面，才勉强跪下。

联合结盟之后，为了加强这种关系，进一步加深与噶哈善间的信任与友好，努尔哈赤把自己的同母妹妹热娅嫁给了噶哈善。

这时候，努尔哈赤的同宗同祖的叔伯、兄弟们出于对他的不服和忌恨，便聚在一起，对着神灵起誓，决心除掉努尔哈赤。

为拆散努尔哈赤刚刚建立起来的四寨联盟，他们策划于密室，订立攻守同盟。其中，努尔哈赤的三叔祖其第四子隆登儿，是这伙人的头目。他一方面派人去对尼堪外兰通风报信说："努尔哈赤与萨尔浒城的诺米纳、嘉木湖寨的噶哈善、沾河寨的常书和杨书结下盟约，不久会去攻打嘉斑城。"

隆登儿又亲自去见诺米纳的弟弟廷喀达说："明朝的辽东巡抚让尼堪外兰在嘉斑筑城，这是大明皇帝对尼堪外兰的公开支持；哈达部的王台又与尼堪外兰关系友好，在这种情况下，令兄诺米纳却与努尔哈赤结成联盟，准备去攻打尼堪外兰，这是危险的举动啊！"

隆登儿说完之后，见廷喀达沉默不语，便又接着对他说道："努尔哈赤的为人异常阴险、狡猾，我是他的同宗，能不了解吗？"

廷喀达终于被说动了，便立即将隆登儿的这些话转告给诺米纳。

本来就心有疑虑的诺米纳，对努尔哈赤的实力与为人都不放心，听到隆登儿的这些煽动，彻底动摇了。诺米纳背叛了盟誓，反而投向尼堪外兰。同时，诺米纳又派人到噶哈善和常书那里，把隆登儿的话转述于他们，也希望他们与自己一道背弃盟约转向尼堪外兰。

可是，噶哈善是一个很有主见的人，他一贯坚持"向理不向人"的人生哲学。他亲自找到了沾河寨，诚恳地对常书说："我对诺米纳这种言而无信、背弃盟约的行为深感气愤！我不能听从这种人的指挥，我仍然要与努尔哈赤站在一起！"

常书、杨书兄弟们也没有听信诺米纳的挑拨，坚持与噶哈善、努尔哈赤站在一起。为了让努尔哈赤有思想准备，噶哈善又到赫图阿拉城，把这些情况转告给他。

努尔哈赤听了，禁不住哈哈大笑道："我早就看出诺米纳没有诚意了，他自以为力量超过我们，其实那是微不足道的。"

努尔哈赤对以隆登儿为首的诸叔伯、兄弟的背叛行为，尽管心中十分恼怒，却仍然装作不知道，他向额亦都、安费扬古众兄弟说："我与尼堪外兰是家仇，家仇未报，就窝里斗，这样的蠢事，我努尔哈赤绝对不干！"

为了证实自己有能力杀尼堪外兰报仇，努尔哈赤决定立即去攻打嘉斑城！经过认真讨论，努尔哈赤只与安费扬古、费英东三人，带领一支轻简的三百人马，趁着夜色的掩护，从诺米纳的萨尔浒城的南边绕过去，突袭嘉斑城。

临出发前，努尔哈赤嘱咐额亦都、何和理两个兄弟说道："要提高警戒，隆登儿这样的野心人物，不能不防啊。"

果不其然，努尔哈赤带着兵马前脚刚走，隆登儿便派人去到诺米纳那里送信。诺米纳忙派弟弟廷喀达将消息送给尼堪外兰，催他赶快躲走。

隆登儿见额亦都与何和理虎视眈眈地守卫着赫图阿拉，也未敢轻举妄动，只得龟缩在自己家里，等待机会的到来。

再说努尔哈赤带领队伍奔袭嘉斑城，探马早向他报告说："尼堪外兰已向抚顺关逃去。"

努尔哈赤知道又有人通风报信了，禁不住一腔热血冲向大脑，便决定继续追往抚顺关，向新来上任的总兵大人讨回仇人。

此时，李成梁因被辽东巡抚御史胡克俭参劾，说他"骄纵贪黩，苛索殃民"，万历皇帝一生气，免去了他的总兵官职衔。

新上任的总兵是李松，此人由胡克俭推荐，他对尼堪外兰没有好感，不愿支持他。

尼堪外兰从嘉斑城逃出来，本想到诺米纳的萨尔浒城里暂住，谁知城主卦喇不答应。

卦喇坚持不让尼堪外兰进城，尼堪外兰心里想："我逃往抚顺关去，请求明朝军队的保护，你努尔哈赤再有能耐，敢与大明朝对抗么？"

尼堪外兰一口气跑到抚顺关城南的河口台，这里驻扎着一支明军。守台的明朝将领按照李松的意思，不愿意接纳尼堪外兰，阻止他进台。惶惶犹如丧家之犬的尼堪外兰，见明军不愿收留他，又急急忙忙逃向鹅尔珲城去了。跟随尼堪外兰的部下，发现明朝的官兵都不搭理他们的主人，跟着他还有什么奔头？

这些人原来都是尼堪外兰的铁哥们儿，如今掉转方向，来投努尔哈赤。从这些人的嘴里，努尔哈赤也才得知明军没有收留尼堪外兰，便收兵回建州了。

回到赫图阿拉，努尔哈赤与额亦都等兄弟们经过认真讨论，深深感到面临的形势是十分严峻的：既有自忧——来自同宗叔伯、兄弟的忌恨与背叛；又有外患——尼堪外兰、诺米纳一类的仇敌。

可是，努尔哈赤不是一个懦夫！努尔哈赤从来就是说干就干的人。

他带着额亦都、安费扬古等众兄弟，加紧训练兵马，决心让他的兵马成为一支最有威力的军队。

一天，努尔哈赤正与他的众兄弟们热火朝天地训练他们的兵马时，侍卫跑来报告说："张聿华大爷来了！"

努尔哈赤不觉一怔，急忙问道："在哪里？"

"老朽在这里。"

努尔哈赤转身一看，可不是嘛，一位神采奕奕的白胡子老人就站在面前。

他仔细一看，正是自己日夜思念的那个张大爷！不由得大喜，便抢步上前，一把抱住老人，十分着急地问候道："大爷，这十年来，你可好？大妈可好？我好想你们啊！"

老人有意避开了老伴过世的事，激动地说："是啊，我也一样地好想念你呀！"

张聿华说着话，又上下打量着努尔哈赤，道："你如今是一位名副其实的大将军了！"

努尔哈赤立刻想起十年前这位老人讲过的陈涉的故事，禁不住对老人说道："有一句话我铭刻心里——王侯将相宁有种乎？"

张聿华听了，立刻哈哈大笑起来，说道："这才叫有出息呢！"

说罢，又与努尔哈赤一齐笑起来。

笑着，张聿华举目朝训练场上的兵马看去，又看了看额亦都、安费扬古等，情不自禁地道："你现在可真正是今非昔比，鸟枪换炮了！"

努尔哈赤听后，急忙说道："哪里，还差得远！大爷，难道你老人家不了解我的心思！"

努尔哈赤忽然想起身边的众兄弟，忙说："我一激动，也忘记介绍我的众位兄弟了。"

他拉着张聿华老人，把额亦都等兄弟一一作了介绍，然后对兄弟们说道："我们有了张大爷，真是如鱼得水呀！"

说完，努尔哈赤忙吩咐人去准备酒菜，要替老人家的到来接风洗尘。

张聿华老人来了之后，努尔哈赤兴奋异常。

努尔哈赤在众人面前正式宣布道："今后，张大爷便是咱们的军师，希望各位一定要听从他的号令，服从他的指挥。谁若违抗、刁难，我努尔哈赤绝不轻饶！"

大家正议论着，忽有侍卫进来报告："诺米纳派使者来了。"

努尔哈赤听后，向众人说道："既与我们毁了约，又派使者来做什么？"

安费扬古说道："使者既然来了，就听听他说些什么。"

不一会儿，那使者大模大样地进来，说道："我们萨尔浒城的二城主诺米纳让我给建州卫大都督传话：浑河部的杭嘉、扎库木那个寨子，是我们苏克素浒部的，你们建州卫不能去侵犯；董嘉、巴格达两城是我们的仇敌，你们建州卫若攻取了这些城，必须送给我。否则，不许你们的兵马从我们的边境经过。"

努尔哈赤听了使者的传话，非常生气。他看了看张聿华，正想发作，却见老人向他使了一个眼色，他便不说了。张聿华向使者问道："你们二城主怎么知道建州卫要攻打这些城寨的呢？"

使者微微一笑道："这是你们建州卫的隆登儿亲口向我们二城主说的。"

"又是隆登儿！"

努尔哈赤在心里很快地想着："我一直不明白这位亲堂叔——隆登儿为什么总要与我为敌？"

努尔哈赤正在想着，忽听军师张聿华对那位使者说道："请你先到咱的馆舍吃饭、休息，等我们商讨好了，再通知你，怎样？"

使者高兴地答应着，随侍卫去馆舍了。

努尔哈赤向张聿华问道："不知军师有何高见？"

只见张聿华手捋胸前的白须，微微一笑："咱们可以将计就计，给他来个顺水行船。"

说完，又小声向众人如此这般地说了一会儿，引得大家十分高兴，努尔哈赤兴奋地道："果然是好计，咱们就依计而行！"

努尔哈赤让何和理去与那使者传话，又派人去嘉木湖寨主噶哈善、沾河寨主常书那里，约他们后天出兵攻打巴格达城。

萨尔浒城使者得到何和理的答复之后，在馆舍喝足了酒，吃饱了饭，又收了何和理给的二两纹银，喜滋滋地回去向诺米纳道："努尔哈赤满口答应了二城主的条件，定在后天出兵攻打巴格达，让二城主也按时带兵前往。"

诺米纳听后，得意地笑了，对哥哥卦喇道："我早就说过，努尔哈赤会就范的，他会随着我们的指挥棒转，不然，就给他一点厉害尝尝，叫他吃不了，兜着走！"

卦喇建议弟弟说："你还是多长一个心眼，多带些兵马去。一旦有了意外，也好及时动手。"

诺米纳接受了哥哥的意见，将城内最有战斗力的五百兵马，全数带去，如期前去攻城。

在巴格达城下，四个城寨的兵马汇聚一起，声势倒也不小，真令城内敌兵胆寒。

努尔哈赤见到诺米纳后，对他说道："请老兄看看我的队伍，人无盔甲，马无鞍驾，连兵器也不能人手一件，又没有训练过，怎么能打仗？还是让阁下的兵马当前锋，先攻城吧！"

诺米纳看到建州的队伍确如努尔哈赤所说，缺兵无甲马又少的，但他心里有想法：这打前锋吃亏，人马伤亡一定多。便说道："当初不是说好的么？是你们攻城，现在怎么能变卦！"

努尔哈赤见他想翻脸，忙说道："没有变卦，我们只是有些实际困难。这样吧，你不想让自己的兵马先攻，那就把你们的盔甲、兵器借给我们用一下，这样，此城一定可以攻破。"

诺米纳不好再拒绝了，一时只想贪占小便宜，不伤一兵一马就能得城，便将全军的盔甲、兵器全部交出来了。

努尔哈赤急令自己的士兵披甲戴盔，手执兵器，全副武装起来。

努尔哈赤见时机已到，随向安费扬古、费英东使了个眼色，大喊一声："还不动手，等待何时？"

安费扬古纵身一跃，跳到诺米纳身边，手起刀落，只听"咔嚓"一声，诺米纳的人头已滚落而下，一股鲜血从他的颈口喷出。努尔哈赤、费英东指挥建州卫的兵马，把诺米纳的队伍包围起来，大声对他们说道："要想活命，赶快投降！"

诺米纳的军队主将被杀，又被紧紧包围着，只得老老实实投降了。

努尔哈赤与噶哈善、常书一商议，遂把兵马一分为二：努尔哈赤与噶哈善、常书领着一半人马攻打巴格达城；另一半人马由安费扬古、费英东率领，去攻萨尔浒城。

且说安费扬古与费英东领着人马，来到萨尔浒城下，让归降的诺米纳士兵骗开城门，遂不动刀兵，就占领了萨尔浒城。

诺米纳的哥哥，萨尔浒城主卦喇，见城已陷落，弟弟被杀，一气之下，刀往脖颈上一抹，自杀而死。

安费扬古取出事先由张聿华写好的安民告示，交由士兵们去城内各处张贴。

费英东领着人马进入城府，清查金银财物，对投降的人不加杀害，凡夫妻离散的，准许他们回去团聚。

这种兵不扰民的政策，城内百姓无不拍手欢迎，人人称颂。

一切安排停当，原佟家庄园的护庄队长尕喇带领二百人马留下来守城。从此，萨尔浒城头飘扬着"建州卫努尔哈赤"的大旗，在微风中飒飒抖动。

当安费扬古与费英东带领兵马回到巴格达城下时，城已被攻破了。努尔哈赤建议让常书的弟弟杨书留在巴格达守城，然后各自收兵，这是起兵当年的八月。

这次计杀诺米纳，轻取萨尔浒与巴格达两城，巩固了与噶哈善、常书的联盟，又充实和壮大了兵马，真是一举多得。

回到赫图阿拉，努尔哈赤高兴地说："这次用兵大获全胜，全是因为军师的妙计！"

当晚，努尔哈赤命人摆酒庆贺，并杀牛马，犒赏兵士，全府上下，一派喜气。

努尔哈赤请来了军师张隶华，真是如虎添翼，用计杀死诺米纳，既增强了实力，又清除了异己。

这小小的胜利，并未改变不利的局势，不仅人心仍未归附，险象时时伴随着努尔哈赤。他的亲戚见努尔哈赤的势力不断壮大，更加忌恨。他们心生杀机，不惜雇用刺客，对努尔哈赤开始制造一次又一次的谋杀事件。

九月初的一天深夜，佟氏春娅娜刚生下次子代善两个月，因为孩子要把尿，她忽然听到有人从墙上跳到院子里了，便悄悄推醒了努尔哈赤。努尔哈赤立刻吹灭了屋内的灯火，手执钢刀，凭窗向院里看去，见一人影躲在墙脚下。本可以一箭将那人射死，努尔哈赤却没有那样做，他只是向那人问道："是谁派你来的？不说我就射死你！"

那刺客知道努尔哈赤是神射手，何况他在暗处，自己是在明处，只得从黑影里走出来，跪在院子中央，带着哭声说道："我不明说你也清楚，都是你的同宗叔伯、兄弟雇我来的，我家中母亲病着，无钱医治，这才走这条不该走的路。"

努尔哈赤听后，没有射杀那刺客，对他道："回家去给你母亲治病吧！"

那刺客向那扇窗户连磕了几个头，爬起身来，跳上院墙逃跑了。

次日，张隶华、额亦都等众兄弟知道了这事，一齐劝他更换住房，加强戒备。

但努尔哈赤坚持不搬，反劝说大家安心。张隶华等无法，便派侍卫夜里值班放哨，来保护他的安全。

这初次谋杀未遂，又开始了下一次。

十月，又是一个阴晦的夜晚。一个刺客竟爬上院墙，又悄悄潜入努尔哈赤的院子里，眼见将要逼近房门了。正在这危急关头，院里的那条大花狗惊叫起来了，努尔哈赤立即被狗的叫声唤醒。

为了防备万一，他让妻子春娅娜与三个孩子藏到了柜子下面，然后手执钢刀，厉声叫道："哪里来的贼人胆敢相犯于我？"

努尔哈赤气愤异常，一边喊，一边用刀背猛然敲击窗棂，做出要从窗户里跃出之势。说时迟，那时快，只见他突然转身，飞快地从门内纵身一跳，已站立院中了。

那刺客中了努尔哈赤的声东击西之计，还在两眼注视着窗户哩！未提防努尔哈赤一个饿虎扑食，将刺客打倒，正想爬起来逃去，却不易了。

努尔哈赤用刀尖指着刺客喝问道："你是哪里人？老实说来，饶你不死！"

那人不敢怠慢，只得如实相告："我是蒙古喀尔喀人。"

"是谁派你来的？"

"是你的同宗族人氏。"

努尔哈赤已不想再问了，便对那刺客道："这次我不杀你，以后还敢来么？"

"再也不敢来了。"

春娅娜见那刺客被放走后，两眼流着泪道："刺客老是来谋杀你，这日子怎么过？"

努尔哈赤走上前去，抱住妻子，安慰道："别担心！想杀我的人虽然有，但是能杀我的人，还未生下来呢！"

春娅娜听丈夫这么说，仍然流着泪叹道："我就是不明白，你的那些宗人，为什么对你那么仇恨？你又没有做出对他们不利的事情，更没有伤害过他们。"

努尔哈赤听了妻子的话，深深地叹了一口气，用手抹去她脸上的泪珠，说道："正是你刚才说的，我平日没有杀人之心，可如今屡次招来杀身之祸，老天爷若是公道的话，它会看到的，也会帮助我的！"

努尔哈赤非常清醒地看到，在这些同宗叔伯、兄弟中间，真正反对他的人也不多。面对当前的建州女真，各部落之间互不服气，明争暗斗的情势下，要想实现自己的理想，成就统一大业，必须增强自己的实力，必须通过自己的力量才能完成。这些日子里，努尔哈赤与张聿华军师认真分析了当前形势，为今后的发展制订了一个比较切实可行的规划。

其内容是：先统一建州女真；次征服滇西四部；再征服长白山三部——东海女真、黑龙江女真和野人女真；然后征服南蒙古——科尔沁、喀尔喀，察哈尔；最后，再与大明皇帝相抗，逐鹿中原。

为了完成这一目标与任务，努尔哈赤清醒地认识到，不能急躁冒进，要按部就班，一步一个脚印地朝前走。

正当努尔哈赤踌躇满志地为实现未来的理想而努力积蓄力量之时，他的同宗亲族们又施毒计，向他射来了暗箭。

正是他的叔叔们鼓动那个一直忌恨努尔哈赤的隆登儿，去拉拢族人兆佳城的城主里岱跳出来与建州卫作对。里岱年约二十三四岁，与努尔哈赤也是同宗兄弟，彼此本无仇隙。里岱自小学过武功，十八般兵器样样精通，在隆登儿这一帮人的眼里，里岱是抗衡努尔哈赤最理想的人选。

隆登儿对里岱软硬兼施，他向里岱允诺道："你若能让努尔哈赤就范，我们全宗族的人拥护你作建州卫的首领。"

里岱答应了隆登儿的条件，经过一番策划，先放出一只试探性的气球——即制造了一场劫寨的事端，来审视努尔哈赤的态度。

同年的十二月，即1583年年底的一天，里岱领着哈达部的一支兵马，袭击了努尔哈赤所属的瑚济寨。他们将瑚济寨的财物抢劫一空，连牛羊牲畜也赶走了。因为安费扬古是瑚济寨人，里岱把安费扬古的儿子卜赖带去做人质，并要挟安费扬古的父亲完布录说道："你立即让安费扬古离开努尔哈赤，否则，就把你的孙子卜赖杀死！"

努尔哈赤得到消息之后，气愤地说道："里岱领着哈达部的人来抢劫我们的瑚济寨，正如引狼入室，我们怎能坐视不管？"

说完，努尔哈赤看了看安费扬古，又道："他们知道安费扬古是我的好兄弟，就抢他的儿子作为人质，并胁迫完布录大叔，是可忍，孰不可忍！"

努尔哈赤继续说："安费扬古是咱们的好兄弟，他的儿子，也正像我的儿子一样，我们首先要解救人质，把卜赖救出来，请大家发表意见。"

舒尔哈齐首先发表意见说："解救人质固然重要，但是眼前正当冬季最寒冷的日子，那兆佳城处于群山之中，大雪封山，道路不通，兵马更难行走，不如来年开春之后，再……"

未等二弟说完，努尔哈赤便瞪了他一眼说："等到来年开春之后，卜赖怎么办？孩子若有不测，我们于心何安？"

舒尔哈齐虽见哥哥不悦，仍然继续说道："总不能为了一个孩子，而把兵马驱赶到冰天雪地里去冻死，这显然是得不偿失的。"

"胡说！我们去攻打兆佳城，仅是为了一个孩子么？我真不懂你的脑袋里在想些什么。"

军师张聿华见兄弟俩争执不下，遂道："各位将领稍事休息，半个时辰后再接着讨论。"

说完，他把努尔哈赤拉到暗间里，二人围绕攻兆佳城一事深入进行讨论。

原来舒尔哈齐回到哥哥身边以后，见到他对安费扬古、额亦都、费英东、何和理、扈尔汗五人特好，特亲切，特关心，难免产生了嫉妒心理。有一天，舒尔哈齐竟向嫂子春娅娜说道："哥哥对我这个亲弟弟，还不如对那五个拜把子的干兄弟好！"

春娅娜听了，不胜惊讶，忙劝他说："二弟啊！可不能这么说，你哥的为人你还不了解么？虽然他处处以事业为重，但是，他仍然重亲情。"

见舒尔哈齐不再说什么了，春娅娜也就未提，更没有向丈夫传过话，只是对舒尔哈齐更加从生活上关心他，尽一个做嫂子应尽的责任。可是，舒尔哈齐没有把嫂子的话放在心上，有时竟把内心的不平衡迁怒于那五位兄弟。

平日，在言谈话语之间，舒尔哈齐的出言不逊，或是话中有刺，额亦都与安费扬古等都未予计较，往往一笑置之。对舒尔哈齐的一些言行，他们全都视为年轻、幼稚，不予介意。这次讨论攻打兆佳城的问题，安费扬古与额亦都等，也都认为舒尔哈齐是想什么，就说什么。

后来，经过商议，安费扬古决定将计就计，暂时离开建州卫，到兆佳城去会会里岱，并把儿子领回来。

安费扬古对努尔哈赤道："我离开你们，到兆佳城去，他会认为我已屈服了，与建州已脱离了关系，能对我怎么样呢？不然的话，我就学那三国的徐庶，进了曹营以后，来个'一言不发'！他里岱又能奈何？"

努尔哈赤非常高兴，立即说道："然后咱们再发兵攻城，什么'大雪封山'，即使刀山火海，也得去闯！不拔下这颗钉子，咱们将寸步难行！"

大家相视一笑，努尔哈赤顺口说道："这件事就在咱四人中间定了，不必扩大到其他人那里了。"

随后，四人各自散去。

安费扬古回到住处，带了几件随身要穿的衣服，便去向努尔哈赤、张聿华、额亦都等辞行。努尔哈赤、张聿华与额亦都三人故意把安费扬古送出大门以外，给许多人留下"安费扬古真的离开建州"的印象。

果然不出所料，宝实的儿子康嘉绰其达和觉善忙着与隆登儿一起庆贺胜利，隆登儿道："安费扬古一走，等于砍去努尔哈赤的一条胳膊，我看他也神气不长了。"

他们立即让人送信给兆佳城的里岱，要他好生招待安费扬古，争取把安费扬古留在兆佳城里，并为自己所用。

安费扬古出了赫图阿拉，沿着去兆佳的山路，迤逦而行。

那兆佳城，原是建在一座山顶上。这山不高，但占地面很大，约有百十顷地那么大，山顶平坦，远看活像一个馒头放在地上，故有馒头山之说。如果把馒头山当作一朵花的花心，那么四周围绕并列着的六座山，就是这朵花的花瓣儿了。

到了冬季，纷纷扬扬的雪花，一连能飘好多天，千山万壑，到处是冰雪世界，真是漫天皆白，遍地银妆。

那兆佳城处在六座大山的中央，对外出入只有一条道，名曰夹山口。这夹山口，就是两山之间一条山道，形似一道很大的山沟。夹山口两边，山崖错列，陡峭嶙峋，十分险峻，有"一夫当关，万夫莫开"之势。里岱派他的小舅子贾兰古四带领一百兵士守卫在这里。

山口两边，分别盖了几间茅草房子，是兵士们的临时住处。

这贾兰古四也会享乐，他指定一个名叫苟习非的士兵负责，把守卫兵卒全赶到山口那边的屋子里居住，由苟习非领着。

这边屋子里贾兰古四带几个年轻女子住着，整日在屋里喝酒取乐，弄得乌烟瘴气。

只因这山口形势险峻，里岱也认为无人敢来侵犯，对贾兰古四的行为从不过问。

兆佳城本是建在山顶，城墙全由大小不等的石块砌成，高约一丈开外。偌大的城墙只留一道城门，正对着夹山口，城上堆满滚木，强弓硬弩不计其数。里岱住在城内府里，很少出来，派了一个名叫也拉罕的将领守城门。

不久前，里岱把安费扬古的儿子卜赖抢来，让两个妇女看着他，就住他隔壁的跨院里。这一天，里岱接到隆登儿的信，说安费扬古已与努尔哈赤闹翻，主动离开了赫图阿拉，向兆佳城来了。隆登儿要他好生接待安费扬古，笼络这位勇士，争取让安费扬古留在兆佳城，并能为自己所用。送信人走后，里岱坐下来正在想着如何招待安费扬古，忽有侍卫进来报告："安费扬古已到城门口，正与也拉罕叙话，请城主吩咐，是否让他进城？"

里岱听后，忙把大手一挥，说道："快去向也拉罕将军说，我这就去迎接安费扬古！"

侍卫向城门口去了，里岱立即回到屋里，换上一套新衣服和一双新靴子，一步三摇地走出府门，向城门口大步走去。来到城门口，见到一个大汉正与也拉罕在说着话，里岱便高声热情地说道："久仰安费大哥的英名，不想今日大哥能光临敝城，小弟不胜欢迎！"

安费扬古未来得及答话，里岱已走到他面前，将他一把抱住，亲热地拉住他的双手了。

这样的亲热表现，使安费扬古有些手足无措，只能"嘿嘿嘿"地笑，以示回答。

里岱拉着安费扬古一直走进府里，要请安费扬古喝酒。

安费扬古站起来，对里岱说道："咱俩喝酒能否等一会儿？先让我儿子出来，我想见儿子了。"

里岱急忙拍了一下自己的脑门，歉意地说："实在对不起，我一时高兴得昏了头，把你们父子见面的事给忘记了。"

说罢，里岱就带着安费扬古走进了隔壁的小跨院，卜赖一见是父亲，便一头扑进安费扬古的怀里，哭了起来……

里岱自从见到安费扬古之后，就被他那伟岸的体形、英武的气质，深深地打动了。里岱在心里禁不住地说道："我若能与安费扬古这样的人结为深交，何愁不能统一建州？"

在接风酒宴上，里岱热情地问安费扬古："我非常敬仰安费大哥，很想与你结交，便想出这个不光明的办法——把你的孩子弄来，万望大哥原谅小弟的鲁莽做法。"

安费扬古对里岱的忏悔不置可否，只是对他讲的要与自己"结交"，谈了一点看法："人生在世，谁不想与人结交？不过，朋友之道，有好多种哩，你都知道吗？"

"大哥请讲，小弟愿意洗耳恭听。"

安费扬古听里岱愿意听讲，便朗声说道："自古以来，朋友有多种，其中主要的有酒友、挚友、畏友等。"

他看里岱真的在认真听，就继续说下去："所谓酒友，就是酒肉朋友，他们的友谊，就是建立在酒肉关系上面：在酒桌上，喝酒、吃肉时，他们是朋友，讲友情；酒席一散，彼此视若路人，既不友、也无情了。"

里岱听了觉得怪有味，便问道："那么，挚友怎么讲？"

"挚友，顾名思义，就是真挚的朋友，感情亲密的朋友；彼此之间，亲如兄弟，来往密切；在金钱物质上，也不分你我。"

里岱越听越有了兴趣，又问："那畏友呢，请大哥再说予小弟听。"

"所谓畏友，就是相互敬佩，彼此仰慕的朋友，他们志趣相投，有着共同的事业基础，这种友情，牢不可分，不管风吹雨打，艰难困苦，或是富贵贫贱，都不能动摇他们间的友情。"

里岱听后，轻轻地摇了摇头，说道："小弟以为，人世间不会有这种畏友吧？"

安费扬古不以为然地说道："在唐朝初年，皇帝李世民与瓦岗寨那些英雄好汉之间，就是畏友的关系；后来，他与大臣魏征之间也是畏友。"

里岱禁不住向安费扬古问道："请问大哥，你有没有畏友？"

"有啊！我有好几位畏友呢！"

他见里岱在发愣，又继续说道："我的畏友很多，第一个便是努尔哈赤，其次还有额亦都、费英东、何和理、扈尔汗、再次，还有洛寒等。"

里岱听安费扬古这么一说，愣了好长时间，然后，他才试着问道："请大哥说说，努尔哈赤到底是个什么样人？"

安费扬古不觉抬起头来，深情地望着窗外的皑皑白雾，对里岱说道："努尔哈赤是一个有远大理想，能吃苦耐劳、胸怀大度、智勇双全的热血汉子！"

里岱听后，却不以为然地说道："为什么有些人说他权欲熏心，嗜杀成性，而且又是野心勃勃呢？"

"这完全是一些不实之词！若不是别有用心，那便是太不了解努尔哈赤了。"

安费扬古看着里岱，又继续说下去："如果是一个汉人，这么评价他，还情有可原，作为一个女真人，也这么不明事理，那就太无知了。"

里岱越听越不明白，又说道："我不知道他对女真人有什么贡献，请你把话说清楚！"

安费扬古深深地叹了一口气，耐心地道："老弟啊，我想提醒你一句话，多少年来，女真人受的窝囊气还少么？咱女真人之间为什么不能统一起来、团结一致去抗击外敌的入侵呢？"

接着，他把努尔哈赤胸怀大志、远行学艺、招纳贤才、统一女真的抱负与计划，说给里岱听，并对那些嫉恨努尔哈赤的人表示出极大的鄙视，他气愤地说："像隆登儿这类人只会窝里斗，他庸庸碌碌，不务正业，正是咱女真人中的败类。"

说到此，安费扬古激动得站了起来，大手在眼前一挥，又继续说道："竟然有人能相信隆登儿的话！我可以这么说：努尔哈赤是咱们女真人中的精英，他像空中展翅高飞的大鹏；而隆登儿之流不过是阴暗角落里的一块粪土！"

安费扬古与里岱的这次谈话，对里岱的震动很大，这几天他一直在沉思、默想……

努尔哈赤自安费扬古去了兆佳城，便领着额亦都等加紧训练兵马。

又过了两天，军师张聿华让费英东陪着他，亲自骑马去了夹山口，认真地察看了那里的地势地貌。对兆佳城的周围也作了考察，二人站在城南的山上，鸟瞰城周围那险峻的山势，道路因被大雪覆盖，一片白茫茫。这位历经风霜的老人，通过这次实地侦察，在骑马回赫图阿拉途中，已在胸中蕴成了攻取兆佳城的初步计划。

当晚，军师张聿华与努尔哈赤整整谈了一个晚上，他们对攻打兆佳城订出了具体的作战计划，也增强了必胜的信心。

次日上午，邵魁被侍卫喊到客厅，努尔哈赤看看这位曾是"圣手神偷"的年轻人，亲切地说："军师要派你去完成一件重要任务，你得认真听，抓紧时间去完成，回来有奖励哩！"

军师张聿华走到邵魁面前，在他耳边小声地说了一会儿后，大声道："今天出发，十日之内，争取回赫图阿拉，可有信心完成任务？"

"没有问题，保证完成任务。"

努尔哈赤走到邵魁身边，轻轻拍了拍他的肩膀，深情地说道："你人好，功夫也好，以后好好干，我不会亏待你的。"

邵魁听了，转过脸来，嘿嘿一笑，算是回答，然后大步流星地走了。邵魁原是一个神偷，后被洛寒救了一命，便金盆洗手，投奔了建州。他有一身轻功。

努尔哈赤万万没有想到，曾与自己患难相逢，恩爱情深的妻子——佟氏春娅娜突然一病不起，百药难治，命已危矣。

原来佟氏这病，还是那两次刺客谋杀努尔哈赤时种下的病根。连续地夜里受凉，又遭惊吓，再加上事后的忧思愁结，终于酿成大病。

这些日子里，努尔哈赤把府里的公事全交给军师张聿华与额亦都等弟兄了。每日，努尔哈赤都坐在佟氏春娅娜床前，送茶递水，同妻子说话。两人相互依偎着，紧握着手，叙着过去，讲着现在，也描绘着未来。在去世之前，佟氏拉着努尔哈赤的手道："我们婚后十几年来，从未红过脸，更没有争吵过一句，总算是恩爱情深了。

"回想起来，我们佟家帮你振兴祖业，如今你已成为建州卫的千军之首，又承袭了都督的职位，这也不枉了祖父和我的一片赤诚！可惜，我没有福分看到你成就大业，再也不能……"

这一句话没有说出来，一缕香魂飘飘悠悠，温柔贤良的佟氏春娅娜竟撒手而去。

努尔哈赤想起佟家一家对自己的恩情，尤其是妻子春娅娜关爱自己的许多往事，哭得很痛心。为了追悼亡妻，努尔哈赤宣布："全府挂孝，十日之内不许任何人弹奏乐器，不许任何人唱歌娱乐。"

直到办完丧事，努尔哈赤仍然深深怀念着佟氏春娅娜，他沉痛地说道："婚后十多年来，她管家，理财，操持家务，抚养孩子，做出了巨大的牺牲，这一切，我绝不能忘！"

春娅娜死后，留下二男一女，他们是长女东果格格，长子褚英，次子代善。额亦都的妻子莫愁主动承担了照顾三个孩子的责任。

这时候，为了给努尔哈赤解忧，让他精神上得到抚慰，沾河寨的寨主常书将他的小姨子兆佳氏送给了努尔哈赤。

这兆佳氏长得虽不及佟氏春娅娜美貌，倒也妩媚动人，尤其是那苗条的身段，白皙的肌肤，任谁见了都会动心。

军师张聿华当即传话下去："今日正好！"

当晚就给他们圆了房，完了婚。努尔哈赤也未推辞，这一夜颠鸾倒凤，自有说不尽的风流趣味。

从此，这兆佳氏便是努尔哈赤的第二位福晋了。

邵魁当天离开赫图阿拉，骑上一匹快马，沿着去兆佳城的山路，冒雪而行。

来到兆佳城下，天已黑了，他找到一个拐角处，发觉城上没有人防守，便运足气力，纵身一跳，他那矫健的身子已站到城上了。邵魁举目向周围一看，见无人发现自己，便悄悄地下了城墙，向城内摸去。

他来到城中心的城主房檐下，见城府大门虚掩着，再仔细一看，那门楼高高的，上书四个大字——兆佳城府。

邵魁正在门旁沉思，忽听大门"吱呀"一声开了，出来一个提着酒瓶的士兵。这士兵看见邵魁有些陌生，便骂道："在这府门前探头探脑的，想找死呵！"

邵魁不搭话，也不生气，转过身子，顺着大街向前走去。

在大街拐角处，他停下来，看那买酒的士兵买了酒正往回走。邵魁就施展开轻功的绝技，在那雪地三纵两跳地，窜到那回走的士兵身后。那士兵进门以后，又转身关门的时候，邵魁就利用那人转身的一刹那间，将身子一闪，已蹿到院子里了。

邵魁尾随在那士兵身后，见前面是一丛树木，就猛然冲向前去，右手伸出去捂住那士兵的嘴，左手用匕首顶着后背，低声地说道："快告诉我，安费扬古被关在哪里？"

那士兵被吓得浑身战，抖抖索索地道："就……就在前边那大……大房子旁边的小……小跨……小跨院里……"

这句话还未说完，邵魁便将那匕首从背后刺了进去，那兵士连哼也未哼一声，便倒下了。

他把那瓶酒捡起来，往怀中一揣，顺着路走到小跨院的墙下。邵魁贴着院墙站着，忽听院内传来呼呼的风声，他心里不由得打起小鼓来了："这深更半夜的，又是严寒的雪夜，院里哪来的风声？"

他慢慢纵上院墙，真像一只轻捷的猫儿，几乎连一点响声也没有留下。可是，邵魁刚刚在墙头上停下，还立脚未稳之时，忽听院里低声喝问道："是谁？深更半夜的，来这里做什么？"

邵魁只觉肋下有一东西顶着，知道那是什么兵器，暗自想道："这人的工夫好厉害！"

他急忙喊道："安费大哥！我是邵魁呀！"

"啊？我当是谁，原是邵魁小弟来了，真是不好意思，没有伤着吧？"

安费扬古说着话，便收起大刀，走到邵魁面前，双手搂住，拉他进屋，忙说道："快进屋里烤火，这天气太冷了！"

安费扬古把邵魁让到火堆边上坐下，问道："这么大的雪，你怎么来了？"

邵魁接过送来的一杯热茶，呷了一口，就把努尔哈赤与军师张聿华找他，让他到兆佳城里来一趟，既看看安费扬古，也探探虚实，然后再发兵来攻城的事详述了一遍。

安费扬古听了之后，也把来城里的一些情况向邵魁说了一遍。特别提到里岱近日的表现，安费扬古道："我在争取里岱能够向着咱们。"

二人说话工夫，天快亮了，安费扬古说："你先到里间屋里休息，明天不要出来，我会与里岱进行周旋，过几天你再回去。"

努尔哈赤与军师张聿华给佟氏春娅娜办完丧事，正在积极认真地训练兵马，忽然侍卫前来报告："邵魁回到府里，正准备向你们汇报哩。"

二人让额亦都继续在校场练兵，便回府里来，一见邵魁风尘仆仆的样子，非常高兴，忙着送杯热茶给他。

邵魁将安费扬古的情况回报后，军师问："我们出兵后，安费扬古怎么办？"

"安费大哥说了，只要攻下了夹山口，他就可劝说里岱归顺咱们。"

听了邵魁的转告，努尔哈赤见他太累，便让他回去休息。

军师张聿华伏在他自己绘制的兆佳城周围形势图上，对努尔哈赤说道："夹山口不难攻取，若是用火攻，收效会更快，只是道路急需清理，兵马方能过去。"

努尔哈赤仰首望着窗外晴朗的天空，笑道："这几日大雪止了，天放晴了，这是老天爷支持咱去攻打兆佳城，路上有些积雪算什么困难？"

公元1584年正月，即明朝万历十二年，努尔哈赤经过充分酝酿和讨论，亲自带领大军一千人，前去攻打兆佳城。

他派额亦都为开路先锋，让洛寒与提布尔先负责押运粮草，留军师张聿华守赫图阿拉。先锋官额亦都带领的二百兵马，乃是经过挑选的精兵强将，个个生龙活虎，武艺高强。他们身上除了有兵器，还带着清理积雪的工具，比如铁锹、铁锨、铁铲、木杠、筐子、竹篮等。因为连天大雪，路上的积雪较深，额亦都便下马走到队伍的前面带头铲雪。那些士兵见主将也亲自下马除雪，都很感动，干得更欢了。

努尔哈赤也骑马追上来，见兵士们忙着挖雪开路，他也下马步行，走到铲雪的队伍中，拿起筐子，主动抬起雪来。如此一来，兵士们看在眼里，心里都更感到热乎乎、暖洋洋的，虽说是冰天雪地的正月，大家却是汗流浃背。

努尔哈赤与先锋官额亦都领着前锋的二百兵马，他们挖雪开路，顶着严寒的北风，坚持行军，不久那夹山口便在眼前。额亦都让部队停息下来。

此时，天色将晚，努尔哈赤下令："埋锅造饭，准备晚上作战。"

兆佳城里的里岱，一听说努尔哈赤来攻城了，心中不免有些惊慌，于是先来见安费扬古。"在这天寒地冻的正月，努尔哈赤居然带兵前来打我，真是自寻死路！"

安费扬古听了，冷笑一声说道："自古以来，军队打仗靠的是机智、勇敢，靠的是军队的士气，未听说天寒地冻就能使对方丧命的。这种怪论，我不敢苟同了。"

里岱一听，愣了一下，忙问道："依老兄的意见，我该怎么办？"

安费扬古见里岱未必能听从他的主张，便说道："这是有关兆佳城的大事，我不好乱讲，还是你自拿主意罢！"

此时，天空阴云密布，大朵的雪花又纷纷扬扬地下了起来，里岱一见，拍着手道："真是天助我也！这雪下得越大越好，我看他努尔哈赤的兵马不冻死在山下才怪哩！"说完，里岱走出安费扬古的小跨院，回到客厅里，向侍卫喊道："快到夹山口传达我的命令：加强山口两边弓弩手人员的埋伏；山口要多设置滚木、树枝，以阻止努尔哈赤的兵马前进。"

这侍卫走后，里岱又亲自走到城门口，叫来守城的将官也拉罕，对他道："从现在开始，你要日夜守城，加强警戒，派士兵多运些礌石，城头上增加弩手人数。"

也拉罕听了，心里想道：我一人怎能日夜坚守？遂建议道："这守城之事需得两人轮班，白天夜里巡查坚守，日子长了，一人怎么受得了？"

里岱听了，甚觉反感，便压住火道："这么冷的天气，努尔哈赤的军队能坚持长久么？说不定那夹山口他过不来，就会撤兵的，你别想得太远了。"

也拉罕本想再劝城主两句，提醒他一下，但见到里岱那副傲视一切的表情，知道他既看不起努尔哈赤，更不会把自己放在眼里，也就把话咽到肚子里，心里想道："我又何必去苦口婆心劝他呢，还不如当一天的和尚，撞一天的钟，以免多言生事，一旦得罪了他，可就吃不了，兜着走了。"

努尔哈赤的军队来到夹山口，贾兰古四也没有停止寻欢作乐，他对守兵说道："你们别害怕！只要山口两边有强弓硬弩，有滚木、礌石，努尔哈赤的兵马一上来，两边一齐射箭，滚木、礌石一齐打下，谁能通过？"

守军听了，也就不把努尔哈赤的兵马放在眼里，见贾兰古四只顾寻乐，他们打牌、赌牌九、掷骰子、喝酒、猜拳，乱得一塌糊涂。里岱派人来传话，贾

建基雄主：努尔哈赤

兰古四更是听不耐烦，后来只叫士兵多砍些树枝放在山口，心里只是想着寻欢作乐了。

当晚半夜时分，呼呼的北风，越刮越猛，雪也越下越大了。此时，两山漫野，北风卷着大片的雪花，上下翻飞，随风乱扑，将整个山野装扮成一个银色的世界。

额亦都向费英东看了一下，问道："到时候了吧？"

费英东兴奋地眨了眨眼睛，神秘地道："刚才我出去的时候，还见到山口那边有好几个士兵抱着碎柴进屋，大概是冷得受不住，抱柴烤火取暖的吧！"

额亦都听了，浓眉毛一挑，高兴地说道："这是替咱帮忙，就怕他们抱的柴不够多！"

说罢，二人笑着走了出去。

额亦都带着人马从山口的北边点着了火，那火借着风力，呼呼地伸着两尺长的火舌，从北向南一直烧过去。费英东领着士兵们，每人抱着一大捆柴草，把那尚没有着火的地方也燃着了。虽然是积雪覆盖着草丛，但是火的威力煞是厉害，火还未烧到，雪已化了，下面草随即烧着。不一会儿工夫，夹山口火光冲天，浓烟滚滚，山口两边的草屋很快被火海吞没了。

山口的守兵们惊慌失措，站岗的士兵早吓得无影无踪了。屋里的士兵还在梦中，惊醒后一见大火烧进了屋子，忙得连衣服也顾不得穿，逃出屋子一看，到处是火，结果有冻死的，有烧死的，很少有逃出去的。那贾兰古四正搂住两个蒙古女子呼呼大睡，怎想大火已烧进屋子，门被火封死，想跑也不成，被活活烧死在屋里。

这个作恶多端、下流狠毒的东西受到了应有的报应。

不到一个时辰，夹山口战斗结束了。

天也放亮了。额亦都与费英东检查士兵数目，一个不少，还是二百人！他们打扫着战场，将那些兵器、盔甲等捡到一块，还有一些未烧毁的弓箭，全收集到一起，这些就是战利品了。

不久，努尔哈赤带着大队人马赶了上来，他兴奋地看着夹山口，对他的两位部下说道："这天险第一关的神话，被你们一火焚之，而且未损折一兵一卒，不能不说这是一个奇迹！"说完，努尔哈赤将马鞭一指："继续进军兆佳城！"

只听一声炮响——"咚！"震得漫山遍野地回声，里岱在兆佳城里也听得真切。他连忙跑到城门口，向也拉罕问道："怎么了？这炮声响得这么近。"

也拉罕用手指着夹山口方向说道："夹山口可能失守了。"

也拉罕的这一句话还未说完，只见从夹山口通兆佳城的大道上，人喊马叫，黑压压一大队兵马，向兆佳城开来。

里岱也看见了，心里想这努尔哈赤果真名不虚传，便顺口对也拉罕嘱咐道："你在这儿小心守城，我去找安费扬古，看他可有什么退兵之计。"

说完，便慌慌张张，跑下城去。

安费扬古又趁此机劝他赶快投降，并说，不要说一座兆佳城，即使是十座，也挡不住努尔哈赤的兵马。

不多大会儿，只听城外喊杀声渐近，里岱慌乱中站起来，在屋中走来走去。到城头上一看，兆佳城已被包围得严严实实。此时，里岱只得对也拉罕吩咐道："你快去命令守门士卒，将城门打开。"

里岱随着安费扬古一起走出了城门，来到努尔哈赤的大营里。二人虽然是同族同宗的兄弟，但是从未见过面，如今，他们走到了一起。努尔哈赤上前拥抱着里岱，轻松地笑道："咱们既是兄弟，就不该反目成仇，更不能刀枪对阵；这全是个别人挑起来的，我们应该引以为戒。"

里岱听了，只是点头，他深感悔恨地道："若不是安费大哥苦口婆心地劝我，我还执迷不悟哩！今后，我一定振奋起来，在你的鞍前马后效劳。"

努尔哈赤禁不住开怀大笑起来。

里岱领着努尔哈赤、安费扬古、额亦都、费英东等，后面是那一千兵马，鱼贯进入了兆佳城。里岱让他们管家槌牛杀马，杀猪宰羊，在府里大摆酒宴，招待努尔哈赤及其兄弟们。

努尔哈赤下令：在兆佳城内犒赏兵马，休息三天！

三天的酒宴已过，里岱见努尔哈赤并不轻视他，对他一腔真诚，也就放下心来了。努尔哈赤接受安费扬古的建议，将里岱留在帐前所用，派也拉罕守城，做兆佳城的城主。也拉罕当然高兴，当即向努尔哈赤说道："这兆佳城从此便是你努尔哈赤的，我将随时听候调用，金银财物，兵马粮草，全在征用之列。"

兆佳城头，已挂上"建州努尔哈赤"的大旗，努尔哈赤带着里岱与额亦都等众兄弟，未损一兵一马，轻取了兆佳城，怎能不高兴！

他领着兵马回赫图阿拉，坐在马上禁不住想道：这都是军师的妙计，加上安费扬古的一片忠心，想到这些，努尔哈赤便忆起了那句老话——人才难得啊！为了统一女真，为了成就大业，身边的这些人才，都是宝贵的财富呀。今后，我得认真地善待他们，像对待自己的眼睛一样，去关怀、爱护他们。

特别是军师张聿华，如今已年过六十，还为我鞍前马后地忙着，老伴去世这么久了，老人孤身一人，生活中困难一定不会少。想到此，深感对不起这位博学多才而又很讲义气的老人。正想着，努尔哈赤的脑海里突然闪出了龙敦的母亲龙老大妈的形象。

"让这两位老人走到一块，岂不是两全其美？"努尔哈赤自言自语地说着，

"扑哧"一声笑了出来。

努尔哈赤没费一兵一马，轻取了兆佳城，又收服了里岱，使他名声大振。可是以隆登儿为首的宗族中极少数人，仍然贼心不死，继续与努尔哈赤为敌。

隆登儿按宗族序列，他应是努尔哈赤的父亲塔克世的堂兄弟。觉昌安兄弟六人，隆登儿父亲觉昌利是老大，因为他好酗酒闹事，经常在外面惹是生非，他们的父亲便让二儿子觉昌安承袭了建州都督的职位，从此，觉昌利与二弟觉昌安之间，矛盾越积越深，并且一代一代沿袭下来。

这次，努尔哈赤从佟家庄园回建州为报父祖之仇，承袭了建州卫的都督职位，更加引发了建州各部称雄者的妒火，因为他们早已对这职位的耀眼桂冠垂涎三尺，其中隆登儿尤为活跃。他先是在宗族中散布说："努尔哈赤虽是爱新觉罗的后代，但是，他已入赘佟家，已经姓佟了。"

隆登儿的言外之意：努尔哈赤不应该承袭建州卫都督的职位了。他想以此鼓动宗族里的人们起来，共同反对努尔哈赤承袭那职位。

事后，努尔哈赤的三叔界堪、五叔塔克偏古出面讲了几句话，他们说道："这建州卫的都督职位，本是我们家的，谁承袭与你们何干！"

隆登儿又去拉拢努尔哈赤的四弟巴雅喇，妄图挑动他出来争袭位。界堪知道了，找到巴雅喇说道："你有什么能耐？文不识字，武不识兵器，让你当那都督，你能行？"

这巴雅喇本是纳喇氏所生，受他母亲的影响，对努尔哈赤本没有好感，被界堪训了一顿后，也未敢行动，这股风波也就算过去了。

隆登儿一次次地失败，并未死心，他又与马儿墩城拉上了关系。这马儿墩城有三个城主，他们是纳申、完济汉、萨木占，全是努尔哈赤的族人。隆登儿原想把里岱的兆佳城和马儿墩城联合起来，共同对抗努尔哈赤。

未想到努尔哈亦用兵神速，会冒着大雪去攻打兆佳城，并且破了城，又降服了里岱。

他们见努尔哈赤智勇超人，便决计先剪除嘉木湖寨之噶哈善。

巴雅喇受到界堪的训斥，虽然表面上老实了，内心深处仍是耿耿于怀。

隆登儿又乘虚而入，借请巴雅喇喝闲酒为名，经常捕风捉影，挑拨他对努尔哈赤的不满，总想让巴雅喇充当他们的马前小卒。

再说巴雅喇的妻子，本是塔克世在世时从蒙古为儿子说成的一门亲事。这个蒙古女子名叫吉尔禄氏，不仅长得标致，而且热情大方，富有正义感，嫁给巴雅喇五年多，为他生了一男一女，是努尔哈赤家族中比较贤淑的女子。

平日，她见巴雅喇常与隆登儿一块，议论努尔哈赤这样，非议那样，总觉不妥。有一次，二人在酒桌上对努尔哈赤进行诽谤，吉尔禄氏竟当着二人面说道："宗族里不少人对你们的做法很不满，人家努尔哈赤是个正派人，你们老是跟他作对，倒显得你们不正派了。"

未等妻子说完，巴雅喇借着酒劲，骂道："男人的事与你婆娘有什么相干？少管闲事了，当心我打折你的腿！"

吉尔禄氏听后，更加气愤地说道："怎么与我没有关系？你老是对人家使坏，努尔哈赤要是恼了，能有你的好下场！到那时候，我们母子三人怎么过？"

巴雅喇哪里听得进去，立刻连推带搡，将妻子搡进屋子里去了。

以后，吉尔禄氏一见到隆登儿来找巴雅喇便表现出不悦的神色，故意不理他，让他吃闭门羹。久而久之，吉尔禄氏便得罪了隆登儿，并被他视为眼中钉，欲除之而后快。

一天傍晚，噶哈善从努尔哈赤那里有事出来，从吉尔禄氏门前经过，见她挑着两大桶水，停歇在大路边上，急忙走过去，说道："嫂子，我替你拎回屋里去！"

那噶哈善说着，便伸手拎着两桶水，进了她家的院子，吉尔禄氏忙笑着说道："多谢妹夫了！"

说完，便热情招呼噶哈善坐一会儿，说道："你四哥快回来了，坐一会儿吧！"

噶哈善朝外走时，刚好碰到巴雅喇回来。巴雅喇对噶哈善与努尔哈赤的结盟，早就心怀不满了，虽然是亲戚关系，也是他的妹夫，总是在暗中把他当自己的敌人。

而噶哈善本是一个正直的汉子，见巴雅喇整日不务正业，随着隆登儿一伙，专干反对自己大哥努尔哈赤的事情，从内心深处瞧不起他，以至见面总是"话不投机半句多"。这工夫，巴雅喇一见噶哈善从自己院子里急匆匆出来，又急匆匆打个招呼，便径自走了，心里由不得一个愣神儿，生了疑窦。

他忙走进院子，见妻子在往水缸里倒水，问道："我问你，噶哈善来做什么？"

"他没有做什么，只是帮我提了两桶水。"

"啊？他来替你提水？"

她见丈夫瞪着两只疑惑的眼睛，禁不住笑了起来，急忙解释道："是这样，我挑水在门外歇着，妹夫从门外路过，见我提不动，就帮我把两桶水提进来了。"

巴雅喇听后，也未说什么，只是冒了一句："努尔哈赤的走狗！"

又过了两天，吉尔禄氏带着两个孩子在菜园里摘菜，噶哈善正有事从旁边经过，被吉尔禄氏见了，她便热情地招呼道："妹夫，你办事刚回来呀！"

噶哈善见是吉尔禄氏，又见两个孩子在旁边，只得走过去逗两个孩子玩了一会儿，说："嫂子，我还有事办。"

说完，便离开母子三人，走了。

就是这么简单的两句话，噶哈善竟招来了杀身大祸！那个专爱拨弄是非，加害于人的隆登儿，此时正躲在一棵大树的后面，见此立刻萌生了一条毒计！

次日傍晚，隆登儿有意踅进巴雅喇家的院子，邀巴雅喇喝酒，见巴雅喇喝得有七八分醉意时，便说："我见那噶哈善对……对侄媳妇有些意思。"

巴雅喇急忙道："不……不会吧？他不见得有……有这贼心！"

"你哪知道噶哈善的为人，他不但有贼心，还有贼胆！我就亲眼见他们——"隆登儿故意卖着关子，话到嘴边留半句不说了。

巴雅喇急得瞪着两只血红的眼睛，忙问："快说！我的好叔叔，你看到了他们到底真有那么一回事？"

隆登儿昧着良心说："我已两次见他们在你家菜园子里卿卿我我、拉拉扯扯，令人……"

巴雅喇听后，突然在脑海里闪现出那天他与噶哈善在门口的情景，又清晰地记得他那慌里慌张的表情。这时候，他又想到妻子被问时的故意做作，心里顿时火起，加上酒力的发作，血液在猛烈地膨胀，直向巴雅喇的脑门冲去。只见他突然站起身子，推过酒杯，叫道："我饶不了他！"

隆登儿见目的已达到，便提醒说："听我的，别性急，此人力大无比，你斗不过他！何况又有努尔哈赤为他撑腰，若不用计治他，很容易被他所害。"

巴雅喇听完，把手一摊，急问道："你的意见，这可怎么办才好？"

隆登儿连忙走过去，附在巴雅喇耳边，轻声说了一会儿，然后提高一些嗓门道："事情办完之后，你就随纳申、萨木占他们一起去马儿墩城入伙。"

巴雅喇不再有疑问，忙向隆登儿感谢道："这一切全仰仗叔父谋划办理，事成之后，侄儿定当重谢。"

次日，隆登儿写了一封书信，派专人送到马儿墩城，纳申等读信后，说道："让送信人给隆登儿回话，按计划行事，后天夜里准时出兵。"

努尔哈赤领着兵马，回到赫图阿拉，军师张聿华与何和理等在城门口迎接。

他派人到佟家庄园，把龙大妈接到城内，让妻子兆佳氏前去说合。开始，龙大妈还坚守住"从一而终"的封建观点，经不住兆佳氏的循循诱导，终于松口了。努尔哈赤又与张聿华一说，老人高兴得合不拢嘴，笑着说道："我倒没有别的想法，现在多了一个人，有了说话的人了，再不会感到寂寞、孤单了。"不久，努尔哈赤便为他们办了喜事，也终于了却了自己的一桩心愿。

那天中午，努尔哈赤与众兄弟正在喝军师张聿华的喜酒，忽有近侍向他报告说："嘉木湖寨主噶哈善被人害死了。"

努尔哈赤遂与众兄弟赶到嘉木湖寨噶哈善家里，方知被害经过。

前一天傍晚，有一个陌生人来到噶哈善家里，说是有人在门外找他谈话，噶哈善刚走出门外，忽然蹿上来五六个大汉，一齐用刀往噶哈善身上猛刺。

由于噶哈善全无防备，眨眼之间，便死在敌刀之下，凶手随即一哄而散，跑得无影无踪了。后来有人看到巴雅喇跟着纳申等人，一齐向马儿墩城驰去。

努尔哈赤当即断定：这又是隆登儿为首的族中人干的，其中有他的四弟巴雅喇。

明朝万历十二年（1584年）六月，努尔哈赤为了替噶哈善报仇，亲自带领五百兵马，去攻打马儿墩城。

随他出征的将领有额亦都、安费扬古、费英东、扈尔汗等。军师张聿华与何和理留下负责守城，邵魁因为首次冒雪去兆佳城，受了风寒，努尔哈赤让他在家休息。里岱这次也没有随军出征，努尔哈赤让他在家处理好家事，因为他的家属刚从兆佳城里搬过来，不少杂事需要处理。

隆登儿正在家中独自生着闷气，一次又一次地被努尔哈赤挫败，心里既不甘心，也不服气。

突然，妻子进来对他说道："外面来了一个人，他要立即见你。"

隆登儿立即起身，走到门口一看，来人他不认识，便问道："我是隆登儿，你有什么事，快说吧。"

那人神秘地拉了一下隆登儿，低声说："咱们进屋子里说话。"

隆登儿便领那人进了屋子，只见那人掏出一封信来，交给他，并说道："我们城的三位城主让你立即行动，这事宜早不宜迟。"

说完，那送信的人就告辞走了。

隆登儿这才展开书信，见那上面写着："……听说努尔哈赤已领兵来我城，望老兄速速烧他的粮草，杀死他的妻子儿女，若能得手，夺取赫图阿拉城，将是好上加好。"

下面的落款赫然并排写着的，是马儿墩城的三个城主的名字——纳申、萨木占和完济汉。

读完来信，隆登儿心里说：努尔哈赤啊，努尔哈赤，咱俩不是你死，就是我亡！

然后走出门去，准备与康嘉绰其达、觉善一起商量如何行动。

军师张聿华，正像那春回大地，万物复苏一样，自从龙大妈与他结婚以来，每天脸上漾着笑容。

这次，努尔哈赤带兵攻打马儿墩城之前，曾与张聿华说了好一会儿，他对张聿华说："我们一走，城里的安全、府里的公事，全都仰仗军师了，遇事可以找何和理商量。"

送走努尔哈赤之后，张聿华先找到洛寒，对他说道："你那粮食与草料，平时要有人值班，特别是夜里，一定要有人警戒。"

洛寒听后，忙对军师说道："白天有专人值班，夜里值班还巡逻，我与提布尔先轮流检查，未敢有丝毫大意。"

张聿华说完便去了兵器库、兵马厩等重要单位，一一派人加强警戒。回到住处，又让老伴龙大妈去努尔哈赤府里，向兆佳氏关照一番，嘱咐她说："少让孩子出来，夜里要关好门窗等。"

再说何和理去看邵魁，问他道："身体怎么样？"

邵魁立刻把胸脯一挺，大声说道："没问题，有什么任务，请讲吧！"

何和理不免笑了一下，告诉他道："城里有几处地方，想请你夜里关照一下，你的轻功我是早有耳闻的，这事非你莫属了，从今天开始，你就白天休息，夜里值班、查哨，可能要辛苦一些，有劳了！"

说到这里，何和理站起来双手一抱拳，走到邵魁面前，拍拍他的肩膀，走了。

以后，邵魁真的变成了一只"夜猫子"——昼伏夜出，他白天关起门来，在屋里睡觉，夜里穿上黑色的"行头"，耍起了窜墙过院，飞檐走壁的轻功，在城里查起哨来。

一连两天没有出现什么异常事件，第二天傍晚，何和理来到邵魁住处，对他说："昨天晚上，有人发现隆登儿去了里岱家，二人谈了很长时间，才回去。"

邵魁听了，忙说道："我已经注意到隆登儿的行动，他与康嘉绰其达、觉善在一起总是鬼鬼祟祟的，似乎在议论一些不让别人知道的事情，至于里岱这个人，我还真没有注意呢。"

何和理连忙对他说道："对里岱这人也需留心他的行动，防止隆登儿又把他拉过去，再干坏事。"

这天夜里，邵魁先去了隆登儿家，又到里岱家看了一看，见他们都早已睡下了。又去了努尔哈赤的府里，见兆佳氏正与莫愁一块儿说话。此时，努尔哈赤的三个孩子——东果格格、褚英和代善，正在院里玩游戏。那褚英与代善虽然年龄较小，他们生活在刀枪剑戟中间，对十八般兵器并不陌生，并且耍起来也显示一些功夫。

邵魁又来到粮库附近，因为库门外面长着一棵百年的老椿树，他每次来都喜欢在树上坐一会儿。由于树生得年月较久，树枝既多又大又粗，人坐在树上，下边的人很难发现，但粮库周围的活动，又都能一览无余，确实是一个理想的"瞭望哨"。

邵魁正在树上躺着，突然他听到粮库大房子上面滚下一颗石子，那石子落到地上的声音，立刻惊动了院子里的狗，狗"汪、汪、汪"地叫了起来。

当时，邵魁心里想："这石子从哪里来？"

他慢慢从树丫间向上面的枝干上爬去，向粮库院墙外扫视了一遍，未发现有人。他又转过脸来看院里，见那狗正在低着头吃东西，一声也不叫了。

为了防备万一，邵魁稍微准备了一下，又下到树丫间，瞪着两只锐利眼睛，察看着粮库墙外的动静。

就在此时，邵魁见墙外有两个人影儿，他们穿着夜行服，头上戴着黑面罩，邵魁心里说："这两个家伙准不是好人！"

他正想着，见到二人用手拉住那"飞爪"，很快越过粮库墙头，进到院子里。

邵魁心想："捉奸拿双，捉贼拿赃。再看看他们要干什么，然后动手不迟。"

那二人分别从怀中取出火种，就去点燃那房草。树上的邵魁忽然大喝一声道："大胆的放火贼，看往哪里跑？"

随着他的喊声，只见他右手一扬，只听"嗖"的一声，一把铁镖飞去，其中一个"啊呀"大叫一声，滚落下来。

另一人正想跳下房子，邵魁又大喊一声："你休想逃走，我来也！"

只见他从树上一个纵身，便飞快地落在那贼人的身边，对准那人的右膝，一脚踢去。那贼大叫一声，便跌坐在房顶上，再也起不来了。

此时，粮仓院里值班警戒的人已吹响了牛角号，洛寒与一些人都跑来了。再说那腿上中了铁镖的贼人，从房顶摔下来时，又跌伤了腰，想逃也不能逃，只得趴在墙根下呻吟。

再说房顶上的，邵魁伸出手去，一把抓住那人的衣领，向下一掷，二人便一齐落在地上。

洛寒等人来到近前，用火把去照那两个贼人，均不认识，知道是被雇来放火的。

他一边与邵魁说着感谢的话，一边吩咐："快将这两个人关到屋里去！"

一场保粮仓、擒贼人的战斗，很快结束了，洛寒要邵魁进屋里休息一下，他推辞道："不累，我还有事，望你们把贼人看好，别让他们跑了！"

说完，便从粮仓院里纵身跳到墙外，眨眼之间，不见了踪影。邵魁告别了众人，离开了粮仓，心里老是惦记着努尔哈赤的妻子儿女。

这粮仓已出现了贼人，他们怎能不对那三个孩子下手？他飞快地纵跳腾跃，像那敏捷的猫，从这排房子向那排房子，连一点声音也没有，只能听到轻微的"唰，唰，唰！"当邵魁跨上努尔哈赤居住的院墙时，眼前的情景竟让他大吃一惊！

院子里灯火亮堂堂的，兆佳氏、莫愁与褚英、代善，还有东果格格正围着一个大汉说话。

因为那大汉坐在房檐下面，被他们挡住，邵魁看不真切，只听褚英高声问道："你深更半夜，来我家干什么？"

那人不说话，莫愁又向那人问道："你腰藏杀人的大刀，深夜到都督家里，可是来行刺的？"

未等那人说话，邵魁也完全明白了这里发生了什么事，他立即跳下，走到兆佳氏身边。他们都在看着那大汉，没有注意邵魁已来到院里，还是代善眼尖，他见邵魁来了，便说："邵魁叔叔来了！"

邵魁向坐在地上的那大汉看去，见是一个夹野猪的铁制夹子将那大汉的右腿牢牢地夹住了。因为那铁夹的另一端被拴在门柱上，大汉被夹住，想动也动不了。

邵魁一边看着，一边笑道："福晋嫂子，这是谁下的夹子？"

褚英与代善未等他们的继母兆佳氏说话，二人便齐声说道："是姨妈下的！是姨妈下的！"

原来兆佳氏小时候就酷爱打猎，常随着大人去山林里下夹子逮野猪，嫁给努尔哈赤后，听说曾有刺客来谋杀他，便想到了这夹子。

再说努尔哈赤与众弟兄领着人马，没几日，便来到马儿墩城下。在离城三里处一个开阔地方，将兵马停下安营扎寨了。

当晚，一夜无话，次日清晨，朝阳刚刚升起，因为是六月份，这是辽东大地上最美好的季节。举目四顾，到处是绿色的世界，起伏的山岭绿了，无边的森林绿了，广阔的田野绿了，路边的小草更绿得可爱，像是要滴下绿色的汁水了。

努尔哈赤看着脚下绿茸茸的小草，对身边的额亦都等众兄弟说道："咱的马匹吃了这草，会更加膘肥体壮，打起仗来，会跑得更快，冲得更有力！"

大家听了，都点头称是。

这工夫，他们站的地方，离马儿墩城只有二里来路，远远望去，那城看得分明。这座城是三面靠山，一面临着平原，城墙全是就地取材，用山上的石块堆砌而成。由于山势险峻，马匹不好攀登，给攻城带来不少困难。

安费扬古观察了一会儿，建议道："我们从正面向城内挑战，这是主要的进攻方面；可以另派一支精干人员，从后面或是两侧山崖间偷袭，也许用这种前后夹击战术，会很快破城的。"

费英东也提出了自己的看法："咱们去山下找山民调查一番，看后面山上有没有路！"

努尔哈赤正领着众位兄弟往前走着，忽然旁边传来了"嘤嘤"的哭声。

大家循着哭声前去，见一块大石板旁边，坐着一位中年妇女在痛哭流涕。努尔哈赤上前去一问，那妇人道自己的儿媳妇被山上城里的城主抢去了。一听努尔哈赤要去攻城，只是不知道后山有没有路通往城里，恰好这妇女的儿子朗诺经常去后山采药，知道路，于是妇女就让儿子跟着努尔哈赤一起去杀坏人。

次日上午，努尔哈赤升帐发兵，他向大家扫视了一遍，然后说道："我们这次攻打马儿墩城，是为了报噶哈善被杀之仇，是为了朗诺的亲人无辜被抢去，向纳申、萨木占、完济汉以及巴雅喇等恶人们讨还血债。"

说到这里，他停了一下，继续讲道："请大家注意一点，我们的仇人主要是上面提到的那四个人，至于城里的兵士，还是少杀，或是不杀为好，他们是受指使的。"

之后，派额亦都带强壮勇士五十人，由朗诺作为向导，从后山隐蔽进攻。

努尔哈赤自己带领众兄弟将领，把兵马停在城下半里远的地方。

安费扬古领着一百名兵马，在城下高声喝骂，向城内挑战。

且说马儿墩城内的纳申、萨木占、完济汉，仗着自己人多势众，又有隆登儿、觉善和康嘉绰其达做内应，根本未把努尔哈赤放在眼里。不过，这几天有些着急，那封信已送去好多天了，原想信到后，隆登儿一帮人只要一动手，努尔哈赤发现后院起火了，便会立刻退兵，他们就可以带领人马从后面追杀过去。

但是，赫图阿拉至今没有信来，也不知情况怎样了，依纳申的意见，努尔哈赤已送上门来，何不与他决一死战。他对萨木占、完济汉说："他努尔哈赤有什么了不起？咱三人斗不过他一人？何况我的城易守难攻，他是远道而来，时间一长，他能饿着肚子打仗？"

巴雅喇来了之后，坐上了第四位城主的高椅，提起努尔哈赤，他的狠劲就上来了，说道："自古以来，兵来将挡，这马儿墩城又坚又固，城里兵精粮足，怕他什么呢？依我之见，与他干一仗，像纳申大哥说的，打掉努尔哈赤的威风，给他一个下马威，等到建州那边动起手来，咱们来个里应外合，前后夹击，说不定能把努尔哈赤一举消灭呢！"

纳申听了，也不断地点头，他又道："巴雅喇说得对，我们要主动出击，因为我们是以逸待劳，怕他什么！"

萨木占与完济善也只得点头，表示答应。

谁知第二天早上，四位城主还未吃过早饭，就听城外炮声隆隆、鼓声咚咚，喊杀声震天动地，知道是努尔哈赤在城下挑战了。

一向性格急躁的纳申，急忙扒了几口饭，便对其他三位城主说道："我先下去会会努尔哈赤，请你们为我助阵。"

　　说罢，便去披盔带甲，提枪跃马，领着五百人马，打开城门，冲出来了。

　　来到阵前，纳申将枪一指，大声喝道："来将报上名来，老子不杀无名之辈！"

　　安费扬古听了，不由得冷笑道："你是什么东西，敢如此猖狂！你在马上坐牢一点，我现在就告诉你，我是建州都督努尔哈赤麾下大将安费扬古！"

　　纳申听后，心里很不高兴，立即喊道："快快回去，我不和你战，让努尔哈赤上阵，我一定要亲手活捉他！"

　　安费扬古正要说话，忽听身后马蹄"哒哒、哒哒"响了起来，未等他转身，努尔哈赤的战马已到他身边，对他说道："你先回去，他既要会我，我就跟他战上几合，难道我会怕他么？"

　　努尔哈赤说完，便拍马来到阵前，向纳申看了一眼，见他细高个儿，脸上又黄又瘦，约摸三十岁左右，便问道："来者何人，快通报姓名，我努尔哈赤从来不杀无名之辈！"

　　纳申见努尔哈赤长得龙眉凤目，仪表堂堂，身材高大，体质健壮，不觉心里一惊："这个努尔哈赤的外貌不凡哩！"

　　纳申正在想着，忽听努尔哈赤问他姓名，便说："努尔哈赤你可听清了，我乃马儿墩城主中坐第一把交椅的纳申，我劝你赶快投降，免做我枪下之鬼！"

　　努尔哈赤听后，冷笑两声，气愤地说道："我与你纳申无冤无仇，为什么多次派人谋杀我，又暗杀了我妹夫噶哈善，这个仇我是一定要报的！"

　　努尔哈赤说罢就想举刀砍去，那纳申又道："好吧，我就全告诉你，这都是你的族中人隆登儿、觉善和康嘉绰其达让我干的，你可以找他们报仇去，别来我这儿找死，老子可不是好惹的！"

　　努尔哈赤举起大刀向仇人砍去。纳申不敢怠慢，忙使手中枪，去架那把大砍刀，只听"喔啷"一声，纳申马上感觉两臂被震得又酸又麻，差一点连枪都丢了。

　　努尔哈赤又把大砍刀举起，运足气力，对准纳吉的左肩，用力砍下去。纳申看得清楚，这第二刀来得又快又有力，如果再去硬架，就会吃亏了。只见他慌忙勒转了马头，想把这一刀躲过去，但是，努尔哈赤见纳申想逃，那把快要砍下来的大刀在空中稍微停了一下，然后刀锋一转，来一个横扫过去。

　　纳申也狡猾得很，见大刀横劈过来，立即把枪横架在马鞍上，他自己猛然伏下身子。但是，已经迟了，那砍刀把纳申右边的耳朵削掉了半边。

　　这情景被城上观阵的萨木占、完济汉看得真切，二人慌忙顶盔贯甲，骑上马，冲出城来，大声喊道："努尔哈赤，休得猖狂，我们来取你的性命！"

再说纳申右耳被削半边，血流满面，仍然伏在马背上，忽见城门大开，冲出两匹马来，知道是萨木占和完济汉出城助他。

此时安费扬古见城里一下来了两员将领，也拍马迎了过来，准备与他们厮杀。

努尔哈赤对萨木占、完济汉喝道："快快下马投降，不然，你们的下场就同纳申一样。"

说罢，他把大砍刀一横，做好力敌二人的架势。

萨木占与完济汉刚才已见到努尔哈赤的厉害，二人只是远远地骑在马上，不敢靠近。

努尔哈赤见安费扬古准备上阵，就对他说："你到后面为我掠阵。"

等安费扬古回马以后，努尔哈赤见萨木占与完济汉仍然立马不前，便大声喝道："咄！战又不战，退又不退，到底作何打算，快快决定啊！"

萨木占与完济汉小声讲了几句话，正准备勒转马头回城的时候，努尔哈赤将那大砍刀举起来，在空中一挥！他身后的安费扬古、费英东和扈尔汗突然领着兵马冲杀过去。见建州兵马杀过来了，萨木占与完济汉急忙打马往城门口跑去。谁知建州兵马英勇无比，他们冲杀过去真如一股疾风，席卷而去，眨眼之间，杀进敌人兵马中。一看不妙，萨木占与完济汉吓得屁滚尿流，抱头鼠窜，逃回城里。原先纳申带出城的五百人马，已被杀得落花流水，四散奔逃，所剩无几了。

安费扬古、费英东与扈尔汗指挥人马，打扫战场，将敌人丢下的兵器、盔甲等，全部收捡起来。这一仗，努尔哈赤大获全胜，回营以后清点人马，一个不少，反而获得许多战利品。

当晚，努尔哈赤命令犒赏全军，他与安费扬古等计议道："明天要加紧攻城，不给纳申等以喘息的机会，并加紧对城内守兵的招降活动。"

正讨论着，忽然一阵大风刮来，把军帐中的灯火一下子吹灭了。安费扬古急忙对大家说道："城内的纳申等大败回去，心中难免不服，今夜要加强巡逻，防止他们来劫营。"

努尔哈赤点头说道："不如咱们来个欲擒故纵的计策，故意引他们来劫营如何？"说罢，兄弟几人轻声议论一会儿，便各自分头去布置了。

马儿墩城的三位城主——纳申、萨木占和完济汉，开门第一仗被努尔哈赤打得大败而回，心里恨恨不已。

努尔哈赤的异母弟弟巴雅喇，见他们唉声叹气，士气低落，便劝道："胜败乃是兵家常事，这一仗虽然输了，只要我们重振雄风，说不定下次在战场上就能将努尔哈赤一箭射死。”

“好了吧！下次就要看你的了，看你在阵上怎么能把你那哥哥努尔哈赤射死！”

这是纳申的话，只见他的右边耳朵全被包着，右边脸也肿得厉害，听了巴雅喇的话，他非常反感，故这样说了几句。

萨木占听后，也想将巴雅喇一军，便道：“我想了一会儿，努尔哈赤打了胜仗，可能要好好庆贺一番，既然庆贺能不喝酒么？咱们何不去劫营？”

说到此，便转脸对巴雅喇说道：“今晚就看你了，看你能不能把努尔哈赤一箭射死！”

纳申与完济汉都觉得去劫营有胜的把握，还是纳申点子多一些，他又提醒道：“先派两个探子化装去侦察一下，弄准确了再发兵也不迟。”

萨木占遂派了两个探子，让他们化装成商人模样，前去努尔哈赤营寨周围窥视一下，看他们是如何庆贺的。

那两个探子悄悄地走出了城门，此时天色已渐渐暗下来了。他们借着暮色的掩护，溜到了努尔哈赤营帐周围，踅来踅去，不时地向营里张望。他们的鬼祟行动，被巡营的兵士发现了，就被带去见安费扬古将军。

见是两个商人模样的人，安费扬古问道：“天已晚了，你们还要做什么生意？”

那两个探子随口编造道：“咱们是生意人，本想进城去的，因为城门关了，便想在你们营房里借宿一晚，明天早上我们就走了。”

安费扬古走到两个“商人”面前，仔细看了他们的衣着，发现二人的罩衣虽是商人打扮，但里面的衬衣仍是士兵的服装，当时心中便明白了七八分，于是便说道：“今晚我们要大摆筵席，犒赏三军，怎么能留你住宿？你们赶快走吧，要是被咱的努尔哈赤都督发现了，把你们当作城里派来的探子，那你们想走也走不掉了！”

安费扬古说完，向身边的费英东使了一个眼色，说道：“你快些送他们走吧。”

费英东听后，便领着那两位“商人”，故意从努尔哈赤的中军帐前经过。这时，努尔哈赤正在中军帐里大吃大喝哩。费英东用手指着对两位“商人”说道：“你们看见了吧？那是努尔哈赤都督在喝酒呢，要不是你们来了，我也在喝酒呢！”

纳申等听了两个探子的汇报之后，兴奋得眉飞色舞，立刻决定派兵出城，让萨木占与巴雅喇两人领着前来劫营。

当夜，月色朦胧，星光暗淡，巴雅喇非常高兴地对萨木占说道：“真是天公助我，该是努尔哈赤命丧黄泉的时候了！今晚，我打头阵，你在后面掠阵，看我成功杀死努尔哈赤吧！"

未等萨木占点头，巴雅喇便拍马上前，领着兵马冲到努尔哈赤大营前面。

巴雅喇举目向营里一看，见那营门大开，里面横七竖八地躺着一些士兵，他心想："好啊，这些士兵肯定是喝多了酒醉倒的，他们连营门也不看管了。"

巴雅喇又向中军帐里一看，见努尔哈赤正伏在一张大桌子上睡觉，他面前的菜碗、酒坛子、杯盘等，狼藉一片。

巴雅喇伸手拔出箭来，然后又取弓在手，本想瞄准正在呼呼大睡的努尔哈赤拉弓便射的，但是又觉距离有些远了，自己的射箭能力又有限，一旦射不准，努尔哈赤若是被惊醒了，那可不得了！

于是，巴雅喇向身后的士兵一挥手，大喝一声道："杀啊！"

巴雅喇一边喊着，一边打马冲进营里，转瞬之间，他已来到中军帐前，努尔哈赤就在眼前，只见他拉满弓，狠狠一用力，那箭便飞了出去。巴雅喇双眼瞪得大大的，他看得十分真切，那箭头"扑哧"一声，射进了努尔哈赤的脑袋里了。

就在此时，忽听"轰隆"一声炮响，接着鼓声锣声、呐喊声，一齐爆响，在巴雅喇两侧突然跳出无数的兵士，他们手执大刀，逼向前来。巴雅喇还不明白是怎么一回事，又定睛一看，他的马已站到努尔哈赤的面前了，心想："我那一箭没有把他射死，再补他一刀吧！"

想到此，便从腰里拔出刀来，对准努尔哈赤的脖颈，用力一挥，只见那又大又圆的脑袋骨碌碌滚了下来。

正当巴雅喇手执大刀欣喜万分之时，猛然传来一个熟悉的声音："该死的东西，我就不明白你为什么如此恨我？"

巴雅喇立刻转过身来，见到努尔哈赤正站在自己的马前，两只怒目正瞪着自己。他吓得浑身发抖，手中的钢刀自动落在了马下，本想下马谢罪，但是两条腿已不听使唤了。

周围的兵士举起刀来，一阵乱砍，巴雅喇已是身首异处、四肢不全了。

再说萨木占在兵马的后面，早就觉得情况有异，他见巴雅喇领着兵马冲进努尔哈赤的军营未受到一点阻挡，便知中计了。他慌忙勒转马头，就在此时，炮声隆隆，锣鼓声响成一片，便想往城里逃。

哪知刚走不远，一员大将拦住去路，萨木占哪有勇气应战，正想逃走，忽听那将领喊道："安费扬古在此，看你萨木占往哪里跑？"

听了喊声，萨木占只得强打精神说道："你安费扬古休得猖狂，我萨木占也不是好欺负的，来！咱们战它五十回合！"

说罢，挺起手中枪，对准安费扬古的胸膛刺来，这一枪又快又重，能看出萨木占的本事还是不差的。

安费扬古也不敢怠慢，忙用手中枪去挡，只听"哐啷"一声，两只铁枪猛一碰撞，竟溅得火星乱飞。

此时，努尔哈赤与费英东、扈尔汗领着兵马将巴雅喇带来的人马杀得血流成河。剩下的已投降过来，又把丢弃的兵器、盔甲等收集在一起，运回营里。原来，营里那些醉倒的兵士，还有伏在桌上喝醉了酒、睡觉的努尔哈赤，全是草人儿，不过给它们穿上衣服，远远看去倒像那真的人一般。

努尔哈赤与费英东前来观阵，二人见萨木占枪法纯熟，与安费扬古枪来枪往，打得甚是激烈。二人斗到二十多回合了，还不分胜负，安费扬古忽见努尔哈赤与费英东全在旁边，那枪刺得更快、更有力了。

萨木占本来无心恋战，他见巴雅喇已死在乱军之中，带来的几百兵马未剩一人。萨木占的心里一慌，稍一疏忽，被安费扬古一枪刺中大腿。只听他大叫一声，翻身落马，安费扬古正要用枪去刺死他时，忽听努尔哈赤喊道："枪下留人！"

努尔哈赤见萨木占武艺高强，便产生惜才之心，就想让萨木占投降过来。他见安费扬古想刺死萨木占时，便来到近前，对萨木占问道："你若投降，我们就不杀你了。"

此时，萨木占虽然大腿受了伤，但是他还能站立起来，便对努尔哈赤说道："等我回到城里，劝纳申、完济汉一起来归顺你，如何？"

努尔哈赤听了，迟疑一下，他知道纳申为人奸诈，是不会轻易投降的，便说道："我只要你归顺我，何必要扯到纳申呢？"

在这说话的工夫，萨木占已攀着马鞍骑在马上了，连忙又对努尔哈赤说道："还是让我进城去劝劝他吧！"

还未等努尔哈赤回话，萨木占已拍马如飞一样逃跑了。

这一下可惹恼了努尔哈赤，只听一声大喝："好个萨木占，看你往哪里跑？"

只见他不慌不忙取出了箭，"嗖"的一声，一箭射去，虽是夜里一片黑黢黢的，那箭却像是长了眼睛似的，正射中萨木占的后心窝。

一声大叫，萨木占便摔下马来，一命呜呼了。

次日，努尔哈赤与安费扬等商量要加紧攻城，不给纳申、完济汉一点喘息时间。

安费扬古与费英东、扈尔汗各带五十名勇士，分三组轮流攻城。

由于城在山上，道路又被纳申等有意破坏，马匹不能走，他们抬着云梯，冲到城下，城上如雨点般地打下礌石、滚木，不能前进了。后来，安费扬古向努尔哈赤建议道："只需如此如此，便可以攻破此城。"

努尔哈赤与费英东、扈尔汗听了，都拍着手笑道："好计，好计！"

他们说干就干，吩咐兵士分头找来门板、桌子、凳子、大木板等。

努尔哈赤亲自带领一队优秀的弓箭手，埋伏在离城较近的地方。在攻城之前，这些弓箭手见城上有人就射，一连被射倒好几个兵士，城上再也没有人敢轻易露头了。

纳申的耳朵伤势未好，只有完济汉在城头指挥，他被努尔哈赤一箭射掉了帽子，就吓跑了。这时候，费英东、扈尔汗与安费扬古带领勇士们，顶着那些木板、桌子等，再也不怕城上打下的礌石、滚木了。

何况那些弓箭手一见城上有人，便嗖的一箭射去，吓得兵士们不敢再扔礌石、滚木了。

他们冲到城下，正准备甩那飞爪登城时，忽见城里浓烟滚滚，喊杀声如雷般地响起来了。努尔哈赤立刻便知是额亦都从后山攻进城了，他兴奋地大声喊道："咱们的队伍已经从后山攻进城了，快上城啊！"

这一喊，攻城的勇士们也跟着喊起来，城上守城兵士听到喊声，又见背后城里确实攻进了兵马，更加慌张。

于是趁着城内混乱，守备松弛的机会，努尔哈赤率先冲到城下。费英东、扈尔汗和安费扬古也早已在城下指挥兵士用飞爪哩。

见主将冲锋在前，兵士们士气更加昂扬，都是奋勇登上城头。经过一场拼死的砍杀，城上的守军无人指挥，便四散奔逃。

纳申早已跑到他哥哥的界凡城里去了，完济汉见纳申跑了，便也骑上快马，向他的姐夫、巴格达城主搬救兵去了。

努尔哈赤让士兵打开城门，把兵马领进城里，收降城里归顺的兵士。

此时，额亦都领着他那五十名精兵，与努尔哈赤合兵一处，也胜利会师了。

一度被称为易守难攻的马儿墩城，仅几天的时间，就被努尔哈赤攻破了。

在攻打马儿墩城的过程中，由于努尔哈赤带领他的弟兄——安费扬古、费英东和扈尔汗，能够身先士卒，运用智谋，总是冲锋在前，舍生忘死的榜样作用，给他们的兵士留下了极好的印象。

从此，建州的兵士们更加敬仰他们的统帅，更加信任他们的将领，更加愿意去忘我地参加战斗，牺牲生命亦在所不顾。

马儿墩城虽然被攻破了，但是纳申跑到了界凡城，完济汉也跑到了巴格达城。未能杀死仇人，怎能算是为噶哈善报仇？

努尔哈赤是一个热血的汉子，他认准了方向便不会屈服，是一个不达目的绝不罢休的人！于是，在马儿墩城里，他们犒赏了将士，歇兵三日，又登上征程，去攻打翁科洛城。

这翁科洛城位于马儿墩城与巴格达城、界凡城之间，仇人纳申、完济汉分别逃往这两城里去了。

为了替妹夫噶哈善报仇，必须先拔掉这颗钉子——翁科洛城。努尔哈赤与弟兄领着人马，很快来到翁科洛城下，安扎了营盘。当即写了一封短信，派人送往翁科洛城里。

翁科洛城主黑晃噶，接到努尔哈赤的书信，展开一看，那上面写道："欲借道贵城，前往界凡寻觅仇人纳申，恳请应允，当不吝感谢云云。"

黑晃噶看完信后，将他的两个助手鄂尔果尼和洛科找来，与他们商量道："这努尔哈赤雄心勃勃，他连续攻下兆佳城、马儿墩城，如今又借口去界凡寻觅仇人，想借我城道，请二位给些意见。"

鄂尔果尼与洛科是当地有名的神射手，他们的射箭技巧不仅能百步穿杨，还能射中空中的飞鸟。

城主黑晃噶年约四十岁，武艺平常，待人温和，守城之事全倚仗这二位神射手。

鄂尔果尼与洛科分别看完努尔哈赤的来信，鄂尔果尼首先说道："这借道之事，自古有之，往往是假借道之名，行侵占之实，最好不要答应。"

黑晃噶听后，有些为难地说道："不答应他，他若来攻城，我们势单力薄，恐怕不是他的对手呀！"

洛科听了，急忙说道："俗话说：兵来将挡，水来土掩。何必怕他呢？我们城坚人多，努尔哈赤是从马儿墩城来，已是疲惫之兵，有何担心的？"

黑晃噶忙向他们道歉道："本人为一介庸夫，守城之事全仰赖二位神射手了，请你们看着办吧！"

鄂尔果尼听后，笑着说道："城主这么信任我们，咱俩还有什么好说哩，现在我们就去城上布置，加紧防备。"

再说努尔哈赤听了送信人的回报，知道黑晃噶不给借道，便对额亦都说道："自古以来，武力定天下，没有实力，谁也不听，谁也不从，谁也难保。"

额亦都听后深表赞成，遂说道："量这小小的翁科洛城，也难以阻挡咱的前进步伐，那就准备攻城吧！"

扈尔汗对翁科洛城的情况有些了解，说道："据我所知，城主黑晃噶是个忠厚老实之人，他手下有两个神射手，都是远近闻名的，一个名叫鄂尔果尼，一个叫洛科。"

努尔哈赤听了，看了一下众位兄弟，笑道："他们与别人相比，可能是神射手，遇到咱弟兄们，未必能数上他们了！"

扈尔汗见努尔哈赤不以为意，又提醒道："不过，射箭人若是躲在暗处，再加上高超的射技，危险性就大了。"

安费扬古接过来说道："咱们还可用那办法攻城，那些木板、门板、桌子之类的东西大部分都在，只要谨慎从事，神射手又将如何？"

当晚努尔哈赤发布命令说："各营将士抓紧休息，巡哨人加强警戒，明晨五更起床、吃饭，上午攻城，不得有误。"

次日，努尔哈赤与额亦都、安费扬古带领五百人马攻城，让费英东、扈尔汗在后助阵。

随着一声惊天动地的炮声响过，攻城开始了，安费扬古与额亦都指挥那些攻城的勇士们，顶着木板、桌凳等，冒着城上抛下的滚木、礌石，往城下冲去。

不久，冲到城下的人将城周围的房屋点着了火，顷刻之间，烟尘滚滚，火光熊熊，城下变成一片火海。

同每次攻战一样，努尔哈赤又是率先冲锋，借着火势打开的通道，在浓烟的掩护下，他纵身一跃，跳上一间房顶。他骑在屋脊上，连续射击，一连射倒好几个人，终于引起城头一个人的注意。

正在城上指挥兵士对抗的神射手鄂尔果尼，发现身边的兵士连续被城下射中，心中想道："在距离如此远的情况下，尚能百发百中，非等闲的射手所能为。"

努尔哈赤的名声，鄂尔果尼早已听说过了，何况他周围还有许多能人。但是鄂尔果尼也并不是自甘人下的人，至少在射箭这一个项目上，就是如此。

这时候，鄂尔果尼一边指挥兵士用滚木、礌石进行抗击，一边举目四顾，竭力找寻那个百发百中的射手。不久，他终于发现了这个射手隐蔽的地方，很快向那射手暗发一箭。

鄂尔果尼果真是一位名不虚传的神射手。这一箭相当厉害，射穿了努尔哈赤的头盔，进入头部约有一指许深。

努尔哈赤忍着钻心的疼痛，将那支箭拔出来，并立刻又把它射出去。随着弓弦响过，那支箭也没有虚发，只见一人应声倒地，那箭镞直穿那人的大腿。

努尔哈赤强忍着伤痛，抬起头来，发现城上有一个人躲到烟囱背后，正在向城下攻城的兵士射击，并一次次地得手。

努尔哈赤迅速地弯弓搭箭，不偏不倚，这一箭正中那人的小腹，那人便立刻从烟囱旁边掉下来，倒地而死。此时，努尔哈赤由于头部受伤，血流不止，衣襟都被染红了，直滴到脚上。

由于努尔哈赤的猛烈射击，又引起了城内另一个神射手的注意。这个名叫洛科的善射者，又瞄准了努尔哈赤，狠命地射出了一箭，这一箭正中他的颈子，而且钻入肉里很深。

由于颈下有锁子甲围领，以致箭头卷如钩状，想要拔出来，就很受罪了。努尔哈赤牙齿紧咬，用力一拔，竟然扯出来两块血肉，顿时，血流如注。

额亦都、安费扬古等将士们看见努尔哈赤负了重伤，准备登上房顶，前来救护。

努尔哈赤连连摆手，制止众人前来救援，他是担心翁科洛人一旦知道他负了伤，气焰会更加嚣张，十分镇定地对他们说道："你们都不能上房顶来救我，免得被城里人发觉，还是让我自个儿慢慢下去吧！"

说罢，努尔哈赤自己挂弓为杖，从容地走下房屋。

可是，毕竟伤势过重，流血太多，当他双脚刚一落地，还没有站稳，便忽地昏厥过去。大家慌忙跑过来，替他包扎伤口。

这次重伤，努尔哈赤几乎被夺去生命。努尔哈赤的伤口，虽然包扎数寸厚，仍然血流不止，他一直处于昏迷状态，直到第二天下午，才苏醒过来。

回到赫图阿拉，努尔哈赤的伤口竟发炎了，若不及时疗治将是很危险的。

费英东的父亲索尔果认识一位医生，名字叫郎中秀，住在红页山里。此人医术高明，出身于医药世家，父亲是汉人，母亲是蒙古人，年约五十岁。费英东遵照父亲指示的路线，很快把郎医生请到赫图阿拉，为努尔哈赤治伤。

郎中秀医生看了努尔哈赤的箭伤之后，认为箭头有毒，现已毒发，若是再过七至十天，将为不治。郎医生从药囊中取出一根竹管，从管里倒出黄色药粉，敷于箭伤处。

那药粉香气袭人，刚一敷上，努尔哈赤便感觉那药凉得彻骨，疼痛渐止。

军师张聿华向郎医生请教道："敢问郎老先生，这药粉香气扑鼻，不知由何种药研制而成？"

郎中秀医生也不隐瞒，微微笑道："这种药粉名叫杀毒散，主要原料有鹿茸、蜈蚣毒液、蝎子毒液，再加少许冰片，即可制成，其中鹿茸占五成，冰片一成，其余各二成。"

张军师听后，不觉又疑问道："蜈蚣、蝎子毒液之毒也足以伤人，何以入药？"

郎医生微笑着回答："这叫做以毒攻毒嘛！"

努尔哈赤的伤势很快痊愈了，他对郎医生再三挽留，加上张军师的左劝右劝，郎医生也答应不走了。

努尔哈赤派洛寒带几个人到红页山，将郎中秀一家搬到赫图阿拉城来。

从此，努尔哈赤的建州卫结束了无医无药的日子。

且说努尔哈赤在养伤期间，军师张聿华、何和理已将隆登儿、觉善与康嘉绰其达三人与马儿墩城的纳申等人相互串联，派遣雇来的杀手到粮库放火，并企图暗杀他妻儿的事情，向他作了汇报，并征求处理意见。

努尔哈赤与张军师一道，召集全体将领，对这些事作了认真讨论，大家异口同声地道："为了肃清内部反对势力，解除后顾之忧，必须对以隆登儿、觉善、康嘉绰其达为代表的内奸进行惩罚。"

努尔哈赤听取大家的意见之后，说道："隆登儿、觉善和康嘉绰其达都是我的族人，是我的长辈，我一直对他们一忍再忍，但是，他们不知自重，反以为我软弱可欺，是可忍，孰不可忍！"

努尔哈赤对何和理说道："他们是我的族人，我就不出面了，你们处理吧。"

努尔哈赤处死了隆登儿、觉善和康嘉绰其达之后，消除了来自后院的反对势力，但是，噶哈善的大仇还没有全报，努尔哈赤的仇恨仍然没有全消。因为纳申逃跑了，完济汉也逃跑了，努尔哈赤怎能让这两个仇人逍遥法外呢！

明朝万历十三年（1585年）二月，二十七岁的努尔哈赤与他的兄弟们，带领兵马在攻打界凡城之前，再次攻打翁科洛城。

为了尽快取得胜利，也吸取前次攻城的教训，努尔哈赤派额亦都带领一支精兵强将，悄悄从城的背后进攻。他自己则带着安费扬古、费英东、扈尔汗仍在正面攻城。

城内的守军也已尝到努尔哈赤的厉害，加上鄂尔果尼与洛科的心不在焉，内心早已有些怯阵，行动上便有些迟缓、被动了。

安费扬古、费英东、扈尔汗三人各带一支人马，轮着从正面进攻，把城内的力量全吸引到前面来了。

由于城的后面空虚，额亦都看得分明，遂领着他的那些翻越城墙的好手，从后面破城而入。进入城内以后，先是到处点火，当烟火腾空后，他们便借浓烟的掩护，喊杀声四起，有意在城内制造混乱。

城内的冲天火光，混乱的逃跑人群，使前面的守城将士无心抵抗了，他们知道努尔哈赤的人马已从后面攻进城了，立刻吓得乱作一团，很快便四散而去。

见到城上守军溃逃了，努尔哈赤等很快攻破了城门，建州兵马像洪水一般，涌进城去。

安费扬古等从前往后冲杀，额亦都又从后往前冲杀，两支兵马很快在城中会师了。

这时候，有两员将领自己捆得结结实实，一路向建州兵马跑着，要求拜见努尔哈赤。二将见到努尔哈赤之后，"扑通"一声跪了下去，沉重地说道："上次，我们有眼不识泰山，冒犯了你的尊严，射伤了你，如今，我们自缚来谢罪，请求努尔哈赤大都督处理吧！"

未等努尔哈赤说话，额亦都等气得咬着牙，攥着拳，一致请求对这两个射手——鄂尔果尼和洛科要施以乱箭穿胸的酷刑。

努尔哈赤特别清醒、冷静，他没有听从诸兄弟之请，反而赐二人担任牛禄官职，进入建州将领行列，加以厚待。

只见他拉着鄂尔果尼、洛科的手，让两人站起来，向众位将领说道："前次攻城时，他们二人射我，使我致伤，那是两军交锋，各为其主啊！何况锋镝之下，谁不想争先夺魁？可见那次战斗，他们是为翁科洛城主黑晃噶尽忠职守，本该那样，他们二人没有错。今天，他们已归顺了我们，怎能再处置他们？为了成就大业，我们还要重用他们！有朝一日，两军相战，两位射手必然会成为我们的勇将，难道他们不替我们杀敌吗？面前这两位有名的射手，他们若是死在战场上，就尤为可惜；我们倘若杀了他们，不是更加可惜？"

听了努尔哈赤的这段话，额亦都、安费扬古等心悦诚服，不再言声了。

且说界凡城主巴莫是纳申的哥哥，此人生得膀大腰圆，身高八尺有余，豹环眼，络腮胡，两臂有千斤之力，善使一对铁锤。他仗着武力，将周围的巴格达城、董嘉城全部征服，显示出很大的野心。

萨尔浒城的诺米纳弟兄被努尔哈赤杀死以后，由佟家庄园的原护庄队长尕喇任城主，管理城里事务。

两个月后，巴莫便带领兵马，夜袭成功，杀进萨尔浒城的府里，将尕喇一锤砸死。巴莫派阿亚里当萨尔浒城主，将"建州卫努尔哈赤"的大旗换成"界凡城巴莫"的旗帜。

不久前被努尔哈赤攻下的翁科洛城，巴莫早就对它垂涎三尺了。曾经两次前去攻打，都是被城内的那两位神射手——鄂尔果尼、洛科打败的。

这次巴莫的计策是坐山观虎斗，看努尔哈赤是否能取胜，他也要采取相应措施。巴莫将巴格达城、萨尔浒城、董嘉城联合一起，组成一支一千四百人马的联军。若是努尔哈赤在翁科洛城取得胜利，他就将建州的兵马引诱到萨尔浒与界凡城之间的山坳里一举歼灭。如此，巴莫便可以占有建州卫以及翁科洛，他就可以称霸苏克素浒河流域。

纳申从马儿墩城逃到界凡城以后，巴莫就让弟弟前去董嘉，与巴穆尼城主、完济汉一起将城里兵马带到界凡，听候调用。

这天，巴莫正在府里闲坐，派出去的探马跑来向他报告说："翁科洛城已被攻破，努尔哈赤准备带着兵马来攻界凡城了。"

巴莫听后，不觉一惊，心里说："这个努尔哈赤果真有些本领，没有多长时间他竟把翁科洛城攻破，确实不能小看了他。"

巴莫忽然想起了城里的二位神射手，又向那探马问道："我再问你，翁科洛城的两位神射手是被杀死，还是逃跑了？"

探马道："城主老爷都未说对，据说那两位神射手全投降了努尔哈赤，并被他提升为将军了！"

巴莫听到这消息，真像听到一声霹雳，不禁有些大惊失色。

翁科洛城的那两个神射手，他一直以为是最难对付的，现在竟然投靠了努尔哈赤，可见弟弟纳申曾经提醒他的话，倒是值得认真考虑。

巴莫一边想着，一边走到客厅，立即派侍卫去喊各位城主与将军，前来议事。

界凡城与萨尔浒城之间，有一个很大的山坳，两边是高山，两头各有一山口。南头山口通界凡城，北头山口通萨尔浒城。

努尔哈赤派大将额亦都与鄂尔果尼和洛科担任先锋，让他们领五百兵马打头阵。自己与安费扬古、费英东、扈尔汗带领大队兵马，浩浩荡荡，往界凡城而来。额亦都与两位神射手带领五百兵马，正往前走之时，忽有探马跑来报告说："前面五里处便是北山口，进了山口，过了山坳，便离界凡城不远了。"

额亦都对这一带地形不太熟悉，就向两位神射手请教道："这山坳离界凡如此临近，他们会不会在那山坳里埋伏上一部人马？"

鄂尔果尼抬头向山口望了一眼，说道："这山坳很深，界凡若是在两侧山上埋伏人马，咱们的队伍进了山坳，他们只用弓箭对付咱们，也难脱身。"

洛科也接着说道："界凡城主巴莫是一员勇将，野心勃勃，对这种人也要特别小心，不如先让兵马停歇下来，派人去察看以后再进兵。"

额亦都听了，觉得二位将军言之有理，便客气地说道："二位将军说得很有道理，咱们就让兵马停歇下来，等大营来到，一起商量后再进兵也不迟。"

说罢，额亦都即吩咐兵马停下，并派两个精细兵卒前往山口、山坳侦察情况。

不久，努尔哈赤领着大队人马也赶上来了。额亦都与鄂尔果尼、洛科迎上前去，汇报了上述情况，努尔哈赤正在思考时，鄂尔果尼忽然伸手指着山坳上空正在盘旋的苍鹰说道："那几只苍鹰本来是栖息在山坳两边山坡的林子里的，如果山坡林子里隐蔽着兵马，它们就不会落下去了。"

他的话还未说完，那几只苍鹰翅膀一打趔儿，便转头飞向山那边去了。努尔哈赤心里不由一惊：看情况，那山坳里是有埋伏的。

安费扬古已看出努尔哈赤的心思，便道："依我的看法，我们先扎营，等一天，再静观其变。"

这句话还未说完，忽听从山口里冲出一支兵马，队伍前边旗子上大书：界凡城巴莫。

努尔哈赤与众将领立刻上马，摆开阵势，准备与来将厮杀。

等来将马到阵前，努尔哈赤这才看清楚，是纳申和另一个大个子将领。他一见到纳申，便转脸对众将领说道："你们都不要上阵，让我亲自出马对付这个狗杂种！"

说完，努尔哈赤拍马上前，用大刀一指："前次让你跑了，今天你休想活命！"

纳申一脸的奸笑，对努尔哈赤挖苦道："你喊着要攻打界凡城，怎么到这山口就不敢前进了？倘若怕死，就收兵回去。"

努尔哈赤听了，恨得牙根直痒痒，遂举起大刀向纳申砍去。纳申本不是来战的，他是奉命引诱建州兵马进山坳的。

纳申一见努尔哈赤的大刀来得又快又急，慌忙勒转马头就往回跑了。努尔哈赤知道纳申是要引着他前去山坳的，就没有追赶，只是哈哈大笑道："你这杂种连一招也不敢接，就吓得逃跑了，回去让你哥巴莫来。"

纳申见努尔哈赤没有追赶他，便又转回来，嘻嘻哈哈地对努尔哈赤嘲笑道："我早已料定你不敢追我，劝你立即收兵回建州去吧。"

努尔哈赤也不搭话，又举起大刀向纳申砍去，这回纳申接了招儿，也忙用刀来迎。哪知努尔哈赤膂力过人，纳申如何能抵挡得过，只听"哐啷"一声，纳申的刀便被打掉了。纳申在马上一闪，差点儿栽下来，他惊慌失措地勒转马头，就住回逃，连刀也不捡了。努尔哈赤不慌不忙拔箭在手，使劲将箭射去，正中纳申后心，纳申翻身落马而死。

另一位大个子将领见纳申已死，急忙挺身举枪来刺努尔哈赤。努尔哈赤用刀一挡，大声喝问道："来将报上名来，我刀下不斩无名之鬼！"

那人随即把枪一横，厉声回答道："我乃董嘉城主巴穆尼是也，你努尔哈赤无故来犯，我岂能饶你！来！来！来！老子与你大战一百回合！"

努尔哈赤哈哈大笑道："别说大话！我劝你下马投降吧，免得像纳申的下场一样惨。"

巴穆尼恼羞成怒，端起枪来就刺向努尔哈赤的心窝，努尔哈赤不慌不忙，将身子轻捷地一闪，那枪便刺空了。

约斗了二十多个回合，努尔哈赤抖擞精神，将那大刀舞得风车一般，只见一道白光直闪，巴穆尼见不到努尔哈赤了。正当他犹疑之时，努尔哈赤一手操刀，另一只手从腰间掏出钢鞭。"唰"的一声，那钢鞭便凌空抽了过去，说来也巧，正打在巴穆尼的脑门上。巴穆尼立即落马，死于非命。

此时，兵士们见到他们两员主将都亡命马下，全吓得直打哆嗦，四下奔逃而去。

努尔哈赤让兵士将巴穆尼的尸体就地掩埋了，把纳申的尸体挂在一根很长的竿子上。这是由于纳申是杀害噶哈善的仇人，也是多次雇杀手谋害自己的幕后指挥。

努尔哈赤也想通过此举，激起巴莫的愤怒，尽早跳出来与他决战。

再说界凡城里的巴莫，原打算在山坳里将努尔哈赤的兵马一举消灭，好称霸建州。未曾想自己的计策被努尔哈赤识破，他的兵马停在山口之外，不往口袋里钻。后来又派弟弟与巴穆尼一阵去向努尔哈赤挑战，想用"伪败诱兵"之计，引诱努尔哈赤上当。谁知二人去了，双双被努尔哈赤打死。如今兵马隐蔽在山坡上，事先未带粮草，长时间埋伏下去，也没有实在意义。

正在左右为难，完济汉哭着跑进府来，对巴莫说道："这努尔哈赤也太心狠，他亲手射死纳申，还让纳申暴尸荒郊，其用心何其毒也！"

女真人中有一种习俗，说的是人死之后，若是不及时装棺掩埋，时间长久了，死去的阴魂在外游荡，便会变成野鬼，这就像人世间的流浪汉一般，因此人们很忌讳。更令人害怕的，是人死后尸体被暴尸荒郊，不仅他的魂灵会成为野鬼，他的亲友也可能随之受牵连，这是女真人的大忌。

巴莫听后，直气得乱蹦乱跳，哇哇直叫，像一头愤怒的野兽，他大声命令道："将山坡上林子里的兵马全撤出来，调往山坳外面，誓与努尔哈赤决一死战！"

次日，巴莫带领萨尔浒城主阿亚里，董嘉城主巴穆尼的小舅子完济汉，还有巴格达城主昂纳克，兵马一千余人，陈兵山口之外，开始了与努尔哈赤的拼杀。

巴莫哪里是努尔哈赤的对手，几个时辰下来，便被努尔哈赤的手下诸将杀乱了阵式，自己也落了个刀下鬼的结果。巴莫的手下悍将昂纳克归降了努尔哈赤。

收降了昂纳克，界凡联军的一千多兵马几乎全成了努尔哈赤的军队。这一仗，努尔哈赤大获全胜，既报了仇，雪了恨，又扩大了地盘，增强了实力，满载而归。

第三回

一曲生情琵琶调，半世恩怨睚眦仇

努尔哈赤回到自己的都督府里，见到两个福晋都已大腹便便，快要生产了。自佟氏春娅娜去世之后，他又娶了兆佳氏、纽祜禄氏。

兆佳氏是沾河城主常书的妹妹，是在佟氏的丧期刚过、为了让努尔哈赤解忧而娶进的。纽祜禄氏是在征里岱、取兆佳城之后，回军途中偶遇的。

当时路过一户人家，努尔哈赤口渴难耐，便跳下马来。他走上前去敲门，屋里走出一个大姑娘来，这使努尔哈赤眼前一亮。

仔细看去，那姑娘年约二十岁左右，身着长裙，一头乌黑的头发，又浓又长，披散在双肩上，眉清目秀，鹅蛋儿脸型，浅浅的笑意透出几分矜持，更显出少女的妩媚。那苗条的体形，分明的轮廓，衬托她那天生的风韵与魅力。于是，努尔哈赤又娶了这位纽祜禄氏，从佟氏春娅娜算起，她是第三位福晋。

这工夫，努尔哈赤正与两个福晋在说话，军师张聿华与老伴龙大妈来了，并且又领来了一个姑娘。张军师指着那女孩子道："这次界凡之战，从巴莫府里领来十多个女孩子，我从中选了这个名叫富察氏衮代的，让她来侍候你吧！"

龙大妈接着丈夫的话，继续说道："我早就想了，兆佳氏福晋、纽祜禄氏福晋都在怀孕妊娠期间，你回到家里没有人侍奉怎么行？"

张军师点头道："这女孩子不仅长得好看，还能歌善舞，又会弹琴，你打仗回来，看看舞，听听歌，倒也能解乏驱疲啊！"

在两位老人说话的工夫，努尔哈赤看那富察氏，确是长得千姿百媚，体态苗条，面若出水的荷花，带着红晕。

努尔哈赤向富察氏问道："你今年多大了？"

富察氏微微低着头，觑着凤眼回答道："十四岁。"

努尔哈赤见她娇滴滴的风姿，又问道："你愿意在这里侍奉我吗？"

富察氏听后，慌忙放下手中的琵琶，款款走到努尔哈赤身边，双膝跪下，说道："我愿意终生侍奉都督老爷！"

努尔哈赤送走两位老人之后，回到屋里，见那富察氏娇小玲珑的身材，风情万种的韵致，不由得血流骤然加快，浑身热得难受。他急匆匆地脱下衣服，走到富察氏面前，伸手将她搂在怀里，顿时觉得香气袭人。

自此，富察氏独自垄断了努尔哈赤的感情，每天晚上，那屋里都传出悠扬悦耳的歌声。由于富察氏的美貌，特别是她能歌善舞，确实给努尔哈赤的生活带来了温馨和快乐。

一天，努尔哈赤正与军师张聿华谈心，忽有探马进来报告说："董欧部的永吉达城主又派兵马抢了我们三十匹马，还说了一些难听的话。"

努尔哈赤压住火气，又问道："他们说了一些什么难听的话？"

探马只得吞吞吐吐地说道："他们说：你努尔哈赤也没有什么了不起，别人怕你，我们永吉达城可不怕你……"

张军师听后，让那探马走了，然后说道："你听了这些话先别气，也不用着急，那永吉达城的地理位置我从地图上已看过了，攻它不难，今天已经晚了，明天咱们再去实地察看一番，再作攻城的决策。"

努尔哈赤听了，也就点头答应，说道："也好，明天我们去看看再说。"

这一夜无话，次日上午，努尔哈赤与张军师以及额亦都、安费扬古四人，带了十几名侍卫，来到了一座山岗上。

登上山岗，永吉达城尽收眼底。这永吉达城是依山而建，背后是摩天岭，那高入云天的摩天岭像一个巨人搂抱着永吉达城。

张军师手捋白色胡须，对站在身边的努尔哈赤等微微笑着说道："依我的意见，只要派一员大将，带领五百名善于登山的勇士，便可攻进永吉达城了。"

事情果如张军师所言，努尔哈赤没费什么事，就攻下了永吉达城，杀死了城主阿巴海，降服了悍将敖麦龙。

从敖麦龙那里，努尔哈赤得知是哲陈部的十布抚抢走了自己的马。

努尔哈赤与军师张聿华等领着兵马，住在永吉达城里，暂时没有收兵回建州。其主要原因，是对哲陈部的吐谷盎城的十布抚很有意见，认为他欺人太甚。

努尔哈赤对张军师说道："十布抚抢了我们的战马，又嫁祸于人，我们不能坐视不管，要让他知道我们并不是好欺负的！"

张军师听后，不慌不忙地对他说道："我们先去浑河边上看看再说吧！"

这吐谷盎城与永吉达城隔着浑河相互对望，努尔哈赤这一行人，来到浑河边上，就很清楚地看到那吐谷盎城了。

正当他们说话之间，从河对面的吐谷盎城里赶出了一大群战马，总有上千匹。原来是十布抚要把这些膘肥体壮的纯种良马驱赶到河里洗澡，为它们降温哩。

这幕情景立刻让军师张聿华有了计策。努尔哈赤听后，对额亦都、安费扬古等说："快把军中所有的母马都集中起来！"

额亦都与安费扬古等当然不知道努尔哈赤的用意是什么，也不好向他询问。虽然心里不明白，但是军令如山，岂能违抗不执行？

于是，凡军中的母马，都逐级集中上交，最后一统计，共有近五百匹。

次日上午，吐谷盎城的一些士兵，又赶着一千二百多匹纯种战马向浑河岸边走来。到了浑河边上，士兵们都让它们各自散开，有些马下了河，在河里打着滚，嬉戏着玩儿。

努尔哈赤与张军师早已来到浑河岸边，目睹对岸的情况，立即下达了行动的命令。

刹那之间，永吉达城的城门大开，建州部队的士兵们牵的牵，赶的赶，把集中在城墙下的所有母马，都赶出了城。

谁知那些母马因为留恋城里自己的小马，死活不愿出城。在士兵们的驱赶之下，嘶鸣着一步三回头，有的即使出了城，还挣着往回走。

在这五百多匹母马的此起彼伏的嘶鸣声中，立即产生了一种无形的吸引力量。

在河里的公马误以为河对面的母马在情意绵绵地向它们发出召唤。一些原先已在水中的公马，就径直游向河的对岸；原先在水边追逐嬉戏的公马，也奋不顾身地闯进深水区里，拼着性命向对岸游去……

眼看着公马们络绎不绝地过了河，一上岸，就向建州的母马群集结处飞奔而去，到那些母马身边亲热地打着响鼻，不断地献着殷勤，有的竟兴奋地咳咳鸣叫起来。

另外，吐谷盎城河边马群中的那些母马，起先对身边的公马纷纷泅水到对岸去，还感到奇怪，但是不久便晓得了是怎么一回事。也紧追不舍地跟着公马，纷纷下河，拼命地游到对岸，与建州部队的马群，汇合到一起。

吐谷盎城赶马来洗澡的士兵们，看到了这种情况，心知不妙，便火速赶往城里去向十布抚城主报告。

那十布抚听后大惊失色，一时急得没有了主意。

他心里非常明白，打起仗来，没有了马匹，简直寸步难行，怎么办？没过多久，十布抚亲自领着自己的家人和士兵，走出吐谷盎城，主动向努尔哈赤投降。

后来，努尔哈赤仍然让十布抚监管吐谷盎城，不过，城上挂的是"建州卫努尔哈赤"的旗号，而不是哲陈部的旗帜了。

努尔哈赤与张军师领着兵马，回到赫图阿拉城，众将领遂各自回到家里休息。

一日，努尔哈赤正在府里与军师张聿华谈古论今，忽有探马进来报告说："安土瓜尔佳城里正闹内乱，老城主死了，两个儿子争城主职位，乱得挺厉害哩！"

张军师听后，笑着对努尔哈赤道："这个安土瓜尔佳城老是扰乱我们建州，现在也是该讨伐他们的时候了。"

努尔哈赤也笑着说道："咱们来个混水摸鱼吧。"

安土瓜尔佳城是苏克素浒部临近建州卫的一座城，老城主名叫揾甫甘，为人善良宽厚，对城内老百姓比较体贴关心。每年向老百姓要的租税不多，马、牛、羊的交税只按户收，不据头数。因此，城内百姓都养很多畜禽，牛马羊成群跑，鸡鸭鹅满天飞，家家富裕，人人乐业，形成一派欣欣向荣景象。

揾甫甘有一个带兵将军，名叫英达，此人武艺出众，又很讲义气，与揾甫甘处得很好，城内五百兵士被他们练得既守纪律，又能打仗，成为守卫安土瓜尔佳城的柱石。

不久前，深得全城百姓称颂的揾甫甘一病不起，在奄奄一息之际，他让两个儿子来到床前，把城主之位传给为人忠厚的大儿子萨姆。

可二儿子希里猾为人刻薄，不听父亲的遗言，与哥哥争城主之位。两人为此同室操戈。萨姆在将军英达的帮助下，设计杀死了希里猾。

可就在此际，努尔哈赤与张军师带着众将领，以及兵马八百，浩浩荡荡杀奔安土瓜尔佳城。由于莫愁最近身体欠安，努尔哈赤留下额亦都与洛寒守赫图阿拉，并嘱咐郎医生为莫愁治病。

根据军师张聿华的建议，这座安土瓜尔佳城处于平原地区，四座城门一起攻打。

这种攻城方略，可以分散城里的兵力，也可以切断城内外的联系，使其更加孤立，处于无援的境地。

努尔哈赤派安费扬古与舒尔哈齐两人带领二百人马攻打北门，派费英东与两神射手带二百人马攻西门，又派扈尔汗和邵魁、里岱领二百人马攻东门。他自己与军师张聿华也带二百人马，攻打南门。

攻打北门的费英东与鄂尔果尼、洛科两个神射手见城门楼上面的旗帜在迎风飘扬，甚觉刺眼，费英东便说道："咱们把旗帜射下来，让它神气不起来！"

洛科听了，首先说道："让我来罢！"

说完，洛科拈弓搭箭，嗖的一声，一箭射去，不偏不倚，正射在旗杆上，只听"乓"的一声，旗杆立刻断了，那旗帜随风飘飘荡荡地落下来了，直落到城墙下面。

攻城的士兵立刻欢呼起来，攻城的劲头更大，他们冒着如雨的滚木，拼命般冲向城下。北门楼上的旗帜被射落了，东门、西门与南门的旗帜也相继被射下来。

安费扬古与舒尔哈齐各自带领一百人马，轮番向城下冲击，时间长了，城上的滚木已供不应求。

这时候，他们看得很清楚，城上已没有滚木、礌石打下来，便冲到城下，用飞爪扔上城头，很快拽着绳头爬上城去。

登城的建州士兵越来越多，他们杀退城上守军，打开城门，安费扬古与舒尔哈齐冲进城内，四处放火，转眼间，浓烟滚滚，火光冲天。

其余三城门上的守军，见北门已被攻破，动作稍一迟延，城下的建州兵马也趁势登城，一场城头争夺战开始了。

那冲天的火势，随风蔓延开去，城内的百姓乱作一团，守军还哪有抗击的勇气，未被杀死的都只得投降了。

安费扬古与舒尔哈齐一路杀进城里，冲进城主府里时，见萨姆已自杀身亡。

受伤的英达将军让侍卫把自己捆上，由人扶着，正一瘸一拐地向安费扬古与舒尔哈齐走来。走到他们面前，即跪下乞降，英达说道："我早就仰慕努尔哈赤都督的大名，请让我追随在他左右，充当一名马前小卒吧！"

不久，四门全被攻破，努尔哈赤与张军师全都来到城里，他见到英达现已投降，心里更加高兴，上前拍着英达的肩说道："放心吧，咱们一起为女真人的复兴努力奋斗，因为我们都是女真人啊！"

攻下了安土瓜尔佳城，收降了一员大将英达，又增加了几百名兵马以及无数的甲胄与兵器。

这安土瓜尔佳城非常富裕，马牛羊家家圈满，鸡鸭鹅户户成群，粮食也堆积如山，府库里盛满了金银财物。

努尔哈赤见到这些情况，深有感触地说："有宽厚仁慈的城主，百姓也才能安居乐业，丰衣足食，并能得到他们的拥戴。"

说完之后，派人厚葬安土瓜尔佳城新、老两代城主，并征求英达意见，请求他荐个新城主，英达不假思索，立即说道："我有个弟弟，名叫顺达，为人谦和，处事谨慎，是个做城主的料。"

张军师听说是他的弟弟，立即说道："你推荐你弟弟当城主，不怕别人说你怀着私心，借机会扩充自己势力么？"

英达听了，微微一笑道："古人说过一句话：外举不避仇，内举不避亲。我想的是谁人适合做城主，根本未想他是我的弟弟。"

努尔哈赤与张军师听了，都很赞赏英达的态度，并认为他是一个很正派的人。

努尔哈赤满载着胜利的喜悦，满载着战利品，带领兵马，返回赫图阿拉。

努尔哈赤班师刚回城，便听到额亦都的妻子莫愁病危的消息。他匆忙脱下甲胄，换上便装，径直来到额亦都的住所，进了大门，便听到了哭声。努尔哈赤心知不妙，便三脚两步地进了院子，来到屋里，见莫愁已死去，额亦都仍然把她紧紧地搂在怀里，哭得说不出话来，两个孩子达启和巴赖一边哭，一边喊着"妈妈"。

努尔哈赤见到这情景，也不由得心酸难过。

额亦都向努尔哈赤哽咽道："她与我成婚后未能过上多少天的舒心日子，我深感对不起她，如今这两个孩子又无人照看，我该怎么办啊？"

努尔哈赤走过去抱住额亦都说道："别难受，人死了不能再复生。"

他看了看那两个孩子，对额亦都商量道："把这两个孩子送到我那里去，一者我家里孩子多，又有师傅教他们武艺；二来我那里有人照看，既不孤单，又不会在外面胡跑胡闹。"

额亦都听后，很感激地说道："好是好，只是给你又增加了麻烦。"

努尔哈赤安慰了额亦都后，才回到府里。

次日，他先找来洛寒，让他帮助额亦都把莫愁葬了，然后又同张军师商量，额亦都是自己的得力助手，怎能让他受冷落！

刚出兵那会儿，他们之间就患难与共，为了防止坏人伤害努尔哈赤，额亦都常在夜间与他互换睡铺。

努尔哈赤思索了好久，便向张军师说道："我决定将大女儿穆库什嫁给额亦都，使他在丧妻的苦痛中能够得到精神上的抚慰。"

张聿华听后，非常高兴地当了大媒人，并且很快地为他们办了喜事。

努尔哈赤于万历十三年九月攻取安土瓜尔佳城之后，回到赫图阿拉不久，连降大雨，接着又下了一场早到的雪。

他与军师张聿华商议，决定抓紧冬季练兵，利用雨雪天气，请张军师为将领们讲解兵法，介绍古代的战例。

一天，军师讲宋朝的岳飞利用铁甲军打败金兀术的战例，努尔哈赤从中受到了启示。他心里说：我们何不也组织一支铁甲军，专用于攻打城池之用！

努尔哈赤把自己的想法告诉了军师，他说："来年开春，我们还需去攻打浑河部与哲陈部的几座城，咱也组织一支铁甲部队，作为攻城的先锋，岂不能提高攻城的效率么？"

军师张聿华听了道："好是好，只是那铁甲需要能工巧匠方能打制而成，这就要有铁匠了，还要有铁才行。"

努尔哈赤听后笑道："我们没有铁匠，可以去雇嘛，没有铁，也可以去买呀！"

张军师急忙点头，他十分赞赏努尔哈赤这种说干就干、雷厉风行的作风，立即说道："那就抓紧派人去办这两件事吧！"

努尔哈赤让侍卫把洛寒、何和理喊来，又与军师一起研究了那铁甲的式样，他对军师说："为了谨慎起见，请你设计好那铁甲的图样，等铁匠一请来，咱们就可以制作了。"

张军师忙着去找额亦都、安费扬古等，一起研究设计铁甲图样。

洛寒与何和理来了之后，努尔哈赤道："我们想请几位能打制铁甲的铁匠，不知二位将军的心中可有谱儿？"

洛寒想了一会儿，马上回答道："以前在抚顺我曾见到一位老铁匠打过铁盔甲，不知这位老人现在可好，明天，我就去抚顺找找他。"

何和理听了洛寒的话后，也想起一个人，就说："我在开原也曾见到一位铁匠，他的技艺很高，不仅会打制兵器，还会造铁马、铁牛等，凭他的本事也许会打制铁甲。"

努尔哈赤又向何和理问道："咱们库房里还有多少银子？"

"银子不少于五万两，特别是今年攻下的这几座城，缴获的银子不少，仅安土瓜尔佳城，就运回来一万多两白银。"

努尔哈赤听了，大声笑着，又说："明天，你们各自带一些银子上路，连人带铁，都想方设法弄回来，怎么样？"

二人答应一声，便各自准备去了。

这时候，府里来人对他说道："纽祜禄氏快要生产了。"

努尔哈赤一听，急忙站起来准备回府，他心里不由得想道："自己有三个儿子，一个女儿，全是不在家时生的，这是一个男孩呢，还是女儿？"

当努尔哈赤回到屋里，已经传出了"呱呱"的叫声了，接生婆抢着出来向他报告："又是一个带兵的将军！"

努尔哈赤非常兴奋，他心里说："不是有一句俗话么：打架还是亲兄弟，上阵还数父子兵！对，父子兵有什么不好呢！要成就大业，单枪匹马哪成？"

想到这里，努尔哈赤突然想起了一件重要的事情，便急忙走出府门，去找刚归顺自己的英达将军。

原来，努尔哈赤见儿子褚英、代善、阿拜已经长大了，该请个教师教他们的武艺了。

最近，额亦都的两个儿子达启和巴赖也来到自己府里，孩子多了，无人管教，既不能学好，走正道，还可能在一起胡闹，若是误入了邪道，那就不好了。

他想了很久，觉得最近收降的英达，不仅武功高强，人也讲义气。

见到英达之后，努尔哈赤深深一揖："我想拜托将军一事，望不要推托。"

那英达也是爽快人，见努尔哈赤如此客气，真有些受宠若惊之感觉，急忙问道："都督有事，尽管提出来，我英达能不效力？"

努尔哈赤也就直截说道："我有三个男孩，还有额亦都将军的两个孩子，都到了学武的年龄，想请你担任他们的师傅，不知将军可愿意担当此任？"

英达听后，笑着道："难得都督信任于我，我怎敢不竭诚接受？只是……"

努尔哈赤急忙问道："将军有什么困难，尽管提出来，我一定努力满足你的任何要求。"

　　那英达也就直言不讳地说道："一旦他们不听我的，又怎么办？"

　　"这一点，请将军一百个放心，我要教育他们，让他们老实听从你的教诲。"

　　就这样，英达成了努尔哈赤的家庭武术教师，整日在府里教孩子们弄拳踢脚，使枪耍棒，褚英、代善等也都规矩地跟着他学习武艺了。

　　努尔哈赤的三弟雅尔哈齐自与两个哥哥分手之后，一直在外流浪，后来到了浑河流域的一个村镇子里。镇上酒店的老板收留了他，自此，雅尔哈齐便在这个小酒店里当起了小伙计。酒店里的活计虽不重，但很琐碎，扫地、洗碗、抹桌子，还要劈柴、洗菜、端盘子。由于雅尔哈齐手脚勤快，又不多言多语，干活也不惜力，老板非常满意。有时候，隔几天总要到山林里去采蘑菇，都是早出晚归，由于从小在家里干惯了活，也还未觉得多累。

　　有一天，雅尔哈齐又去山林里采蘑菇，天近中午时候，他坐在山坡的树下，一边吃着带来的干粮，一边欣赏着周围的景色。突然，从林子那里来了一匹马，马背趴着一个男人，走到雅尔哈齐附近时候，那人从马背上摔了下来。雅尔哈齐忙跑过去一看，见那男人身上多处有伤，有的伤口仍在往外流血。出于善良的本能，雅尔哈齐伸手摸了摸那人的心口，觉得他还未死哩。

　　雅尔哈齐自小就听母亲额穆齐讲过："救人一命，胜造七级浮屠。"于是雅尔哈齐忙用自己装干粮的饭缸去舀水，那男人喝了水以后，便醒了过来。

　　那人问清雅尔哈齐的来历之后，便请他送自己回播一混城去。原来，他是浑河部的播一混城的城主克丹。

　　昨天，他应安土瓜尔佳城主揩甫甘之约，到揩甫甘那里喝酒去了，在那里过了一夜，今早他返回播一混城的途中，遭到了界凡城巴莫的拦击。

　　这克丹与揩甫甘都曾拒绝巴莫的拉拢，终于惹恼了巴莫，后来，巴莫曾带兵去攻打安土瓜尔佳城，被迫退兵了。为反对他们共同的敌人——巴莫，两城团结一起，克丹与揩甫甘也结成深厚情谊。这次，克丹去安土瓜尔佳城赴约，被巴莫刺探去了消息，便埋伏于途中，想一举杀害克丹。尽管克丹武艺出众，终因寡不敌众，带去的二十名侍从全部战死，自己也多处负箭伤，差点死在半路上。

　　雅尔哈齐见克丹双腿不能行走，便挽扶着他勉强上了战马，自己在后面紧随着，一直把克丹送到播一混城里。克丹知道雅尔哈齐是个流浪的孤儿，便一再挽留这个救命的恩人。

　　那时，雅尔哈齐年仅十二岁。

　　克丹兄弟二人，弟弟名叫哒克赛，性格内向，工于心计，常到抚顺、开原做生意，平日对城里的事情不大关心。

克丹有一个侍卫队长名叫满浅，身材很矮小，两只脚更小，走起路活像一个陀螺。但是，人不可貌相，这满浅虽貌不惊人，却有一身武功，什么南拳北腿、内家拳、外家拳，甚至连轻功，他都会一些。

满浅虽出身于女真人之家，随父亲满深到关内混了许多年，直到满深回到辽东，死在家乡之后，他才来到克丹身边，成了继任城主的一名侍卫队长。

克丹知道满浅的功底，把他当作自己的知己，前年又把妹妹嫁给了他，更成了他的心腹。

雅尔哈齐来到城里以后，满浅知道了他是克丹的救命恩人，也就顺着城主的意思，将他留在侍卫队里，又变成他的贴身侍卫了。

满浅的练功时间是每天凌晨，雅尔哈齐突然在一次起来小便时，发现了满浅在练功。雅尔哈齐虽然流浪了这么长时间，但是自己的身世怎能忘记得了？一个堂堂的建州卫都督的后代，怎能自甘人下、不求上进呢！瞅准了一个机会，他扑通跪在满浅的面前，请求拜他为师，决心向他学习武艺。

见到雅尔哈齐长得聪明灵秀，又诚实可爱，满浅也就答应了他的要求，收下了这个徒弟。从此，每当闲暇时日，雅尔哈齐把师傅教给他的武艺，反复练习，不怕吃苦流汗，即便三九严寒、三伏炎热的天气，他也从不中断。

几年来，功夫不负苦心人，雅尔哈齐竟练成了一身的武功，十八般武器，样样精通，连克丹见了都莫名惊诧，觉得他不再是当年的小伙计，而是一个名副其实的将军了。

不久，克丹的腿伤好得差不多了，根据他与安土瓜尔佳城主搦甫甘的协议，各自要加强兵力，共同抵御巴莫的势力扩张。

城里的经济财力主要掌握在弟弟哒克赛手里，他让雅尔哈齐把哒克赛喊来。可是，哒克赛不在屋里，雅尔哈齐正准备返身出门时，却一眼瞥见桌子上有一封界凡巴莫的来信。

他不禁一愣："巴莫为了何事给哒克赛写信？"

雅尔哈齐略一沉思，果断地转身回去，将那封书信拿过来，立刻装在口袋里。

他回到府里未见到克丹，却撞见了师傅满浅，便毫不犹豫地将那封书信交给了满浅。平时，在他心目中，满浅与克丹就像一个人似的，至少雅尔哈齐的感觉是这样的。满浅看完那封信，立即带着他去找克丹，原来克丹正在与弟弟哒克赛谈银钱的事哩。

后来，克丹展开书信，看那上面写道："……前次未能完成任务，甚歉；今送去砒霜一包，务望让他服下，切切为盼。界凡巴莫二月初二日。"

读完那书信，克丹的眉毛拧成了一团，他怎么也想不到自己的亲弟弟会与他们的仇人勾结在一起。隔了好一会儿，克丹指着前面那句话——"前次未能完成任务"是什么意思？

满浅想了一下，对克丹说道："是不是指上次你在中途被拦击一事，不然怎么能说'未能完成任务'呢！"

克丹又指着那"砒霜"二字后面，说道："这个'他'肯定是指我了。"

满浅与雅尔哈齐都点头表示赞同他的说法。

克丹想了一会儿，向二人问道："这事怎么处置呢？"

满浅看了克丹一眼，直言不讳地说道："表面上看，这是你们兄弟间的家事，但是，实际上是两城之间的公事，我以为，暂时不要理他，更不要惊动于他，只是留些神为好。"

雅尔哈齐也接着提醒道："不过要提防那砒霜。"

从这一天开始，满浅与雅尔哈齐轮流守卫着克丹，从吃、喝到休息，已对他作了全天候的保卫。

"不叫的狗咬起人来更厉害。"

哒克赛这人就像那不叫的狗一样，平日，不吭不哈，一言不发，好像对任何事也不感兴趣，表面上装成一个老实人。其实，他是心中有数的——正如那哑巴吃饺子一样，对一些事他不理，不管，不讲，不关心，只是因为未到时候。这是韬晦之计，隐忍而已！

对那城主的位子，哒克赛早已觊觎了，只是未能得手；对哥哥克丹，虽然恨不得想把他一口吞下去，但是，自己又没有能耐和机会。尤其是克丹的身边，还有一个武功高强的满浅，加上那个侍卫队，都使他望而生畏。

至于巴莫，早在一年多以前，二人就已经拉上关系，结为知交了。

那天哒克赛与哥哥克丹谈过话之后，他回到自己的住处，发现那封巴莫的书信不见了，找了半天又找不着，一时可把他急坏了。那封书信若是落到哥哥手里，自己必死无疑！

想来想去，他自言自语道："见机行事吧。"

次日上午，哒克赛径直去到府里，与哥哥克丹谈笑风生，如无事人一般。

克丹仿佛什么也不知道，仍像往日一样对弟弟问寒嘘暖，极尽关怀之能事。兄弟二人的这场戏，一直拖了很长时间，好像双方都把那书信的事儿忘记了，并抛到九霄云外去了。

之后，哒克赛送了两只鸡，说是给克丹当下酒菜，后来又送来两只兔子。这些都被满浅扔给两条狗吃了。

谁知过了几天，那两条狗渐渐厌食，整日无精打采，连吠声也有气无力了。半个多月以后，它们竟双双死去。

满浅与雅尔哈齐把它们的肚子破开一看，见里面的五脏全已变黑，那是被药力烧坏的。

克丹也赶到了，他向满浅问道："这是不是因为服了砒霜所致？"

满浅立刻回答道："砒霜的毒性很厉害，这是放进少量的砒霜，让它变成慢性的毒药，服后当时没有事，过了一段时间，它的毒性便会渐渐发作。"

克丹有些紧张地说道："狗的五脏都被这毒药烧得乌黑，人就更受不住了。砒霜是杀人不见血的软刀子呀！"

满浅见克丹没有惩治哒克赛的想法，也就没有提出来，只是让雅尔哈齐对哒克赛要暗中监视着，防止他做出更为出格的事来。

他自己对克丹的警卫并没有放松，更比往日全面、细心，生怕哒克赛搞突然袭击。

不久，探马来报告消息了："建州的努尔哈赤与界凡的巴莫打起来了，巴莫联合了巴格达城、萨尔浒城、董嘉城，加上界凡城，共四个城的兵马，力量可大了！"

克丹正在与满浅、雅尔哈齐坐着谈论界凡之战的事情，见哒克赛匆匆走进门来，说道："界凡已经打起来了，咱们怎么办？"

克丹看着满浅，又看哒克赛心急火燎的样子，不慌不忙地说道："你看咱们应该怎么办？"

"咱们应该出兵，帮助界凡城，不然的话，建州的努尔哈赤攻下了界凡城，还会来攻打我们播一混城的。"

满浅见克丹不说话，只得说："那位建州的努尔哈赤不仅武艺高强，而且很有远见卓识，他招纳八方贤士，关心爱护百姓，是咱建州少有的女真领袖，与咱本无冤仇，何必又去得罪他呢！"

克丹听了，也点头说道："何况巴莫本不是好人，我们为何要与他混在一块儿呢！"

哒克赛很不高兴，立刻脸色一变说道："你们既然这么说，我也直说了吧，人各有志，我与巴莫早已有了交情，让我带四百人马前去界凡。"

听了哒克赛的话后，克丹与满浅交换了眼色，立即说道："兵马是守城的柱石，你要去界凡，可以自己一个人去，别想带走一兵一马。"

未等克丹说完，哒克赛忽然哈哈大笑道："实话跟你们说了罢，全城的兵马连同你们在内，这些日子里已经都饮用了我的砒霜水，少则十天，多则半月左右，全会中毒死去。"

克丹听了哒克赛的话，发觉自己的弟弟竟如此歹毒，实出意料之外。

但是，他立刻清醒过来，警告他道："如果我们只能活半月左右，那么，我会让你立刻就死，而且让你凌迟而死！"

满浅接过来冷笑一声，说道："我们未必会死，你那砒霜水我有办法可以解毒，你别高兴得太早了。"

原来，雅尔哈齐发现哒克赛用七步倒毒草汁儿，又加进一些砒霜，制成慢性毒水，投进那水井里，企图把克丹、满浅、雅尔哈齐以及全城的五百余兵马全部毒死。他把这情况报告了满浅，岂知满浅早有祖传的解毒药——人参枇杷水，即使中了剧毒，只要有这种解毒药水，也可以化险为夷。

做这些事的时候，不仅哒克赛不了解，连克丹也没有事先知道，这全是满浅与雅尔哈齐两人所为。

所以，克丹也像如梦初醒一般，非常激动，从内心里感激满浅和雅尔哈齐，恳切地说："不是你们二人，我克丹早就不在人间了！"

他转身怒视着自己的亲弟弟哒克赛道："看你平日里挺老实，竟一而再、再而三地要加害于我哩！"

哒克赛只得痛哭流涕，向克丹哀求道："请哥哥看在兄弟情面上，饶了我这一次吧！从今往后，我一定改恶从善，跟哥哥一条心，永远不与巴莫来往了！"

克丹立即警告哒克赛道："像巴莫这类人，世间多得很，你首先要当一个好人！一个人自己没有亲人之心，肯定会招来杀身之祸的。"

这时候，哒克赛只是唯唯应着，希望哥哥能给他一个活路。

克丹看着满浅说道："让他回自己家里去好好反省吧！"

哒克赛如同得到大赦似的，立刻表示出千恩万谢的样子，走了出去。

在努尔哈赤与巴莫拼杀的时候，播一混城也像安土瓜尔佳城一样，都没有出兵帮助巴莫。哒克赛也龟缩在自己的家里，再也不敢提出兵的事了。

雅尔哈齐这些日子以来，总显得思想恍惚，心神不宁，他的师傅满浅已看出他有心事，便悄悄向他问道："你遇到了什么麻烦的事情，可以跟我说说，我也好替你谋划一下，不能老是闷在肚里。"

雅尔哈齐只得如实相告，将自己小时候的不幸遭遇全盘说了出来。又讲到努尔哈赤大哥如今已回到建州家乡，正在带兵统一建州各部落女真，自己当前应该何去何从呢？

回忆到这里，雅尔哈齐不由得落下泪来，一再请师傅满浅替自己拿个主意，他说道："我们兄弟三人近十年不见了，彼此不通消息，不知死活，如今我已得到大哥的情况，怎能不想前去相见呢？"

满浅这才知道雅尔哈齐原来是建州都督的后代，又是当今建州女真的领袖努尔哈赤的同胞兄弟，这本是一件好事么，为什么要难过呢？

满浅想到这里，立刻劝他的徒弟道："你不用难过，城主克丹也是一个通情达理的好人，你又是他的救命恩人，他不会拦阻你们兄弟相会的。"

"师傅，我觉得为难的不是这个问题，我考虑的是建州与咱播一混城的关系、位置，将如何摆，怎么处的事情。"

满浅听了雅尔哈齐的话，觉得很有道理，处在雅尔哈齐的地位，有此担心是符合实际的。

满浅也是一个有见识的人，他立即表态道："我以为，播一混城也是属于建州女真部落所辖，你大哥努尔哈赤又是一个很有作为的女真领袖，咱俩何不一起劝说克丹投靠建州呢？"

"那太好了！若能如此，我既能与大哥重聚，又能不与你们分离，这是一举两得的好事，我盼望的正是这个呀！"

后来，满浅主动向克丹介绍了雅尔哈齐的身世，并把他自己的想法也当面提了出来。

克丹听后，对满浅说道："这是大事情，让我考虑一下，过几天我再告诉你。"

不久，巴莫在界凡战败身死的消息传来了。

这使克丹既感到幸灾乐祸，又觉得震惊，仇人巴莫死得其所，这是他的应得下场；但是，四城的联军力量并不弱，在这么短的时间内就被努尔哈赤消灭，可见此人确实非等闲之辈！据传，努尔哈赤摆下了一个什么"天龙阵"，使巴莫陷身阵里，连那位智勇双全的巴格达城主——昂纳克也投降了建州。

又过了两个月，安土瓜尔佳城也被努尔哈赤攻破，武艺高强的英达将军也归顺了建州，这能看出努尔哈赤的雄才大略：他不仅攻城略地，扩张实力，还注重罗织人才，招纳贤士，充分展示此人有远大抱负。

克丹再一想，小小的播一混城，能够阻挡得住努尔哈赤的进攻么？此时，他忽然想到了雅尔哈齐，这位当年的救命恩人，原来是建州大都督的后裔，又是努尔哈赤的亲弟弟。何不利用这层关系，让他前去架起一座努尔哈赤与播一混城之间的桥梁呢？一旦建成了这座桥梁，自己便可以平安无事地从桥上通过，后半生便有了保障。

次日，克丹对满浅说道："让雅尔哈齐去建州与他大哥努尔哈赤团聚吧！"

满浅高兴地点头称好，并对克丹说道："你终于想通了！这样做是顺天时、合地利、应人和的举措啊！"

努尔哈赤与张军师在这天下午办完公事，一起走出客厅，军师嘴里不觉自语道："难得平生半日闲。"

努尔哈赤听后，立即提议道："我们到后院看看英达师傅去。"

二人遂转身走往后院，进了小门楼，便见英达正被几个孩子围在中间，只听他大声说道："武林中有一句话：练长不练短，练硬不练软。这里的长与短，是指兵器，分长的兵器，短的兵器。"

努尔哈赤急忙拉着张军师，隐坐于树下，只听英达继续向孩子们讲道："这里讲的硬与软，指的是鞭；硬的是钢鞭，至于软鞭，是指绳鞭。"

说到此，英达让孩子们散开，他取过一根绳子，手腕一抖，那绳索从左向右横扫过去，只听虎虎生风，势不可挡。

英达舞了一会，那绳子犹如铁棍一般，忽听"嗖"的一声，结结实实地打在一棵碗口粗细的树上，树立时便折断了。

孩子们一齐拍掌，大声呼叫起来："好啊！真厉害！"

这时候，努尔哈赤的第三子阿拜看到了他的父亲和张军师坐在树下面，便高声喊着，跑到努尔哈赤面前。

英达转过身来，向努尔哈赤与张军师迎了过来，努尔哈赤亲切地对英达说道："师傅辛苦了！"

未等英达回话，张军师也微笑道："名师出高徒啊！"

三人在一起正说着话，有侍卫前来报告："额亦都与安费扬古二位将军正等着都督与军师呢。"

二人遂与英达讲了几句客气话，便走出了后院，来到了客厅坐下。

额亦都先说道："现在已打制成四百副铁甲，若以二百人为一队，可以组装成两支铁甲军。"

原来洛寒与何和理分别从抚顺和开原两地，各自请来铁匠，并买了好铁回来。连续几个月时间，已打制成兵甲和马甲各四百副，兵马披甲在身，不仅箭射不穿，刀枪也较难致伤人命。

努尔哈赤与张军师商议后，决定让费英东和扈尔汗二人，各带一支铁甲军。按照努尔哈赤的命令，铁甲军的士兵与马匹，必须挑选一流的。打起仗来，他要求铁甲军冲锋时，要像一阵风一样猛冲过去，把马前的任何障碍都冲垮。

次日，努尔哈赤正在练兵场上，看那铁甲军训练冲锋的情况时，突然侍卫前来报告："都督大人的三弟雅尔哈齐回来了！"

努尔哈赤非常高兴，激动地说道："我们兄弟三人终于能团聚了！"

说罢，他又喊来了舒尔哈齐，一起回到府里，兄弟三人抱成一团，哭了一会儿。

张军师看到以后，劝阻他们道："兄弟重逢，这是大喜事，何必那么难过，应该欣喜、欢乐才是。"

努尔哈赤看着三弟已长成大人，不由得高兴起来，对张军师说道："回想我们兄弟三人被迫出门流浪的事，便直想痛哭一场，再看一看今天各自的变化，又觉得欣喜万分。"

张军师看着雅尔哈齐，对努尔哈赤说道："你这三弟长得可真像你，你们兄弟俩若是穿上一样的服装，真让人难以区别呢！”

努尔哈赤觉得很开心，然后说道：“我与三弟的相貌，有些像父亲；二弟长得像母亲，甚至连性格也是如此。”

努尔哈赤把三弟雅尔哈齐带进府里，向他介绍了几个福晋嫂子，她们是兆佳氏、纽祜禄氏、还有富察氏衮代。

努尔哈赤忽然想起了大福晋佟氏春娅娜，不由得有些伤感地对三弟道：“你见不到大福晋嫂子了，她是你最好的嫂子，也是我们爱新觉罗家族的大恩人，可惜她已因为操劳过度，生病作古。”

接着，努尔哈赤又把几个儿子喊来，让他们来见三叔，其中褚英、代善已长成小伙子了，还有阿拜、汤古代。

努尔哈赤忽然想起一件事，问三弟道：“你有妻子没有？”

雅尔哈齐告诉大哥说：“我已结婚两年，妻子为我生了一个儿子，名叫阿敏，已会走路了。”

“为何不把他们一起带回来？”

“我想等到播一混城归顺时，再把他们接回来吧！那时，我的师傅满浅也会一起来的。”

雅尔哈齐向大哥努尔哈赤介绍了城主克丹的为人与品性，又讲了满浅的精湛武功。

努尔哈赤对雅尔哈齐道：“三弟，你过几天先回播一混城，代我问候你们的城主和你那师傅，不久，我将带领兵马前往播一混城，然后进军哲陈部。”

雅尔哈齐高兴地说道：“到时候，我劝师傅随你们的大军一起出征。”

“好啊！你可知道，杀害父祖的仇人——尼堪外兰就在哲陈部的鹅尔浑城，此仇不报，我心难安！”

明朝万历十四年（1586年），二十八岁的努尔哈赤于这一年的五月，率领兵马六百余人，其中两支铁甲军也随军出征。

努尔哈赤留何和理与洛寒在赫图阿拉守城，他与军师张聿华与众将领一起，威风凛凛地往浑河部的播一混城出发。

他三弟雅尔哈齐早已先去了播一混城，不到几天时间，努尔哈赤的队伍已来到城下。这时，播一混城主克丹带着满浅、雅尔哈齐以及百十名侍卫等人员，早已在城里摆开了欢迎的队伍。

为了让欢迎的气氛更浓，更隆重，克丹又派专人从蒙古科尔沁请来了戏班子。当努尔哈赤、张军师与众将领来到时，只听一声炮响，锣鼓齐鸣，箫管齐奏，吹拉弹唱，热闹非凡。克丹与满浅、雅尔哈齐热情地陪着建州来的客人们，走进了播一混城。

客厅里的欢迎宴席早已摆上了，主人、客人坐下后，克丹站起来，高高举起酒杯说道："今天，这个宴会既是欢迎建州卫大都督努尔哈赤阁下，又是我们庆贺播一混城归顺建州卫、获得新生的宴会！"

此时，锣鼓早停，箫管已起，只听他们吹的是一曲"迎嘉宾"，努尔哈赤笑道："未曾想到克丹城主原是儒雅之人，为我们的到来，安排得如此周到。"

克丹谦逊地笑笑，又说道："自古以来，重大的欢迎，有酒不能无歌，听说这戏班里有个名叫伊尔根觉罗的蒙古姑娘，唱得声情并茂，请她来为大都督唱一曲吧！"

努尔哈赤与张军师等都拍掌称好。此时，雅尔哈齐已从那边戏班里陪着那位伊尔根觉罗过来了。努尔哈赤举目一看，见她脸色白腻，娇小玲珑，相貌虽不见得特别美丽，只是她那一双眼睛灵活异常，稍一顾盼之间，便像与人打了个十分亲热的招呼。

伊尔根觉罗听克丹让她唱曲子，忙说："城主老爷要听曲子，我给你连唱三天三夜，就怕你听腻。"

之后，有人送上一把琵琶来，伊尔根觉罗接在手里，轻轻一拨，唱了起来。

唱完之后，大家拍手称好，努尔哈赤听她吐字清脆，唱腔优美，风情万种，禁不住心里热辣辣、暖洋洋的。

努尔哈赤平日戎马倥偬，只是在战场上厮杀，哪曾经历过这种场面？更没有见过这样能说会唱的少女。见她那眉目传情，歌声婉转缠绵，加上自己酒意朦胧，真的如在梦中，也不知庄周梦成蝴蝶，还是蝴蝶梦成庄周了。

努尔哈赤一直笑眯眯地听着，觉得曲调好听，音色优美，两眼不停瞟向伊尔根觉罗，见她风姿绰约，心中很是喜爱。他正在心里寻思，等会儿如何让张军师出面，把她弄到手，并要把手脚做得利索，以免被人背后说他努尔哈赤好色。

想到此，努尔哈赤哈哈一笑道："我还想请你到我们建州去唱呢！"说完之后，他对张军师连看了两眼，张聿华立刻心领神会了。

这时候，伊尔根觉罗听了努尔哈赤的话，也听出了弦外之音，便装作矜持地道："都督大人别说笑话了！我们这样的草木之人，怎么能登上建州卫的大雅之堂？"

张军师从伊尔根觉罗的话里，也听出了一点意思，急忙转脸对城主克丹说道："太好了！这个中间介绍人就由我老朽与城主担任了，现在就正式通知你，从今晚开始，你就是我们建州卫的人了！"

当酒阑人散之后，张军师与克丹找到那戏班的蒙古老板，小声地议论着，克丹付了银子之后，张军师便把伊尔根觉罗带走了。

这一夜，努尔哈赤初次领略了蒙古女人的韵味……

伊尔根觉罗终于成为努尔哈赤的第五位福晋。

努尔哈赤带着兵马在播一混城里，一连休息了三天，于第四天上午，先派大将扈尔汗护送雅尔哈齐的妻子、儿子阿敏，满浅的妻子、儿子，以及伊尔根觉罗回赫图阿拉。

他派克丹继续担任播一混城主，让满浅和雅尔哈齐随军出征。然后，兵马直指哲陈部的托漠河城。

这座托漠河城，是哲陈部的一座重城，它还管辖周围五个城寨。这五个城寨是嘉哈寨、章佳城、巴尔达城、南山寨和界尔番城。

努尔哈赤领着兵马赶路，这一天来到琴河边上，忽然一阵狂风刮来，乌云骤起，大雨倾盆而下。眨眼之间，琴河上游的洪水如下山的猛虎，直泻而下，河水立时暴涨，大军受阻，不能再继续前进了。根据探马报来的消息，从当时的琴河沿上，距离托漠河城尚有百十里路程。但是，距离嘉哈寨不过十几里路。

努尔哈赤与军师张聿华商议，决定兵分两路，一路以少量精锐之师，轻装简从，突然袭击嘉哈寨。

原来这嘉哈寨位于托漠河城与其他城寨之间，先攻袭这城寨，既可孤立托漠河城，又能切断它与其他城寨之间的联系。另一路兵马仍去攻打托漠河城，就不会遭遇其他城寨从后面，乃至侧翼攻击的危险。

努尔哈赤当机立断，自己与三弟雅尔哈齐带领八十名勇士，前去攻打嘉哈寨。另一路兵马由张军师与其他将带领着，仍然按原计划去攻打托漠河城。

努尔哈赤与雅尔哈齐领着八十名勇士，很快渡过了琴河，兵抵嘉哈寨。

这嘉哈寨的寨主名叫苏占赖虎，一听说努尔哈赤只带了八十名士兵前来攻寨，心里万分高兴："你努尔哈赤死期不远了！"

苏占赖虎一方面命令守城士兵说道："认真守住寨门，不准出战！"

另一方面立刻派出精悍人员，让他们秘密前往托漠河城、章佳城、巴尔达城、南山寨和界尔番城去请救兵，并将努尔哈赤仅有八十人的消息报告他们。

五城主得到消息以后，欢喜得雀跃起来，立即组成一支联军，合计八百人，由托漠河城主的弟弟格列兀巴担任总领队。

格列兀巴得意扬扬地对那四位城主说道："我们的八百人，对努尔哈赤的八十人，难道不能消灭他么？"

当时，这八百人的联军，斗志高昂，士气旺盛，耀武扬威地向嘉哈寨赶来。

努尔哈赤与雅尔哈齐来到嘉哈寨前，仔细一看：原来这是一座木寨！尽管寨子不小，寨门高大，但是寨墙全是用碗口粗细的树木并立泥土中，再以手指那么粗的藤蔓扎实。表面看去，寨墙坚固，高耸，不易攀缘，再强的兵马，它若紧闭寨门，也只能望寨兴叹！

努尔哈赤看完之后，笑着对三弟道："我已经有了破寨的办法。"

"小弟也想好了一个攻寨的妙法。"雅尔哈齐听大哥说了，他并含笑说道。

"我这方法只用一个字就行了。"努尔哈赤也笑道。

"我们各自把那妙法写在手上，好不好？"

兄弟二人各自转过身去，随手从地上捏了一块黑土，在自己手心里写完字。二人又转过身，伸出手来相互一对照，"哈、哈、哈"，原来竟是同一个字——火！

兄弟俩相视一笑，努尔哈赤忙吩咐："趁夜里去附近准备干草之类的引火之物！"

不要一个时辰，一人一大抱山一样的干草运来了，努尔哈赤立刻向三弟道："要抓紧攻寨，防止其他城寨的援军来救，我们孤军深入，兵力又少，不能大意呀！"

说完之后，二人各带四十人，从寨子的前后同时点火，并大声喊道："攻寨了！建州的兵马来了！"

转眼之间，那寨墙便烧起来了。

由于树木干久了，更易燃火，只听砰砰叭叭的，在熊熊的烈火中，又高大、又结实的寨墙很快化为灰烬。

寨里的兵马与百姓们，在一片喊杀声中被惊醒，又见四周火光冲天，自己被围在火海之中，怎能不害怕？

于是，在一片"救命"的叫喊声中，努尔哈赤带领他的四十勇士，从寨前杀进；雅尔哈齐带着他的四十名勇士，从寨子后面杀进去，一路逢人便砍。

一时间，寨子里人喊马叫，一片混乱，寨主苏占赖虎惊慌之中上马应战，可他哪是雅尔哈齐的对手，只斗了两合，便被砍于马下。寨内的士兵见寨主身亡，也就群龙无主，各自顾命，四散逃去。

努尔哈赤与雅尔哈齐合兵一处，一路杀进寨府，清点人数，还是八十人！

兄弟二人急令准备饭菜，大家饱餐以后，想继续行军，去攻袭章佳城。

这时候，探马报告："托漠河城主的弟弟格列兀巴带领章佳、巴尔达、南山、界尔番和托漠河城的五城联军，约有一千人马，已埋伏在浑河至南山、界尔番一带，想袭击咱们哩！"

兄弟俩一听，不禁暗自吃惊，雅尔哈齐道："大哥！我们的人也太少了，是不是现在就退回琛河那边，等到——"

"不！现在无论如何退兵不得，联军正希望咱们退兵，他们可以乘势追杀过来。"努尔哈赤道，"两军相遇，勇者胜！他那联军本是凑在一起的乌合之众，不经打的。只要如此……"

他立即附在雅尔哈齐的耳朵边，小声说了几句，兄弟俩会心地一笑，便匆匆集合他们那八十人的队伍，走出那还在燃烧着的嘉哈寨。

他们的队伍刚出寨子不远，便见到对面黑压压的联军兵马早已摆开了阵势。

此时，努尔哈赤的两个堂兄弟扎庆和佛古勒，一见对方兵多势众，便吓得惊慌失措，急忙解甲脱盔，妄图逃跑保命。在他俩的影响下，其他士兵也畏敌不前，想趁机溜走。

努尔哈赤立刻敏感地察觉到了，便厉声训斥扎庆、佛古勒道："你们平日横行于士兵中，以勇士自居，现在遇到敌人，就吓成这样？"

见二人羞惭满面，努尔哈赤继续警告道："我可以明白地对你们讲，在战场上，怕死的人总是先死！"

努尔哈赤说完，亲自高高举起大旗，右手提着大刀，带着三弟雅尔哈齐拍马飞驰，直奔五城联军冲去。扎庆与佛古勒也急忙随着勇士们，于努尔哈赤的马后，杀入敌阵。

努尔哈赤直奔对方大旗下的格列兀巴冲去，由于马跑得快，等到格列兀巴反应过来时，努尔哈赤的战马已到眼前，格列兀巴被一刀斩于马下。

五城兵马本是临时聚在一起，有的将领贪生怕死，不愿轻易上前，还有的想保全实力，担心"出头的椽子先烂"……

原来就有一些人心涣散的联军，见到格列兀巴已被杀死，更加恐慌起来，那黑压压的八百兵马，顿时被努尔哈赤兄弟二人冲得七零八落。

那八十名勇士，见到两员主将如此英勇，也呐喊着杀入敌阵中。

此时，五城联军见努尔哈赤的天兵天将来势锐不可当，顿时军心大乱，溃不成军了，纷纷争着渡河逃命。

努尔哈赤与雅尔哈齐见联军败退，就乘势追杀，一直追到了界凡山的吉林崖。此时，有一批敌人约四五十名，正往崖上赶来，他们不知道崖上有建州兵马，更不知道仅有四个人。

此时，具有非凡胆略和指挥天才的努尔哈赤，丝毫没有惊慌，他让三弟雅尔哈齐以及两名侍卫一齐取下头盔上的缨子，隐蔽起来。当那股敌兵逼近时，只见努尔哈赤瞄准敌兵中的主将，用尽平生之力，嗖的一箭射去，那支有力的箭头竟穿过敌将的脊背令其丧命。雅尔哈齐与那两个侍卫，又各射杀一人，其余敌兵吓作一团，仓皇间全都坠崖而死。

这次被历史上称作浑河之役的与五城兵马的遭遇战，努尔哈赤凭着勇敢、机智、顽强的性格，面对十倍于己的敌人，他毫不畏惧，创造了古今战争史上以少胜多的奇迹。后来，努尔哈赤自己在总结浑河之役时，向他的部下及子侄们说道："浑河之战，以八十人而败八百之众，此乃天助俺以胜之也！"

军师张聿华带领大队兵马，来到托漠城下，见城墙又宽又厚，又高又结实。他立刻召集众将领开会，讨论攻城事宜，忽然探马进来报告说："都督兄弟二人已攻破嘉哈寨，打败五城联军，凯旋之师快到军营了。"

张军师与众将领十分惊喜，未曾想到努尔哈赤这么快就取得了胜利，真是用兵如神啊！

在张聿华的带领下，众将领一齐走出营门，去迎接凯旋赶来的努尔哈赤和他的八十名勇士。浑河之战的胜利，鼓舞了努尔哈赤全军的战斗士气，也给张军师攻打托漠河城，提供了一个极好的机会。

张军师忽然灵机一动，想到了一个计策，他立即向努尔哈赤征求意见。

二人计议已定，军师让努尔哈赤回帐休息，他自己遂与额亦都、安费扬古等将领布置晚上攻城之事。

再说这托漠河城主厄鲁纳刚与弟弟格列兀巴兄弟二人，相处十分和睦。

厄鲁纳刚主管托漠河城，嘉哈寨、章佳城、南山等五城寨的事情，全由格列兀巴负责。

这次努尔哈赤要来攻打托漠河城，兄弟二人正准备召开五城主会议，商议组成一支千人的联军，好与努尔哈赤相对抗。未想到建州兵马来得太迅速，未能准备充分，便让格列兀巴带了二百兵马，前去救援嘉哈寨。如今，城下已有建州的许多兵马住下了，嘉哈寨那边的战况还不知道，厄鲁纳刚心里正在着急。

他感到庆幸的，是城墙坚固，只要守军日夜认真巡逻，不要轻易开城出战，努尔哈赤再厉害，他也难于攻打进来。

厄鲁纳刚正在独自想着心思，却感觉到右眼老是跳得剧烈，心里禁不住紧张起来。

这两天，右眼老是跳，是不是有什么灾祸降临？难道这城要守不住？

正当厄鲁纳刚胡思乱想之际，忽有守城的将领扬布格进来报告："格列兀巴领着兵马回城了！"

厄鲁纳刚急忙对扬布格吩咐道："你快回城上去，打开城门让他进来吧！"

扬布格答应一声，便去开城门了。

原来，天黑之后，约有二更天时分，安费扬古冒充格列兀巴，带着二百兵马，来到城下。让士兵向城上喊话说："去嘉哈寨的救兵回城了，快开城门！"

扬布格向城下一看，因为城墙高，又是夜里，只能看到黑压压的一队兵马，分不清衣着与面孔，自己又不敢做主，便对城下说道："请格列兀巴将军稍等一会儿，我去向城主报告以后，就来开城门。"

工夫不大，城上士兵往城下喊道："开城门了，请格列兀巴将军带领兵马进城。"

此时，安费扬古低声吩咐士卒们道："进了城门，就开始……"

但听"吱呀"一声，偌大的城门打开了，安费扬古一马当先，冲了进去，举刀就把开城门的士兵砍了。后面的士兵如潮水一般涌了进去，见人就杀，有的点起了火把，城头上的扬布格正在发愣的工夫，安费扬古已经登到城上，手起刀落，扬布格的人头早已骨碌碌地滚到城下去了。

城上的守军见守将已死，吓得四处乱窜，安费扬古一边追杀，一边喊道："建州兵马进城了！"

城外的张军师已带领兵马，冲进了城，顿时城内喊杀连天，城主厄鲁纳刚顶头撞见安费扬古，知道中计了。

这厄鲁纳刚也是一员武将，忙从士兵手中夺得一把大刀，与安费扬古杀到一处。

张军师带兵赶到，大声喝道："你弟弟早已战败身亡，你还不早早下马投降，更待何时？"

厄鲁纳刚一听弟弟已死，心中不由一惊，手中的大刀稍慢一点，就被安费扬古扫到马下，士兵们拥过去，一阵乱砍，把他剁成肉泥了。

厄鲁纳刚一死，张军师与安费扬古等带领兵马一路杀到城主府里，收降归顺的士兵，清点府库财物。这个托漠河城也是非常富庶的，城里粮仓满满的，城中的百姓也是家家马牛羊成群。

张军师立刻起草了安民告示，明示城内百姓安居乐业，只要归顺建州大都督努尔哈赤，一切财产均受到保护。这一告示，令百姓放下了心。

这消息不胫而走，一传十，十传百，很快传到原来由托漠河城管辖的五个城寨里去。曾在浑河之战中被努尔哈赤打得狼狈逃回去的五城兵马将领，也都陆续派人来认罪，愿意归顺，表示不敢反对建州卫了。

努尔哈赤对张军师笑着说道："看来，在武攻之后，还少不了你的文治呀！"

张军师听后，也由衷地笑了，并说道："自古以来，都是如此，所谓一张一弛，文武之道嘛！武力征服固然重要，安民的计策也要及时跟上去。没有百姓的拥护，再有本领的人也成不了大气候。"

此时，被努尔哈赤专门派出去的两个贴身侍卫杨布禄和厄林刚回来了。他们是为侦查尼堪外兰的情况，被努尔哈赤特别派遣前去的。根据这两人的报告，已知尼堪外兰已定居在鹅尔浑，并筑城驻居。

这鹅尔浑城距离明朝的驻军很近，尼堪外兰依仗明军的力量，修筑了城墙，又招收了几百名士兵，企图与努尔哈赤对抗。

努尔哈赤与张军师商量了之后，觉得当前情况下，不能与明朝军队发生冲突，还要继续高举忠于大明皇帝的旗帜，暗中积聚力量，统一建州女真。

努尔哈赤让张军师与众将领在托漠河城里一边休息，一边训练兵马，自己亲自去广宁拜见明朝派驻辽东的巡抚。

大明皇帝于1585年6月，派遣顾养谦为都察院右佥都御史巡抚辽东。此人五十余岁，贪财，好色，来到广宁后，经常出入酒馆、妓院，毫不避嫌。他认为：这辽东地处关外，正是天高皇帝远，荒唐一点也无伤大雅，皇帝不会知道。

努尔哈赤根据军师张聿华的建议，为巡抚大人顾养谦准备了丰盛的礼物。这一天，他与费英东二人各自骑着马，后面紧紧跟随两辆马车，一起往广宁进发。在第一辆车上，装的全是人参、鹿茸、熊掌、虎皮、虎鞭、木耳、松子、香菇、珍珠等。第二辆车上，坐着两位蒙古女孩，这是特意让克丹从蒙古买回来的。

要不多长时间，广宁便到了，努尔哈赤曾经去过巡抚衙门，便径直来到院里。那门卫一见车上的礼品，立即心里明白，这是来向巡抚大人送礼，请求办事的。便领着努尔哈赤及车辆送到巡抚住的一处院落——府中之府。

原来那顾养谦居住的地方非常幽静。周围全是碗口粗细的笔直的红杉，一条五色相杂的卵石路面，正好有一辆车那么宽，从林子外面，曲曲折折，通到院子门口。院子的门楼是飞檐斗拱，门两旁蹲坐着两个又大又活灵活现的石狮子。

两扇黑漆大门上有一对虎头门环，是黄铜打制而成，亮闪闪，黄灿灿的。

院子很大，一边长着桃、杏、梨、柿、枣、葡萄等果木林，一边是花园，牡丹、月季、芍药、凤仙等竞相开放，万紫千红。

院中一座两层小楼，下面七间，中间三间是客厅，上层五间，为卧室。

此时，顾巡抚就站在客厅门首，算是对努尔哈赤迎接，已是很难得了。

努尔哈赤见巡抚大人身材不高，是一个矮胖子，面色微红，两眼深陷，鼻子呈蒜头形，嘴巴大而阔。其貌相平常，但是官服一穿，便显示出威风来，神情也流露出不怒自威的态势。

努尔哈赤向巡抚大人行女真人的礼节，然后随顾大人进入客厅坐下，他对巡抚大人道："建州卫都督努尔哈赤专程前来拜见巡抚大人，并献上薄礼一份，务望大人收下。"

说罢，他将礼单双手捧着，走到巡抚面前，顾养谦急忙站起来，接过礼单，对努尔哈赤道："专程来府，已属不易，又携礼物，实不敢当，但恭敬不如从命，顾某收下了。"

顾大人拿着礼单，从上到下，浏览一遍，面呈惊喜之色，高兴地说道："我们是初次晤面，未想到你如此年轻，可是，你的名声已在辽东到处传扬了，实属不简单，不简单呀！"

努尔哈赤听后，面露难为情之色，忙说道："顾大人初来辽东，我们是大人治下的臣民，送来一点薄礼，略表心意，也是应当的。"

顾巡抚只是连连点头，再三表示谢意。

努尔哈赤又接着说道："我自从承袭都督以来，一向忠于大明皇帝，谨慎遵守大明的律令，不敢有丝毫逾越，请巡抚大人多在皇帝面前替我美言。"

"那自然，你尽管放心了，只要你能……经常来府里谈谈，走走，我会在皇上那里，替你关照的。"

努尔哈赤已从巡抚话里听出了弦外之音，便顺着他的话，又说道："大人为我们操劳，我努尔哈赤也不是傻子。今后府里需要什么，少什么，就派人到建州去说一下，绝不会令大人失望的。"

"那太好了！"顾巡抚急忙转脸向门口的侍卫道，"快准备酒菜，我要与建州大都督喝一杯！"

努尔哈赤急忙推辞道："请大人不要费心了，我还要急着回建州有事，只是有一事想请大人帮忙。"

顾巡抚忙问道："有什么事尽管提出来，我一定让你满意。"

努尔哈赤便将尼堪外兰如何忘恩负义，又怎样骗杀了自己的父亲和祖父，简单向顾巡抚讲了一遍。

顾养谦听后，问道："你现在打算怎么办？"

努尔哈赤急忙答道："尼堪外兰逃到鹅尔浑城，得到大明的边将王廷山将军的庇护，又筑城，又招兵马，这是帮助我的仇人与我们作对，想请大人向王廷山将军关照一声。"

"可以，这是小事，我立刻就派人去向王将军说，我们怎能支持你的仇人呢？"

努尔哈赤听后，非常高兴，真是大喜过望，情不自禁地对顾大人说道："大人请放心，我报了父祖之仇后，一定再来向你道谢。"

说完，努尔哈赤立即招呼费英东，连车马也丢到巡抚府里了，因为报仇心切，二人攀鞍上马，向着托漠河城，疾驰而去。

努尔哈赤为了早日报仇雪恨，他与三弟雅尔哈齐及大将费英东带领兵马二百人，前往鹅尔浑城。

由于哲陈部的阿尔泰城、巴达尔城和洞城联合起来反对建州，努尔哈赤出发之前，让张军师与额亦都等众将领一起，带领五百兵马前去攻打阿尔泰城。

再说努尔哈赤领着二百兵马，晓行夜宿，不几日工夫，便来到鹅尔浑城。

他和三弟雅尔哈齐、费英东一起，来到城下一看，见那鹅尔浑城不过是一座土城。

努尔哈赤心中不由得大喜，兴奋地说道："尼堪外兰的死期到了！我一定要亲手杀死这个忘恩负义之徒，方能消除心中之恨！"

说罢，他举起大刀，向城上的守军一指："放箭！快射死他们！"

这一声令下，二百士兵一齐放箭，如雨点一般，一齐飞向城头。

城上十几名士兵非死即伤，剩下的也吓得屁滚尿流，慌忙逃命去了。

努尔哈赤一马当先，便飞马窜过那一丈多高的土城墙。

雅尔哈齐与费英东带着兵马，也连人带马从城上窜过去。

谁知尼堪外兰到底是诡计多端，他在城上只安排了十几名士兵守城，在城里的街巷两侧，却埋伏了六七十名弓箭手，准备一举将努尔哈赤射杀而死。

报仇心太切的努尔哈赤，果真中计！正当他飞马落到城里，手举大刀向城里冲杀之时，忽见街巷那边房顶上埋伏着许多士兵，他们正张弓搭箭，准备向自己射击哩！

一向勇猛过人、从不畏死的努尔哈赤，面对仇人的挑衅，他怎会贪生怕死？只见他两眼喷射出复仇的光亮，紧咬双唇，双腿一夹座下战马，那马便如飞一般驰去。

就在一刹那间，两边房顶上的士兵，立刻放箭了，机智的努尔哈赤一听弓弦响，就在飞跑的马背上突然使了一个鹞子翻身！

这时候，雅尔哈齐、费英东也领着兵马进到城里，他们便一齐向两边房顶上的士兵还击。雅尔哈齐又带部分士兵将两边的房子燃起了火，顿时房子被烧起来了，那些士兵有的就被烧死在房子顶上了。

努尔哈赤虽然冲过去了，但是身上也中了几箭，仍然在城里到处冲杀，四处去寻找尼堪外兰。

费英东捉住一个尼堪外兰的侍卫，问他道："尼堪外兰哪去了？"

那侍卫战战兢兢地回答道："向城外跑去了！"

费英东随着努尔哈赤又出城追赶，见前面有四五十人在逃跑。

那侍卫对努尔哈赤说："前面戴破毡帽的人，就是尼堪外兰！"

努尔哈赤立刻向士兵们命令道："那个戴破毡帽的人是尼堪外兰，要抓活的！"

建州的兵马一起蜂拥上前，去追杀前面跑的那个戴破毡帽的人。

不久，前面那个戴破毡帽的人不见了，努尔哈赤正在着急，那侍卫又说道："前面那个穿黑色披风的人，就是尼堪外兰！"

这次努尔哈赤不再声张，他抽出马鞭，向马屁股狠抽一鞭，那马猛然咴咴连叫几声，向前猛一蹿——竟跳出三丈开外！

落下之后，那马又飞快地追上前去。

努尔哈赤见愈追愈近，心中暗自欣喜，遂从背后取出了箭，只见他嗖地一箭射去，前面那个身披黑色披风的立刻栽下马来。努尔哈赤飞马来到近前，不错，那中箭的正是尼堪外兰！他背部中了一箭，仍然未死，努尔哈赤让士兵把捆绑起来，要带回去处置。

军师张聿华与额亦都等众将领带着五百人马准备攻打哲陈部的阿尔泰城。

据探马了解到的情报，这阿尔泰城主格勒裘自恃武艺高强，又有五个儿子在身边，联络了巴达尔城主厄盖、洞城主洛果木，想与努尔哈赤抗衡。

格勒裘年约五十六七岁，身体壮实得如一头老黄牛。平日只爱喝酒，不近女色，娶妻佟扎尔，为他生了五个儿子。

格勒裘的五个儿子，长子虎噶，次子虎喇，三子虎丑，四子虎瓜，五子虎娄，个个都有武功，十八般兵器全都精通。格勒裘年事已高，阿尔泰城里的一些公事，多由其长子虎噶掌管，这次与努尔哈赤对抗，便是虎噶的主意，并出面与巴达尔及洞城联络。

军师张聿华与额亦都等众将领，把兵马驻扎在阿尔泰城下，先派遣安费扬古、舒尔哈齐带领二百兵马，前去城下挑战。

城内的虎噶兄弟五人，在城头向下一看，见建州的兵马威风凛凛，士气很旺，特别是前来挑战的两位将军，都长得虎背熊腰，真像那天兵天将一样，不禁暗自吃惊。

虎噶对身边的弟弟们说道："我先与二弟出城去会会努尔哈赤，你们在城上替我们观阵吧！"

说罢，兄弟二人正准备出城迎战，忽见格勒裘已经披挂整齐，准备出城了，虎噶说道："父亲年事已高，还是在城上压阵吧！"

格勒裘满肚子不高兴地说道："谁说我老了？你问问它吧！"

说罢，将手中的长枪一挥，就一马当先，抢在两个儿子的前面，来到阵上。

此时，安费扬古与舒尔哈齐见城门大开，跑出三员将领，后随一队人马。

安费扬古拍马上前，大刀一指问道："谁先出战受死，快快报上名来！"

格勒裘立即哈哈大笑，两眼一瞪喝道："对面的来将可是努尔哈赤？你要听清了：我乃哲陈部阿尔泰城主格勒裘，现在我就要取尔性命，不如早早下马投降了。"

安费扬古手执大刀，平静地答道："杀鸡焉用牛刀？像你们这些无名之辈，哪里需要我们的大都督努尔哈赤出阵呢！我安费扬古就可以取你这老儿的狗命！"

说罢，大刀一挥，向格勒裘头上砍去。

此时，虎噶急忙拍马上阵，想替换父亲，哪知对面阵上一马飞出，截着他也杀到一处。

安费扬古与格勒裘二人，一个使枪，一个使刀。来来往往，约战了二十多回合。那格勒裘毕竟年纪大了，直累得汗湿盔甲，嘴里直喘粗气。安费扬古却越战越勇，心里想："让这老东西见鬼去吧！"

本想在枪里加上一鞭，就可以取胜，却见他虚砍一刀，立刻调头就往回跑。安费扬古灵机一动，顺手从腿上拔出一把匕首，对准他的后心，扔了出去。不偏不倚，正投中格勒袭的脊背，并穿胸而出，他翻身摔下马来，两腿一蹬，死了。

虎喇一见父亲被敌将刺死，悲痛万分，拍马赶上来，大声骂道："你这狗杂种，老子跟你拼了！"

话刚说完，举起大刀就砍，安费扬古微微一笑，用枪架住，挖苦着道："你别出言不逊，那老匹夫已死，我暂不杀你，快回去收尸去吧！"

虎喇不再搭话，只是拼命挥着大刀，与安费扬古战到一起，杀得越来越激烈。

虎噶与舒尔哈齐二人全是使枪，一来一往，枪与枪撞击得叮当作响，火星直飞，约斗到二十余回合，不分胜负。

眼看天色已晚，城上的虎氏三兄弟——虎丑、虎瓜、虎娄见到父亲已死，又怕两位哥哥再有不测，急忙鸣金收军。

虎噶也见一时不能取胜，遂架着枪说："我们明天再战，如何？"

舒尔哈齐也就不再坚持，说道："明天就明天，我又何惧于你！"

二人便勒马回营，安费扬古与虎喇见他们已收兵，也就停下手中兵器。

次日，张军师坐帐发布军令：仍派安费扬古、舒尔哈齐前去阵前挑战，只许败，不许胜；安费扬古可往左边树林里跑，将敌将引入树林，即是胜利。舒尔哈齐可向右边树林里逃跑，将敌将诱入树林里，即是胜利。派昂纳克与邵魁带五十名弓箭手，埋伏于左边树林里。见敌将进入林子，便放箭。派扈尔汗与里岱领五十名弓箭手，埋伏于右边树林里，见敌将进入林子，便放箭。派额亦都、满浅二将，带五十名兵马，从后面攻城；一旦进入城里，即放火烧房，呐喊助威。

众将领受命而去，只有张军师与两位神射手鄂尔果尼与洛科留下来压阵，并守护大营。

鄂尔果尼对张军师说道："如果敌将不去树林里，怎么办？"

张军师立即笑道："那就请二位神射手显显神通了！"

二人正在说话的工夫，安费扬古与舒尔哈齐已经与城里的虎噶、虎喇也战到一起了。

且说安费扬古与虎噶二人战到二十多个回合，只见安费扬古把铁枪一拧，大声喊道："战你不过，待我走也！"

虎噶随后便追，大喊道："看你往哪里逃？这次你跑到天涯海角，我也要把你追上，杀了你替父亲报仇！"

喊着，喊着，便追进了那层林子。

由于林子里光线较暗，虎噶在林子里四处张望，寻找安费扬古。

不远处，安费扬古喊道："我谅你不敢再往前追了。"

虎噶一听他在不远的树下，便又催马上前，正准备举枪刺去，忽听周围一阵"唰唰"的响声，一下子钻出好几十建州的士兵。

虎噶心中不禁大惊，知道自己中计，便拍马想逃出林子，哪知杀声四起，如雨的箭向自己射来。

再说舒尔哈齐与虎喇交战，二人斗到二十多回合，舒尔哈齐求胜心切，早把诈败之事忘到耳后，仍然酣战不休。

张军师见安费扬古与昂纳克、邵魁已将虎噶射死，提着他的首级来报功了，而舒尔哈齐还在交战，一时没有诈败的打算，便向鄂尔果尼说道："赏那敌将一箭吧！"

安费扬古急忙劝阻道："那样做，会刺伤舒尔哈齐的自尊的，不如再等一会儿，看他能战胜敌将，岂不更好？"

张军师也就不言语了。

这时，那虎喇的枪法在剧烈变化，舒尔哈齐渐渐落在下风了，突然，只见虎喇虚晃一枪，迅速抽出马鞭，猛地打了过来。

舒尔哈齐防不胜防，被一鞭打在右肩上，立刻在马上晃了一下，差点栽下马来。

那虎喇见对方被鞭打中，急忙挺枪来刺，说时迟，那时快，突然一箭飞来，正射中他的右臂，手中的铁枪顿时松了。

这时，安费扬古与昂纳克也拍马上前，把虎喇围在中心，仅几个回合，便被昂纳克一刀劈于马下。

此时，张军师战旗一挥，领着兵马立时冲杀过去，城里的虎氏三兄弟正在惊愕之时，忽听城内喊杀声起。

他们扭头一看，见城里已火光冲天，浓烟四起，有士兵跑来报告："建州兵马已从后面攻破城，冲进来了。"

这一惊非回寻常，三兄弟立即带领守军，打开城门，想冲出城去，逃往巴达尔城去。

谁知建州的兵马早把城围得连飞鸟也别想越过，一见城门大开，立刻蜂拥而入，见人就杀，混乱之中，虎氏三兄弟死于乱刀之下。

城内的士兵见主将全都死了，也就放下兵器，主动投降，以保全性命。

张军师带领众将，在格勒裹城主府里，开庆功会，论功行赏，并吩咐宰杀牛马，犒赏士兵。

舒尔哈齐不听军师号令，受到了训斥，尽管表面不声不响，内心里却对张聿华怀恨在心。在舒尔哈齐看来，这是我们女真人的事，与你何干？真是狗咬耗子——多管闲事。这次攻打阿尔泰，努尔哈赤不让他领军，却让张聿华主军，舒

113

尔哈齐很不满。他心里愤恨极了：连自己的亲弟弟都信不过，却把兵权交给一个毫不相干的汉人，真是不可思议！自此，舒尔哈齐对大哥努尔哈赤深为不满。

努尔哈赤在鹅尔浑城，因为追杀尼堪外兰受伤多处，遂与三弟雅尔哈齐、费英东一起，押着仇人尼堪外兰，回到赫图阿拉。

由于箭伤复发，当时又是炎热的七月，他就住在家里让郎医生为他治箭伤。

为了防止尼堪外兰逃跑，他对何和理说："我把仇人交给你了，等到建州统一之日，我再杀他，望你谨慎小心，不能让他跑了！"

何和理是一个办事认真的人，自然对尼堪外兰的看管格外严密。他让铁匠打了一副八斤重的大镣，一头锁住尼堪外兰的双腿，一头拴在牢房柱上，任尼堪外兰有登天本事，也难逃将出去。

努尔哈赤在家里一边治伤，一边让富察氏与伊尔根觉罗替他唱曲子、弹琴、跳舞，极尽享乐，倒也得意。

他让三弟雅尔哈齐与费英东又领二千人马，前去哲陈部的阿尔泰城，帮助攻城。

军师张聿华与众将领攻占了阿尔泰城之后，便准备进军巴达尔城与洞城。这时，雅尔哈齐的师傅满浅向军师建议："巴达尔城主厄盖曾与我有些交情，容我前去劝他来归降；劝说不成，再出兵攻打，为时也还不晚哩！"

张军师同意以后，满浅便一人一骑，去了巴达尔城。

原来满浅是厄盖儿时的好朋友，二人常常一起去河里游泳，或是去山林里狩猎。

满浅很快来到了巴达尔城下，他进了城，径直来到府门前，对门卫说道："快去你们城主那里通报，就说故人满浅前来拜见。"

再说厄盖已知道建州努尔哈赤的军队快来攻城了，并听说满浅早已归顺了努尔哈赤。于是，厄盖一听说满浅前来拜见他，便知其来意，心中甚是不悦。他当即向侍卫们宣布道："你们在屏风后面埋伏好，听我摔杯子的信号一发出，就一起上前将满浅杀死。"

厄盖一切布置就绪，见满浅已慢慢走来。他故意对满浅很冷淡，也不搭理他。

见到厄盖如此态度，满浅心中已有数了，他不卑不亢地走上前来，平静地道："厄盖兄弟，好久不见了，为何如此不恭地对待儿时朋友，实令愚兄不解呀！"

厄盖听了，仍然不高兴地揶揄道："你应该有一点自知之明的，何须我说白了，你又有什么光彩么！"

满浅有点激愤地上前一步，对厄盖说道："厄盖老弟！我不是来求你的，我是来关照你：你快要大祸临头了！"

厄盖不由心头一震，立刻扭头向满浅直问道："你说说看，我有什么大祸要临头了？"

"既然想听听我说，那么，这态度也是老弟待客之道？"

厄盖这时才对客厅外面的侍卫说道："快上茶！"

然后欠了欠身子，慢慢伸出右手指向椅子道："坐，请坐！"

满浅这才坐下来，呷了口茶，面对厄盖说："当初，阿尔泰城主格勒裘鼓动你和洞城三城联合，共同对抗建州努尔哈赤，如今，格勒裘父子六人全都命丧黄泉，你的主要依靠力量已完全失去了！"

说到这儿，满浅有意顿了下来，然后又道："再说那洞城主洛果木，他的为人难道你不知道？他奸后母，奸胞妹，亲手杀死父亲，这是禽兽不如的畜生，你却与他为伍，当作知心朋友，你能得到什么？"

听了满浅的这两段话，厄盖受到震动，立刻站起来了，并恳切地问道："依兄长之言，我应该……"

满浅看了他一眼，又接着说道："再说，你想与建州的努尔哈赤对抗，你凭什么去对抗？人家有武艺高强、能征惯战的上将二十多人，兵马近三千人，如今整个建州各部落已基本统一了，就靠你这一座巴达尔城，能阻挡得住努尔哈赤的铁骑么？"

厄盖听到这里立刻离座，上来抱住满浅，亲切地说道："谢谢你，我的好兄弟，不是你提醒我，小弟真的是要大祸临头了！"

满浅看着厄盖那如梦方醒的表情，心说你以前为何那么傲慢，真是太没有自知之明了。

见满浅看着自己不说话，厄盖忙道："听兄一席话，胜读十年书，我这巴达尔城就交给老兄你了，任凭你处置吧！"

说完，厄盖派人准备酒菜，当晚二人喝到深夜才散，这满浅说降的任务算是完成了。

次日，厄盖送满浅出城，再三表示道："请转告努尔哈赤大都督，我厄盖随时敬候他的光临，巴达尔城从今日开始，便归建州管辖了。"

满浅又向厄盖嘱咐道："你要与洞城的洛果木断绝往来，不能藕断丝连，当个两面派，那可不行。"

"这你就放心了，你厄盖兄弟绝不是那种人，他洛果木也别想再与我有任何关系了。"

于是，满浅这才放心地上马回阿尔泰城复命去了。

这洞城主洛果木真不是什么正派人。他与几个妹子勾搭成奸不说，还对自己父亲的宠姜产生了兴趣，后来被父亲捉奸在床，他索性一不做二不休杀了父亲，坐上了城主之位。

就这样，洛果木平平安安地当了半年多的城主……

张聿华军师得到满浅报告，得知巴达尔城主厄盖愿意投降，便整顿兵马，来到巴达尔城里驻扎，休息两天，便决定前去攻打洞城。次日，张军师与众将领带着兵马，继续进军，在距离洞城十里的山坡上扎下营盘。

由于这洞城建在山坡下面，周围全是耸立的高山，那滔滔的浑河就从城边流过去。因为城门正对着山口，远看好像是一个山洞，故此得名为洞城。

张军师带着众将领正在山坡上观看，突然一阵大风刮过，天空顿时乌云压顶，大雨倾盆而下。

再看那浑河，因为四面山上的洪水骤然冲下，河水立刻增多，借着风势，从洞城边上涌流过去，发出惊人的涛声。

张军师顿时受到了启示，他心里想："若是把浑河上游的水口堵住，再遇一场大雨，洪水暴涨之时，放水一淹，洞城就会立刻变成泽国水城了。"

他想到这里，感到身上关节疼痛，知道不久还有大雨，便带领众将回到营里。

军师张聿华立即派安费扬古带领五十名士兵前往浑河上游，将那几处河口堵住，然后嘱咐道："要守住河口，到何时放水，会有人通知。"

他又派扈尔汗、满浅上山砍伐树木，准备木筏等水具。

扈尔汗问道："在这山区陆地打仗，用水具干什么？"

张军师听了，笑着说道："眼下阴雨连绵，浑河之水必然泛涨，我已派安费扬古前去堰堵各处水口。"

二人听了，一齐笑道："还是军师棋高一筹，学那三国时候的关云长水淹七军的妙计！"

此时，额亦都走了进来，问道："若是雨停了，这水淹洞城的计策就不好办了。"

"请将军放宽心吧，这几日我身上的老骨头又酸又疼，这雨不但不会停，反而会越下越大，你就等着坐船进洞城去收俘虏吧！"

额亦都听了，将信将疑地出去了。

却说当天晚上，风雨大作，那雨越下越大，张军师急忙通知众将领齐来。他先派人前去安费扬古处，让他带领士兵冒雨将河口掘开，放水。然后，又派额亦都带领二百名士兵，乘木筏准备去洞城拘收俘虏。

再说城里守兵正在睡梦之中，忽听外面风雨大作，接着，似有万马奔腾之声传来。出门一看，大水汹涌骤至，仅一眨眼工夫，城内大水已有一人多深。城上守军吓得四处乱窜，跌落水中者不计其数，有的随波逐流，有的大呼救命。百姓们呼天喊地，许多人逃到屋顶，也有的人爬到树上，到处混乱不堪。

洛果木也被大水淹得晕头转向，无处躲藏，见院中有一棵大枣树，便攀援而上。好不容易爬到树丫间，正想坐下喘口气，忽听身后树叶沙沙作响，扭头一看，洛果木差点被吓死！原来，在他背后的树枝上，缠绕着一条比碗口还粗的大蛇！

突然，大蛇将它那长尾巴甩过来，用那又细又有力的尾巴梢子，往洛果木腰上一绕，正好缠了一圈子。他越是挣扎，大蛇便缠得越紧，缠得他胸闷气短，眼前冒出了金星……

张军师与额亦都等众将领，乘着木筏，来到城里，探马前来报告："洞城主洛果木为避水淹躲在一棵大树上，被一条大蛇箍死了。"

满浅将军在旁边听见以后，笑着说道："他算是遭了报应了！"

众将领听了，一齐会心地笑起来。

此时，大水已快退去了，张军师让额亦都、安费扬古等去城里各处张贴安民告示，收降士兵，查点府库，清点财物，并特别提醒道："不准侵扰城里百姓。"

然后派人准备酒饭，犒赏官兵。

此时，雅尔哈齐与费英东已来到军营，将努尔哈赤为追杀尼堪外兰，身上中了三十多处箭伤等情况，向张军师与众将领作了报告。

当晚，张军师又与额亦都、安费扬古二人商量攻打完颜部的事情，并决定在洞城休息两天，然后再去攻城。

努尔哈赤在赫图阿拉一边养伤，一边休息，每日有富察氏衮代与伊尔根觉罗氏两个福晋陪着，又是喝，又是弹，又是舞，倒也快活自在。

但是，努尔哈赤不是一个享乐主义者，他是一个有着远大理想抱负的人，他的目标是统一建州女真，进而统一全部女真，完成远大事业，怎能安睡女人身边？

这些日日夜夜，努尔哈赤时时挂念着，心系着张丰华军师及他的那些兄弟将领们。

尤其是张军师，他年近八十岁，已进入人生的耄耋之年，还跟着自己风里雨里，南征北战，又是为了什么？

这老人又是一个汉人，却能来到这关外的他乡异地，过着不习惯的饮食生活，又从无怨言冷语，整日乐观、积极、奋进，以自己的行动感染和带动将领与士兵，其境界，其胸襟，是何等感人？

努尔哈赤越想越坐不住，越想越觉得内疚之情油然而生，便一跃而起，大声喊道："快为我备马抬刀！"

努尔哈赤立刻攀鞍上马，正要打马出门时，突然在他身后传来一声："大哥！"

他扭头一看，原来是五弟穆尔哈齐，看着这位很老实的弟弟，笑问道："喊我有什么事？"

"我想随大哥一起去前线！"

"那里危险多，生活又苦，你能否受得住？"

"我不怕，我要去！"

努尔哈赤听了这位弟弟的要求，想了想，也就答应了，忙对他道："你的马匹准备好了没有？"

"都准备好了！同意我去了？"

努尔哈赤见到弟弟歪着头，一副惊喜的表情，笑着说道："快上马，咱们走吧！"

兄弟二人翻身上马，沿着赫图阿拉的大道，俯身马上，也无心观赏沿途景色，直奔完颜部绝尘而去！

军师张聿华召集诸位将领，正在研究攻打完颜部，侍卫进来报告："大都督回来了！"

这话未讲完，努尔哈赤已经走进会场，双手抱拳，向大家问候道："各位辛苦了！"

他走到张军师面前，双手搂住老人说："让你老人家受累了。"

二人亲热地拥抱在一起，张军师向他说道："正在商量攻打完颜部，你先谈谈吧！"

"不！我刚来，哪能就有发言权呢！还是听听再讲。"

努尔哈赤便坐下来了，张军师说道："原来的建州五部，我们现在已攻克了四部，也就是苏克素浒部、董鄂部、浑河部和哲陈部，只有一个完颜部，还没有统一。这完颜部，位于赫图阿拉城的西面，城大而坚固，它背靠长白山的余脉奶头山，董鄂河从城的前面绕过。当前，正是秋高气爽，人强马壮用兵时节，这一仗是咱们统一建州的最后一仗，希望大家群策群力，请各位将领畅所欲言。"

这完颜部的祖先，本是南宋时期统治者的后裔，为了躲避战乱，来到这隐蔽的奶头山上定居下来。

这"完颜"二字，便是他们的姓，而"王甲"则体现出他们的身份与层次。顾名思义，"王中之甲"，可见其身份之贵，其层次之高了。

这完颜部虽说也是属于女真族，但是，他们平日一直以帝王的后代自居，不与周围的其他女真人往来，过着闭关自守的自给自足生活。在完颜城的后面，即是长满树木的奶头山，城前有董鄂河，所以完颜部人多以狩猎、捕鱼为业，只种很少的庄稼。

城内所有的人都姓完颜，现在的城主名叫完颜尔杓，六十多岁，他有两个儿子，完颜蚩敖和完颜贝古。父子三人都有一些武功，十八般兵器样样精通，城内有兵马五六百人，全由完颜蚩敖和完颜贝古统领。

一天，探马进城向完颜葛敖报告："建州都督努尔哈赤已攻占了苏克素浒部、董鄂部、浑河部和哲陈部，又带领近千兵马，上将数十员，来攻打咱完颜部了！"

兄弟二人听了，吓得大惊失色，立即去找父亲完颜尔杓，老城主说道："这努尔哈赤非等闲人物，起事不过几年，已统一了建州的四个部落，我们完颜部一向不尚武力，只求平安自保。本来兵力不足，平日又缺乏训练，怎能敌得过他？依我看，前去与他谈判，若能保住我们现在的地位、利益，归顺他也无妨。"

两个儿子虽无什么意见，总觉得"投降"二字太难听，一时接受不了，老大完颜葛敖说："咱们跟他努尔哈赤来个谈归谈，打归打，双管齐下，好不好？"

老城主笑着问大儿子道："你说，'双管齐下'是怎么一回事？"

"我们先去与他们谈判，并要求与他努尔哈赤比试一下武功，看他有无真本事。"

老二完颜贝古也说道："比前我们先提出来：他能赢了我们，咱就归顺建州，跟着他努尔哈赤干；他若输给咱，就要听咱的！我们还像过去一样，谁也别想管我们完颜部。"

老城主完颜尔杓听言，也觉得此计甚妙，他点头说道："那就按计划行事吧！"

兄弟二人又认真商量了一下，才各自回屋里去休息。

努尔哈赤与军师张聿华带领兵马，从洞城出发，没几日，便来到董鄂河边驻扎下来。

他与张军师、额亦都、安费扬古等走到附近一座小山上，居高临下，朝完颜城一看：好大的一座石城！

看了一会儿，努尔哈赤对大家说："若是从正面攻打，我们就要像当年的韩信那样，来个背水一战。"

额亦都接着说道："这城的后面山太高，大队人马不能通过，只能带小股士兵攀援而上，用偷袭方法，也许可以成功。"

努尔哈赤见张军师在捋胡微笑，遂问道："军师有何妙计？"

张聿华用手指着完颜城，轻松地说道："我站在这里想了好久，城里的完颜父子能不想想么：这小小的完颜城，如今成了大河风浪中的一叶扁舟，随时都有沉没的危险！它能阻挡得了咱建州兵马的铁蹄么？"

努尔哈赤听后，似有所悟，忙问道："军师的意思是指他们父子会不会……"

"我在想，城里的完颜父子若是明智之人，应该早来找我们谈条件了！他们的力量能与哲陈部比？能与浑河部、董鄂部比？能与苏克素浒部比？"

努尔哈赤听了张聿华的话，也有同感，道："若是那样，对咱们双方都有利！不过，我们还得从最坏的角度去想，还要准备打好统一建州的这最后一仗！"

次日上午，努尔哈赤与张军师召集众将领，正准备发兵攻城，突然，营门守卫士兵报告："完颜城派使者前来求见。"

努尔哈赤看了军师一眼，说道："让他进营来。"

说罢，他又笑着对张聿华说道："看来，果然不出军师所料。"

这时，那使者已经走进营帐，向努尔哈赤施礼后，朗声说道："我们老城主完颜将军让我代为问候建州大都督努尔哈赤阁下安好！"

努尔哈赤笑道："谢谢你们城主，你也替我向他问候！"

那使者看看努尔哈赤，又环顾一下周围的众将领，然后才说道："我们老城主听说大都督武艺高强，想让他的两个公子前来与你比试一下，不知大都督愿意与否？请给我们一个答复。"

张军师听后反问那使者道："照你们城主的意见，应如何比试法？"

"我们城主说了，你们能赢了两个公子就归顺你们；若是你们输了，就听咱城主指挥，不知这条件怎么样？"

"我完全答应你们的条件，还可以告诉你们的城主，我手下还有一二十名将领，那两个公子若愿意，任他挑选，谁都可以与他们比试的。"

那使者正准备回去复命，努尔哈赤又叫住他："请转告你们城主，比试的时间由他定，我们在这里恭候！"

等使者走出营帐，努尔哈赤笑着对张聿华道："军师真是神机妙算呀！"

次日上午，完颜城的老城主完颜尔杓，带着两个儿子完颜蚩敖与完颜贝古以及十几名侍卫，出了城来到建州军营门前。

这边努尔哈赤与张军师也领着众将官，出营门，来到完颜父子对面。

双方会面，互相抱拳问候，努尔哈赤遂趋前两步，微笑着说道："努尔哈赤这边有礼了！"

老城主完颜尔杓一见努尔哈赤一表人才，不由得心里暗自惊叹，未曾想此人如此年轻英俊，那勃勃威风，有一种凛然不可侵犯的威严。又见他面带笑容、礼貌谦逊的气度，更掩饰不住那儒雅的气质，不禁出口赞道："久仰大都督威名，未料阁下如此少年得志，英风已吹遍建州大地，实在令人钦敬！"

"感谢老城主不佞夸奖，不胜汗颜之至，听说你们完颜父子乃前朝皇室后裔，武功世家出身，我早想领教几招，不知先与哪一位切磋——"

努尔哈赤的话尚未落音，完颜蚩敖便跳出来，挺身往前一站，说道："脚下乃是我们世居之地，念你是远来之客，让你先进招吧！"

听他这么说，努尔哈赤面色一敛，说道："此话差矣！这建州本是我们女真族的发祥宝地，我的父祖原是大明皇帝钦赐的建州都督，哪有什么'远来之客'的道理，其实，我来此处不过是收复故土而已！"

完颜蚩敖听了尽管有些不悦，只好说道："咱们眼下是比武为上，别打那嘴头官司了！"

努尔哈赤说："还是请你先进招罢！"

那完颜蚩敖也不再客气，遂运足力气，跳向前来，抡起铁拳，对准努尔哈赤的头上打来。

只见努尔哈赤把头一偏，那拳便落空了。

完颜蚩敖一连三拳，都未打中，知道努尔哈赤武功深厚，自己本不是对手，心里说："若再继续进招，他终将还手，自己必然吃亏，迟丢人不如早现丑，还是及早认输吧！"

完颜蚩敖想到此，立即跳出圈外，双手抱拳，向努尔哈赤道："本人不知天高地厚，有意冒犯大都督，实有不恭之罪，还请原谅。"

努尔哈赤急忙上前，拉着他的双手，笑道："咱们同是女真后裔，只是相识得迟一些罢了。"

努尔哈赤和张军师等都忙着走上来，一齐邀请完颜父子到军营叙话。老城主完颜尔杓非常高兴，转身对侍卫说："你们都给我回城里去，抓紧时间杀十头牛，十匹马，二十只羊，再送二十缸酒来军营，不得有误。"

说完，父子三人随努尔哈赤一起回营帐里谈心。

当晚，大家在酒桌上推杯换盏，觥筹交错，开怀痛饮起来。

老城主看着努尔哈赤及其一帮将领说道："难怪有人说你存帝王风度，说你'七颗红痣长脚心，必定南面坐龙廷'！就这一班能征惯战的武将，谁能驾驭得了！"

努尔哈赤听了，有些难为情地说道："那都是一些溢美之称，言过其实了。"

完颜蚩敖接过来说道："这些日子里，你们攻占了董鄂部和哲陈部，实行了不扰民的政策；对投降的士兵不辱、不杀；对归顺的将领不计前嫌，都是大得人心的举措……"

老城主抢过话题对努尔哈赤说道："从今往后，我把这两个儿子都交给大都督你了，一切全靠你关照啦！"

"你那完颜城地处建州边上，位置也挺重要，老城主虽然宝刀不老，雄心不已，但是毕竟年纪大了，这样吧，让完颜贝古随军调用，完颜蚩敖留下帮你守城吧！"

"也好，一切全由你们安排了！"

老城主不再说什么，便带着两个儿子，向努尔哈赤和张军师辞行，又与众将领告别，便回城里去了。第二天，完颜父子三人送来了牛、马、羊、鸡、鸭、鹅等，并送来白面、玉米和一些马匹的饲料。

他又指着二儿子完颜贝古说道："我把他交给你们了，城里的兵马不多，选出了年轻力壮的兵马二百，这就算是我的一点见面礼吧！"

张军师走上前去，拉着他的手，说道："有你这样的大力支持，何愁我们的军队不能打胜仗！"

"今后，需要什么尽管来取，我们完颜城随时听候调用，我们绝不会拖大都督的后腿！"

……

次日，努尔哈赤与张聿华军师以及众将领带领兵马，班师回赫图阿拉。

这是明朝万历十六年九月。

努尔哈赤与军师张聿华商议如何处死仇人尼堪外兰，军师建议道："设灵位，活祭为好。"

努尔哈赤遂命人摆设灵台，置父、祖灵位于坛上，灵前放满了各种供品：首先是黑牛、白马的头，其次是各种家畜家禽的肉，再其次是各种干果、糕点等。

努尔哈赤让全体爱新觉罗家族的人都披麻戴孝，上上下下，男女老少，济济一堂。

在灵台的右下方，竖着一块高大的木板，已经用清水净过身的尼堪外兰，四肢分开，一丝不挂地被钉在那块木板上。他的舌头被绳子扎着，嘴巴里塞着一块马肉，尽管哼哼叽叽，却说不出话来。

忽听一声炮响，只见行刑刽子手斋萨身披红色衣衫，手执大刀，走向尼堪外兰。

主祭师一声令下，斋萨一步跃到尼堪外兰前面，"刷"的一声，刀已剜进尼堪外兰的胸膛，把那鲜血淋漓、红光艳艳的心剜了出来，放到一个盘子里，端到灵台上。接着，斋萨伸出手去，又把尼堪外兰的肝也掏出来，放在灵台上的盘子里。

那斋萨大刀一挥，尼堪外兰的头颅骨碌碌滚落而下，正掉在一个盘子里，斋萨立即把盘子放在灵台正中位置上。

之后，努尔哈赤便带领全族人等再哭祭一番，他立在父祖灵位前面，手指尼堪外兰的心、肝、头颅，大声说道："如今奸佞小人尼堪外兰已被活祭，冤仇已报，二老若是泉下有知，也应瞑目了。我努尔哈赤将继承你们的遗志，重振爱新觉罗家族的雄风，建州已经统一，不久之后，我还要带领军队去……"

此时，从长白山里悠然飞出一只搏击长空的苍鹰，它那硕大的翅膀，不断地舞动着，在辽阔的空中翱翔……

【第四回】

建新城持礼贿使，携旧部跨马御敌

"近日以来，我夜观星象，见天王星座暗淡无光，时时被重重的乌云所掩盖，这是指大明王朝血衰力竭，寿命不会见长了。"

努尔哈赤听了，不禁一怔，信口说道："几年以前，我在抚顺总兵官李成梁府里时，就曾听说朝廷里尽是一群贪官污吏、腐败无能之辈，皇帝又被宫内的阉人宦官挟持着。"

张军师接着又继续说道："当年朱元璋在马背上苦战了几十年，用性命拼出来的社稷江山，却被他的后代子孙葬送掉，真是令人不寒而栗！"

张军师跟努尔哈赤感慨之后，接着又道："我在星象观察中又看到了另一种现象，就是北斗星光照天庭，大有主宰宇宙的趋势。"

"啊！这又有讲究没有？"

张聿华反问，立刻直言不讳地提醒道："你那脚心的七颗红痦子，可真是天上人间，上下呼应，吉祥之兆啊！"

努尔哈赤不禁脱口说道："真的？"

张聿华目光熠熠，神采飞扬地说道："皇帝轮流做，今日到我家！王侯将相宁有种乎？这些话，难道你都忘了么？"

努尔哈赤一听，不禁哈哈大笑起来。

张军师看着英姿勃勃的努尔哈赤，又对他说道："古人说：名不正，则言不顺；言不顺，则事不成。依我看来，当前有两件事情亟待解决。"

努尔哈赤立即问道："请军师具体讲来，是哪两件事？"

张军师欲言又止，走到努尔哈赤面前，附耳低声说了一会儿，又嘱咐道："这两件事由我出面来办吧！"

说完，他便走了出去。

次日，努尔哈赤由张军师陪着，后面跟着额亦都、安费扬古、何和理、洛

123

寒、费英东、扈尔汗等将领，并带领十多名侍卫，骑着马，在赫图阿拉周围的山上，转悠了大半天。

原来，努尔哈赤根据张军师的建议，准备重新建造一座新城，作为将来的"建州王"的都城。

因为赫图阿拉已不能适应形势发展的需要，而新的应运而生的都城，应该是进可以攻，退可以守，水陆便利，环境优美的处所，既隐蔽又通达的好地方。

他们在赫图阿拉城西南方向，约八里处的虎提哈达南冈上，选中了一块地址。这地方东依鸡鸣山，南傍哈尔撒山，西偎烟筒山，北临加哈河和索尔科河，即二道河之间三角形河谷平原南缘的虎拦哈达上。在它的东、南、西三面，都是悬崖绝壁，仅西北一面开展。东有首里口印硕里口河，东北流入索尔科河；西北有二道河，注入加哈河。索尔科河与加哈河交汇后，在此流入苏先素浒河。

这地方称作佛阿拉，从各方面看，确实地势险要，进可以很快地出击，退也能迅速地坚守，是个易守难攻的好环境。

且说选好新城地址以后，努尔哈赤便于次日发出命令，让何和理与洛寒二人负责，开始兴建佛阿拉城。

仅半年多时间，大明万历十五年（1587年）四月，建筑的新城便竣工了。

新建的佛阿拉城，共分为三重，最里面的第一重为木栅城。这栅城，顾名思义，是用木栅围筑起来。作为城垣，简便，耐久，可以就地取材。

这十分谨严而又典雅的栅城里面，还建有鼓楼、神殿、客厅、楼宇和行廊等。这里是努尔哈赤发布命令、接待宾客、议论军政大事和全家居住的地方。那两层楼房虽不高大，也还宽敞，墙是石灰加土抹缝，又挂上一层灰，屋里也还亮堂堂的。楼顶是拱形，飞檐，用绿色琉璃瓦盖脊，映着阳光，倒也辉煌耀眼。

第二重为内城，周围三里左右，城墙是用木头与石块混杂建成，很坚固。这内城较高，约有近四丈，宽有五尺，上有雉堞、垛楼、瞭望楼等。因为城墙宽厚了，上面可以并排行走两人，白天垛楼与瞭望楼中有人值班，夜晚有人在城上巡哨，护卫着内城与栅城的安全。内城中的居民约有二百多户，全是努尔哈赤的亲近族人。

内城东边，有大堂一所，常用于议事，或是祭奠天地、祖宗，也可以作为娱乐场所。内城西边，有一军马厩，内有近千匹良种军马，专供铁骑兵骑用的。

第三重为外城，周长十五里左右，城墙高一丈有余，内外皆以粘泥涂之，光滑鉴亮，不易攀援。城上没有雉堞，也无射台、隔台与垛楼，不过，城外有壕沟，水深齐胸。

三座城门也不尽相同，一重城门也是木栅的，随手关开，一般不设门锁；二重城门是木板大门，厚而结实，有大锁管着，亦有专门守门士兵看守。三重城门以木板为主，又无锁钥，门闭后，以木横闩。这外城门有专门守门士兵，日夜看守、缉查，生人不可随意入城。外城中居民约有五百余户，住着努尔哈赤的众将官家属及族属等。

外城壕沟以外，还住有八百多户居民，他们多是军人、工匠、商人等。

当时，佛阿拉城内外居住着一千多户，共有一万五千余人，成为当时建州卫女真的政治、经济、军事的中心，也是辽东女真中较大的一个城市了。

建成新的都城佛阿拉，是张军师为努尔哈赤谋划的第一件事，第二件事即是劝他称王。

一天，张军师领着大将额亦都、安费扬古、何和理、费英东、扈尔汗、洛寒、昂纳克、邵魁等近二十人，来见努尔哈赤，大家一致请求努尔哈赤应在新的都城——佛阿拉"自中称王"。

他代表所有将领，对努尔哈赤说道："我们已统一了建州五部，不仅扩大了地盘，增多了人口，更为重要的是我们增强了实力，我们有一支无坚不摧的一万多人的军队！俗话说：蛇无头不走，鸟无头不直。你此时称王，正是天时、地利、人和三利皆存，正当其时呀！"

努尔哈赤也就应诸将之请求，便答应下来，并同时建立一支纪律严明的军队，分其为环刀军、铁锤军、串赤军和能射军等。

在张军师的策划下，又制定了小规模的礼仪，为在努尔哈赤出入城栅时，在城门设乐队，吹打奏乐，以显示威严。

为与称王相适应，还制定一些规章制度，如不能随便进入栅城，见到努尔哈赤时要施礼、称王等。

此时为大明万历十五年（1587年）六月，努尔哈赤二十九岁。

当时，他共娶妻妾五人，佟氏春娅娜已死，还有纽祜禄氏、兆佳氏、富察氏衮代、伊尔根觉罗氏。

还生有五子二女：长子褚英，次子代善，三子阿拜，四子汤古代，五子莽古尔泰；长女东果格格，次女为嫩哲格格。

努尔哈赤统一建州女真的消息，很快传到辽东巡抚顾养谦那里，这位顾巡抚虽然从努尔哈赤那里得到不少好处，但是他毕竟是大明朝廷的命官，怎敢知情不报哩。

于是，顾养谦于万历十五年十一月上表奏禀皇帝，说建州努尔哈赤借着报父祖之仇的机会，带兵统一了建州的五个部落，势力日益强大……

不久，顾巡抚又听说努尔哈赤新建了一座都城——佛阿拉，公然"自中称王"，便再次于明朝万历十六年正月又上奏皇帝说："努尔哈赤者，建州黠酋也，骁骑已盈数千。"并说努尔哈赤新建都城，自称建州王，野心甚大云云。后来，万历皇帝终于派了一个特使，名叫胡耀农的专程到建州来察看虚实。

努尔哈赤盛宴款待了这位特使，糊弄了这位特使一番，并给了特使不少好处。特使胡耀农回朝不久，万历皇帝便传信给辽东巡抚顾养谦说道："……对努尔哈赤要因其势，用其强，加以赏赍，授以名号，以夷制夷，则我不劳而封疆可无虞也。"

又过不久，明朝万历皇帝让顾巡抚通知建州努尔哈赤道："大明朝廷每年奖予银八百两，蟒缎十五匹，并永远通好……"

明朝万历十七年九月，皇帝再下圣旨，把努尔哈赤从都指挥使提升为都督佥事，并对努尔哈赤大加赞赏，表扬他能恭顺朝廷，勤谨守边。

从此，努尔哈赤打着敕封的都督佥事的旗号，在女真各部中称雄。但是，努尔哈赤这个"建州王"，对大明朝廷仍然竭力封锁这一"天机"，不使之泄露出去。正因为这样，在明朝边官眼里，努尔哈赤仍是一个"恭顺"的女真部落的小首领。

这就是努尔哈赤的过人之处！

他表面上"恭顺、勤谨"，与明朝互相通好，一面又借着明朝皇帝的威望，兴兵攻伐异己，发展实力，积聚力量。

五年多来，努尔哈赤正是在这两面政策中生存、发展和强大起来。

哈达部自王台始，一直受到明朝皇帝的信任，成为辽东女真各部中亲明的典型。王台死后，其子扈尔干贝勒仍走他父亲当年的亲近明廷的路线，与辽东的历任巡抚关系密切。努尔哈赤统一建州以后，又在新都城佛阿拉称王，使扈尔干贝勒暗自吃惊。

有一次，他在抚顺关总兵李成梁府里，谈到了努尔哈赤的脱颖而出，这位总兵大人立即授意扈尔干道："希望哈达部能与努尔哈赤联姻。"

其用意是让哈达部增强与建州的关系，用姻亲的枷锁，来达到控制努尔哈赤的目的。扈尔干马上心领神会，立即派自己的心腹伍匡去建州当使者媒人。

到了佛阿拉，伍匡对努尔哈赤说道："我奉哈达贝勒扈尔干之命，前来给大都督佥事做媒，将他女儿哈达纳喇嫁给阁下作福晋，请你答应这门亲事吧！"

努尔哈赤是一个绝顶聪明的人，他当即明白扈尔干嫁女的政治企图，更深谙哈达部一向亲明的活动。但是，努尔哈赤很乐意地接受了这门亲事，并在不久，便把哈达纳喇氏娶了过来。

这个十四岁的哈达少女，长得千姿百媚，体态婀娜，肤色如玉，真像从天宫里下凡的仙女一般。

新婚的第一个夜晚，三十岁的建州王——努尔哈赤，怀着对哈达部的极端蔑视的心理，狠狠地整治着那位姑娘。

据说，哈达纳喇氏的痛苦喊叫"声震屋瓦，响彻栅城"。

第二天，她不能起床行走，"污血浸湿三层被褥"，不得不让郎医生诊治。

努尔哈赤做了哈达部的女婿之后，对明廷更加"恭顺"，更加"忠心"，对明朝皇帝的宣谕，他奉命唯谨，并经常到抚顺关李总兵处送达本部掠及的汉人，以取得总兵的信任。

万历十七年，有一件好事给努尔哈赤送上门来了。游牧在扎木河部落的女真首领克五十，屡次掳掠铁岭境内的柴河堡，肆意射杀明朝官兵，杀死边将刘斧。当时，抚顺关总兵李成梁闻讯后，正准备带兵前去剿灭，克五十自知抵挡不住，居然逃到建州，请求努尔哈赤给予庇护。

经过商议后，努尔哈赤派人去把克五十杀了，并用木盒把克五十的人头装在盒子里，立即送往李成梁府里去。

张聿华军师立即笑道："送木盒去时，不妨向李总兵摆出升赏的请求，因为我们响应顾巡抚的逮捕命令，杀敌有功。"

努尔哈赤杀了克五十之后，克十五的表兄兆佳城主宁古亲很生气，扬言要对努尔哈赤进行报复，准备雇杀手暗杀努尔哈赤。

军师张聿华劝努尔哈赤道："听说这宁古亲的武艺不错，与其迟动手，不如早动手。"

努尔哈赤接受军师意见，便于明万历十七年（1589年）率兵马五千人攻打兆佳城，派二弟舒尔哈齐为先锋。舒尔哈齐领着两千兵马，与他的两个心腹爱将常书和武尔坤先行开路。

兆佳城主宁古亲年约五十岁左右，身材高大，膂力过人，善使一杆长枪。平日，仗着自己武艺高强，弓马纯熟，谁也不放在眼里。

早在万历十二年，原兆佳城主里岱，经大将安费扬古从中斡旋，归顺努尔哈赤，并在其帐内听用。当时，努尔哈赤派也拉罕守城。不久，宁古亲垂涎兆佳城主的职位，用毒酒毒死了妹夫也拉罕，并杀死自己的亲妹妹，夺得了城主位置。由于努尔哈赤忙于建州五部的统一，宁古亲也愿意屈服建州卫，也就对此未予理睬。后来，宁古亲与扎木河部的克五十相互勾结，常常掳掠周围村寨，努尔哈赤早有耳闻。

这次克五十逃往建州，企图得到努尔哈赤的庇护，宁古亲原先也知道。他未曾料到努尔哈赤会杀了克五十，并向李成梁献了克五十的人头去请赏。于是宁古亲非常气愤，竟不自量力，说出要对努尔哈赤报复，要雇杀手等狂言。如今，听说努尔哈赤已兴兵前来攻城，心里不免有些吃惊。

他回到府里，妻子渥林古氏便批评他说："那克五十一贯胡作非为，你何必为这种人打抱不平，因而得罪努尔哈赤？"

宁古亲心情本不愉快，听妻子一说，火气便来了，他把两眼一瞪，大声喝道："我的事情不要你管！"

渥林古氏也不让步，反而振振有词道："我从不管你的事，可是努尔哈赤来攻城，若是城破了，你让我们母女俩怎么办？"

这最后一句话倒真引起了宁古亲的警觉了，因为宁古亲只有一个独生女儿，名叫瓜尔佳。这瓜尔佳是城里有名的美女，不仅她的模样儿长得俊美，身材苗条，皮肤白皙如玉，而且有一头又黑又长的乌发。

宁古亲听妻子渥林古氏一说，心里确实有些后悔，但是，路走错了，能回来；话一出口，想收也不可能了。本来，他对表弟克五十也没有好感，但是他认为努尔哈赤也做得太绝了！

宁古亲见到努尔哈赤的兵马已经来到城下，心里说道："凭我这一身的武艺，明天先与努尔哈赤交一下手，然后再定今后的行止。"想定以后，便早早休息了。

舒尔哈齐与常书等领着二千兵马，来到兆佳城下，驻扎下来。

常书见天色已晚，对舒尔哈齐说道："今天已晚了，明天再出战吧，何况大队人马还在后头，不知何时方能来到。"

舒尔哈齐伸了个懒腰，立即答道："管他何时来到，我们早早休息吧！"

常书听了悄悄对他说："明天咱们先去打城，若能打败宁古亲，破了城，找到那个美人瓜尔佳，带回佛阿拉，给你作个三福晋，怎样？"

"就怕我没有那艳福！若是被老大知道了，就别想见到她的面了。"

舒尔哈齐话中的"老大"，便是指他的大哥努尔哈赤。

次日上午，舒尔哈齐早早起床，走出营帐，见到大哥的兵马已到，营帐里一片安静。他便去催促常书抓紧吃饭，争取早去攻城，一定抢在老大前面。

舒尔哈齐派武尔坤前去挑战，自己与常书在后面压阵。

不久，只听城里一声巨响，城门大开，宁古亲领着三千人马，耀武扬威地来到阵前。二人并未搭话，便厮杀在一块了。

宁古亲尽管五十岁左右，仍不服老，一杆铁枪如出水蛟龙，上下翻飞，直向武尔坤面门胸前乱刺，真是厉害无比。武尔坤的一把大刀，右砍左剁，也不示弱。二人约斗了二十多个回合，武尔坤虚晃一刀，拨马便逃。

宁古亲已斗红了眼睛，大喝一声："小杂种！看你往哪跑！"

一边大声喊着，一边拍马随后追去。

这时候，舒尔哈齐看得分明，立刻与常书等指挥人马，一齐杀入敌阵。

城里的人马见主将不在，怎能阻挡得住舒尔哈齐、常书等人的冲杀，立刻乱了阵脚，仓皇地逃入城里。

建州的兵马久经训练，特别是那铁骑兵，奔跑起来如一阵旋风，奔驰而去。舒尔哈齐领着那些铁骑兵，尾随城里的逃兵，一齐冲进城里，城上的守兵一见，大喊："努尔哈赤的兵马进城了！"

这一喊，城上的守军立刻乱了，便四下逃窜，兆佳城被攻破了。

正当宁古亲紧紧追赶武尔坤时，忽然听到城上的喊声，心知城被占领，方寸顿时乱了。武尔坤趁势取出了箭，暗中一箭射去，正中宁古亲的胸部。宁古亲当即栽下马，一命呜呼！

舒尔哈齐与常书领着铁骑兵一路东去，冲进城里，大部分逃兵投降了。常书带一队士兵冲进城府里，他刚找到瓜尔佳，却碰到努尔哈赤手提大刀带着一群侍卫来了。

努尔哈赤见到瓜尔佳时眼前一亮，把常书斥走后，便带着进了一间屋里，直到第二天中午，努尔哈赤才从那间屋里走出来。

侍卫向努尔哈赤报告："舒尔哈齐与常书、武尔坤于今天早晨已带领兵马回佛阿拉去了！"

当时，努尔哈赤非常生气，心里想道："这岂不是对我搞突然袭击么？一旦海西四部的人知道我一个人在这里，派兵来攻城的话，后果会不堪设想的。"

努尔哈赤越想越气，也越有些后悔，觉得这样下去，如何与他一起共事？回到佛阿拉，他向舒尔哈齐询问原因，却又遭来一肚子的气。

"你不许任何人去见你，难道我们都去为你一个人站岗放哨？"

努尔哈赤见二弟如此无礼，心知必有原因，便喊来常书问明情况，方知他是为了那位瓜尔佳而生自己的气呢！

努尔哈赤一向对女人有自己的看法。首先，女人只是娱乐的工具。无论是别人的女人，还是他自己的女人，甚至是他的爱姬，以至他的亲生女儿，也毫不例外。在努尔哈赤看来，只要二弟舒尔哈齐能与自己一条心，能替自己去拼命，奋力杀敌，美女又算什么？

他立即派人把瓜尔佳送给了二弟舒尔哈齐，以平息这场"兄弟争美"的风波。本来就胸无大志的舒尔哈齐，见到了瓜尔佳之后，立即消了气，精神振奋起来。尽管瓜尔佳已不是处女，初夜权已被努尔哈赤抢先夺去，但是，这女人确实长得太美了。

不久，瓜尔佳竟怀上了珠胎，十月之后，生下了一个千金小姐。后来，那女孩子渐渐长大，舒尔哈齐越看越不像自己，心里很不是滋味。

那女孩像努尔哈赤，舒尔哈齐不想在家里经常看到她，便对大哥道："那孩子是你的骨血，你还是领回去自己抚养她吧！"

努尔哈赤也不想再与弟弟发生争执，就派人领回来，放在宫里，权作自己的养女吧！她便是后来的晋和硕公主。

努尔哈赤统一建州之后，实力增强，兵员猛增至一万五千余人。

他接受张军师的建议，与额亦都、安费扬古等大将讨论之后，把军队编成环刀军、铁锤军、串赤军和能射军。

环刀军二千五百兵马，为额亦都带领；

铁锤军也是二千五百人马，由安费扬古带领；

串赤军也是二千五百人马，由扈尔汗带领；

能射军由鄂尔果尼、洛科二人带领，也是二千五百兵马。

另外，组建侦探军，由满浅、邵魁二人带领，有二百人马。又成立了侍卫队，共五百人马，由费英东任队长。

其余将领一律在帐前听调，随时任用。

为了适应大规模战争的需要，努尔哈赤让何和理、洛寒把原先的兵器场扩大到十倍，并广招人才，增加设备，提高质量，迅速打造一批兵器、盔甲等。

一天，努尔哈赤与张军师正在议事，突然满浅带领一名探马进来，那探马报告："辽东巡抚顾养谦被调回京城，又任命郝杰为都察院右佥都御史担任了辽东巡抚。"

那探马走后，满浅继续报告："听说这个郝杰的为人很正派，是朝廷里很有名的清官左光斗的学生。"

原来，这个巡抚大人郝杰确实是个耿介正直之人，为当时大明王朝里少有的清官。他进入都察院之后，曾经当着许多人公开宣称："我郝杰决心以恩师左光斗为楷模，堂堂正正地做人，认认真真地做官，绝不去做那些有损人格、点头哈腰的事情！"从此，人们便戏称郝杰为"不弯腰"。

满浅走了之后，努尔哈赤说："我们不希望辽东巡抚是清官，他腐败得越厉害，对我们越有利。"

军师张聿华成竹在胸，不紧不慢地道："他有他的关门术，我们有我们的跳墙法。此路不通，我们再另辟蹊径！"

努尔哈赤抬头望着军师，忙问："军师的蹊径是指什么？"

张聿华手捋花白胡须，娓娓而谈："这郝巡抚且不理他，我们去北京进贡，给皇帝送礼去，只要万历皇帝不对我们有恶感，他郝巡抚又能奈何我们建州？"

努尔哈赤一听，大腿一拍，兴奋地说："对呀！军师真会出新招，出妙招！我们能与大明皇帝拉上关系，真是拉大旗作虎皮，我们就理直气壮，腰杆子硬了！"

在足智多谋的张聿华的帮助下，努尔哈赤学会了韬晦之术，他深知：要实现统一女真各部的目标，必须避开朝廷的军事干涉，创造一个有利于自己的环境。因此，努尔哈赤除了对建州内部加强统治以外，对于明朝皇帝继续采取忠顺守边、称臣纳贡的方针。

为了求得明朝皇帝的信任，为了感谢朝廷对自己的封赏，努尔哈赤决定亲自去北京向万历皇帝进贡。

大明万历十八年（1590年）四月，努尔哈赤与张军师经过半年的准备工作，一支进北京朝贡的队伍组成了。

他派汉人出身的，原在北京长大的洛寒担任向导；让侍卫队长费英东、邵魁为正副队长，又在侍卫队中挑选了一百多名武功比较好的侍卫作为随行队员。

出发前，军师张聿华又向努尔哈赤介绍了一些有关的礼节知识，比如见到明朝的官员与万历皇帝时，应如何给他们施礼、说话；离开时，又如何告辞，怎么施礼。

努尔哈赤冷冷一笑："我是女真人，我以女真的礼节施礼，我是不会向他屈膝磕头的！"

张军师听了，也以为很对，这既保护了自己的民族尊严，又可以对大明皇帝不失礼。

张军师又嘱咐道："到北京以后，要多走走，看看那里的人文习俗，风土人情；到北京书店里，买一些有用的书籍、地图等。"

出发前，努尔哈赤召集张军师、额亦都、安费扬古等将领开会，他当众宣布："我走之后，由张军师全权负责，额亦都、安费扬古、何和理、扈尔汗协助，其余将士一律听令，不得违抗。"

一切安排妥当，努尔哈赤便辞别众人，领着朝贡队伍，起程上路，往北京而去。

这次进贡京城收获极大，礼品带得足，让朝中得到实惠的大臣们极为高兴，异口同声地褒扬努尔哈赤，就连万历皇上都赐予了诸多钱物。

努尔哈赤去北京朝贡回佛阿拉不久，即与张聿华军师研究准备统一长白山三部——鸭绿江部、纳殷部和朱舍里部的战争。

明朝万历十九年（1591年）正月，努尔哈赤派大将安费扬古领着铁锤军二千五百人马为先锋，自己与众将领带着串赤军、能射军五千人，浩浩荡荡，首先发起对鸭绿江的讨伐战争。

那一衣带水的鸭绿江，自古以来是中国和朝鲜的界河。

当时的朝鲜王国，是大明帝国的属国，要向明朝皇帝年年进贡，岁岁来朝称臣。但是，朝鲜王国若是发生了内乱，明朝皇帝有权派军队前去平定叛乱。一旦朝鲜王国遭到敌国的侵扰，明朝也会派遣军队前去援助，帮助朝鲜王国赶走侵略者。所以，两国间的关系正为唇齿之间，相互依存，不能分割的。

在鸭绿江的北部，有一大片地方，居住着女真人，那时被称作鸭绿江部，原属于建州女真的一部分。

这鸭绿江部的部长名叫噶岸乌。其父是噶利来。

噶岸乌的祖先原是南宋时期金国元帅金兀术手下一员将领，因为兵败受伤，逃亡到鸭绿江边，逐步繁衍生息形成了那时的鸭绿江部。

噶岸乌家有一本祖传的《二十七绝招》的秘谱，乃是武林界的珍本。这《二十七绝招》囊括了自唐宋以来武林中各门派的绝招秘谱，如雷击掌、八卦掌、达摩剑、无极神功拳、醉拳、弥宗拳、太极拳等。一百多年来，这本"秘谱"被誉为"天下武林第一绝"，引得关内外的武林豪杰争相夺取。

噶利来自父亲与长子在一次打斗中死后，妻子也相继病故，家中只有次子噶岸乌，父子二人相依为命。

噶岸乌十二岁时，由婢女兀月和封宜陪着出去玩耍，又不慎跌入山涧，双脚后跟的两根筋骨被岩石割断，从此成为废人。

噶利来本是一个正直的练武之人，自妻子死后执意不娶，又见儿子身已残疾，真是心灰意冷，郁郁寡欢。又过几年，噶利来见儿子已到成家年龄，便让噶岸乌将兀月收房，算作儿媳，以期能为噶家生儿育女，延续香烟。

噶利来总是盼望能有一个孙子，好把自己一身的武功传授给他，并让那《二十七绝招》的秘谱也后继有人，就算将这重任卸了。可是兀月却没有半点子息出来的迹象。噶利来急得要命，可这类事不是靠着急能够解决的，倒是儿子噶岸乌反经常劝慰父亲："富贵在天时，万事有命运，还是不要急躁吧，何况我与兀月都还年轻。"

噶利来听了，也不好再说什么了。

噶利来有一个徒弟，名叫尼洛安的，年龄不到三十岁，但武功非凡，膂力过人，有一身的好武艺。此人忠厚老实，深得噶利来的信任，这鸭绿江部的事件，大小事几乎全由尼洛安一人过问。

这鸭绿江部虽说属建州卫，但是噶利来与尼洛安师徒仗着自己有些武艺，又有《二十七绝招》做后盾，既不与周围部落发生对抗，也不与他们有什么往来。

噶利来有两句话经常挂在嘴上："与周围部落的关系要本着一个原则，即人若敬我，我亦敬人；人若犯我，我亦犯人。"

努尔哈赤的先锋官安费扬古大将，领着二千五百名铁锤军，逢山开路，遇水架桥，不日来到鸭绿江部城下。

因为努尔哈赤的大队兵马还未到达，他便选好地址，扎下营盘，自己带上侍卫随从，来到城下。安费扬古举目一看，见是一座建筑在山坡上的石头城。

那高大的城墙，全是用大块的黑色石块垒叠而成，城上可以走人，设有堞垛、城楼。城外有壕沟，沟宽而水深，沟外遍植树木，浓荫蔽天，环境优美。宽大的城门，前有吊桥高架，上有箭楼耸立，城上有守卫的士兵放哨。从外形方面看去，这座石城与关内的许多城郭外表相似，可见建城之人一定去过关内。

安费扬古看得细致，也想得认真，以为："这是一座望城壁垒，若是城内有重兵把守，倒要费一番工夫方能攻破。"

他正在想着，有侍卫来报告："大王的兵马已到，请你回营议事。"

安费扬古来到努尔哈赤大营帐里，见完颜贝古正在介绍鸭绿江部的情况，特别是噶岸乌一家的遭遇，大家听得津津有味，努尔哈赤道："听将军如此说来，那本《二十七绝招》已被烧毁了，这实在令人可惜！"

安费扬古遂向完颜贝古问道："那噶岸乌是一个残废，他如何带兵打仗？"

"据我了解，城里原有两个带兵将领，除尼洛安之外，还有一个名叫翁络虎尔将军，等明日攻城时，我先与他们说说看。"

努尔哈赤便下令："今晚早早休息，明天攻城，并布置夜里巡哨应认真负责，不得粗心大意。"

次日，努尔哈赤率大军直抵城下，安费扬古上前挑战。不久，城门大开，一辆小车上坐着一个年轻人，后面随着一个骑马的将领，约有几十名士兵跟在后面。

安费扬古用铁枪一指，大声喝问："来者何人，赶快报上名来！"

小车上坐着的年轻人，欠了欠身子说道："我乃鸭绿江部的部长噶岸乌，请努尔哈赤大王出来说话。"

努尔哈赤便拍马走上前来，对噶岸乌说道："久仰部长大名，听说你不愿意参加纳殷部、朱舍里部的联盟，这使我深感敬佩！"

噶岸乌听了，急忙解释道："那是家父生前的一贯主张，我们鸭绿江部与周围部落之间从未发生过纠纷，从不干涉别部落的任何事，不知大王到我这儿有什么要求没有？"

努尔哈赤接着他的话说道："自古以来，鸭绿江部属于建州卫管辖的地区，如今建州五部已经统一起来，不久，长白山三部也将要统一在建州卫这棵大树下面，请部长三思啊！"

话刚说完，完颜贝古拍马前来，接着道："部长若不健忘的话，该认得我完颜贝古吧！"

噶岸乌抬眼一看，立刻微笑道："你是完颜家的二公子，我当然认识，听说你们完颜现已归顺建州努尔哈赤大王了，今天是来当说客的吧？"

完颜贝古也直言不讳地道："我不是来当说客，而是来进忠言的！当前，努尔哈赤大王已有兵马近两万，大将四十余员，你一个鸭绿江部凭什么抵抗？"

说到这里，他看看噶岸乌的表情，又说："当年，令父噶利来老部长、还有尼洛安将军还可以使枪弄棒，阵前交锋，请问阁下，你有用武谈兵的本钱没有？若非我们同是前金贵胄的后裔，我还不来费这一番唇舌呢！"

这一席有软有硬的话说得噶岸乌低头不语，只得吞吞吐吐地问道："不知我们……归顺之后，你们对鸭绿江部……有些什……什么要求？"

"既然归顺建州，就要听从建州的指挥，不能再与任何部落结盟；至于士兵、战马、牛、羊、各种禽类，以及粮食物资等，每年都要交送一些给建州。"

完颜贝古说完之后，对努尔哈赤道："请大王再向他讲几句吧！"

努尔哈赤遂上前朗声说道："我们都是女真的后裔，为什么要兵戈相见？我不妨跟你直说了吧，我们的目标不仅是统一建州五部，统一长白山三部，我们还要征服海西四部，还有那东海女真、黑龙江女真和野人女真，我们要把辽东大地上的全体女真人统一起来。让女真人不再受外族的欺侮，让女真族扬眉吐气。"

噶岸乌听了，很受感动，立即说道："我平日从不出门，两耳塞豆，一叶障目，孤陋寡闻，听了完颜将军和大王的教诲，我是茅塞顿开，心里亮堂多了，请随我进城吧。"

努尔哈赤也没有推辞，便拔营起帐，领着全体将士进城。

在城里连续吃了三天的酒宴，努尔哈赤便命令队伍做好准备，明日起程，前去攻打纳殷部和朱舍里部。

当天夜里，佛阿拉张聿华军师派人来报告："叶赫、哈达、辉发等部派遣使者到建州索取土地云云。"

努尔哈赤听了，非常气愤，对众将说："他们凭什么向我们要土地？真是岂有此理！我们的土地全是将士们用鲜血和生命换来的，一寸也不能给他们！"

遂改变行军计划，军队暂时不去征讨纳殷部和朱舍里部了。

次日，噶岸乌为努尔哈赤准备了干鱼六千斤，战马六十匹，牛一百头，羊五百头，还有人参、貂皮、珍珠、松子、香菇等。

他对努尔哈赤说道："这点礼物，算是我们鸭绿江部送给大王的一份见面礼吧！以后需要什么，派人来取，我们绝不会让大王失望的。"

努尔哈赤收下礼物以后，对噶岸乌说："我军走后，你要加强戒备，训练兵马，严守城池，防止其他部落来侵扰。"

噶岸乌赶忙点头答应。

这时，安费扬古插了一句话："万一有重兵来侵犯，你可以派人到建州送

建基雄主：努尔哈赤

信，我们大王一向重情义，讲信用，他不会袖手旁观的！"

且说努尔哈赤领着兵马从鸭绿江部回到佛阿拉，军师张聿华将他迎入客厅，对他说道："叶赫部那林孛罗派遣的使者已在馆舍住了几天。"

努尔哈赤冷笑两声，说道："那林孛罗看到建州行将统一，我们的势力正在增强，他心里不好过了。这种伎俩能唬住我们么？"

张军师微笑着说道："这是先用吓人的战术来试探，所谓下马威，达不到目的，再动武来犯，我们也要认真对待，早作准备，也以两手应之。"

"对！兵来将挡，水来土掩，我们软硬不吃，看他那林孛罗有何能耐？"

说完，努尔哈赤轻声与张军师合计之后，二人会心地哈哈大笑，临走时说："今日天色已晚，我一路上颠簸劳累，回去洗澡换衣服，明日再见那两个使者吧！"

张聿华点头称是，便忙着去安排明天接见使者的事情，这且不提。

次日，努尔哈赤端坐在客厅正中的一把黑漆虎皮椅上，腰带佩剑，面前一张宽大的台桌。两边的众将领，腰插佩剑，虎视眈眈地卫立着，其凛凛威风，令人生畏。

在努尔哈赤对面十多步远处，放了两把椅子，是留给叶赫部的使者坐的。

不一会儿，张军师陪着两位使者来了。

尽管有张军师在身旁陪同，使者伊勒当和阿拜斯汉仍然一见两队侍卫的刀光闪闪，吓得踯躅不前，脸色由红变白，再变死灰。进入客厅，两人强作精神，一见努尔哈赤目光炯炯的凛然神色，两腿一软，竟伏在地上，颤颤地说道："我们二人奉叶赫部那林孛罗之命，前来拜见建州卫都督佥事努尔哈赤阁下。"

努尔哈赤见二人心存畏惧，对他们说："欢迎你们到建州来，有话就坐下说吧！"

二人只得硬着头皮对努尔哈赤道："那林孛罗让我们向你下书，请大都督佥事拆阅。"

说完，他双手捧着书信，一个侍卫走过来，接过去送到努尔哈赤面前台子上。

努尔哈赤打开书信一看，上面写道："叶赫部落大部长那林孛罗，致书建州卫都督佥事努尔哈赤麾下：我们叶赫部与乌拉、辉发，以及你们建州，言语相通，势同一国，难道应该有五个王？如今，我们女真人所有的国土，比较起来，你们建州占大部分，我们几个部落少得很，你们应该把额尔敏、扎库木两个地方任选一处给我们！"

努尔哈赤没有看完，便气得一把扯碎那封书信，义正词严地对两个使者说道："我们是建州，你们是海西；你们地域再大，我们不应强要，我们国土再多，你们也别想来取；何况土地并非牛马可比，岂有随便分给别人的道理！你们二人都是叶赫部的管事大臣，为什么不尽一份臣子的职责，对主子办不合情理的事，不但不加以劝谏，反而厚着脸皮来到这儿说三道四，岂不是为虎作伥么！"

努尔哈赤强忍着一腔怒火，对侍卫们喝道："立即赶他们走！"

海西女真因居住在海西江（松花江）流域而得名，它包括叶赫、哈达、辉发和乌拉四部，所以又称扈伦四部。

这海西女真东连建州女真，西临漠南蒙古，南到开原，北至松花江一带。四部中，除了乌拉在吉林之外，其余三部皆在沈阳之北，地近开原、铁岭。

因为明朝在这里设关贸易，故又有南关、北关之称——南关在哈达，北关在叶赫。

相传，海西女真为金朝完颜兀术之后，民性骁勇，而地处南关与地北，无疑成为哈达、叶赫雄于他部的一个因素。可是，哈达自王台死后，叶赫与哈达之间便爆发了相互争雄的战争。两部近十年的厮杀，结果是两败俱伤，又因为哈达部的内乱，最终使伤痕累累的叶赫部终于登上了海西女真的霸主宝座。

另外，在叶赫与哈达争霸过程中，又连遭明朝的残酷袭杀，使两部实力削弱，元气损伤。在这十年中间，努尔哈赤却乘势崛起。在政治上，努尔哈赤借着都督地位，打着明廷的旗号，大肆炫耀于东方女真各部，由近及远，逐渐统一建州各部。

这对刚刚获得海西霸主地位的叶赫部来说，无疑是个强烈的刺激。于是，在叶赫的倡议下，与哈达、辉发和乌拉结成四部联盟，也就成了顺理成章的事。这四部联盟的第一个行动，便是打击努尔哈赤的气势——提出领土要求。

一天，努尔哈赤从练兵的校场回到府里，径直走进叶赫纳喇氏的卧室。

这位叶赫纳喇氏，名孟古格格，是努尔哈赤于万历十六年，当三十岁的时候已经取得统一建州本部的显赫战绩时所娶，他的婚姻也完全成了政治与战争的产物。这一年的四月，哈达部长扈尔干将其女儿哈达纳喇氏送与努尔哈赤成亲。九月，又有叶赫部长那林孛罗送妹妹孟古到佛阿拉，与努尔哈赤完婚。这两桩婚姻，各有各的目的，但都与两部的角逐紧密相关。这位叶赫纳喇氏"端庄秀美，恭敬聪慧，词气婉顺，得誉不喜，闻恶言愉悦不改其常。不好阿谀，不信谗言，耳无妄听，口无妄言。不预外事，殚诚毕虑以事上（指努尔哈赤）"。

不过，这位孟古福晋，也许真是吉人天相，她为努尔哈赤生下第八子。这第八子正是继努尔哈赤之后承袭后金国汗王，建立大清朝的皇太极。

在七个妻子中间，努尔哈赤最喜欢的就是这个叶赫纳喇氏，并不仅仅因为她的美貌。

其实，这位以贤良出名的叶赫纳喇氏，也已听说了这回事，并在心中暗暗埋怨他的兄长那林孛罗不该那样做。

这时候，努尔哈赤两眼注视着孟古问道："那件事你都知道了？"

"叶赫部干的坏事，我是佛阿拉唯一的叶赫人，怎能不知道呢！"

努尔哈赤见孟古毫无矫揉造作之情，言辞又甚明朗，遂深有感触地说道："你们本是同胞兄妹，为什么竟有如此之大的差别——令兄那林孛罗阴险、狡诈、气量狭小，性情暴躁；而你呢，为人善良，宽厚待人，性情温柔，心胸坦荡。"

孟古听后，直言不讳地答道："这同胞的兄弟姊妹，就像我们手上的指头，也不一定都是处处一样。"

努尔哈赤不再说什么，只有将她搂在怀里，一次又一次地吻着她……

在万历二十年（1592年）正月，那林孛罗纠集了建州的长白山部的朱舍里、纳殷二路，与叶赫部相配合，组成了一支五百人马轻骑兵，偷袭了建州的阿细乌寨。还一把火烧掉了寨子，把寨主图拉古活活地烧死，并带走他的五个女儿。面对阿细乌寨熊熊的火光，那林孛罗阴笑着，把从寨子里掠掳来的金银财物、美女，以及马牛羊等装载上车，运回叶赫部去。

尝到甜头之后，在明朝万历二十一年（1593年）六月的一天，叶赫部那林孛罗、哈达部猛骨孛罗、辉发部拜因达里、乌拉部的满泰，领着四部联军计一千兵马，突然不宣而战，偷袭了建州的湖水察寨。

由于寨主哩昂格早有防备，四部联军刚到寨子附近，他立即派人飞马去佛阿拉送信。正当联军奋力攻寨，焚烧寨外的房屋之时，努尔哈赤闻讯，立即与安费扬古、费英东等将领，领着五百铁锤军，前来救援并击退了那林孛罗。

以那林孛罗为首的四部联军，前去劫掠建州的湖水察寨，以失败而告终，心中更加恼怒。

大明万历二十一年（1593年）九月，以叶赫部那林孛罗、卜寨为首，联合了哈达部猛骨孛罗、乌拉部满泰之弟布占泰、辉发部拜因达里四部，长白朱舍里、纳殷二部，蒙古科尔沁、锡伯、卦勒察三部，共为九部，结成联盟，合兵三万，分兵三路向建州的佛阿拉以排山倒海之势，奔袭而来。

人们看得非常真切，这场战争是以那林孛罗为首，并由他一手策划而成，为了争女真霸主地位而燃烧起来的。

自起兵以来，努尔哈赤还不曾面对如此众多的敌人，尽管他已拥有两万步、骑的兵力，但与九部联军的三万兵马相比，自己仍处于绝对的劣势。但是，努尔哈赤之所以能成为开国帝王，自有他不同于一般人的非凡表现。

从哈达部的富尔佳齐寨归来，他与军师张聿华整日泡在一起，从北京买回来的地图，几乎被他们翻烂了。

张军师不紧不慢、笑眯眯地拿出一张他自己亲自绘制的《建州与海西形势图》，交给努尔哈赤说："你想过没有，我们的对手会从哪里向我们进兵？我们应该在哪里消灭对手？"

努尔哈赤立刻回答道："别看他们仗着人多势大，那里面有虚假的现象，他们群龙无首，是一盘散沙，不经打的。"

张军师更是心有灵犀，也就尽兴说下去："我想，对手地广人多，来势汹汹；他们人多，我们人少；我们不与他们正面交锋，要避实打虚，就能以少胜多；他们是打进来的，对这里的地理情况两眼一抹黑，我们可以借有利地势，一举击溃他们……"

经军师一提醒，努尔哈赤心里更踏实、更亮堂了，他看着军师绘的那张图，指着一块地方，对军师说道："对手很有可能从这里进军，我们就设法利用这里的优势……"

第二天，当晨光撕掉最后一层夜幕，迎来这个不平凡的早上时，努尔哈赤已经精神抖擞地站在披挂整齐的将士面前。

大军出发前，努尔哈赤令杀牲祭天，他率领军师张聿华、大将额亦都等众将领，到大厅里"祭堂子"，他十分虔诚地祈祷着说："皇天后土，上下神灵，努尔哈赤与叶赫等海西四部，本无衅端，各自守境安居。奈因彼来构怒，屡来进逼，纠合九部兵马，汹汹迫我就范，侵凌无辜百姓，实属罪责弥天，愿天其鉴之察之。"

过后，努尔哈赤又领着诸位将领拜祝道："愿敌人垂首，我军奋扬，人不遗散，马无颠踬，惟祈默佑，助我戎行！"

这是努尔哈赤在借助天神的威灵，发布剿敌的檄文，以鼓舞将士的士气，去争取这场反击战的胜利。

努尔哈赤领着众将领祭过天地之后，他自信必会受到神灵的保佑。

然后统率兵马出征，大军来到妥克索津渡处，此时扎喀城的守将萧护山坦前来报告："九部联军于辰时已经来到，大批敌兵包围了扎喀关，因为地势险峻、防守严密，不能攻下，死伤了不少人马，只得又转而去攻赫济格城了，并在那里安营扎寨了。"

努尔哈赤问道："你有何困难，及时提出来，是要将，要兵，还是要粮草，不必有顾虑。"

萧护山坦立即告诉自己的建州王："我们扎喀关城里兵精粮足，全是大王你早前为我们安排好了的，敌兵的第一次攻城已被我们打败了。"

努尔哈赤满意地点点头，对他道："可不能骄傲啊！你要知道，现在是战争期间，'骄兵必败'啊！"

"请大王放心，我们会再接再厉的！"

说完，蒯护山坦告别努尔哈赤，回扎喀关城去了。

这时，哨探塔里进帐报告："联军已扎立营寨，开始搬运粮草了。"

努尔哈赤听了，命令他继续探听消息，也吩咐众将领安营扎寨。

已经出兵一天一夜的九部联军，气势汹汹地进入了建州女真的地界，势如电闪雷鸣。

打头阵的是叶赫兵，其攻击方向是浑河北岸，将决战于扎喀关至古勒山一带。

那林孛罗与其兄卜寨先领兵围攻建州的扎喀关，碰了钉子，没有攻下，再去转而攻赫济格城，已是开战不吉了。

非常恼怒的那林孛罗，领着兵马把赫济格城围得水泄不通，在城下挑战不止。

直到中午时分，城里守将昂纳克才出城迎战，只带兵马五百人。

卜寨要出阵，被那林孛罗止住，他派出自己的副将尤大冬出马迎战。

尤大冬拍马来到阵前，二人也不搭话，各自举起兵器战在一处了。

尤大冬使一根乌黑漆亮的铁棍，昂纳克手挥两把尖刀，二马相交，那钢刀与铁棍碰得"叮当"作响。

昂纳克越战越勇，忽然双刀一闪，勒马就走，他不往城里逃，却向城外驰去。

那林孛罗拍马便追，大声喝道："好小子，看你往哪里逃？"

喊罢，纵马追赶，他堂兄卜寨急忙喊道："别追他！别追他！"

原来昂纳克正往前跑，忽见那林孛罗追来，心里非常高兴，只见他把双刀往马鞍上一放，伸手从怀里掏出一根套马索来。

这昂纳克练有一手很熟练的套马本领，只见他将马缰绳一紧，他的战马一个大转弯，就趁这转弯工夫，他把绳索向后抛去。

那林孛罗见他转弯，正想举枪去刺，忽见一根长绳对自己抛来，赶紧用枪去挡。

谁知那套子竟把铁枪与马头一起给套住了，昂纳克用力一扯，那林孛罗的战马便一头栽了下去，将那林孛罗甩到路边上。

昂纳克正准备举刀刺去，卜寨早已拍马赶来，截着他厮杀起来。

叶赫部里来了几个士兵，架着那林孛罗就往营里逃去。

此时，城头上的鼓声敲得更响了，这是舒尔哈齐等正在为昂纳克鼓劲呢！

昂纳克与卜寨斗了十几回合，不分输赢，因为天色渐晚，二人便各自回营，卜寨道："明天我再取你性命！"

昂纳克大笑道："刚才，你若迟来一步，你弟弟那林孛罗便死在我的刀下；今天，若不是天晚了，你也难逃活命！现在，我放你回去吧，等于饶了你兄弟俩的狗命。"

卜寨听了，直气得哇哇乱叫，真想回马再与昂纳克战下去，但昂纳克早已回城了。

当晚，那林孛罗派人通知九部首领，要他们早早休息，明日加紧攻城，争取打进赫济格城去。

次日上午，那林孛罗听从卜寨的建议，组织了一队骑射技术较好的队伍，对城头进行远距离点射。

所谓点射，就是射手隐蔽距离较远，发现城头有人时，就将那人射倒。

运用这种战术，造成城上守城将士很紧张，不敢轻易走上城去。

那林孛罗见城上守兵不敢出来，就指挥攻城，两个环节交替进行，使建州守军损失惨重。

在此关键时刻，努尔哈赤已得到赫济格城危急的信息，便带领兵马登上古勒山，面对赫济城扎下营寨。

这时，不少将领提出请求，要去赫济格城里增援，努尔哈赤认真考虑后，对他们道："与其扬汤止沸，不如釜底抽薪，你们去城里增援的办法不可取，是扬汤止沸，那是不能解决根本问题的。直接派兵前去向联军挑战，诱他出战，这是釜底抽薪，赫济格城之围很快就解除了。"

说到此，努尔哈赤对大将额亦都小声说了几句话，派他带领二百名精壮的环刀军，前去联军营前挑战。

然后，努尔哈赤命令全体将士："将不离兵，人不下鞍，口衔枚，马勒口，严阵以待，准备进行一场血战！"

再说额亦都带领二百精壮的环刀军，来到叶赫部军营前，高声喊着那林孛罗、卜寨的名字叫骂……

正在赫济格城下攻城的那林孛罗、卜寨兄弟二人，听说建州派兵在营前挑战，并且高声叫骂他们，气得暴跳如雷。

那林孛罗对卜寨道："大哥，这赫济格城已是瓮中之鳖，早晚也要被我们攻破的。现在就去营前应战，难道我们还会怕他努尔哈赤？"

卜寨听弟弟这么计划，惋惜地道："不过，这座城快被我们攻破了，这时撤兵实在有些可惜！"

说完，卜寨的两眼还在盯着城上看，似乎有些舍不得离开的样子。

那林孛罗一向性子焦急，催促道："大哥，快到营前去，看那挑战的是不是努尔哈赤。"

卜寨没有办法，只得随着弟弟撤了城下的兵马，回到军营前面。

大将额亦都见那林孛罗、卜寨领兵回营，心中非常高兴，遂大刀一挥，拍马上前，喝道："我乃大将额亦都，在此挑战很长时间了，你们战又不敢来战，退又不愿意退去，到底是何道理？"

卜寨立刻拍马前来，张口骂道："你一个乳臭未干的小儿在此耀武扬威什么？看老子来收拾你！"

额亦都未等他说完，便笑眯眯地说道："你这老匹夫快报上名来，我刀下不斩无名之鬼！"

卜寨一听，上前便与额亦都战到一块儿了。战了十几个回合，额亦都故意装作差点坠下马的动作，立刻勒马佯败而逃。他一边逃，一边扭过脸来对卜寨说道："量你这老混蛋也不敢追来，我现在就回去休息了。"

卜寨听了，气得拍马紧追不舍。那林孛罗一见额亦都兵败逃跑，哥哥已经赶去了，在求胜心切的理念驱使下，哪里顾及细想，压根儿就不知这是计策，便立刻命令联军各部，一齐随后追赶，直追至古勒山下。

在这里，卜寨由于驱驰过急过猛，竟然没有来得及躲避山上飞落下来的滚木，战马被滚木击倒了。卜寨一下子被摔了下来，还未反应过来就被甲士武谈一刀砍掉了脑袋。

武谈伸手抓住卜寨的人头，迅捷地跳上那块大石头，向山下的叶赫部的兵马喊道："呔！卜寨的人头已在此了，谁不怕死就上来吧！"

这一声喊，山下的敌军立刻被惊呆了！

从来没有经历过如此阵势的那林孛罗，见其兄长被杀，特别是亲眼看见哥哥的人头被敌人拿在手里示众，突然惊叫一声，昏厥在地。

一时之间，周围的人都是恸哭失声，刚才还是杀声鼎沸的叶赫兵士，此时竟被一片呜呜的哭声所淹没。

叶赫部的两个部长，一个被杀，一个昏倒，叶赫军像无头的苍蝇，四处乱窜，纷纷溃逃。

联军的其他各部，本来就各怀心事，图保实力，相互观望，现在更是无心恋战。

他们见到叶赫的兵卒救起昏迷状态的那林孛罗，调转马头，夺路逃命时，各军斗志顿时大减，在建州军冲击下，也各自狼狈逃命。

古勒山崎岖陡峭，山下临着浑河，两岸一片沼泽，山路狭窄，联军的三万兵马，蜂拥一路，阵为长蛇，骑不成列，很快混乱不堪。

由于战局刹那起了根本的变化，努尔哈赤的精心设计很快地奏效了，预言也完全地得到了证实。

其实，努尔哈赤虽然高高地坐在古勒山的半山坡上，却始终密切地注视着战局的发展与变化。他见时机已到，就马上命令吹响螺号，向建州的全体将士发出向九部联军进行反击的号令。

嘹亮的螺号声一响，转眼之间，沿路的伏兵四起，大将安费扬古、扈尔汗等带领铁锤军、串赤军等，迅速地截断了联军的退路。

这样一来，九部联军的三万兵马，被努尔哈赤堵在古勒山下一条狭长而又崎岖的山路上。

努尔哈赤命令两千五百名能射军，居高临下，把山下的联军兵马当作射箭的靶子。

满山沟的黄土地，甚至遍地的枯草上都染上了殷红的鲜血。于是，人哀嚎，马嘶鸣，响遍了整个山谷。当伏军的滚木、礌石快要打完，能射军的箭也快射尽之时，努尔哈赤亲自率领大军，从山坡上挥着大刀，挺着铁枪，如山崩似地冲杀下来。

九部联军溃败惨不忍睹，被屠戮、被踩死者不计其数，兵马填河，积尸遍野！

蒙古科尔沁的部长明安，被吓昏了头，逃跑时慌不择路，在河滩上"马被陷，人弃鞍，赤身体，骑骣马"，狼狈逃命。以致数年之后，努尔哈赤常把明安逃亡时的窘相引为笑谈，并引以为荣。

努尔哈赤的追兵，一直追赶到百里之外的哈达部柴河寨南的渥黑运地方。

当时因为天黑了，才没有继续追下去。次日，一个兵卒在浑河边的一棵大树上擒获了乌拉部满泰的弟弟布占泰。

努尔哈赤一听他是满泰的弟弟布占泰，不由怒火满胸，恨不能立刻杀了他。但转而一想，"小不忍则乱大谋"，杀了一个卜寨，与叶赫部已成为势不两立了；再杀了布占泰，把乌拉部也就彻底得罪了，这又等于多了一个"叶赫"！

如今建州虽已基本统一，海西四部尽管刚在古勒山被自己打败，但是"再瘦的骆驼也比马大"，如果乌拉死心塌地跟着叶赫那林孛罗后面跑，对自己统一女真的大业是不利的。

自己曾多次与张军师商量，决定采取远交近攻，拉拢多数，孤立与打击极个别的对手，这是大方略，大计策。

杀了布占泰，只图泄愤、报复是不足取的，这是目光短浅，心胸狭隘的表现！

当前，仅是打败了九部联军，并没有征服他们，自己的主要敌人应是叶赫，是那林孛罗。

想到这里，努尔哈赤心里豁亮了，说道："昨天，卜寨已经自取灭亡，那林孛罗也差一点丢掉小命，那么多的兵马各自忙着自己逃命去了，连卜寨的尸体也不要了，我们还是讲人道的，把他已经殡起来了。我努尔哈赤从来都是宽厚待人，讲究仁义，我赦你布占泰不死，你在佛阿拉可以享受一切自由，跟建州的每一个女真人一样。"

说完，努尔哈赤下令道："快替布占泰松绑！"

他见布占泰身上的衣服烂得较厉害，遂让侍卫把自己的衣服拿出来让布占泰穿上。

以后，努尔哈赤又在佛阿拉城中为布占泰安排了一个三间一厨的小跨院，并将二弟舒尔哈齐的闺女嫁予布占泰为妻。

从此，布占泰被努尔哈赤收养在佛阿拉城中，过着十分安逸的日子。

古勒山之战，努尔哈赤获得了全胜。

建州军斩杀了叶赫部长卜寨及其手下四千余人，俘虏了乌拉部长满泰之弟布占泰，缴获战马三千匹，铠甲一千副。

这次胜利，打破了九部的军事同盟，改变了建州女真和海西女真的力量对比。

这次胜利，不仅确立了努尔哈赤在建州的领导地位和与女真各部新关系的开端，而且也将努尔哈赤统一战争推进到了一个新的历史阶段。

从此，努尔哈赤威名大震，原先孤立于各部之外的情况开始改变了，力量对比发生了有利于建州的转变，即从以叶赫那林孛罗为主、各部追随其后的局面，转变为建州、叶赫、乌拉"三足鼎立"的局势。

之后不久，努尔哈赤利用古勒山之战后的有利形势，对扈伦四部展开攻势，采取先近后远，各个击破。

原建州女真共为八个部落，现在已经统一了七部，还有一个纳殷部尚未征服，努尔哈赤对额亦都、安费扬古等将领说道："纳殷部的都城佛多和山，易守难攻。两个守将搜稳与赛克什，奸诈狡猾，不容易对付。在古勒山之战中，这两人都逃跑了。"

说到这里，努尔哈赤只觉肚子疼痛难忍，很不情愿地用手去捂着，按了两按，又说道："这些日子，我的身体甚感不适，可能是疲劳过度，没有很好地休息。"

他说到这儿，额亦都等一齐说道："请大王回佛阿拉，养息身体要紧。"

努尔哈赤看着众位将领说道："也好，这次攻打纳殷部就派额亦都做元帅，安费扬古担任先锋，希望各位戮力同心，共同协助他们，争取早日攻下佛多和山！"

众将领齐声应道："谨记大王吩咐。"

次日，额亦都、安费扬古等率领五千兵马，辞别了努尔哈赤，大军浩浩荡荡，前往长白山三部中的最北方向纳殷部。

努尔哈赤回到佛阿拉之后，病情并没有减轻，肚子常常疼痛难忍。他的肚脐旁边生了一个毒疮，有拳头大小，终日疼痛，他渐渐地不能下床行走了。

为了努尔哈赤这毒疮，郎医生不知熬了多少个日夜，翻医书，找验方，开了一个又一个药方子，总是不见效果，病情反而一天比一天严重起来。

一天，府门口来了一个游方的医生，他口里念念有词："小病大病疑难病，药到病除，妙手回春。"

侍卫将这情况报告了努尔哈赤，这时候，张军师、郎医生都在旁边。

努尔哈赤被肚子疼痛搅得头昏脑胀，他看着军师和郎医生说道："他既能放出如此大话，那就请他来吧！"

工夫不大，那人被带进府里，是一个细高个儿，额头上有一刀疤痕迹的男人，他走进里屋，只见床上躺着一个人，不用再问，那便是建州王努尔哈赤了。他走到床前，解开努尔哈赤的上衣，俯身看了一看，只见那毒疮已长到碗口大小了，皮肤变成紫黑色了。

努尔哈赤睁眼一看，见他额上的刀疤痕迹，急忙大声道："快让他走，我不要他给我治！"

这一声喊叫，使全屋里的人都十分惊奇。

原来，这人正是当年受隆登儿指使刺杀努尔哈赤的人。抓住他后，努尔哈赤知道他是因家人被押做人质而来，便下令放了他，还送给他一匹马。后来，这"刀疤脸"当着众人发誓道："我准备远走他乡，情愿牺牲了家人性命，也不再来行刺了。"

未曾想，日月轮回，十年河东转河西，二人今朝又在佛阿拉相逢。

此时，这位刀疤脸的医生看看努尔哈赤道："大王！这病治不治由你了，我可以马上就走。不过，你生的这种毒疮，是很罕见的，没有我的祖传秘方，不出一个月，你必死无疑！"

他说完之后，临转身前又叮嘱一句道："到时候，你可不要悔啊！"

正当刀疤脸医生要走之时，张军师慌忙走过来，拦住他道："请先生留步，既然来了，还是请你给大王诊治吧！"

刀疤脸医生便停下脚步，看着张军师道："老人家，不瞒你说，当年大王有恩于我，这次我是专程前来报他不杀之恩的。"

张聿华军师听后，立即对努尔哈赤说道："刚才，先生的一席肺腑之言，大王一定听到了，别辜负了先生的一片真情呀！"

努尔哈赤深知自己病情的严重性，事已至此，便说道："希望你别让我失望。"

刀疤脸医生眯着眼笑了笑，看着努尔哈赤，说道："你这毒疮我一定能治好，不过……你一定要……要答应我三个条件。"

张军师立即问道："哪三个条件？请说吧！"

刀疤脸医生狡黠地眨了眨眼睛，朗声道："第一条，替我们准备一个单门独院，只有我和大王住在里面；除去一日三餐让人送来，平时，任何人不准前来打扰。"

他说完后，冲着努尔哈赤笑笑，又说道："第二条，在治病期间，大王要听从我的指挥，不管要你做什么，都得服从、照办，不准违抗，否则，会影响效果。"

他又看看努尔哈赤，见无什么反应，又道："第三条，每天都要替我准备一坛上等的花雕老酒，没有酒不行！"

努尔哈赤听了之后，看看张军师与孟古福晋，苦笑了一下，低声说道："我既然让你治病，还怕你喝几坛花雕酒么？我也不会怕你耍什么阴谋诡计！"

刀疤脸一本正经地保证道："请大王放心！如果你能完全听从我的安排，我保证，不出十五日，你的毒疮就会治好！"

当晚，那刀疤脸的医生就在府里住了下来。次日清晨，他便和努尔哈赤搬到了后花园。

张聿华军师令人把那庭院收拾妥当，又派人送去了十几坛花雕酒，便都退了出来。

这时候，刀疤脸医生在园子里转了两圈，然后走进屋子，对努尔哈赤说道："大王，你这花园的景致真是不赖，非常符合我的心意。"

他一边说，一边拿出一支枪，并把枪放在墙脚下靠着。

努尔哈赤有些吃惊地问道："你治病，还用得着枪吗？"

"大王，你不必惊慌，每天清早，我都爱耍几路枪，来强壮自己的筋骨，别无他意。"说了这几句话之后，便走了出去。

一连五天过去了。

这期间，叶赫纳喇氏孟古真是忧心如焚，头脑里一会儿想想这，一会儿又想想那，简直是度日如年！

军师张聿华更是放心不下，但是有约在先，他也不好冒昧地去园子里问情况。

只是听送饭的佣人回来说道："坏了，咱们大王很可能会吃亏上当的！那个刀疤脸清早一起来就舞枪，白天喝酒，喝醉了就睡大觉，根本没有给大王治病的意思。"

军师听完后，便喊来送饭的两个侍卫，让他们二人快到后花园里看个究竟。

又等了半个时辰，两个侍卫回来说："根据他原来提出的三项条件，料他也不敢胡来的，不如再等两天看看再说。"

张军师觉得这话也有道理，只得点头应允。

转眼之间，已到了第十天中午了，侍卫仍像往常一样到后花园里送饭。

刀疤脸医生把饭菜一一摆在桌子上，又斟满五六碗花雕酒。

他看看满桌的山珍野味，笑道："真是美味佳肴啊！我若是能够天天过上这种好日子，也就心满意足喽！"

躺在床上的努尔哈赤，看着他那副得意忘形的表情，心里说："真是千不该，万不该，不该答应这个骗子为我治病啊！现在看来，他是来骗吃骗喝的活流氓！还说什么是来报恩的哩，如今后悔也已经晚了。"想到这里，努尔哈赤不由长叹一声。

这时候，刀疤脸两眼笑眯眯地盯着努尔哈赤，皮笑肉不笑地说道："我说大王啊，你看这满桌的酒菜，我怎敢独自享受呢？"

说到这里，他起身走到床前，又道："来来来！我扶你起来，陪我喝两碗。"

说着，他就要动手来扶。

努尔哈赤怎会答应，十分气愤地骂道："混账东西，我病成这样，你还让我喝酒，真是岂有此理！"

刀疤脸见到努尔哈赤又气又恼的样子，说："看大王的意思，这酒你是不愿意喝了？"

努尔哈赤立刻大喝道："你快给我滚开！我不让你治了。"

刀疤脸也变了脸色，厉声说道："我俩是有约在先的，你现在想毁约是不行的，这也不能怪我了。"说到这里，便三脚两步走到桌前，伸手端过一碗酒来，送到努尔哈赤嘴边，喝道，"快喝！要一口喝下去！"

努尔哈赤哪里肯喝，想伸手打翻那酒碗，两手又无力举起来，只得把头扭到一边。刀疤脸急忙拿出一条麻绳，走过去，二话不说，把努尔哈赤的双手捆了个结实。然后一只手捏着努尔哈赤的下巴，另一只手拿起那碗酒，咕咚、咕咚、咕咚，一鼓劲儿给他灌了三大碗酒。

眨眼之间，努尔哈赤被折腾得满脸通红，两眼冒金星，不一会儿，便迷迷糊糊地酣然进入了梦乡！不知过了多久，努尔哈赤终于酒醒了。他忽然发现自己已在院子里了，上身赤裸着，手脚被绑在一张椅子上，嘴里还被塞了一块布哩！

努尔哈赤惊魂未定，猛然间又发现水塘边上的一块又平又大的石头上，刀疤脸正在"嚓嚓"地磨那条铁头的长枪呢。

努尔哈赤心里不由得"咯噔"一下，知道大事不妙，便拼命地挣扎起来。

此时，正是晌午时分，烈日当头，光是晒就够病中的努尔哈赫受的，再加上他不停地挣扎，不一会儿便累得满身大汗，精疲力竭了。

其实，刀疤脸早已知道他醒了，他装作连看都不看他一眼，就像没有这个人在自己身边一样。刀疤脸越是这样，努尔哈赤心里就越愤怒，越是觉得后悔！

他虽有降龙伏虎的本领，怎奈眼前手脚被捆，嘴巴也被堵着，想跑也跑不掉，想喊也喊不出来。

就这样持续了半个多时辰，刀疤脸才慢慢地站起身来，用手摸了摸枪头。只见他一个箭步，朝努尔哈赤冲了过来。脸上青筋暴绽，两眼迸光，冲到努尔哈赤跟前。

说时迟，那时快，眼看那枪头快要刺入自己腹内，努尔哈赤觉得头脑一蒙，腹部一阵剧痛，心里不由得说道："完了！"接着，便昏迷过去，什么情况也不知道了。

努尔哈赤再次醒来时已夜色降临。

他睁开眼睛一看，见张军师坐在自己身边，还有何和理等人，以及孟古福晋。

见他额头上满是涔涔的汗水，孟古福晋用手帕为他拭去时，欣喜地告诉他："你已经睡了两天两夜了！"

他微微动了一下身子，觉得浑身轻松得多了，急忙用手去摸腹部，那毒疮竟然不复存在了，只留下了一个疤痕。

努尔哈赤吃惊地望着众人，正要开口说话，只见那刀疤脸医生醉醺醺地打着趔趄，走了进来，笑着向他问道："大王，你在阴曹地府里逛了一圈，有些什么感受呀？"

努尔哈赤用疑惑的目光看着他，然后问道："我只记得你狠狠地一枪向我刺……"

"哎，哎，哎！大王你可不能随便陷害好人啊！我什么时候用枪刺你了？"

刀疤脸医生说罢，看了看众人，便放声大笑起来，那笑声把烛光都震得连跳了几下。

张军师手持白色胡须，悠悠说道："大王啊，这是先生的一计呀！你这疬疫是一种毒疮，病源是由骨毒引发，只治其外是不行的。"

说到此，老医生郎老先生也来了，张军师指着一张凳子，示意他坐下，又继续讲道："你喝的酒里，他已事先放有解毒的药，借酒力把内毒逼至患处，然后将你捆绑起来，又用布堵住你的嘴，再故意用枪要刺杀你，等你全力挣扎，因内力不能外泄，劲便全部集中在丹田，就在那长枪刺到的一刹那，毒疮便不攻自破了。真是太妙了！"

努尔哈赤听后，已是惊得连话也说不出来了，看着刀疤脸医生直发愣。

几天之后，努尔哈赤的病痊愈了，额亦都也派信使送来了攻下纳殷部的胜利喜讯。

根据努尔哈赤的意见，让其三弟雅尔哈齐担任纳殷部长，管理南、北两城。

次日，额亦都与各位将领，带着兵马，进城里住了三天。

自此，建州八部已完全统一，为进一步统一女真各部准备了必要的条件，打下了坚实的基础。

努尔哈赤一边在佛阿拉休养身体，一边与军师张聿华、大将额亦都、安费扬

147

古等商议，制定了下一目标的大致方略。

努尔哈赤深知，要实现统一女真各部的目的，必须避开明朝皇帝的军事干涉，创造一个有利于自己的环境，才能避免重蹈王杲、王台的覆辙。

因此，努尔哈赤除了对建州内部加强统治以外，对待明廷仍然以建州首领的身份出现，继续采取忠顺守边、称臣纳贡的方式。

平日，建州国或是女真国等称谓，只是对内使用，不对明廷使用。

凡是有要事，明廷派使臣前来宣谕，努尔哈赤总是作为朝廷所封授的边臣，仍然恭敬从令，从不敢越雷池一步。

为了显示其对明朝皇帝的忠心，努尔哈赤早在万历十八年就亲自率领了一百多人，装满载有人参、貂皮、珍珠等地方贡物的驼、马队伍，经抚顺进山海关，到北京朝贡。

在古勒山之战以后，努尔哈赤又于万历二十一年（1593年）、万历二十五年（1597年）、万历二十九年（1601年）三次入京朝贡。每次朝贡，所率领的人数少则百人，多则二百余人；装载的贡品，全是辽东大地上的地方土特产。

在战事繁忙、抽不出时间的情况下，努尔哈赤又派二弟舒尔哈齐四次去北京朝贡。

这种庞大的"朝贡"队伍，其浩大的声势，不仅仅是为了证明他努尔哈赤对明朝的臣属和忠顺，更想借着大明朝廷的声威来抬高自己。

万历二十三年（1595年）十二月，努尔哈赤又以"忠顺好学""看边效力""保塞有功"，被明朝万历皇帝晋封为龙虎将军，位居散阶正二品官，成为继哈达部的王台之后的第二个得此称号的女真人。

努尔哈赤终于名震女真各部，成为显赫一时的风云人物。

不久，蒙古科尔沁部明安部长、喀尔喀部劳萨部长一齐派使者到建州表示友好。

这是努尔哈赤实行"远交近攻"策略的第一个硕果！

在古勒山之战以后，女真内部形成了新的力量对比，变为建州、叶赫、乌拉"三足鼎立"的局面，而三者之间，又以建州与叶赫部的矛盾最为尖锐。

努尔哈赤与张聿华军师议论后，审时度势，采取了"远交近攻"的策略。

远交，主要是针对乌拉部、科尔沁蒙古和朝鲜王国。

近攻，主要是与叶赫争夺哈达、辉发部，并直接攻击叶赫部。

在古勒山之战中，努尔哈赤俘获了许多蒙古军卒、马匹、甲杖等。

努尔哈赤抓住这一机遇，及时向蒙古各部抛去了友好的橄榄枝。

他命令部下选出二十名被俘的蒙古人，让他们穿上漂亮的建州女真服装，骑上高大的骏马，放他们回老家蒙古去。

如此一来，这二十人能不受感动么？

他们回到蒙古以后，对努尔哈赤赞不绝口，说这位建州王如何大仁大义，又有大德云云。

于是，科尔沁的明安部长、喀尔喀的劳萨部长，派遣使者送给建州国战马一百匹、骆驼十头；另给努尔哈赤本人战马六十匹、骆驼六头；送给舒尔哈齐战马四十匹，骆驼四头。

从此，蒙古科尔沁的明安部长、喀尔喀的劳萨部长，与建州努尔哈赤之间往来频繁，关系甚为密切。

万历二十三年（1595年），建州有一部分老百姓越过边界，进入朝鲜境内的渭源，去挖掘人参，顺便也掠夺人家的财物。

双方发生冲突，结果互有伤亡，这就是建州与朝鲜王国之间的所谓"渭源之仇"。

当时努尔哈赤积极准备对朝鲜采取军事报复行动，朝鲜王国也在认真备战，两下里磨刀霍霍，关系紧张，战争大有一触而发之势。

对努尔哈赤来说，并不希望与朝鲜王国关系紧张，因为它一直是自己统一女真事业中的后顾之忧。

不久之后，在明廷的疏通下，两下里的关系终于有所好转了。

万历二十四年（1596年），在渭源事件未解决之前，朝鲜王国的使臣何世国、罗世弘和南部的主簿申忠一等，奉命出使建州。

为了从中调停，明朝皇帝派遣大臣余希元亲赴建州，以和缓双方的紧张关系。

努尔哈赤对余希元的建州之行非常重视，给予相当隆重的接待。

二月初二日，余希元等渡过鸭绿江，向建州进发。

初五日，努尔哈赤派遣康古里大将，前去中途问安。又派遣大将张海、何和理统领骑兵三百，侍卫保护。

初六日，努尔哈赤派遣大将扈尔汗、邵魁、里岱、武尔坤等八人率领轻骑兵六七个人，于途中夹道欢迎。

初七日，距建州都城佛阿拉三十里处，努尔哈赤与弟舒尔哈齐率领骑兵三四千人前来迎接。

见面时，余希元在马上举手相揖，并下马赴宴，酒行三杯之后，又启程上路。

余希元入城以后，努尔哈赤设下马宴，热情款待。在席间，努尔哈赤向他说道："……我替天朝保守边境九百五十里。管事十三年以来，未发生过扰边事件，对于朝廷，我一直忠顺勤谨。我与朝鲜王国本来没有矛盾，过去朝鲜人被日本人追赶到这里，我总是发给他们饮食，送衣服给他们穿，还把他们送回朝鲜。

可是，去年我们建州的百姓到朝鲜渭源采参，他们随便越过国界，是不准的。他们理应把越境的人送还给我，由我处置，而朝鲜人却擅自杀了我们四十多人，我对此很有意见。若是没有余大人宣谕到此，我是不会坐视不问的，我不贪财货，对大明天朝赤胆忠心，有天可表，有地可鉴！希望余大人回京后，替建州提本上奏皇上，让朝廷知道我努尔哈赤恭顺，我的心愿也就满足了。"

接着，努尔哈赤杀马数匹，备马宴，以女真人最高礼遇招待这位明朝的使臣。

初九日，努尔哈齐恭请余希元到家里赴宴。

调解建州与朝鲜王国关系后，余希元离开佛阿拉时，努尔哈赤赠送给使臣余希元大人骏马一匹，并率领诸将四五十人，在城外二三里处设下帐幕，举行告别宴席，为余大人钱行。

酒宴的款待十分丰厚，再次表示努尔哈赤对大明朝廷的恭顺态度，已达到至善至诚的境地了。

后来，努尔哈赤对朝鲜王国的使臣，也是十分热情。

见面时，努尔哈赤对朝鲜王国使臣说道："我对双方关系的改善，内心里十分高兴。今后，我们两家如同一家，应该承结欢好，世世代代不绝。"

接着，又大摆宴席，外部使臣，本部官将，亲族男女，齐集宴会大厅，宾主分列四壁。

东壁是努尔哈赤的本族人等，明廷的通事；北壁是蒙古、尼麻车诸部；西壁是努尔哈赤的妻族，朝鲜王国的使臣；南壁是努尔哈赤的军师，众兄弟，众将妻子等。

在众人各就其位之后，努尔哈赤与二弟舒尔哈齐位居东南，面向西北，在大黑漆椅上落座。

众将官都卫立在他们的身后，众人欢聚一堂，开怀畅饮。

酒至数巡，努尔哈赤的两个妻子富察氏衮代、伊尔根觉罗氏首先离座起舞。

乌拉部的布占泰也随着离座起舞，厅内顿时活跃起来，一片欢腾气氛。

但是，明朝与朝鲜王国的使臣，在佛阿拉的几天访问当中，他们已经明显地觉察到，努尔哈赤用这种欢迎仪式，与其讲隆重、热烈，不如说示威、炫耀！

在他们回国时，朝鲜王国的使臣对余希元直言不讳地说道："如今的努尔哈赤真的是今非昔比。"

余希元他们走后不久，侍卫走来向努尔哈赤报告："海西四部派使者前来求见大王！"

努尔哈赤一听，心里不由"咯噔"一下，想道："又有什么新鲜花招？"

"请他们进来吧！"

那侍卫刚走出去，张聿华军师进来了，他兴奋得胡子直翘着，笑着对努尔哈

建基雄主：努尔哈赤

赤说道："真是好戏连台演、春风得意时呀！"

努尔哈赤忙问："军师是指……"

"不用我明说了，等一会儿由四部的使者自己向你说罢！"

二人说话间，海西四部的使者已来到客厅，寒暄几句之后，他们代表主子向努尔哈赤表示："我等不道，兵败名辱，自今以后，愿复缔前好，重以婚媾。"

叶赫部尤其诚惶诚恐，布扬古愿将妹妹东哥送给努尔哈赤为妻，那林孛罗三弟金台石答应将女儿嫁给努尔哈赤次子代善为妻。

这种愿意结亲和好的举动，无疑是承认了努尔哈赤称雄女真的地位。

于是，努尔哈赤十分高兴地答应了。

那时，女真各部结盟的时候，都杀白马、乌牛，对天发誓，以表诚心。杀白马，誓告于天；杀乌牛，祭告于地。这次会盟也是如此。

叶赫等四部使者发誓说："从今以后，若不结亲和好，将像这杀牲的血而被蹂躏，将像这被剐的骨而死去。假如永敦和好，可以永远享用此肉，享饮此血，福寿永昌。"

努尔哈赤也作了同样的盟誓，并对各部使者说道："你们各部都遵守盟约，我自然无话可说；若是违背誓言，三年以后，我一定亲自统领大军前去讨伐。勿谓言之不预也！"

在这里，婚姻成了政治交易，而盟誓则出于胁迫的无奈。

因此，它的持久性与可靠性是可想而知的。

果不其然，未过多久，叶赫部就撕破了婚约，金台石将女儿嫁到了蒙古，而布扬古则留下妹妹东哥不嫁达二十年之久，以致成了"叶赫老女"——并使之成为战争之源。

这是后话，暂且不表。

再说海西使者走后，努尔哈赤向军师问道："军师所谓'好戏连台，春风得意'，是否指这次与海西四部的结盟？"

张军师点点头，笑道："根据可靠消息，叶赫部自卜寨死后，性情刚烈的那林孛罗忍受不了表兄败绩的刺激与耻辱，昼夜哭泣，饮食不进，竟然郁郁而疾。乌拉部的军事原是布占泰主管，现在因被我们俘获，住在佛阿拉，其兄满泰也无心思打仗。哈达与辉发二部更是自顾不暇。请大王想想，在这种情况下，他们不主动前来赔礼道歉，缔结盟约，别无他途了！"

努尔哈赤听着，连连点头，接着说道："此时缔结盟约，对我们也是有利的呀！"

他看了看军师，兴奋地继续说下去："我们可以让军队休整一下，然后再厉兵秣马，积蓄力量，一旦机会来了，便可以各个击破。"

第五回

城下将军发飞羽，巷中商贾惊锋芒

哈达部原先住在松花江的海西地区。这"哈达"二字，在满语里意思为山峰、石崖。因此，哈达以居住山城而得部名。那时候，明朝人称之为南关，而女真人则叫它"哈达"。

以后，哈达部南徙至开原广顺关外，居住在哈达河（今名清河）流域。也有一部分居住在柴河一带。

哈达部的位置挺重要。它东临辉发，西至开原，南接建州，北界叶赫部。哈达在扈伦四部中位置近南，向明朝入贡进广顺关，所以又称作南关。当时的哈达城有三座：哈达新城、哈达旧城和哈达石城。哈达部的部所是在哈达新城，它坐落在依车峰之上，是一座木栅城。

哈达石城位于依车峰山下，是一座石头城，哈达部的兵马多驻在这里。因此，这石城就是新城的屏障；石城一旦失守，新城将不攻自破。

那哈达旧城，是哈达部的原先沿所。它位于哈达河北岸，哈达石城的西南。这座旧城的位置也挺重要，它也是石城的屏障，多年来，这里都有重兵守着。

哈达部民姓纳喇氏，南迁以后，他们过着定居和农耕的生活，"颇有室屋，耕田之业，绝不与匈奴逐水草相类"。

明朝万历初年，王台任哈达部长，这是哈达部的势力最为强盛的时期。

王台对明朝忠顺，他诱杀王杲之后，万历皇帝认为他"保塞有功"，封他为都督，加一品勋阶，晋升为龙虎将军，赐大红狮子衮丝衣一袭。

这是女真首领受皇恩规格最高的千古第一人，可谓荣耀至极了！

王台为人很有心计，年轻时很勤奋，通晓汉蒙两族文字。担任哈达部长后，"延袤千里，保塞甚盛。北收二奴，南制建州"，在女真人中享有崇高的威望，也深得明朝皇帝的信任。

但是，王台打错了算盘，他妄想依靠明朝的力量来统一女真各部，而明朝皇帝对女真族历来坚持"分而治之"的政策，不希望女真族中有一个独一无二的首领。在得不到明廷支持之后，王台从此便一蹶不振，对政治不再关心，而沉沦于酒色当中。到了晚年，还娶了叶赫部长清佳砮的妹妹温姐为妾。

那温姐又水性杨花，与王台的两个贴身侍卫都有关系，甚至都不清楚自己的儿子猛骨孛罗是谁的种。后来，因王台平日只宠着温姐，他的其他几个妻子吃醋，便把这事摆上了台面。王台将那两个侍卫杀了，却放了温姐。

后来，王台见自己做全女真的首领无望，便一门心思地派人去寻找长生不老药。可是，一月过去了，不见回音；一年过去了，仍然没有人找到仙药……久而久之，王台满腔欲望，仅作冰消，结果仙药未找到，反忧闷成疾，竟一病不起，于努尔哈赤起兵后十个月死去。

王台本有六子，但二、三、四子均早亡，到他死时，只有长子扈尔干、五子猛骨孛罗、六子康古六。按当时的习俗，扈尔干继承了哈达部长职位，这本来是无可争议的。可是，康古六自恃有些武功，认为扈尔干"文不成，武不就"，总想找机会与扈尔干弄些小摩擦，表明自己不服气。

原来，王台的前四个儿子，全由第一个妻子所生，只有扈尔干还活着。第五子猛骨孛罗为温姐所生，年龄尚幼。

六子康古六并非王台的妻子所生，而是王台去山中打猎时偶然看中的一个猎户家的女儿所生，长到十几岁以后才被王台带到府中，与其他兄弟一起学武练兵。

但是，康古六总是受到五个哥哥的歧视，有时竟是变相的虐待。时间久了，长期的压抑，形成了康古六沉默寡言、总想报仇雪恨的性格。王台活着的时候，康古六还循规蹈矩，小心谨慎地处事待人，言谈话语虽然少，但从不为非作歹。

等到王台死后，扈尔干作了部长，康古六总是找麻烦。

有一次，扈尔干被李成梁唤到抚顺关去议事，他临走时，把部里的事情交给新城的守将乌呼哩唏。扈尔干回城后，康古六去质问哥哥为什么不让自己守城，甚至要求与哥哥轮流坐庄，做哈达部的部长，把扈尔干气得不轻。

一天，石城的守将乌呼哩唏来找扈尔干，刚坐下，就对扈尔干说道："武坤哩最近与仰佳砮间来往密切，使者往返不绝，时间长了，绝不会有好事的。"

扈尔干一听，笑笑道："无非对我这个部长不满意，想让猛骨孛罗当部长。"

乌呼哩唏听后，看看扈尔干，欲言又止，他对这位姐夫部长的优柔寡断总是不满意，老是认为他太懦弱。他叹了一口气，又说道："俗话说'当断不断，必受其乱'，依我的意见，对武坤哩还是早调过来，让他作我的副将，一来我可以驾驭他，控制他的行动，二来免得他与仰佳砮之间……"

扈尔干听后，忙说道："你是只知其一，不知其二呀！他与亚伯之间交谊甚厚，我也不好一意孤行，将他……，何况他的资格比你还……还那个……这岂不是强按着牛头饮水么？"

扈尔干说的亚伯，是哈达部的老将兀飞虎，他原是跟随王台多年的武将。此人重义气，讲友情，与王台是割头不换颈的结拜兄弟。王台的六个儿子都喊他"亚伯"，他在哈达部是说一不二的老一辈权威人士。

叶赫部的仰佳努、清佳努最惧怕的就是兀飞虎，因为他一直维护着哈达部的权威地位，是王台的得力干将。

如今王台已死，兀飞虎也老了，但是，兀飞虎在哈达人心目中，仍然占据着极重要的地位。他兀飞虎只要振臂一呼，全哈达人都会揭竿而起，应者云集，而且都将会为他去拼命！

如今，兀飞虎已觉年老力衰，就推荐武坤哩去旧城担任守将。只是因为武坤哩的母亲原是叶赫部人，以乌呼哩唏为首的哈达的部分将领，总是担心他会暗中与仰佳努来往。不过，兀飞虎凭着他多年对武坤哩的培养、教育，相信他不至于背叛哈达，而投向叶赫部的怀抱。

后来，扈尔干又找了个机会，把武坤哩、乌呼哩唏一起约来，又把老将军亚伯请来了，四人在一块通过喝酒谈心，各自敞开心扉，终于解除了疙瘩。

于是，哈达部暂时稳定下来，各方面相安无事，扈尔干更加敬重他的亚伯了。

由于哈达内部统一，叶赫部仰佳努、清佳努见无机可乘，知道老将兀飞虎还健在，也未敢轻举妄动。

可是，不久哈达便出现了问题，因为内部的不稳定因素促成的。

自从王台死后，温姐不甘寂寞，先是看上了扈尔干，可扈尔干是正派人，不受她勾引。接着，她又把目光投向康古六，两人很快就勾搭在了一起。扈尔干知道后，把康古六骂了一顿，并赶他出城，温姐则被关在府里的一个小院里，门外有侍卫守着，不准她出来，直到她的儿子猛骨孛罗当了部长，温姐才走出那小院子，这是后话，暂且不表。

自从处置了康古六与温姐的事情之后，扈尔干便一病不起，整日卧床。经医生诊治，他的病情仍不见好，不仅胃病难忍，而且吐血不止。本来扈尔干的身体就很虚弱，半月之后，竟瘦骨嶙峋，站立不住，成了一个骨头人了！他的亚伯兀飞虎来到病床前，难过得说不出话来，只是安慰他养息身体，不要他担心部里的事情。

不久，扈尔干便死了。

兀飞虎只得找来武坤哩、乌呼哩唏等将领，商议部长的承继人问题。原来，扈尔干的儿子歹商年纪尚小，不好接位，只有他的五弟猛骨孛罗，虽然年仅十九岁，但也只有让他接替哈达部长了。

那个被赶出哈达部的康古六，论年龄比猛骨孛罗大好几岁呢，其父王台却把他排在后面，只是因为他的母亲不是王台的正式妻子，仅是一个外室的小妾。猛骨孛罗承继哈达部长，并袭领父职龙虎将军，为左都督。

当时，扈尔干子歹商年仅十一岁，猛骨孛罗让其随母亲乌唏娅一起住在石城，与他的舅父乌呼哩唏一起居住。

猛骨孛罗又解除了对他母亲温姐的禁令，恢复了她的自由，这引起许多人的不满。老将军兀飞虎得知这一消息，跑来向他说道："我有话就直说了，你那母亲一放出来，她恶习不改，只会败坏你的名声。"

猛骨孛罗听后，有些不悦，随说道："她是我的母亲，虽然做了越轨的事情，但作为她的儿子，我也不能眼睁睁地看着她被关住受罪啊。"

兀飞虎听了之后，不禁"哈哈哈"大笑几声，走出了府去。从这以后，他就变得疯疯癫癫，嘴里不停地说着："一代不如一代呀！"不久，便一跤跌死了。

据说叶赫部的仰佳努、清佳努听说之后，竟举杯庆贺，认为吞并哈达的时间就要到了。

再说康古六被扈尔干撵出哈达部，他考虑了好长时间，决定去投向努尔哈赤。到了佛阿拉，拜见了努尔哈赤后，他请求借一千兵马去讨伐扈尔干。

努尔哈赤早听了康古六的丑闻了，这样道德败坏的人，他肯定不答应了。

康古六在佛阿拉碰了一鼻子的灰，连一顿饭也未能吃到嘴，不得不悻悻地离开了。于是便想道："看来只有到叶赫部去了！"想罢，便起身沿着去叶赫部的大道，匆匆走去。

仰佳努、清佳努兄弟二人得到消息后，为了利用康古六，不但收留了他，清佳努还把女儿清果果嫁给了他。

不久，康古六与清佳努的女儿清果果办了喜事。刚到异地他乡，就抬头见喜，康古六高兴得心花怒放，整日合不拢嘴。

一天，仰佳努准备了一桌酒菜，把康古六喊来，边吃边喝，边把哈达部的情况说与他听。

康古六一听说扈尔干死了，高兴得手舞足蹈，立刻说道："明天我就回去，论年纪猛骨孛罗比我还小，为什么我不可以当部长？"

后来，清佳努又为他出些主意，正是火上加油，希望他把哈达部搅得越乱越好。

次日，康古六果真回哈达部去了，他先去了温姐处，真是"新婚不如远别"，二人一番云雨之后，才开始倾诉别后的各自情况。温姐直截了当地对他说："现在，是我儿子当哈达部长，你不要再胡闹了。"

从此，康古六确实没同猛骨孛罗捣乱，他与温姐商议后，竟公开地娶她为妻。不久，康古六派人到叶赫部里，把清果果也接来，便整日与她们二人泡在一起。

康古六知道扈尔干的妻子长得很标致，早已想得入迷了。一天，他见石城守将乌呼哩晞带着歹商到山林里打猎去了，便悄悄溜出了山顶的新城，来到石城，径直走进乌呼哩晞的院里，见只有乌晞娅一人，便把她给强暴了。乌晞娅受辱后，悲愤交加，便找来一根绳子，在后花园里的一棵树上上吊了。

后来，乌呼哩晞与歹商回到家里，见到乌晞娅已经死了，从几个女佣人那里才知道事情的经过，二人当即去找猛骨孛罗。但是，猛骨孛罗却说此事无凭无据。

听了他的话，乌呼哩晞只得拉着歹商回去了。乌呼哩晞与歹商一起，与猛骨孛罗、康古六对抗得很激烈，大有势不两立之势。

哈达旧城的守将武坤哩，处在他们之间，保守着中立。还有两员将领，索特兰与雅虎，表面上对谁都好，实际他俩早与努尔哈赤联系上了。因此，当时的哈达部已被康古六搅得混乱不堪，呈现出四分五裂的局面。

叶赫部的两位部长仰佳努和清佳努兄弟俩见到哈达部的分裂局面，认为机会来了。二人看着地图，开始制定攻打哈达的方案。次日，清佳努则派人送信给猛骨孛罗、康古六，让他们相机行事，相约五天后出兵攻打哈达部。

就在这节骨眼上，康古六与温姐突然双双暴死！

对二人的死，最开心的要数歹商和乌呼哩晞了。为了顾全大局，歹商又去帮助料理二人的丧事，这使猛骨孛罗深为感动。不料想，在整理二人的衣物时，歹商意外地发现了叶赫部清佳努送给康古六的书信。

那信上写着他们攻打哈达的时间，并要求康古六、猛骨孛罗等要当好内应等。歹商虽然年轻，但他知道这事件的重要。回到家里，他与乌呼哩晞协商后，在这书信的后面又附了一封书信，派人立刻送给当时的抚顺关总兵李成梁。

李成梁未敢擅作主张，他把哈达的危机状况，立即报告给明朝的辽镇督抚官张国彦。

张督抚就当时的女真情况，分析道："哈达亡，则无海西；无海西，则叶赫南连北结，而开原危；开原危，则全辽之祸不可胜道。"

遵循张督抚意见，李成梁回到抚顺关，派人打探叶赫部情况。

时过不久，叶赫部的仰佳努、清佳努乘着哈达部的王台、扈尔干父子两丧连报之机，公然带兵去攻掠哈达村寨。叶赫部的兵马抢劫财物，焚烧瓦舍，掠掳妇女，造成哈达部民惊恐不安。李成梁设"市圈计"，派兵拦劫，一举诱杀叶赫部的仰佳努、清佳努兄弟二人。这样，哈达才免遭叶赫的侵扰。

康古六与温姐死后，猛骨孛罗"为人气弱而多疑，不能善使其左右"，哈达部仍然是"外迫强敌，内虞众叛"，处于四分五裂状态。

且说叶赫部仰佳努的儿子那林孛罗、清佳努的儿子卜寨，在他们的父亲死后，分别继任叶赫部长，继续侵扰哈达。

建州的努尔哈赤对哈达采取分化的政策，以瓦解哈达，壮大自己。比如孛特兰率所部归建州，努尔哈赤除给予适当奖励以外，并把族女嫁给他为妻，使之死心塌地为己所用。

但是，当时的努尔哈赤主要是以统一建州为主，对哈达并不存在领土野心，只有叶赫部时刻不忘吞灭哈达，以统一海西。

古勒山之战结束以后，以叶赫为首的海西四部，为了医治战争的创伤，曾于万历二十五年（1597年）正月，派遣使者前往建州，与努尔哈赤盟誓通好。

但是，和好对于各部来说，毕竟是短暂的，时过不久，各部之间的矛盾就相继激化起来，努尔哈赤的近攻远交的方针，便到了具体实施的时候。

万历二十六年（1598年），乌拉部的布占泰回去不久，就把路长噶升屯、旺吉努、罗屯三人所在的安楚拉库、内河二处地方，许献给叶赫部。

与此同时，叶赫部又截获路经其地的建州将领穆哈连，并转交给蒙古。

对努尔哈赤来说，这都是不友好的举动，是对前次结盟的公开背叛。

努尔哈赤与张军师商讨后，决定派遣精锐的铁骑兵，以闪电般的速度，一定要一举成功，夺回失地。

万历二十六年（1598年）正月，努尔哈赤派遣大将费英东、四弟巴雅喇、长子褚英、大将噶盖等，率领一千铁骑军，星夜兼程，突然袭击了敌人，终于夺回了内河、安楚拉库两部屯寨二十余处，并获人、畜一万余，胜利返回。

因为长子褚英年十八岁，初次出征，努尔哈赤赐他号洪巴图鲁，以资鼓励。

自此，建州与叶赫两部的矛盾加深了。

不久，那林孛罗病死，其弟金台石继任叶赫部长，决心继其遗愿，图报父兄之仇。

万历二十七年（1599年）五月，叶赫金台石雄心勃勃，带领五千兵马，前去攻打哈达部。

金台石想以闪电战方式，征服哈达之后，再进而统一扈伦四部，从而称霸海西，好与建州努尔哈赤争雄。金台石统领兵马杀进哈达境内，大肆抢劫财物，焚烧村寨，无恶不作。当时，处于内讧外扰情况下的哈达，没有足够的力量抵抗叶赫的进攻。

哈达部长猛骨孛罗迫不得已，就送三个儿子到建州当作人质留给努尔哈赤，以向建州借兵御敌。对于送到嘴边的食物，精明强干的努尔哈赤自然不肯放过，他满怀欣喜地接受了。

哈达部地处建州出入的咽喉，若是占有了哈达部，建州的地盘立刻就可以向外推进二百余里，逼近叶赫部的边境。反之，一旦哈达部被叶赫占领了，建州将面临门户之患。这是努尔哈赤最不愿意看到的结果！

如今，猛骨孛罗亲自送三个儿子作为人质，正合努尔哈赤的心愿。于是，他满口答应，立即派遣大将费英东、噶盖二人，领兵马二千，前去援助哈达部。

建州出兵的消息，很快传到了叶赫部。能征善战的建州兵马，叶赫人早在古勒山战役中已领教过了。金台石在惊惧之下，又想到了一条借刀杀人的离间计。他们修书一封，委托明朝的开原通事把书信带给猛骨孛罗，信中写道："你若能取回送往建州作为人质的三个儿子，并杀死建州的兵卒，我将把公主嫁给你，从此叶赫、哈达重归于好。"

这里信中所说的"公主"本是卜寨之女，原名东哥。早在古勒山战后，海西四部与努尔哈赤结盟时，叶赫部使者已传达那林孛罗意见，愿把东哥嫁与努尔哈赤为妻，将金台石之女嫁给努尔哈赤次子代善为妻。未过多久，金台石撕破了婚约，竟把女儿嫁到蒙古，而东哥则被留下不嫁。

万历十九年（1591年），哈达部的歹商仰慕东哥长得美艳，而最先求婚。当时，正想寻找机会与哈达仇杀的叶赫部长卜寨和那林孛罗，便信口答应了这门亲事。双方择定迎娶的日子，歹商不知是计，高高兴兴地亲往迎娶。于是，在迎亲途中，歹商被叶赫的伏兵乱箭射死。

两年后，扈伦四部缔结盟约，准备共同对付建州的努尔哈赤。

乌拉部长满泰听说东哥貌美且贤，便为其弟布占泰聘娶东哥，卜寨出于结盟的需要，当即受礼许诺。古勒山战役中，布占泰被俘，继而被囚于建州，等他回到乌拉，来不及迎娶，那林孛罗又将东哥许给了努尔哈赤，这一年，东哥刚刚年满十五岁。

据说，东哥姑娘曾见过布占泰一面，并为布占泰的一表人才所打动。也许正是因为她对布占泰的钟情与渴慕，才加剧了她对努尔哈赤的仇视和心理感情上的排斥。因为她的父亲卜寨死于古勒山之战，她便以努尔哈赤为杀父仇人，并发誓不嫁给他。

东哥多次对金台石、布扬古表示："如若相逼，情愿一死。"

本来出于被迫缔约的金台石、布扬古，似乎被东哥提醒，于是他们当即撕毁与努尔哈赤的这桩婚约。如今，金台石又把东哥许予哈达的猛骨孛罗为妻，借以挑起建州与哈达的矛盾。

东哥不愧是人人都为之倾倒的美女，这一诱饵果真使猛骨孛罗神魂颠倒，猛骨孛罗当即满口应允，并按信中要求，约请叶赫部派人到开原，共议如何行事。

猛骨孛罗的背信弃义激怒了努尔哈赤，这也为他派兵征讨哈达提供了口实，因为东哥本来应该属于他。由于叶赫的毁婚，早已在建州广大将士中激起愤怒的波澜。

努尔哈赤倒是无动于衷。他既不退婚，也未强行迎娶。他那狂暴的性情，并没有被叶赫的不恭所激怒，而以理智的头脑面临一切来自对手的行为。努尔哈赤懂得，可以利用婚姻来巩固、加强自己的势力，也能借婚姻的破裂为口实，去征讨、攻伐别人。如今，面对金台石的挑战，他故伎重演，再次撕毁婚约，努尔哈赤决定立即发兵征讨哈达部。

明朝万历二十七年（1599年）九月份，努尔哈赤以猛骨孛罗背信弃义、不守盟约为借口，发兵五千，亲自挂帅征讨哈达。出征前，二弟舒尔哈齐自告奋勇，请求担任先锋。

努尔哈赤当即答应，命他领兵一千做前队，要逢山开路，遇水搭桥，不得有误。自己带领众将领，以及大队人马随后。出发前，努尔哈赤又与守城的张军师等辞行，然后跨马而去。

这旧城的守将乃是武坤哩，其母是叶赫人，与猛骨孛罗关系甚好，二人与叶赫金台石达成协议，准备合力对付建州。

哈达石城守将乌呼哩哂不赞成与金台石结盟，坚持哈达独立，二人遂不和。

为了对抗努尔哈赤，猛骨孛罗从新城来到旧城，亲自督战，想一举击溃建州军。

舒尔哈齐在离城五里处扎营，遂领着他的副将常书，武尔坤等前去哈达旧城下察看。

这旧城位于哈达河北岸，哈达石城西南，是土石混筑而建，原是王台的治所，以后他又在依车峰下另建石城。到了晚年，王台沉迷于声色犬马之中，为了享受淫欲生活，在依车峰顶大兴土木，另建一座木城，即所谓新城。

再说舒尔哈齐一行人员出了营门，远远看到哈达旧城戒备森严，城头上旌旗招展，守军阵列严谨，心中不免惊奇。常书说道："看来大事不好，哈达已有准备，严阵以待了，我们先不要轻举妄动，等大队人马都来了，再作计较。"

舒尔哈齐听了，正合心意，于是便回营了。刚到营前，努尔哈赤领着大队兵马也来到了。努尔哈赤问明了情况，质问道："因为城里有防备，你就吓得不敢攻城、交锋了？这是自挫锐气！"说罢，努尔哈赤就指挥将士，把哈达旧城团团包围起来。

此时，他见舒尔哈齐正在原地不动，更加生气，立刻喝道："如果你害怕了，就到营里去睡大觉，别在这里挡着道儿，妨碍别人！"

努尔哈赤生气地走了，来到南门，他看到猛骨孛罗正在城头上指挥守城士兵扔滚木礌石，禁不住大喊一声："猛骨孛罗，你为什么要言而无信，反复无常？"

听到喊声，猛骨孛罗看到努尔哈赤在城下跟自己说话，急忙命令士兵向努尔哈赤放箭，自己却是"脚底抹油——溜了"。

此时雅尔哈齐担心大哥中箭，连忙拍马跑过来，护住他，对他说道："小心，箭来了！"

努尔哈赤不觉一笑，大声说道："在战场上就不能怕死！"

说罢，抢起大刀，迎着城头射来的飞箭，毫不退避，只听"叭叭叭"地响个不停，由于大刀被他舞得风驰电掣一般，只见刀光闪闪，不见人的影子，真是水泼不进，那弓箭又如何能射得进去？那"叭叭叭"的响声，便是弓箭被大刀打掉的声音，舞了一会儿，努尔哈赤也取出了弦，顺手从地上捡起两支箭来。

只见他把两支箭一齐搭上弓弦，朝城头一觑，那猛骨孛罗早已躲起来了。

努尔哈赤对准城上一个守兵，"嗖"的一箭射去，那人立即倒下了。旁边有一个守兵刚抬头朝城下看时，努尔哈赤的第二支箭立刻射到，正射中那人脖颈，箭头从颈脖中间穿过去了。

在第一天攻城战斗中，由于舒尔哈齐坐失战机，挫了自己兵马的锐气，却长了城上守军的威风，造成人员伤亡较为严重。

次日，努尔哈赤及时命令四门攻城将领，将攻城兵卒分成若干小组，让他们轮番进攻，不给城上守军有喘息的工夫。这四门全面"开花"的攻城方法，把城上的守军折腾得精疲力竭。由于轮番进攻，城上也就轮番往城下抛打滚木、礌石，或是放箭。

从第四天起，努尔哈赤命令重点进攻南门，其他三门将领组织兵卒对城上放冷箭，对其施加压力。攻打南门的将领是安费扬古、扬古利等。努尔哈赤也跑了来，亲自指挥攻城战斗。因为攻城小组轮番进攻，城上的滚木、礌石已渐渐少了，连弓箭也不敢轻易往城下放了。

努尔哈赤看得真切，忙对安费扬古道："现在，城上的守势大大减弱了，要从其他三门处找来登城的云梯，收效可更快！"

于是，南门两边的城墙上云梯连着云梯，安费扬古与扬古利一个人负责一边，领着兵卒爬云梯，攀城墙，与城上的守军拼杀在一起，血染城墙。

再说旧城里面的守军，见城已被围得水泄不通，建州的兵马如此英勇顽强，他们心里不安。被围期间，叶赫兵马也不能前来支援，连石城守将乌呼哩唏都在袖手作壁上观。于是守军都有厌战情绪，还有人发牢骚，使防守松懈下来。

相反，建州兵马却越战越勇，大将安费扬古、扬古利奋勇争先，抢在士兵前头，去攀爬云梯。因为努尔哈赤一直埋有伏兵暗放冷箭，城头上的守军不敢随意站起来。乘这功夫，安费扬古与扬古利率先跳上城头，一阵砍杀之后，守军非死即伤，活着的被吓得屁滚尿流，逃到城里躲起来了。

此时，安费扬古正要跳下城去，打开城门，让兵马杀进城来，忽听有人大喝一声："建州来将，休得猖狂，我武坤哩在此等候多时了，看刀！"

这武坤哩刚从东门跑过来，就见城头上有建州兵将，知道城破将在眼前了。他东张张、西望望，却见不到猛骨孛罗的影子，气得在心里骂道："猛骨孛罗，你这个熊包！我再三叮咛，不要你离开城头，你却跑得没有影儿了。"

他想着，迎头撞见安费扬古，知道他要去开城门，那样的话，一切都完了！于是，提着大刀，便与安费扬古杀在一起，战到一堆了。

那么，守南门的猛骨孛罗到底去哪里了？原来，他在城头见努尔哈赤在城下不时地放箭，射得守军不敢露头，又见建州兵卒勇敢异常，担心南门快要破了，便想趁机逃跑。

这时，建州大将扬古利过来抓住了他。

努尔哈赤领着兵马，如潮水一样，涌进城里，顺着几条大街杀向东、西、北门去了。

安费扬古与那武坤哩已斗了四十多个回合，不分胜败。二人从城上打到城下，又从城墙边一直打到城门附近，真是将遇良才呀。

扬古利押着猛骨孛罗走来了，武坤哩一见，不由得激灵灵打了一个寒战，手中的大刀便慢下来了。乘这工夫，安费扬古见他左腋下已露出破绽，便挺枪刺去。那枪头已戳进武坤哩的甲胄里面，紧紧抵着他的腋下皮肉。

此时，安费扬古稍一用力，那锋利的枪尖必然会穿透他的腰身。安费扬古没有那么做，硬是把枪停住了，并厉声喝道："快把刀放下，不然我就……"

于是，武坤哩连忙手一松，那把大刀"哐啷"一声落在地上。

安费扬古见刀已落地，便向他问道："你若投顺我建州，我们欢迎你，也不计前嫌；若是坚持投靠叶赫，我就在你腋下给你留一个印记！"

之后，武坤哩投顺了努尔哈赤。

猛骨孛罗见此，心里又悔、又愧、又恨！他始而与努尔哈赤结盟，亲送三个儿子到建州留作人质请求努尔哈赤派兵相救。当努尔哈赤派出兵马后，他又经受不住金台石的谎言诱惑，立刻投向叶赫，演出了一场背信弃义的丑剧。如今兵败被俘，有何话说？

猛骨孛罗后悔当初不该轻信金台石的蛊惑，而使自己上了当，中了离间计！现在想起来，怎么不惭愧？既愧对努尔哈赤，也愧对哈达百姓，更愧对死去父兄！猛骨孛罗越想越气，越气越恨金石台，同时，也怪自己头脑简单，轻信上当！

猛骨孛罗正在低头胡思乱想，忽听有人喊道："猛骨孛罗睡着了吗？"

他慌忙抬起头来，知道这是努尔哈赤的声音，提心吊胆地看着这位令人敬畏的"建州王"，不由得两股颤颤，一时语塞。但是，自己不能就这么"等死"呀，还要争取一条活路，所谓"留得青山在，不怕没柴烧"呀。想到这里，猛骨孛罗急忙双膝跪下，身子向前一趴，两手着地，匍匐着上前，进见努尔哈赤，流着泪说道："我猛骨孛罗有眼不识泰山，得罪了大王，情愿接受惩治，死而无悔！"

努尔哈赤见他可怜巴巴的样子，动了恻隐之心，当即命令道："武坤哩留在帐里听候调用，全家迁往建州住；对猛骨孛罗，要带回佛阿拉监养，观其表现，将在适当时候释放。"

次日，努尔哈赤准备出兵哈达石城，不想石城守将乌呼哩晞亲自来了，向努尔哈赤说道："……大王的威名我乌某早已不胜仰慕，在哈达部里反对你的人已被活捉了，从此，哈达就属于建州了；对于我个人的去留处置，我乌某听凭大王的安排，当不胜感激！"

努尔哈赤对乌呼哩晞的情况早有了解，知道他与猛骨孛罗之间的不和，便对他说道："哈达石城是哈达的心脏，位置很重要，你仍然担任守将，但是，得随时听候我们建州的调用。"

乌呼哩晞非常高兴，连连感谢道："大王信得过我乌呼哩晞，今后敢不效犬马之劳吗？即使赴汤蹈火，肝脑涂地，我乌某也绝不会畏缩的。"

努尔哈赤听后，告诉他道："你也不要过多地表示那些空洞的态度，从明天开始，你要抓紧训练兵马，半年之后，我要你交给我两千兵马，如何？能办得到吧？"

乌呼哩晞急答道："大王请放宽心，我保证完成任务。"

努尔哈赤严肃地说道："半年后交不够两千人，我饶不了你！"

乌呼哩晞再三表示：自己一定能完成任务。

回石城前，他又对努尔哈赤说道："明天，我们要送来一些马肉、牛肉、羊肉等食品，还有一些家织的土布，以慰劳将士，表达我们石城百姓的心意。"

于是，哈达部原来属下的村寨，都陆续前来归顺，他们送来许多食品、兵器和财物等。

努尔哈赤对哈达降民优礼有加，不准任何人去侵扰他们，要求做到秋毫无犯。把所有降民编入户籍，然后迁之以归。

再说叶赫部金台石、布扬古在努尔哈赤兵临哈达旧城的时候，确实发兵了。这兄弟二人带领将士三千人，出了叶赫城奔向哈达而来。他们也打好如意算盘了：协助猛骨孛罗打败建州兵后，顺势杀了猛骨孛罗，灭亡哈达部。但是，金台石与布扬古怎么也没有想到，他们的兵马刚刚渡过叶赫河，来到哈达境内，就遭到了一支军队的伏击！

这是哈达的军队吗？不是。这是建州的援军，是努尔哈赤派遣的费英东与噶盖两员大将，带领二千人马，进驻在哈达与叶赫之间牛尾巴山下。

这牛尾巴山坐落在叶赫河南岸不到十里的一片河滩平原上，山下有一条大道纵贯南北两关，成为叶赫通哈达的唯一的必经之路。

努尔哈赤让费英东与噶盖两将军把兵马就驻扎在那里，由于大道地处平原地带，兵马不便于隐蔽，费英东与噶盖协商后，就在山脚下的树林里，隐蔽下来。

叶赫部的金台石、布扬古连做梦也不会想到，刚过了叶赫河，他们的兵马还没有来得及整顿好，就不得不背水作战。费英东与噶盖各领兵马一千，从牛尾山脚下山林里，突然呐喊着，杀进河滩上的叶赫军队中。

这一仗，金台石、布扬古带来的三千兵马，只回去不到一千人。建州大获全胜，俘获了好几百叶赫兵，战马上千匹，甲杖、兵器更是无数。

两天后，费英东与噶盖两员大将，领着得胜的兵马，满载着胜利品，与努尔哈赤的大队人马会师。

在哈达旧城里，努尔哈赤杀牛宰马，犒赏兵士，休整三天之后，回师佛阿拉。

军师张聿华把努尔哈赤与众将领接入城里以后，他拉着努尔哈赤的手，说道："我们灭了哈达，又把猛骨孛罗带回佛阿拉来了，明朝皇帝必然震怒，这可不好啊！"

努尔哈赤听了，面露忧郁之色，忙说："我也在担心这事情，请军师指教哇！"

张聿华接着说道："当年，王台最忠顺明朝了，他的儿子扈尔干，加上这个猛骨孛罗，都是万历皇帝眼里的忠顺之臣，我们不如……"

说到这里，张军师附在努尔哈赤耳上，小声嘀咕了一会儿，努尔哈赤转忧为喜，兴奋地哈哈一笑，说道："军师高见，我确实佩服，佩服！"

说罢，努尔哈赤立刻大喊道："来人！快喊何和理将军来！"

转眼工夫，何和理进来了，未等他说话，努尔哈赤便亲热地拉着他的手，向他布置任务："立刻为哈达部长猛骨孛罗备办喜事，我要把女儿莽古济嫁给他为妻！"

何和理转身要走，张军师又连忙喊住他，补充几句话道："喜事一定要办得热热闹闹，红红火火，让知道的人越多越好。"

且说何和理回去以后，先找到洛寒，把办喜事的有关几项事情，如新房、嫁妆、家具等安排妥当了，便带着几名侍卫去了抚顺关。

他在购买物品的同时，故意把努尔哈赤招哈达部长猛骨孛罗为婿的消息宣扬出去。当时的抚顺关总兵是李成梁的儿子李如松，何和理又故意走到府门前，与守门兵卒谈天说地，故意将这个消息讲出去。

何和理在抚顺关住了一天一夜，他走一处讲一处，弄得抚顺关里沸沸扬扬，大街小巷，都知道建州努尔哈赤与哈达部长猛骨孛罗联姻，即将办喜事了。

且说猛骨孛罗得知这一消息之后，内心也十分兴奋，虽说哈达部亡在自己手里，每想到这里，心里总觉得难过。但是，好在自己还活着。到了办喜事那天，猛骨孛罗打起精神，披红挂彩，打扮得齐齐整整。

努尔哈赤让猛骨孛罗骑上骏马，在佛阿拉城里转了好几条街，于是全城人无不知晓。

实际上，莽古济也根本算不上是猛骨孛罗的妻子，只不过是个看守他的卫兵罢了！

即使这样，猛骨孛罗也只作了半年的建州女婿，就被努尔哈赤杀了！

由于猛骨孛罗在追随明廷上，一如其父王台，他的被杀，终于使明朝皇帝动怒。

当时，抚顺关总兵是李成梁的第五子李如梅，与努尔哈赤关系微妙，算是被建州"喂肥了"，对哈达部的灭亡装作不知道。但是，明朝驻辽东的巡抚是都察院右佥都御史李植，却向皇帝上了奏表。

万历皇帝得知建州的努尔哈赤把南关哈达部灭亡了，并杀了部长猛骨孛罗，非常生气。皇帝责备李如梅"隐瞒下情，蒙蔽皇上"等，当即革去他的抚顺总兵官职位，另派孙地廉代之。到任之后，孙大总兵官当即召见努尔哈赤，责备他"滥用武力，派兵攻占哈达，杀害猛骨孛罗等，不把明廷放在眼里……"，又向努尔哈赤传达了皇帝的口谕"立即恢复哈达部，让猛骨孛罗长子武尔古岱任部长，归还迁走的哈达部民"，并扬言说"若不听令，将停止努尔哈赤的年例赏银，并在适当时间动用武力"云云。

努尔哈赤感到事态有些严重，为了缓和与明朝的关系，他故作虔诚地向孙总兵悔过，答应归还哈达部的部民，并将猛骨孛罗的次子革把库送回哈达。

猛骨孛罗的长子武尔古岱却又以女婿的身份被留在佛阿拉，他的妻子仍是曾经嫁给其父的莽古济。武尔古岱走其父老路，处于囚禁之中。

武尔古岱又被努尔哈赤关押起来的消息，很快被明廷知道了，孙总兵立即告诉他道："事情很紧迫了，你尽快要把武尔古岱送回哈达，不然的话，后果不堪设想！"

在明廷压力之下，努尔哈赤与张军师等商议，不能与明朝搞军事对抗，还是奉命行事吧。他当即把武尔古岱还回哈达部去，并被迫于万历二十九年（1601年）七月份，在抚顺关外，当着孙总兵官的面，杀白马、槌黑牛立誓道："……一定辅佐武尔古岱，并保护哈达各寨。"

同年，哈达部因旱灾、蝗灾所逼，百姓将妻子、奴仆、牲畜易而食之。武尔古岱向明廷申请发粮救赈，万历皇帝下旨，让建州努尔哈赤去救助。

张军师笑着对努尔哈赤献计道："我们可以将计就计，顺水推舟！"

努尔哈赤心领神会，立刻派遣军队，带着粮食，打着皇帝要他赈灾的旗号，乘机把哈达部灭了。不久，又把武尔古岱囚禁起来，"并其部众，夺其敕书，既杀猛骨孛罗而室其子，已又执而囚之"。

哈达灭亡之后，明朝在辽东失掉南关，海西女真的门户洞开，努尔哈赤以武力征讨，又借助婚约的策略，达到了"近攻"的目的。于是，他又以同样的方式，目光敏锐地注视着下一个目标——辉发部。

明朝万历二十九年（1601年），努尔哈赤攻占了哈达部，得到了南关的沃土，解决了兵马的粮料问题，诚为猛虎添翼。但是随着地域的扩大，军队人数的增加，现有的兵器、盔甲等，均已供不应求，急需补充，这是刻不容缓的事情。

努尔哈赤对军师张聿华说道："从长远着眼，仗是越打越大了，我们的兵器若是全从外面买来，所需费用也大。听说鸡鸣山与老虎山之间的山坳埋藏着丰富的铁矿石，我们自己开矿、冶铁，不是更好么？"

张军师忙道："那倒是太好喽！我曾听洛寒说，在云耕山下还有金、银矿哩！"

二人议论着，侍卫把洛寒、何和理也喊来了，努尔哈赤对二人说道："为了战争的需要，我们光有人、马不行，还要有大量的兵器；这兵器全靠购买也不行，除了要把我们的兵器厂扩大以外，还应解决铁的问题。"

洛寒高兴地说道："想开铁矿也不难，在抚顺我有一个熟人，他在一个私人矿里当技术监理，把他请来当指挥，这里的人力有的是，自己开矿，自己冶炼，当然是一举多得的事情。"

张军师又插话道："云耕山下还有金、银呢，何不也开矿挖掘出来，也是生财之道！"

何和理听了，忙说："那里原来就有人在开采，我们去把它买过来，接着干也还省时省力！"

努尔哈赤对二人说道："这开矿的事就由你们二人负责筹办，争取在半年内有眉目，怎样？"

洛寒立刻笑着答道："没问题，明天就去抚顺！"

二人刚走，有侍卫进来报告："东海渥集部虎尔哈路长王格、张格，前来向大王进贡礼品，现已来到，请大王看这礼单。"

说罢，那侍卫将他们进贡的礼单交给努尔哈赤。

努尔哈赤看完，兴奋地说道："难得他们大老远地送来，就请军师前去接待，临走前我再宴请他们。"

说罢，他正站起来要走时，又有侍卫报告："乌拉部长布占泰带来口信，他亲自送侄女阿巴亥前来，明天到达佛阿拉！"

张军师听了，胡子一翘笑了，对那侍卫道："知道了，你去吧！"

然后转脸对努尔哈赤微笑道："难怪今天一大早起来，就有喜鹊对我连连叫着呢！原来又有喜酒喝了！"

努尔哈赤也笑眯眯地看着军师道："这一回，你老人家要当我的主婚人哟！"

张军师不由得哈哈大笑起来，说："只要大王看得起老朽。"

努尔哈赤又犹豫一下道："听说她年龄小，才十二岁哩！"

张聿华道："年龄大小无妨，它是一笔政治交易，还请大王珍惜。"

其实，在努尔哈赤和布占泰之间，已经进行了几次这类似的交易了。

万历二十四年（1596年）七月，在其兄满泰父子死后，努尔哈赤放布占泰回乌拉，并做了部长。同年十二月份，布占泰为了感激努尔哈赤以成婚姻之好，又送妹妹滹奈给努尔哈赤的二弟舒尔哈齐为妻，以续友好情谊。

布占泰主动结交建州的目的，在于增强乌拉的声威，发展壮大乌拉的势力。

两年后的十二月份，布占泰又率领三百多人前来佛阿拉，朝见努尔哈赤。努尔哈赤又将舒尔哈齐的女儿额实泰，许配给布占泰为妻，并送给他盔甲五十副，敕书十道，而且以平等的国礼相待。

万历二十九年（1601年）十一月，布占泰把其侄女阿巴亥，又作为政治交易的礼物，亲自送到了建州，成为努尔哈赤的妻子。这个阿巴亥，就是后来的大妃乌拉纳喇氏。当时，阿巴亥年仅十二岁多，而努尔哈赤已四十三岁，即使做她的父亲，也还是绰绰有余的。

在此之前，努尔哈赤已有妻室八人。除去已死的元配妻子佟氏春娅娜之外，还有兆佳氏、纽祜禄氏、富察氏衮代、伊尔根觉罗氏、哈达纳喇氏、叶赫纳喇氏孟古、嘉木湖觉罗氏。

自娶了阿巴亥之后，努尔哈赤独宠她一人，对那八个妻子，弃若敝屣。

阿巴亥在努尔哈赤的宠爱下，如鱼得水。不久之后，叶赫纳喇氏孟古死了，努尔哈赤猛然听到这消息，正如一盆凉水浇到头上，令他悲痛万分。

二十七岁的孟古在病危期间，直至弥留之际，仍在思念母亲。

努尔哈赤为满足孟古的心愿，不计前嫌，不顾双方正在进行的较量，曾经写信给叶赫部长金台石、布扬古，以允许其母亲来建州，与奄奄一息的孟古一会。

不料，叶赫部因卜寨之死，已与努尔哈赤势不两立了。

那林孝罗又忍受不了古勒山之战中的表兄败绩，这些刺激和耻辱，迫使他昼夜啼哭，不进饮食，竟然郁郁成疾，怀恨死去。这又是一桩深仇大恨！

金台石与布扬古只派了孟古乳母的丈夫南泰前来探望，未见着母亲成为孟古的终身遗憾。孟古含泪而死，努尔哈赤也深感负疚，一连几天，他不思饮食，悲痛不已，最终决定厚葬孟古。

在举哀期间，努尔哈赤要求去敛祭享，优客加礼，杀牛、马各一百，随葬奴婢四人。并命令全佛阿拉祭奠斋戒一个月，棺椁停在禁内越三年。努尔哈赤沉痛悼念之后，立下对叶赫进行报复的誓言。

后来，努尔哈赤果然没有食言，于万历三十二年（1604年）五月，亲自带领兵马去攻打叶赫部，连续攻克张城、阿气兰城，并将两城掠掳一空，才返回佛阿拉。

努尔哈赤灭哈达之后，其下一个目标便是辉发部。长期以来，辉发部一直依附于叶赫部，两部的关系相当密切。据说，辉发部的部长拜因达里是叶赫部长那林孛罗的"次将"，两部的关系非同一般。

攻占辉发部对建州来说也极为重要。这一方面可以砍掉叶赫部的一个臂膀，其次，也可以打开去乌拉部的通道。

占领了辉发，就能切断乌拉部与叶赫部之间的经济联系，有利于建州的经济发展和繁荣。具体地说，因为黑貂等名贵产品，由黑龙江南北，即所谓"江夷"地方和东渡虎尔哈部南运，多受乌拉部控制。

乌拉部是货物的中转站，既集中"江夷"的东珠、紫貂等土产，又将关内的布匹等物品供应东海各部。像这样重要的贸易往来，都必须经过辉发部，运往开原，使沿途各部都得到好处，其中获益最大的，当然是叶赫部。一旦辉发被建州攻占了，就等于砍断了叶赫部的重要经济命脉，叶赫部的经济状况马上就会萧条起来。因此，占领辉发部，对于努尔哈赤统一东北地区，打击叶赫势力，都具有不可估量的战略意义。

在灭亡哈达之后近七年的时间里，努尔哈赤养精蓄锐，厉兵秣马，终于兵强马壮，于大明万历三十五年（1607年）九月，率师攻辉发。

辉发部原先世代居住在黑龙江与松花江交汇处的一大片地域内。他们的始祖为女真人中尼马察部的一支。在明朝嘉靖年间，他们的首领星古力率领全部落的人移居至渣鲁地方。现任部长是王机褚。

这个王机褚很有抱负，年轻时刻苦练武，马上功夫非凡，有万夫莫当之勇。

他主政后，凭借武力，收服临近诸部落，势力日渐强盛，在辉发河畔扈尔奇山筑城以居，这就是如今的辉发部。

"辉发"二字，本为满语发音，译成汉语的意思，是野荣叶，呈青色，可以作染料。辉发河水色青，有点儿像野荣之汁，故用它作为部落的名称。辉发部的地理条件，既有利于本部人在这里生息、繁衍，又限制了自己的拓展。它依山临水，水草肥美，物产丰饶，宜农宜牧，宜渔宜猎。辉发城凭山修筑，形势险峻，城下临着辉发河，易守难攻。辉发的东西和南面连着建州，西与哈达、叶赫为界，北部连着乌拉。其左右为分水岭和长白山所阻，又介于哈达、叶赫、乌拉和建州这四强之间，难于发展。

再说辉发部长王机褚，二十岁继任辉发部长，任职四十多年来，平平安安，辉发部一直是风平浪静，部民们生活安乐。

究其原因，主要有三：王机褚自身武艺高强，更有儿子八人，外人称之为"辉发八条龙"，谁敢惹他？不仅部里百姓对他们父子畏惧，周围邻部也不愿随便得罪他们。这是王机褚父子九人数十年来虽然身处叶赫、乌拉、哈达与建州四强之间，却风雨不动、安如磐石的主要原因。

王机褚为人机敏，待人和气，对部里百姓政策很宽，比如地租收税很轻，马牛羊的头税收得更少。平日，鼓励部民到辉发河里捕鱼，到山林里狩猎，部里全不收税。多年来，王机褚为辉发部民做了不少好事，深受部民拥戴。对四邻部落以友求安，以和为贵，以忍为上，基本上做到了不卑不亢，相安无事。

有一年，乌拉闹饥荒，王机褚亲自送五十头羊、五千余斤谷类给他们，东西虽不多，却是一份心意。那林孛罗喜欢吃鱼，王机褚每到秋季，都派人为他送去许多咸鱼、鲜鱼。

但是，涉及部与部间的武力交锋、领土争夺时，王机褚从不介入。叶赫与哈达多年争霸不休，王机褚不偏不倚，也不闻不问。王机褚也有嗜好，正如他常标榜自己说："我唯一的毛病是好色。"他共有妻子九人，分别来自叶赫、乌拉、哈达和建州。

为什么他不娶辉发本部女子呢？

王机褚有他自己的独特见解："娶本部女子，带来的麻烦事太多，亲戚关系太复杂；不如邻部女子，既是优选来的，又没有复杂的关系，养出来的儿子也是出类拔萃的。"

王机褚的八个儿子，确非等闲之辈。

长子纳喇天龙，长得很像王机褚，深得其父信赖，部里的日常事务，全由他处置。娶妻叶赫部长仰佳努的妹妹，生子拜因达里。拜因达里从小聪慧异常，又是长孙，为王机褚所疼爱。不料，纳喇天龙只活到了二十七岁，便暴病死亡，王机褚不胜哀悼。

第二个儿子纳喇云龙，对人友善，处事和平，具有"谦谦君子"的风度。三子纳喇地龙，懂汉文，熟悉兵书战策，王机褚让其管理部里的兵马训练以及都城的守卫。四子纳喇飞龙，善交际，伶牙俐齿，头脑灵活，王机褚让他署理与邻近部落间往来事宜，是个外交人才。五子纳喇水龙，喜欢玩弄机关技巧，设计制作兵器、盔甲，父亲让他管理部里的物资、粮草。六子纳喇火龙，性格刚烈、嗜酒、好斗，王机褚最担心此子惹事，平时管束较严。七子纳喇山龙，擅长捕鱼，喜欢狩猎，曾射杀过虎豹熊罴，父亲让他管理部里的农牧渔猎方面的事情。八子纳喇卧龙，年龄最小，但性格老成持重，遇事谋略过人，很受王机褚赏识，他多次在诸子中赞许他。

有一天，王机褚见孙子拜因达里有好几天没来见他，就自己去拜因达里的院子里看，不想却看见大儿媳妇西哥差不多半裸着在歇晌，于是就起了色心。

王机褚的大儿媳西哥，在其丈夫死后，表面上她成了一个年轻的孀妇，怪可怜的。实际上，这都是假象，西哥连一天也没有守寡，而且她的丈夫——纳喇天龙，也并不是暴病死的，而是这个西哥勾结奸夫一手策划的。

西哥本是叶赫部长仰佳努的妹妹，长得聪明俊秀。她有个表哥名叫宜品夫，二人从小在一起长大，比他长两岁。到十二三岁时，两人逐渐萌发了私情。

可是，时过不久，宜品夫被他的父亲——一个蒙古察哈尔的商人带走了。而西哥，也被她哥哥仰佳努送到了辉发部，成了纳喇天龙的妻子。一晃十多年过去了。

这一天，西哥正在院子里哄着儿子拜因达里玩游戏，门口突然来了一个大男人。她仔仔细细上下一打量，猛然扑过去，抱住那男人哭了起来。这个大男人，就是她的表兄宜品夫。

两人乘纳喇天龙不在家的工夫，行云播雨，畅叙这些年来的各自经历。

后来，西哥又向丈夫推荐宜品夫当拜因达里的师傅，纳喇天龙也答应下来了。从此，西哥有了一明一暗两个男人陪着她：夜晚，是自己的丈夫；白天，是自己的情人。

西哥与宜品夫的奸情，渐渐被纳喇天龙发觉了，不过，他装着什么也不知道。某天晚上，他设计捉奸，不想却被宜品夫给一剑刺死。西哥谎称丈夫发毒疮而死。

王机褚一听大儿子死了，痛心地带着医生去查看，那医生见人已经死了，又不想给自己惹麻烦，也就说纳喇天龙生了一种很厉害的毒疮。

从此，西哥一心抚养儿子，夜里有宜品夫陪着，也不寂寞，日子过得也随意。每隔一些日子，王机褚也来光顾她一次。

岁月如流，不几年工夫，拜因达里长大了，变成了一个英俊潇洒的少年郎。平日，随着师傅在后园里学艺练武，形同父子，关系处得融洽。这里不必细说了。

纳喇天龙暴死之后，王褚机的其他七个儿子见父亲年岁渐高，心里也各自在觊觎着部长老爷的职位了。按传统习俗，这部长的职位应由长子承继，现在纳喇天龙已死，他的儿子拜因达里年龄尚小，这职位该由谁担任呢？

老二纳喇云龙以为："大哥死了，这部长就轮到自己了。"

可是，老三纳喇地龙却存不同看法。他认为："我们纳喇家族没有这样规矩，上溯七八代，全是父死子继，没有兄死弟继的成例。"老三的意见是让侄儿拜因达里继承部长职位。

如此一来，兄弟七人便自然而然地形成了宗派朋党之争。七兄弟中间，支持老二的，是老四、老五和老七；支持老三意见的，是老六和老八。在两大派中间，老三纳喇地龙掌管着部里兵马，兼任守城将领，势力明显强盛。

老八最受其父的宠信，老六又是一副桀骜不驯的犟脾气，是七人中生性好斗的，更使老三这边优于对手。但是，老二也在寻找靠山，借以增强实力。他让老四纳喇飞龙暗中与叶赫部的那林孛罗拉上关系，想利用叶赫的威力，达到个人继承部长的目的。

老三把拜因达里家作为他们聚会议事的据点，久而久之，便与他大嫂西哥搭上了交情，一来二去，两人便如胶似漆了。

拜因达里渐次长大以后，对母亲与师傅宜品夫的私情，他是打内心深处赞成的。在拜因达里看来，母亲年纪轻轻的，也太可怜了，有一个知心人在身边，倒是好事。何况师傅也是单身一人，为了教授自己武艺，孤苦伶仃，也是怪可怜的。后来，他发现爷爷王机褚也与他母亲有奸情，心里着实有些愤懑。何况爷爷年龄已大，母亲又是他的寡媳，他怎能不顾廉耻，做出如此兽行？如今，纳喇地龙的行为，更激起了他内心的不满，拜因达里认为："你是我的亲三叔，若是真心帮我当部长，又何必让我母亲失身于你？"

权衡再三，拜因达里决定忍一忍，等到当上部长之后，再惩治他也不迟！

两派的朋党之争愈演愈烈。老二为了当上部长，竟写了一封信给叶赫部长那林孛罗，请他对父亲施一点压力。不想，这封信落到了老三手里。老三以为获得了罪证，便高高兴兴地来向父亲报告，却被父亲训斥了一顿。

这事传到老二纳喇云龙那里，乐得要喊老四、老五及老七摆酒庆贺。老三此时正在气头上，于是就买通了老二家的管家，一包砒霜毒死了老二他们几个。

王机褚知道以后，悲痛万分，知道这是老三纳喇云龙与老六、老八合伙干的。此时，老二纳喇云龙等兄弟四人的亲属们，一齐闹到王机褚处，要与老三纳喇地龙等三人拼命，扬言非他们抵命不可！

为了防止互相残杀，王机褚便把老三纳喇地龙与老六、老八一齐关了起来。表面上一时安定起来，可是两派的亲属们都在各自酝酿着一场新的斗争。

且说拜因达里见此，心里暗自高兴。他忽然想到：如果这被关的三个也死了，自己登上部长宝座不是十拿九稳么？于是又毒死了自己的三个叔父。

王机褚知道了这是孙子拜因达里所为，便去问罪。两人越吵越凶，最后竟自反目，打了起来。拜因达里一不做二不休，杀了自己的爷爷，自立为辉发部长。

接着，召开所属寨主会议，拜因达里告诉大家说："……七位叔父与爷爷先后得了传染疾病，不治而死，我只得担任部长，请各位坚守本职岗位，并能齐心合力支持我。"

大家听了，疑窦丛生，有人悄悄说道："这是他们纳喇氏家里的内部事务，咱们是局外人，又何必多管闲事哩！"

各位寨主也就点头称是，不再言语了。

不久，叶赫部长那林孛罗，纠集了九部之师，前去攻打建州，在古勒山被努尔哈赤打得大败而回。拜因达里也应那林孛罗的邀约，带兵前去参战，若不是马跑得快，他就把命给丢了。回到辉发部，便开始沉迷于酒色当中。

不久，他的七个叔父家的堂兄弟们，在一天夜里，偷偷地逃往叶赫去了。次日凌晨，当拜因达里得到消息时，他们已逃得很远，追不上了，只得由他们去吧！

不久，其余的部队也离心离德，加上叶赫金台石的引诱，准备逃向叶赫部。拜因达里又听说他的堂兄弟已从叶赫金台石那里借到了兵，勾结辉发部中的七个村寨的头目，形成内外联合，准备夺取部长职位。

他深感形势不妙，自己又没有力量阻止这些，急得抓耳挠腮，寝食不安。

此时，守城将领中有个叫费扬瑚的建议道："乘着七个村寨的势力还没有与叶赫兵联合之前，先将其儿子抓到手里，送到建州作为人质，请努尔哈赤发兵，或许可以解除当前危机。"

拜因达里听了，立即兴奋地说道："对呀，我们去找努尔哈赤，他可是叶赫部的克星啊！"

于是，对费扬瑚说道："就派你带兵前去，把那七个村寨的儿子带来，以稳住他们，使他们不敢轻举妄动！"

且说建州的努尔哈赤，在灭亡哈达之后，经过七年的休整，真正是兵强马壮了。对乌拉与叶赫坚持不即不离的远交政策，决心尽快实现近攻辉发的目标。努尔哈赤与军师张畫华、大将额亦都等研究攻打辉发部时，担心叶赫部可能乘机领兵前来袭击建州。

正在讨论热烈之时，侍卫来报告了："辉发部派使者前来拜见大王！"

张军师不由哈哈大笑道："真是说曹操，曹操就到！这是好征兆，老天爷又要眷顾咱们了。"

努尔哈赤更是喜出望外，高声说道："请那使者进来！"

不一刻工夫，辉发使者昂然进来，他见了努尔哈赤深深施礼后，说道："本人哈坡天奉拜因达里部长之命，前来拜见大王，恭贺大王福寿绵长，江山永固！"

努尔哈赤与张军师等一看，这使者长得骨瘦如柴，长条脸儿，高鼻梁，两只眼睛又圆又大，站在那里，活像一截又细又长的断木桩儿！

努尔哈赤不由跟他开玩笑道："使者先生，还没有吃饭吧？看把你饿得瘦成一根竹竿了！"

哈坡天笑了一下，说道："大王有所不知，我哈坡天的瘦，乃是祖传，我爷爷当年瘦得被一阵大风吹到山头上，差点没被摔死，我父亲也瘦，他被一阵大风吹到树上，跟爷爷相比，他已经胖得多了；轮到我这辈，比上面两代人胖得更多，现在多大的风对我也无能为力，吹不动我了。"

张军师戏谑道："那么，哈坡天先生倒是祖孙三代中的胖子了？"

这一句话又把大家逗乐了，哈坡天也随着"嘿嘿嘿"地笑了，接着说道："大王你可知道，我这瘦，也正合当前的时宜，我辉发正面临着危机，我身子瘦，吃得少，节省粮食，也替部里节省呀！何况叶赫部的金台石快要发兵打辉发了，到时候，我逃跑也比别人跑得快呀！"

努尔哈赤与张军师等正在笑着时，忽听哈坡天说"叶赫金台石快发兵打辉发了"，他们立刻收敛了笑容。

辉发的地理位置太重要了！对建州来说，占领了辉发部，既切断了叶赫与乌拉之间的联系，又斩去叶赫的一只臂膀。同时，也打通了直接去乌拉的通道。这在政治上，经济上，特别是在军事上，都有好处。

努尔哈赤为了统一女真各部，为了施展其远交近攻的战略，就必须在哈达被其灭亡之后，尽快占领辉发。因为，乌拉与叶赫也想占有辉发这块重要地盘，其中叶赫更加垂涎欲滴，只是力量不足，"虽鞭之长，不及马腹"罢了，更有建州的努尔哈赤这个劲敌在，以致他们只是跃跃欲试，总不敢轻易下手。

这个哈坡天奉拜因达里之命，本是来讨救兵的，却不经意地点到这个问题。

努尔哈赤当即停止了开玩笑的话，立刻问道："哈坡天先生，金台石真的要出兵了么？"

哈坡天见到火候已到，便将辉发部里的近况作了介绍。

哈坡天说："请大王三思，一旦你们坐视不问，任凭叶赫出兵，等到金台石占领了辉发部，就对建州不利了！"

努尔哈赤看看张军师、额亦都等，说道："哈坡天先生，感谢你的好意，我们出兵是可以的，但是……"

哈坡天不急不躁地说道："我们的拜因达里准备亲自将部里七个不稳定的寨主的儿子，送到建州来，作为人质，以请你们出兵相助。"

张军师用目光暗示努尔哈赤，让他答应这一要求，于是，努尔哈赤笑道："我们可以答应你们的请求，但是必须在拜因达里送来人质之后，怎么样？"

哈坡天这才满意地回去了。

且说拜因达里派费扬瑚送七个寨主的儿子到建州，努尔哈赤与张军师等研究后，派大将扈尔汗领兵一千，前去相救。

叶赫部长金台石很快得知努尔哈赤已派兵去辉发了，当即派遣使者秘密前往辉发，对拜因达里说道："为了叶赫与辉发多年的友好交往，我们不准备借兵给你那几个堂兄弟了；如果你能把人质从建州取回，送到叶赫来，我们将送回所有逃来叶赫的辉发人！"

拜因达里听后，非常高兴，立即说道："这事暂时不必声张，等到建州的军队帮我消灭叛乱分子以后，他们就要回建州了，到那时，再去要回人质也不迟呀！"

他让哈坡天陪着叶赫使者到馆舍休息，次日，那使者便高高兴兴地回叶赫复命去了。

哈坡天送走使者以后，来见拜因达里，他忧心忡忡地对自己的部长说道："我以为，建州的努尔哈赤不仅兵多将广，而且为人也很讲信用，咱们等他的军队帮助消灭叛乱之后，如撤回人质，是背弃结盟，这不是过河拆桥、忘恩负义么。"

未等哈坡天说完，拜因达里就笑道："在外交上，哪讲什么信义？只讲手腕看谁耍得活，你真是书生气太足了！"

哈坡天吃惊地听着他的怪论，又劝说道："你这么做，无疑要得罪努尔哈赤，弄不好也会受叶赫人的骗，金台石不一定会放人回咱们辉发的。"

拜因达里很不高兴，斥责道："这事还没有最后决定，你不可把它泄露出去，否则，我一定砍你的狗头！"

哈坡天急忙连声答应"是，是，是"，走出拜因达里的客厅。回到自己家里，心里的闷气还未消掉，自言自语道："到时候，我看会有人'砍你的狗头'吧！我这颗人头，也许不会被砍的哩！"

且说扈尔汗带领一千人马，由辉发将领费扬瑚当向导，对几个叛乱村寨，以势如破竹的速度，攻破了他们的叛乱据点，惩治了为首的人员，及时安抚与稳定了企图逃往叶赫去的那些人。连续几天的行军打仗，扈尔汗与建州兵卒都没有得到休息，使费扬瑚深受感动。

他要向拜因达里报告，挽留建州的将士，让他们休息几天，犒劳一下。

但受到扈尔汗的婉辞拒绝，他说："临来前，努尔哈赤大王特别叮咛说：完成任务以后，就及时回建州，不准骚扰辉发的部民。"

费扬瑚不得不由衷地佩服道："真是仁义之师，威武之师啊！"

扈尔汗于第二天中午即领着兵马回佛阿拉去了，对辉发部民秋毫无犯，以致不少的辉发部民在箪食壶浆，列队道旁，前来送行。但是，辉发部长拜因达里不但未来送行，连眼角也没有睬建州的将士一下。

这事激起了费扬瑚的不满。他直接找到拜因达里的府里，向他问道："人家建州的将士前来为咱拼命上阵，你是辉发部长，却不前去慰劳，甚至连一句感谢话都没有去说，太不近情理了吧？这事传扬开去，部长的名声也——"

未等他说完，拜因达里便恼羞成怒了："你竟敢目无尊长，怎能如此跟我说话？太放肆了！若不看在你是一个老实人，我早把你宰了！滚！"

费扬瑚还想说两句，一看拜因达里的满面怒容，立即知趣地头一低，溜了。

不久，拜因达里又把哈坡天喊来，对他说："你再去建州一次，把那七个人质领回来！"

哈坡天不愿意，拜因达里便以他的家人做人质，要挟他去。

"我相信你会编出理由来的，给你五天时间，五天之内领回来，我奖励你，五天过后不来，我就杀了你的妻子、儿女，一个不留！"

哈坡天被逼无奈，只得硬着头皮去了。

且说努尔哈赤见扈尔汗胜利完成任务，心中十分高兴；听说拜因达里连见也未见，虽觉此人过于倨傲，也未予计较。他对扈尔汗将军安慰道："我们助人急难，不求报答，这才是真正的仁义之师呢。他拜因达里不犒劳你们，我们自己犒劳吧！"

于是，他让洛寒多杀几匹马，几头牛，慰劳这一千人马。然后，又派满浅将军前去辉发部，找拜因达里谈判两部结盟事宜。

说来也巧，这满浅刚离开佛阿拉，哈坡天也就来到了建州。一路上，可把哈坡天急坏了。他想啊，想啊，真是绞尽了脑汁，终于想出了一个理由。见到努尔哈赤说道："七个人质来到建州不久，他们的亲人日夜啼哭，担心他们被大王杀了，我们的拜因达里部长前去再三劝慰说明，那些人仍然不相信。于是，部长大人决定：为了安抚他们的亲人，让我来接他们回辉发部去。"

努尔哈赤听了便信以为真，就让哈坡天领着那七个人质回去了。

拜因达里见到人质回来，立刻就把他们送到叶赫部，交给金台石，希望他能早日把他的堂兄弟及族人们全数放回来。

但是，金台石推说抽不出人来，等几天以后立即派人护送他们回辉发。

拜因达里高兴地对其部下说道："我如今有两张王牌在手里，一张牌对付建州的努尔哈赤，一张牌对付叶赫的金台石。"

费扬瑚提醒他道："建州派来的将领要见部长老爷，他是来谈判建立两部盟约之事，请你安排时间与那人会面。"

拜因达里听了，"扑哧"一声笑了，说道："谈个屁！结什么盟？我不干那'一边倒'的蠢事，我将立于叶赫与建州两部之间，不偏不倚，处于中立地位。"

听了他的话，辉发部里所有的将领、寨主全不赞成，大家议论纷纷，认为他言而无信，干的是过河拆桥、卸磨杀驴的蠢事。

费扬瑚说道："如果这样与周边部落打交道，谁还相信我们哟！危险的是，这样下去，很有可能叶赫与建州都被我们得罪了！当前，建州的努尔哈赤兵精粮足，统一了建州，消灭了哈达，正像初升的朝阳，生气勃勃，有着不可阻挡的力量。而叶赫不可与之相比，从古勒山战败之后，元气大伤，如西山的夕阳，已处衰落期了。依末将之见，先与建州结盟，有了努尔哈赤这个靠山，谅他金台石也不敢贸然前来攻打我们辉发的。"

这一段话说得有理有据，在座的将领与寨主无不拍手赞成。

可是，拜因达里却听不进去，不耐烦地说："我已说过，辉发将信守中立，必定会生存于叶赫与建州两部之间，你们别再说了！"

拜因达里固执己见，不顾众部下的坚决反对，既不会见努尔哈赤派来的谈判使者满浅将军，又不予答复。一连住了五天，满浅不得不怀着失望的心情，回佛阿拉去了。

努尔哈赤对拜因达里的反复无常、背信弃义深为不满，建州的数十员将领更是恼怒万分，他们纷纷请战，要求出兵辉发部。

张军师劝阻大家说："大王常讲'宰相肚里能行船'，我们也要学着大度一些，对拜因达里尽量做到仁至义尽。古语云：多行不义必自毙！咱们要有耐心，要能做到'忍'啊。"

努尔哈赤尽管心中不满，甚至有些恼怒，但是，他隐而未发，决定再看看他拜因达里作何表现。

且说拜因达里见金台石迟迟不送人来，心中甚为不满，就派人前去叶赫部催要。

金台石对辉发使者说道："逃来我叶赫部的那么多辉发人，他们吃掉粮食数万斤，牛马羊也有上千头了，回去告诉你们的拜因达里部长，让他为我们送来一万斤粮食，马牛羊各五万头，我立即如期返还你们的辉发人！"

等辉发使者走后，金台石对部下狞笑着道："一个乳臭未干的拜因达里，想跟我斗哩，还太嫩了吧？"

叶赫部始终没有送回辉发人。而拜因达里也心知受骗上当，内心里十分愤怒，但又无力与叶赫对抗，只得还向建州求助。他又让哈坡天去建州，向努尔哈赤致歉，并转达他愿结婚约的请求。

哈坡天向努尔哈赤说道："由于我们部长年幼无知，经受不住狡猾的金台石的诱惑，做出了对不住大王的事情，尚请大王海涵，给我们改过的机会。"

努尔哈赤听了，脸色严峻地对他说："古人云'人无信不立'，像你们的拜因达里这样处事待人，又怎能取信于人？要知道，我的忍耐是有限度的。既然你已代他受过了，我只能姑且再原谅他一次，满足他的要求。"

于是，努尔哈赤答应了拜因达里的婚约请求，决定把女儿嫩哲格格嫁予他为妻。这个嫩哲格格为伊尔根觉罗氏所生，长得苗条秀美，是努尔哈赤众多儿女中较为出众的一个。

大将常书一直与舒尔哈齐关系切近，整日追随其鞍前马后，常在公开场合为舒尔哈齐说话。日子久了，努尔哈赤逐渐有所不悦，便想以联姻方式，促其醒悟，曾当面答允常书，要把嫩哲格格嫁与他为妻。如今拜因达里请求缔结婚约，声言非嫩哲格格不要，一时间，努尔哈赤不得不与常书说及此事。

谁知常书一听，十分反感，竟说道："这拜因达里实在可恶至极，对大王像玩猴子一样，现在又夺我所爱，让我带领兵马去打辉发吧！"

努尔哈赤竭力劝阻，并对常书说道："现在还不是攻打辉发的最佳时间，请你要顾全大局，要有忍痛割爱的准备。"

常书不得不接受了这个令他恨恨不已的现实，以后他更加靠近了舒尔哈齐，并为他出了许多坏主意，帮他和努尔哈赤分庭抗礼，最后成为舒尔哈齐的死党。

努尔哈赤答应了拜因达里的婚约请求，可是，过了一段时间，拜因达里又违背了成约。

努尔哈赤已作了最大的忍耐，他控制住自己的愤怒情绪，向众将领解释道："我们再作一次努力，拜因达里若是执迷不悟，我们再用兵不迟！"

努尔哈赤又派大将满浅前往辉发部。见到拜因达里以后，满浅谴责他道："你曾经两次帮助叶赫部无故侵犯我建州，如今你背信弃义，聘女不娶，是什么道理？"

拜因达里只得遮遮掩掩地答道："我们人质在叶赫部，只要他们回到辉发，我当即成婚，请转告努尔哈赤大王，这一回再不失言了！"

满浅又提醒道："别把我们的忍耐当作软弱可欺，奉劝部长老爷，可不要玩火啊，不然的话，必将自食恶果！"

拜因达里把这些忠告当作耳边风，对部里的将领、寨主们的意见也置若罔闻。他竟把哈达部一个逃亡分子的话当作神人之言看待！这个人，便是拜因达里的爷爷的小妾朱喇西的父亲——瑚留察。

他劝拜因达里加固原有城墙，再联络金台石，与叶赫部里外夹攻，消灭建州兵马。于是，拜因达里正式开始了大兴土木，筑城三层的浩大工程。

费扬瑚被辉发的几名将领推选出来，向拜因达里提出劝阻意见，差点被他杀掉。

一天深夜，哈坡天预先花银子买通了守城士兵，偷偷领着妻子儿女，逃往建州去了。拜因达里得知消息时，他已逃远了，只得任他跑去，反正追不回来了。

为了筑城，拜因达里派出兵卒，挨家逐户驱赶全城百姓登山采石。于是，高耸入云的扈尔奇山上，人山人海，男女老幼，都在搬运石块。约有两个多月时间，在扈尔奇山城之外，又建了两座套城，城墙又宽又高。在宽阔的城墙上，摆设了无数的强弓硬弩，还有一堆堆滚木、礌石。

拜因达里带着他的将领们，绕城墙上走了整整一圈儿，兴奋地对大家说："这一下可好了，扈尔奇山城真的是固若金汤了！他努尔哈赤纵有千军万马，想攻破我这座城，比登天还难哩！"

费扬瑚听了，立即提示道："努尔哈赤用兵神出鬼没，更有一个汉人军师，能掐会算。"

拜因达里立即打断他的话，不满地道："你这种人最没志气！好像努尔哈赤是神兵天将了！"

在场的将领们听了，都心里说："到底谁没有志气？你有志气，为什么还要向建州借兵？"

不过，这些话他们没有说出来，也没有多少人愿意再说了，以免招来杀身之祸。

再说哈坡天来到佛阿拉，他向努尔哈赤报告了拜因达里筑城三层的情况。

努尔哈赤对他说："我们用兵，历来是先礼而后兵，其势在迫不得已，即使有一线和谈的希望，我们都要努力争取，决不轻易用武。"

次日，努尔哈赤又派何和理、满浅两位将军同去辉发，对拜因达里作最后的争取工作。

张军师悄悄告诉二将道："顺便了解一下城内情况，不久，我们还是要派兵马去攻打的。"

且说何和理、满浅见了拜因达里，他竟问："二位将军来我辉发有何事？"

何和理问道："部长大人竟如此健忘，真令人吃惊！不久前，你派使者前去建州聘婚，如此大事，难道你已忘了？"

拜因达里突然把脸色一变，说道："我听说努尔哈赤已把这少女嫁给他的部下常书了，我怎么还能去夺人之爱呢？"

满浅向他质问道："你听到的消息是谣言，那姑娘在佛阿拉等着你去聘娶，给我们一个确切的回答吧！"

拜因达里被问得哑口无言，只得说道："这事让我再想想，你们先住下，等我想好了立刻通知你们。"

说完，就匆匆走了。

当晚，何和理与满浅私下里商议，明天去城里转转，跑跑，熟悉一下这三层城墙的情形，为以后攻城做一些准备。

两天后，拜因达里派人对何和理、满浅道："我已有几房妻子，不想再娶了，请你们回建州去吧！"

拜因达里自以为扈尔奇山城又新筑三层，更加坚固，已成铜墙铁壁，谁也攻不破。于是，他毅然撕毁了不久前与建州达成的婚约。

因此，建州与辉发两部的战争，已是不可避免的了。为了尽快地攻占辉发部，努尔哈赤与张军师召开了全体将领参加的军事会议。

努尔哈赤先让哈坡天介绍扈尔奇山城的情况，他谈到辉发将领时，很有把握地说："以费扬瑚为首的守城将领，早对拜因达里心怀不满，只是没有机会行动罢了。若有人与他联络，很有可能会成为内应。"

何和理与满浅对扈尔奇山城也了解得比较具体，满浅向大家说道："这山城面对辉发河，相距仅五里左右，若是正面强攻，将成背水作战，一旦叶赫派兵来援，或是乌拉兵马来救，我们将受到夹攻，退兵都没有路。"

大将噶盖不服气地喊道："照你这么说，这扈尔奇山城就没法攻打了？"

努尔哈赤说道："现在是分析、研究对方城池的地形、地貌上的特点，满浅将军观察细致，分析透彻，提供的意见很宝贵，请将军们继续发言。"

安费扬古说道："我们用攻城打援战术，派一支军队正面攻城，另派两支军队分别驻扎在辉发与乌拉的北部边境上，以及辉发和叶赫的西部边境上。"

何和理建议道："这扈尔奇山城新筑三层，如今层层设防，而且防守得较为坚固，正面强攻，损失要大，不如……"

他走到努尔哈赤与张军师之间，小声地嘀咕了一会儿，二人听着直点头。

原来，拜因达里担心努尔哈赤前来攻城，在筑城三层之后，又派人四处购买粮食谷物，他对部下买粮人员说道："要准备够吃半年以上的粮食，我不信他努尔哈赤能在扈尔奇山城下驻扎这么长的时间，难道他的兵马去喝西北风？"

每天，买卖粮食的人络绎不绝，出城的，进城的，男男女女，川流不息。何和理建议用兵卒化装成卖粮商人，进入扈尔奇山城里面做内应，何愁攻不下城？

由于这是重要的军事机密，他没有在会上明说，努尔哈赤与张军师听了连连点头，都认为这是一个好办法。散会以后，努尔哈赤、张军师与何和理等当即发布命令，施行这一计划。

大将额亦都、安费扬古分别选来一百名精锐兵卒，张军师让其换穿商人衣服，也有的穿着老百姓的衣服，身背卖粮口袋，努尔哈赤笑道："不光外貌像商人，说话也要像才行，不能露了马脚呀！"

于是，分别由大将额亦都和安费扬古带领的二百人的卖粮队伍，很快就组成了。他们以十个精兵为一组，扮作商人模样，背着粮食，或是拿着其他日用百货，陆续进入扈尔奇山城。

大将额亦都与安费扬古也化了装，装作生意人的样子，混进城去。他们在扈尔奇山城里，各自找个旅社住了下来。白天，他们在城里东串西游，买这买那，与扮作商人的兵卒们互通消息，详细暗访城内的防卫情况。只等城外大兵一到，他们就会群起做内应。

万历三十五年（1607年）九月，努尔哈赤让张军师、何和理留守佛阿拉，自己亲自带领五千兵马，随营将领八十八人，日夜兼程，疾驰辉发扈尔奇山城。

本来七八天的路程，只用六天的时间建州的队伍便来到了扈尔奇山城下。

在此之前，努尔哈赤已派大将费英东带领一千人马前往辉发与叶赫的交界处，去阻止金台石派兵马来援。并派大将扈尔汗带领一千人马，前往辉发的北部边境，以防止乌拉的援军到来。

攻城前夕，努尔哈赤骑马来到城下，见到拜因达里，不由怒上心来："拜因达里，你这忘恩负义的东西！你曾两次充当叶赫部的帮凶，犯我建州；前次，要我派兵帮你平乱。可是，事成以后，你却连见也不见。以后又迟迟不结盟约，并骗婚不娶，屡次玩弄花招，不讲信用，实在可恶至极！现在，我大兵已临城下，还不快快开城投降，引颈就戮，等待何时？"

拜因达里无言反驳，只得以退为进："请大王息怒，我拜因达里也是迫不得已啊！叶赫部动辄以兵要挟于我，教我怎么办啊？这次你若能退兵，我情愿发倾城之兵，助你攻打叶赫，务望大王首肯。"

努尔哈赤听罢，不禁哈哈大笑道："混账东西！别再想用花言巧语骗人了，你在辉发犯上作乱，作恶多端，是个禽兽不如的畜生！辉发部民百姓谁不恨你？老子告诉你，不消灭你这个畜生，我誓不收兵！"

拜因达里受到努尔哈赤这一顿臭骂，气急败坏地喊道："你别得理不让人，我并不怕你，我这扈尔奇山城今非昔比了，任凭你努尔哈赤有登天本事，也别想攻进来！"

努尔哈赤未等他说完，便下达了攻城命令，只听炮声震天，鼓声如雷，喊杀声一浪高过一浪，在扈尔奇山下回荡着。

努尔哈赤带头猛攻，他选择一块有利地势，弯弓搭箭，想把拜因达里一箭射死。谁知狡猾的拜因达里早已躲得远远的了。

在努尔哈赤的带动下，八十八将如下山猛虎，领着五千轻骑兵，向城头守军猛射！

再说早已潜入城内的二百"商人"，一听到隆隆的炮声，知道大队兵马已来攻城了。于是，额亦都与安费扬古交换一下眼色，各自取出自己的兵器，大声喝道："此时不动手，还等待何时？"

额亦都把大刀一挥，先领着他的一百人，冲了出去！

安费扬古将手中的铁枪一挺，喊道："走啊，去活捉拜因达里呀！"

城内的这两支队伍，如出水的蛟龙，在街上杀开一条血路，直奔城门杀去！

转眼之间，城内便乱了，有人喊道："不得了啊！建州的兵马已进城啦！"

城头守将一听，立刻乱了方寸，也无心恋战了，他们仓皇四顾，正在慌乱中，果见城内有两支队伍向自己杀来。此时，费扬瑚一见，对身边守将说道："我们也不要再为拜因达里卖命了！不如打开城门，主动归顺建州吧！"

那些将领立刻响应，便随着费扬瑚去把城门打开了。努尔哈赤与八十八将，带领五千轻骑兵，如风卷残云，冲入城内。

拜因达里见费扬瑚等主动打开城门，放建州兵马进城，气得暴跳如雷，骂道："好个费扬瑚，你原来是辉发的叛徒贼子！看我取你的狗命！"

拜因达里领着他的狐兄狗弟们，手举着大刀，要来砍杀费扬瑚。忽听喊杀声骤起，原来是额亦都领着他的一百名"商人"来到了。

额亦都一见拜因达里，大喝一声道："忘恩负义的拜因达里！还不快快下马受死，你欠下我们建州的太多了！"

说着，额亦都举起大刀便砍，拜因达里慌忙应战，他见周围全是建州的兵卒，哪还有心思杀下去。拜因达里正想逃跑之时，被额亦都一刀砍于马下，兵卒纷纷上前，一阵乱砍，这个做事六亲不认的坏蛋，被乱兵砍为肉酱。

辉发部灭亡了，努尔哈赤收其兵，迁其民，唱着凯旋歌，返回佛阿拉去了。

第六回

铁骑屠灭乌拉部，贤臣惊梦万寿宫

　　"乌拉"二字为满语语音，其汉语意思为江或河。因此，与哈达部依山而为部名一样，乌拉部临河而为部名。

　　乌拉与哈达同祖，也姓纳喇氏。据史书记载，乌拉始祖为纳奇卜禄，纳奇卜禄九传而至满泰。满泰父亲布干死后，他才嗣为乌拉部落长，其弟为布占泰。

　　乌拉部的治所在乌拉城。这乌拉城为乌拉第七代传人布颜所筑，位于乌拉河东岸，与金州城隔河相望，相距二里许。乌拉部盛时的疆域，东邻朝鲜，南接哈达，西为叶赫，北达牡丹江口及其迤北、迤东的地带。

　　在当时的扈伦四部中，一直到建州的努尔哈赤兴起之时，乌拉部的疆域最广，兵马最众，部民最多，治域最大。由于乌拉部离建州较远，在较长时间里，乌拉部几乎和建州毫不相涉。

　　在古勒山之战以前，努尔哈赤忙于建州内部的统一，同乌拉部的联系和矛盾也很少。自古勒山战后，努尔哈赤的势力逐渐强大起来，他的铁骑也驰出建州，踏向海西。由于建州东北为辉发，西北为叶赫，正西是哈达，努尔哈赤为了不使自己四面受敌，当时便采取远交近攻的战略，极力争取乌拉，以避免树敌过多。但是，乌拉的第九代传人满泰，为了加入扈伦四部缔结的共同对抗建州的联盟，为其弟布占泰聘娶了叶赫美女东哥之后，也为乌拉招来了祸患。

　　乌拉部长满泰的弟弟布占泰，作为叶赫部的未婚女婿的身份，领着叶赫兵马，参加了九部联军，却在古勒山战役中做了俘虏。为了离间扈伦之间的关系，努尔哈赤不但没有杀掉布占泰，反而赐予猞猁狲裘等物，给予厚待。在这之后，布占泰在建州一住就是三年，直到万历二十四年（1596年）七月，努尔哈赤才派大将图尔坤煌占、博尔坤斐扬古二人护送布占泰归回乌拉部。

　　在这三年期间，尽管布占泰之兄满泰曾多次派遣使者，甚至以良马百匹，前来佛阿拉诏求赎回布占泰，努尔哈赤始终不答应。年复一年，转瞬之间，已经过了三年，满泰无可奈何，只好把布占泰的家属二十多口人都送到建州。

努尔哈赤之所以迟迟不放布占泰回乌拉，目的全是为了实现其远交近攻的战略。这是他对布占泰施行政治怀柔手段的开始。从这以后，他以恩赏、婚媾、监视等手段，牢牢地对乌拉部实行"远交"之计，然后才能腾出手来，对哈达和辉发采取"近攻"的策略。

也是在布占泰于建州的三年被恩养的时间里，努尔哈赤把自己的侄女儿额实泰——舒尔哈齐之女，嫁给了布占泰。这是努尔哈赤利用婚姻作为政治手段，与乌拉部缔结的第一次婚约。

再说布占泰之兄满泰，此人身为乌拉部长，却胸无大志，整日耽于酒色之中，无所事事。他身边已有妻子八人，犹嫌不足，还常常在外面拈花惹草。乌拉城里，只要谁家的闺女、媳妇长得俊美好看的，满泰必然千方百计，把她弄到手，玩腻以后才放人家回去。

他的叔父兴尼雅，新从蒙古娶回一个妻子，满泰听说以后，便有意派兴尼雅去叶赫部联系毛皮生意，把叔父支开。当晚，满泰喝得醉醺醺地，撞到兴尼雅家里，搂着那女子睡了一夜。次日，他意犹未尽，又于晚上到叔父家与那女人搞了一个"彻夜欢"，方才罢手。

不过，满泰在这方面也"大方"得很，他的妻子中，有一个女人名叫花石春的，曾被兴尼雅一度看中。满泰得知叔父的心意以后，便主动将花石春送到兴尼雅家里，直到半年之后，兴尼雅也玩腻了，她才又回到满泰身边。

万历二十四年（1596年）七月的一天，乌拉部的苏斡延锡关寨的修边筑壕工程开始了，满泰与儿子福康佑也去了。父子二人在工地上打了一个照面，便去寨子里寻欢作乐了。父子俩在寨子里正调戏一位良家妇女时，被这位女子的丈夫、小叔子看见了。女子的家人一气之下，杀了满泰父子。

乌拉城里得知满泰父子被杀的消息，立刻乱了起来，他的八个妻子哭得死去活来，福康佑尽管年轻，也步他老子的后尘，早已娶了六个女人。

在满泰的亲属中，他只有弟弟布占泰了，可是，自从古勒山之战以后，因为他被建州俘获，努尔哈赤把他留在佛阿拉，已经快三年了。

满泰的叔父兴尼雅见到有机可乘，立刻变得主动起来，他一方面派人负责办满泰父子的丧事，一面通知乌拉部的六城头目，前来乌拉城开会议事。在乌拉部六城头目与众将领参加的会议上，兴尼雅从满泰父子的被杀，讲到布占泰远在建州，努尔哈赤又扣留不放。

摆出这情况之后，兴尼雅说道："俗话说'国不可一日无君'，我们乌拉部也不可一日无头啊！请大家议论一下，这事到底怎么办？"

到会的将领与头目听了他的话，心中都有数，兴尼雅的用心，正是"司马昭之心——路人皆知"了。

满泰的女婿拉布亥，是乌拉部有名的将领，他见兴尼雅要当乌拉部长，就在会上说道："这部长应该由布占泰担任，明天我亲自到建州去，向努尔哈赤大王说明情况，若是还不放他回来，咱们再推选出一个新的部长，也还不迟。"

大家听了拉布亥的建议，一致鼓掌赞成。兴尼雅虽然满肚子不高兴，由于大家都同意，他只好少数服从多数了。

第二天一大早，拉布亥便策马往建州奔去。谁知兴尼雅已经在途中布下了陷阱。

在乌拉河与辉发河的会合处，有一座阿拉嗔咪山，山下有一个山涧，约有三丈多宽。这山涧水深数丈，流速甚急，无人敢从涧中涉水而过。不过这涧上有一座绳桥，它是由五根鸡蛋粗细的麻绳，相互缀连着，形成一座绳桥。人走在上面，上下晃动，左右摇摆，稍有不慎，便会跌落涧水中。可是，从乌拉部到建州，这条路是最近的，必须从这座绳桥上经过。兴尼雅断定拉布亥一定会找近路走，那就会从绳桥上经过。

于是，他派了两个人去害拉布亥，一定要赶在拉布亥前头到达绳桥。这两个人都是兴尼雅家的家将，一个名叫哈丁古，另一个名叫乌哩利。

可两人赶到阿拉嗔咪山下后却遇到了一只猛虎，哈丁古被猛虎尾巴一扫，当场就摔得脑浆四溅。乌哩利正要落入虎口，突然几支冷箭射来，老虎抽搐了几下，就死掉了。

原来，刚赶到这里的拉布亥救了他。乌哩利把兴尼雅要害拉布亥的事情告诉了他，随后就投顺了拉布亥。不久，两人便来到了建州。

努尔哈赤听了拉布亥的陈说之后，问道："兴尼雅此人怎样？"

"无才无能，却又权欲甚大，想联合叶赫部的金台石，夺去满泰的部长职位。"

努尔哈赤最担心的是乌拉投向叶赫怀抱，这将直接影响他统一海西的计划。于是，他当着拉布亥的面，对布占泰说："为了防止乌拉部发生内乱，我放你回乌拉去！不过，别当上了部长，就把我给忘了！"

布占泰听后，立即双膝跪下，流着泪道："大王请放心吧，我布占泰不是忘恩负义之人！"

努尔哈赤听了这些话，当即高兴地对布占泰道："我也不要你怎么样地来报答我，只希望你布占泰能与我努尔哈赤一条心，乌拉部与我建州永结盟好！"

布占泰又信誓旦旦地表态道："我布占泰回去若能当上乌拉部长，定让乌拉与建州世世代代友好下去，永远不动兵戈，并将世代联姻，成为亲戚。"

努尔哈赤又接受拉布亥的请求，担心兴尼雅制造混乱，答应派兵马护送。于是，他当即派遣大将图尔坤煌占、博尔坤斐扬古二人，率领兵马五百人，护送布占泰回乌拉部去。

临走前，努尔哈赤又令摆下酒宴，为布占泰置酒钱行，他又嘱咐拉布亥道："兴尼雅狗急跳墙，有两个可能——其一，他穷凶极恶地派人前来暗杀布占泰；其二，他充当乌拉的内奸，与叶赫部金台石接近，以图达到他夺取部长的个人野心。"

拉布亥直点头，立刻表态道："大王请放心！我一定记住这两条，若是完不成这任务，我拉布亥还有脸活着见人吗？"

兴尼雅在乌拉城里，竭力拉拢众将领，尤其是六城的主将们。

但是，这些人都有着根深蒂固的正统观念，在他们的心中，除非满泰的直系亲属，谁来担任部长，都是不仁不义的篡逆行为！

于是，对兴尼雅的引诱与拉拢，他们总是借题发挥，不予支持。兴尼雅又急又气，加上派出去的哈丁古与乌哩利两人既未送回消息，人也没有回来，更使他急不可耐。

一天，他正坐在家中想心思，侍卫告诉他："叶赫部的金台石派两个人来了。"

兴尼雅非常高兴，忙走出去，一见来了两个身高马大的战士，立即问道："你们叫什么名字？"

这两个人，一个叫武斐吉尔庆，一个叫呷泰唏。两人奉叶赫部金台石之命前来帮助兴尼雅，并带来了锋利无比的鱼肠剑。兴尼雅就是请求金台石派人带着鱼肠剑来乌拉，帮助自己杀死布占泰，以实现当乌拉部长的野心。

当晚，兴尼雅在家里摆盛宴，款待武斐吉尔庆和呷泰唏，直到深夜，酒宴才散。

也就在这天晚上，布占泰由建州的两员将领带着五百兵马护送，在拉布亥的引导下，悄悄地进了乌拉城，回到部长府里。建州的两员将领图尔坤煌占和博尔坤斐扬古当即把五百兵马进行了认真部署，对布占泰居住的部长府进行严格警戒。

凡出入部长府的人员，没有拉布亥发的特别通行证件，任何人也别想进出！

次日，拉布亥让侍卫发出通知，召集六城头目及所有将领开会。

兴尼雅来到府门前大吃一惊，他见守门兵卒增加了一多半，那个将领自己也不认识。

"怎么了？一夜之间，变化这么大，是怎么一回事？"他正在想着，忽见拉布亥走了出来，不由得更加吃惊，心里如潮水在上下翻腾着，"难道哈丁古与乌哩利没有把他弄死？发生了什么意想不到的事么？"

兴尼雅正在胡思乱想之际，忽听拉布亥大声说道："请咱们的新部长布占泰说话！"

此时，布占泰说话了，至于说些什么，兴尼雅一句也没有听进去，他的头脑里乱七八糟，一片混乱。直到大家鼓掌表示高兴，接着厅内一时欢腾起来。见到大厅里欢聚一堂的情景，兴尼雅高兴不起来，便悄悄地走出大厅，准备回家了。

但是，到了府门前，见大门紧闭，走不出去，他见门旁坐着好多个兵卒，立刻问道："这府门为什么要关上？"

听到他的问话，走过来一个将领道："这府门为什么就不能关上？"

兴尼雅向他问道："你叫什么名字？"

那将领大声地告诉他道："我乃建州努尔哈赤麾下大将图尔坤煌占，我在替你们的新部长守门，难道你不满意吗？"

兴尼雅连声否认道："不是，不是，我是身体有些不适，想提前回去休息了。"

那位图尔坤煌占将军立即说道："请你稍等一会儿吧！没有拉布亥的指令，我们不能放走任何人。"

又过了好大工夫，客厅里那些狂欢的人群才逐渐散去，直到府门开了，他才得以回家。

兴尼雅一脸沮丧地对武斐吉尔庆和呷泰晞说道："咱们的计划全落空了，怎么办？"

他把布占泰已回到乌拉，建州派兵马护送等情况，全都告诉了他们二人。

呷泰晞笑了一下，对兴尼雅说道："明天，你可以准备一桌丰盛的酒席，以祝贺为名，请布占泰前来赴宴，我们就在酒席桌上将布占泰刺死，不就万事大吉了！"

兴尼雅想了想，说道："那就按此计进行吧！只是——"

武斐吉尔庆马上说道："别顾虑太多，先下手为强，后下手遭殃，人一死，他们也只得靠咱们了。"

兴尼雅听了，也觉得有些道理，便决定早早休息，一夜无话。

次日，兴尼雅一边派家人准备酒菜，并请布占泰来府里与自己相叙。布占泰也不好硬性推辞，只得答应了。

兴尼雅走后，拉布亥来了，他听说这事之后，立即对布占泰提醒道："要去的话，咱们都去，不能让你一个人去，对这种人可不能大意呀！"

布占泰点点头，表示赞成，也说道："杀人之心不可有，防人之心不可无啊！"

到了中午，拉布亥又喊来了建州二将图尔坤煌占、博尔坤斐扬古，又选了十名很精明的兵卒，一起簇拥着布占泰前去赴宴。

兴尼雅一见来赴宴的人这么多，内心里不由得叫起苦来——这怎么办？原定的计划又要落空了！兴尼雅只得装着热情欢迎的样子，说道："欢迎，欢迎！同喜，同喜！"

拉布亥笑着说道："我们这三个不速之客，是沾部长大人的光，实在有些不好意思了。"

兴尼雅只好敷衍着说："哪里，哪里，都是难得的客人呀！"

不一会儿，酒席开始了，大家推杯换盏，觥筹交错，甚为热烈。

等到酒过三巡，菜过五味之后，兴尼雅站起来对布占泰说道："今日太高兴了，我家里有两个剑客，让他们来舞剑以助酒兴吧！"

布占泰已喝得七八分的酒意了，头脑里早就把警惕性丢到九霄云外去了，当即拍手道："那太好了！让他们进来吧！"

只见武斐吉尔庆、呷泰唏一副短装打扮，手握亮闪闪的鱼肠剑，走了进来。二人向布占泰及拉布亥等深施一礼，说道："我们献丑了！"说完，二人便拉开架势，各人举起那锋利无比的鱼肠剑，舞了起来。

拉布亥见他们运转掌腕，往来盘旋，其剑锋屡次逼近布占泰。他立即向建州二将图尔坤煌占、博尔坤斐扬古暗使眼色，二人已经会意，也起身出席道："剑须对舞方佳。"

说着，就拔剑出鞘，与武斐吉尔庆和呷泰唏四人对舞起来。

拉布亥就坐在布占泰身旁，也手按腰刀把儿，仔细留神瞧着，随时准备出击。

经过这么一折腾，布占泰的酒早被吓醒了，背上出了冷汗，面色忽红忽白，惊慌异常。

叶赫部的武斐吉尔庆自恃剑术纯熟，加上那鱼肠剑又经毒药浸过，一旦刺伤对手，便要中毒，不久就会死亡的。武斐吉尔庆一心想刺伤对手，对怪招不予理睬，不管三七二十一，仍然一路挥动他那鱼肠剑乱刺起来。

图尔坤煌占见对手招式乱了，便紧出几招，一剑把武斐吉尔庆刺倒。后来，呷泰唏也被博尔坤斐扬古刺死。

兴尼雅的阴谋没有能够得逞，担心布占泰不会放过他，便携着全家老小投靠叶赫去了。

布占泰听到报告，没有派人追赶，只是淡淡一笑，说道："他背弃了乌拉，想去做一个叶赫人，就由他去吧！"

从此，布占泰稳稳当当地登上部长宝座，成为乌拉部的最后一位大首领。

布占泰为了报答努尔哈赤对自己的不杀之恩，于万历二十四年，即1596年的十二月，亲自送妹妹滹奈到建州，给努尔哈赤的二弟舒尔哈齐为妻。

这是他回到乌拉，当上乌拉部长的五个月之后的事，可见布占泰还是想与建州友好相处，并想借着与建州结交的机会，逐步增强自己的声威，发展、壮大本部的势力。

万历二十六年（1598年）十二月，布占泰又率领三百多人的队伍，亲往建州拜见努尔哈赤。

这次，布占泰迎回了额实泰——舒尔哈齐的女儿，为三年恩养期间，由努尔哈赤做主，许给布占泰做妻子。

努尔哈赤又赠送给盔甲五十副，敕书十道，并对布占泰以礼相待，即以部长身份礼遇之。

从这以后，乌拉与建州两部之间通过多次联姻，在较长时间内，都保持了友好与和睦的关系。

但是，布占泰又绝不是长期甘居人下、仰人鼻息的庸懦之辈。四十多岁的布占泰，善于弓马，剽悍异常，并有远大的政治抱负。在建州寄人篱下的三年，虽说没有使他卧薪尝胆，以励发展，但在他回到乌拉后，却屏弃奢华享乐，致力于富国强兵。

布占泰对外以联合叶赫、科尔沁蒙古为主，对努尔哈赤基本上采取和平相处的方针，把主要精力放在壮大自己势力的基点上。对于朝鲜王国六镇周围的女真人，布占泰也想用努尔哈赤的办法，将其收为羽翼。

万历二十六年（1598年），努尔哈赤派兵收服了内河路、安楚拉库路。于第二年，又收服了渥集、虎尔哈等部，大有吞并东海各部之势。他在不长的时间里，几乎把朝鲜王国会宁以西的所有各部女真都统一在建州属下。于是，努尔哈赤的势力更加强盛。

布占泰看在眼里，急在心中，生怕东海各部都被建州占领，他与拉布亥等将领商议，决定立即用兵。但是他担心建州会因此不满，又顾忌叶赫的对抗。为了防止两强图己，布占泰在厚结叶赫的同时，又与建州两次联姻，以示他对两部外交上的不偏不倚。

在万历二十九年（1601年）一月，布占泰将其侄女阿巴亥（满泰之女），亲自送到建州，给努尔哈赤为妻子。于是，他由努尔哈齐的女婿、妻兄，又当上了努尔哈赤的岳丈。

在这同时，他又要求努尔哈赤再许配一女给他为妻。不久之后，努尔哈赤又将舒尔哈齐的第二个女儿娥恩哲，送往乌拉，与布占泰成婚。这是乌拉与建州四结姻亲，两部的关系进一步友好。

万历三十一年（1603年）九月，布占泰兵分三路，向钟城进攻。几天之后，乌拉的兵马将东海钟城附近的女真各部征服，获取牛马五百多匹，男女人口数以千计。同年十二月，又派兵马向稳城女真进攻，并且攻占了庆源周围地区，大肆抢掠而回。

聪明的布占泰能够审时度势，既坚持军事进攻，又采取灵活的外交手段。他学习努尔哈赤掠取周围部落，扩大自己势力的经验，也向乌拉部周边的钟城、隐城、庄源地区的女真各部进军。

布占泰很会算计，他每次对外用兵，都要借助外力。由于乌拉兵力不足，布占泰常常谋求叶赫、蒙古各部协助自己，以致攻势异常迅猛。

万历三十四年（1606年）七月，布占泰的兵锋所至已达悬城女真各部了，并且是水陆并进，人、畜、谷物，尽行掠取，迁移。

万历三十五年（1607年）正月，又发兵攻取瑚叶路周围各部落，又是大掠而回。

在一个较长的时期内，六镇周围及其东北各部女真，全都听从布占泰的号令。布占泰在军事上的一连串胜利，早已引起努尔哈赤的警觉。凡是布占泰的一举一动，不论事情大小，努尔哈赤都派人侦察入微，并及时地向明朝的官员特别是广宁总兵通报。这样做的目的，既能取得明朝边官的信任，也为自己有朝一日对乌拉采取军事行动寻找借口和扫清障碍。

万历三十五年（1607年）三月份，乌拉部与建州部终于爆发了战争。

原来，本属于朝鲜方镇的蜚优城，一直依附于乌拉部，为其属下部落。此时，蜚优城忽然转过来投靠建州，乌拉理所当然地视之为叛逆。

这一年的正月，蜚优城主策穆特赫亲自来到建州，向努尔哈赤说道："我部距建州太远，当时不得已才归附于乌拉部。希望大王能派遣兵马前去接取部民的家眷，大家都乐意到建州来生活。"

听了策穆特赫的请求，努尔哈赤当即给他一个满意的答复："你就放心地先回蜚优城去，我不久会派兵马去接应你们来建州的。"

听了努尔哈赤的答复之后，这位城主高高兴兴地回去，通知部民准备搬家到建州了。

努尔哈赤待策穆特赫走后，对张军师说道："我有一种预感，总觉得要与布占泰打仗了！"

张军师笑道："这次我们派兵去接应，若遇乌拉阻拦，不就要打么？"

努尔哈赤也有同感："是啊！布占泰不会甘居人下的。"

二人谈了一个晚上，次日上午，努尔哈赤派二弟舒尔哈齐为统帅，大将费英东、扈尔汗为前锋，带兵三千人马，前往蜚优城。他又让长子褚英、次子代善、大将扬古利等随军前去。

因为蜚优城靠近朝鲜的悬城，建州兵马不几日到达蜚优城以后，舒尔哈齐对策穆特赫说道："你要通知城周围屯寨的五百户部民，全部搬家到建州。"

他又让随军前来的哈坡天，前去朝鲜王国送信，这是努尔哈赤请张军师写好的一封致朝鲜王国边寨官员的信。信中说明这次出兵没有侵犯朝鲜王国的意图，相反，还归还了部分被掠来的朝鲜王国的人口，以表示友好。

努尔哈赤的这一外交行动，进一步为建州进兵蜚优城扫清了道路，朝鲜王国也采取了中立的立场。

再说蜚优城搬家的消息，很快传到了乌拉，布占泰得知消息以后，立即召集六城头目以及乌拉的全体将领，认真讨论对策。

拉布亥首先说道："我们若派兵马去阻止搬家，既有理，也无理。"

拉布亥又接着说道："蜚优城原属于乌拉，我们要阻拦，这是有理；但是，人家愿意投靠建州，又不是努尔哈赤主动侵占，我们硬去阻止他们搬家，也算无理了。"

听了拉布亥的"有理，无理"说法，布占泰露出不悦之色，立即说道："按照你的说法，我们若是出兵，一定是无理了！"

乌拉部有名的大将博克多贝尔说道："我以为，蜚优城主动投靠建州，这是一种对乌拉的背叛，不可饶恕，必须惩处！"

听了他的话以后，布占泰带头拍手，众将领也都拍手表示赞成。

博克多贝尔又接着说下去："努尔哈赤愿意接纳蜚优城，不是友好的态度，这等于'夺我口中需'！这一仗一定要打！而且一定要打赢！"

布占泰兴奋地说道："我们这次准能打胜仗，我已想好了。"

说到这里，布占泰在博克多贝尔的耳边小声讲了一会儿，二人相视"嘿嘿"一笑。

次日，布占泰派大将博克多贝尔、其子赫鲁亚为主将，常住、胡里布等为次将，带领兵马一万人，前去拦击建州的兵马。兵马出发以后，布占泰长长地出了一口粗气，心里说："努尔哈赤啊，我这次也要打一场伏击战！我以一万兵马，袭击你建州的三千人马，即三个打一个，还有一个替你的兵卒收尸哩！"

"你考虑过这次出兵的后果么？"布占泰抬头一看，见是拉布亥来了，是他在向自己发问。

布占泰据实回答道："对于这次出兵的后果，我没有考虑，也不想去考虑。如果前怕狼，后怕虎，我还能有所作为吗？"

拉布亥接着对他说道："努尔哈赤对你可不薄啊。"

布占泰说道："努尔哈赤对我不薄，是要我付出代价的！你呀，你忘了你是一个乌拉人！"布占泰只说了两句，便借故有事，径直回府里去了。

拉布亥看着布占泰的背影，伤心地说道："乌拉必定灭亡在你手里！"拉布亥说完之后，拖着疲惫的身子回家去了。

建州的兵马统师舒尔哈齐，听到蜚优城主策穆特赫关于收取五百户的任务已经完成的报告以后，当即命令前队先锋费英东、扈尔汗两员大将，首先率领三百兵卒，护送他们先行。

褚英听了，向叔父建议道："既是前锋，兵力太少，一旦途中遭遇到乌拉兵马拦击，形势更危险，能否再派些兵马给他们？"

舒尔哈齐听了，心中十分不悦，有些埋怨侄儿褚英多管闲事，但是，这意见又非常正确，于是，他不得不为他们增加了兵马。

舒尔哈齐对费英东、扈尔汗道："那就再给你们增加二百兵马，合计已有五百兵马了，望你们顺利完成护送任务。"

可是，建州的兵马与那五百户部民刚走到钟城地界时，突然受到乌拉兵马的阻截，形势异常危急。

费英东、扈尔汗两位大将，尽管二人久经战阵，又英勇无比，面对眼前的情势，也危急万分。两人经过紧急磋商，一面急忙把那五百户部民撤往山巅结阵，即当地人称作古战场的乌碣岩。让大将隆井带领二百兵马，于乌碣岩上守卫着，以防止乌拉兵马偷袭。费英东与扬古利二将带领三百兵马，在乌碣岩下与乌拉部一万兵马对峙。扈尔汗单人独骑，前往大营舒尔哈齐处驰报消息，争取后面援军早日赶到。

第二天，乌拉部主将博克多贝尔派遣大将厄利虎前来挑战。

费英东本欲出马迎敌，大将扬古利说道："杀鸡焉用牛刀！这无名的小卒，让末将前去把他活捉来吧！"说罢，便拍马出阵，向对方喊道："建州大将扬古利在此，不怕死的就过来吧！"

厄利虎手持两把铁锤，高声喝道："建州的毛贼休得猖狂，我厄利虎也不是好欺侮的。"

约战到二十多个回合，乌拉主将博克多贝尔见到建州将领英勇无比，担心厄利虎有失，急令鸣金收军。厄利虎正感到两臂酸麻，难以支持下去，忽听收军号令，便虚晃一锤，拨马而回。但是，扬古利却杀得性起，哪管对方收军号令，一见乌拉敌将逃跑，便两腿一夹战马肚子，那匹马便四蹄撒开，追赶而去。

眼看就要追赶上了，只见扬古利突然一伸手，一把抓住厄利虎的腰带，稍一用力，便将他轻轻地抓了过来，往马前使劲一掼。忽听"啊"的一声，那厄利虎竟被活活摔死！扬古利马到近前，飞身下马，用腰刀割下厄利虎首级，系于马鞍上。然后，他又跳上马，一阵风地杀入乌拉兵马中，挺起那杆铁枪，连续刺倒七人。

乌拉兵见到扬古利英勇无比，吓得慌忙后退，费英东这才鸣金收军，催马过来，迎住扬古利说道："将军马到成功，杀将退兵，为咱建州兵马争来了荣誉，树立了榜样，可敬可贺！"

此时，乌拉与建州的兵马，各自隔江扎营，相互成对峙之势。

傍晚时分，建州的大队兵马匆匆赶到，舒尔哈齐领着众将来到江边，一见乌拉部人马遍布江边，不觉吃惊道："乌拉兵马上万人，我们仅三千人，如何对阵？"

费英东立即把扬古利在阵前掼死敌将厄利虎，又连续刺死七名乌拉兵的战绩告诉大家，并且说道："别看他们人多势众，却像豆腐做的兵马一般，不经打的！"

舒尔哈齐听了，立即正色教训道："别被小胜迷住了双眼。"

此时，建州的兵马见到乌拉部人马众多，不免产生畏惧心理，有许多士兵交头接耳，议论纷纷。这种畏敌心理，立刻在建州兵营里引起了一阵骚动。

褚英、代善一见众兵畏敌，便立即想起父亲努尔哈赤常常教诫他的话语："在统兵迎敌、临战之前，对部下要激励士气，鼓舞斗志，应当向将士们及时地分析军事形势，以增强其必胜的信心。"

褚英先说道："别看乌拉部兵马众多，他们的首领布占泰曾经是我们建州军的俘虏，在咱们的佛阿拉过了三年的阶下囚生活。那时候，布占泰被我们用铁锁链子系着颈脖，咱们的大王对他大仁大义，免他一死，送他回乌拉部去的。这种败军之将又有什么可怕的！"

代善又接着向将士们说道："他布占泰的兵马虽然多一些，但是我们大王素有威名，只要大家精诚团结，奋勇当先，这一仗我们必胜无疑！"

这时候，费英东又把被扬古利大将割下的乌拉大将厄利虎的首级挂出来示众。

建州的兵卒听到耳里，看在眼里，顿时欢声雷动，精神振奋起来，士气大振。

次日上午，乌拉部的主将博克多贝尔带领将士前来挑战，高声叫骂着要建州将领出来应战。舒尔哈齐领着建州的将士，出阵迎敌。

代善首先出阵，一马来到阵前，喝道："叫喊什么呀，你们乌拉部是我们建州的手下败将，快让布占泰出来受死！"

博克多贝尔一听，向儿子赫鲁亚一努嘴，说道："去！把努尔哈赤的这个愣小子狠狠教训一顿，为我们乌拉人出一口恶气！"

那赫鲁亚答应一声，拍马迎将上来，也不搭话，挥起大刀向代善劈来。

代善虽然年仅二十四岁，但是长得膀大腰圆，膂力过人，加上弓马纯熟，武艺高强，多次与褚英比试都在其上，被努尔哈赤另眼相看。代善手使一把大刀，挥动起来，带起呼呼风声，厉害无比。

赫鲁亚的两把单刀怎能抵挡得住代善的大刀，战不了几个回合，只见代善轻舒长臂，大手一伸抓住赫鲁亚的腰带，大喝一声："还不给我过来！"

赫鲁亚就被代善拉下马来，往地上一扔，建州兵卒迅速上前，取下首级，飞身回营向舒尔哈齐报功去了。

乌拉部主将博克多贝尔一见儿子被杀，大喊一声："代善小杂种，老子这条命也不要了。咱们拼了吧！"

他拍马上前，举刀就砍，决心要为儿子报仇，却被褚英截住，杀在一块。褚英见博克多贝尔来势汹汹，要找代善报仇，担心弟弟有失，便迎了过去。

褚英与博克多贝尔战了二十多个回合，不分胜败，心里想道：二弟已得了头功，我何不用师傅教给我的回马枪赢他。想到此，遂猛刺一枪，勒转马头说道："老匹夫！我斗不过你，待我去也！"说罢，便拍马回去，落荒而逃。

那博克多贝尔不知有诈，又因报仇心切，只想为儿子讨回血债，便一心追赶。

褚英边跑，边用心往后觑看，一见博克多贝尔真的追自己来了，便有意放慢马速，眼见对方快要追上自己，说时迟，那时快，褚英双手握枪，身子一闪，那铁枪飞快地刺向博克多贝尔。只听"扑哧"一声，便将乌拉老将博克多贝尔枪挑于马下，当场死了。

此时，乌拉部的次将常住、胡里布一见主将父子相继战死，便急忙指挥各兵马蜂拥而上，他们齐声喊道："我们要为主将报仇，杀啊！"

建州的兵马营中，舒尔哈齐、费英东、扈尔汗，以及代善、扬古利等将领，见乌拉兵马骤然杀至，也催马上前，杀入敌阵中，奋勇争先。

乌拉的兵马虽然众多，但是将领太少，加上主将父子被杀，又被建州将领乱砍乱杀，已是招架不住了。乌拉的次将常住被费英东一刀砍于马下，胡里布遇上了扈尔汗，他哪是对手，交战只几个回合，被扈尔汗一枪刺死。

乌拉的兵卒一见将领全死，顿时慌了手脚，不由得纷纷溃败下去。这一仗，乌拉部的兵马，仅死于朝鲜王国境内的，就将近三千人；而战死在当时女真地方的，也有五六千人，合计总有七八千人之多。战后，建州获得战马五千匹，盔甲六千多副，至于兵器等不计其数。

这乌碣岩一战，建州与乌拉，是三千对一万，建州兵取得了以少胜多的空前大捷。大军凯旋后，努尔哈赤从费英东、扈尔汗那里确切了解到战役的全过程，他大喜过望，奖励所有的战将，并各赐以名号。舒尔哈齐被赐名为达尔汉巴图鲁（蒙古语意为"荣誉的勇士"）。长子褚英奋勇作战，赐名为珂尔哈图图们（蒙古语意为"有智谋的万户"）。次子代善与其兄并力杀敌，因擒斩乌拉主将首立头功，被赐名为古音巴图鲁（蒙古语意为"罕见的英雄"）。费英东、扈尔汗、扬古利等将领，也都得到丰厚的奖赏。

乌碣岩大战的结束，使乌拉与建州两部的力量对比发生了有利于建州的变化。战前，乌拉的兵力胜于建州，战争中努尔哈赤的军队既消灭了乌拉的有生力量，又收编了东海女真兵多达五六千名。努尔哈赤把这部分女真兵作为心腹，其兵势之盛，胜于诸部，致使各部女真纷纷归附。

相反，乌拉部损失惨重，士气大挫，从此一蹶不振，对建州兵马再不敢轻易挑衅了。乌碣岩的那次较量使乌拉部付出了三千人丧生的沉重代价，布占泰不得不为之心惊胆战。

于是，他找来了拉布亥，对他说道："怪我不自量力，没有接受你的忠告，故有今日之败，于今思之，痛彻心扉，罪莫大焉。"

听了布占泰的自责，拉布亥不好再埋怨他了，只得说道："古人说'亡羊补牢，犹未为晚'，目前的当务之急，我以为还是应与建州恢复友好关系，否则，乌拉的前途将是岌岌殆哉！"

布占泰经过深思熟虑了好几天，便于万历三十六年（1608年），带着拉布亥一道亲赴建州。

见到努尔哈赤，布占泰双膝跪下，痛哭流涕，哽咽着说："我布占泰鬼迷心窍，做出了丧心病狂、背义忘恩的蠢事，万望大王不计前嫌，再给我一个悔过的机会。"

见到布占泰如此表现，厅内的建州众将领无不嗤之以鼻，大将扬古利立即说道："大王！对这个无情无义的可耻之徒，不如把他杀了，以绝后患，免得他再回去之后又生事端。"

张军师慌忙站起来制止道："别胡说八道！布占泰是乌拉部首领。他来认错道歉，我们仍然应该以礼待之。"

张军师说完，努尔哈赤也从椅子上站起来，双手扶起布占泰，说道："你只要说的是真话，我不会计较你的，何况你我既是两部首领，又是姻亲呢？"

努尔哈赤刚说到这里，布占泰立即向他发誓道："我布占泰若能得到大王亲生之女为妻，从今往后，将永远依赖建州为生，乌拉与建州两部也将世代友善，永不再动兵戈！"

听了布占泰的请求，努尔哈赤当即答应把亲生的女儿穆库什嫁给他。

于是，乌拉与建州结成了第五次婚姻。

但过了一段时间，布占泰又忘乎所以了，他想把叶赫美女东哥占为己有。布占泰为了早日把东哥娶到手，就迫不及待地把丰厚的嫁妆，虔诚的心意，一齐送往叶赫部。

在这之前，乌拉将领中比较倾向建州的拉布亥，曾多次劝诫布占泰，要他放弃这桩婚姻。但布占泰已被美女东哥摄去了魂魄，什么良言、忠告都听不进去了。

为了让布占泰清醒，拉布亥竟然挖空心思，私自走进布占泰的府里，向建州的三位女子——额实泰、娥恩哲和穆库什通报了这一情况，希望她们向布占泰吹吹枕头风。

谁知道她们一说，竟招来一场灾难。那天，三人劝说布占泰，让他不要好了伤疤忘了疼，竟被布占泰绑在树上，用无箭矢的箭射她们。虽然不至于射死，但也受了些伤。

娥恩哲与额实泰、穆库什三人回到住处，抱头痛哭，她们觉得十分委屈，决心向建州报告这一情况。三人商议后，让穆库什的陪嫁丫头乌阴女扮男装回建州去向努尔哈赤汇报。

此事被布占泰发觉之后，更加恼火，便把三人囚禁一室，派专人看管，以防止她们逃往建州。

布占泰深深感到，乌拉想发展，要有所作为，必须在军事上打败建州，它像一块又大又重的绊脚石，挡在乌拉前进的道路上！可是，他又深感自己的力量不足，怎么办呢？

他又与建州的死对头——叶赫部进一步携手，又与科尔沁蒙古密切了关系，组成了联合战线，以对抗建州。

努尔哈赤得到侄女与女儿遭到箭射的消息之后，又想到布占泰一系列反对建州的活动，便决定再次对乌拉进行惩罚性的用兵。

万历三十六年（1608年）三月，努尔哈赤命令长子褚英、侄儿阿敏，率领兵马五千，前去攻打乌拉的宜罕山城。

这宜罕山城依山建成，是乌拉的粮食、牛羊畜类的库藏重地。布占泰派他的侄子阿巴山领二千兵卒守城，防守比较严密，加上此城易守难攻，阿巴山未把建州的攻城放在眼里。

阿敏为努尔哈赤三弟雅尔哈齐的儿子，年纪虽然比褚英小四岁，可是他足智多谋，武艺精湛，加上作战勇敢顽强，深得努尔哈赤的赞许。这次出征前，努尔哈赤对褚英说道："你勇猛有余，聪睿不足，而阿敏则有勇有谋，是你学习的榜样。"

阿敏果然不负大伯的希望与信任，他与褚英将宜罕山城周围的形势侦察清楚以后，二人遂各带二千五百人马，分头攻城。

当晚，天交二更以后，阿敏领着二千五百名兵卒，全部是短装打扮，悄悄行动。借着夜色的掩护，他们神不知、鬼不觉地登上宜罕山城的背后靠山——虎跳山。由于山上林木遮天蔽日，山石参差错列，二千五百兵卒深藏不露形迹。

天亮以后，褚英领着兵马从正面攻城，虽然城上的滚木、礌石，夹带如雨一般的箭矢，一齐打下来，建州的铁骑兵依然勇猛异常，如洪水猛兽一样，一次次地冲向城下。

阿巴山一见城下攻得激烈，便把全城守军调到正面迎敌，未想到这一下正中了阿敏的声东击西之计。阿敏在城后虎跳山坡隐伏着，一听城门处传来震耳的喊杀声，知道褚英已开始攻城了，当即命令兵卒作好攻城准备！

过不多久，侦探回来向阿敏报告："城上的守兵全都调到前面去了。"

阿敏还有些不太放心，又亲自来到城下，纵身攀上城墙，向周围一看，果真连一个守军也没有了。阿敏这才下达攻城命令，他自己则手举大刀，率先窜上城墙。

兵卒们没有云梯，就用人顶人的办法，搭成人梯，如猿猴一般，飞身窜上城墙。没有炮声，没有鼓声，在这无声的命令下，二千五百名建州兵卒，静悄悄地越过城墙。按照阿敏的指挥，他们各自奔向攻击目标，有的去粮仓放火，有的去牛圈放火，有的去军棚放火，也有的去马栏放火。而大部分兵卒随着阿敏，杀向城的正门，此时，喊杀声一起，他们打着火把，向前门杀去。不久，大火烧起来了，牛从圈里逃出来了，羊从棚里逃出来了，马也从栏里逃出来了。

阿敏领着人一路砍杀，不住声地大喊："建州兵马杀进城了！快逃啊！不得了啦。"

建州兵边喊着，边杀上城头，那些守城的乌拉兵吓得魂不附体，兵器一扔，向城下逃去，正被阿敏的兵卒迎着，大都被杀了。阿巴山一见，知道城被攻破了，便想逃命。哪知阿敏早已赶到近前，一刀刺去，正中他的心窝，他立即倒地而死。

宜罕山城被攻破了。乌拉守城兵两千人，被杀一千二百余人，余下的七百多兵卒，全都归顺建州。褚英、阿敏指挥建州兵马，把跑散了的马牛羊重新聚集在一块，又将仓库里未烧着的粮食谷物全部搬运出来，还将那些甲胄、兵器等，一齐装在车上，统统运往建州。

随着建州统一事业的发展，乌拉与建州的关系进一步恶化了。

努尔哈赤要与叶赫抗衡，就必须统一乌苏里江以东地区和黑龙江中下游流域。这样，乌拉就成为其前进道路上的一棵大树，只有砍倒这棵大树，才能扫除障碍，打开通路。

努尔哈赤向他的将领们说道："想砍倒乌拉这棵大树，岂能骤折？必以斧斤伐之，渐至微细，然后能折。"

为了砍倒乌拉这棵大树，努尔哈赤费尽了心机，在从1593年布占泰被擒，至1613年乌拉灭亡的整整二十年间，努尔哈赤交替使用联姻盟誓和武力征伐的两手政策。

万历四十一年（1613年）正月，努尔哈赤带领次子代善、侄儿阿敏、大将费英东、额亦都、安费扬古、何和理、扈尔汗等率军卒三万人，张黄盖，吹喇叭，奏唢呐，打锣鼓，声势浩大地又一次向乌拉进军。

因为布占泰在乌拉已处在众叛亲离状态，努尔哈赤的兵马进入乌拉境内没有遇到多少对抗，便连续攻克孙扎秦城、郭多城、鄂谟城。

不甘心屈服的布占泰，在正月十八日，亲自率领兵马三万人，出富尔哈城迎战。建州的兵马一见乌拉出兵，斗志更加昂奋起来，众将更是纷纷请战。

努尔哈赤的次子代善道："本来我还担心布占泰这家伙不肯出城应战，正在想办法来引他出城。今天，他既带兵应战了，我们也不能坐失良机呀！不然的话，我们厉兵秣马，兴兵来这里做什么！"

大将安费扬古也接着说道："今天，我们的大兵既然来了，就要狠狠地与布占泰厮杀一场！让这个忘恩负义的小子娶了叶赫的那位东哥美女，岂不使我们蒙受耻辱？"

听了众将领的激奋言辞，努尔哈赤愈加沉静地说道："两国交兵，我将与大家一起冲锋陷阵，不是我怕死，而是等待极好的有利战机，以避免不必要的伤亡啊！"

将领们听到努尔哈赤的心里话，更加敬佩自己的统帅，同时，求战的情绪更加高涨，宛如一团团待燃的柴禾，只等星火一点，那冲天的大火就会把三万乌拉兵马烧成灰烬了！

善于把握将士情绪的努尔哈赤，见此情景，便进一步激励说："承蒙上天保佑，我自幼在千军万马之中，孤身冲锋，矢刃交加，历经百战，从无惧色。今天，面对这个屡败之人，我何所畏惧？"

说罢，努尔哈赤立刻披挂整齐，率先出战。此时，全军上下见了，顿时欢声雷动，人人披甲请战，情绪更加高涨。

布占泰此时已率领三万大军，严阵以待，与建州军相距不过百步之远。

初战时，两军下马步战，先是弓箭手对射，在震天喊杀声中，矢如风发雪落，声似狂飙雷鸣，杀气凌云，摄人心魄。努尔哈赤环顾众将之后，一马当先，手舞大刀，杀入敌阵中去。

随后，建州诸将领、军卒们坚甲利剑，各路大军一齐冲入乌拉阵中。建州的铁骑如风卷残云一般，突入冲出，使乌拉兵抗不住这洪水般的冲击，立刻四散溃败。

俗话说：兵败如山倒。乌拉兵顷刻大乱，丢盔弃甲，抛戈弃刃，尸横遍地，血洒荒原，真是惨不忍睹。建州兵马乘胜追击，他们迅速地越过富尔哈城，继续穷追不舍，去争夺乌拉城门。

大将安费扬古带领攻城军卒，一面架云梯登城，一面把战前准备好的土袋，抛向城下。等到土袋堆及与城墙一般高时，攻城军由土袋很快登上城头，与城上守军拼杀起来。此时，大将额亦都领着先锋军夺门而入，一路喊着，杀进城里去。

努尔哈赤杀到城下时，乌拉大城已经陷落，安费扬古迎接努尔哈赤从容入城，坐在西门城楼上观战。

这工夫，建州的各路兵马追杀乌拉兵于旷野，布占泰全军崩溃，损兵折将十有七八。他领着不足百人的亲兵队伍，侥幸脱身逃回，刚来到城下，在心中十分慌乱情况下，向城上一看，差点儿一头栽下来！

原来，他看见城头上飘扬着一杆醒目的大旗，上书"建州努尔哈赤"六个大字，而努尔哈赤正神色严峻地端坐在大旗旁边。布占泰这时候惊恐万状，一副失魂落魄的样子，正想扭马脱逃，却被代善的兵马团团围住。

代善大声喊道："布占泰！你不下马投降，还待何时？"

军卒们也一齐喊道："活捉布占泰！活捉布占泰！"

被吓得屁滚尿流的布占泰，自感兵少势单，哪有心思恋战？他大喊一声，领着数十人冲出重围，夺路而逃。

乌拉城这一战，努尔哈赤的兵马击溃乌拉兵三万人。其中斩杀乌拉军卒一万余人，缴获盔甲七千多副，其他各种器械不可胜数。努尔哈赤在乌拉城里住了十天，命令杀牛马，犒赏将士。之后，又清查府库，收集各种战利品，并"分配俘虏，编成万家"，统统带回建州。

至此，乌拉部终于灭亡了。始建于明代永乐五年（1407年）的乌拉部，历经206年，传九代，十个部长，到布占泰为止，终于灭亡了。

叶赫，乃满文语音，若是译为汉文，其意为盔顶。这叶赫部名称的由来，或是因为他们居住在山城，城高似盔顶而得名。抑或因为部民多居住在叶赫河流域，故因地而得叶赫部名。

这叶赫部地近北方，每年向大明皇帝"进贡"的时候，多取通镇北关，所以又名北关。在扈伦四部中，叶赫部东临辉发，南接岭达，西靠蒙古，西南方向距开原较近，北与乌拉相通。叶赫先世姓土默特氏，后灭扈伦纳喇姓部，遂姓纳喇氏。叶赫属下管辖十五部，其部民素以勇猛、善骑射著称。

叶赫部的治所在叶赫城——有东、西两城。叶赫西城，依山面水，它位于叶赫河北岸三百米处的山坡上。城是依山建筑，故称叶赫山城。城墙宽厚高峻，由土石混杂一块筑成，分为内外二城。外城周长五里左右，全依地势围筑；内城修在外城中东南部的平顶山丘上，随地势围筑呈不规则形状，周长约二里有余。

在西城以东为叶赫东城。它北临叶赫河，南依岭岗，依山冈筑成，城墙也高大耸阔，亦为山石与黏土混杂筑成。这石城外用木栅围成一周，谓之栅城；在石城内又有木城。在三城之间均有护城壕沟相隔，并在壕沟之间建有桥梁，可以互通往来，便利异常。在木城之中有一座小山突起，山坡被凿成平顶，周围回迂峻绝，又垒石城于其上。这石城高约八丈以外，远远看去，突兀险峻，伟岸壮观。在石城内又建木城，木城中建有偌大的一座八角的明楼。

东城的叶赫部长仰佳努与妻子儿女等，就住在这八角明楼里面。这明楼上下三层，一二层住人，三层是储放资财珠宝的场所，楼顶呈八角形状，仿照斗拱飞檐，甚为好看。

这座东城不仅城墙坚固，而且有重兵把守，其中控弦之士就超过万人，甲冑者也以千计，刀剑、矢石、滚木等应有尽有。

叶赫始祖星根达尔汉，传四世至褚孔格，当时，正是明朝初期。

起初，自明朝永乐年间，叶赫与哈达相继归顺，皇帝颁给海西诸部自都督以下至百户，敕书共九百九十九道，按强弱分配，屡有变动。

当时南关哈达强盛，领敕书六百九十九道；北关势弱，叶赫只得三百道敕书。按照统一规定，每一道敕书，骏马一匹入贡，在这之后的一段时间里，南北两关互有强弱，故敕书亦因之不同。

为争敕书，哈达与叶赫两部经常发生战争，褚孔格部长在一次战争中被杀，敕书等均被哈达部夺去。

当时，叶赫承继褚孔格部长之位的是其子太杵，太杵有两个儿子——清佳努和仰佳努。

据传说，这清佳努、仰佳努本是藏獒之仔。叶赫部长太杵曾托人买到两只藏獒，它们长大以后，第一次产下两个小獒仔，太杵把小獒仔抢走，用羊乳喂它们，却把藏獒的奶挤下来喂他的两个儿子。这清佳努、仰佳努就成了一对獒仔了。

也许是他们秉承了藏獒的凶悍本性，清佳努与仰佳努都长得体格强健，膂力过人，性格强悍好斗，骁勇无比。为报祖父褚孔格之仇，兄弟二人领兵血洗哈达部，尽夺其敕书。

明朝边官对女真族一直采取"以夷制夷"政策，他们得知南北两关相互残杀，不但不予制止，反而暗中庆幸。后来，哈达部长王台执政，此人足智多谋，常向明朝边将贿赂，深得大明皇帝的信任，被提升为龙虎将军，成为女真首领中的强者。

通过明朝边官的胁迫，终于将敕书的大半复归南关哈达部，而北关叶赫仅收四分之一了。从此，清佳努与仰佳努一方面与哈达部长王台征战不止，又经常到明朝边官处喋喋不休。

时间久了，明朝驻辽东的制置使胡为义出面调停，给南关哈达五百道敕书，北关叶赫也分到了四百九十九道敕书。至此，南北两方才息兵罢战了几年。

万历十三年五月，哈达部猛骨孛罗与歹尔干的儿子歹商，以金草、人参、狐貂等物，赂给当时宁远的李成梁，伪以赐敕约会，诱请清佳努、仰佳努及其子兀逊孛罗、喀尔喀马，还有从骑三百余人，于开原"汉寿亭侯关公庙"中尽杀之。之后，清佳努子卜寨、仰佳努子那林孛罗分别继为部长，卜寨居叶赫西城，那林孛罗居叶赫东城。

卜寨生得膀大腰圆，有万夫不当之勇；其弟那林孛罗长得黑瘦矮小，却奸诈圆滑，野心勃勃。兄弟俩多次带兵掠扰哈达，其意在报雪世仇，并企图称雄海西。但是，卜寨与那林孛罗既没有经天纬地之才，又无远大抱负，整日贪恋酒色，沉醉在淫乐之中。

万历十六年（1588年），哈达部猛骨孛罗又重贿李成梁，使其出使威远堡，驰行六十里，至叶赫城下。当时，卜寨与那林孛罗正在城中淫乐，李成梁发炮毁栅，攻入内城。

兄弟二人被迫出城乞降，向李成梁立誓道："永不敢再去袭扰哈达部了。"

卜寨与那林孛罗再次受到李成梁的重创，叶赫元气大损。

恰在这时，努尔哈赤已统一了建州，但是卜寨与那林孛罗却妄自尊大，对建州的实力估计不足，在劫寨和谈判失败之后，不记取教训，却纠汇九部之师，发动古勒山之战。

卜寨在古勒山下丧生，那林孛罗侥幸逃回叶赫，为讨还其兄卜寨的尸体，那林孛罗多次派遣使者前往建州。可是，努尔哈赤将卜寨尸体"割其半归之"，于是，北关遂与建州结下了不共戴天之仇。不久，那林孛罗因念兄仇，昼夜哭泣，不进饮食，郁郁成疾，终于一命呜呼！卜寨子布扬古、那林孛罗子金台石分别继任为叶赫部长。

在这以后一段时间，建州的努尔哈赤巧妙地从属明朝，结好朝鲜，对海西女真实行远交近攻策略。

大明万历三十二年（1604年）正月初八日，努尔哈赤亲自率领大军三千人，前去攻打叶赫部。叶赫没有防备，努尔哈赤连拔二城七寨，尽烧毁其房屋，将谷物粮食、资财等掳劫一空，并掠回叶赫部民二千余人。从这以后，两部之间的冲突，已成不可避免之势了。

金台石与布扬古十分恼火，他们在叶赫将领中间气愤地说道："努尔哈赤无端对我们用兵，实在是欺人太甚。"

于是，叶赫部把与建州作军事上的对抗作为头等大事来抓了。

万历三十七年（1609年），努尔哈赤在统一海西三部以后，兵势更加强大，便想一举扫平叶赫部。但是，努尔哈赤也许是求胜心理太切，过高地估计了建州的兵力，而忽视了叶赫精锐骑兵的战斗力。

在经历了四天半的急行军之后，努尔哈赤及其二弟舒尔哈齐等统率的建州兵马刚进入叶赫部境内，便有哨探回来报告："叶赫部长金台石、布扬古已率领全部骑兵出城，往我们这边迎过来了！"

不过两个时辰工夫，两军相遇于淘金湾里，努尔哈赤用大刀指着对面的叶赫骑兵说道："快让金台石、布扬古出来说话！"

布扬古将丈八蛇矛提在手中，拍马出阵说道："你是我的杀父仇人，有什么好说的！"

大将费英东向努尔哈赤请战道："这种人不识抬举，请大王让我去教训他！"

"好吧！"

费英东提起大铁枪，催马前来，与布扬古二马迎头，也不搭话，便一起枪矛并举，战到一块儿了。

这布扬古虽然力大如牛，但是马上的功夫怎能敌得过费英东？

二人战到三十多个回合，布扬古的枪法已乱了，眼看他只有招架之功，再没有还手之力的时候，金台石看得很清楚，他心里想：努尔哈赤的将领，在马上都是能征善战的，不能与他们死拼硬斗。想到此，金台石大刀一挥，向骑兵将领一声令下，叶赫骑兵如一阵狂风，呼啸着冲向建州骑兵。

努尔哈赤一见，指挥将领们，带着轻骑兵急忙应战，截着叶赫骑兵杀过来。尽管建州将领英勇拼杀，努尔哈赤率先迎战，仍然抵挡不住叶赫骑兵的冲击。两军喊杀声惊天动地，相互厮杀得十分激烈，双方死伤不计其数。

这淘金湾本是一个久已干涸了的又大又旷的平原场地，双方兵卒有被杀伤致死的，也有被战马践踏而死的，哭声、叫声、呻吟声，淹没在喊杀声里……

经过一番厮杀，建州兵抗不住叶赫骑兵的攻击，纷纷溃退。

自万历十一年起兵以来，努尔哈赤率领他的骑兵队伍，所向披靡，兵锋指向哪里，无往不胜，故有常胜将军的美称。如今，却遇到一个劲敌！努尔哈赤怒火塞满胸膛，一见自己的兵马节节败退，怎会容忍呢！

他大喝一声道："谁再退下来，我格杀勿论！"

说罢，大刀一挥，连斩两个畏缩的军卒，可是，叶赫骑兵如猛虎下山，风驰电掣似地冲过来，连努尔哈赤自己也坚持不住，被迫退了回来。建州兵马如潮水一般涌退着，努尔哈赤一时不能左右战局，只得勒转马头，败下阵来。叶赫骑兵在金台石、布扬古指挥下，随后紧紧追赶，他们用大刀，用弓箭，沿途追杀，一刻也不放松。

舒尔哈齐身中两箭，幸亏有常书等护卫着，才得以逃脱。努尔哈赤族众多人战死，兵将死伤过半，甲胄、器械几乎全部遭损。

回到佛阿拉之后，努尔哈赤大为恼怒，决意对叶赫进行报复。他立即命令兵器厂的工匠日夜打造兵器，并下令征调洪丹、土乙其等五个部落的士兵，以备十月份再攻叶赫。

张聿华军师劝告努尔哈赤道："古语云'胜败乃兵家常事'，不要把这一次的战败看得太重！当年，刘邦、项羽争天下时，刘邦屡战屡败；而项羽则每战必胜。到头来，由于刘邦善于运用人才，经常总结战败的教训，最终打败了骄傲、刚愎的项羽！"

军师的一席话，使努尔哈赤顿开茅塞，立即自责道："是啊！军师讲得有道理，应该'吃一堑，长一智'。"

说完，努尔哈赤立刻召开全体将领开会，分析、总结这次战败的原因。

叶赫部在淘金湾这一仗大获全胜，金台石得意洋洋地对其部下说道："努尔哈赤是常胜将军的神话，已被我们打破了，从此以后，你们再不要害怕努尔哈赤了。"

听了他的话之后，叶赫部的将领们不少人面露骄矜之色，有一个老将名叫莫兀兔的，却不以为然，直言不讳地说道："我以为，努尔哈赤不会就此罢休，他会整顿兵马，再次卷土重来的。何况自古打仗，胜败乃兵家常存之事，怎么能因为一次打了胜仗，就开始轻视对手呢？"

听了莫兀兔的话，金台石、布扬古都不太高兴，那布扬古马上说道："你别长努尔哈赤的威风，灭我们自己的志气！只要有我们的叶赫骑兵在，他努尔哈赤就别想打赢我们！"

有一个名叫恒喀喀的将领道："我有一计，可以很快地消灭建州的努尔哈赤，让他永世不得翻身！"

金台石听后，忙问道："恒喀喀将军讲出来，我们听听！"

那恒喀喀不紧不慢地说道："当前，我们在淘金湾一仗，打败了努尔哈赤，但是，建州并不畏惧我们叶赫，他怕的仍然还是大明朝廷。只要我们向明朝驻辽东官员陈说努尔哈赤肆意攻占周边部落，扩大统治领地的真实情况，争取让明廷出兵，何愁建州不灭？"

金台石听了，连连点头，布扬古笑道："好计，好计！"

金台石当即对恒喀喀说道："这样吧，就请恒喀喀将军走一趟，先去抚顺总兵府里，再去广元巡抚大院，怎样？"

恒喀喀忙又说道："部长大人信得过末将，我就去一趟；不过不能空着手去，必须……"

金台石慌忙拦着，说道："这事你可放宽心了，我明天就派人为你准备礼物，三天后你就出发，如何？"

恒喀喀马上答应道："请两位部长大人放心，凭着我这三寸不烂之舌，再加上一份丰厚的礼物，不怕他们不为我们办事的。"

再说明朝的辽东边官腐败，主要是受李成梁的影响，当时的兵部尚书李化龙给皇帝奏道："辽事之坏，自李成梁父子，相继掌兵权，盘踞三十余年，其骄纵贪黩，苛索殃民，无所不用其极。"

直到万历三十六年（1608年），明朝辽东总兵官李成梁才被解任。一个月后，即这一年的七月，万历皇帝以张悌为都察院右佥都御史巡抚辽东，派杜松为辽东总兵官。

可是大明朝廷中分管辽东事务的官员是泰宁侯陈良弼，此人是个有名的贪官，他与宦官魏忠贤沆瀣一气，把持辽东事务，配置辽东官员，一旦不合他们的意愿，多则三月，少则一旬之后，即被撤换。

因此，多年以来，辽东官员尤其是巡抚一职调换得如走马灯一般。

唯有李成梁是个例外，主要原因是他与陈良弼是儿女亲家，加上李成梁每年以人参、貂皮等辽东土特产源源不断地送往魏忠贤处，深得这位九千岁的信任，以致能连任三十余年，直到八十三岁，"齿衰力惫"时，才被解任。

张悌、杜松全是方正、耿直之人，到任不过四个月，即被解职。

万历三十七年（1609年），明廷以王威代替杜松担任辽东总兵官。万历三十八年（1610年）三月，明廷又以麻贵为辽东总兵官，代替王威。一个月后，又派杨镐担任辽东巡抚。

此时，正是努尔哈赤率师攻打叶赫部，被叶赫骑兵所败的第二年的春天。

叶赫部的将领恒喀喀奉金台石之命，带着大量礼物，分别送给辽东巡抚杨镐及总兵官麻贵。恒喀喀向他们述及建州努尔哈赤多次出兵劫掠叶赫村寨，并扬言一定要灭亡叶赫等。

这杨镐本是一个贪官，见恒喀喀送来如此丰厚的礼物，又说得这般确凿，便答应了叶赫的要求，准备用武力惩戒建州。

杨镐对总兵官麻贵说道："这努尔哈赤不仅完成了建州各部统一，又连续攻占了南关哈达、辉发和乌拉，如今又去攻打北关叶赫，其野心不小哇！"

麻贵听了，也有同感，说道："去年，兵部尚书李化龙就上表奏明皇上说'辽东为患最长，独在建州努尔哈赤'，这话说得再实际不过了。"

杨镐接着对麻贵道："既然这样，我们就打打他努尔哈赤的威风，防止他以后翅膀硬了，更难控制！"

麻贵有些忧虑地道："只是我们的军卒不过万人，而努尔哈赤却大将云集，精兵三四万人，加上此人智谋过人，狡猾异常，不好对付啊！"

杨镐听了，手捋胡须沉吟良久，说道："我们去联络蒙古各部，再加上叶赫现有的兵力，凑在一起，能有七八万人马，总可以制服建州了吧？"

麻贵想了一下，说道："巡抚大人不可轻视这个努尔哈赤，十多年前，叶赫部联络了乌拉、哈达等九个部落的兵力，在古勒山下与努尔哈赤开战，却被他打得落花流水，大败而回。"

杨镐听了，不禁惊愕了一会儿，说道："正因为如此，我们更要抓紧时机，趁他羽翼未丰时，狠狠地制服他！"

麻贵听了杨巡抚的话，觉得有理，忙道："我与大人有同感，对建州用武当然是越早越好，再不能如李成梁那样，对努尔哈赤睁一只眼，闭一只眼，任其发展。"

杨镐与麻贵意见一致，并着手去联络蒙古兵力，共同携手，惩戒建州。

但是努尔哈赤的"耳目"众多，这消息很快被他知道了，并引起他的重视。努尔哈赤与张军师等商讨以后，不得不转攻为守，作为应急的防备。先是将兵力集中起来，布防在都城佛阿拉以外三十里的谖阳、宽奠以及西部抚顺一线，并增设路障，以防敌兵骤然侵入。

用张军师的话说，这是"武备"。

然后，努尔哈赤又派遣那个能说会道的哈坡天，带着厚礼，前往明廷的巡抚杨镐、总兵官麻贵处，将叶赫部多次领兵偷袭建州村寨，劫掠人畜、资财等，说得活灵活现。

杨镐与麻贵感到为难了，只得对哈坡天道："这事我们再研究一下。"

于是，用武力打击建州的计划，终于没有问世，被扼杀在摇篮里了。以后，辽东总兵官麻贵又被免了职，让张承胤来辽东上任了。明廷又以郭光复为都察院右佥都察御史巡抚辽东，把杨镐解了职。明朝的两个新官刚到辽东，两眼一抹黑，对叶赫与建州两部事情，未予过问。至于那个"军事打击"的计划，也就彻底搁置起来了。

就在这时候，建州内部出了一件事情。

在乌拉灭亡以后，满泰的孙子哲乌泰也被建州掳来，并成了努尔哈赤的侄女婿。

这个哲乌泰长得高大英俊，一表人才，努尔哈赤见了，十分喜欢，便把二弟舒尔哈齐的女儿苏晞格格嫁给了他。

一天，哲乌泰正从兵器厂回住处的路上，忽然被一个磨刀剪的老头截住，他仔细一看，终于认出了那老头是叔父布占泰的一个家奴，名叫杭硕术。

哲乌泰惊慌地向四下一看，见周围没有人，他便问那杭硕术道："你不是随叔父去了叶赫部？怎么来这里了？"

杭硕术低声告诉他："是你叔父布占泰派我来救你的。"

哲乌泰听后灵机一动道："你随我到家里去，若有人问话，你就说'是来为我磨刀的'，切勿说出真话！"

原来，这哲乌泰来到佛阿拉之后，被分配到兵器厂里打造兵器。

二人一前一后正走着，突然迎面走来了满浅将军，哲乌泰主动说道："我找来一个磨刀的老头。"

满浅听了，立即嗯了一声，擦身而过，只是对那老头儿瞄了一眼，也就过去了。

不过，满浅是建州负责侦探的副队长，平日，他经常在佛阿拉城里转悠，一是亲身参加警戒，二是对城内的各处警卫人员进行检查、督促。满浅走过来之后，忽然想到哲乌泰是满泰的孙子，他是在兵器厂打制各种兵器的，为什么还要找那老头儿磨刀？

这一段时间，为了防备明朝派军队突然袭击建州，努尔哈赤曾告诫过何和理与满浅这两个队长，要他们加强警戒，防止明廷，特别是叶赫部派密探进城来。想到这里，满浅遂转身走了回去，随着哲乌泰与那老头儿，一直进了哲乌泰的院子。

满浅从腰间拔出朴刀，对那老头儿道："我这把刀可否能磨？"

那老头歪头看看满浅，说道："可以磨，什么刀我都可以磨！"

满浅说道："那好呀！你先替他磨，我的刀可以放在后面，反正我没事，可以等一会儿。"

哲乌泰走进屋取刀的工夫，满浅看看那老头的两只手，虽不是多干净的样子，但也确实不像一个常替别人专磨刀剪的人！后来，在磨刀的时候，满浅又仔细看他那架式，越看越怀疑，越觉得这老头不是一个靠磨刀剪混饭吃的人！

为了麻痹他们，满浅把朴刀插入刀鞘，站起身来，对那磨刀的老头儿说道："哟！我还有事哩，今天不能磨了，等下次来时我再拿来磨吧！"

说罢，满浅便若无其事地走了出去。

哲乌泰一见满浅走了，急忙向老头问道："你来找我有什么事？快说！"

老头儿小声地说："你叔父布占泰派我来找你，让你在佛阿拉做内应，从今天算起，第十的那天夜里，叶赫部长金台石、布扬古与你叔父布占泰将带领乌拉骑兵来袭击佛阿拉。"

哲乌泰又问道："有信号没有？"

那老头笑道："还用什么信号？到那时，炮声、喊杀声，会响彻佛阿拉的，你可以从城内开始放火，大火一旦烧起来，就会有一半胜利了！"

后来，二人又说了一会子悄悄话儿，磨刀老头便扛起他的磨刀家什，匆匆走了。

再说满浅使的是"欲擒故纵"的计策，他将这事转告了何和理。二人交换意见后，便派两名军卒守候在城门外，等候磨刀老头，并把他领进一间屋里。

何和理一见，向老头问道："你到底是什么人？"

老头开始还不承认，在何和理再三盘问之后，不得不说出了实话，供出自己的身份。

努尔哈赤得知此事，本想将计就计，有意放老头回叶赫去，把金台石的骑兵引来。后来，又担心明朝边官也顺便来袭击建州，也就没有那么做，只是把哲乌泰关了起来，拔掉了这颗钉子。经历了这种事之后，努尔哈赤对佛阿拉的安全警卫更加重视了，大凡陌生人员一律不准进入内城，城内的防备措施更健全、扎实了。

叶赫部的金台石、布扬古两人，见明廷的武力打击建州的许诺已成泡影，便又故伎重演、把那绝代美女——东哥，又拉出来作为政治交易工具。

金台石、布扬古见逃亡到叶赫部的布占泰已是一具僵尸，没有一点活力了，便要悔婚，准备把东哥嫁给漠北蒙古的莽古尔大，想换取蒙古的兵力，以对抗建州。

消息传到建州，一石击起千层浪，数十员建州将领一齐向努尔哈赤请战，要求立即出兵，去攻打叶赫部。

额亦都大将说道："这金台石欺人太甚！那东哥虽不是大王正式有名位的妻子，却是应聘待嫁的女子，怎能屡次应聘，又屡次悔婚易嫁？"

努尔哈赤对众将说道："在我眼里，东哥不是什么天生的尤物，就因为这个女人的缘故，哈达灭亡，辉发灭亡，乌拉也因她而灭亡。如今，金台石、布扬古又勾结明廷，不将此女予我而予蒙古，这也正好成为我们出兵的借口。"

努尔哈赤说完，何和理忙说道："当前，叶赫部正处于混乱之中，因为金台石与布扬古为争夺一个蒙古女人，兄弟二人闹翻了脸，几乎动了刀子，现在派兵倒是极好机会。"

原来，莽古尔大与东哥订下了亲事后，为了投桃报李，就把自己的妹妹瑚尔济采送到叶赫部。送到之后，布扬古先接她到了西城府里，金台石为此不服气，要了好几次都没把瑚尔济采要来。两人为此还大打出手。

两人正在对峙时，忽然跑来一名侍卫报告道："据哨探报来的消息说，建州的努尔哈赤已统兵再次前来。"

金台石觑眼向布扬古一瞧，说道："我看不能因为争那小娘们，而使自己忘了部仇家恨哪！"

布扬古只得说道："这都是你一手挑起来，能怪我吗？"

"好了！我们还要联合起来，一致对付努尔哈赤！"

金台石说完，对身边那侍卫说道："再去让探马继续查侦建州兵马的动向，及时来向我报告，不得延误！"

他的话音刚落，又来一名侍卫慌里慌张地走到两位部长面前，报告说："建州的兵马已经打到……打到我们的张城与吉当阿城。"

布扬古匆忙地对金台石说："还不立即派兵前去，更待何时？"

于是，这兄弟二人不再争斗，立即匆忙地去校场清点兵马，准备与努尔哈赤再决雌雄！

原来努尔哈赤乘布占泰逃往叶赫部的机会，以叶赫无故悔婚，又收留布占泰为借口，三次派使者与金台石、布扬古谈判，均遭拒绝。

在这种情况下，努尔哈赤遂于万历四十一年（1613年）的九月份，率领四万兵马，上将数十员，以闪电般的速度，突然攻入叶赫。

由于金台石、布扬古兄弟二人为争夺一个蒙古女人争吵不休，叶赫毫无准备，努尔哈赤在没有遇到反抗的情况下，一举攻入苏完境内。接着迂回向北，很快攻进了叶赫的张城、吉当阿城，并收取了两城的所有居民。乌苏城被围后，城中守将见到努尔哈赤军马"师众如林，不绝如流，盔甲鲜明，如三冬冰雪"，不战而降。

建州兵麾所指，和敦城、喀布齐赉城、鄂吉岱城等大大小小共计十九座城寨应声而下。

众将领请求乘胜攻打叶赫东、西都城，努尔哈赤向大家解释道："目前尚不是灭亡叶赫的时候，我们采取突袭办法，对其大部落先行蚕食，后行吞并的策略，以剪除其羽翼。"

这是努尔哈赤看到叶赫兵力尚强，又有蒙古势力支持，特别是金台石、布扬古依附明朝，试图控制建州。另外，努尔哈赤也吸取了前次与叶赫骑兵战于旷野的教训，便对叶赫采取这种蚕食政策。

于是他向建州兵马下令："凡所下之城，尽行焚毁房屋，掠夺谷物，尽取人口，携回建州。"

努尔哈赤自这次大获全胜之后，不断对叶赫部进行蚕食性的掠夺，使叶赫部蒙受惨重的损失。为了与建州对抗，防止努尔哈赤的蚕食侵扰，金台石、布扬古不得不相互携手，一致对外，号令叶赫兵民倍加警惕，时刻准备打仗，以致居无宁日。

为了对付建州，金台石与布扬古协商后，派专人去北京向万历皇帝申诉道："努尔哈赤已经吞并了哈达部、辉发部和乌拉部，今天又向我叶赫部发起多次进攻。据建州内部透露消息说，努尔哈赤若是占领了我们叶赫部，将向天朝的辽沈进兵，并扬言要以辽阳为国都，夺取开原，以铁岭为牧场。"

万历皇帝听后，立即向群臣问道："这个努尔哈赤果真如此么？"

兵部尚书李化龙上前奏道："多年来，这个努尔哈赤以退地、结盟、减夷、修贡为名，赚取信任，得以从容统一各部女真族，势渐强大。如今，他已列帐如云，积兵如雨，日夜征战，高城固垒了。许多有识之士都以为：天下无事，他绝不轻动，一旦有了风吹草动，努尔哈赤必将成为祸首！"

当时，朝廷中一直袒护努尔哈赤的泰宁侯陈良弼，秉承其主子魏忠贤的旨意，为努尔哈赤辩解道："努尔哈赤多年来忠顺朝廷，为女真中表现最好的。"

未等他说完，便被李化龙打断道："别再为努尔哈赤打掩护了！近些年来，努尔哈赤派兵马席卷南关，攻占辉发，灭亡乌拉，如今又蚕食北关叶赫部，同时他又勾结蒙古，群驱女真各部，耕牧于南关哈达部旧地，不断地向汉人居住区域推进，确有进取开原的势头，你还替他说好话，用意何在？"

陈良弼一时哑口无言，不敢再说了。

后来，万历皇帝派张涛为都察院右佥都御史巡抚辽东，并以特使身份，召见努尔哈赤，警告他"不准侵犯叶赫部"！

努尔哈赤听了，尽管内心接受不了，但是，他记得张军师经常讲给他的那个"忍"字的含义——心上一把刀！

于是，他笑了笑，婉转地申诉了征讨叶赫部的理由："因为叶赫屡次背盟，尤其是聘女之后又不嫁，还任意许婚，挑拨各部间的战争仇杀，又故意收留建州仇敌布占泰等。"

努尔哈赤一面强调攻叶赫的原因，一面想割断明朝与叶赫的联系，以免遭受明朝与叶赫两方的前后夹攻。但是，明朝与叶赫部相互利用，各自为了自己的利益，绝对不会接受努尔哈赤的说辞。

此时，喀尔喀蒙古也不断地发兵对叶赫部进行掠扰，使叶赫部雪上加霜。这是因为叶赫有意讨好漠北蒙古，把美女东哥嫁给漠北蒙古的莽古尔大，令喀尔喀蒙古大为嫉恨。

由于连续遭受建州努尔哈赤、喀尔喀蒙古的劫掠，叶赫部民苦不堪言，大闹饥馑，纷纷逃往建州，连金台石的从兄也投奔到了努尔哈赤麾下。

这不仅使金台石颜面大失，也令他人感到叶赫部即将瓦解了。

在此情况下，聪慧的努尔哈赤对前来投奔自己的叶赫人，尽心尽意地抚慰，给以热情关爱，发给他们耕牛，拨予粮食种子，帮助他们建房安居，竭尽笼络之能事。在努尔哈赤的糖弹影响下，遍遭灾荒的叶赫人纷纷走向建州。

明廷见叶赫部极可能要崩溃，便急忙采取措施，立即贷给叶赫部大豆、谷物千石，供给大铁锅六百口。为了防止建州与蒙古再次袭掠叶赫，又派遣游击官马时楠、周大歧等带领枪炮手一千人，分别驻守叶赫部的东、西二城。这样安排以后，叶赫部的人方才稳定下来，避免了分崩离析的局面。

努尔哈赤见到明朝的军队进驻叶赫部，形势对自己不利，不得不放弃灭亡叶赫的计划。

叶赫部的金台石、布扬古见到明廷竭力维护叶赫，有些受宠若惊。一时头脑发热，于万历四十三年（1615年）的三月，把那叶赫老女——美女东哥，正式许婚予蒙古的莽古尔大，并同时捕捉了建州六名百姓。

明廷当即警告金台石、布扬古不要这么做，以免挑起与努尔哈赤的战争。可是，金台石、布扬古一意孤行，把明廷的劝告当作耳旁风，并坚持于同年七月，送东哥去蒙古成婚。

果不出明廷所料，努尔哈赤立刻派兵马三千人，进驻南关哈达旧地，摆出一副要与叶赫拼杀的架势。明朝的边将一方面积极调兵遣将，一方面又设法从中调解，迫使努尔哈赤放弃攻打叶赫的想法。努尔哈赤只好暂时息兵观望了。

再说张聿华军师自努尔哈赤起兵以后，帐前马后，追随他已经三十多年了。

乘着这次息兵之机，又逢张军师的九十寿诞之日，努尔哈赤决定为老人举办一次盛大的庆寿活动。这次热烈异常的庆寿宴席，地点就设在努尔哈赤议论军政大事的客厅内。

当张聿华军师与老伴龙大妈一同出现在"万寿宫"辉煌大厅里时，努尔哈赤与他的一百多员战将以及他们的妻子等人，一齐起立、欢呼，气氛热烈异常。

在雷鸣一样的掌声中，大家不约而同地喊出了心里的呼声："张军师福如东海，寿比南山！"

张聿华老两口被安排在大红寿字下面的主宾席上落座。

在一张偌大的餐桌上，早已摆满了山珍野味，美酒佳肴。桌面上有无数光怪陆离的杯盏，四周摆满大朵香气四溢的鲜花。

席上，在张军师夫妇的左边，是努尔哈赤及其妻子一大排；右边坐着努尔哈赤的得力干将额亦都、安费扬古、何和理、费英东、扈尔汗等人。

努尔哈赤致词道："张军师身为一个汉人，能以仁寿之年，不畏辛劳，帮助我们女真族完成统一大业，不胜令人敬仰之至！在他老人家华诞来临之际，我代表建州广大兵民，祝愿他健康长寿！"

在一阵热烈的掌声响过全场之后，张聿华老人站了起来，激动万分地说道："我以一个汉人的身份，能与在座的女真族兄弟一起同生死，共患难，我感到无上荣幸！"

俗话说：天有不测风云，人有旦夕祸福。就在庆寿活动的当天夜里，张聿华军师就一睡不醒溘然长逝了。

努尔哈赤得知噩耗，悲痛万分。他下令要用最隆重的葬礼来安葬张聿华。他让喇嘛日夜诵经，祭奠斋戒三个月，棺椁停在禁内越三年，并立下豪言壮语："将在统一女真族之后再行安葬！"

大将额亦都、安费扬古等前来劝慰，要他节哀，要他珍惜身体，但是一见努尔哈赤痛苦的表情，只是摇头叹息，他们心里都明白："努尔哈赤是在痛惜失去了一个人才啊！"

一天，大将何和理与满浅走来对他说："满浅将军的师叔知识渊博，通晓百家，文韬武略，样样精通。"

努尔哈赤一听，急切问满浅将军："你师叔叫什么名字？他如今在哪里？"

满浅告诉努尔哈赤道："我师叔名叫柘祜天，他现今住在黄杨峰下紫阳道观里，过着隐居的生活。"

努尔哈赤接着说道："请将军把你师叔的情况再详细地说说。"

满浅详细地介绍了他师叔柘祜天的经历。

这位柘祜天原为关内山东滕县人，本来名叫胡化朋，是明朝嘉靖四十年的进士。只因为人正直，不会媚上压下，在潍县当了个七品县令。可是，胡化朋却利用这个小小七品芝麻官，为百姓做了不少好事，潍县人说他为官清正，断案如神，喊他"胡青天"。

嘉靖四十二年，胡化朋来到潍县任县令，上任不到两个月，便听说城南白衣庵有个财主任意欺压百姓，称霸乡里。经过私访查得，那个财主南霸天只因百姓修路挖井用的是他家的工具，便向乡亲们大收吃水钱和走路钱，否则就不准吃水和过路。于是，胡县令便查办了南霸天，要他返还乡亲们的银子，并罚白银一千两。

几天后，胡县令派师爷前去察看，南霸天果然按数清退了银钱，这事也就搁下不提。

不料半年后，大名府下文免了胡化朋的县令，罪名是"袒护刁民，滥用职权，徇私枉法，伤害无辜"等。

据师爷透露，大名府的王知府乃南霸天的远房叔父，胡化朋听了"罪名"，冷笑一声道："当官不为民做主，天理何在！"说完，收拾行李，带着一妻二女，辞别了师爷等人，回滕县去了。

谁知从潍县到滕县，要经过一座高山，一心要复仇的南霸天竟勾结山里的土匪，于山下设了埋伏。幸亏胡化朋从小学过武功，从土匪群中拼杀出来，虽然亲手杀了那财主南霸天，但是妻子与两个女儿都被土匪杀了。当胡化朋杀退跟踪的土匪，逃离埋伏圈之后，由于身上多处负伤，疲累过度，昏倒在山道旁边。

恰巧满浅与父亲满深路过，救了胡化朋一命，他便随他们父子走出山海关，来到了辽东女真人居住地。胡化朋将平生所学武功全部教给了满浅，他们就在黄杨峰下的紫阳观里隐居下来。为了掩人耳目，躲避关内王知府的追捕，胡化朋改名为柘祜天，满浅以"师叔"呼之。

两年后，满浅在山林里打猎，遇到浑河部的播一混寨主克丹，二人相处甚洽，克丹爱慕满浅的武功高强，便要他去播一混寨当自己的侍卫队长。

柘祜天与满深在紫阳观里过着半耕半猎的隐居生活，无事时就研习武艺，谈论兵法，日子倒也安闲。又过了几年，满深病逝，满浅每年总要抽点时间去山里探望他的师叔。

以后满浅投靠建州，每次去看望时，总要向柘祜天讲起努尔哈赤如何有志向，如何爱惜人才等，希望他能出山，去建州帮助努尔哈赤统一女真族，但都被柘祜天婉辞谢绝了。

近些日子，满浅见到努尔哈赤因为张军师的去世陷入痛苦之中，便将他师叔的情况说予了何和理听，二人商议后，便来劝努尔哈赤亲自前去拜访柘祜天，请他出山相助。

努尔哈赤本是一个求贤若渴的人，对满浅的为人又深信不疑，便当即答应了。努尔哈赤带了两名侍卫，随着满浅将军，前往黄杨峰下的紫阳观里，拜访那位过着隐居生活的柘祜天。

时值隆冬天气，关外的辽东大地，朔风凛冽，漫天飞舞着大团、大团的雪花。因为道路被雪掩埋了，满浅凭着记忆，辨认他曾经走过好多次的山道。本来两天的路程，他们连续走了三天半，才好不容易地来到紫阳观前。

这紫阳观，也不知是哪朝哪代建起来的，因为年代久远，原来的四合大院只剩下后面三四间破屋子，两厢只有墙壁，没有房顶了。前面只有一个又高又大、漏着天空的门楼，宽大的门楣上还能隐隐约约现出"紫阳观"三个大字。

他们正想入观，忽听身后传出一声："哐！"

大家慌忙转身一看，见到一个黑脸大汉，用一根粗树干挑着两头死野猪，大步流星地走来。那黑大汉满头的黑发像茅草一样，乱蓬蓬的，身上的衣服破烂得厉害，两只大脚赤裸着，落在山石上发出"啪哒、啪哒"的声响。

努尔哈赤正在疑惑时，满浅忙喊道："洛嘎！你好吗？"

黑大汉瞪眼看着满浅，沉思了一下，目光渐渐变得温和起来，脸上也露出了一丝笑容，用那双大手指着野猪，嘴里又发出一声："喔！"

满浅立刻对努尔哈赤说道："他名叫洛嘎，从小在狼群里长大，至今不会说话，是师叔从狼群里领回来的。

说完，便领着努尔哈赤与两名侍卫，随着洛嘎走进了一片破败的院里。

这时，洛嘎已放下那两头野猪，用手先指指屋里，然后又向外面指指。

满浅笑着对努尔哈赤说道："洛嘎的意思是我师叔不在家，到外面去了。"

努尔哈赤也说道："刚才在门外他已向我们说话了，他指着那野猪的手势，是说他去打猎了。"

满浅听后，大声笑起来，说道："大王说得对，他就是那意思。"

洛嘎将那头打死的野猪挂在院里的架子上，下面架起木柴，点着了火烧起来。不一会工夫，野猪身上的鬃毛烧得干干净净，发出一股呛人的气味。

然后，洛嘎用刀把野猪切成许多块，用铁叉叉着野猪肉放在火上烤。野猪肉被烤得吱吱地发出响声，传出一阵阵诱人的香气。那黑大汉洛嘎把烤熟的野猪肉一块块地递到满浅、努尔哈赤的手里，自己却最后吃。

努尔哈赤深受感动，对满浅说道："别看他不会说话，心中全明白，而且很有礼节嘛！"

满浅走到洛嘎面前，问道："师叔要得几天才能回来？"

洛嘎听了，连着摇了摇头，意思是"不知道"。

努尔哈赤急忙伸出两根手指头，问道："两天能回来吗？"

洛嘎听后，忙点点头，引得大家哈哈大笑起来，努尔哈赤心里说："此人一定力大无比，若是学会了打仗，定有万夫不当之勇，天下无敌！"

想到这里，他向满浅问道："你师叔是怎么把洛嘎收养来的呢？"

满浅若有所思地说道："是师叔进山打猎时，从林子里捡来的。这孩子不会说话，连自己的生身父母是谁都不知道。一直是师叔相依为命的伴儿。"

正在这工夫，门口传来了笑声："今天，喜鹊老是迎着我喳喳叫，真的是贵客临门啦。"

大家都把目光转向门口，只见柘祜天风尘仆仆地背着一头又肥又大的花斑豹，走了进来。洛嘎一见，慌慌张张迎了上去，伸了双手连人带豹子一把抱了起来，并发出哈哈笑声。

努尔哈赤仔细地打量着面前的柘祜天，见他的样子不像是一个猎人，倒像一个读书人。白净的脸面，两道浓眉下有一双亮晶晶的眼睛，透着精明与强悍。高挑的身材，精神饱满，看上去不像一个年过花甲的长者，倒像一个五十岁的壮年汉子。

未等努尔哈赤说话，柘祜天已经开口了："满浅多次提起过大王，今天一见，果然是龙行虎步，有王者的风度！承蒙亲临草舍，我这山野之人，怎能消受得起？"

努尔哈赤听了，连忙说道："老先生满腹经纶，胸藏古今，又曾在官场效力，乃是难得的人才！我努尔哈赤本是一介赳赳武夫，早就渴慕先生的才干，只是戎马倥偬，无暇拜见，今日有幸，真算是大旱盼来了云霓！"

"哪里，哪里，大王谬赞了！"柘祜天一边说，一边把努尔哈赤让进屋里，满浅让两个侍卫一个在大门外警戒，一个在院中守着，自己也随着进屋。

努尔哈赤与满浅在紫阳观里住了两天，终于说服了柘祜天——他愿意出山了。

俗话说：千军易得，一将难求。努尔哈赤把柘祜天收揽到身边，填补了失去张聿华的空缺；又增添了一名将才，真是如虎添翼，万分喜悦。

万历四十七年（1619年）的秋天，努尔哈赤召开建州全体将领开会，讨论攻打叶赫部的作战计划。

努尔哈赤在会议上首先说道："虽然我们已经统一了建州女真，还有黑龙江女真，东海女真，我们还要征服蒙古，但是叶赫部的存在使我们不能完成对海西女真的彻底统一。因此，叶赫部是我们的眼中钉、肉中刺，不把它拔除，我们将坐不安，睡不宁，行走不得。这次用兵，我已立下誓言：此举若不平叶赫，我努尔哈赤绝不回佛阿拉了！"

大将安费扬古说道："我以为，这次出兵要打败叶赫部，必须吸取前次在淘金湾失败的教训。要打败叶赫军，关键是要打败叶赫部的骑兵。"

大将扬古利大声说："我有一个请求，咱们从所有骑兵中选出一支特别能冲、能战的队伍，我愿意带领这支强兵与叶赫骑兵对抗，若是打不败他们，我扬古利情愿提头来见大家！"

额亦都大将谈了自己的意见："依我看，叶赫部的优势是骑兵，我们建州军的优势在步兵方面。"

听了大家的讲话，努尔哈赤总感到不够全面，他看看柘祜天，说道："老将军可有高见，请说一说呀！"

在柘祜天刚到佛阿拉后，努尔哈赤便要任命他担当全建州军的军师职位，却被他拒绝了。

柘祜天的理由是："新来乍到，未立寸功，即使居高位，握重权，未必能让众人心服口服，不如等一段时间，让时间与行动来说话，岂不更实在、更有说服力么？"

努尔哈赤尊重了他的意见，只让他作为一般将领，于帐下所用就是了。

这时候，听了各位将军的建议，柘祜天的胸中已有了数，经努尔哈赤一点名，遂客气地向大家点点头，朗声说道："当年，岳飞大战金兀术的故事，各位将军都一定听说了：金兀术的拐子马，被岳飞的大刀队砍折了马腿，最终吃了败仗。那拐子马浑身披甲，只有马腿露在外面，这是它的弱点，被岳飞看准了，用他的大刀队步兵，把马腿一砍折，还能不败？听了各位大将的建议，加上这个大刀队，叶赫的骑兵也就没有优势了！"

听了柘祜天的讲话，会上响起一阵热烈的掌声，不少人啧啧称赞。

努尔哈赤也笑着说道："真是一语千金啊！"

这次会后，努尔哈赤命令建州兵器厂，抓紧打造两千把大刀。又让大将额亦都从建州军卒中挑选出二千精兵，立刻组成一支大刀队步兵。

就在这一年的八月十九日，努尔哈赤领兵四万前去攻打叶赫部。新组成的那支大刀队的步兵，由大将额亦都与柘祜天带领，二人各领一千人，作为这次进军的开路先锋。

出兵之前，努尔哈赤接受柘祜天的建议："以征讨蒙古的假象，可用突然袭击方式。"

一天，探马来向金台石报告："建州发兵四万，前去攻打蒙古。"

金台石听了，幸灾乐祸地说："这蒙古也可恶，前年乘咱叶赫部闹灾荒，它也来浑水摸鱼，劫掠我的城寨，努尔哈赤去打它，也好呀！"

布扬古接着说道："让他们相互拼杀吧！二虎相斗，必有一伤啊！等他们两败俱伤的时候，咱们出兵再去打。"

二人正在说说笑笑时，忽有探马气喘吁吁地跑进来报告："大事……不……不好！城外来了敌人，可能是……是努尔……哈赤的军队！"

金台石听了，大吃一惊，急忙问道："胡说！你可看清了？不是说努尔哈赤去征讨蒙古的吗？"

那探马立刻又说道："是呀，都说是去打蒙古的，怎么又来攻打我们叶赫部呢？"

布扬古忽然想到了一件事，忙对金台石道："快派人去开原搬救兵罢！"

金台石立刻连连点头，喊道："来人哪！"

一个侍卫进来问道："部长老爷有何事吩咐？"

"我派你骑上快马，到开原去请明朝的游击官马时楠、周大歧快派救兵来！"

那侍卫听了，没有立即走人，正想说话，被金台石喝住，斥责道："救兵如救火！你为何还不快去？"

那侍卫更加着急，张着大嘴，却说不出话来，挨了好一会儿，才结结巴巴地道："报……报告部长老爷！现在，出……出不去了。"

金台石又急又气，忙问道："你说，你说什么出不去了？"

那侍卫只得如实报告："建州的兵马把城围得……围得水泄不通，谁也出不了城，怎么搬……搬救兵？"

听到这个消息，金台石像泄了气的皮球，一下子跌坐在椅子上，半天说不出一句话。

此时，东城的守将阿巴什尔建议："既然无法搬来明朝的救兵，咱们自己也要加强城头的防守呀！"

金台石如梦初醒一般，才急忙说道："走！咱们看看去！"

二人登上城头，仔细一看，不觉大吃一惊！

只见城下旗帜招展，盔甲鲜明，刀枪如林，人马众多，整个叶赫东城被围得如同铁桶一般。

金台石不由暗抽了一口冷气，说道："至少有两万人马！"

他看看城头稀稀落落的守兵，显示出惊慌无主的神情，慌忙对阿巴什尔说道："赶快把将领全喊来，我要布置守城事宜，再不能迟了，要越快越好！"

此时的金台石已是心急火燎，恨不能让东城立刻变成一座铜墙铁壁，把努尔哈赤碰得头破血流才好呢！可是，那只能是异想天开罢了！

在叶赫东城所有守将会齐之后，金台石给大家壮胆、打气说："建州的骑兵已被咱们的铁骑战败一回了！自称常胜将军的努尔哈齐，前次在淘金湾里被咱们杀得丢盔解甲，弃枪卸甲而逃！他的二弟舒尔哈齐身负重伤，差点把小命葬在乱军之中。他们也不是天兵神将，只要咱们万众一心，全城警戒，增加城头的滚木礌石，多设强弓炮弩，何愁打不败他？"

金台石讲得神采飞扬，唾沫星子乱飞，在座的守城将领们却是忧心忡忡，一副失魂落魄的表情。

只有阿巴什尔附和着说道："根据探马报告说，西城也被建州军马包围了，这努尔哈赤也真是不自量力，难道我们这些人都是吃白饭的？"

次日上午，叶赫东、西城下，炮声连天，鼓角齐鸣，喊杀声惊天动地。

努尔哈赤身披金光灿烂的黄金盔甲，胯下一匹雪亮如玉的大白马，高高坐在黄罗伞下，目光如炬，逼视着叶赫军。

金台石一见，催马上前，用大刀指着努尔哈赤喝道："呔！你屡次犯我城寨，掠我部民与财物，是个十足的强盗！睁开狗眼瞧瞧，我叶赫不是哈达，它没有内乱；也不是辉发，没有闹宗派斗争；更不是乌拉，没有布占泰那样的傻蛋！我叶赫有强大的铁骑兵，前次让你逃脱了，这次管叫你有来无回！"

努尔哈赤听后，哈哈大笑起来，说道："你，认贼作父，拜倒在仇人——明朝边将的脚下，成为女真族中的败类，令人不齿！你若是还有良知的话，应该立即下马，我一向宽待俘虏，如果顽固对抗，必然叫你们死无葬身之地！"

金台石被骂得哇哇乱叫，大声喝道："努尔哈赤，老子跟你拼了！"

喊罢，大刀一挥，身后的铁骑兵马如风卷残云一般，向建州队伍冲杀过来。

此时，努尔哈赤身后的一员老将，手使一把大刀，对身后的步兵高声喊道："砍断他们的马腿！"

那些建州的步兵如下山的猛虎一样，怒吼着迎着叶赫铁骑冲了上去。尤其是一个黑大汉健步如飞，首先杀入叶赫骑兵中，只见他见马腿就砍，一连砍断十几匹铁骑的马腿。

原来，那老将正是柘祐天，黑大汉就是狼群走出来的洛嘎。柘祐天和他指挥的一千大刀队，果然厉害！

那叶赫的铁骑正向前冲杀时，马腿一被砍断，人、马当即仆倒；前面一旦倒下，后面的也跟着被绊倒，于是，一倒一大片。金台石做梦也没有想到，他们的铁骑兵会遇到这支专砍马腿的大刀队！眼看着数千铁骑，倒的倒，翻的翻，死的死，伤的伤，人喊马叫，尸积成堆。他只得匆匆命令鸣金收兵，急速回城，忙让阿巴什尔等关紧城门，严加守卫。

再说西城的布扬古见建州兵马多如蚁群，特别是刀戟如林，锣鼓震天，暗暗吃惊。不过，他仍然对自己的骑兵深信不疑，认为只要叶赫骑兵出战，建州的兵马必然溃败！于是，他打开城门，带领骑兵也不与建州将领搭话，直接冲杀过来。大将额亦都早有防备，领着他的一千大刀队，勇敢地迎了上去。

顿时，两军混战在一块，叶赫骑兵的马腿大多被砍断，或是砍伤。布扬古见铁骑受阻，不能将建州兵马冲垮，也忙令收兵回城。谁知建州大将安费扬古等领着骑兵随后追杀过来，杀得叶赫的铁骑尸横城下。

金台石高坐东城亲自指挥，建州兵马连日攻城不下，城上的箭矢如飞蝗般飞来，加上滚木、礌石纷纷砸下，建州的兵卒死伤不少。

柘祐天向努尔哈赤建议道："先将城外的栅城烧着，借着烟火的掩护，派军卒到城下挖洞，装上火药炸城。"

努尔哈赤觉得此计甚好，当即依计传令，不到两个时辰，东城外的栅城被烧得浓烟滚滚，火光冲天。城上的守兵一时惊慌失措，金台石也如热锅上的蚂蚁——急得乱转圈子。

紧接着城墙被挖，一时间炸城墙的轰轰声彼伏此起。努尔哈赤急忙指挥众将领从炸开的缺口冲杀进去。建州的兵马听到命令，如洪水一般涌进城去，城下、城上混战在一块儿。

金台石一见，仓猝领着残余守兵，逃进内城死守。这内城也是石筑而成，既高又陡，易守难攻，城上的弓箭如雨落下，建州兵马不得不停止了攻城。

柘祐天与费英东等大将，组织军卒齐喊："金台石不投降，快要见阎王！"

城上的金台石听后，咬牙切齿地喊道："我金台石非懦夫，胆小鬼，乃是大丈夫也！"

他说罢，将上身衣服一甩，打着赤膊，挥着大刀，向城下攻城的建州将士喊道："来吧！不怕死的来吧，老子跟你们拼了！"

在他的鼓舞下，城上的守将与士兵们也都纷纷脱下上衣，决心誓死守城！

面对着金台石的顽抗，努尔哈赤心如烈火在炙烤，他向将士们大声喊道："今日再攻不下这东城，我们能有脸撤兵么？"

这一句激励的话语，犹如一声春雷，建州将士齐声怒吼道："愿誓死攻城！"

柘祜天指挥他的大刀队，扛着云梯，冒着如雨的箭矢攻城，一个倒下了，另一个又上去，真是前仆后继，勇不可当！黑大汉洛嘎，两只手托着两副云梯，他那如飞的身姿，很快窜到城下，几步就跨到城头。那些叶赫的守兵齐来围着他厮杀，洛嘎也没用武器，只是伸手抓来两个叶赫兵，上下左右地挥打，就吓得他们四散逃去。

这工夫，内城又被攻破，金台石只得退守至八角明楼之内。其实，金台石躲进这明楼想作困兽之斗已不可能，这艘孤悬于海上的风帆，能经受得了风浪么？

努尔哈赤派人去西城喊来了皇八子皇太极，他是金台石的外甥。努尔哈赤想利用这甥舅的亲情关系，来劝说金台石投降。

可是，金台石心如铁石，坚持不投降。

努尔哈赤对将士说道："我们向金台石劝降，遭到拒绝，对他已做到仁至义尽，是他自寻死路，我们为何不成全呢？"

说罢，命令军卒持斧毁台柱："快砍那八角明楼台柱，看他金台石能插翅飞跑么？"

原来那八角楼全是木质结构，楼基全用粗大的木柱撑起，台柱一倒，失去根基，其楼将自行倒塌。

皇太极问："父王可愿再见到他？"

"免了罢，不如早些将他打发了省心！"

说完，便与柘祜天、洛嘎一起，往西城径直走去。

皇太极想了一会儿，以为最好的死法就是缢死了，能给舅父留一个全尸！

于是，他派人吩咐了几句，不大工夫，建州将士一片声地喊道："金台石死了！叶赫亡了！"

……

再说叶赫东城已被攻破，金台石被缢死的消息很快传到了西城，守城的将士闻风丧胆，军心大乱。

布扬古急得不知如何是好时，忽见其叔父吴达哈走来，便喊住他，说道：

"你是我的亲叔叔，当前的形势如此危急，我们要设法来挽回败局呀，总不能坐以待毙，眼看着咱叶赫部灭亡啊！"

吴达哈听了，无力地对他说："建州兵马把西城围得水也泼不进来，给明廷送信祈求支援已经没有指望了，我哪有力挽狂澜的办法呢？"

说到此，吴达哈又趋前一步，低声地说："依愚叔之见，咱不如开城——"

布扬古一听，两眼一瞪："亏你说得出口！即使降了，努尔哈赤能饶了我们吗？我们有兵有将，城坚易守，怎能束手就擒？你快领着兵马，去巡查四门，传达我的命令——人在城在，誓与西城共存亡！"

吴达哈听后，口里答应着，领着一队人马去巡查四门，传达布扬古的死守命令。可是，走不多远，便见到城外的建州兵马攻城愈紧，喊杀声也愈来愈高。

城上的守军也都在公开地议论着：

"东城已经陷落了，这西城也快被攻破，还有什么盼头啊。"

"金台石已被努尔哈赤勒死，我们的部长也难逃活命，咱们为他卖什么命？"

这些议论像铁锤般重重地敲击着吴达哈的脑袋与心灵，他不由得心想：你布扬古不愿投降，是因为努尔哈赤容不下你，要你的命！我吴达哈如归顺了建州，努尔哈赤不但不杀我，说不定还能给我一个将领的头衔呢？想到此，便转身对后面的兵卒说道："你们先到东门去，我回府拿一样东西，一会儿就赶到东门去！"

说完，未等那些军卒回话，便转身向府里走去。回到府里，慌忙催促几个妻子道："快，快收拾贵重物品，城快破了，快随我出城，去向努尔哈赤投降吧！"

不一会儿工夫，吴达哈领着妻子儿女，慌慌张张地出了府门，来到西城的东门前。

他向那队叶赫士兵以及看守东门的兵将们说道："我准备向建州投降，你们愿意投降的，就随我一起去；不愿投降的，就赶快进城里去吧！但是，谁若阻止我的行动，我这大刀绝对不会饶过他的！"

听了吴达哈的话，绝大多数人都愿意投降，只有少数人往城里跑去。

西城的东门被吴达哈打开以后，攻城的额亦都大将以及代善、莽古尔泰、阿敏等，便指挥兵马杀进城去。代善将吴达哈及其妻子儿女安置好之后，便与额亦都大将一道，去对付西城的守城将士。

此时，西城守卫的叶赫将士，见吴达哈已投降了建州，都不约而同地放下了兵器，停止了抵抗。

转眼之间，偌大的一座西城，全部插上了建州努尔哈赤的旗帜，除去布扬古还坚守住他的部长府外，叶赫西城其他地方已被努尔哈赤的兵马占领了。

布扬古的部长府，建在一个高坡上，四面围墙全是石头砌成，四角处建有箭楼，上面有弓箭手守卫着。在部长府里，还有近千名叶赫军卒把守着，尤其是四角箭楼，聚集了数十名神射手。一旦有人攻打，箭楼里万箭齐发，很难攻上来，不到围墙近前，便被射死了。

府门很大，用厚木板钉成，门后有铁制的插栓，还有又粗又硬实的顶门梯两根。

努尔哈赤看后，对代善等说道："城都攻破了，一个小小的部长府能挡住咱们的前进脚步吗？"

代善站在高处向布扬古喊话道："布扬古！快出来说话。"

但是，没有回话，也没有人出来。

代善抱着很大的耐心，继续喊道："布扬古，你已山穷水尽，走投无路了，别不识时务，靠躲能行吗？还是早投降为好，负隅顽抗只有死路一条！"

此时，走出一名将领向代善道："我们部长不知将军姓啥名谁，又担心投降以后仍然被杀。"

代善听后，立即告诉他："我是大王的二皇子代善，我父王一直宽待投顺他的将士，希望消除顾虑，解下思想包袱，早日投降！"

那将领又对代善传达布扬古的要求道："你说话也要算数，最好立下誓愿为证。"

此时，阿敏、莽古尔泰等群情激昂，请求即刻攻城，阿敏说道："这布扬古也真可恶，难道我们怕他么？这区区一座府院，攻破它算了。"

代善正要继续说话，忽见布扬古走了出来，便用刀划着酒，对布扬古说道："假如你们投降了建州，我还要杀你们，那么我就会像那酒一样，我当面发誓，又喝了誓酒，如果你们还不投降，一切后果全由你们负责了。你们不投降，还想顽抗到底，一旦攻进你的府院，所有人员一律格杀勿论！"

说罢，代善便自饮誓酒一半，另一半命兵士送给布扬古喝。

这时候，布扬古才让人打开府门，投降了建州。代善遂带着布扬古去见努尔哈赤。

途中，布扬古仍然惴惴不安地问道："你父王该不会杀我吧？"

代善听了，笑着对他说："我保证不会杀你，至于父王会不会那是他的事，我不能担保，你见了他还是小心谨慎些好。"

布扬古一听，心知上当，但是事已至此，只得硬着头皮去见自己的冤家对头。

来到东城大客厅里，这是金台石过去的客厅。正中一把虎皮椅子上，努尔哈赤威严地坐在上面，两只大手紧紧地按着两边的扶手，威武地等待着昔日的仇敌。一百多位战将，分立两边，个个英姿飒爽，威风凛凛，身后是明晃晃的大刀，耀人眼睛，令人生畏。

不一会儿，代善领着布扬古来到客厅门口，他刚想迈步走入客厅，突然从门两旁闪出两名侍卫，挡着他，布扬古被吓得差点儿倒下。那两名侍卫拦着布扬古，对其全身搜查一遍，连裤腿子都捏了又捏，生怕他带着兵器进来。两名侍卫检查后，未发现有什么可疑物件，便放他进入客厅。

布扬古抬头朝努尔哈赤一看，在他那副冷若冰霜的脸上，分明感觉到了一股逼人的威严与咄咄的气势。他立刻低下头来，紧走几步，两腿一软，双膝跪下，给努尔哈赤连续磕了好几个头，颤声说道："罪人布扬古给大王谢罪来了！"

努尔哈赤尽量压住满腔的怒火，目光如炬地盯着跪在面前的布扬古，过了好一会儿，才从鼻子里"哼"了一声，问道："你布扬古飞扬跋扈的劲头哪里去了？"

这时，布扬古连忙膝行两步，低声说道："过去，我布扬古有眼不识泰山，做了许多对不起大王的错事，请求大王宽恕我的罪过，能饶我一条性命。"

努尔哈赤没有让布扬古站起来说话，又从头到脚看了他一遍，然后高声说道："布扬古，我有三件事情要问你，你必须老实告诉我。"

布扬古急忙又是磕头，又是表态道："请求大王放心，别说是三件事，就是三十件事我也老实回答。"

"好！我先问你第一件事，关于你父亲卜寨的死，到底是谁的责任？"

布扬古不敢坚持过去的看法，只得说老实话了，他回答道："我父亲与叔父那林孛罗有意挑衅，制造事端，纠集九部联军，去侵犯建州，被大王打败。我父亲战败身死，是他自取灭亡，怪不得大王；后来，大王把我父亲的尸体劈成两半，只给一半，当时我一时想不通，曾一度埋怨大王，怀恨于大王。这事已过去许多年了，我已想通了，请大王不要再说了吧！"

"听你的话音，你早已不怨恨我了，那么我再问你：你妹妹东哥原是你主动向我许下的婚事，我也及时下了聘礼，你也应聘了。后来，你屡次悔婚，又把东哥许给哈达、辉发和乌拉，最后居然嫁给了蒙古人。这是什么原因呀？"

努尔哈赤提起东哥的婚事，布扬古实在难以启齿，怎么回答呢？

布扬古急得满脸汗水直流，硬着头皮，只得吞吞吐吐地说道："这……这事，我实在对不住大王！我……我把妹妹的婚事当作政治交……交易，很不该，请求大王饶了我。"

努尔哈赤又问道："还有第三件事我再问你，你祖父清佳努、仰佳努兄弟怎么死的？布扬古你可知道？"

"他们是明朝边将杀死的。"

"既然知道这事，你们都不思报仇，反而拜倒在明朝统治者脚下，甘心认贼作父，充当他们的鹰犬，背叛本族利益，是可忍，孰不可忍！"

努尔哈赤说到这里，伸手接过侍卫送来的热毛巾，擦了擦脸上的汗水，又喝了几口香茶，继续说道："你布扬古是非不明，敌我不分，混淆了亲疏远近，是个十足的女真族的叛徒！你与金台石狼狈为奸，一向仇视我建州，以贵胄后裔自诩，动辄骂我为常胡之子！未想到吧？你布扬古也有今天！"

努尔哈赤用力拍了一下桌子，迅速扫了一眼跪在地上的布扬古，大声喝道："还是让他与金台石一起去吧！"说完，他向身旁的侍卫一扬手，布扬古还未反应过来，就被两个侍卫架起来，拉到行刑的地方缢死了。

于是，叶赫东西两城全被建州军队占领，周围原先所属叶赫部的城寨，全都投降了。自此，叶赫部灭亡了。努尔哈赤与叶赫打交道历时三十六年，终于将其传八世十一位部长的叶赫部灭亡，清除了心腹之患。

叶赫部灭亡之后，明朝失去了北关。

努尔哈赤对叶赫部降民的政策，是"父子兄弟不分，亲戚不离，原封不动地带走。不动女人穿着的衣襟，不夺男子带的弓箭，各家的财物，由各自收管保存"。所有叶赫部民，全被迁徙至建州，入籍编户，都成为努尔哈赤的臣民了。

原先的海西女真，即扈伦四部——哈达、辉发、乌拉、叶赫，在古勒山之战以后，相继灭亡，被统一在建州版图之内。

第七回

出谋划八方兴战，运策略一统女真

努尔哈赤在统一建州之后，又不失时机地迅速灭亡了海西四部，这在他的战争生涯中又揭开了新的一页。

由于地盘的扩大，兵员的增多，将领中一部分人主张立即向明朝开战。他们认为，当前明朝廷政治腐败，宦官当权，特别是辽东军备废弛，兵无斗志，对建州来说正是伐明的极好时机。何况我们建州"军威大震，遐迩慑服"。偌大的明朝已是外强中干，不堪一击。

努尔哈赤一时拿不定主意，自从张聿华军师去世之后，每次战前制定作战计划时，总觉得少了一个运筹谋划的智囊。忽然他想到了柘祐天，便立刻派人把他请来，想听听他的看法。

柘祐天向他说道："明朝的腐败是真真切切的，而且会越来越腐败下去，不过有句俗语说得好，'再瘦的骆驼也比马大'，为了能与明王朝在中原逐鹿中有一个稳固的后方，还是暂缓攻明为上策。"

柘祐天以为，先东征东海女真，再北讨黑龙江女真，最后完成西伐漠南蒙古族。这样，后方就安定、稳固了，兵源问题也随之解决了，到时候，明廷将更加腐败，这头瘦骆驼只剩下一副空骨头架子，不是更容易对付么？

努尔哈赤听后，忙说道："你这一席话，真使我茅塞顿开，还是老将军高瞻远瞩啊！"

于是，努尔哈赤立即召开全军将领会议，宣布柘祐天担任军师职务，并要全军将士积极备战，准备东征东海女真。

且说这东海女真，乃野人女真的一支，居住在黑龙江的支流松花江和乌苏里江流域以及乌苏里江以东的滨海地区。东海女真主要有三部，据史书所载："东海之渥集部，瓦尔喀部和库尔喀部。"渥集部又称窝集部、兀吉部，在满语中，是密林的意思。

在明朝的永乐元年（1403年），渥集部长西阳哈亲自到北京进贡，送了许多良马，明廷开始建置渥集卫。

渥集部居住在松花江与乌苏里江的汇流处以上，两江之间的广大流域地区。它东靠乌苏里江，西连乌拉部，南连朱舍里部，北临使犬部。

瓦尔喀部主要居住在图们江流域及乌苏里江以东滨海地区，东到海滨及沿海岛屿之地。

库尔喀部，主要居住地区在黑龙江流域，东靠渥集部，西邻孛伦部，南接乌拉部，北抵萨哈连部。

努尔哈赤统一东海女真，是先从靠近建州的瓦尔喀部开始。明朝万历二十四年（1596年），努尔哈赤派大将费英东等率领兵马一千人，初征瓦尔喀，取噶嘉路，揭开了统一乌苏里江流域及其以东滨海地区的序幕。

瓦尔喀部民多以狩猎、打鱼、耕种为生，其中以捕鱼为主，狩猎次之，耕种再次。

这噶嘉路的路长名叫哈土咪，五十岁左右，会治病，深得百姓拥戴。平日，哈土咪经常到山中采摘草药，义务为部民治病，分文不取。路里的政务与军事全交给一个名叫噶洛林的将军管理。此人武艺高强，性格豪爽，嗜酒如命。

当时初征噶嘉路，费英东看重哈土咪的善良爱民，就先去礼节拜会。哈土咪与噶洛林跟费英东一番畅谈后，颇为投契，便归顺了建州努尔哈赤。

噶嘉路归顺建州以后，瓦尔喀部长巴胡兀夫非常生气，派人责备噶洛林道："你们私自投降努尔哈赤，根本不把我这个部长放在眼里，咱们走着瞧吧！"

巴胡兀夫扬言要发兵攻打噶嘉路。"酒将军"噶洛林派人向建州送信，努尔哈赤立即派遣三弟雅尔哈齐、长子褚英、大将费英东、噶盖等，于万历二十六年（1598年），统领兵马一千人，前往瓦尔喀部所在地——安褚拉库城。

此时，瓦尔喀部还有大大小小二十多个城寨，只有安褚拉库城坚易守。

部长巴胡兀夫虽然五十多岁了，却精力旺盛，且有一肚子的花花肠子。家中娶妻六人，还经常在其管辖的城寨里寻花问柳。巴胡兀夫的独生儿子巴洛齐亚见父亲整日在外拈花惹草，把部里的事全推到自己身上，心中忿忿不平，并乘着父亲不在府中，与两个比自己年轻的后母乌雅麻喇和博尔瑾厮混在一起。

巴胡兀夫一连几天不在府里，他听说建州努尔哈赤要来攻打他的安褚拉库城，便想找儿子巴洛齐亚问问情况，却碰见儿子与自己的两个小妾在一起厮混，顿时气不打一处来，要杀掉儿子。两人便动起手来。

巴洛齐亚头脑里萌生了一个想法："为了自己活命，为了保住这两个女人，不如一竹竿打到底，送这个老不正经的去见阎王罢！"

想到这里，抢前一步，对准老人的下巴用力踢去……只听"啊"的一声惨叫，巴胡兀夫仰面一跤摔下去了，头又撞在石头门槛上，顿时脑浆迸裂，死于非命！

巴洛齐亚见父亲已死，便派人将尸体装殓入棺，说是喝醉了酒摔死的。部里的人们本来对巴胡兀夫就不太尊重，也就信以为真，很少议论了。

一天，巴洛齐亚刚吃过早饭，守城的将领格鲁巴夫慌慌张张地报告道："建州的兵马已到城外，请问部长老爷，我们该怎么办？"

巴洛齐亚听了，很不高兴地说道："怎么办？这还要问？自古兵来将挡，水来土掩，总不能一仗未打，就投降吧？"

格鲁巴夫有些为难地说道："兵马从未操练过，守城将领只有我一人，这仗又如何打？"

"怎么就你一人？列泰来与法乌哩到哪去了？"

"列泰来上山打猎，被野猪咬断腿，至今还在床上躺着；法乌哩已死半个月了！"

"啊！有这等事？你为何不早报？"

格鲁巴夫着急地说道："你们父子二人管过部里的事吗？谁也找不到你们。"

二人正在互相埋怨，有士兵前来报告："建州的兵马在城外讨战，喊着要攻城呢！"

巴洛齐亚与格鲁巴夫慌忙向城头走去。

再说努尔哈赤派遣三弟雅尔哈齐等率领兵马一千人，星夜兼驰，征讨瓦尔喀部的安褚拉库城。当时，噶嘉路的酒将军噶洛林接到费英东的信息后，也赶来安褚拉库城助战。

噶洛林对雅尔哈齐说道："不久前，瓦尔喀部长巴胡兀夫才死，据说是酒后跌下马来摔死的，他儿子巴洛齐亚继任部长，城内三员将领，兵马不多，平时也缺少训练。"

雅尔哈齐问道："这安褚拉库城是一座石城，采取强攻办法不一定好，不知酒将军可有良谋破城？"

噶洛林笑道："三位将领中我认识格鲁巴夫，明天我可以到城下与格鲁巴夫谈谈，若能骗开城门，你们便可以乘势掩杀进去。"

雅尔哈齐十分高兴，忙派人备酒，盛情款待这位酒将军。

次日早上，建州军营将士早早吃了早饭，各自顶盔贯甲，披挂整齐，军卒们也都手执兵器，只待一声号令。

噶洛林手握方天画戟，骑上那匹枣红马，不一会儿工夫来到城下，他向上喊道："快去报告格鲁巴夫，就说有一位酒将军要求见他！"

不大工夫，格鲁巴夫便出现在城头了，他向城下一看，果真是酒将军噶洛林。他熟知酒将军的为人，立刻向城下喊道："请老兄稍等，我立即派人去开城门！"

噶洛林听了，急忙向背后一看，见到雅尔哈齐等早已听到了，也就放心地催马向城门口走去。不久，城门"吱呀"一声开了。

噶洛林提戟在手，拍马来到城门前，见守门士兵不过十几人，心里说："这好对付！"

他催马进城，把方天画戟一挥，指着那些守门的士兵说道："不准关城门了！谁不听话，我就刺死他！"

那十多个士兵见到噶洛林威风凛凛，谁也不敢动了。

此时，雅尔哈齐、费英东等见城门大开，便兴奋地大声喊道："快！杀进城去啊！"

只见建州的兵马如平地一阵狂风吹起，向城门口席卷而去，喊杀声响彻云天。不过一刻工夫，雅尔哈齐、费英东等已登上城头，把格鲁巴夫捆绑起来。

噶洛林走到近前，慌忙替他解了绑绳，对他致着歉意："格鲁巴夫老弟，务请包涵，巴胡兀夫父子全是好色之徒，跟着这种人干，你不感到窝火么？"

这时候，有十几名瓦尔喀部的军卒，手提一颗人头来向建州的将领请功，为首的说道："这是我们的部长巴洛齐亚的人头，这家伙杀父奸母，都是我们亲眼所见。"

格鲁巴夫听了才如梦初醒，立即走到噶洛林面前，谢道："感谢大哥指点迷津，使我弃暗投明，我一定真心归顺努尔哈赤大王。"

他又跑到雅尔哈齐面前，要跪下磕头，被拉住了，他激动地说道："我归顺建州，请各位将军放心，努尔哈赤大王指向哪里，我一定打向哪里，酒将军大哥是了解我的！"

听了他的话，酒将军笑道："我了解你，你也了解我呀！不然你怎么会把城门打开呀！"

这一下，可把大家逗笑了，连格鲁巴夫自己也笑了起来。

占领安褚拉库城后，瓦尔喀部所管属的二十多个城寨得到消息也全都陆续来降，连松花江上游一带的内河路也来归顺了。

根据努尔哈赤的命令，噶洛林担任瓦尔喀部长，进驻安褚拉库城。又派格鲁巴夫担任噶嘉路部长，搬到噶嘉寨去驻守。雅尔哈齐等率师返回建州时，噶洛林又赠送许多马匹、牛、羊、粮食谷物等。

努尔哈赤见他们满载而归，心中大喜，赐赏雅尔哈齐为卓礼克图的称号；赏褚英为洪巴图鲁；费英东与噶盖等也得到了赏赐。

由于努尔哈赤兵马众多，地域扩大，政策又得人心，周边部民纷纷归降。

早在万历二十七年（1599年）正月，渥集部虎尔哈路长王格、张格已归顺建州。他们给努尔哈赤送来黑、白、红三种颜色的狐皮；还送来黑、白两种颜色的貂皮。从此，这个虎尔哈路年年都向建州送贡品，他们的部长博济里等六人曾向努尔哈赤请求结成姻亲。为了加深关系，努尔哈赤将何和理等六位大将的女儿分别嫁给他们做妻子，使关系更加巩固。

万历三十七年（1609年）十二月，渥集部的瑚野路也归顺了建州。

瑚野路归顺了努尔哈赤之后，很快地渥集部的许多城寨纷纷归顺。

在图们江北岸，绥芬河和牡丹江一带，渥集部的那木都鲁、绥芬、宁古塔、尼马察四路，其首领康果礼、喀麦都里、昂古、明噶图等一齐来到建州大营，向扈尔汗等投降，表示情愿归顺建州，并举家迁往佛阿拉。

不久，渥集部的乌尔古辰、木伦两路的路长也表示归顺建州。返回建州时，各路除奉送丰厚的礼物之外，扈尔汗带回兵卒三千余人，并得甲胄一千多副。

努尔哈赤赐扈尔汗为达尔汉侍卫，并赏给甲胄马匹、以资褒奖。对图尔坤煌占、博尔坤斐扬古也给予奖赏。

至此，东海女真的渥集部已被完全征服了。

万历四十年（1612年）十一月，努尔哈赤派大将额亦都、何和理、扈尔汗率兵马三千人，征讨库尔喀部。

这库尔喀部的治所是扎喀特城。扎喀特城背依海呼兰山，面对图们江，西边是崖壁森森的山涧，东面是珲春河谷。因为它是石城，又高耸坚固，加上防守严密，给攻城带来不少困难。

库尔喀人多以狩猎为生，耕种与捕鱼次之，部民性情剽悍，英勇好斗。部长海喀扎尔是个独眼将军。库尔喀人喜爱踢毽子游戏，无论男女老少，毽子不离身，尤其是少年，更是乐此不疲。每年春节，都要举行踢毽子比赛，部长老爷也亲临现场观看比赛，为优胜者颁奖。

大约是三四年前的一次比赛，部长的小女扎海娅与部里一位将领古卡列依的女儿古里喇踢了个平手，二人的"跳子"次数一般多。场上的裁判把裁决权交给了部长海喀扎尔，海喀扎尔当众宣布道：虽然二人的"跳子"次数一般多，但是，古里喇的姿势不如扎海娅的优美，故他的女儿扎海娅为冠军，古里喇屈居亚军。于是，就发生了一起混战。

最后，部长的女儿扎海娅当场被打死，古里喇的父亲古卡列依也被部长的儿子扎乌瑚里打成重伤。部长海喀扎尔的右眼被打坏，成了一个独眼龙部长。

海喀扎尔为死去的女儿痛哭不已，一恼之下，不准再举行毽子比赛了。

古卡列依害怕部长报复，携着女儿古里喇，带着伤连夜悄悄地跑到朝鲜国去了。

227

这次建州的兵马来到扎喀特城下，部长海喀扎尔与儿子扎乌瑚里商议道："我们距离建州遥远，井水不犯河水，努尔哈赤引兵来犯，丝毫没有道理可讲，只要我们坚守城池，他们也奈何不了我们！"

儿子扎乌瑚里建议说："我们库尔喀部虽有属地二三十个城寨，只有锡林城还可以与努尔哈赤抗衡，我去向城主巴洛济借些救兵来，可好？"

海喀扎尔听后想了想，对儿子道："那个巴洛济的话最难讲，去年因为那条大鲢鱼，跟咱们纠缠了好长时间，这时候去求他，他未必能答应你的要求。"

扎乌瑚里坚持说道："彼一时，此一时也，我去一趟也有好处，说不定他会与咱们一起对抗努尔哈赤哩！"

海喀扎尔见儿子要去，也就不说了。

扎乌瑚里见到锡林城主巴洛济，说道："努尔哈赤派兵马来征讨我们库尔喀部，咱扎喀特城与锡林城本是唇齿关系，一旦扎喀特城被攻破，你这锡林城也就危险了，所谓唇亡齿寒呀！"

巴洛济本是一个急汉子，忙说道："你有什么话就尽管说。"

扎乌瑚里道："我们两城本属一部，如今建州的兵马正在扎喀特城下，马上要攻城了，请城主派一支人马前往扎喀特城助战。"

巴洛济想了好一会儿，说道："这样吧，明天我带领五百兵马，在珲春河边驻扎，一旦他们攻城，我就过河去抄他们的后路，这……这该可以了吧？"

扎乌瑚里心里十分高兴，忙说道："好！"

海喀扎尔听了儿子的汇报之后，一拍大腿："嗨！你上当了！这个老狐狸，他根本不会派兵的，建州的兵马一旦攻城，你往珲春河边去找他么？"

扎乌瑚里忙说："不见得吧！他答应的呀！"

"还是我们自己招呼全城部民，增强防守力量，多运些滚木、礌石，让有弓箭的人都上城，组成一支守城大军！"

于是，父子二人商议后，便分头去布置了。

且说额亦都等三员将领，对扎喀特城仔细察看之后，决定不用正面攻城之法，而是采用偷袭办法破城。计议如下：当晚半夜时分，额亦都大将带领五百军卒，不骑马，不披甲，全部轻装打扮，每人一把大刀，从城后海呼兰山越城进去。然后，四处放火，造成混乱，乘势杀入部长府里，能擒住海喀扎尔父子更好，可逼他们开门纳降。扈尔汗大将也率五百勇士，不骑马，轻装束，手执大刀从城东珲春河谷平原地带攻城。城内起火后，也可乘机越过城去，纵火焚烧房屋等。正面攻城由大将何和理负责，等城里火起后，可以奋力攻城。因为扎喀特城的西面，是下临深渊的绝壁，夜间天黑，无法攀登，不过，也不必担心城里的守军由此逃走。

额亦都、扈尔汗、何和理三员大将领兵依计而行。

两个时辰之后，天已夜半了，忽听城里喊杀声骤起，熊熊大火立刻映红了半边天空。城上的守军，顿时乱作一团，何和理大将指挥人马，借着夜色的掩护，趱进城下，先命弓箭手瞄准城上的守军，城上的军卒纷纷倒下，吓得再不敢露头了。

然后，让士兵用云梯积极登城，他们被滚木一次次地打下来，又一次次地攀登。由于城上的坚决对抗，建州士兵伤亡得比较多，城下到处堆积着尸体。

额亦都领着五百大刀队，进城后，一边放火，一边大喊道："建州兵马进城了！"

他们见房子就烧，见人就杀，一路杀进部长府里，迎头撞见海喀扎尔部长。

额亦都见他是个独眼龙，立刻断定他就是自己要找的人了！便大喝一声道："呔！你可是那独眼部长？"

海喀扎尔先是大吃一惊，接着将大刀一挥，骂道："老子就是，怎么样？吃我一刀！"

额亦都用刀一挡，冷笑道："你立马投降，还能饶你不死，再顽抗下去，绝没有好下场！"

海喀扎尔哪能听得进去，遂喝道："你小子战败我后，再夸这海口不迟！"

额亦都见这独眼龙功夫不凡，忙一边挥刀迎战，一边向身边士兵喊道："快进府里，将他一家老小全部杀尽，一个也不能让他们跑掉！"

那独眼部长海喀扎尔一听，立刻慌乱起来，说道："这算什么本事？有种的跟老子大战三百回合。"说罢，他转身就往府里跑去，是想去拦截那些冲进府里去的建州士兵。

额亦都紧追不舍。他从腰里拔出一把飞镖，冲着海喀扎尔的身影，猛然扔了过去。只听"哎呀"一声，那位独眼部长重重地摔倒在墙脚下面。额亦都还没有赶到，就有两个建州士兵对海喀扎尔连砍几刀，海喀扎尔已身首异处了。

此时，扈尔汗也早从东面攻进城里，对反抗的扎喀特城的居民大开杀戒。由于这里的部民以狩猎为生，从小就喜欢使枪弄棒，男女老少皆弓马纯熟。这次建州兵马一来，他们担心被迁到佛阿拉去住，全部极力抵抗。凡建州军卒所到之处，皆有部民迎着拼杀一番，城里街道死尸遍地，血流成河。

城里火光冲天，喊杀声此起彼伏，守城士兵早已无心恋战，扎乌瑚里一边劝告士兵坚持守城，一边对他们说道："锡林城的救兵快要来了！"

说完，他向珲春河那边看去，却一个人影儿也见不到，只有白茫茫的河水，心里不由得恨恨地说道："巴洛济啊，巴洛济！扎喀特城的今日，就是你锡林城明天的下场！"

扎喀特城外的建州大将何和理，见城里火光四起，喊杀震天，又见城上守城兵惊慌失魄的样子，知道额亦都与扈尔汗都已攻进城去，便指挥兵马加紧攻城。

扎喀特城被攻破了，随着海喀扎尔、扎乌瑚里父子的相继死亡，库尔喀部灭亡了。

建州大将额亦都、扈尔汗、何和理三路军队汇合一起，清扫了战场。通过清查府库，发现海喀扎尔是一个很会理财的部长，库里物资丰富，财货很多，银钱堆积如山，账目头头是道。部民家里丰衣足食，牛羊成群，难怪他们齐心协力守城，拼死不愿离开库尔喀，对出移到佛阿拉居住非常反感。

经过三位将领反复筛选，在投降的库尔喀将领中，确定让一个名叫阿济木纳的人当库尔喀部长，负责管理守卫扎喀特城。这一仗，建州的兵马遇到了劲敌，努尔哈赤派来的三千人马也死伤一千八百多人，几乎是双方杀了个平手。

总之，这一仗还是打胜了，获得丰厚的战利品，一共俘获库尔喀士兵六百余人，盔甲五百多副，战马八百多匹，牛羊等不计其数。

军队凯旋时，扎喀特城里有七百余户部民随建州兵马一起，迁移到佛阿拉入户。

回到建州之后，三位将领把征服库尔喀的情况向努尔哈赤作了认真汇报。

他听到库尔喀部民不愿离开本土时，说道："如此说来，我们一直遵循的迁徙政策不能生硬死守，应该灵活对待，是吗？"

何和理道："原先，有部落的居民，担心遭到邻近部落的劫掠，生命财产整日得不到安全保障，才希望迁徙到建州来。如今形势不同了，扈伦四部也是大王麾下的版图，没有人再去掳掠他们了，所以也就不想离开本地。"

额亦都也实话实说道："这次征服了库尔喀部，获得丰厚的战利品，意义很重大，可是也付出了沉重的代价。还有，原属库尔喀部的锡林路，早就在备战了，把全锡林城的男子都编进军队中，把所有的牧马都训练成战马了。"

何和理接着说道："在锡林城里传扬着一句话：情愿战死在锡林，不愿迁徙来建州！这就是他们拼死守城的主要因素。"

听了他们的话，努尔哈赤问道："锡林城主叫什么名字？"

扈尔汗大将回答道："他名叫巴洛济。"

努尔哈赤向坐在下面的一百多位将领问道："有哪位将军认识锡林城的巴洛济吗？"

没有一个人说话，等了一会儿，还是没有人说认识，大将费英东说道："也许噶洛林认识，如果大王同意，末将愿意去走一趟。"

"好！"

努尔哈赤十分高兴，他大声说道："我们不能抱住老政策不变，随着形势的发展，我们也要不断地更新政策。"

第二天，努尔哈赤与军师柘祜天一起，对费英东作了交代，军师对他说道：

"那位酒将军若能劝说锡林城主巴洛济前来归顺，我们将给他记头功！"

费英东提出自己的看法："我以为有三件事要向巴洛济作保证：首先，归顺建州后，仍让他担任锡林城主；其次，迁徙建州的事，由部民自己决定；第三点，归顺后要服从建州指挥，按时交纳贡品。"

努尔哈赤听后，看了一下军师，说道："可以，能做到这三条，我们就不派兵去了；这也是一种征服对手的方式，不一定都要用战争的手段。"

柘祜天略作沉思地说道："孙子兵法上说的'上兵代谋'，早就有了这种'屈人之兵'的记载了。"

努尔哈赤又说道："一旦那位巴洛济不赞成我们的办法，坚持要与我们对抗，那也只好以武力解决了。"

万历四十二年（1614年）的十一月，努尔哈赤派遣大将费英东为统帅，还有大将昂纳克、扬古利、图尔坤煌占等，带领兵马三千人，征讨库尔喀部的锡林路。

费英东让昂纳克带领兵马前行，自己与大将扬古利一道，去见"酒将军"噶洛林。

说来也巧得很，这位"酒将军"与巴洛济竟是两连襟的亲戚。费英东与昂纳克等商议后，把兵马驻扎在扎喀特城里。然后，他随"酒将军"噶洛林去锡林城见巴洛济城主。

经过那位"酒将军"从中斡旋，巴洛济很乐意地接受了那三条意见。

三日后，巴洛济便亲自渡过珲春河，将一份贡品的礼单，送到扎喀特城里。

费英东等正准备返回建州，但是，听说距离扎喀特城不远的额里库伦城主依嘎达里，不答应归顺。大将扬古利请战道："让我带一千人马，前去攻打吧！"

费英东本是一个精细人，又能吃苦耐劳，他让昂纳克等领着兵马先返回建州，自己与扬古利只领一千兵马，前往额里库伦城。

这位额里库伦城主依嘎达里是个莽撞汉子，人长得牛高马大的样子，脸上的胡子多，与那林子里的猴子脸似的，除去鼻子周围没有毛，其余部位长满又粗又长的黑毛。他说起话来，瓮声瓮气的，像野猪吼叫一般，部民们以此喊他"愣头青"，并说他是野猪托生而来的。

但是，依嘎达里却娶了一位十分标致的妻子，她长得苗条秀丽，走起路来像下凡的仙女一样婀娜飘逸。

额里库伦城在珲春河下游河谷地区，是一座木栅城。虽然是一座木城，却建造得十分坚固。城有三层，每一层外面均有近丈深的护城壕沟围着，三层之内才住人。

费英东与扬古利兵分两路，从木城前后两面形成夹击之势。先由费英东在城前挑战，依嘎达里仗着自己有把力气，披挂整齐之后，便带领五百人马，出城迎战。他的兵器很奇特，是一根木棍，一头细，一头粗，像一把木制锤子。费英东与他交手后，方知那木棍重量不轻。估计它是枣木的吧？依嘎达里的木棍挥舞得又快又重，费英东不敢轻易用大刀去碰它。

二人约斗到三十多个回合，费英东稍不注意，依嘎达里一棍子打在坐下战马的头上，马当即就死了。此刻，城里喊杀声骤起，城栅被烧着了。

原来，扬古利领着五百兵马，乘着费英东与依嘎达里在城前面大战时，就拆毁栅栏，越壕三道，把木栅点着火，攻进城内。扬古利手执大刀，领着兵马在城内乱砍乱杀，吓得城内部民四散奔逃，一片哭叫声。

这边，依嘎达里见费英东的战马被他一棍打死，正想举棍再打费英东之时，不料城内传来喊杀声，又见火光四起，部民们东跑西窜，一片混乱。依嘎达里心知中了声东击西之计，慌忙转身往城里跑去，他是担心府中妻子的安全。

且说大将扬古利一路杀进城里，直入依嘎达里的城府中。忽见一老一少两个妇女，领着几个孩子慌慌张张往大门口走来。扬古利一见，大声喝道："呔！是什么人？往哪里跑？"

那老妇慌忙双膝跪下，向扬古利求道："请老爷饶命！不要杀咱们。"

扬古利见那年轻的少妇长得玉貌花容，心想在这山野村寨中竟有这等美人，还是少见哩！不由得顺口向那少妇问道："你是谁家妻室？"

未等少妇回话，老妇抢前答道："她是城主依嘎达里的妻子乌姬娅，大爷若能饶我们不死，她可以劝城主投降。"

扬古利虽是一介武夫，但有时也能粗中有细。他听了老女人之言，便说道："我可以不杀你们，但是，你们快随我到前面去，让依嘎达里马上投降！"

少妇听了，连连点头，遂与老女人领着孩子，跟在扬古利后面，往前门走来。

半道上，与依嘎达里撞个对面，扬古利手挥大刀，高声喝道："依嘎达里，你要放明白点！你的妻子儿女全在这儿，若不投降，我就立刻把他们杀死，一个不留！"

此时，乌姬娅把孩子紧紧搂在怀中，看着依嘎达里，双眼流着泪道："为了我和孩子，也为了全城的部民，你就投……投降吧！"

依嘎达里听了妻子的话，思忖片刻，低下头，将手中的木棍往地上一扔，从马上下来，对扬古利说道："我答应你，愿意投降建州了，但是我们不想迁到建州去住。"

扬古利立刻告诉他说："这你放心，去不去建州，由你们自己决定，没人会勉强你们的。"

后来，依嘎达里见了费英东说道："早知道可以不去建州，我早就投降了，如今城栅都烧了，不是一个损失么？"

大将扬古利劝他道："这里离山不远，还是造石城坚固，别再建那木城了。"

征服了额里库伦城之后，费英东与扬古利在城里住了三天，依嘎达里挽留不让走，又送了许多礼品：除去战马五百匹之外，还有牛羊各一千头，以及谷物粮食、咸鱼之类，装了满满五大车。从此，努尔哈赤在东海女真人中名声大震，许多部落主动来投，有的部民直接迁往建州。

万历四十七年（1619年）的上半年，努尔哈赤先后两次派穆哈连带领二千兵马，前往征讨东海虎尔哈部。

由于建州对东海女真的政策得到各部拥护，穆哈连征讨几乎没有打一仗，便收服了大小十多个部落。当年的六月八日，大将穆哈连带着兵马，满载而回，他"带来千户，男二千人，六千余口"。

努尔哈赤亲自出城迎接，并派人在城外搭了八个凉棚，摆了二百桌酒席，杀了二十头牛等。他是特意举行盛宴，以款待凯旋的大将穆哈连以及投降建州的各部大小首领。这次盛宴影响甚大，东海女真中少数没有归顺的部落，都自动纷纷来投。

近三十年来，努尔哈赤对东海女真实行武力征服与赏赐共举的办法，恩威并用，基本上统一了各个部落。

在东起日本海，西迄松花江，南达摩阔崴湾，濒临图们江口，北抵鄂伦河这一广大疆域内，努尔哈赤基本上统一了东海女真各部落，并取代明朝而实行统辖，使东海女真对努尔哈赤岁岁入贡，完全臣服。

居住于黑龙江流域而得名的黑龙江女真人，共包括五个部落，它们是虎尔哈部、萨哈连部、使犬部、使鹿部、萨哈尔察部。

在黑龙江女真居住的这一地区，有水量丰沛的河流，广阔的草甸，蓊郁的丛林，茂密的灌木。在杨树、柳树、松树和桦树的林荫中，居住着女真人、达斡尔人、鄂伦春人、费雅喀人和索伦人。他们的生活大多依靠狩猎、捕鱼、畜牧、采集、种植等。

黑龙江女真的萨哈连部，因为居住在萨哈连乌拉流域而得名。

在满语里，萨哈连是"黑色"的意思，"乌拉"为"江"的含义；因此，萨哈连乌拉，即黑龙江，亦称"黑水"。其实，萨哈连部居住在黑龙江的中游流域地区，东至乌苏里江口，接使犬部，西邻索伦部，南到黑龙江虎尔哈部，北抵使鹿部。

萨哈连部长乌齐巴济的小妹子巴巴莎是乌拉布占泰的妻子，当建州努尔哈赤灭亡乌拉的前夕，布占泰就让巴巴莎带着儿子布利奇回到萨哈连部去了。一晃几年过去了，布利奇已长得一表人才，由于平日刻苦练功，如今刀马武艺样样精通。乌齐巴济部长又没有儿子，只有一个独生女儿名叫乌金丽丝，与布利奇年龄相仿，又是青梅竹马，布利奇自然就成为乌齐巴济的乘龙快婿了。布利奇念念不忘努尔哈赤是灭乌拉、杀父亲的仇人，总想找机会报复一下。

在萨哈连部的南边，紧紧连着虎尔哈部，布利奇与虎尔哈部长贾侯洛夫的儿子索斯洛夫是一对好朋友，二人来往频繁。

万历四十年（1616年）的五月份，布利奇对索斯洛夫说道："最近，建州来我们萨哈连做生意的人特别多，我想把他们集中到一起，杀了，以此来祭奠我的父亲以及所有被努尔哈赤杀掉的乌拉人！"

索斯洛夫听后，立即说道："这事好是好，就怕被你舅父和我的父亲知道了，他们是不会答应的呀！"

"那就不让他们知道就是了！"

于是，两个好朋友坐下来，悄悄商议了一个晚上，第二天上午，布利奇先回萨哈连去了。

当晚吃饭时，布利奇有意将舅舅乌齐巴济灌醉，直到老头子醉后睡倒，他才走出府去。

不久，索斯洛夫来了，二人急忙来到兵营大门前，对守门士兵道："今晚的值勤将领是谁？"

"是娄巴亚力将军。"

二人进到兵营里面，布利奇向娄巴亚力道："舅舅要你派出二百名士兵去执行一件公事，他老人家多喝了几杯酒，要我代他去办，请将军发兵吧！"

这位娄巴亚力是一位胆小怕事的人，见是部长的乘龙快婿，哪敢说个不字。

布利奇与索斯洛夫兴奋地带上二百名士兵，来到建州商人居住的几个酒店、旅舍，将其一个个绳捆索绑，全都押到萨哈连城南的牛满河边。布利奇与索斯洛夫一数，整整七十名。

他对索斯洛夫说道："我布利奇做事光明磊落，我要让这七十人死个明白。"

说完，他站在建州的七十名商人队前道："我是原来乌拉部长布占泰的儿子，也是现在的萨哈连部长乌齐巴济的女婿，今天是个好日子，我要借你们的头颅为我死去的父亲，为那些被努尔哈赤杀死的乌拉人报仇！"

说完，布利奇把手一挥，向士兵命令道："快动手吧！"

就在这时，那七十名建州的商人一齐喊叫。一时间，叫骂声，哭闹声，惊天动地。因为混乱，竟有二十多人转身跳入牛满河里，布利奇忙派士兵乘船去追杀，由于夜色沉沉，一个也没有追回来。跳入牛满河里的二十多个建州商人，水性差的，就淹死在河里了，有九人终于辗转返回建州，向努尔哈赤哭诉了这段经历。

当时，已是六月二十八日，努尔哈赤听后，气得拍着桌子说道："这是报复！"努尔哈赤立即决定，要派兵征讨萨哈连！

此时，不少将领提出一些具体困难，他们向努尔哈赤阻谏道："当前六七月份，正是阴雨连绵的夏季，道路泥泞，行军不便，再过几个月，到了冬季结冰，再去征讨岂不是更好？"

努尔哈赤说道："正因为是夏天，咱们才该派兵哩！到了秋天，或是冬季结冰了，他们会把粮食谷物都埋藏起来。那时候，咱们派兵去，他们会立即弃寨逃跑，咱们到那里什么也得不到。等咱们一撤兵，他们又会立即返回部里，扒出埋藏的粮食，饿不着他们。如果乘着这个夏天，咱们派兵突然袭击，尽管他们逃跑了，却没有时间埋藏粮食。何况萨哈连部的人，以为我们不会在这炎热的夏天去攻打他们。在他们安闲不备的情况下，咱们派兵去打，难道不是出兵的极好时机么？"

众将领听努尔哈赤说得有理，便只能绝对地服从了。

就在这一年的七月一日，努尔哈赤向全军发布了命令："要挑选强壮的战马一千匹，并立即把它们赶到农田里牧放，用最快的时间将它们养肥。"

七月九日，又下命令道："从全军中选派会制造独木舟的士兵，约六千人，去兀尔简河的发源地——深山密林中，要抓紧时间，制造独木舟二百艘。"

十天以后，一切准备停当，努尔哈赤发布出兵的命令："派遣达尔汉侍卫扈尔汗和安费扬古率领兵马两千人，前去攻打萨尔连城。"

努尔哈赤与军师柘祐天带领一千人马随后，陆续往萨哈连进发。扈尔汗与安费扬古带领二千人马，晓行夜宿，冒着酷暑，不几日工夫，便来到了兀尔简河上游的深山密林中。

此时，二百艘独木舟早已造齐，每只船上坐八名士兵，二百艘船坐有一千六百名士兵。另外，还有六百名铁骑在陆上行走。

从出发那天算起，到了第十八天头上，建州的兵马——水陆两支队伍，在一个名叫斡里的河滩汇合了。扈尔汗与安费扬古带领士兵弃船上岸，与六百名骑兵会合一起，稍作休整，又出发了。他们又走了两昼夜，在八月十九日的傍晚，终于赶到了目的地——萨哈连部的治所萨哈连城。

其实萨哈连城是一座木寨，全用又粗又长的树干围筑而成。城内的房屋多是泥墙草顶的小屋，部长府与将领们住的房子，都是木头建造的木屋。

二将侦察过后，安费扬古悄悄对扈尔汗小声嘀咕了一会儿，便各自分头准备去了。

再说萨哈连部长乌齐巴济得知布利奇假借他的命令，私自调兵杀害建州七十名商人的事情之后，大发雷霆，把布利奇喊来大骂一顿。乌齐巴济又与虎尔哈部长贾侯洛夫会了面，他们断定努尔哈赤绝不会善罢甘休。

乌齐巴济对贲侯洛夫说道："你那虎尔哈城与我们的萨哈连城一样，全是无遮无挡的木寨，易攻难守，经不住努尔哈赤攻打的。"

"都怪这两个小东西惹的祸，怎么办呢？"

"在松河里江南岸的佛多罗衮寨倒是一个安全处所，只有住在那里才行，努尔哈赤再有能耐，他也难以越过——"说到这儿，乌齐巴济狡猾地一笑，来一个话到嘴边留半句。

贲侯济夫又问道："咱俩有安全去处了，两个小崽子怎么办？"

"管不到那么多了！谁让他们要捅这个马蜂窝的。"

贲侯洛夫笑道："老朋友，你可以不要你女婿，我能不要我儿子么？不如这么办吧——"

他说到此，看看乌齐巴济，又道："暂时要他们守萨哈连城，一旦守不住，就撤兵到佛多罗衮寨子那里去，可好？"

乌齐巴济只得答应，二人便依计而行。

且说在八月十九日的夜里，天交二鼓之时，安费扬古领兵马一千人，悄悄来到萨哈连部城寨前，用引火物把栅木燃着，转瞬之间，火光冲天，守门的士兵吓得不知所措。安费扬古乘势发起攻击，与萨哈连的士兵拼杀在一块儿。

布利奇手执一柄大刀，跃马上前，与安费扬古迎个照面，他厉声问道："来将何人？我布利奇不杀无名之鬼，快快报上名来！"

安费扬古举目细看，这布利奇长得极像其父布占泰，遂立刻说道："我乃建州大将安费扬古，你这个畜生逃到萨哈连来，不思做个好人，又无事生非，随便杀死我建州商人，是何道理？"

那布里奇却傲慢地说道："杀几个建州商人有什么要紧，我还要杀努尔哈赤呢！部仇家恨我一定要报！"说罢，举起大刀向安费扬古砍来，二人便一来一往，杀到一块儿了。

再说扈尔汗也领一千兵马，绕到萨哈连城寨后面，一见无人守卫，心里十分高兴，立即命士兵点火。火借风势，风助火威，不到一刻工夫，大火冲天而起，从栅城一直往里烧去。

扈尔汗领着兵马杀进城去，正巧碰上索斯洛夫领着兵马前来救火，二人也不搭话，便战到一处了。平日索斯洛夫很少练武习兵，又遇上扈尔汗这勇冠三军的大将，战了七八个回合，就渐感力不能支。扈尔汗越战越勇，看那对手刀法混乱，正想抽刀逃跑之际，便一刀连着一刀，加紧砍杀起来，使他想逃不能，再战无力，唯有刀下受死一条路了。

索斯洛夫边战边退，他的战马尾巴一下燃着了，那马惊得连尥蹶子，一连几下，他从马上掉了下来，未等扈尔汗上前，便被建州的士兵砍死了。

扈尔汗把大刀向前一指，向士兵们喊道："冲啊！"

建州铁骑如一阵狂风，席地而起，冲杀前去，很快与安费扬古的人马汇合在一起，继续追杀着城寨里的逃兵与部民。

原来，那布利奇仗着年轻气盛，与安费扬古战了有四十多个回合，被安费扬古一枪刺于马下，未等他爬起来，就被建州士兵上前刺死。见两位主将已死，萨哈连部的军卒仓皇四散，有的向河北岸的村寨逃去，有的向河南岸的村寨逃去。

这时，安费扬古抓住了一个逃兵，问明情况之后，他对扈尔汗说道："你领兵去河北岸，乘胜袭取那十六个村寨，有一个将领名叫茂志春的，据说武艺高强，务必小心谨慎。"

说完，他自带那一千兵马，沿着河南岸的村寨，一路追杀过去。

且说扈尔汗尾随着萨哈连的逃兵，领着兵马一路追来，那些村寨里的部民闻风丧胆，哪里顾得上埋藏粮食，只顾逃命去了。

扈尔汗沿途过村夺寨，一直追杀到第十六个村寨前面，被一队兵马挡住。他仔细看那将领，生得膀大腰圆，黑脸大胡子，两眼露着凶光，双手一抱拳，说道："那位将军可是茂志春？我扈尔汗在马上给你施礼了！"

只见那人鼻子里哼一声，说道："在下正是茂志春！我想问你：建州的兵马一路追杀掠取，还不够么？何必要赶尽杀绝呢？"

扈尔汗只得向他解释道："将军此话差矣！萨哈连部本与我建州无仇无怨，却无故杀死建州商人七十名，这是小事么？至今，萨哈连部长乌齐巴济未出来见面，我们怎能息兵罢战？"

那茂志春立即说道："听说那位布利奇已被你们杀死，何况你们杀死的萨哈连人已经有多少个'七十'了！"

扈尔汗听出了一些弦外之音，立刻和缓地向他问道："那么，依将军之意……"

茂志春立即说道："据说努尔哈赤是一个宽厚之人，我很想与你一起去见见他，以结束这场流血的战争。"

扈尔汗听了十分高兴，忙向身后士兵问道："大王现在已到何处了？"

"已在萨哈连城。"

扈尔汗遂转向茂志春说道："那就请将军与我一起去见大王吧！"

茂志春点了点头，便与扈尔汗并马驰回萨哈连城。

再说安费扬古领兵追杀，一路夺取十多个村寨，到了晚上，便在一个名叫瑚哩的寨子里驻扎下来，准备明天继续进军。安费扬古见队伍休息了，便在院子里走走，忽听寨中一阵鸟鸣声传来，他马上敏感地想道："怎么一回事？这是宿鸟惊飞！"

想到此，慌忙叫醒军中的几个小头目，小声与他们交代了几句，然后分头去准备了。约在半夜之后，果不出安费扬古所料，萨哈连的大将博济里，领着五百人马，悄悄地前来偷袭建州的兵马。谁知他们刚进了瑚哩寨子，就遭到安费扬古的包围，博济里与五百兵马被堵在一条死胡同里，两边的断墙残垣上站满了建州的弓箭手。

只要安费扬古一声令下，两边万箭齐发，他们便成为活靶子。

正当博济里前进无路，后退不能的时候，安费扬古立在一堵高墙上大声喊道："博济里将军！你应该放明白一些，眼前你只有投降，归顺建州，你和你的士兵才有活路，否则，我就不客气了！"

此时，博济里还未说话，那些士兵早已沉不住气，齐声喊叫起来：

"不要放箭！不要放箭！"

"我们投降！我们归顺！"

博济里想拦阻已不行了，见大势已去，只得抬头向安费扬古说道："我博济里愿意听从将军的安排。"

安费扬古命令杀牛宰羊，犒赏将士，然后手拉博济里将军，回到驻地。

二人在酒桌上推杯换盏，谈得投机，喝得融洽，不知不觉便提到了战事上来。

安费扬古谦逊地向他请教道："听说萨哈连部与虎尔哈部的两个部长都跑到佛多罗衮寨里去了，想与我们对抗到底，希望你能协助军队尽快攻破此寨。"

博济里听后，皱了一下眉毛，然后说道："我已归顺建州，咱们又是朋友，这是我应该做的事情，不过，有句话要说在前头，明天怎么打，怎么攻，需让我参加指挥！"

安费扬古听后，立即笑道："好！就这么定了，今晚都好好休息，明早出兵佛多罗衮寨！"

一夜无话，第二天兵马出发前，安费扬古向全军将士说道："我们要去攻打佛多罗衮寨子，这一仗由博济里将军指挥，谁若不听号令，按军法从事。"

他说完之后，请博济里讲话，博济里清清嗓子，大声说："其他的话我不讲了，今天行军任务很重，每人背木板一块，干草二十斤，不得有误！"

将士们听了，都是"丈二和尚——摸不着头脑"，但是，又不敢不听将令。兵马出发了，博济里走在最后，他也身背木板一块，干草二十斤。队伍绕过一个湖泊，穿过一块很大的草甸，傍晚时，大军距离佛多罗衮寨不远了。

走着走着，兵马渐渐慢了下来，不久，探马回来报告："前面无路可走，全是一眼望不到头的水泡子，沼泽地，一不小心人马便会陷进去！"

博济里听后，立即说道："快去通知前头部队，撒上干草，铺上木板，继续进军！"

建基雄主：努尔哈赤

此时，将士们这才恍然大悟，不得不佩服博济里的足智多谋。

且说躲在佛多罗衮寨子里的乌齐巴济与贲侯洛夫，听逃回来的士兵说，布利奇与索斯洛夫都在萨哈连城寨子里被杀，两个部长哭了一会儿，尤其是贲侯洛夫哭得十分伤心。

乌齐巴济安慰他之后，很有把握地说："咱们这里有沼泽天险，就怕他们不来，努尔哈赤要是亲自来就好了。"

因此，寨子只派少数人防守，未把建州兵马放在眼里，绝大部分队伍都在营房里睡觉，还有不少士兵在赌博、喝酒、划拳。

不久，建州的兵马已到寨前，博济里先命射箭，他的话音刚落，那雨点一般的乱箭，飞向前去，顷刻之间，就把守寨的那些士兵消灭干净。博济里又命全军合围进击，一时间，寨里寨外，杀声震天，大军势如破竹，将寨子里的队伍杀得溃不成军。

此时，忽听士兵们乱叫乱嚷："部长跑啦！部长跑啦！"

有几个小头目前来向博济里请命："派我们前去追赶吧！"

博济里把大手一挥，果断地说道："不！天黑路险，明天再说！"

次日，博济里命令继续进军，约走十来里路，见前方有一片阴森森的密林。

队伍刚驻下来，忽见林子上空飞鸟惊得叽叽喳喳，博济里便立刻下令，派一千兵让安费扬古带着，把林子的东、西、北三面围住，一起擂鼓喊叫，但不要向林子里进攻。顿时，"咚咚咚"战鼓如雷，杀声动天。博济里自己则带着近两千兵卒，点起数十只火把，也是擂鼓呐喊，却不进攻。起初，林子里没有一点声息，过了好大一会儿，忽听林子深处传来了人喊马嘶的声响，约有好几百人向南面有火把的地方冲杀过来，结果，他们全都撞进博济里布下的口袋阵。未等博济里动手，林子边上设置的绊马索、陷阱已将一多半敌人绊下马来。后来一检查，两个部长全跌在陷阱里死了。

这一仗打得相当漂亮，安费扬古拉着博济里的手，亲切地笑道："你智谋过人，见多识广，使我钦佩，以后要向你好好学习。"

"哪里，因为我了解这里的情况，没有什么了不起。"博济里说着，有些不好意思。

在八月底，安费扬古与扈尔汗两路军队，英勇顽强，破城斩寨，一路追杀，共夺取萨哈连部三十六个城寨，还有虎尔哈部二十多个城寨。

努尔哈赤听到扈尔汗与安费扬古的汇报，对茂志春、博济里二人的归顺，特别高兴与欢迎，并派遣茂志春担任虎尔哈部长，博济里担任萨哈连部长。二人千恩万谢，表示一定不辜负大王期望，管好部里事情，坚决服从大王的指挥。

十一月七日，努尔哈赤与军师柘祜天、大将安费扬古、扈尔汗带领兵马回佛

239

阿拉。

从万历四十四年（1616年）的七月初一，至十一月初七日，历时四个月零六天，努尔哈赤征服了萨哈连部与虎尔哈部，共缴获战马八百匹，盔甲一百五十余副，牛羊、谷物不计其数，并带回四十名路长及家属来建州。

努尔哈赤征服了萨哈连部与虎尔哈部之后，又派兵前往萨哈尔察部。

所谓萨哈尔察，在满语里是"黑色貂皮"的意思，其部民多居住在牛满河地区。

萨哈尔察部长名叫萨哈连，因为其母是萨哈连部的人，父亲伊拉胡里也是在萨哈连部里长大，故给儿子起名为萨哈连。

当了萨哈尔察部长之后，萨哈连勤勤恳恳，时时把部民的事情放在心上。他自己带头去牧马，领着部民们去河谷地区耕种庄稼，收获谷物，保管粮食。部里精简开支，农闲时，组织年轻部民练武习艺，操练兵马；到了农忙时，让士兵回家种田、收获庄稼。

由于部里的一举一措为部民着想，萨哈连深受部民拥戴，部民的生活也日益富裕起来。

萨哈连承继部长不到一年时间，萨哈尔察旧貌换新颜，处处洋溢着新气象。部民们安居乐业，人人笑逐颜开，家家丰衣足食，牛羊成群，鸡鸭满圈，一片太平景象。

当邻近的萨哈连部、虎尔哈部被建州的兵马征服的消息传来时，萨哈尔察部民起了一阵骚动，他们担心太平、安定的生活环境将被破坏。一贯能体察民情的萨哈连部长，立即召开部属各屯寨的头目开会，广泛征求大家意见。

萨哈连部长首先说道："我们萨哈尔察部如何应对是大家的事，要由大家来定，请各位畅所欲言吧！"

但是各位屯寨主却一齐说道："你是我们信得过的部长，你说怎么办，我们全力支持。"

萨哈连便向大家说道："努尔哈赤兵多将广，已经统一了建州八部，海西四部也被征服了，又吞并了东海女真，不久前我们的邻部萨哈连、虎尔哈也被征服了，跟他们比起来，我们萨哈尔察部不过是九牛一毛，沧海一粟，能与努尔哈赤对抗么？"

说到这儿，萨哈连停了一下，想听听大家的意见，看看大家的反应，但是，谁也不说话，都在看着自己的部长，等着他拿主意哩！

于是，他又接着说下去："我只想领着广大部民过安分日子，让我领着大家去与努尔哈赤打仗、拼命，我不会干，也不愿意干！"

各寨主、屯长们听了，立即拍手支持部长的主张，有的说道："往年，我们向明朝进贡、纳税；如今明朝腐败了，我们就向努尔哈赤交纳贡品吧！"

于是萨哈连立即准备礼品，打算亲自去建州拜见努尔哈赤大王。

万历四十四年（1616年）的十月中旬，努尔哈赤与军师柘祐天商议派兵征服萨哈尔察部，忽有侍卫前来报告："黑龙江女真萨哈尔察部使者前来拜见！"

努尔哈赤道："快请那使者进来说话。"

柘祐天笑道："这真是说曹操，曹操就到！"

军师未说完话，那使者便进来了，见了努尔哈赤，立即跪下施礼，说道："我们萨哈尔察部长萨哈连派我先来禀报大王，两天后他将带着礼物贡品，亲自到建州向大王敬献忠心，愿意归顺，并带来部民百件手工，望大王允纳！"

努尔哈赤听后，笑道："起来吧！你远道而来，辛苦了，先坐下说话，我且问你：听说你们的部长深受部民拥护，是真是假呀？"

那使者便一五一十地，将萨哈连部长的一些爱民事例，一桩桩、一件件地如数家珍般地叙述给努尔哈赤与军师听，二人听后，都很高兴，便留使者到饯馆休息。

努尔哈赤对柘祐天道："那萨哈连亲自来了，我们也要投桃报李，把欢迎仪式搞得热烈、隆重一些。"

努尔哈赤历来是说干就干，马上在距离佛阿拉十里处的一个十字路口，临时搭起了帐幕，建了一个又高又大的台子。从佛阿拉到那欢迎台，大道两旁站满欢迎的士兵与骑兵，将领们全在高台前面列队。努尔哈赤身穿五彩龙纹衣，由黄罗伞罩顶，满面红光，笑容可掬地坐在又黑又亮的虎皮太师椅子上。

不久，萨哈连的队伍到了。萨哈连领着他的进贡队伍，叩头谒见努尔哈赤大王，恭恭敬敬地说道："我们萨哈尔察部久仰大王威名，愿意永远拥戴大王，永远臣服大王！"

努尔哈赤高兴地站起身来伸手拉着萨哈连，从头到脚，上下打量了一番，笑道："你如此年轻，又如此能干，真让我想象不到啊！快坐下说话！"

台上共安排三张桌子，努尔哈赤居中坐着，左右两边分别是柘祐天军师、萨哈连部长。在悠扬的琵琶声中，他们举行了欢迎宴会，萨哈连早已向努尔哈赤敬上了礼单。

萨哈连又向努尔哈赤说道："部里的年轻男人，多能耍枪弄刀，每年农闲也曾习练过，他们都愿意随大王一起出征，只待您老人家一声号令，我们萨哈尔察的年轻人，一定会服从大王的指挥。"

听了萨哈连的话，努尔哈赤大喜过望，兴奋地看着这个年轻的部长，转脸对军师道："各部落都能像萨哈连这样，我们何愁后方不稳，兵源不足呢！"

他听说萨哈连年仅二十九岁，尚未娶亲，心中更加欣喜，遂对柘祐天说道：

"我想把女儿嫁给他，这喜事就麻烦军师亲自料理了！"

萨哈尔察主动归顺建州之后，努尔哈赤向军师柘祜天说道："那使犬部、使鹿部与萨哈尔察都是邻部，相距不远，至今不来归顺，咱们还要派兵前去征讨的。"

柘祜天立即赞成，并主动请战道："请大王派我去收服这两部吧！"

努尔哈赤听了十分高兴地说道："也好，只是军师年事已高，要处处小心谨慎，不要累坏了身子！"

次日，努尔哈赤又派大将费英东、扬古利一起协助柘祜天，前去征讨使犬部和使鹿部。努尔哈赤亲自执酒相送，令军师柘祜天非常激动，他说道："请大王放心，我们三人此去不收服这两部，我这糟老头子绝不回来见你！"

努尔哈赤听说，不禁哈哈大笑道："军师言重了！"

再说这使犬部，多居住在乌苏里江下游地区，松花江与黑龙江会流处以下沿混同江两岸，与使鹿部相接。它主要分为三路，有奇雅喀喇路、赫哲喀喇路和额登喀喇路。

奇雅喀喇路，其地在乌苏里江口以南一带；赫哲喀喇路，居松花江、混同江两岸；额登喀喇路，其地在赫哲路东北，混同江的两岸一带区域。

使犬部，包括赫哲人、鄂伦春人、鄂温克人等，全属黑龙江女真。这些使犬部人，家家畜犬，而且数量很大，一户能养几十只或几百只，使犬部因此而得名。犬的主要食物是鱼，也食野兔、田鼠等。在使犬部里，犬被用来行猎、拉船、拖爬犁等。因此，犬在使犬部的部民心中有着特殊的地位，受到非同一般的重视。

使犬部的人从不吃犬，已经约定俗成，也不穿狗皮，甚至把犬当作图腾而加以崇拜。

使犬部的人，其主要经济生活是狩猎和捕鱼，很少有人去耕种粮食。狩猎中，除捕捉野猪、驼鹿、猞猁狲等外，也猎捕水獭。

黑龙江渔产很丰富，其中有鲑鱼、鲟鱼、鲶鱼、鲤鱼、鳇鱼、狗鱼和大马哈鱼等，这都为使犬部民提供了丰富的生活资源。

捕鱼时，他们既用鱼叉，也用渔网。使犬部鱼的用处很多，鱼肉用作食物，鱼骨制器物，鱼油可以点灯，鱼皮能缝制衣服。使犬人用各色的鱼皮，经过细致的鞣制，使之变软，然后缝制成色彩鲜艳的鱼皮衣。又因为他们以鱼皮为衣，所以使犬部又叫"鱼皮部"。

使犬部的治所在额登喀喇路的寨城中，其部长名叫博沙也胡，五十岁左右，妻子佟尼喇，只生两个女儿，没有儿子。大女儿兀娅嫁给了赫哲喀喇路长。

博沙也胡最欢喜捕鱼，整日待在渔船上，使犬部民们常以"鱼鹰子"称呼他。不过，他有一员很好的带兵将领，名叫拉古殷，部里的事多由他办理。

有时候，博沙也胡兴致来了，也要问问部里的事情，尤其是部民当中鸣冤叫屈、打官司告状的事，他常以"断案果断"自诩。其实，他断案往往是不问青红皂白，瞎糊弄地一断了事。谁敢不服他的裁决，轻者跟你吹胡子，瞪眼睛，惹急了时，他腰间的刀就顺手抽了出来。

博沙也胡这一天正在收拾渔具，准备下河去捕鱼，忽见他的爱将拉古殷匆匆走了进来报告："建州努尔哈赤派他的军师柘祜天等，带领三千人马来攻打我们了！"

博沙也胡听后很惊讶，看着拉古殷说道："自古兵家有言：兵来将挡，水来土掩！怕他什么？不好就放狗咬他，再不行，咱就退往海上去！"

拉古殷听了，提醒道："这一次不像你讲得那么容易了，努尔哈赤来者不善呀！那海西女真都被他灭亡了，不早做打算，到那时想退也无路！"

博沙也胡两手一摊，急问道："那依你说，该怎么办？"

"先把莫太利、尤音斯找来，一起商量如何应付。"

"也好！"

这两人都是博沙也胡的女婿，他立刻派人去通知他们快来议事，又转脸对拉古殷道："你看还有什么事需要我办的呀？"

拉古殷看着这位部长，苦笑着道："你一心扑在捕鱼上，我还讲什么呢！"

博沙也胡忽然想到了兵马需要操练一下，但是自己又不谙此道，只得笑道："你去把兵马训练一下吧！免得打起仗来，分不清敌我。"

说完，就拿起渔具扬长而去，剩下了拉古殷一个人在屋里发呆。

第二天，奇雅喀喇路的莫太利、赫哲喀喇路的尤音斯都到了，拉古殷去把博沙也胡喊来，会议开始了。

博沙也胡看看大家，向拉古殷问道："那事他俩都知道了吧？"

他见拉古殷点了点头，便清了清嗓子，道："听说努尔哈赤派三员大将、三千人马来攻打我使犬部，来势汹汹呀！我们没有那么多兵马，但是你们三人手中的铁棍也不是吃素的。"

莫太利、尤音斯和拉古殷三人使用的兵器全是铁棍，而且重量都在一百四十斤以上。莫太利的棍中加鞭，尤音斯的棍里夹刀，拉古殷的回马棍，都是极为厉害的招数。

拉古殷对莫太利说道："建州的兵马要闯的第一关，便是你的奇雅喀喇寨，老兄可要当心啊！"

莫太利笑了笑，无可奈何地说道："他来了，咱就跟他真刀真枪地干一场，让他尝尝我那铁棍的味道，一旦——那个的话，我就扛着大铁棍，往赫哲喀喇寨里一躲。"

尤音斯听后，哈哈笑着说道："我也学老兄那样，扛着大铁棍往拉古殷的额登喀喇寨子里跑。"

博沙也胡听后，说道："你们都往这里跑，我就坐船往海上跑！"

说完，四人一齐大笑起来，拉古殷正色道："还未交战，咱就准备跑，这也太没志气了！我想，咱们就硬里硬气地跟他努尔哈赤干上一场。"

后来，他们又围绕与建州对抗的话题，谈了好长时间才散会，莫太利与尤音斯回寨去了。

再说柘祜天等领着兵马，往使犬部进发。从建州到使犬部约有八九百里路，不仅距离遥远，道路也十分难走，好在他们全是骑兵，不消十余天光景，便进入使犬部境内了。

有探马回来报告："前面就是使犬部的奇雅喀喇寨，寨主莫太利是部长博沙也胡的大女婿。"

柘祜天向费英东、扬古利道："咱们把兵马驻扎下来，明天再出战吧！"

大将扬古利有些疲累地说道："这长途行军累得确实够呛！今晚要好好休息一下。"

这时，又有探马来报告："据说这莫太利武艺高强，手使一根二百余斤的铁棍，力大无穷，有万夫不当之勇。"

扬古利听得有些不耐烦了，立刻打断那探马的汇报，说道："别说了，他果有这些本事？你在尽长敌人的声气。"

柘祜天看着扬古利笑道："这是他探马的职责呀！你不让他讲，咱们两眼一抹黑，怎么做到'知彼'？"

费英东也批评扬古利道："你总是性急，又听不得反面话。"

扬古利有些不好意思了，内疚地说："好，我错了，以后绝不这样鲁莽了！"

次日，柘祜天、费英东、扬古利领着兵马到寨前挑战，不一会儿，见寨门一开，一匹马冲了出来。只见马上一员将领穿着黑色盔甲，手里又握着一根又粗又黑的铁棍，真是一个黑金刚！更有意思的是：这将领身后未带一兵一卒，却领着一群狗，紧紧地随在马后。

柘祜天小声对他们说："要小心，特别是那群狗！"

扬古利却不信邪，未经军师同意，便催马上前，用大刀指着莫太利喝道："呔！来将何人？我扬古利刀下不杀无名之人，快快报上名来。"

莫太利勒住马缰，用铁棍往两边一指，身后的那群狗立刻站定不走了，只是两眼恶狠狠地盯着扬古利看着，"汪汪汪"地吠了几声。

莫太利冷笑了一声，说道："口气不小呀！我乃奇雅喀喇寨的寨主莫太利，你们建州与我们使犬部远隔千里之遥，为何要兴兵到此？"

扬古利本是一个武夫，一向以粗鲁出名，又不善言辞，听了莫太利的问话，他不知如何回答，但灵机一动，立即应道："这问题等我把你擒住，送到建州，让我们的大王努尔哈赤告诉你吧！"

莫太利听后十分生气，立即把铁棍执在手中，对扬古利轻蔑地骂道："不识好歹的东西！来吧，老子奉陪你！"

扬古利早等得不耐烦了，举起大刀，往他头上砍去。

莫太利毫不在意，只是把马轻轻一带，闪了过去，就躲过了这一刀。

扬古利心里说："好马呀！好像它能猜透主人的心思，闪躲的动作又快又利索，真是难得的一匹马！"

他正在想着，那莫太利已把大铁棍举起来，只听"呼"的一声，那铁棍从上到下，兜头盖顶，对扬古利的头顶砸将下来。

一贯冒失的扬古利，在战场上还是清醒的，一见莫太利的铁棍来得又急又有力，他不敢怠慢，急忙勒转马头，想躲过去。可是，那铁棍来得太快了，竟把扬古利的战马尾巴砸去了大半截！顿时，那战马疼得头一昂，高声嘶叫一声，连续掀了几个蹶子，扬古利防不胜防，终于被掀了下来。

那莫太利却不上前活捉摔在地上的扬古利，只是坐在马上"哈哈哈"地大笑不止。他身后的那群狗却蜂拥上前，要去撕咬扬古利，并且狂叫不止。

在后面掠阵的栻祜天、费英东早已看到扬古利不是莫太利的对手，一见铁棍砸在马尾巴上，栻祜天早已领着一千兵马冲过来了。

那群狗固然凶猛无比，但是见到那么多手执明晃晃大刀的建州兵马，也不得不有些害怕。

栻祜天一马冲到莫太利的马前，扬古利这才惊魂甫定，急急忙忙从本部兵马中穿过，跑回阵去。只见栻祜天两手紧握双锤，猛吸一口气，胸脯一挺，转眼之间，自下而上，气贯丹田，全身关节"啪啪"作响，特别是两臂的肌肉顿时膨胀起来……

栻祜天大喊一声："应招！"忽见他右臂一闪，一锤砸去，只听"哐啷"的一声，这一锤正砸在莫太利的铁棍上。

虽然他承受了这一锤，但是心中已有些胆怯了，知道这老人身上有一股逼人的神力。莫太利正在想着如何应付第二锤时，不料老人大声喝道："再给我应——招！"

他急忙翻身下马，但已来不及了，只听得"叭"的一声，连人带马被砸中了。就这工夫，那群狗一见主人身死，猛地扑将过来，有几条竟然跳到栻祜天的马上，去撕咬他！

费英东急忙领着兵马，前来击杀那群狗，经过一阵砍杀，才好不容易把它们一只只杀死。可是，柘祜天却被狗咬得体无完肤，颈脖上的伤势更重，两手鲜血淋漓，疼得连话也说不出来了。费英东派士兵把柘祜天抬回大营，与扬古利领着兵马杀进寨子里去。

奇雅喀喇路的寨子里只有二三百名士兵，见到莫太利已死，便都投降了。

柘祜天伤势很重，他喘着气说道："狗牙有毒，凡被狗咬之后，必须及时用解药，或是用火烧灼伤口，才能防止毒性侵入体内筋骨，如今，已经迟了——"

他叹了一口气，又说道："还有两个寨子，攻打时，不要忘了用火把对付狗群。"

费英东见他伤势沉重，想送他回建州，柘祜天坚决不答应。不久，他便合上了双眼。费英东与扬古利二大将伤感了一会儿，就把他掩埋了。

他们在柘祜天的坟前，竖了一块墓碑，上面写着："建州军师柘祜天之墓。"

且说军师柘祜天死后，费英东与扬古利伤感了两天，然后又领着兵马，前往赫哲喀喇路。

为了对付使犬部的狗群，费英东与扬古利指挥士兵收集了许多桦树皮，扎了许多火把，以备攻寨时急用。第二天，建州的兵马便来到赫哲喀喇路的寨子前面。

费英东见寨子全是用木材建成的围墙，便灵机一动，对扬古利说道："天色尚早，让士兵抓紧休息，今夜我们就去偷袭寨子。"

扬古利听了，不禁一愣，说道："为什么？"

费英东在他耳边悄悄说了几句，拿起桦树皮做成的火把，笑道："咱们用它来攻寨子吧！"

当晚，约在三更天时分，费英东与扬古利各带一千五百兵马，从寨子的左右两侧，悄悄地接近了寨子。他们将引火之物堆放在寨墙下面，点着火之后，让兵士们齐声呐喊起来："快跑啊！建州兵马杀进寨子啦！"

寨子里的士兵一见寨子起火，又听到震天的喊杀声，吓得四散奔逃。

费英东与扬古利乘势杀进寨子，寨主尤音斯白天已听说莫太利被杀，奇雅喀喇路已被攻破，正在慌乱之中，愁得寝卧不安。这时刚刚睡着，忽听喊杀声起，忙走出屋子一看，寨墙已被烧着了，熊熊的火光中，他看见建州的兵马已杀进寨子，于是尤音斯慌忙喊醒妻子儿女，迅速骑上马，他手执大铁棍，杀开一条血路，向额登喀喇寨逃去。

费英东正杀得兴起之时，忽听有人喊："尤音斯逃跑了！"

因为夜色沉沉，路径又不熟，费英东没有让扬古利去追赶，只是在寨子里收降士兵，认真清查府库，打扫战场。

天明后，二人才听士兵们来报告：“狗圈里关着好几百只青毛犬，尤音斯还未来得及放它们出来，就吓得逃走了。”

费英东与扬古利听了，一起大笑起来。

扬古利向费英东把大拇指一翘，说道：“这偷袭的计策真高，真绝！”

二人一齐哈哈大笑起来，身边的士兵也开心地笑起来。

这时候，探马进来报告道：“额登喀喇寨的人在忙着挖护寨壕沟，也有的上山伐木，准备挑船造筏，想从海上逃跑。”

费英东听后，忙对那探马道：“再去继续探听消息，及时来报。”

探马走后，费英东与扬古利立即命令兵马，快速行进，向额登喀喇寨星夜赶去。

且说额登喀喇寨的守将拉古殷一直在关注着战局的形势发展变化，莫太利战死的消息传来之后，他就派人上山采木排船，准备对抗不住时就从海上撤兵逃跑。

不久，尤音斯连夜逃到额登喀喇寨后，拉古殷急忙派人挖护寨壕沟，以防止建州兵用火焚烧寨墙。但是部长博沙也胡仍然去河里捕鱼，对守寨之事不予过问，全交予拉古殷了。

拉古殷与尤音斯来到寨子外面，见护寨壕沟快挖通了，便说道：“咱们能守三个月，建州的兵马会不打自退，他总不能把嘴巴扎起来不吃东西吧？”

尤音斯很懊丧地说道：“我这一仗败得真窝囊，未与建州兵马交手就丢盔弃甲，逃出来了；最可惜的就是那几百只狗，未能把它们放出来，发挥作用，我一想起来就惋惜！”

拉古殷也有同感地说道：“对！狗很有作用，我得去动员部民们把狗都送过来，集中使用它们，让它们在两军阵前也显示一下威风。”

尤音斯忙说道：“据说建州的军师虽然打败了莫太利，却被狗咬伤了，终因伤势沉重而死，可见狗也能御敌，不可小看啊！”

二人正在议论着，忽听寨子正南方向传来杂乱的“哒哒”声音，一阵阵犹如狂飙骤起，怒吼着涌过来。尤音斯十分吃惊地问道：“这是什么声音？难道天塌地陷了不成？”

拉古殷也不答话，他伏在地上，将耳朵贴到地面，仔细谛听着，渐渐地脸上变了颜色，有些惊愕地说道：“是马蹄击地的声音，对！是建州的兵马快要到了！”

说罢，拉古殷站起身来，一把拉住尤音斯的胳膊，急促地说道：“走！回寨子里去，快把士兵集中起来，做好防守的准备。”

他又转过身来，看着还没有完工的护寨壕沟，由不得深叹一口气，自言自语道：“能早几天挖就好了。”

不久，建州的兵马真的来了，如洪水一般涌来了。

不到一个时辰工夫，额登喀喇寨被围得水泄不通，那些挖护寨壕沟的部民们，惊慌失措地逃进寨里去了，有的连工具也不要了，什么锹呀、锨呀、筐呀，丢得到处都是。

且说费英东绕寨子转了一圈，发现东边离寨子最近的河是鄂伦河，他心里想：他们若想从海上逃跑，必须先到鄂伦河上坐船，然后才能到达海上。其实，从额登喀喇寨到鄂伦河，不过二三里路，若能在这段路上挖上陷阱，埋伏人马，有意放他们一个出口，岂不可以将他们一网打尽？

大将费英东计划已定，便要扬古利带部分人马去挖陷阱，自己吩咐士兵抓紧准备引火干柴。这时候，寨子东门外吵吵嚷嚷，一片混乱，费英东忙去查看，原来他们抓住一个五十多岁自称是使犬部的部长的老头。

费英东向那人问道："你叫什么名字？"

"博沙也胡。"

"你既是使犬部的部长，怎么一个人跑到城外来了？你不知道建州兵马围住了寨子吗？"

那位博沙也胡毫不隐瞒地说："寨子的事情由将领拉古殷管着，我是到河上捕鱼的。"

费英东向他介绍了努尔哈赤的情况后，问道："你愿意归顺建州吗？"

他如实回道："我早就愿意了，只是拉古殷要对抗呀！"

听了他的话，费英东与周围的士兵都笑起来，他反而说道："我说的全是实话，你们建州人不来，我每年要向明朝进贡品；若是向你们投降，我就向努尔哈赤大王送贡品了。"

费英东立即对他说："这就对了，我们建州与你们黑龙江女真同是一个民族，我们应该统一起来，组成一个强大的女真族，有了努尔哈赤大王的领导与指挥，明朝就不敢欺侮我们了！"

费英东见他愿意归顺建州，对他说道："我放你回到寨子里去，你能让拉古殷投降吗？"

博沙也胡听了，有些为难地道："我可以劝他归顺，但是，他要坚持与你们对抗，我也没有办法。"

费英东想了想，觉得留下他也没有用途，不如放他回寨子里去，再作计较吧！于是，他让士兵们不要拦阻，放这位部长进寨子去了。直到天黑下来了，寨子里也没有要求投降的消息传出来，费英东与扬古利研究后，准备夜里攻打寨子。

当晚一更时分，费英东命令南门、北门、西门同时点火焚烧寨子，只留东门空着。

且说博沙也胡回到寨子里，见到拉古殷说："建州的大将费英东待人十分和气，依我看咱们还是归顺建州吧！"

拉古殷立即说道："投降总不是光荣的事，咱若能跑到海上去暂时避一下风头，等建州兵撤了，咱再回来，岂不更好？"

二人正在议论着，尤音斯推门进来说道："你们还在说闲话，建州的兵马已经攻寨了，快出去看看，大火已经烧起来了。"

博沙也胡随着拉古殷走到门口一看，果见寨子周围火光映红了半边天空，人喊马叫之声震耳欲聋。

忽然侍卫来报告："寨子的南门、北门和西门都被烧着了，有建州兵马在攻打，只有东门没有打起来。"

拉古殷自言自语道："为什么留下东门不打呢？"

尤音斯接着说道："是他们兵力不够，还是有意张开的口袋？"

博沙也胡把手一挥，说道："你们早就要到海上去避一避了，由东门出去路最方便，离鄂伦河也近。"

"要是从东出去，会不会中了他们的埋伏？"拉古殷说着，两眼看着东门方向，思索着。

尤音斯说道："这可能用的是诸葛孔明的'空城计'，他们估计我们不敢从那里走，才故意——"

拉古殷也附和着说道："对！也许就是那样，兵书上不是有'虚虚实实'这一条么？东门那里未必就有埋伏，咱们就从那儿走吧！"

此时，博沙也胡对他们说："我是不走的，你们可以向部民说一声，不愿意走的，就随我留在寨子里吧！"

部民们听说部长不走，绝大多数也就愿意留下来了。等到拉古殷、尤音斯等走后，博沙也胡急忙领着那些部民，去找建州大将费英东主动要求归顺建州。

费英东表示欢迎，并对他道："你骑上快马，通知寨里的士兵立即放下兵器，在原地等待我们去收降。"

博沙也胡走后，费英东便向东门走去。

再说拉古殷与尤音斯只带着百十人从东门逃出来，那些部民都不愿意离家出逃。他们说："投降努尔哈赤也不一定不好，哪座山上的老虎不吃人？明朝皇帝更不是好东西！"

拉古殷、尤音斯等出了东门，见到无人拦阻，心里高兴，便放开胆子向鄂伦河奔去。谁知正走着，忽听"扑通、扑通"，一个个踩到了陷阱上的枯枝树叶，跌下去了。

拉古殷与尤音斯走在前面，二人首先跌入陷阱，后面的士兵慌忙后退，被扬古利拦住，他把大刀一挥，喝道："立即投降，免你们一死，不然，你们一个也别想活！"

于是百十名士兵与部民一齐跪下，全都投降了。

扬古利这才领着他的兵马，来到陷阱边上。这陷阱都挖在河岸上，离河太近，挖好后已过了一夜一天了，未想到里面已经浸了大半池子河水了。此时已是十月天气，在关外的辽东早已是冰天雪地了。当他们来到陷阱边上，见到里面无声无息，扬古利特别感到惊讶："难道陷阱里没有人？怎么一点声音没有？"

大家仔细一看，啊！里面的人与冰融在一起，早成了冰棍，冻死了！扬古利双手一拍，大声说道："这才叫做自己'找死'呢！"

后来博沙也胡知道拉古殷、尤音斯冻死在陷阱里，先难过了一回，然后又推荐了莫太利、尤音斯、拉古殷的儿子承继其父生前的路长职位。

费英东看看三位小伙子，然后说道："只要真心归顺建州，服从努尔哈赤大王的指挥，为人忠厚老实，能处处为部民着想，又有老部长的推荐，我们可以代表努尔哈赤大王任命他们承继路长职位。希望你们从父亲身上吸取教训，一心一意归顺建州，帮助本路部民过好日子。"

三位年轻路长接受了任命，于次日各自上任去了。

老部长博沙也胡将寨里所剩士兵六百人及盔甲三百余副、战马约八百余匹，全部交予费英东，他说道："这点礼物算是我献给努尔哈赤大王的一点心意，望他笑纳了。"

建州兵马在使犬部休整三天后，移兵使鹿部，开始了征服使鹿部的战争。

使鹿部的居住范围，在使犬部的北边和东部地区，混同江下游以东滨海，包括库页岛的全部。使鹿部主要有费雅喀路、奇勒尔路和吉烈迷路等。

费雅喀路在额登喀喇路的东北、混同江以东的地区，奇勒尔路在黑龙江口一带，吉烈迷路在混同江与黑龙江之间部分地区。

在使鹿部地区，森林茂密，渔产丰富，盛产鲱鱼、鳕鱼、鲑鱼、鲈鱼和海蟹等。这里气候寒冷，冬季较长，多雨雾，部民多以"养鹿为家畜"，所以称为使鹿部。

使鹿部长名叫哈尔可洛夫，为人忠厚憨直，生活上非常刻苦、节约。他身为部长虽然很富有，但是，他的花费比使鹿部里最贫穷的人还要少。他每天吃的多是粗面大馍与糙食，一件鹿皮褂子穿了十几年，更令人难以置信的是，他已经三十多年没有买过新鞋。每次，当他的鹿皮鞋子烂了时，就立刻去找修鞋匠，对鞋匠道："请在旧皮子上钉一块新皮子，那旧皮子不要剪了，它还有用途。"这样下去，一次又一次地在旧皮子上面再加上一块皮子，哈尔可洛夫的鞋子，便成为全使鹿部最厚、最重、最大的一双鞋子。

由于部长节俭之风的影响，全使鹿部的人从不愿浪费财物，一律讨厌奢靡之人。

一天，哈尔可洛夫正在给鹿群清扫蚊虫，忽有探马走来向他报告："部长老爷，建州努尔哈赤派兵马已经征服了使犬部，大兵正往我们使鹿部开来。"

哈尔可洛夫听了心里一惊，不由得嘴里"啊"了一声，对探马道："好吧，再去探听建州兵马的消息，及时来报告，不得有误！"

探马走后，他无心再侍弄鹿群了。

这使鹿部早在大明王朝永乐十年（1412年），明廷就在这里设立了囊哈儿卫。同年，明成祖朱棣又派遣亦失哈等到使鹿部里观察，任命了新的部长等。从此，每年使鹿部都向明廷贡献貂皮、鹿皮、鹿茸、人参、咸鱼等土特产。

如今，建州的努尔哈赤逐渐强大起来，哈尔可洛夫早已听说他统一了建州八部，灭亡了海西四部，又征服了东海女真，邻部使犬部刚被征服，现在又来攻打我使鹿部，怎么办？

此时，他内心很不平静，便走向部长府的后院，抬头一看，见到女儿正逗着两个小儿子在捉迷藏玩哩！一见他们天真烂漫、活泼可爱的样子，脑海里立刻浮现出令人害怕的战争场景……

他一动不动地愣怔在那里，心里说：打起仗来，这宁静的生活不会再有了，这些孩子多可爱呀！可是，他们……哈尔可洛夫不敢再想下去了，他下定了"降"的决心。

次日上午，费英东刚刚起床，便有士卒进帐报告："使鹿部长哈尔可洛夫，带着他的几位路长，还有一些礼品，都在营前哩！"

费英东立刻拉住安费扬古、扬古利说道："人家敬我们一尺，我们也得敬人家一丈哩！走，到营门外去欢迎吧！"

三人遂一起走出营帐，见到哈尔可洛夫等，各自施礼相见，大家鱼贯进入营帐坐定。

哈尔可洛夫首先向大家说道："我们略备一点薄礼，十分虔诚地敬献给努尔哈赤大王派来的使者，以表我们使鹿部广大部民的一点心意吧！"

说罢，他恭恭敬敬地将一份礼单呈送到费英东的手里。

安费扬古、扬古利等都走过来，看那礼单上写得密密麻麻，诸如貂皮、鹿皮、鹿茸、人参、东珠、咸鱼等，名目繁多，数量不少。

那天中午，建州兵营里大摆酒宴，使鹿部的哈尔可洛夫与他的三个路长一起参加，热闹异常。至此，黑龙江女真已完全统一。

努尔哈赤运用"征抗并用、以抗为主"的策略，迅速完成对辽东大地上的各部女真的统一，这一举措实在非凡。

建基雄主

努尔哈赤

田芳芳◎著　　下册

中国铁道出版社有限公司
CHINA RAILWAY PUBLISHING HOUSE CO., LTD.

图书在版编目（CIP）数据

建基雄主：努尔哈赤：全2册 / 田芳芳著. —北京：
中国铁道出版社，2017.3（2021.9重印）
（中国历代风云人物）
ISBN 978-7-113-22738-8

Ⅰ.①建… Ⅱ.①田… Ⅲ.①努尔哈赤(1559 – 1626) –
传记 Ⅳ.①K827=49

中国版本图书馆CIP数据核字（2017）第005315号

书　　　名：**建基雄主：努尔哈赤**
作　　　者：田芳芳

责任编辑：殷　睿　　　　　　电　　话：（010）51873012
编辑助理：奚　源　　　　　　电子邮箱：tiedaolt@163.com
封面设计：MXK DESIGN STUDIO
责任印制：赵星辰

出版发行：中国铁道出版社有限公司（北京市西城区右安门西街 8 号，100054）
印　　刷：三河市燕春印务有限公司
版　　次：2017年3月第1版　2021 年 9 月第 2 次印刷
开　　本：787mm×1092mm　1/16　印张：33.5　字数：638千字
书　　号：ISBN 978-7-113-22738-8
定　　价：84.00元（全二册）

版权所有　侵权必究
凡购买铁道版图书，如有印制质量问题，请与本社读者服务部联系调换。电话：（010）51873174
打击盗版举报电话：（010）63549461

第八回

贪欢总兵终丧命，痴心林丹誓复国

明朝初年，元朝统治者被赶出北京，被迫返回蒙古草原，他们并不甘心于自己的失败。

当时，北元势力仍有"引弓之士，不下百万"，因此他们企望重新入主中原，图谋恢复元朝的统治。

明朝皇帝朱元璋为了解除蒙古在北方的威胁，曾多次出兵朔漠，力图消灭北元势力。明朝初年，徐达四次北伐，朱棣七次亲征，终于击败北元势力，迫使他们逐渐地与明朝建立了从属关系。

到了明代后期，蒙古势力逐渐形成三大部：生活在蒙古草原西部直至新疆准噶尔盆地一带的漠西厄鲁特蒙古；生活在贝加尔湖以南、河套以北的漠北喀尔喀蒙古；生活在蒙古草原东部，大漠以南的漠南蒙古。

努尔哈赤在建州兴起之后，如旭日升起于东方，以喷薄之势迅速扩展其势力，在统一建州八部之后，又运用"征抚并用"手段，征服东海女真与黑龙江的"野人"女真。

为了实现其入主中原的远大志向，努尔哈赤必须与明朝作战，可是，他却有些力不从心。因为努尔哈赤要想夺取明朝的江山，就必须先解除后顾之忧，扩大兵源基地。

漠南蒙古位于建州努尔哈赤的右翼，他们曾与明廷缔结了共同抵御建州的许多盟约，只有拆散这个联盟，征服了漠南蒙古，才能打通进入长城的走廊，解除进入辽沈地区的后顾之忧。

另一方面，蒙古族与女真人之间，语言虽有不同，但其风俗习惯、衣食住行无不相同，甚至连面貌都长得非常相近。

努尔哈赤想打败明朝这个庞然大物，必须建立一支人数众多的强大军队，这需要扩大兵源，但是，他又深感兵力不足。于是，努尔哈赤想到了蒙古人，他更神往于当年成吉思汗的铁骑狂飙中亚西亚的壮举。

他清醒地意识到，一旦征服了漠南蒙古，就可以扩大兵源基地——那些体格健壮，性格剽悍的蒙古青年，无疑会成为他麾下的铁甲骑兵。这样一来，既有稳定的后方，又有取之不尽的兵源基地，是一举两得的事情。

努尔哈赤以其睿智的目光，注视着漠南蒙古，在心里运筹着征服蒙古的战争。

漠南蒙古自明初以来，已经蒙受二百余年的战乱之苦。明朝政府与北元势力之间以及蒙古各部封建主之间长期无休止的战争，导致了蒙古族经济的破坏和部民生活的贫困。

当时的蒙古族人民要求结束封建割据局面，渴望得到安定统一。但是明朝统治者政治腐败，无力重新统一蒙古地区；蒙古贵族长期内讧，也无法实现其内部的统一。

因此，努尔哈赤征服蒙古，既利用了蒙古人民渴求统一的愿望，又利用蒙古封建王主分裂割据的条件，有的分化瓦解，有的武力征讨，先后逐一征服漠南蒙古。

努尔哈赤征服漠南蒙古，先从科尔沁部开始。

这个科尔沁部驻在喜峰口外，位于嫩江流域。它东邻乌拉，东南接叶赫，西南面是扎鲁特部，南界喀尔喀部，北部是嫩江上游地区的索伦部。整个科尔沁部东西相距八百七十里，南北长度为二千一百多里，可谓地广人稀。

据说科尔沁部的始祖是元太祖的弟弟哈萨尔的后代，长期与察哈尔部争雄。早在明朝嘉靖年间，察哈尔部部长求娶科尔沁部部长之妹为妻，被拒之后竟偷袭科尔沁部抢人，科尔沁部为了报复，又偷袭了察哈尔部，杀死了察哈尔部长府几十口人。自此，两部几经仇杀，一直不和。

万历二十一年，科尔沁部长明安，本是一个忠厚老实人，在叶赫部的淫威之下，率领五百兵马，参与了九部联军，去与建州的努尔哈赤作战。

临行前，他的部下中有一个名叫哈里木的将领，当面劝阻道："我们科尔沁部与叶赫、建州都相邻，如今建州的努尔哈赤势力发展很迅速，他们两部争雄，科尔沁为何要夹在中间呢？不如坐山观虎斗，岂不妙哉！"

明安说道："你说得有些道理，只是叶赫、乌拉历来与我们是盟友，他们来邀出兵，怎好不去？若是得罪他们，前景也不妙啊！"

哈里木又提醒道："你这么做，就不怕得罪建州么？如果努尔哈赤打赢了这场战争，你将如何处之？"

停了一会儿，明安才说道："九部联军三万兵马，建州兵马不足一万，努尔哈赤恐难取胜。"

明安没听哈里木的劝阻，参加了古勒山之战。

果然不出哈里木所料，建州努尔哈赤大获全胜，明安带去的五百兵马全军覆没，自己被追得丢盔弃甲，骑着裸马，狼狈地逃回，差一点儿把命丢在古勒山下。

回到科尔沁之后，经过反复思虑，又有哈里木再三劝导，明安终于幡然醒悟，不再固守向叶赫、乌拉一边倒的策略，开始与建州有所接触。

在古勒山之战后的第二年，即万历二十二年的正月，明安又主动邀约了喀尔喀五部的部长老萨，一起遣使到建州，向努尔哈赤道歉，提出通好的请求。

这一举动受到努尔哈赤的欢迎。

当时，努尔哈赤仍在忙于统一建州八部的战争，并在着手运筹对海西四部的征服。

在远交近攻策略指导下，努尔哈赤乐于同科尔沁通好，他对明安的使者说道："建州与科尔沁之间没有根本的利害冲突，至少在当前是这样，我们应该友好相处。去年，你们参加九部联军，发动不义的战争，被我们打败，'一朝为恶而存余，终身为善而不足'，我努尔哈赤一向对人宽宏大量，兴的是仁义之师，从来不计前嫌，你们能够吸取教训，主动前来认错，我还是欢迎的。"

于是，努尔哈赤答应与蒙古科尔沁以及其他各部通好，此后蒙古各部长遣使往来不绝。科尔沁部表面上与建州遣使通好，但其骨子里并不认输，暗中仍与叶赫、乌拉扯在一起。

万历三十六年（1608年）三月，努尔哈赤带兵攻打乌拉部的宜罕山城时，科尔沁部长翁阿岱应布占泰之约，领兵参战。

当时，翁阿岱遥望建州兵马强壮，旌旗猎猎的雄姿后，不由怯战，自知力不能敌，急忙撤兵请盟，请求联姻结好。努尔哈赤从总的斗争利益出发，不念科尔沁两次出兵的旧恶，同意与之"弃旧怨，结姻亲"，永结盟好。

万历四十年（1612年）的正月，努尔哈赤听说科尔沁明安部长的女儿博尔济锦氏"颇有风姿，遣使欲娶之"。明安部长遂绝先许之婚，答应了努尔哈赤的求婚，亲自送女儿到建州。努尔哈赤大喜过望，以礼亲迎，备下美酒佳肴，大宴成婚。

明安部长是蒙古王公中第一个与建州的联姻者，对后世影响深远。

其后，万历四十三年（1615年）正月，努尔哈赤又娶科尔沁扎果尔部长的女儿齐尔拉尤氏为妻，这使建州与科尔沁之间的关系更加密切。

古往今来，上层统治者之间的联姻，都是一种政治行为，是一种借新的联姻来扩大自己势力的机会。在这里，起决定作用的是家世的利益，而不是个人的意愿。

努尔哈赤与蒙古科尔沁联姻，正是出于这种意图，是他们相互利用的契机。

后来，努尔哈赤不仅娶科尔沁两部长的女儿为妻，他的儿子也相继娶蒙古各部落王公的女儿为妻子。

仅万历四十二年（1614年），努尔哈赤的四个儿子，即次子代善娶扎鲁特部钟嫩部长的女儿为妻子、第五子莽古尔泰娶扎鲁特部纳齐部长的妹妹做妻子、第八子皇太极娶科尔沁部莽古思部长的女儿为妻子、第十子德格类娶扎鲁特部额尔济格部长的女儿为妻子。尔后，第十二子阿济格娶科尔沁部长孔果尔女儿为妻子、第十四子多尔衮娶科尔沁桑阿尔寨台吉的女儿为妻子。

而蒙古科尔沁部、扎鲁特部等，与建州努尔哈赤通过联姻，进一步巩固他们之间的联盟，以便增强自己的势力，来对付察哈尔部的侵犯。

万历四十三年（1615年）的四月，察哈尔部长别勒巴泽突然死亡，其子林丹承继部长。为了赢得部里首领的信任与支持，他亲自率领一千兵马，前去攻打科尔沁部的拉土佛杰尼亚城。

科尔沁得知后，明安部长迅速派遣其弟哈喇到建州，把从察哈尔部掠来的五百匹战马送给努尔哈赤，请求派兵援助。

看着那清一色的察哈尔部的优良战马，努尔哈赤高兴地对哈喇说道："你们科尔沁受到攻击，我们建州绝不会袖手旁观，一定会鼎力相助。"

次日，努尔哈赤派大将费英东、噶盖等，率领一千兵马，随哈喇一道，前往助战。

此时，林丹尚未得到消息，不知建州已有援军驻扎城外。在拉土佛杰尼亚城下，林丹正领着兵马攻城之时，没想到身后杀来一支兵马，他慌乱之中，又见城里的兵马也杀出来了。在前后夹攻之下，察哈尔的队伍乱了，林丹怎么也稳不住混乱的队伍，他这才发现建州努尔哈赤的大旗在迎风招展。

林丹正想退兵，又被建州大将费英东、噶盖挡住去路，心中不免吃惊，立即说道："建州将领听着，我察哈尔部与你建州素无仇怨，为何兴兵挡我道儿？"

大将费英东拍马上前，对林丹说道："你身为察哈尔部长，却如此孤陋寡闻！我告诉你吧！科尔沁是我们建州的盟友，明安部长是我们大王的岳翁，你无故兴兵，侵犯科尔沁，我们岂能坐视不管？你现在已被包围，老实投降吧！不然，我这大刀可不会饶你的！"

林丹听罢，还想搭话，费英东的大刀已急挥过去，他心中一气，只得匆忙应战，挥动手中大铁槌，与费英东战到一处。

二人刀槌并举，来来往往，直杀得尘土飞扬，约战到二十多个回合之时，明安部长带着弟弟哈喇，指挥科尔沁的兵马，一齐冲向林丹的阵中，只听喊声四起：

"活捉林丹！"

"不要放跑了林丹！"

喊声震耳欲聋。林丹一听，不敢恋战，急忙回马逃走。察哈尔的兵马见部长败逃而去，慌忙随后，四散奔逃。

建州与科尔沁的两路兵马合在一处，一起掩杀过去，如狂风卷落叶，把林丹的兵马杀得七零八落，沿途人马尸首，触目皆是。一直追杀数十里路，明安与费英东才收兵回城，缴获察哈尔部的战马三百多匹，盔甲五百余副，兵器不计其数。明安部长十分高兴，立即派人宰杀牛马，犒赏建州将士。

林丹逃回察哈尔部里，清点残兵败卒，一千兵马损失了八百有余，心中怏怏不乐。

他的谋士额路巴里走来劝他道："胜败是兵家常事，不必记挂心上，以免伤了身心，何况事出有因，只怪我们麻痹大意，泄露了机密。"

原来林丹有个异母弟弟，名叫林拉古，只比林丹小两岁。林丹后母名叫速尔干内，是察哈尔部的属地杜尔伯特部长乌西里的妹妹。速尔干内与儿子林拉古的师父杂里杂木有奸情，被丈夫——原察哈尔部长别勒巴泽得知后，就与奸夫、儿子一同毒死了别勒巴泽。

别勒巴泽死后，林丹做了部长。速尔干内与杂里杂木就暗地里使绊子，以帮助林古拉坐上部长之位。

为了赢得部里各位首领的信任，林丹便发动对科尔沁的这一项偷袭，未曾想到机密被泄，差点丢掉自己的性命。从这以后，林丹遇事便多了一个心眼，他暗中与额路巴里商议，先派人监视他们的行动，然后再设法引诱他上钩。

后来，林丹又调查清了父亲的死因，更是愤恨万分，想着一定要算清这笔账。于是就与额路巴里定下计策。

二人立即召开各部首领会议，宣布三天后发倾城之兵，前去攻打科尔沁部，任何人不许泄露这一秘密行动。散会以后，林丹即带着几位将领，去校场整顿军马。

额路巴里对林拉古、杂里杂木说道："三天后，部长老爷把兵马带去攻打科尔沁，这察哈尔拉夫城就靠二位驻守了。"

他说完，秘密找来林丹的侍卫队长希拉里，二人悄悄商议一会儿，便各自分头去行动了。

且说林拉古与杂里杂木一听，果然上当了。回到自己的住址，两人稍作议论之后，决定先由林拉古给杜尔伯特部的乌西里舅舅写一封信，信中说：三天后，林丹发倾城兵马偷袭科尔沁，舅可领兵来夺察哈尔拉夫城，切不可坐失这一千载难逢之良机！林拉古把信交给杂里杂木，让他立即派人送往杜尔伯特部去。然后，再由杂里杂木将林丹的军事行动透露给科尔沁部。

之后，林丹派人截获了林拉古送给乌西里的信，以此为把柄拿住林拉古，然后又问出父亲死亡经过。察哈尔部里有些将领与头目听此之后，义愤填膺，一齐要求把他杀了，为老部长报仇，为新部长雪恨。但林丹给了他一个将功赎过的机会，让他再写封信，要杜尔伯特部的乌西里带领兵马，明晚一定赶到察哈尔拉夫城下。林拉古为了活命，也战战兢兢地应下了。

待派人去送信后，林丹又转过脸来对弟弟道："又给你一个补过的机会，你得在家认真反省，不准到外面乱走动了，更不能再与杂里杂木相互勾结了，否则，绝不轻饶！"

林拉古连声答应着："知道了，知道了。"然后，弓着腰灰溜溜地走了出去。

且说杂里杂木乘着夜色，骑上快马，往科尔沁驰去，在次日午后，便来到科尔沁的拉土佛杰尼亚城。明安部长听说是察哈尔部长林丹之弟林拉古的师傅来了，便让弟弟哈喇去见他。

二人见面后，哈喇说道："家兄明安部长因为忙于部里政务，抽不出时间来见师傅，你不会介意吧？"

杂里杂木急忙说道："你说哪里去了，王爷亲自来见我，已是我的荣光了！我是受察哈尔部二王爷林拉古的委托，前来科尔沁通好的，因为西部同是成吉思汗的后代，不该长年交战，应该和睦相处。可是我们的林丹部长一意孤行，不顾部里上上下下的反对，坚持穷兵黩武，誓与科尔沁拼个鱼死网破。二王爷林拉古派我来告知贵部，后天林丹又要发倾城之兵来偷袭你们，望速速备战，不得大意呀！"

"后天？又要来偷袭？"哈喇听了，不由吃了一惊。

杂里杂木又重复地说道："对！是后天，这是确凿可靠的消息，我与二王爷都亲自参加会议，听到的。"

哈喇惊呼了一声，又向他问道："那么，你与二王爷届时有何行动？"

杂里杂木只得如实相告道："后天，当林丹把兵马带出城后，我们已邀约察哈尔部的属部杜尔伯特部长乌西里，领着兵马乘虚而入，占领察哈尔拉夫城，把林丹的老巢端了，后路断了。到那时，察哈尔部已由二王爷林拉古当部长，将与贵部永久交好，互通往来，再也不会发生战争了！"

哈喇听后，觉得他安排得很严密，便道："嗯，是这样，你们考虑得很周到……这样吧，我先向家兄汇报后，再作计较！"

哈喇去对明安转述一遍，之后说道："大哥，我看他们的做法甚好，我们只要加强守卫能力，林丹的兵马已无家可回，一旦得到这消息，便会不战自乱的。"

明安部长听后，转脸向着在座的几个将领看了一会儿，然后说道："不错，这是一个难得的机会呀！察哈尔部一直与我们科尔沁过不去，总想找机会欺侮我们，多少年来亡我科尔沁之心不死，这林丹当部长之后，更是猖狂至极，现在他的亲弟弟要灭他，我们何不顺水推舟呢？"

众将领听了，纷纷赞成，有人提议道："这次与林丹对抗，不必再去建州请求支援了，只要多准备一些滚木、礌石和弓箭，加强守城力量就可以了。"

明安也有同感地说道："我同意你们的意见，咱不能事事都要依靠建州，我们科尔沁战马多，盔甲也不少，兵器又齐全，只要大家心齐，何愁打不败林丹！"

听了明安部长的话，科尔沁的将领与大小头目群情激愤，真有一股同仇敌忾的劲头，决心打赢这场战争，管教林丹这次有来无回。

再说杂里杂木在科尔沁自认出色地完成了使命，高高兴兴地离开了拉土佛杰尼亚城。途中，他正得意时，刚好掉进额路巴里早布置好的陷阱，被押了回去。

回去后，得知事情败露，他也只好承认一切，最后被赐了一条绳子，自己在牢房里自缢了。在杂里杂木死后不久，林拉古的母亲速尔干内也被赐了条绳子，让她追随杂里杂木去了。

当晚，林丹与几个将领带着一千人马，埋伏在杜尔伯特部来察哈尔拉夫城之间的一片林子里。约在一更天时分，乌西里按照林拉古信中的要求，领着三百兵马，兴冲冲地往察哈尔拉夫城奔来。走进了那片林子里，乌西里让兵马停下来休息，他自己也下了马，脱下盔甲，正在与身边的头目说着话儿，忽听一声呐喊："杀啊！活捉乌西里呀！"

顿时，林子里火光四起，无数兵马冲杀过来，乌西里再想穿上盔甲已经来不及了，慌忙骑上战马，手执大刀，想指挥兵马应战，已无能为力了。一看形势不妙，乌西里与周围几个头目杀开一条血路，想冲出去回到杜尔伯特部去。

谁知，迎头撞见林丹，他大吃一惊道："部长带兵袭击我们，这是为何？"

林丹冷笑道："你还质问我？那么，你这回带兵到底为何？"

乌西里只好吞吞吐吐地说道："是……是你弟弟、二王爷让……让我来的！"

"他有权力调兵马么？你立即下马认罪，还可饶你不死，否则，决不轻饶！"

乌西里见四面八方全是林丹的兵马，自己想逃出重围，已很困难，动起手来，又不是他的对手，只有束手，别无他途。

于是，手一松，大刀落在地上，下了马，立即双膝一拢，跪在林丹马前。林丹命令："现在不是处置你的时候，赶快把你的队伍集合一块，以免跑散了！"

乌西里这才站起来，招呼身边的头目，整顿逃散的兵马，随在林丹兵马的后面，一齐进了察哈尔拉夫城。他把兵马集中起来，交给几个头目，自己脱下上衣，赤裸着脊背，让军卒用绳子捆住他的双手，把大刀插在背后，亲自走进部长府里，请林丹处置。

林丹见到之后，急忙走过来帮他解开绳子，让他穿上衣服，对他说道："你上当受骗，虽然有错，但是主要责任不在你，怪我的弟弟林拉古，尤其是要怪背后的操纵者——杂里杂木！念在你是父亲在世时的老部下，又是初犯，就不予处置，望你能记取教训，今后与我同心同德，共同为察哈尔部效力！"

乌西里本是一个老实人，听了林丹的话语，不禁感动得热泪盈眶，他愧悔万分地说："今后，我乌西里即使被大刀架在颈脖子上，也再不会做出背叛你的举动！"

林丹还想挽留他吃过夜饭，再回部里去，乌西里坚辞，连夜赶回杜尔伯特部去了。

这件事对察哈尔部其他将领也是一个教育，他们对林丹处理公正，不徇私情，处处以大局为重，表示赞赏。

再说科尔沁部长明安有一个同年龄的叔父名叫帖木胡里，二人从小一块儿长大，关系很好。在科尔沁众多首领中，帖木胡里是一个举足轻重的人。帖木胡里一直反对科尔沁与建州的联姻与结盟，为了此事他与明安吵得很厉害。

他主张与喀尔喀部结盟，甚至要与察哈尔和好，他说："我们是蒙古人，努尔哈赤是女真人，是两个民族，水火不容，怎好联姻、结盟？"

在科尔沁各部首领会议上，明安坚持说道："喀尔喀与察哈尔虽是蒙古人，却一直劫掠我们，数十年来亡我们科尔沁之心不死；而建州努尔哈赤不欺侮我们，与我们平等对待。那么，谁是科尔沁的敌人，谁是科尔沁的朋友，还不是很清楚的么？"

可是，帖木胡里仍然反对，因为他与喀尔喀部的吉赛部长一直是好朋友。早年，帖木胡里随部里到开原交易时，认识了喀尔喀部的吉赛，一来二去，因为志趣相投，两人成为莫逆之交。

吉赛在喀尔喀五部中势力强大，支持察哈尔部的林丹，多次掠扰科尔沁，一心想统一漠南蒙古。

明安召集各部首领开会，讨论科尔沁部的去向问题，帖木胡里首先说道："察哈尔与喀尔喀的势力都是针对建州，我们是蒙古人，不能舍弃本部人，而投靠异族势力。"

明安听了很反感，坚持自己的意见道："察哈尔与喀尔喀要的是我们科尔沁人的命，而建州努尔哈赤只要我们科尔沁人的马牛羊，我们应该归顺谁，还不很清楚么？"

在科尔沁所有首领中，只有帖木胡里一人反对与建州结盟，他显得十分孤立。

不久，明安部长的弟弟哈喇捉住察哈尔部林丹派来的奸细，从他身上搜到一封写给帖木胡里的密信，上面写道："在结冰、草枯之时，将夹击科尔沁，务请做好内应。"

见到这密信之后，明安对叔父帖木胡里彻底失望了，并派人监视他的行动。与此同时，他派遣格勒珠尔根城主粤巴台吉向建州努尔哈赤告急，请求派兵援救。

努尔哈赤得到消息之后，立即派兵，万历四十三年（1615年）七月，努尔哈赤派遣其子莽古尔泰和皇太极等率领精兵五千人马前往援助。

后来，狡猾的吉赛得到建州派兵的消息，未敢轻举妄动，林丹领着兵马不敢攻打科尔沁部的治所——拉土佛杰尼亚城，中途改道，去突袭粤巴台吉的格勒珠尔根城。

林丹领着一千兵马，来到格勒珠尔根城下，扎下大营，就吩咐道："埋锅造饭，抓紧休息，明日开战！"

次日，林丹领着兵马，在城下耀武扬威地挑战，向城上喊话道："快让粤巴台吉出来说话！"

其实，粤巴早已和弟弟脱虎等来到城头，观察城下的动静。此时，粤巴台吉对林丹说道："你林丹屡次领兵来掠扰我部，杀我部民，犯下种种罪行，必然天理不容！"

林丹反问道："你们科尔沁部也属我大元的后裔，为何要与建州的女真结盟？这是背叛民族的行为，我怎能容忍？"

粤巴台吉冷笑道："我们科尔沁与谁结盟，是我们的内政，你管得着么？"

林丹恼羞成怒，喝道："别说废话！你赶快出城投降吧，否则，我的兵马打进城去，一定杀得你鸡犬不留！"

此时，粤巴台吉的弟弟脱虎实在气不过，遂取出弓箭，对准城下的林丹面门"嗖"的一箭射去。说时迟，那时快，那箭镞从城头飞速而来，快要接近林丹面门时，他身后的额路巴里看得真切，用手猛地一推，林丹才躲过去。

林丹大吃一惊，厉声喊道："呔！粤巴台吉你听着，胆敢暗箭伤我，岂能饶你？"

脱虎也大声骂道："你这强盗，公开前来抢劫，早就该死了！"

说罢，又"嗖"的一声，射来一箭，被林丹用铁槌挡落地上，喊道："别躲在城头暗箭伤人！你有本事，敢出城与我斗上几个回合吗？"

脱虎听后，对兄长粤巴说道："让我出城与他交战，说不定能一刀宰了他！"

粤巴台吉对弟弟道："林丹诡计多端，我担心你上当，等建州的援兵来到，咱们前后夹击，定能捉住林丹，何必如此性急呢！"

兄弟正在说话，去拉土佛杰尼亚城送信的军卒回来了，他悄悄对粤巴台吉道："今夜三更时，明安部长与建州的援兵前来劫营，让咱届时出兵夹击敌兵，以炮响为号，争取活捉林丹。"

粤巴台吉等听罢，欣喜万分，立刻吩咐城内兵马抓紧用饭，准备夜战。

建基雄主：努尔哈赤

林丹收兵回营后，对众将领道："明天阵上我一定要将那小东西拿下，你们就可以一鼓作气攻上去，此城可破矣。"当下各自休息。到了夜半三更时分，忽听营外喊杀声起，"咚咚咚"地连响了三声炮，林丹慌忙命令道："快上马应战，是科尔沁来劫营了！"

说罢，领着众将，匆忙上马，想稳住阵脚，怎奈四面八方全是科尔沁的兵马，如潮水一般冲杀过来。林丹正在迟疑之时，忽见"建州努尔哈赤"的大旗在迎风飘扬，有一员将领身材魁梧，面黑如铁，络腮胡子很长，手使一杆铁枪，正拍马向自己驰来。

林丹也催马迎上去，用手中铁槌一指："来将何人，敢夜闯我营，快快报上名来，我林丹槌下不杀无名之人！"

莽古尔泰听后，哈哈大笑道："好一个林丹匹夫！老子告诉你罢，我莽古尔泰奉父王努尔哈赤之命，前来取你狗命，还不赶快下马受死，等待何时？"

林丹听了，气得哇哇乱叫道："你狗大年纪，说此大话，待我用铁槌来教训你！"

说完，立即举槌打去，莽古尔泰挺起手中铁枪，对准铁槌迎上去，两件铁家伙一碰，只听"哐啷"一声，火星在夜色中往四下乱飞。

林丹觉得手心一麻，脱口说道："这小杂种力气不小哪！"

莽古尔泰听了，得意地说道："你林丹屡次侵犯科尔沁，这一次教你有来无回，老子非刺死你不可！"

林丹一边挥槌打去，一边大声说道："我们蒙古人之间的事情，要你们女真人来瞎操心，岂不是狗拿耗子——多管闲事么！"

此时，皇太极也手提大刀杀到，指着林丹对周围的建州兵马喊道："那个使槌的人就是林丹，千万不要让他跑了，一定要活捉林丹！"

顿时，建州的兵马"哗啦"一下子围了上来，把林丹围在中间，莽古尔泰高声说道："林丹速速下马投降，还想顽抗么？"

林丹确实有些心慌，他把铁槌挥舞起来，想杀开一条血路冲出去。只见他左冲右突，周围全是建州的兵马，正在危急之时，忽见额路巴里与几个首领杀了过来。

那额路巴里一边冲杀，一边高声喊道："部长……快随我来！"

林丹手舞铁槌，跟在额路巴里马后，费了九牛二虎之力，才冲杀出重围。林丹遂与额路巴里等领着残余兵马，撤回察哈尔拉夫城去了。从此，林丹真的发愤图强，整日带着几个首领在校场认真训练兵马，决心有朝一日，与建州的努尔哈赤一决雌雄。

再说科尔沁部的格勒珠尔根城解围之后，粤巴台吉挽留莽古尔泰、皇太极弟兄到城内酒宴三天，才送他们回建州去。

之后，明安部长仍觉过意不去，又找来粤巴台吉，对他说道："努尔哈赤大王是个有情有义的女真领袖，你有难了，招呼一声，人家就把两个亲生儿子派来，帮你拼命杀敌，不能事情过去就忘了，还应该去登门致谢。"

粤巴台吉也是一个忠厚的正人君子，听了部长的一番教诲，立即说道："我明日就带着礼物亲去建州。"

明安部长高兴地说道："这样才好，有来有往，来而不往非礼也！"

第二天，粤巴台吉果真带着礼物，来到建州，亲自跪见努尔哈赤，使这位建州王很感动。努尔哈赤见粤巴台吉少年英俊，十分赏识他，当即把二弟舒尔哈齐第四子图伦的女儿嫁给他做妻子。

为了招抚蒙古其他部落，努尔哈赤有意敲山震虎，决定与粤巴台吉屠白马、黑牛，祭告天地，盟誓结好。为了巩固联盟，努尔哈赤在以后的一段时间内，又以召见、赏赉、赐宴等形式，安抚科尔沁封建王公。

万历四十三年（1615年）九月，科尔沁明安部长第四子桑噶尔斋吉至建州，送马三十匹，叩头谒见。努尔哈赤非常高兴，当即赐给盔甲十副，并厚赏缎、布等。

同年十月，明安部长的长子伊格都齐台吉又到了建州，送来战马四十匹，叩头谒见。努尔哈赤立即送给科尔沁盔甲十五副，并赏了许多缎子与布匹等。

万历四十五年（1617年）正月，科尔沁明安部长到建州"朝贡"，努尔哈赤对其岳翁，郊迎百里，见面时行马上抱见礼，并设野宴洗尘。入城后，每日小宴，越一日大宴，留住一月，均如此礼遇，可谓关怀备至！

当明安部长返回时，努尔哈赤亲自送行三十里，骑兵列队，夹道欢送，厚赠礼物，至为隆重。

因此，漠南蒙古科尔沁部，便成为建州努尔哈赤的政治同盟和军事支柱。努尔哈赤采用分化抚绥和武力征讨的两手政策，在蒙古科尔沁部取得了完全的成功。

漠南蒙古的喀尔喀部，据说其始祖为达延汗第五子阿尔楚博罗特元后裔。又说，因其子虎喇哈有子五人，故称喀尔喀五部。

喀尔喀五部主要驻牧于西喇木伦河和老哈河流域一带（今辽宁省阜新蒙古彼治县一带地区）。它的位置，东临叶赫部，西接察哈尔部，北边是科尔沁部，南边是明朝的广宁。

在明朝万历年间，喀尔喀五部是巴岳特、伩尔伩、扎鲁特、木伯哈、齐布什部。

在五部中，扎鲁特驻牧于开原西北新安关外，是五部中最为强盛者。扎鲁特部长吉赛，骑兵众、牲畜多，最强盛，他自恃兵强马壮，说他自己并不是凡夫俗子，而是"飞翔于天空之雄鹰，游走于山林之猛虎"，到处招摇撞骗，耀武扬威，欺压邻部，无恶不作。

万历二十二年（1594年），喀尔喀部长老萨与科尔沁明安部长最早遣使者去建州，与努尔哈赤结盟、通好。不久之后，侉尔侉部长唠扎，因不堪忍受吉赛的凌辱，也向建州遣使往来。

在这之前，吉赛派人去侉尔侉部下达命令："三天之内送马五十匹，牛五十头到扎鲁特部。"为了求得部落安宁，唠扎部长与首领们决定忍气吞声，按时按数把牛马送到扎鲁特部去。但是吉赛并不知足，不久之后，又亲自带兵马劫掠侉尔侉部牧放的战马，一次掠去二百余匹。

万历三十三年（1605年），侉尔侉部长唠扎联合巴岳特部长恩格德尔一起向建州朝贡，献马五十匹，牛羊各二百头，受到努尔哈赤的欢迎。

之后，为了帮助两部对抗扎鲁特的劫掠，努尔哈赤派遣大将昂纳克到巴岳特与侉尔侉部帮助训练兵马。三个月以后，巴岳特、侉尔侉部各有一支二千兵马的队伍，使吉赛不敢随意去劫掠这两部了。

邻近扎鲁特的齐布什部长巴鲁厄胆小怕事，对吉赛的所作所为又恨又怕，表面上还毕恭毕敬，非常忠诚。有时，还主动替扎鲁特筹集粮草，送牛送羊，甚至带兵协助吉赛去掠掳邻部。

巴鲁厄的妻子是巴岳特部长的妹妹，名叫桑阿喇，对丈夫屈服于吉赛的行为很不满，生气地骂他是软骨头，胆小鬼等。

可是，巴鲁厄却说道："那吉赛是杀人魔王，咱惹不起他呀！"

后来，巴岳特部长恩格德尔派人来，要巴鲁厄与他们一起与建州结盟，立刻遭到他的拒绝，竟然对来人说道："使不得，使不得，你们不怕吉赛，我怕他，我只想平安无事就行了。"

说来也巧，过不多久，吉赛竟带着一队兵马，来到齐布什部里，要巴鲁厄三天内给他送五十头牛去。吉赛说完，正准备上马回扎鲁特部时，忽然一回头，看见了巴鲁厄的妻子桑阿喇。吉赛不禁眼睛一亮，就想要去轻薄。

巴鲁厄见此，急忙跪下，抱住吉赛的双腿，求他不要动自己的妻子。巴鲁厄喜欢桑阿喇，因此，她的身子对于他来说比什么都金贵，若是被吉赛玷污了，就等于剜了他巴鲁厄的肝。何况桑阿喇也是一个有情有义、自尊心极强的女人，她把贞操看得比生命还重要。

吉赛一脚踢翻巴鲁厄，就闯到屋里去，关上门，开始对桑阿喇动手动脚。桑阿喇不从，在吉赛胳膊上咬了一口，吉赛竟把桑阿喇给杀了。

巴鲁厄听见屋内的惨叫声，急忙调来侍卫，可一时又打不开门，等进去时，桑阿喇已经倒在了地上。巴鲁厄气得两眼冒金星，愣在那里看着吉赛穿衣服，忽听院里院外，人喊马叫，知道是自己的队伍来了。顿时，头脑清醒过来，用手指着吉赛骂："你这畜生！快给我滚！"

吉赛听了，向巴鲁厄斜了一眼，轻蔑地道："哟嗬！还厉害起来了！过两天，等老子胳膊伤口好了，再来整治你！"

此时，门外的军卒乱哄哄地喊道："杀死他！杀死他！"

吉赛看着院子里的军卒们，手执刀枪，怒视着自己，脸上立即变了颜色，正在迟疑之间，巴鲁厄向门外大吼一声："让个道儿，放他滚！"

那些愤怒的军卒们很不情愿地闪开一条道，吉赛急忙头一低，从人缝中溜了出去。

桑阿喇死后，巴鲁厄怯于吉赛的淫威，遭到齐布什全体部民的义愤，一起唾弃他们的部长，不久之后，他一方面思念爱妻，一方面又羞又恼，终于郁闷成疾，不治而死。

巴鲁厄的弟弟奥巴厄承继部长职位后，主动与巴岳特部、侉尔侉部联合起来，共同对抗扎鲁特的吉赛。

努尔哈赤得到消息之后，十分高兴，立即派遣大将扈尔汗带领一千兵马，疾援喀尔喀部的巴岳特部，让他协助大将昂纳克，一起帮助他三部——巴岳特、侉尔侉、齐布什部组织军队，训练兵马，共同对付吉赛。

这消息很快传到吉赛耳中，他心里想道："你们向建州借兵，我何不去投靠明朝皇帝？广宁就在我扎鲁特的南面，正是'近水楼台先得月'，何况那位驻广宁的总兵官王在章又爱玩女人，我为什么不投其所好呢？"

想到这里，当即喊道："来人哪！"

一名侍卫进屋问道："部长有何事吩咐？"

吉赛大手一挥，说道："快去把绰尔毕登喊来！"

绰尔毕登诡计多端，专门教唆吉赛做坏事。

他来到客厅里面，吉赛立即对他说道："你快回去把齐右儿、芒右儿带到这里来！"

绰尔毕登一听，当即愣住了。

原来，这齐右儿与芒右儿是绰尔毕登的两个女儿，齐右儿十四岁，芒右儿十三岁。

这绰尔毕登是一个老狐狸，吉赛是他从小一手调教出来的，现在要他把两个女儿领来，能有好事么？他心里想道："兔子还不吃窝边草呢！你吉赛怎能从我头上开刀，对我的亲生女儿下手呢？"

吉赛见绰尔毕登站着犯傻，不耐烦地喊道："你装什么呆？快去把她们带来呀！"

绰尔毕登顿时慌了，急忙哀求道："请部长老爷抬抬手，放她们一马，她们年纪还太小。"

吉赛不由得心中大怒，向门外喊道："来人哪！"

一名侍卫进来问道："部长老爷有何事吩咐？"

吉赛用手指着绰尔毕登，对那侍卫道："你领几个人，去到绰尔毕登家，把他的两个女儿齐右儿、芒右儿带到这里来！"

那侍卫答应一声，便走了出去。

这可把绰尔毕登吓坏了，他当即瘫在地上起不来了，就势双膝一跪，向吉赛求道："乞求部长老爷看在我老朽的面子上，饶了她们吧，她们都是应了聘的，怎好再……"

吉赛听了，非常反感地对他道："你是老糊涂了！实不相瞒，不是我要她们，而是让她们去广宁，去王总兵官那儿，这是去享清福的，你怕什么！"

听了吉赛这么一说，绰尔毕登更加难过，那眼泪哗哗地落下来，哭着说道："那更加使不得！请求你换别人去吧1"

"那怎么行？谁有她们标致？别人想去还轮不到哩！你应该高兴才对呀。"

说话工夫，齐右儿与芒右儿被带到了，二人满脸挂着泪珠，一副楚楚动人的模样儿，看去实在有点可怜。

这会儿，吉赛走到她们面前，先用手摸摸她们的脸，又按按她们的胸脯，然后弯下腰来拍拍她们的屁股，对绰尔毕登称赞道："看看吧，这脸色，粉面桃花；这体形，杨柳细腰；这胸脯，青山缀露；这屁股，丰满圆润；这……"

绰尔毕登听到这儿，只觉头脑一晕，一头栽倒，居然昏过去了。

齐右儿与芒右儿一齐上前去拉时，吉赛大手一挥，不让她们近前，对侍卫喊道："快把他背回家里去！"

之后，便筹备下礼物，将这姐妹俩送往王总兵那儿。

明朝驻广宁的总兵官王在章，忠实地执行"以夷治夷"的政策，在对蒙古各部实行分而治之的同时，也是拉一派，打一派，达到各个击破的目的。在喀尔喀五部中，王在章看中了吉赛，见他兵强马壮，势力雄厚，又是一个嗜酒好色之徒，便于万历三十年（1602年）前后，与扎鲁特部吉赛"三次立誓"。

这一天，王总兵官正在府中与几个姨太太搓麻将取乐，忽听侍卫兵卒报告："扎鲁特部长吉赛前来贡献礼品。"

王在章一听，把手中的麻将往桌上一拍，随着那侍卫往厅里走去。见到吉赛，二人亲热得了不得。王在章收下礼之后，便邀吉赛带着齐右儿与芒右儿一起去快活。

这一次，吉赛是来广宁借兵的，为了博得王总兵的欢心，他不光送物、送人，还送来难得的"麝珠粉"。这麝珠粉，是把麝香与珍珠研碎后，加上龟血调拌匀，晾干后便成粉末状，能强精健体，壮阳补肾。他知道王总兵好这口。

王在章命人摆下酒宴，二人酒足饭饱之后，王总兵对吉赛道："今天，咱俩来个一起乐！"

吉赛没有听懂他的意思，正在发愣时，王总兵凑在他耳边，小声嘀咕了几句，吉赛顿时哈哈大笑起来。

二人把那齐右儿、芒右儿领进一间大屋子里，正中有一张很大的床，两个少女吓得缩成了一团，眼里泪珠儿像断了线的珠儿，一颗连一颗地滚落下来。

吉赛指着她们，阴冷地笑道："看，她们的哭相也够美的，真的是梨花带雨，又像那出水的芙蓉。"

他这话还未说完，门外传来了侍卫的喊声："部长老爷，大事不好了。"

吉赛不禁心中一惊，忙去开门问道："何事如此惊慌？"

那侍卫结结巴巴地报告："部里派……派人来说：巴岳特，侉……侉尔侉，还有那……齐布什一齐带兵马袭……袭击我们……"

"啊？这还了得，快去给老子备马！"

吉赛说完，转身走到王在章面前说道："总兵大人听到了吧？巴岳特他们三部从建州那里借来了兵马，胆敢来侵犯我扎鲁特部，请你也借给我一千兵马，我要回去杀他片甲不回，到时候，我吉赛一定会加倍报答的！"

王在章听后，两个眼珠子一转，说道："放心吧，你先回去整顿你本部的兵马，随后我就派一千兵马去助你！"

吉赛急忙致谢道："太好了！这两个美人儿就由你慢慢享受吧，我不能奉陪了，就此告辞！"

之后，王在章服了那麝珠粉，顿时觉得精神清爽，全身骨节发出阵阵响声。他转身向那两个躲在屋子一角的女孩儿走去……就在这时，却身子一晃，两眼紧闭，一头栽倒，气绝而亡。

齐右儿与芒右儿全看在眼里，姐妹俩目瞪口呆，吓得手脚失措。等了好大一会儿，她们才清醒过来，乘人没有发觉，悄悄地溜出那快活林，消失在茫茫的山林里……后来，那两个蒙古小姑娘不知所终，至于王总兵官，确实是死了。

当时的辽东巡抚是名叫赵楫的一个昏官，他向万历皇帝奏表说："广宁总兵官王在章带病守边，功不可没，请圣上降旨嘉奖，并抚恤其子女等等。"

万历皇帝准奏以后，又派张承胤为辽东驻广宁的总兵官。

吉赛出来后，带着几名侍卫，直向扎鲁特部奔去。途中，又迎头遇到两个前来报信的侍卫，他们一见吉赛，连忙滚鞍下马，报告道："巴岳特、侉尔侉和齐布什三部领兵二千人马，已越过边境，正向我们的扎鲁特城驰来，据说，还有一支建州的兵马。"

吉赛急忙问道："怎么啦？建州兵马也来了么？"

那侍卫欲言又止，见吉赛催得急，便说道："这消息还没有探听确实，据说，建州有一支兵马，就随在他们三部的后面呢。"

吉赛听了，心中一惊，又想到王在章是否按时派兵来的事，便向身边侍卫说道："你赶快回广宁，催王总兵立刻发兵。"

等那侍卫回马向广宁驰走之后，吉赛才心情稍安，不觉自言自语道："这三部实在可恶！他们不把我吉赛放在眼里，公开去投靠建州。"

正想着，不觉来到扎鲁特城下，吉赛向周围一看，并无兵马，这才放心进城。回到府里，吉赛的弟弟、儿子、女婿等都来了，后来，又来了一些首领头目，吉赛向大家询问了一些情况后，说道："自古兵来将挡，水来土掩，没有什么了不起，当务之急，我们要整顿兵马，估计明朝的兵马快来帮咱们了，大家分头行动罢！"

次日，城外传来人喊马叫的声音，吉赛连忙问道："是广宁的援军来了么？"

侍卫向他报告说："是巴岳特他们三部的兵马。已在城下扎营，正在向我们挑战呢。"

吉赛急忙来到城头，向城下一看，只见三部人马众多，不下两三千人，而且旌旗鲜明，队伍整齐，心里不由一惊。

他见没有建州的军队，心里稍安，心想："不如趁着他们立阵未稳，带兵出城狠狠杀他们一个下马威，也让他们知道我吉赛的厉害。"

想到这里，立刻披挂整齐，带着儿子、女婿，点了一千兵马，把大刀一挥，说道："开城迎战！"

巴岳特部长恩格德尔、侉尔侉部长唠扎、齐布什新部长奥巴厄三人领着二千兵马，正在城下挑战。

一见吉赛领兵出城，三人交换了一下眼色，恩格德尔拍马上前，高声喝道："吉赛，你这披着人皮的畜生！我们代表喀尔喀部民前来惩治你，还不赶快下马投降，又待何时？"

那吉赛一贯飞扬跋扈惯了，不把恩格德尔放在眼里，听后冷冷一笑，说道："想让我下马投降，你先问问我手中这把大刀愿不愿意！"

说罢，吉赛就用力挥动大刀，砍将下来，恩格德尔急忙闪身躲过，也举起大刀向吉赛砍去，二人一来一往，杀到一块。

唠扎和奥巴厄突然大声喊道："杀啊！活捉吉赛啊！"

二人举起手中大刀，领着二千兵马，一齐杀向前来。顷刻之间，双方兵马杀在一处，兵对兵，将对将，兵将混战一起。只因吉赛兵马太少，平日又缺乏训练，一味烧杀劫掠，终于敌不过三部的联军。吉赛见势不妙，急忙命令鸣锣收兵，恩格德尔与唠扎、奥巴厄乘势随后追杀，一直赶到城下方回。

这一仗，三部联军大获全胜，缴获了许多兵器、盔甲等，回到营里，庆贺一番。三位部长相约：明日开战，定要活捉吉赛，攻进扎鲁特城去！

再说吉赛败回城中，心里闷闷不乐，一查兵马，居然死伤大半，心中不免着急了。广宁的援军迟迟不来，城内的兵马又损失了这么多，怎么办？吉赛未曾料到三部的兵马如此厉害，若非收兵及时，其后果更是不堪设想。

他正在胡思乱想之时，忽见去广宁的侍卫风尘仆仆地回来了，遂紧走几步，上前一把拉住他，连声问道："怎么样？见到王总兵官了么？派援军来么？"

他这一连串的问话，如连珠炮一般，向那侍卫追问着，但见他张大着嘴，一时说不出话来。

吉赛真是又急又气，问道："怎么啦？你倒是说话呀？"

等了好一会儿，那侍卫喝了一口水，才缓过气来，慢慢地说道："王总兵——死了。"

吉赛立刻惊得瞠目结舌，一时说不出话。

吉赛真着急了！他像一头笼中的野兽，在屋子里这边撞到那边，两手抓着头发，也想不出一点办法来。

此时，吉赛的大儿子哈土桑吉进来说道："胜败乃兵家常事，请父亲不必烦躁，我想带领一部兵马，趁着今晚夜色浓重，前去劫三部的营寨，不知可否？"

这一下提醒了吉赛，他立即往自己脑门上拍了一掌，说道："好计策！他们肯定被白天的胜利冲昏了头脑，现在一定在沉沉大睡哩。"

吉赛立即兴奋起来，马上传令道："点齐所有兵马，于三更出城去劫营，不获全胜，不准收兵！"

父子二人反复查点，凑了八百人马，吉赛笑了笑，对儿子哈土桑吉说道："兵不在多，而在精。只要这八百人英勇杀敌，可以一个顶俩，胜过千军万马呢！"

后来，果不出吉赛所料，城外的三部联军被胜利冲昏了头脑，他们的将领睡着了，军卒睡着了，连守营的士卒也睡着了！

吉赛与其儿子、女婿和大小头目们，领着那八百士兵，像天兵天将一般，杀入三部营中。那情景惨不忍睹，吉赛的士兵们面对赤身裸体的三部联军，一刀一个直杀得尸横遍地，血流成河，许多人连眼睛都未睁开，便一命呜呼了。

三个部长只逃出了巴岳特部长恩格德尔，侉尔侉部长唠扎、齐布什部长奥巴厄都死于乱军之中。后来，恩格德尔逃回巴岳特部，计算了一下，两千兵马只领回了七八百人。

这一仗，吉赛获得了很大胜利，把三部联军打跑了，共缴获战马六百匹，兵器与盔甲不计其数。巴岳特部长恩格德尔败回本部之后，把侉尔侉和齐布什两部的人马聚在一起，还想东山再起，与吉赛对抗下去。但毕竟力量单薄，恩格德尔便想到木伯哈部，就亲自去找到部长土谢图，想动员他与自己联合起来，共同对付扎鲁特的吉赛。

谁知土谢图刚从科尔沁娶来美人拉占施，正过着新婚燕尔的蜜月，对恩格德尔说的联合不感兴趣，反而告诫他道："吉赛与明朝结盟，势力强大，你何必与他为敌？不如顺着他，以求安定为好。"

恩格德尔用他们三部的惨痛经历，揭露吉赛的凶残劫掠，土谢图却说道："你们别跟他作对，就不会有那么多灾祸了；我不反对他，吉赛就没有对我们木伯哈袭击过一次。"

恩格德尔见劝说不听，只好对土谢图说："但愿木伯哈部能与吉赛和平共处，望你好自为之。"遂与土谢图告辞。

恩格德尔无计可施，便领着三部的残余势力，来到了建州，他向努尔哈赤哭诉道："我们三部遭受吉赛欺侮，难以生存下去，请求大王设法保护我们。"

努尔哈赤听了，很过意不去，忙解释道："前两年，我们忙于征伐东海与黑龙江女真各部，抽不出兵力协助你们；今年正在整顿兵马，不久将与明朝开战。请你放心，在两年之内，我一定派兵消灭吉赛势力，征服喀尔喀部。"

为了进一步笼络恩格德尔，努尔哈赤将舒尔哈齐第四女嫁给他做妻子，那女孩后来被称为巴岳特格格。

恩格德尔成为努尔哈赤的女婿后，受到了建州的特殊待遇。他高高兴兴地回到巴岳特部，又把三个部的残余势力重新组织起来，建成一支一千多人的军队，认真训练，准备继续对抗吉赛的劫掠。

再说扎鲁特部吉赛打败了三部联军之后，他让大儿子哈土桑吉去训练兵马，自己又整日花天酒地，优哉游哉了。

过不多久，吉赛从绰尔毕登那里得到一个消息——木伯哈部长土谢图从科尔沁部新娶了一个美人，名叫拉占施，长得仙女一般。

吉赛色欲熏心，又出兵杀了木伯哈部长土谢图，抢来了美人拉占施。一天，他正与拉占施在帐内嬉戏，侍卫来报告了：

"部长老爷，察哈尔部长林丹派人送来一封信，请老爷详阅！"

吉赛忙把书信接在手中，拆开一看，那上面分明地写道：

扎鲁特部长吉赛阁下大鉴：

小弟听说不久前兄台与巴岳特一战丢失战马、兵甲过多，今专此送去富汉良马四百匹，兵甲二百副，恳望笑纳。

小弟又闻兄台新得美人拉占施，多日来谅已尝遍新鲜，可否容小弟一睹红颜，当不胜感佩之至！

恭颂

大安！

小弟林丹再拜上

读完林丹的来信，吉赛心里如打翻五味瓶子，倏尔之间，酸甜苦辣咸，一齐袭上心头。

这林丹送战马、盔甲是幌子，想要拉占施，才是真意！我花这么大的心血，才把这个美人弄到手，与那个该死的土谢图动刀动枪，差一点送了老子这条命，才玩几天，他就生着点子来夺美，真是太不厚道了！可是，吉赛又转而一想，林丹也不好惹，他跟明朝关系非同一般，在对抗建州努尔哈赤的战场上，与自己有着共同的利益，相同的语言，是一根绳子上面拴着的两个蚂蚱，谁也离不开谁。

吉赛继而一想，为了一个女人去得罪自己的盟友，也是不值得的呀！何况红颜祸水，自古使然，积自己半生以来玩女人的经验教训，再标致的女人，也不过是床上的宠物。再说，林丹又送来那么多富汉马，还有那些盔甲，又不是来白拿、强要，为什么要拒人于千里之外，硬把朋友当作敌人？想到这里，吉赛心里也就踏实、平衡起来，决定把拉占施让给林丹，自己也算是为朋友两肋插刀，忍痛割爱了！

吉赛当即对察哈尔来送信的人说道："请你稍等，我马上派人送美人拉占施与你一道回去，并为我代向林丹致敬，扎鲁特与察哈尔永结盟好，永远是好朋友！"

这事办完之后，吉赛如释重负，感觉浑身轻松了，顺手从桌上拿过酒瓶，正待要喝时，忽见侍卫送来叶赫部长金台石、布扬古两人写给他的一封书信，不由得心中一动。

二人在信中告诉他说："建州努尔哈赤四处用兵，主要兵马全已调出，后方空虚，佛阿拉无兵无将。阁下可以乘势劫其屯寨，掠其战马、牛羊，必要时夺取佛阿拉城，我叶赫将与你部前后夹击，共同剿杀努尔哈赤，事成之日，便是我们共分建州之时。为表诚意，我们情愿将美女东哥送予阁下作妻子，恳结姻亲，倘蒙允诺，当为叶赫、察哈尔两部之大幸也！"

吉赛兴奋不已，走进客厅，还未坐下就高声喊道："快来人啊！"

有一名侍卫进来问道："老爷有何事要吩咐？"

吉赛立即说道："快把大首领阿剌拜喊来，我有事找他。"

不一会儿，阿剌拜进来了，吉赛对他说："你带珍珠五百颗，貂皮五十张，以及熊掌、人参等物，作为聘礼，到叶赫部走一趟，代我前去求婚。"

阿剌拜从库房回来，对吉赛报告："听管家说，库房珍珠已经不到三百颗，貂皮更少，只有七八张了，怎么办？"

吉赛听后，心中大惊，难怪大儿子哈土桑吉上次提醒他说道："眼前，我扎鲁特部府库空虚，兵缺粮食，马无草料，部民面临饥荒，邻部又不支援，内外交困，危机四伏。"

正在焦急之时，管家胡里虎突来了，吉赛一见，两眼一瞪，责备道："府库里快空了，为何不早告诉我？"

"平日，我见不到老爷，也找不到，不过，我已向大王子哈土桑吉讲过两次了！"

听了胡里虎突的回答，吉赛尽管不高兴，也不好发作，正在焦急时，大首领阿剌拜悄悄对他说了几句，吉赛马上高兴了，说道："这事由你领人去办，你准备如何行动？"

大首领阿剌拜说道："我已查实了，阿骨打拉寨寨主名叫胡拉尔登，原是黑龙江女真的一个部落首领。他归顺建州后，深得努尔哈赤的信任，派他担任阿骨打拉寨主。此人很会经商，善于做生意，寨里府库充盈，牛羊满圈，寨民富裕，兵马五六百左右，平时防卫严密，戒备甚严。"

吉赛听得有些不耐烦了，忙问道："我问你如何行动，你太啰嗦了！"

阿剌拜急忙说出自己的偷袭计划："据说，今天胡拉尔登寨主为儿子阿拉兴格办喜事，我想先派几个人……"说到这儿，他附在吉赛耳边，小声嘀咕了一会儿，只见吉赛脸上渐渐泛出笑容，说道："好！就这么办，干得好，老子重赏你！"

阿骨打拉寨主胡拉尔登刚从开原回到寨子里，这次去是为给儿子婚事采办礼物，买回来许多珍珠、貂皮等贵重物品。

他儿子阿拉兴格见父亲回寨，就向父亲报告婚事筹办情况，喜宴订在晚上进行。

胡拉尔登听后很满意，对儿子说道："今晚办喜事，对寨子的防卫要抓实，我们这里与扎鲁特邻近，吉赛好搞偷袭，不能出事呀！前不久，我听努尔哈赤大王说了，等把吉赛的问题一解决，就向明朝开战了，咱们是后方，一定要安定才行。"

胡拉尔登与儿子说了一会子话，就找管家询问晚上喜宴安排的情况。

再说吉赛的大首领阿剌拜，他带着十几个士兵，化装成做小生意的商人模样，混进阿骨打拉寨里。傍晚时分，他们摸进一户位置偏僻的人家，把这家里的几口人全都捆上，用布塞住嘴巴，使他们跑不脱，也喊不出话来。约在三更多天，阿剌拜等才溜了出来，摸到寨子门前，见守门士兵喝醉了酒，正在沉沉大睡，便一刀一个结果了他们。

打开寨门以后，哈土桑吉领了五百人马早已等候在那里，便一拥而入。因为白天已摸清马棚、牛羊圈的所在，他们很快得手了，把寨子里上千头马、牛、羊赶出寨子。这些人劫掠成性，善于夜间偷袭，见马牛羊已赶走了，便开始分散挨家挨户地抢劫。

寨主胡拉尔登喝了喜酒之后，白天奔波劳累，也就早早休息了。寨里大小头目也都参加了喜宴，人人喝得大醉，哪里想到会被偷袭呢？

阿剌拜领着一百多士兵，悄悄摸进寨主家里，先把新郎阿拉兴格一刀刺死，见新娘赤身裸体，也有几分姿色，顿起奸淫之念。他命令士兵抓紧寻找金银珠宝，等他们走后，居然脱了衣服，上床按住那抖作一团的新娘轻薄起来了……

等到寨主胡拉尔登从熟睡中惊醒，扎鲁特部的人马早将抢劫来的珠宝财物，车载马驮，跑出城去，看不见人影了。见到儿子被害、媳妇自杀，财物遭抢，马牛羊几乎全被盗走，寨民们哭声震天动地，寨主胡拉尔登又气又恨又心疼，直哭得死去活来。

他擦干眼泪，也顾不上吃早饭了，便骑上快马，去建州向努尔哈赤哭诉了被劫的情况。

努尔哈赤气得变了脸色，平静了一会儿，才说道："古往今来，多行不义必自毙！他吉赛能逃脱得了么？因为水不能透山，火不能逾河，这是人间的正道！"

这时候，帐前许多将领自告奋勇，要领兵与吉赛拼杀，努尔哈赤压住满腔怒火，说道："'小不忍则乱大谋'，扎鲁特部与明朝三次结盟，现在消灭他吉赛，还为时尚早，不如等时机成熟时再说吧！"

在努尔哈赤看来，征服喀尔喀的扎鲁特部，只是一个时间问题，于是又对将领们说道："我们还是坚持：兴仁义之师，先礼而后兵！"

当下，他派遣大将桑虎尔前往扎鲁特部，向吉赛索回被劫走的珠宝财物，以及马牛羊等。

在桑虎尔离建州前，努尔哈赤嘱咐道："你是建州的使者，态度要不卑不亢，对吉赛讲清楚：若不如数归还，后果全由他负责。"

吉赛派人把从建州阿骨打拉寨子里劫掠来的珠宝等财物，从中取出一些，火速去叶赫部求婚。为此事，吉赛掩饰不住心中的喜悦，认为："那东哥是当代公认的绝色美人，过不多久，她将成为我怀中的宠物了！"

其实，吉赛对东哥的婚变情形早有耳闻，在向叶赫送聘亲礼品之前，他的大儿子哈土桑吉曾对父亲直言劝阻道："这么做的后果，会引起努尔哈赤对你的仇恨，为了一个女人，未必值得冒这么大的险！"

吉赛却不以为然，竟大骂儿子道："别胡说八道，老子的事不用你来饶舌！"

建州的使者桑虎尔来到扎鲁特，见到吉赛之后，提出阿骨打拉寨的马、牛、羊以及珠宝财物被他们劫掠一事，希望立即归还。

吉赛不听则已，一听马上发火道："你说是我们劫掠的，有证据么？简直是岂有此理！想在老子头上动土，妄想！"

桑虎尔没有理会他发火，继续说道："那上千头马、牛、羊中间，有五十匹富汉马，身上都有印记，那就是证据！我们刚从开原买回来的，有人可以证实，你们能否认得呢？"

"全是屁话！你们刚买回来的，我也是刚买回来的，要什么证据，全扯淡！"

桑虎尔只得又警告吉赛道："如此看来，部长是不愿意接受劝告，那么由此而产生的一切严重后果，将由你们负责！"

吉赛气得暴跳如雷，大声喝道；"来人哪！把这家伙拉出去砍了！"

他的大儿子哈土桑吉急忙拦住进来的侍卫，走到父亲面前，劝说道："两部交涉问题，怎能杀使者？放他回去吧！"

吉赛两眼瞪住桑虎尔说道："就是不放他回去，看他努尔哈赤有什么招儿使！把他关起来！"

次日，吉赛唤来大首领阿剌拜，对他说："如今，喀尔喀部只有巴岳特部的恩格德尔了，你带兵再去袭击他一下，整个喀尔喀便是我们的了。"

阿剌拜想了一下，提出自己的看法："那恩格德尔成了努尔哈赤的驸马了！这样做后果请老爷——"

"你怎么也变得畏首畏尾，婆婆妈妈了！有天大的事，由老子顶着，你怕什么？快去准备，动作要迅速，手段要稳、准、狠！最好将他们一网打尽！"

这后面的几句话，吉赛是咬着牙说出来的，仿佛他已下定决心，无所顾忌了。

吉赛所以这样做，也有他自己的想法：为了对抗建州努尔哈赤，他与明朝边将三次立誓结盟，万历皇帝每年赏给他好几万两白银，正如吉赛说的："明朝这棵大树，我是靠定了。一旦受到努尔哈赤的攻击，明朝一定会派兵来支援的。"

其实，努尔哈赤对这一点也早有思想准备，在他得到桑虎尔被吉赛扣押起来的消息之后，心中十分恼火。多年以来，吉赛依仗明廷的庇护，在喀尔喀部里任意欺凌、劫掠周围部落，为非作歹，这已是家常便饭。如今，他又公开聘娶叶赫美女，袭击建州的阿骨打拉寨，抢走珠宝财物，掠走马牛羊，扣押努尔哈赤派去的使者，是蓄意要与建州对抗，企图挑起明廷与建州之间的武力冲突。

经过再三酝酿，努尔哈赤又派遣大将噶尔泰再去扎鲁特部，向吉赛严正申明："七天之内放回桑虎尔，并送回掠走的马牛羊以及所有的珠宝财物。否则，由此而产生的一切后果，全由你吉赛负责！"

在噶尔泰走后，努尔哈赤吩咐大将额亦都等，准备五千兵马，前往扎鲁特部，找吉赛兴师问罪。与此同时，他与大将安费扬古一起，亲自去抚顺关向明廷边将反映情况。

此时，抚顺总兵为王松，努尔哈赤对其讲述了吉赛抢掠阿骨打拉寨子的情况，并申明被抢走的五十匹富汉马，乃是进贡给皇帝的贡品，吉赛态度蛮横，不但不退还抢走的物品与马牛羊，反而把使者也扣押起来。

努尔哈赤请求王松即时处理，王松说道："这是你们两部间的矛盾，我只能在调查属实之后，劝告吉赛退还那些劫掠的物品，也请你能在态度上有所克制。"

努尔哈赤压住火，继续说道："吉赛任意劫掠周边部落的事件，屡屡发生，王总兵官早该知道了。这次对阿骨打拉寨的袭击事件，我也一忍再忍，如今我又派一名使者前去交涉，如果吉赛执意不归还劫掠的珠宝与马牛羊，我只得以牙还牙、兴兵动武了！"

王松听了，阴笑着说道："这是你们两部间的内部冲突，我不便过问，不过，你最好还是克制些。"

努尔哈赤立即说道："王总兵官已说'不便过问'，那我就此告辞，他吉赛既能带兵来袭击我建州的寨子，我建州的兵马也可以去攻打他的城寨，这才叫礼尚往来！"

说罢，他与安费扬古告别王松总兵官，策马返回佛阿拉，坐等扎鲁特的消息，这里不提。

叶赫美女——东哥不愿嫁给吉赛，即使吉赛要挟要征讨叶赫，她也坚决拒绝出嫁。正当吉赛与努尔哈赤准备大打出手的时候，布扬古把妹妹东哥嫁到了漠北蒙古。

这对吉赛打击很大，他性情更加暴躁了。当他听说阿刺拜带兵袭击巴岳特部让恩格德尔脱逃了的消息，当即命令道："把阿刺拜拉出去宰了！"

后经扎鲁特部所有的将领、头目出来说情，阿刺拜才免于被杀，但还是遭到了五十鞭子的毒打。

不久，努尔哈赤派往扎鲁特的第二位使者噶尔泰又来了，吉赛见到之后，立即说道："有屁就放，有话快说！"

噶尔泰清了清嗓子，大声地说道："我们的努尔哈赤大王限你在七天之内，放回建州的使者，并送回劫掠的珠宝及马牛羊等。"

吉赛立即哈哈大笑起来，然后问道："老子要是不买账呢？"

噶尔泰也理直气壮地回答道："你能带兵劫掠，难道我们不能兴兵问罪么？"

"混账！把他也关起来！"

吉赛吼叫一声，站起身来，拂袖而去。由于吉赛不归还劫掠阿骨打拉赛的珠宝财物与马牛羊等，又扣留努尔哈赤派来的两位使者，把扎鲁特部与建州的关系推到战争的边缘上了。

　　万历四十七年（1619年）七月，努尔哈赤亲自率领兵马一万余人，带着大将额亦都、安费扬古等以及他的几个儿子，在前去攻取明朝的铁岭途中，遭到吉赛的伏击。

　　事前，吉赛得知消息后，一面派兵去广宁，请张承胤总兵官派兵援助，一面发倾城之兵一万余人，埋伏在建州兵马必经之路旁边的高粱地里，想一举消灭努尔哈赤。

　　当建州兵马进入伏击圈后，吉赛一声令下，万箭齐发，吉赛与其儿子、女婿等，领着万余兵马冲入建州队伍中。因为猝不及防，努尔哈赤的队伍匆忙应战，被吉赛的兵马冲得一片混乱，人马死伤不少。可是，努尔哈赤不愧是历经百战的常胜将军，他身边更有额亦都、安费扬古这些威名显赫的勇将，他们临危不乱，鼓舞全军将士振奋精神，奋勇杀敌。

　　努尔哈赤年已六十一岁高龄，仍然扬鞭跃马，手举大刀，率先杀入敌阵。在他的带动下，建州将士人人骁勇，个个争先，杀得吉赛的兵马仓皇败逃，望风披靡。

　　吉赛见大势已去，只得领着一部分兵马，逃回城里固守。

　　努尔哈赤先派大将额亦都等继续追杀吉赛逃军，又令大将安费扬古领兵清扫战场，收缴战利品。他自己领着几个儿子带着队伍把扎鲁特城团团围住，决心消灭吉赛势力。

　　大将额亦都等领着兵马随后追杀吉赛逃军，直杀得沿途兵马尸首堆积如山，血流成渠，一直追到辽河边上。

　　吉赛的逃军将士正要上船过河时，船上的艄公对他们说道："吉赛已是天怒人怨，我们也不想为虎作伥！"说罢，几只大船一齐划走，离岸远去了，任凭逃军将士喊破嗓子也不理会。

　　大将额亦都的兵马赶到辽河边上，把吉赛逃兵将士包围起来，全部俘获。据查，在河边俘获人员中，有吉赛的两个儿子、两个弟弟、三个女婿、大小首领头目二十余人，兵士近千人，战马、盔甲与兵器不计其数。

　　扎鲁特城下，努尔哈赤让儿子们向吉赛传话道："早日投降，争取从宽处理！"

　　吉赛凭借城里尚有近三千兵马，认为还可以固守一段时间，并希望明朝边将也会派兵援助，届时城里城外相互配合，在夹击之中可以一举消灭努尔哈赤。但是，扎鲁特城建在沙丘之上，城墙低矮，又是土木混合建筑，有难守易失的弊病。

努尔哈赤坐在高大的白马上，冷笑道："吉赛妄想明廷来救他，可惜呀，万历皇帝也像是坐在风雨飘摇中的一只破船上，随时都有葬身汪洋的危险，怎能有精力来顾他哟！"

他对身边的代善、莽古尔泰以及皇太极道："你们大胆放心地攻城，额亦都、安费扬古早已箭在弦上，即使明军和林丹的援军到了，他们也打不到城下，所以，吉赛已成网中鱼、瓮中鳖，快动手吧！"

努尔哈赤说完，他的几个儿子分兵四处，一声号令，如山崩地裂一般，喊声顿起："活捉吉赛，消灭无赖！"

号角声、呐喊声惊天动地，吓得城上的守军仓皇四顾，不敢应战，只待明军和林丹来救。

建州的铁骑在各位小王子的指挥下，如狂飙乍起，"呼啦啦"一声响过，闪电般越过那低矮的城墙，攻进城去。他们挥着大刀，一阵砍杀之后，城上的守军跑得慢的被砍死了，跑得快的已躲进城里去了，还有一些干脆放下兵器投降了。

莽古尔泰早已杀入吉赛府中，将其生擒，押在马上，来到努尔哈赤面前。

他把吉赛扔到地上，用大刀指着他，喝道："你死到临头了，还有何话？"

吉赛好不容易爬将起来，看看努尔哈赤，又望望周围的建州兵将，他只得低下头来，无精打采地说道："你们要杀就早些动手，我无话可说了。"

努尔哈赤沉思良久，朗声对吉赛道："'天作孽犹可为，人作孽不可活'，尽管你罪孽深重，可是，我暂不杀人。"

说完，努尔哈赤令人做了一个木笼，把吉赛放进那木笼子里养着，有人说道："那吉赛正像一只披着人皮的恶狼，将其置于笼中，正是得其所哉！"

代善领着兵马，打进牢房，放出桑虎尔和噶尔泰，又赶进库房，将吉赛从阿骨打拉赛子掠取来的珠宝财物，收集一起，装在车子上。

八王子皇太极在俘获的两千多名吉赛士兵队前训话，要他们改去劫掠习惯，加入建州士兵行列。努尔哈赤又派人对投降的部民登记造册，统统迁往建州，编入户籍。

后来，吉赛的木笼被关在佛阿拉的城楼内，一天早上，努尔哈赤来到大笼前，对吉赛道："你也算没有虚度此生，做的坏事多如牛毛，过着神仙一样的生活，不少绝色美人也都曾是你怀中的宠物。"

吉赛并不服气，也回敬道："你杀的人比牛毛还多，蹂躏的女人还少么？不过，胜者为王，败者为寇，这才显着你的尊贵之处。"

"胡说！你与我能相提并论么？我乃巍巍然耸立于辽东大地上的一座高山，而你吉赛，不过是沙丘旁边一堆生了蛆虫的牛粪而已！"

说罢，努尔哈赤挺起虎背熊腰，连一眼也不睬他，扬长而去。

老是不杀吉赛，将领们多有议论，努尔哈赤不急不躁地对他们解释："这人虽是一块臭肉，他的长子哈土桑吉仍在训练兵马，喀尔喀部里还有人反对我们。"

说到此，他停了下来，伸手端起桌子上的一只茶杯，晃了一晃，说道："吉赛是人质，也是钓饵，你们懂了吧？"

时过不久，果不出努尔哈赤所料，吉赛的大儿子哈土桑吉，愿以牲畜万头来换吉赛，并送其两子一女为人质。努尔哈赤答应了哈土桑吉的请求，并与吉赛父子结盟，以示交好。

之后，努尔哈赤设宴赏赐，终于使建州与扎鲁特部之间化干戈为玉帛，变敌为友。吉赛父子离开佛阿拉时，努尔哈赤命令众王子与诸将领送他们至十里之外。以后，努尔哈赤又与扎鲁特部结为姻亲。

在对喀尔喀部的政策中，努尔哈赤利用笼络、分化、战争和结姻等手段，终于使喀尔喀五部在政策上发生了巨大的变化，由依靠和联合明朝对抗建州，转变为依靠和联合建州对抗明朝，这集中地表现为建州与喀尔喀五部的会盟。

万历四十七年（1619年）的十一月，努尔哈赤命令大将额克星格、绰护尔、雅希禅、库尔经和希福五人，代表努尔哈赤与喀尔喀五部的使者会于冈色黑孤树处，对天刑白马，对地宰黑牛，设酒一碗、肉一碗、土一碗、血一碗、骨一碗，对天地盟誓曰："今建州五大将代表努尔哈赤大王，与喀尔喀五部使者，相与盟好，合谋并力，战和同好子孙百世，及于万年，两部如一，共享太平。"

多年来，努尔哈赤一直想让建州与蒙古联合起来，共同对付明朝；这次，他与喀尔喀五部的结盟，确是他对漠南蒙古政策的一个不小的胜利！

在明朝嘉靖年间，达延汗王统一蒙古各部，并以漠南、漠北地区为左右翼乡村子弟，后又设帐于察哈尔地区。

这"察哈尔"在蒙古语里是"边"的意思。因为它驻牧于辽东边外，以驻地近边而得部名。察哈尔部领主世袭蒙古汗王位置，号称蒙古各部的共主。

万历三十二年，林丹作为达延汗王的七世孙，承继了察哈尔部长职位。林丹驻帐于广宁以北，被其七世祖达延汗王的幽灵所纠缠，梦想继承大元可汗的事业，力图称雄蒙古。

那时，明朝、建州与林丹的察哈尔部，都希望能统一辽东地区。但是，努尔哈赤的建州努力发展迅速扩张已威胁着察哈尔部。对建州来说，察哈尔部的强大，又妨碍它去征抚漠南蒙古；而对明朝来讲，察哈尔与建州两相比较，其主要威胁来自建州。

因此，在明朝、建州与察哈尔部的鼎足矛盾中间，明朝与建州的矛盾是主要的。从长远利益出发，努尔哈赤以为要对抗明朝，必须先征服察哈尔部。明朝为了对付建州，仍然用它的"以夷治夷"的老办法，利用林丹与努尔哈赤的矛盾，同察哈尔部联合起来，以抵抗建州的威胁。

明朝每年以赏赐的名义，给林丹定额的物资和金银，诱使察哈尔成为对抗建州的桥头堡。为了调动林丹抗击建州的积极性，明朝把原来给予漠南东部蒙古诸部的赏赐，全都转交给林丹控制，由每年赏银四千逐渐增加到每年四万两白银。

因为有了如此重赏，林丹背靠明朝这棵大树更加有恃无恐，对抗建州的行动更加主动，也更加卖力了。

在一段相当长的时间内，建州的努尔哈赤正忙于征抚统一女真各部，这时的察哈尔部实力雄厚。当时，察哈尔的势力范围，东起辽东，西至临洮，拥有八大中，二十四营，号称四十万蒙古之众。

那时的林丹"帐房千余"，部众繁衍，兵力强盛，依恃明朝，对建州态度骄横。

万历四十八年（1620年），林丹送书信予建州努尔哈赤，向其炫耀武力，号称四十万蒙古之众，蔑视建州仅有三万人还不足，要努尔哈赤屈服于察哈尔部云云。

努尔哈赤当即回击了林丹的挑衅，从此，两部之间矛盾更深。

林丹帐下，有个大将名叫贵阿英哈，年约四十岁上下，两臂有千斤之力，是察哈尔部的一员虎将。这贵阿英哈不仅武艺高强，有万夫不当之勇，而且熟读兵书战策，足智多谋，深得林丹的信任。

前年，贵阿英哈随林丹去劫掠喀喇沁部的一个屯寨，偷袭成功以后，他们押着满车的珠宝财物、赶着上千头马牛羊返回察哈尔部。

途中，探马回来报告："喀喇沁部派来两千兵马，正从后面追来！"

林丹一听大惊道："这怎么办？我们只有五百人马呀！"

这时候，贵阿英哈冷静地举目四顾，见前面不远处有一片林子，立刻对林丹说道："请部长带着马牛羊与车上的珠宝财物先走。"

说罢，贵阿英哈命令一百兵马在部长后面护送，自己领着剩下的四百人马，迅速埋伏在那片小树林里面。

不一会儿，果见喀喇沁的兵马追来了，等到他们有一半兵马进入林子里时，贵阿英哈一声号令，那四百察哈尔人马，从林子里一齐杀将出来。

贵阿英哈手执一把大刀，首先杀入喀喇沁的队伍中，并带头喊道："杀啊，不要放跑了一人！"

喀喇沁的兵马受到打击，一时惊慌混乱起来，加上贵阿英哈的奋力砍杀以及察哈尔士兵的围追堵截，进入林子里的兵马，有的被砍死，有的逃跑了，有的回头就往林子外面逃，而且边逃边喊："不得了啊！林子里有埋伏呀！快逃吧！"

林子外面的喀喇沁的兵马受此一吓，也不知林子里有多少兵马埋伏，光能听到喊杀声四起，不由得掉头就往回跑。喀喇沁部自相践踏，不战自溃了。

回到察哈尔部，林丹见了贵阿英哈，把大拇指往他面前一翘，大声地夸奖说："你真行！以四百人马，击溃了两千追兵，我真是服了你啊！"

为了表示对贵阿英哈的感激，林丹备了一桌丰盛的酒席，与他痛饮起来。

林丹在耳热酒酣之后，让自己的宠妃——拉占施出来敬酒。

谁知贵阿英哈也是馋嘴猫儿似的好色之徒，一见拉占施长得标致，顿起淫荡之心。他假装醉酒了，一把将拉占施搂到怀里，说道："今天，部长将你赏给我了！"

说罢，他对拉占施又是亲，又是摸，在她耳边说："我比部长有力气，你会觉得更快活。"

一边说，一边把她抱起来，就往门外走去，走到门口，又转过身子对林丹说道："感谢部长……恩赐！"

林丹一见，顿时愣住了。过了一会儿工夫，才醒过神来，正想去追回来，刚走两步，心里想道："算了吧！今天，亏他救了自己一条性命。往后，还得靠他去为自己拼命呢！"

林丹为了重温他的老祖宗达延汗王的旧梦，一心想称雄蒙古，依恃着明朝的支持，仗着察哈尔部兵强马壮，多次带兵前去袭击科尔沁部长明安，由于努尔哈赤及时派兵援助，使他的每一次袭击都是大败而回。

在喀尔喀五部中，林丹采取"联强打弱"的策略，以对抗努尔哈赤的安抚政策。

扎鲁特是喀尔喀五部中较为强盛的一部，林丹利用其部长吉赛一贯反对建州的立场，千方百计满足吉赛的要求，与他密切联系，来往频繁，共同依靠明朝，对抗努尔哈赤。

对喀尔喀其余的四个部落，林丹常常带兵进行劫掠——他掠土地，劫牛羊，穷奢极欲，暴虐无道。林丹妄图以此惨无人道的手段，恫吓这些弱小部落，反对与阻止他们投向努尔哈赤怀抱，来达到自己统一漠南蒙古的野心。结果却适得其反，他这种做法，更加促使他们迅速地投附建州。最终他们整寨、整部地迁往建州，归顺了努尔哈赤，帮了建州的大忙，成为努尔哈赤攻击林丹的有生力量。

与此同时，连他的盟友扎鲁特部吉赛也因兵败被捉，当了努尔哈赤的俘虏，最后也被迫盟誓，结成姻亲，归附了建州。

这样，漠南蒙古中的科尔沁部、喀尔喀部全都投降了建州，成为努尔哈赤的政治盟友与军事上的支柱。于是，察哈尔部更加孤立，林丹成为孤家寡人，陷于孤军与努尔哈赤作战的困境。为了扩充势力，壮大自己，林丹只得派遣使者到南部的喀喇沁部去游说，想与之结盟。但很快遭到拒绝。

林丹又故伎重演，妄图以武力迫使其就范，便派大将贵阿英哈领兵前往喀喇沁部，一连几次对其进行猖狂劫掠，赶走他们的马牛羊，抢走他们的谷物粮食，把部民捆绑起来，带回察哈尔部里。

　　对俘虏来的喀喇沁人，把男的扔到油锅里活活烹死。那些年轻的妇女，稍有姿色者，林丹与贵阿英哈便领回家里，任意凌辱。其他的女人，则被他们送给士兵们去轮流奸淫，惨状使人目不忍睹。

　　这种惨无人性的暴行，加速了喀喇沁部归顺建州的步伐，明朝天启七年（1627年），喀喇沁部主动前往建州，与努尔哈赤会盟，双方"刑白马、黑牛，誓告天地"。

　　于是，察哈尔部更加孤立，林丹处于四面楚歌的困境之中。

　　其实，在察哈尔内部也并不平静。林丹淫乐无度，骄横狂妄，不纳忠言，在察哈尔数十员将领头目中，他只偏听偏信贵阿英哈一人。

　　但是，贵阿英哈也不是一个可倚重的好人，他自恃武艺高强，把林丹的宠信当作资本，在众将领中飞扬跋扈，目空一切，胡作非为，任意凌辱他人，使得业已危机四伏的察哈尔部，很快走到了分崩离析的边缘。

　　在贵阿英哈的建议下，林丹决定在通往建州的必经之地——库兹里山口，建筑一座石头城。有了这座库兹里石头城，既可以阻止来自建州的攻袭，也可以依据这城堡去攻袭、劫掠科尔沁、喀尔喀的城寨。

　　从各方面看，尤其是在军事上，库兹里城地处要冲，位置重要，贵阿英哈自行设计、绘制了图纸，林丹任命他亲自监工督造。这座库兹里城，按照贵阿英哈的设计、要求，城分内外两重，彼此之间还有地下连接，城外留有出口。

　　由于工程浩大，所需材料很多，贵阿英哈对五部首领催逼得厉害，他竟把五部首领的妻子、女儿全部集中一起，关押在一所房子里，当作人质，迫使五部首领拼尽全力，加速完成建城任务。

　　在数十名五部首领的妻子之中，不乏姿色秀丽者，贵阿英哈本是一个好色之徒，便以为"近水楼台先得月"，居然对她们伸出了魔爪，肆意进行奸淫、凌辱。

　　五部首领得到这消息之后，不堪忍受屈辱，一起去找林丹控诉贵阿英哈的兽行。

　　不料林丹只是对他们道："他也是为了我们察哈尔部的利益，想尽快把城建好，才关押她们。"

　　"那畜生任意奸淫她们，难道也是为了我们察哈尔部的利益么？"

　　"看人要从大的方面着眼，这是一些生活小事，怎能——"

　　五部首领实在听不下去了，大家商量以后，连妻子、女儿不要了，回到家里领着各自的儿子一起离开了察哈尔部。

后来，林丹的孙子扎尔布、色楞，对祖父宠信贵阿英哈也深为不满，他们对五部首领的被迫出走更是同情，向林丹提出劝诫，却遭到林丹的痛斥："小小年纪，瞎操心，你们懂什么？"

两个孙子仍不服气，并说道："我们的年纪虽然不大，但为了察哈尔的前途，我们不能不提出自己的意见，我们不希望察哈尔被葬送在极少数人的手里！"

这一下可激怒了林丹，他恼羞成怒，向他们大声喝道："你们这话是什么意思？你们所说的'极少数人'是指谁？"

林丹越说越气，居然命令身边的侍卫，对两个孙子进行惩处，每人受到鞭笞二十的责罚。

事后，扎尔布、色楞一气之下，双双逃往科尔沁部，又随着科尔沁人一起归附了建州，他们打心眼里敬仰努尔哈赤，见面时，二人向这位建州大王虔诚地行了"叩首礼"。努尔哈赤热忱地欢迎了他们，把二人留在帐前听用，给予他们带兵将领的待遇。

鉴于林丹内外交困、众叛亲离的情况，努尔哈赤为了顺应天时，合乎民意，在臣服漠南蒙古科尔沁、喀尔喀等部之后，便向察哈尔部林丹发动军事攻势。

明朝崇祯五年（1632年），努尔哈赤之子皇太极统领建州兵马和投顺建州的科尔沁、喀尔喀、扎鲁特等部的蒙古骑兵，大举进攻察哈尔部。

林丹得到消息之后，派贵阿英哈大将带领兵马五千人前往库兹里城，迎战建州军。贵阿英哈哪里是皇太极的对手，三日之后，库兹里城被攻克，贵阿英哈也死在了昂纳克的刀下。

皇太极带领众将官，把军队开进库兹里城。清扫战场之后，他们查点人数，这一仗，建州军阵亡一千五百余人，察哈尔部死伤三千多，被俘获二千余人，缴获盔甲五千副，战马三千余匹，兵器等不计其数。

后来，皇太极派遣科尔沁原部长明安的第五子巴特玛台吉守库兹里城。自此，这座闻名于漠南蒙古的石头城上，飘扬着建州的大旗。

两年后，皇太极鉴于察哈尔部长林丹坚持对抗建州的政策，不接受安抚，便亲自带领一万兵马，前去征讨林丹。

自从失去库兹里城后，林丹对察哈尔各部使出各种手段，增强兵力。他让各部首领，有人出人，有马出马，有钱出钱，运用各种高压办法，经过多方软磨硬压，终于组成了一支五千多人的军队。

通过半年多的训练，林丹又亲自带着去偷袭了喀喇沁和土然牧部，有意将这支队伍培养成为嗜杀成性、劫掠成习的战争工具。

林丹的察哈尔城，也是由贵阿英哈设计、塑造的石头城，其坚固方面，更有过于库兹里城。它是一座三重石头城。外城高约一丈八尺，城墙宽约三尺多。城外有又宽又深的护城河，河上架着吊桥。中城更坚固，里城实际上就是一座四合院，为林丹的住室，全是砖石结构，共有两层，可以由暗室走出城外。中城里住着察哈尔部的将领及其亲属，中城与外城之间盖了许多草屋，住着兵马。

这次皇太极带兵来讨伐的消息一传到，林丹立即召开各部首领、将领开会，他说道："只要守住城，就不怕建州兵马来犯，我们储备的粮草足够大半年用，怕他什么呀？他皇太极跑这么远来打我们，战线太长，粮草难以接济，时间长了，他非自动撤兵不可！到那时候，我们随后追杀，准能打个大胜仗！"

部里的将领与头目们半信半疑，又不便驳他，只好由着他了。

贵阿英哈的子女们听说建州的兵马来了，一起来找林丹，要求参加守城，为父亲报仇，其中他的大女儿妮喇英哈、小女儿果果英哈态度更坚决，林丹只好答应。

且说皇太极与建州众将领带着一万兵马，直抵察哈尔城下安营扎寨。

次日上午，皇太极派大将扬古利去阵前挑战，虽然鼓声如雷，叫骂声不绝，林丹却听而不闻，任凭建州兵在城外叫喊，把城门紧紧关闭，免战牌子高高挂着。

扬古利没法，继续指挥士兵骂阵，终于惹恼了城里的两员女将——妮喇英哈、果果英哈。

她们姐妹俩一齐向林丹请求出城交战，林丹再三劝阻，她们仍然不听，并说道："我们无法忍受建州军的叫骂声，愿意出城交战，不惜一死。"

林丹只好答应她们，反复叮咛她们要小心谨慎，并派儿子额哲西为她们观阵。

建州大将扬古利正在指挥士兵叫阵，忽听鼓声大作，螺号齐鸣，只见城门大开，出来了两员女将，他心里不由得纳闷起来："这林丹尽干荒唐事情，怎么派出两个黄毛丫头出阵交战，真是稀奇！"

他正在想着，见那两员女将已催马来到阵前，仔细一看，见她们长的面貌相似，虽不十分俊秀，却也有几分姿色。

此时，妮喇英哈与果果英哈见到对面的建州大将，是一个胡子拉碴的红脸大汉，面貌丑陋，正瞪着两只铜铃似的眼睛看着自己，心中又恨又气，不由地双双举起手中大刀，也不搭话，就对扬古利劈来。

这扬古利生性鲁直，原为黑龙江野人女真中库尔喀部长郎柱之子，随其父归顺建州。因为扬古利"貌呈怪异"，又勇悍无比，努尔哈赤特别喜欢他，不仅"妻以族女"，还封他为"一等大将"。

扬古利见二女将挥刀一齐砍来，心中也不悦起来，急忙把手中大刀一挥，迎将过去。

这扬古利两臂有千斤之力，那把大刀就有八十余斤重，如此挥舞起来，对手若是力气小了，手中的兵器一旦撞上他的大刀，往往都是手攥不住，飞落的居多。

这两员女将也是初上战场，正是初生牛犊不怕虎，她们居然用刀去撞击。忽听"哐啷啷"一声响，她们手中的刀立刻飞了出去。二人随着惊喊道："啊——呀！"

喊完之后，竟愣在马上，不知所措了。

扬古利一见，不禁哈哈大笑起来，喊道："我现在不杀你们，快快回城里去，让林丹出城投降吧！不然的话，我建州的一万将士要踏平你们的察哈尔城。"

扬古利的话音一落，那两员女将就勒转马头，不声不响地返回城里去了。

扬古利也回营向皇太极报告了这事，惹得大家哄堂大笑。

妮喇英哈与果果英哈回到城里，又羞又气，嘴里还不服输。妮喇英哈说道："俗话说，君子报仇，十年不晚。目前，建州的这几员将领武艺高强，我们暂时避其锋芒，我们白天被他们羞辱了一番，夜里他们一定防备松懈，不如乘着夜色掩护，我们领着那两百兵马，悄悄出城，前去偷劫建州的大营，说不定能杀几个建州的大将，回来报功哩！"

她妹妹果果英哈胆子小些，犹豫道："若是被部长知道，会骂我们不听军令，说不定会处治我们的。"

妮喇英哈哪里听得进去，说道："你要是害怕，那我自己去好了。打了胜仗，你可别后悔哟！"

说罢，她匆匆披挂起来。果果英哈也只好随着姐姐，带着白天的那两百人马，来到城门前，跟守城士兵好说歹说，总算让她们出了城。

这一夜正是月黑风高，伸手不见五指，皇太极历来谨慎，对夜里巡营十分重视。

天交二更多一点，是噶盖值班，他手提大铁枪，先到各营巡一遍，见到没什么形迹可疑之处，便准备回帐。

忽然有一个巡哨的士兵跑来报告："我见城门开了一会儿，不知是不是有人要来劫我们的大营，请将军留心！"

大将噶盖本是粗中有细之人，他心里说："天快半夜了，开城门干什么？这里必有文章啊！林丹惯于夜袭，不能不防啊！"

于是，他急忙走进中军大帐，唤醒皇太极，将这一情况向其诉说一遍，二人走出大营，忽见不远处火光一闪，似有人影晃动。皇太极向噶盖耳语了几句，便闪身走了。

这时候，忽听喊声骤起，黑压压一队人马杀向营前。噶盖立马营门前面，手提大铁枪，借着火光，仔细一看正是白天的那两员女将领着一队人马劫营来了。

噶盖心中不由大怒，对她们喝道："不识好歹的两个黄毛丫头，白天放了你们，夜里你们又来劫营，真是自己来送死了！"

　　那两员女将看到建州军营早有防备，正在迟疑之时，噶盖又大声说道："快投降吧，还能饶你们不死；否则，我教你们立马死在老子的枪下！"

　　两员女将听后，立即举刀劈来，噶盖忙用手中铁枪去迎，三人战到一处。

　　噶盖力敌两员女将，他正想办法取胜，忽听身后喊声四起，皇太极领着人马，"哗啦"一下子，把两员女将以及她们身后的两百名士兵团团围住，不消一刻工夫，将她们二人一起擒住。那两百士兵除死亡几人以外，其余的也全都被俘获了。

　　皇太极从俘虏中选出几名，带往中军帐里问话去了，这时候，五王子莽古尔泰走来说道："擒住的那两名女将呢？"

　　噶盖指着被捆的两人对他说："在这里，你把她们领去吧！"

　　莽古尔泰在努尔哈赤诸王子中，是比较好女色的一个，噶盖是投其所好，做个顺水人情，说完就回帐去了。

　　莽古尔泰走上前去，也不说话，一只胳膊肘挟住一个，如老鹰抓小鸡似的，将她们挟到自己的帐内，往地上一扔，说道："站起来！让老子看看，长得如何？"

　　妮喇英哈与果果英哈只得站起来，偷眼一瞧，吓得差点儿摔倒，见这人也是一个红脸大汉，长着一脸胡子，面貌凶悍，心里正在惴惴的时候，忽听他哈哈大笑起来，说道："真是两个黄毛丫头，还想来劫我大营哩！"

　　说罢，他又细细看了一会儿，对她们道："老子是五王子莽古尔泰，你们可愿意陪我快活快活？"

　　果果英哈吓得一句话也说不出来，浑身抖作一团；妮喇英哈却粉脸一红，大声说道："要杀便杀，我至死不从！"

　　莽古尔泰看了她一下，冷笑一声问道："你是谁的女儿？"

　　妮喇英哈也不隐瞒，高声回答道："我们是贵阿英哈的女儿。"

　　"呸！贵阿英哈是个什么东西？他是十恶不赦的恶魔，你们还要为他报仇？"说到这里，又对着妮喇英哈骂道，"你这个小骚精，还至死不从，我看你从不从！"

　　说罢，伸手将她揽在怀里，三拉两抓，将她剥个赤条条一丝不挂，按在了铺上……

　　过了一会儿，他又如法炮制，对果果英哈也温存了一番，正在得意忘形之时，忽听帐外脚步声渐渐走近，有人喊道："五哥可在帐里？"

　　莽古泰尔知道是八弟皇太极来了，忙一边答应，一边穿着衣服。

　　皇太极走进帐里一看，见两个女人赤身裸体，缩成一团，在那里低声啜泣哩！他不再说什么，头一扭转身就走了，莽古尔泰急忙跟出来，向他解释道："这几天，我实在有些寂寞难耐，才……"

　　皇太极转身看着他，生气地说道："你知道么？这是在两军阵前，这样做是违犯军令的，你怎么能这样！"

　　莽古尔泰不以为然地为自己辩解道："不就是两个蒙古小妞么，有什么了不起？只要八弟你不吱声儿，装作什么也未看见，也就过去了……这两个小妞儿，还是个雏儿哩。"

　　皇太极两手一摊，无可奈何地说道："你如此胆大胡来，我真替你感到难为情！"

　　莽古尔泰只得说道："我的好八弟，你就饶了愚兄这一次吧！以后我再不干这事了，一切都听你的还不行么？"

　　皇太极也就不再说什么了，临走时叮嘱道："你让她们穿上衣服，把手脚弄利索些！"

　　皇太极召集众将领开会说："林丹不出城应战，想死守来与我们对抗，必须想办法把他引出来才行呢。请诸位发表各自看法。"

　　大将昂纳克建议道："林丹不出城，我们就主动派人进城去，来一个里应外合，何愁破不了城？"

　　听他这么说，大将扬古利立即反问道："城门紧闭，你怎么派人进城去？"

　　昂纳克听后，哈哈一笑，正要说话，见皇太极站起来，似有所悟地看着自己问道："我明白了，你的意思是派那些俘虏来的察哈尔士兵进城去，充当我们的内应，是不是？"

　　昂纳克连连点头，说道："这办法还是可行的，林丹已经四面楚歌，成了孤家寡人，他的士兵、将领谁还想为他当替死鬼，何况这也是立功的好机会。"

　　这时候，扬古利等将领才恍然大悟，一齐拍手笑道："真是好计策，用这办法不怕林丹不出城了。"

　　皇太极等大家议论过后，说道："这办法若能行得通，还必须再做些耐心细致的工作。"

　　说到这里，他向昂纳克招招手，对他道："那两个女将带来的二百士兵被我们俘虏了一百多一些，我已向其中的几人了解了一些情况，若让他们回城里做内应，必须从中选出一部分。"

　　昂纳克小声对他说："那两个女将能愿意回去的话，将是再好不过了，只是听说——"

　　他说到这里，看着皇太极不往下说了。一向聪明颖悟的皇太极怎能不明白？

只见他站了起来，在屋子里走了几趟，忽然停住，伸手拉住昂纳克的手，说道："走！咱俩去看看她们在干些什么？"

二人走近莽古尔泰的营帐，忽然传来一阵阵"格格"的女人笑声，皇太极小声说道："好！这就有希望了！"

他们站在帐门边上向里一看，见那两姐妹一前一后骑在莽古尔泰的身上，让他驮着，在地上爬着走哩！刚走了几步，莽古尔泰故意将身子一歪，把两个女人一齐摔了下来，他顺势一翻身，压了过去。

正当他们嬉戏打闹声中，皇太极有意"咳"了一声，他们才静下来，不好意思地站在那里。

莽古尔泰忙问皇太极道："是派我去攻城吗？"

皇太极没有回答他，却看着两个女人道："你们原来是姐妹俩，年纪都很轻嘛！"

莽古尔泰见她们不说话，立即对她们说："他是我的八弟，名叫皇太极，是我们建州军的兵马大元帅！"

然后，又指着昂纳克说道："他是我们建州军中有名的大将昂纳克！"

皇太极看着妮喇英哈问道："你叫什么名字？多大了？"

"报告大元帅，我名叫妮喇英哈，十八岁。"

皇太极又指着她妹妹问道："你呢——"

"我名叫果果英哈，十七岁。"

皇太极笑道："好呀！欢迎你们成为我们爱新觉罗氏家族中的成员！"

莽古尔泰又急着问道："是不是要派我去攻城？"

皇太极突然说道："不是派你去，而是派她们二人去！"

莽古尔泰立即吃惊地问道："派她们二人去攻城？你别开玩笑了！怎么可能呢？"

皇太极让大家坐下来说话，他把林丹当前面临的不利形势说了一遍后，对二人道："我们攻打库兹里城时，令父若是归顺建州，我们会不计前嫌，对他宽大的，可是，他中林丹的毒太深。不过，他死后我们遵照蒙古人的习俗，安葬了他，以后你俩可以去到令父墓前凭吊的。"

姐妹俩听到这里，流下了泪水。

莽古尔泰也听清了皇太极话中的意思，他看着姐妹俩，说道："他干了那么多的坏事，也是罪有应得，就说那——"

皇太极立即摆了摆手，不让他说下去了，又以十分温和的口吻对她们说道："过去的事情，就别再想，更别提它了。现在你们是建州的人，要为建州着想呀！"

287

皇太极说到这儿，看着她们，过了一会儿，妮喇英哈慢慢抬起头来，向皇太极问道："请兵马大元帅明说吧，派我们姐妹俩进城，是不是要我们去做内应？"

昂纳克听后，立即赞赏地说道："好，痛快！请大元帅下命令吧！"

莽古尔泰完全懂了，忙对皇太极说道："她们现在已是我的人了，请八弟吩咐吧！"

皇太极见火候已到，遂对二人道："看情况，林丹是要顽固对抗到底，我们考虑再三，为了减少伤亡，才想到派你们进城，未想到你们能如此识大体，顾大局。"

他站起来要给二人施礼，她们慌忙站起来制止道："我们也想借此机会立个功，算是到建州来献的见面礼罢！"

于是，大家都很高兴，又在一起计议了一会儿，准备到夜间再让她们进城去。

林丹早晨一起来，就有士兵前来报告："半夜时候妮喇英哈与果果英哈带领二百人马出城，前去偷袭建州大营，至今未归。"

林丹听完之后，心中非常恼怒，立即把守城的将领格勒条治喊来痛斥一顿，埋怨道："她们白天打了败仗，怎么能放她们夜里出城去劫营呢？这无异于放她们去送死！"

格勒条治却说道："她们打着部长老爷的旗号，我怎敢阻止？"

林丹不好再说什么，只是难过地自言自语："她们那么年轻，我没有尽到关心的责任，也对不起死去的贵阿英哈。"

事后，林丹又亲自到四门检查防守情况，一再叮咛格勒条治道："不准放任何人再出城应战了！"

接着，林丹又动员城里部民组织起来，前来守城，搬运礌石、滚木，并将家中弓箭送往城头，增强防卫能力，与建州对抗到底。

直到天黑之后，侍卫急忙来报告："格勒条治领着妮喇英哈与果果英哈回来了。"

林丹一听，兴奋地问道："那好啊，是怎么回来的？"

话音刚落，见妮喇英哈与果果英哈十分难为情地进屋就跪在他面前，请求处治，哭道："我们一心想替父亲报仇，私自领兵出城，辜负了你的期望。"

林丹见她们的衣服被撕得稀巴烂，多处露着皮肤，很不过意地说道："回来就好了，回来就好了，以后可不能再乱冲乱撞了！赶快回去换衣服吧！"

原来这姐妹俩吃过晚饭之后，莽古尔泰又与她们亲热温存一番，然后对二人道："进城之后，一定要按计划行动，可不能大意啊！要是让林丹识破了计策，你们性命难保，也影响了攻城，可要小心为上！"

二人故意把脸上弄脏，重新穿上被莽古尔泰撕烂的罩衣，走出营门之后，皇太极等又让士兵们虚张声势追了一程。

她们到达护城河边，因为吊桥高挂，便大声喊话，请求城上守军放她们进城。

格勒条治听说两员女将逃回城来了，心中非常高兴，以为林丹再不会找他的麻烦了。于是，立刻命令放吊桥，开城门，放他们进城，一见面便说道："你们回来了，真是谢天谢地！部长大人正要处分我呢！我这就带你们去见部长！"

妮喇英哈和果果英哈从林丹那里出来，兴奋地回到住处，匆忙换上干净衣服，拿了两瓶好酒，悄悄地又走上城头。

见到格勒条治之后，她们连忙笑道："我们私自出城，连累了你，实在对不住你，现在我们姐妹来向你赔罪，务请喝下这两瓶酒，我们心里才能安定。"

两个姑娘的殷勤劝酒，不容格勒条治不喝，一会儿工夫，就把他灌得酩酊大醉，不省人事了。

这时候，皇太极已下达了攻城的命令。攻城的螺号一响，建州的士兵们如离弦的箭，脱缰的马，直奔城下，呐喊声响彻云霄。

城上的守军睡得迷迷糊糊，慌忙应战，因为格勒条治已被妮喇英哈姐妹俩灌得醉成一摊肉泥，喊也喊不醒了。这姐妹俩从腰间抽出刀来，走到城门口，把几个守门的士兵一阵砍杀，未死的早吓跑了，他们急忙开了城门，放下吊桥，放建州的兵马进城。

再说皇太极等领着兵马涌进城里，分头追杀守军，大将扬古利走上城头，把守军杀的杀，俘的俘，将那醉成肉泥的格勒条治一刀刺死，领着士兵守住城头，防止林丹再从暗道派兵前来偷袭。

外城里面的草房被烧着了，顿时火光四起，照得中城内外如同白日。

由于战事发生在夜间，城里的守军多在睡梦中起来应战，怎么经得起建州兵马的冲击？许多士兵没有穿好衣服就被砍死了，还有一些人赤手空拳地乱冲乱跑，吓得无处躲藏，干脆举手投降了。

中城被攻破之后，林丹的内城四合院完全暴露在建州兵马面前。四面全是瓦顶房屋，脊上埋伏着弓弩手，建州的士兵很难接近，经过几次强攻，被射杀的士兵很多，不得不停下来。

皇太极召集将领开会，莽古尔泰建议挖地道，从地道进城，可以减少伤亡。皇太极又询问妮喇英哈姐妹俩，打听地下通道的进出口在哪里，二人均不知道。

后来，还是皇太极想出用火攻的办法，他派士兵扎成许多火把，点着后，齐拥而上，将火把扔上屋脊，烧得上面的弓弩手乱喊乱叫，四处藏躲。

乘他们害怕藏躲的工夫，士兵们抬着云梯，爬上房去，经过一阵拼杀，建州的兵马终于攻进了林丹的巢穴。

皇太极等一边收降察哈尔的士兵，一边搜寻林丹父子的下落，找来找去，不见林丹和他的长子额哲西。

莽古尔泰走进林丹的卧室，见到拉占施躲在屋角暗暗流泪，本想询问林丹的下落，却被她那妖媚的风韵吸引住了，而把正事忘得干干净净。他把拉占施拉到面前，仔细一看，见这美人虽然是徐娘半老，仍然是玉肌花容！他不由得心旌摇荡，魂魄飞扬，伸手将拉占施搂在怀里，就去解她的衣服。

恰在这时，皇太极一步跨进屋里，大怒道："快下来！不然的话，我连你一起刺死！"

莽古尔泰急忙跳起一看，皇太极二目圆睁，高举大刀，对准拉占施的双乳之间，一刀刺去！只听她"啊哟"尖叫一声，胸间喷出一股殷红的鲜血，一命呜呼了！

莽古尔泰仍然愣怔在原地未动，两眼一眨也不眨地看着已死的拉占施的胴体……

皇太极鄙夷地瞟了一眼仰面躺在床上的拉占施，回过头来，气恼地对莽古尔泰道："还不赶快穿上衣服，去仓库查点钱财。"

说完，立即掏出火种，将屋里的衣服、杂物等燃着，顷刻之间，屋内火光熊熊，烈焰腾起，兄弟二人遂走出那屋子。

林丹及其长子的下落，仍然无人知道。

大将扬古利把林丹的家属赶进一间屋子里，让士兵抱来一堆柴草，然后对他们说道："再不说出林丹与额哲西的下落，就点火把你们活活烧死在这屋子里！"

她们终于说了实话："林丹与额哲西从地下暗道，往西跑了！"

皇太极想了一想，对大家说道："林丹不除，建州难安！"

他立即带领兵马，继续往西追击，先赶至敖木伦寨，又攻进察哈尔部所属的多罗特部落。在建州兵马穷追猛赶之下，林丹败逃西走，越过西喇木桦河，穿越兴安岭，又进至都勒汉。最后窜至古海大草滩，患痘症而死。

第二年，建州兵马继续追击察哈尔部余部，终于俘获林丹长子额哲西等。

随着林丹的死亡，察哈尔部终被建州所灭。于是，漠南蒙古西部的土默特、鄂尔多斯以及雍谢布等部落，也相继降附建州。

从此，明朝失去北方屏障，边事越发不可收拾——"明未亡，而插（察哈尔林丹汗）先毙，诸部皆折入建州；国计愈困，边事愈棘，朝议愈纷，明亦遂不可为矣"。

漠南蒙古降顺后，向建州进"九白之贡"（白马八匹、白骆驼一头），表示臣服。

从此，努尔哈赤安定了后方，打通了从西北进入中原的通路，拥有更为雄厚的兵源，占有更为广阔的地域，在战场上取得了更为优势的地位。

第九回

宣文化女真造字，献红丸光宗驾崩

努尔哈赤在统一建州、吞并海西四部女真之后，为了安定后方，防止其子孙作乱，就把这些部落的亲属都迁往建州，让他们住在佛阿拉城里，倒也确实平平安安过了几年。

但是，那些亡部的子孙由贵胄子弟变为一般百姓的儿孙，总是心有不甘。他们怀念昔日家族的荣耀，地位的显赫，生活的奢靡，他们留恋过去的一切，不甘心目前的处境。可是，在佛阿拉——这个"天子的脚下"，他们又不敢公开流露出不满的情绪。

有一天，原哈达部长猛骨孛罗的弟弟盛骨孛罗从木工作坊下班回家，遇见噶啦盖尔时，知道这位二表兄好喝酒，便说道："多日不见，到我那里喝两杯去！"

噶啦盖尔也未推辞，就随着盛骨孛罗来到他的住处，二人便推杯换盏地喝开了。

这位噶啦盖尔是大将噶盖的弟弟，兄弟二人一武一文，是佛阿拉的知名人物。他们的父亲噶利尤也是一个文武兼备的人才，姓伊尔根觉罗氏，原是蒙古科尔沁人。

他的祖父为争夺继承权被排挤出来，一直居住在建州所属的呼纳赫部。兄弟二人自小在父亲管束之下，哥哥噶盖习武，弟弟噶啦盖尔学文，各有建树。父亲去世之后，噶盖跟随努尔哈赤南征北战，屡次立功受奖，深得信任，在建州众将领中位亚费英东。

噶啦盖尔从小聪敏好学，在父亲精心教授之下，精通蒙汉文字，经常为努尔哈赤拟写公文、布告之类，很被看重。

万历二十七年（1599年）的二月份，努尔哈赤忽然心血来潮，他把噶啦盖尔和额尔德尼找去，要他们编制出满人自己的文字。二人都觉得任务巨大，无力完成，加上平日又有具体公事在身，就搁置起来了。

以前，建州与朝鲜，特别是与明朝的公文，全都是由军师张聿华用汉文书写。后来，张军师去世了，又请来了柘祐天，在建州所属的女真各部中，一些公文与政会等，往往都是先由柘祐天用汉文起草，再将它翻译成蒙古文发出或是公布张贴。

努尔哈赤本人熟悉蒙古文，也很了解汉文，他会讲女真语言，深感女真没有文字的遗憾。

于是，他又亲自去了二人的办公处所，进一步指示他们创制满文的方法："可以参照蒙文字母，结合女真语音，拼读成句，来撰制满文。"

接着，他又举出具体例子，说道："'阿'字下合一'玛'字，不就是'阿玛'（满语父亲）吗？'额'字下合一'默'字，不就是'额默'（满语母亲）吗？"

于是额尔德尼与噶啦盖尔遵照努尔哈赤提出的创制满文的基本原则，仿照蒙古文字母，根据满人的语音特点，来创制满文。这种草创的满文，没有圈点，后人称它为"无圈点满文"，或叫它"老满文"。不过，满族总算是有了自己的拼音文字。

努尔哈赤立即下令在统一的女真地区施行。这种一边创制、一边施行的方法，更有利于满文的发展与传播。

噶啦盖尔与盛骨孛罗之间，说起来还是表兄弟哩！噶啦盖尔虽是蒙古人，其母却是哈达人，并且是盛骨孛罗母亲的堂姊妹，序列起来，他们二人倒是姨表兄弟。盛古孛罗正是不甘于当亡部之后的人之一，这次找噶啦盖尔喝酒就是想要拉拢他。

这次喝酒中间，二人先是天南地北地闲扯着，忽然，盛骨孛罗露出伤感的样子说道："表兄太书生气了！虽然我们一起住在这里，我时刻觉得背后有人盯着我，他们在监视着我的一举一动……这亡国之臣实在当不得！"

说罢，眼泪扑簌簌地往下流着，噶啦盖尔正想再劝他几句，忽见从里屋走出一个十七八岁的少女，娉娉婷婷地走了过来。盛骨孛罗见了，连忙抬手喊道："快来！快来！真是来得早不如来得巧呀！"

说完之后，立即走过去把那少女拉到酒桌边上，笑着介绍道："这是为努尔哈赤大王编制满文的噶啦盖尔博士！"在女真人中间，称有学问的人为"博士"。随即又转脸对着噶啦盖尔说道："她是我的小姨子兀拉胡亚娜，芳龄十七。"

这位兀拉胡亚娜倒是很大方，微微露出羞涩的表情，伸出雪白的小手，端过盛骨孛罗面前的酒杯，熟练地斟满了酒，朝噶啦盖尔瞄了一眼，娇滴滴地说道："我先敬一杯！"

噶啦盖尔本来嗜酒，又喝到七八分醉意，见到面前这位姑娘长得俏丽，难免心神摇荡，便接过杯子，一饮而尽。

盛骨孛罗看在眼里，喜上心头，立即说道："噶啦盖尔博士是我的表兄，难得来一次，你这大美人也该坐下来陪他喝几杯。"

听了这话，兀拉胡亚娜就坐在两人的中间，一次又一次向噶啦盖尔劝酒。

盛骨孛罗见到火候已到，立即对噶啦盖尔意味深长地说道："表兄啊！你为大王编制了满文，这是多大的贡献！他却未赏你一个标致的女人，你看那些武将，打了胜仗之后，每人都领回去几个年轻漂亮的女人，这太不公平了！"

听了这一段话，噶啦盖尔觉得这正是自己心里的话，其实，他早就感到不平衡了。就与自己的大哥噶盖相比吧，他家里有妻子六人，个个年轻美丽，连使唤的丫头也长得很漂亮。可是，自己呢？家里只有一个妻子，还是父亲生前为自己要来的一个猎户的女儿，不久前还患了眼疾，已经双目失明。

噶啦盖尔只得十分尴尬地说道："这只能怪我没有那个艳福呀！"

盛骨孛罗急忙顺着他的话音，对他说："表兄啊，你千万别那么说！今天，你的艳福来了，表弟我一定要成全你！"

说到这里，他指着兀拉胡亚娜说："表兄若是喜欢她，你就把她领回府去！"

噶啦盖尔听了这话，立即欣喜若狂地说道："表弟如此慷慨，我真得好好谢你了！"

"表兄，说什么'谢谢'的，不就是因为我俩是表兄弟么！我的，就是你的！"

听了盛骨孛罗的这一席话，噶啦盖尔欢喜得眉飞色舞，不禁说道："好啊！有你这句话，我心中就有数了！来日方长，你能敬我一尺，我就会敬你一丈！"

三人又喝了一会儿，盛骨孛罗派人牵来了一匹马，对噶啦盖尔、兀拉胡亚娜说道："你们两人骑一匹马，亲亲热热地回去吧！"

第二天，噶啦盖尔就对额尔德尼发牢骚道："我们两人在这里像牛马一样地干活、劳累，有谁看顾我们？人家一打完仗，金银财物、牛马女人，都往家里送，我们耗费了那么多心血，编制了满文，连一根毫毛的奖励也没有，这让我们怎么干？"

额尔德尼听了这一席话，吃惊地看着他，好像看着一个陌生人似的。

噶啦盖尔见他用疑惑的目光看着自己，一声也不吭，又接着说道："我们干的是无效劳动，真是劳而无功。"

额尔德尼这才不紧不慢地对他说："我不这么看，这满文是我们两人创制的，再过十年、二十年，甚至百年以后，人们还会这么看的，谁也篡改不了！"

噶啦盖尔听完，悻悻地拂袖而去。额尔德尼注视着他的背影，愣怔了好一会儿工夫。

这位额尔德尼是满人杰出的语言学家，他姓纳喇氏，世代居住在都英额地区。少年时代，他以明敏睿智享誉草原，学识渊博，兼通蒙古文，他对汉文也有很深的功底。投归建州以后，努尔哈赤赐号"巴克什"；在满文中，"巴克什"是学者、博士的意思。

多年以来，额尔德尼跟随努尔哈赤戎马倥偬，"征讨蒙古诸部，因其能土谷，语言，文字，传宣诏令，招纳降附，著有劳绩"，很得努尔哈赤的赏识。可是，他因正直清高，不苟言笑，不会阿谀谄媚，孤守德操，终未被重用。

努尔哈赤有个姐姐名叫娅玛瑚姬，原是他大伯的幼女，由于大伯母在他生母死后曾多方面关怀、照顾他，他一直不忘童年的这个恩人。随着大伯母的去世，娅玛瑚姬也死了丈夫，便随努尔哈赤居住。因为年纪轻轻便独守空房，她常常背着努尔哈赤在屋里哭哭啼啼，他多次劝说她："在我的五大虎将中任选一人作丈夫吧。"

但是，这位堂姐总是不满意，好像对马上的武夫不感兴趣，也就把婚事耽搁下来了。

通过多年来的观察，尤其这次创制满文过程中，努尔哈赤对额尔德尼接触频繁，见他高大英俊，一表人才，而且为人耿直，勤奋俭朴，倒是一个正人君子。于是，努尔哈赤把自己的想法告诉了娅玛瑚姬。谁知她也早就注意到了额尔德尼，只是不便启齿，没有把自己的想法告诉努尔哈赤。如今，一听努尔哈赤说到这人，她心里自然高兴，但又担心额尔德尼家有妻室，一旦他不答应，反会成为笑柄。

努尔哈赤心里想：水往低处流，人往高处走。谁不想求得荣华富贵，高官厚禄；再说，听不少人讲额尔德尼的妻子原是一个粗手笨脚的村姑，他能不想娶我的姐姐，与我结成姻亲？想到这里，他安慰娅玛瑚姬说道："请姐姐放心，一切包在我身上了！"

一天上午，努尔哈赤径直走到额尔德尼编制满文的地方，笑吟吟地对他说："本王想赐你一件喜事。"

额尔德尼听了，立即回问道："谢谢大王，但不知是什么喜事？"

"本王要赐给你一桩姻缘。"

额尔德尼不禁一惊，急忙说道："回禀大王，在下已有妻室。"

随后，努尔哈赤说了一大串道理，本以为额尔德尼会答应这门亲事，谁知这位刚正不阿的额尔德尼就是不点头。

其实，在当时女真人中，三妻四妾、妻妾成群者比比皆是，努尔哈赤自己就娶了十几位妻子，像额尔德尼这样的饱学之士只有一位妻子，确是凤毛麟角。

自此以后，努尔哈赤对额尔德尼十分恼恨，认为此人傲慢无礼，目空一切，便不再如往日那样信任他了，并逐渐疏远起来。

且说盛骨孛罗自从来到建州，住在佛阿拉城里，心仍然向着哈达，想着报仇的那一天到来。后来，他见到了原乌拉部布占泰的儿子布英迪南，原辉发部部长的儿子龙格儿，还有叶赫部金台石的儿子穆拜里哈，大家都有亡国之痛的感觉，都想找机会刺杀努尔哈赤。盛骨孛罗跟他们约定：今后要定期见面，谈谈心里话，寻找良机。

这次，他对噶啦盖尔所为，正是他经过好长时间深思熟虑之后，想出的一条"美人计"。起初，他想对大将噶盖下功夫，以为此人勇冠三军，是努尔哈赤身边的亲信爱将，又是自己的表兄。谁知噶盖不理茬儿，反而警告他道："别搞拉拉扯扯那一套，你最好本分一些，老老实实做人！"

后来，他才想到噶盖的弟弟噶啦盖尔，认为噶啦盖尔虽不是武将，因为编制满文，也常与努尔哈赤见面，也有接近这位建州王的机会。通过一段日子的观察了解，他知道噶啦盖尔嗜酒好色，对自己的处境不满，便想到用小姨子兀拉胡亚娜作诱饵。

盛骨孛罗的妻子兀拉麻花姑，也是一个比较通情达理的女人，她的父亲在建州兵马攻打哈达时，死于乱兵之中。

夫妇俩都有"亡国之痛"的感觉，都把努尔哈赤看作自己的仇人，尽管他们表面上不动声色地住在佛阿拉城里，循规蹈矩，不越雷池一步，但是，在骨子里面，在内心深处，却对努尔哈赤恨得咬牙切齿，恨不得生啖其肉。

这次喝酒之前，盛骨孛罗先将自己的计策告知了妻子，征得她同意之后，又与兀拉胡亚娜商议了半夜，她才勉强答应了。

又过了几天，到了他们约定的聚会时间，盛骨孛罗与龙格儿、布英迪南、穆拜里哈四个人，像幽灵一样，把门窗关好，在屋里悄悄计议起来。

第二天上午，盛骨孛罗与龙格儿假装去狩猎，到了山下林子里绕了一圈子，便折转身，去了虎喇特里寨。二人进了寨子，见后面无人跟着，便向左边拐了两个弯儿，进入第三条巷子，在第三个大门前停下了脚步。

正当他们要抬腿进门时，见后面巷口有个人影一闪，便不见了。盛骨孛罗匆忙走到那巷口，看左右无人，便又回来对龙格儿说道："无事的，可能是走路的，后面没人跟着咱们。"

说完，二人便一头钻进了院子，走进了原叶赫部长布扬古的小儿子布扬诺斯基的家。

努尔哈赤征讨叶赫部时，由于布扬诺斯基与其母主动投降，便给予了他们宽大处理，没有杀他们，留他们住在佛阿拉。

有一次，努尔哈赤出征回来，见到一个男孩对着墙壁在练习掷镖，让侍卫把他喊到近前，看了一会儿，不知是谁家的孩子，便问道："你父亲是谁？"

那孩子开始不说话，过了好一会儿才答道："我父亲早已死了！"

努尔哈赤不由得引起了注意，又问道："啊，他死了，他叫什么名字？"

在努尔哈赤再三追问之下，那孩子才说出他的父亲就是布扬古。这事对努尔哈赤不啻是一记警钟！不久，他派人把那男孩——布扬诺斯基带到府里，借口这孩子好动，担心他将来逃跑了，便把男孩的膝盖骨全解了下来，让他成了一个终身的残废，并且搬出了佛阿拉城。

之后，他又找来负责情报事情的大将何和理与满浅，要他们加强对收降的旧部长子弟的管理与监督，防止他们聚众、作乱。

刚才在巷口闪现的人影，便是满浅派来盯梢的人员，他见盛骨孛罗与龙格儿钻进布扬诺斯基的家里，便匆匆回到佛阿拉。

大将何和理与满浅对盛骨孛罗这些日子里的频繁出没，早有戒备，又见他与龙格儿、布英迪南、穆拜里哈聚在家里，整整一天没有出门，便更加怀疑。

后来，又有人反映了噶啦盖尔也到盛骨孛罗家里去喝了半天的酒。这件事倒真使两位大将不解：这位噶啦盖尔博士怎么能不顾自己的高贵身份，居然与那个"亡国之臣"搅和在一起呢？

为了慎重起见，何和理与满浅向努尔哈赤汇报了盛骨孛罗等人的近期活动。

听到这事之后，努尔哈赤意味深长地说："看来，他们不甘心本部落的灭亡，准备东山再起，给我们的后方制造混乱，你们必须加倍注意他们的动向！"

为了防止意外事件发生，他们在佛阿拉增派了警戒人员，尤其是加强了对努尔哈赤大王的保卫。

盛骨孛罗与龙格儿来到屋里，见到布扬诺斯基躺在床上，二人向他问候着，然后又上前分别与他行了拥抱礼。

盛骨孛罗伏在布扬诺斯基耳上，小声说了几句后，布扬诺斯基指着床头一个坛子，对二人说道："请把这坛子拿走！"

龙格儿上前，搬走了那坛子，见到一块石板，布扬诺斯基又让他将石板掀起，见到下面有一只小石头盒子。原来那石头盒子里放着一把明光闪亮的匕首，拿出来一看，长约半尺稍多，宽不过二寸，在正面镌着七颗星，闪着熠熠光芒。副面现着"叶赫熊"三个大字，刀口锋利无比，龙格儿拔了一根头发往刀口上一吹，头发立刻断了，惊得连伸舌头。

据说，早年叶赫部里有一个名叫"貔貅"的铁匠，擅长打刀剑。他打出了刀剑不是放到水中蘸火，而是放入貔貅的血水里浸泡一个时辰，经过这一番淬水，其刀剑削石如泥，砍骨如肉，锋利无比，世间少有。

这貔貅，是生长在长白山中的一种猛兽，外表像熊，却比熊的身躯更大，性情也更猛烈。

铁匠貔貅到了晚年，集一生的精技，花十年工夫，打出了两把七星宝刀。一把名为"叶赫熊"，另一把名之为"叶赫黑"；其"熊"刀为雄，"黑"刀为雌。

一天，从长白山里跑出来一只大棕熊，径直窜到铁匠貔貅家里，张开血盆大口，把他的妻子叼跑了。铁匠得知消息，急忙拿出一把七星宝刀追了上去，对准那只大棕熊的屁股刺了一刀。只听"扑哧"一声，那宝刀便扎进熊屁股里面去了。那熊疼得大吼一声，脑袋一甩，竟把铁匠妻子抛有一丈多高，摔了下来，当即跌死。那棕熊又转过身来，张开大嘴巴，把铁匠貔貅叼在嘴里，屁股上带着那把宝刀，逃进长白山林子里，不知所终了。

人们来到铁匠铺里，见到留下来的那把七星宝刀，是"熊"刀，"黑"刀则被棕熊带走了。后来，那把镌有"叶赫熊"的七星宝刀，被叶赫部长拿去，传到那林孛罗部长时，他为了与努尔哈赤对抗，曾用这把七星宝刀，削石筑城，连续削了八八六十四天，终于建成了叶赫东城、叶赫西城。

再后来，这把宝刀落在叶赫部最后一任部长布扬古手中，他死前，把宝刀交予儿子布扬诺斯基，并叮嘱儿子道："这刀是我们叶赫家族的传世之宝，你要细心保存，要用它去杀死我们叶赫家族的仇人！"

灭亡叶赫部之后，努尔哈赤知道了这把七星宝刀的来历，便派人来索要。布扬诺斯基便推说"城破时丢了"，以此搪塞过去，便一直珍藏到现在。当他听说要用这把七星宝刀去完成刺杀努尔哈赤的任务后，便毅然取去，交给盛骨孛罗和龙格儿。

只见他看着那锃亮闪光的刀锋，两眼满含着热泪，祈祷着说道："宝刀啊宝刀！我再也不能见到你了！你将永远离我而去，完成一项艰巨而神圣的使命。老天爷啊！你若是睁开了眼睛，一定会让这七星宝刀立刻刺死那利欲熏心、残暴嗜杀的努尔哈赤，为我们报仇。"

龙格儿与盛骨孛罗怀揣着七星宝刀，离开了虎喇特里寨子，刚走到佛阿拉城门口，顶头撞见了大将满浅，他笑着问道："二位打了一整天的猎，也没有收获啊！"

两人很不自然地笑着，答道："唉，嗳！我们技艺不佳，不佳呀。"

说完之后，急急忙忙从满浅身边溜走了。

按照盛骨孛罗他们的计划，以献"叶赫熊"宝刀为借口，乘机接近努尔哈赤，将其刺死。快到家时，盛骨孛罗让龙格儿与布英迪南、穆拜里哈联系，通知他们一切正常，按他们预计的方案进行。当晚，他又来到表兄噶啦盖尔家里，兀拉胡亚娜告诉他说："这些日子，噶啦盖尔编制满文任务繁重，每天都是半夜才能回来，真是烦死人了。"

正在这时，噶啦盖尔回来了，两人说了一会儿闲话之后，盛骨孛罗便将刺杀努尔哈赤的计划说了出来，他从怀里取出七星宝刀，说希望表兄能帮助他完成这项任务。

听了盛骨孛罗的话，噶啦盖尔吓得不知怎么办才好，又听说要自己协助他们完成刺杀任务，他急急忙忙地说道："你这是胡干加蛮干！你想去刺杀他？简直是在做梦！"

盛骨孛罗立即将噶啦盖尔拉进里屋，又将自己的计划细细说予他听，尤其讲到那把七星宝刀，是努尔哈赤早就想要的东西了，说得这位表兄半信半疑。但是，噶啦盖尔又说道："努尔哈赤对我虽然不像对我大哥噶盖那么信任，但我不能随你一起去干刺杀他的事。"

刚说到这儿，兀拉胡亚娜突然跳出来说道："你这人怎能出尔反尔，说话不算数？那天你在酒桌上是怎么说的？不是口口声声要'报恩'，要'终生不忘'的么？这会儿又——"

噶拉盖尔一见兀拉胡亚娜又喊又叫，急忙上前一把捂住她的小嘴，对她哀求道："我的小奶奶！你可不能如此胡闹，这不是要我的命么？何况我也没有说我不愿帮忙。"

兀拉胡亚娜出去之后，两人又小声议论一会儿，盛骨孛罗才告辞回去。

第二天中午，盛骨孛罗提前吃过中饭，来到噶啦盖尔家中，两人又小声说了一会儿话。

噶啦盖尔先走了出去，稍等一下，盛骨孛罗也尾随在他身后。来到内城门口，噶啦盖尔故意放慢脚步，好像是两人要一同进内城的样子。

因为噶啦盖尔编制满文，近些日子常去努尔哈赤那里请示、汇报，守门人员就未予阻止，这已不是第一次了。今天，见到噶啦盖尔身后跟着一个人，以为是他带进来要去见努尔哈赤大王的，也未加诘问，放他们进去了。

他们仍是一前一后，走过了天井，来到了客厅门口，噶啦盖尔向大门里面努一下嘴，又使了一个眼色，便立即抽身退回去了。

且说盛骨孛罗走到客厅门口，向里一望，见努尔哈赤正躺在虎皮长椅上睡午觉，心里说："努尔哈赤啊努尔哈赤！你这老贼也该死了！明年的今天，就是你的祭日！"

正当盛骨孛罗一脚门里、一脚门外之时，忽听身后有人喊道："那是谁？干什么的？"

他扭头一看，吓得差一点喊了出来，原来是大将满浅从天井边上的小门里走了出来。

"啊！是……我。"

"你来这里为什么不通报一声？怎么能随便闯进大王的住所？"

盛骨孛罗又急又窘又害怕，不知从何说起。突然，噶拉盖尔又走了回来，对满浅说道："是我带他进来的，他是我表弟，来向大王敬献七星宝刀的。"

满浅一听，忙笑着对噶啦盖尔说道："啊，既是大博士带进来的，也无妨了，不过你怎么把他带到大王那里，自己又退回去了？"

院里说话的声音已把努尔哈赤吵醒，他坐在椅子上一边喝茶，一边向外问道："谁来了，这么大声说话？"

盛骨孛罗慌急之中，只得紧走两步还想靠近努尔哈赤，借着交予宝刀的机会，把他刺死在椅子上。谁知门外的满浅一个纵身，竟跳到他的前面，站到他与努尔哈赤之间，伸手夺下那把七星宝刀，递给努尔哈赤。

　　盛骨孛罗的刺杀计划彻底破产，为保全性命，便立即双膝跪下说道："这七星宝刀刚刚找到，特地送来献于大王！"

　　努尔哈赤拿着宝刀仔细观看，刀面上银光灼灼耀眼，刀锋极其锐利，不由得赞道："确是一把好刀！"

　　努尔哈赤稍一思索，问他："这叶赫部的宝刀怎么落到了你的手里？"

　　盛骨孛罗灵机一动，忙回答说："这刀是布扬诺斯基找到，是他让我送来的。"

　　努尔哈赤听后，不再问了，转脸让侍卫送二百两银子给他，对他说道："回去吧，这银子你两个人分着用。"

　　于是盛骨孛罗又与噶啦盖尔一起走出内城，见四外无人，噶啦盖尔低声说道："好险啊！以后安分过日子吧！干这样的事，等于把脑袋系在裤腰带上，不值得呀！你若不听，我就再不理你了！"

　　说完，噶啦盖尔转身找额尔德尼去了。

　　盛骨孛罗听了他表兄的这番"忠言"，不置可否，他没有回家，而是直奔佛阿拉城外。按照他们的预订计划，这工夫，龙格儿、布英迪南、穆拜里哈三人正在城外林子里等他。盛骨孛罗一见三人，也未搭话，就拉过马来，四人一齐上马，往林子深处驰去。他们在一处较为隐蔽的树林深处下了马，盛骨孛罗将送刀的经过情形，向四人细说一遍。听完之后，他们都觉得十分遗憾，认为失去了一个难得再有的好机会。

　　盛骨孛罗恨恨地对三人说："这满浅太坏了！若不是他窜到我前面，挡着我，说不定我一刀就把那老贼刺死了！"

　　"不过，若是那样的话，你也别想逃出佛阿拉城，更跑不到这林子里来的。"

　　盛骨孛罗道："即使我死在城里，只要把老贼刺死了，我死得其所！"

　　穆拜里哈立即说道："按计划，我们还是避开一段时间，暂时躲一下为好，一旦那老贼怀疑起来，想跑也来不及了。"

　　龙格儿听了，忙说道："知道我们这计划的人，只有两个人，一是噶啦盖尔，另一个是布扬诺斯基。"

　　盛骨孛罗分析道："我以为，噶啦盖尔是不会出卖我们的，因为是他带我去的。他说出去了，不等于自首么？"

　　四人商议后，仍由盛骨孛罗与龙格儿前去，把布扬诺斯基干掉，并约好会面地点。便一起上马，分手而去。盛骨孛罗与龙格儿又一起来到虎喇特里寨子，径自走进布扬诺斯基家中。

一见家中没有别人，龙格儿忙对他道："告诉你一个好消息，努尔哈赤已被我们刺死了！"

布扬诺斯基一听，高兴得双眼流泪，说道："好啊！我那宝刀终于杀了仇人，为我们叶赫家族报了仇，雪了恨。"正说到这儿，被龙格儿从背后一刀刺进心脏，立刻倒在床上，死了！

再说噶拉盖尔，当时噶啦盖尔先是带着盛骨孛罗来到客厅门外，向表弟暗示眼色之后，便转身退回。他刚走出内城大门，心里觉得不对劲，这么一走，不是等于自来送死的么？盛骨孛罗一旦刺杀了努尔哈赤，不管死了还是未死，自己都脱不了干系！便又急忙转身回来，三脚并作两步走，不料想，正碰到大将满浅在盘问盛骨孛罗，他便走上前去，替他的表弟解了围。后来，他在心里一直庆幸，努尔哈赤并未看出破绽，没有怀疑他们来向自己献刀的不良用心！还使他感到窃喜的，是那个精干的满浅也没有怀疑自己，也算是自己交了好运了！

可是，噶啦盖尔的小算盘全打错了！

当噶啦盖尔与盛骨孛罗走了之后，努尔哈赤正在反复审视那把七星宝刀，心里十分欢喜之时，满浅进来报告了盛骨孛罗近日行动诡秘的反常情况。

八王子皇太极听了满浅的介绍，一向聪敏睿智的皇太极立即说道："先派人去盛骨孛罗家里看一下，他若不在家，或是逃出城去了，这就可疑了；再派一人到布扬诺斯基家里去，询问一下献刀的事情，就可以知道有无阴谋隐藏在宝刀当中了。"

努尔哈赤觉得儿子分析得有理，遂让满浅抓紧派人去办。

后来，他转而一想，对皇太极说道："何不找来噶啦盖尔一问呢？"

八王子认为不可，他对努尔哈赤道："把噶啦盖尔喊来，如何问他？若不是行刺，这位博士能没有意见？这样就误会好人了。等到找到证据再找他来问，也不迟！"

努尔哈赤听他说得入情在理，也不再坚持自己的看法，遂笑着说道："我是真的老了！这脑袋瓜子确实反应迟钝了。后生可畏呀！这天下，将是你们年轻人的喽！"

正说话这工夫，派去的侍卫回来报告："盛骨孛罗没有回家，据说有人看见他骑马出了西门，与城外三个人一起，向西走了。"

皇太极立即说道："盛骨孛罗做贼心虚，他来行刺的可能性很大！"

一句话还未说完，去虎喇特里寨的侍卫也回来了，上气不接下气地报告："布扬诺斯基被人从背后刺了一刀，死了。"

皇太极听后，当即说道："这可能是盛骨孛罗干的，是为了杀人灭口；现在可以肯定他来献刀是假，其用心是想刺杀父王啊！"

满浅已找来了大将何和理，听了皇太极的分析，又联想到前一段时间盛骨孛罗一些人的活动，都充分说明这些人是在搞阴谋活动。

努尔哈赤听了大家的议论，脑海里忽然忆起数年前军师张聿华曾经向他讲过的一段话："把这些灭亡了的部落子孙都迁到佛阿拉来，有好的一面，也有不利的地方，平时要对他们加强管理，更要留心他们的暗中活动，一旦这些人相互勾结，那就麻烦了。这些人都有亡国之痛，不会甘心于眼前的境况的。"

想到这里，努尔哈赤深深叹了一口气，认为对盛骨孛罗的行为必须及时打击，他立即说道："快去把噶啦盖尔喊来审问！"

皇太极立刻纠正了父王的说法："暂时不是审问，是找他来了解情况，是询问，看他能否自己说出来。"

不一会儿，噶啦盖尔来了，他见到努尔哈赤一脸的怒容坐在那里，又见到皇太极、何和理、满浅等立在旁边，目光灼灼地注视着自己，心里已凉了半截，觉得再隐瞒也不行了，便"扑通"一声跪下，主动将事情的经过从头至尾地细说一遍，最后哭着哀求道："我一时糊涂，受盛骨孛罗的愚弄，请求大王任意处置，我甘心服罪了。"

努尔哈赤气愤地说道："你明知盛骨孛罗这些亡国之臣的谋刺行动，不但不来报告，反而成为他们的帮凶，怎能饶恕？杀人可恕，情理难容啊！"

正在这时，大将噶盖来了，他听说弟弟做出这种为虎作伥的谋叛事情，既心痛，又愤怒，当即向努尔哈赤表示了歉意，说道："请大王见谅！我没有教育好自己的弟弟，差一点做出危及大王生命的大事，我十分痛心，请大王饶恕我的过失！"

努尔哈赤摆摆手说道："这事与你无关，他也不是小孩子了，怪不得你！"

说完，就派人把噶啦盖尔关了起来，等到把盛骨孛罗等一起抓到，再一起处置。努尔哈赤又派皇太极、噶盖一道，去追捕盛骨孛罗，他们领着二千人马，由大将满浅当前导，一路追赶而去。

盛骨孛罗与龙格儿、布英迪南、穆拜里哈四人，先是往西跑去，一气奔驰了几十里路之后，来到了苏克素浒河的上游，在一片林子里停了下来。

盛骨孛罗对大家说道："在浑河的那边有一个哈里尤瑚寨，我舅父尤敦西夫是这个寨子的带兵将领，我们先到他那里落脚，住一阵子，若是佛阿拉那边不找我们事，过一段时间再回来。一旦追查我们，就去抚顺关投靠明朝。"

大家都认为切实可行，只是天色已晚，肚子饥饿难忍，穆拜里哈说道："先到附近人家找点吃的，再作计较吧！"

于是四人骑马慢行，向四处张望，走不多远，便见林子边上有一户人家，龙格儿马鞭一指，对大家说道："就去那里吃饭吧！"

不要一刻工夫，四匹马来到木栅前，只听栅里传来"汪、汪、汪"的狗叫声，随着走出一位老婆子。盛骨孛罗走上前去，向老婆子深施一礼道："我们兄弟四人准备去哈里尤瑚寨子，只因干粮用尽，想来找些吃的，请老人家帮忙。"

老婆婆听了，便拉开木栅门，让四人拉马进了院子，只听她对两只大黑狗说道："别叫唤了，这是好人来了，若是咬了他们，我打断你的狗腿！"

听她一说，那两只黑狗夹起尾巴，又到房檐下面躺着去了。

老婆子走到房门口，向屋里喊道："胡娜子，来客人了，给他们做些吃的吧！"

随着老婆子的喊声，从里屋走出一个十七八岁的大姑娘，尽管她姿色平常，但那一头黢黑如墨的头发，给人很深的印象。这位胡娜子出了房门，看了一眼四个年轻人，先是抿着嘴一笑，算是打了招呼，问道："给他们做什么吃的呀？"

盛骨孛罗立刻上前，对胡娜子说道："不劳大姐为我们做饭了，有剩饭吃一些就行。"

胡娜子听了，"咯咯咯"笑着说："哪有剩饭呀，有一些都让它们吃了！"她笑着，用手指着檐下的那两条黑狗，然后走进屋子，与她母亲商议做饭去了。过了一会儿，老婆子站门口招呼他们进屋吃饭，只见一大盆玉米菜粥，四人因为饿了，一人一碗地吃起来。

老婆子趁他们吃粥时，问他们带通行文书的事情，四人装作听不懂，没有吭声。于是，她向胡娜子使个眼色，悄悄地走了。

胡娜子走过来，把剩的粥倒给那两条黑狗吃了，龙格儿看在眼里很不高兴，就骂了一句。胡娜子听了，十分生气。然后，就和龙格儿打了起来。胡娜子顺手从墙下拿过一根碗口粗细的木棍，对着两条黑狗喊道："他们是坏人，咬他！"

只见两条黑狗立刻像疯了一样，一齐窜向龙格儿、盛骨孛罗与布英迪南，穆拜里哈也不得不抽出身上的朴刀，前去拦着那两条黑狗。

龙格儿与胡娜子一个使刀，一个使棍，两人斗到一块，杀得难分难解。不久，老婆子气喘吁吁地从栅栏外面回来，对着四人喊道："别打了！寨主带着兵快到了！你们要有通行文书，可以放你们走；若是没有，你们就是奸细，别想走一个！"

四个人这才恍然大悟，怪不得老婆子这么长时间不在，原来是去报告寨主了！于是，四人赶紧出门翻身上马，往林子里驰去。

原来努尔哈赤在建州辖区内，对出外人员均签发通行文书，尤其是靠近明朝边关的村寨，对没有通行文书的人可以扣留，甚至打伤、杀死，都不用负任何责任；若是收留或放跑了他们，往往会被严加惩治。这样做，主要是防止明朝派奸细人员到建州来刺探军情，因为这是对明朝开战的前夜，实行的加强防范的重要措施。

再说盛骨孛罗四人在林子里驱驰了一段路程，天已黑了，迷失了方向，不敢再走，便下马，找了一个背风的大石块，拴好马，坐在一起闲扯了一会儿，便都睡着了。

第二天早上，他们匆匆爬起来，在林子里找了一些野果子充饥，填饱肚子以后，直到中午才摸准了方向，走出了林子。

在胡娜子家的教训提醒了他们，不敢走大道了，只得穿山过涧，好不容易才来到浑河边上，沿河往上游走，在河水浅处涉水过河。连续跋涉了三天，四人才来到了哈里尤瑚寨，下马问了好几个人，才找到盛骨孛罗的舅舅尤敦西夫家。

这尤敦西夫是寨里唯一的带兵将领，见到外甥与他的朋友远道而来，只顾热情接待，正在吃饭时候，寨主派人把他叫去了。

这哈里尤瑚寨主原是黑龙江女真部落的一个部落长，被努尔哈赤安抚以后，派到这寨子当头儿，名叫库里哈巴。

库里哈巴见到尤敦西夫，对他说道："今天中午，佛阿拉已发来文书，说有四个歹徒刺杀努尔哈赤大王，让我们协助缉拿。听说你家里来了几个生人，你把他们领来，我要亲自问一下。"

尤敦西夫听了，心中大惊，忙说道："不会吧! 来的是我外甥。"

寨主库里哈巴立即说道："我也没说他们就是歹徒，你先把他们带来我问一下，不是歹徒岂不更好？"

尤敦西夫急忙回到家里，将寨主的话说了一遍，四个人相互看了一会儿，盛骨孛罗说道："我们不是歹徒，走，去寨主那儿说去!"

说完，向三人使了一个眼色，随着尤敦西夫来到寨主家里。寨主库里哈巴要看他们的通行文书，却被盛骨孛罗一刀杀死了。他的舅舅尤敦西夫一见，吓得一时说不成话来，只听他结结巴巴地说："你……你怎么……杀寨主？"

盛格孛罗对他说道："这是被他所逼，才不得不杀他呀!"

尤敦西夫这才如梦方醒似的，说道："原来你们……四人正是那文书上说的，是刺杀努……努尔哈……哈赤的歹徒!"

四人没有回答他，穆拜里哈却问道："这寨子里有几个将领？有多少兵马？"

尤敦西夫只得说道："兵马有五百左右，将领是寨主的儿子阿泰也夫。"

穆拜里哈想了一下，立刻对他说："你去把他儿子阿泰也夫喊来，说是寨主找他，快!"

尤敦西夫一时也没有了主张，只得去把寨主的儿子阿泰也夫喊来了。

二人走到客厅门外，尤敦西夫立即喊道："阿泰小将军来了!"

盛骨孛罗四人听到以后，急忙闪身门后，当阿泰也夫一脚门里，另一只脚还未迈进门槛之时，龙格儿、布英迪南两人同时将刀刺进他的肋下。可怜阿泰也夫还未弄清是怎么一回事时，便一头扑倒在地，死了。

盛骨孛罗立即对尤敦西夫说道："舅舅! 事已至此，你得听从我们的指挥，现在，你带我们到校场去！"

尤敦西夫听罢，长叹了一口气，也就不说什么了，便带着他们来到校场，将钟声撞响。

时过不久，兵马齐集场上，都不知道发生了什么事情，盛骨孛罗首先上台说道："我们是奉大明天子之命，前来收复哈里尤瑚寨的，所有的将士都得听从我们的号令，谁要是胆敢反抗，下场就和他们父子一样！"

说罢，派人把寨主库里哈巴父子的人头，挂在旗杆上。

那五百多兵马，看着两颗血淋淋的人头，谁敢说半个不字？

正这工夫，守门的士卒跑来报告："寨子东边有支骑兵，约有一千人左右，正风驰电掣一样，向寨子驰来了。"

盛骨孛罗向龙格儿三人看了一眼，说道："他们可能是建州的兵马，也没有什么了不起，兵来将挡嘛！只要我们守住寨子，瞅准机会偷袭他们一下，然后再去联络明朝的边将，来个里应外合，何愁不能消灭他们！"

说罢，盛骨孛罗向龙格儿三人一挥手，带着校场里的五百多兵马，向寨子门前走去。

再说皇太极从佛阿拉领兵出城之后，先让大将满浅带领轻骑兵五十名，一路边打听盛骨孛罗的逃跑下落，边急急追赶，才来到了哈里尤瑚寨子前面。

不久，皇太极与大将噶盖带着大队人马也赶到了，合兵一处后，皇太极说道："我估计，佛阿拉的通缉文书早就下达给寨主了，寨主库里哈巴若没有发生意外，肯定不会阻止我们进寨子。"说罢，即与满浅、噶盖并马来到寨前喊道："我们是建州的兵马，有要事要见寨主库里哈巴，快让他出来说话。"

四人听了皇太极的喊话，都有些不知所措，还是盛骨孛罗老练狡猾一些，他说道："寨主有事出去了，你有什么话，就跟我说！"

皇太极不认识盛骨孛罗，正想问时，满浅立刻在马上用大刀指着，高声喝道："盛骨孛罗！你别太得意了，你依仗这个小小的哈里尤瑚寨子，能阻挡我们的大军吗？"

这时，站在盛骨孛罗身边的布英迪南也被皇太极认出来了。因为布英迪南是金台石的小儿子，皇太极是金台石的外甥，在叶赫城被攻破时，金台石曾请求皇太极照顾他的妻儿。在金台石死后，皇太极曾带领布英迪南去拜见努尔哈赤，并在生活上关照过这位表弟。这时候，他见到布英迪南就在寨墙上站着，真是"五个风洞进风——气不打一处来"！

皇太极坐在马上，用大刀指着他喝道："布英迪南，你这忘恩负义之徒！你若想活着，就赶快打开寨门投降，否则，我打进寨子里去，让你身首异处，不得好死！"

听了皇太极的警告，布英迪南紧张万分，他看着盛骨孛罗，心想劝他投降算了，而盛骨孛罗两眼一瞪，厉声说道："眼下，我们四人投降了，也活不成；不如跟他们拼一下，杀死一个——够本！杀死两个——赚一个！"

说罢，他立即吩咐大开寨门，领着五百兵马，来到阵前，正要说话时，皇太极却大喝道："寨里的将士听着，你们不明真相，他们四人是刺杀大王的歹徒，是十恶不赦的叛逆！我们是奉大王之命，来追捕他们的！你们立即回避，不要随着他们作恶，以免受连累而死！"

盛骨孛罗一听惊惶万状，正想说话，突然听到士卒们乱纷纷地喊道："我们不替他们送死，回城去！"

那五百多兵马如蜂儿炸了笼似的，"哗啦"一下子，眨眼之间全逃进寨子里去了。

皇太极立马横刀，大喝一声道："四个叛逆还不下马受死，等待何时？"

大将满浅、噶盖立即指挥士兵将四人团团围住，如铁桶一般，即使插翅也难逃脱了。

这时候，布英迪南首先扔下朴刀，跳下马来，接着，穆拜里哈也下马了；盛骨孛罗与龙格儿见了，也只得跳下马来。

皇太极领着将士们进了寨子，把尤敦西夫也捉住，在校场召开全寨兵民大会，他说道："寨主库里哈巴父子无辜被杀，可见四个叛逆的穷凶极恶！可是他们父子警惕性也不高，大家要从他们身上吸取教训！"

皇太极当即宣布将帮凶尤敦西夫处死，并委派原寨主库里哈巴的小儿子库留西佳承继哈里尤瑚寨主，然后，把盛骨孛罗等四人绳捆索绑，带回佛阿拉处置。

这次谋杀事件发生之后，建州的将领们纷纷向努尔哈赤建议，要加强对佛阿拉的管理，尤其要加强对大王的警卫。于是，无论何人要进内城，非经允许，不得入内；外城的把守也严了。以大将何和理、满浅为首的保卫人员，在城内各处要道，增加了便衣缉查人员，生人严禁出入佛阿拉。

努尔哈赤自己也深居简出，对他的出巡，增加了一些新规定。一旦出城，都是鸣鼓奏乐，前呼后拥，这不仅仅显示出庄重的威严，也增加了逼人的气势和力量！

再说皇太极把盛骨孛罗四个刺客带回佛阿拉之后，努尔哈赤指示何和理与满浅去处置。

为了教育大多数人，两位大将先召集各部首领、将领开会，把四人的叛逆行为公布出来；又在佛阿拉全体部民大会上宣判四人的谋刺罪行；最后对四人给予最重的惩罚——"车裂！"

噶啦盖尔自觉辜负了努尔哈赤的信任，良心受到了谴责，在被关期间，自缢了。

努尔哈赤得知消息之后，唏嘘嗟叹，说道："噶啦盖尔是一个书呆子，他是一时糊涂，误入歧途，死得太可惜了！他与盛骨孛罗等四人不同，他们是狼，因为无论怎样喂，狼的心都总是向着森林的。"

在噶啦盖尔死后，额尔德尼遵照努尔哈赤的指示，独自一人创制满文。

自从上次没有答应那件婚事，努尔哈赤对额尔德尼很不高兴，有一次，他正在忙着，突然来了一个侍卫对他说："大王喊你去有事情。"

他听了，立即放下手中的笔，随那侍卫走进努尔哈赤的客厅。他抬头一看，努尔哈赤正搂着一个女人又揉又摸，惹得那女人低声地笑着。额尔德尼一向自命清高，平日不苟言笑，十分严肃，见到这种情形，立即转身就走。努尔哈赤连喊几声，他也没有回头，径自扬长而去。

这事努尔哈赤很不高兴，认为额尔德尼不把身为建州大王的自己放在眼里，从此，更加疏远、不信任他了。

时过不久，额尔德尼的妻子齐尔计吉光生病了，起先是腰痛，疼得厉害，以后越加严重，最后居然不能行走，整日在床上卧着。额尔德尼去到努尔哈赤那里请假，说妻子卧病在床，无人照料，需要请假回去照看妻子。

努尔哈赤听后，很不以为然地说道："你妻子有病，由佣人照料就可以了，你怎能回去呢！"

额尔德尼立即说道："我家没有佣人，一切家务事全由我们夫妇自己做，她如今卧床，病得厉害，两个孩子又小，也无人照看，望大王准予我回去吧！"

努尔哈赤听了他这一席话，甚觉刺耳，仿佛他是在暗暗讽刺、攻击自己，便说道："你这人怎么如此不通情理？当前，你在创制满文，任务艰巨又重要，怎么能离得开？妻子有毛病，那是小事，是私事，怎么能因私废公，不顾大局呢？"

额尔德尼听了，马上请求道："大王担心我请假会影响公事，那么，为了照看我的妻子，我情愿辞去公事。"

努尔哈赤听后，十分生气地大声斥责道："你妻子死了，还可以再娶一个，有什么要紧？你辞了公事，是对本王不忠的表现，这是一种叛逆的行为；对叛逆行为如何处置，你不清楚么？你是真糊涂，还是装糊涂？"

额尔德尼愤然地不辞而别，径自回到家里，为妻子齐尔计吉光寻医救治，煮药熬汤，亲自侍奉，日夜守候。

努尔哈赤知道以后，心中大怒，头脑一发热，居然派人把额尔德尼抓来，并立即处死了。

将领们知道后，深为额尔德尼惋惜，许多人在背后说道："像噶啦盖尔这种糊涂虫，死得再多，人们反觉得死少了；额尔德尼这种人虽然只死了一个，大家总觉得死得太多了！"

不过，努尔哈赤一向杀人之后从不后悔，何况额尔德尼一贯桀骜不驯，是他自寻死路!

额尔德尼在死前,已将无圈点的满文编成了,努尔哈赤又派巴克什达海改进这种老满文。

经过达海改进后的满文,后人称之为"有圈点满文",或是叫做"新满文"。这"新满文"与额尔德尼编制的"老满文"比较起来,内容与形式都更加完备。

由努尔哈赤亲自主持,先是额尔德尼、噶啦盖尔撰制的无圈点老满文,后来由达海改进后的有圈点的新满文,在其创制和颁行之后,成为满族文化发展史上的里程碑。

从此,满族人民有了自己的文字,可以用它来交流思想,书写公文,记载政事,编写历史,传播知识,翻译书籍。这不仅加强了满族人民的思想交流,而且促进了满汉之间的文化交流。

满文撰制后在女真地区的推行,使女真各部和女真人民之间的交流更为密切,这对满族共同体的形成,无疑是一条重要的精神纽带。

在努尔哈赤的督导之下,满族中的有识之士用满文翻译出来大量的汉文典籍,使得他们从中汲取华夏中原封建王朝的统治经验,迅速加快了满族社会的封建化。

与此同时,满文记录和保存了大量的文化遗产,丰富了中华民族的文化宝库。

因此,满文的创制与推行,为努尔哈赤政权的建立及其发展与壮大,从精神上做好了充分的准备工作。

额尔德尼被努尔哈赤处死之后,妻子齐尔计吉光整日啼哭不止,两个孩子无人照料,情景凄惨,许多人为之痛心。

达海本与额尔德尼交谊深厚,平时常向他学蒙古、汉文典籍,素以老师呼之,今见其遇害,妻子儿女无人照看,遂让其妻鲁吉宜喇前去照应。但是齐尔计吉光总认为丈夫是因自己而死,内心痛楚万分,连日来不吃不喝,坐在院子里的一块大石头上,形如木雕泥塑一般。

不消几日工夫,她不声不响地在那块大石头上面坐着断了气,静悄悄地死了。这消息不胫而走,全佛阿拉的人都知道了。起初,三三两两的人前去看看,对人说道:"她虽然死了,却仍跟活着一样,坐在那里。"后来,去看的人渐渐多起来,议论也多了,都说额尔德尼死得冤枉,为他鸣不平。

努尔哈赤也知道了这件事,于是,下令为额尔德尼夫妇修了坟墓,并在墓前树了一块墓碑,上面写了"正人君子额尔德尼夫妇之墓"!

他又把达海找来,让他照顾好额尔德尼的两个孩子,并让侍卫取来五百两白银,作为孩子的抚养费用。

万历二十九年(1601年),在努尔哈赤亲自督导之下,建州的兵马立即编成了黄、红、蓝、白四旗。实际上，这是努尔哈赤对建州军队的一次整编。他"复编三百人为一牛录"，每牛录设额真一人，并画一旗色，以黄、白、红、蓝四色为旗的标志。这次重要改革，对尔后八旗制度的确立奠定了稳固的基础。

万历四十三年（1615年）十一月，努尔哈赤除了建州女真八部已完全统一以外，海西女真四部中的哈达、辉发与乌拉部也被兼并了。

当时的建州已经幅员宽广，步骑增多，"归附日益"矣。在此情况下，努尔哈赤不失时机地把军队中原有的四旗，又增设了四旗，共为八旗。

原有的四旗，用红、蓝、白、黄四种颜色作旗；增设的四旗，将原来旗帜周围镶上一条边，即黄、白、蓝三色旗帜镶红边，红色旗帜镶白边，变成八种不同的旗帜。

不镶红边的黄色旗帜，称为整黄旗，即整幅的黄旗，习惯上又称它为正黄旗。镶红边的黄色旗帜，称为镶边黄旗，习惯上称它为镶黄旗。其他三色旗帜也是一样，合起来称为八旗。

努尔哈赤为八旗的最高统帅，八旗分别由他自己及其子孙们统领。努尔哈赤自己亲领两黄旗，次子代善领两红旗，第五子莽古尔泰领正蓝旗，第八子皇太极领镶白旗，长孙杜度领正白旗，侄子阿敏领镶蓝旗。

为了便于控制，努尔哈赤把建州管辖下的所有女真人，统一组织起来，每三百丁编为一牛录，设牛录额真（佐领）一人，代子（骁骑校）二人，章京（办事员）四人。按统一规定，四章京分领三百丁，编为四达旦。这是建州女真社会的基层组织。五牛录为一甲喇，设甲喇额真（参领）；五甲喇为一固山，设固山额真（都统）一人，梅勒额真（副都统）二人。

固山，在满语里就是"旗"的意思，每个固山各有特定颜色的旗帜，它是军事编制上最大的单位。可见，八旗制度"以旗统人，即以旗统兵"。它是军政合一、兵民合一的制度。

八旗的丁壮，平时耕猎为民，一旦打仗了，他们就披甲从征为兵，由他们组成的八旗军队，有着严明的纪律。

努尔哈赤曾经规定：行军时，若地广，则八固山并列，队伍整齐，中有节次；若地狭，则八固山合一路而行，节次不乱。行军时，士兵禁止喧哗，行伍严禁杂乱；作战时，披重盔甲，执利刃者为前锋；披短甲、善射者自后冲击；骑兵列于别处，要求马不卸鞍，人不离马，随时准备策应。

八旗军队是一支以骑兵为主的队伍。

在八旗军队中，努尔哈赤规定了严格的纪律："从令者馈酒，违令者斩头"；战场上，"敢进者为功，退缩者为罪。有功则赏之以军民，或奴婢、牛马、财物；有罪则或杀、或囚，或夺其军兵、或夺其妻妾、奴婢、家财，或对其贯耳，或射胁下等"。

如骑兵作战，努尔哈赤将其分为"死兵"和"锐兵"两种——死兵在前，锐兵在后；死兵披重甲，骑双马向前冲；前虽死而后仍复前，莫敢退，退则锐兵从后杀之；待其冲散敌人阵地，而后锐兵始乘胜冲锋。

因此，八旗军队作战时有进无退，这是由于努尔哈赤"只以敢进者为功，退缩者为罪"。

同时，每次战后，"赏不愈日，罚不还面"，按功行赏，依罪惩罚，全军上下，齐心协力，奋勇征杀，拼死取胜。

在战争的间隙时间，努尔哈赤很重视对八旗军队的训练，以提高军队素质、培养勇敢精神，熟谙弓马技艺。

在佛阿拉城里，有一个很大的训练场，天天都有人在操练兵马。每次练兵时，努尔哈赤都亲自前去检查战马的膘性，对马肥壮者赏酒，马羸弱者鞭责。尽管八旗军队纪律严明，但是，努尔哈赤却常常发现：城里的兵将纪律很坏。有些人随便出城，今天几个，明天几人，回城的时间也没有明确规定。于是，他便仿造明军的云牌，挂在城楼上，军队一出城时就敲，训练时也敲，敲起云牌，全城的人都能听到。

努尔哈赤还规定：如果敲三下云牌，士兵不回答者，管城门的头目，就可以将士兵捆起来，押在地牢关他三天三夜。如果敲四下云牌，还不关城门，管城门的士兵头目，就要被斩头。

这么一规定，佛阿拉城里驻扎的各旗兵将，都老老实实地遵守，谁也不敢违抗了，太阳一下山，将士们都回营，行动一致，谁也不敢以身试法。

有一天，努尔哈赤带着几个侍卫，去巡视城防的情况，忽然见到一个士兵正在哭泣，旁边还有几个士兵在劝他。

努尔哈赤便走过去问他为什么哭。那士兵连忙磕了几个头，报告说："我名叫布尔哈士，原是从董鄂部投降过来的，来到佛阿拉后，十分想家，非常惦念家中的奶奶——这是因为奶奶有气喘病，一到冬天来了，总要犯病。"

听到这里，努尔哈赤插话问道："你家中没有父母亲照顾你奶奶么？"

布尔哈士听了，眼泪流下来了，看着眼前的这位大王，大着胆子说道："父亲、母亲被大王的军队杀死了。"

说罢又忙着给努尔哈赤磕头，担心这话会激怒大王，害怕得浑身战栗起来。

努尔哈赤见他说的是实话，就未生气，反而关心地问道："你打算怎么办呢？"

布尔哈士回答道："禀告大王，未来佛阿拉之前，每年秋天，我就去林子里打几只野鸡，焙成糊，再压成面给奶奶冲水喝，这样就可以挨过冬天了。如今，我身在佛阿拉，看见大雁南飞，树叶飘零，天气已凉，担心奶奶犯病，又没人照顾她老人家，更没有人打野鸡了，因此才啼哭。"

努尔哈赤不由动起恻隐之心，也想借机学学古代将领爱兵如子的故事，便问道："你的孝心很感动人，你就安心当兵吧！一定有人去照顾你奶奶的，千万别着急，更不能当逃兵啊！"

回到府里之后，努尔哈赤就派人去把布尔哈士的奶奶接来住在自己府里，此时，布尔哈士已随着队伍开赴前线了。

为了替布尔哈士的奶奶治病，他准备找个闲时间，去山林里打只野鸡来。

这一天，努尔哈赤轻装简从，随着几个侍卫，悄悄地出了佛阿拉城。可是如今的佛阿拉城外，到处是林立的营帐，猎猎的军旗，鸡鸣山上下，掇克河两岸，人喊马叫，刀光剑影，哪里有野鸡藏身之处？为了那宝贵的承诺，努尔哈赤只得骑上白马，跑到较远的深山老林里，才打到了三只野鸡。但是，太阳已经西下，天色已晚了。

努尔哈赤不敢怠慢，遂打马扬鞭，想在关城门之前赶回佛阿拉去。谁知飞马来到城门口时，三声云牌早已敲过，城门已然关上了。

一行人来到城楼下边，守城的士兵没有认出是努尔哈赤，按照新的规定，他与随从的侍卫们都理所当然地被关进地牢里面。侍卫队长哈嘎什急忙要前去说明，却被努尔哈赤制止住了。

这时候，守门士兵中有一人高兴地说道："这三只野鸡留给咱们下酒吧。"

努尔哈赤一听很着急，心想这可糟了，便走过去向他们吓唬道："不许你们没收我们的东西，若是吃了我们的野鸡，被努尔哈赤大王知道了，会惩处你们的。"

那士兵却不以为然地说道："你别吓唬我们！努尔哈赤大王可宽厚呢！前段时间有个士兵在那里哭，被大王看见了，他老人家还安慰他，要帮助他呢。"

未等他说完，有个小头目来了，说道："你跟谁说话呀？"

那士兵便将野鸡的事情说了一遍，那小头目很聪敏，他哈哈笑了，并说道："按规定来说，没有讲可以没收，但是，也没有讲不可以没收呀！即使吃了那三只野鸡，也不妨的。"

努尔哈赤听了，担心被他们钻了空子，吃了那三只野鸡就麻烦了，便在哈嘎什耳边小声说了几句话，这位侍卫队长急忙上前去，向那位小头目恳求道："那三只野鸡是我们用来治病的，只要你们替我们保管好，到时候一定赏给你们银子！"

这样说，他们才答应不吃那三只野鸡了。

何和理、满浅到府里见不到努尔哈赤，又向侍卫们打听，他们也不知去向。再到后宫里询问，说大王一夜未归。这一急，可不得了！

"大王一夜未归，下落不明！"

这消息不啻一声惊雷，诸王子与众将领一齐向侍卫们发难："你们是干什么的？你们还想活吗？"

接着，又一齐来质问何和理、满浅二大将："你俩在忙什么？只是抓了芝麻，丢了西瓜！"

但是，急归急，乱归乱，额亦都、安费扬古这些重臣勋将，终究冷静些，他们说道："大王并非凡夫俗子，怎么会随便失踪？何况佛阿拉警卫森严。"

于是，大家各出良策，分头查询，直到中午，满浅才从守门士兵口中听说道："昨天晚上被关进地牢里几个人，其中有个年纪大的人长得高大威武，相貌堂堂，难道他是——"

满浅听了之后，急忙跑到地牢里去看，果然是努尔哈赤大王与几个侍卫，全被关在里面！

满浅十分生气地说道："你们吃了熊心豹子胆了！居然敢把大王关了一夜，真是胆大妄为。"

他正要把那几个士兵与大小头目抓起来，努尔哈赤立即制止，拦住他说道："这不能怪他们，他们没有错！在规定与制度面前，一律平等！他们忠于职守，认真负责，还应该奖赏哩！"

守门的士兵与头目们，皆大欢喜，一齐磕头谢恩，请求努尔哈赤饶恕他们有眼无珠，请求大王赶快回府去吧！

可是，努尔哈赤没有走出地牢，他让侍卫队长哈嘎什等把三只野鸡带回去，送给布尔哈士的奶奶吃，他自己却不去，要把三天的时间蹲完才去哩！尽管大家都不愿意，努尔哈赤却坚持说道："这规矩是本王定的，谁违犯了，都要坐三天的地牢，怎能因为我而废了呢？"

三天之后，努尔哈赤走出了地牢，并立即提升那个守城的士兵为都城佛阿拉的总管。自此而后，住在城里的将士们，谁也不敢违犯那规矩，都以努尔哈赤被关地牢三天为鉴，谨慎地遵守奉行了。

建州有三宝：人参、貂皮、乌拉草。努尔哈赤小时候，由于家境的贫寒，加上后母的虐待，小小的年纪就随着大人到山林深处去挖人参了。

后来在佛阿拉称王以后，他仍与往日一样年年都领着众将以及士兵们去山林里打猎、挖参。每次挖回来的鲜参，都用专门的快马送，那时候人参多，每次都能挖到成百、上千斤，以至数千斤。当时，山前山后，遍地搭的是晒参的棚子，也同时挖了许许多多参窖子，还专门派了不少的士卒在值班守护，有时还要不断地翻晒着。

当时的建州，就是靠这些人参、貂皮、东珠、熊掌、牲畜等土特产品，运到抚顺、开原等市场上，与明朝的商人做买卖，按物品交换去换回铁制品、布匹丝绸、日用百货，才使建州一天天富裕强盛起来。

可是，人参挖多了，再遇上连天阴雨，放的时间一长，有的就发热、长霉以至腐烂变质；有的等到天晴再晒干，也是皮皱巴巴的，卖不上好价钱；还有的卖不出去，只得扔掉了。因此，每年都得糟蹋许多，白费了劳力工夫，还把许多好参浪费了。

那些管参的首领，为了这事，轻的被罚款遭贬官，重的挨砍头，甚至被活埋，谁干这差事该谁倒霉。当时，有句话说"宁端尿盆子，不当晒参人"。

为了让鲜参顺利地变成干参，努尔哈赤苦苦思索着良策，可是，一直想了好长时间，始终没有找到一种好的方法。

一天早上，他刚起来之后，那个管参的首领内齐额来了，只见他满眼含着热泪，一脸的懊丧，慌乱地报告说："大王！我真该死，昨夜又有一千多斤鲜参长霉了！"

他听了，不由心里一紧，立刻问道："还有多少？"

内齐额急忙又趋前一步回答："还有四千多斤哩！"

此时，坐在周围的将领们，都在为内齐额捏着一把汗呢！根据以往的经验，像内齐额这样的管参首领，将要厄运来临了。

谁知努尔哈赤沉思了一会儿，走过去扶起内齐额，又向诸位将领看了一下，说道："感谢老天爷睁开眼了！他老人家还赏给我们四千多斤人参啊！现在，本王就顺从天意，把这些人参全都赏给诸位，每人一份，利益均沾。平日，你们沐风栉雨，戎马辛苦，流汗流血，征战有功，人参就赏给你们了。这些人参给谁，就是谁的，是存起来，还是卖掉，都由你们自己决定！反正是你们的了！"

按照努尔哈赤规定的八旗军队的制度，士兵们全靠粮饷生活，任何人不得私采，或是私存人参。现在，他要把人参赏给大家，而且每人一份，都不知他葫芦里卖的是什么药。但是，既然他下了命令，谁又敢不执行？理解的要听从，不理解的也得听从呀！

于是，诸位将领一齐上，不要多大工夫，四千多斤鲜参，全部分给了众士卒。

有个骑兵，名叫绰虎尔，也是靠粮饷养活他九十多岁的老爷爷和八十多岁的老奶奶。

这一天，绰虎尔高高兴兴地捧着努尔哈赤分给他的七八个人参回到家里。绰虎尔早就想好了：这一回一定要用这些人参去换药，给两位老人治病。进屋之后，他发现祖父病重了，烧得昏迷不醒，正躺在床上，祖母坐在床边哭泣。绰尔虎一见这情景，急忙放下人参，便去到外面请医生。这工夫，祖父醒过来了，祖母又忙着去外屋里，把嫩豆角拿出去放在锅里蒸，不曾想她老眼昏花，把绰虎尔放在豆角旁的人参误认成豆角也拿去放到锅里蒸了。

过了好一会儿，绰虎尔抓药回来了，又服侍老祖父吃完药，这才想起那些人参。回头一找，却发现不见了，他立刻急得浑身冒汗。之后，发现人参被蒸熟了，更是担心大王怪罪。

果真是越怕越有事，没过半个月，努尔哈赤大王就传下来命令：让那次凡是得到人参的人，都要把情况向他禀报一下。

这一天，努尔哈赤既不骑马，也不坐车，一大早就步行着来到训练场上，挨个儿询问："你把人参拿回去干什么用啦？"

有的士兵禀报道："我用那人参换回两件猞猁皮袄，送给父亲和母亲穿了。"

有的士兵向他报告道："我卖了那人参以后，买了一匹富汉马！"

还有人告诉大王，他用那人参做了彩礼，娶了媳妇；也有的说，没有舍得用，还在收着哩！有一个士兵把人参用针线串起来，挂在房檐下面阴干着。

努尔哈赤一个一个地询问，听了那么多人的汇报，没有一个人说他的人参烂了，白白地扔了，心里十分高兴。可是，他一转身，看见有个骑兵低着头，心事重重地站在那里，满脸的愁容，一声也不吭。

努尔哈赤觉得挺奇怪，别的士兵都是兴高采烈的样子，他为什么不高兴？便过去问道："难道你没有分到人参吗？"

绰虎尔一见大王问自己，心里更慌了，急急忙忙地跪下来，禀报道："报告大王！奴才早已得到你老人家赏给俺的人参啦！"

努尔哈赤见他紧张的样子，笑道："你也说说，你的人参干啥用啦？"

绰虎尔听了，浑身直打哆嗦，战战兢兢地禀报道："奴才不敢说，奴才实在罪该万死！"

努尔哈赤听后愣了一下，温和地对他说："你别怕，我早就说过了，那人参是赏给你的，你爱怎么用都可以，你有什么罪呢！"

绰虎尔就把人参拿回家的情形，一五一十地叙述了一遍，还担心大王会生气的。谁知努尔哈赤却说道："我不怪你，你回去把人参拿来我瞧瞧。"

后来，各位将领也把人参拿来了，各式各样，大小不一的人参摆了满满一桌子。

努尔哈赤挨着看，这些人参都是外面皱巴巴的样子，呈现着干黄色。唯有那个骑兵交上来的人参，是棕红色，很硬实，而且参须完好。

他急忙派人把几名医生喊来，让他们马上把骑兵送来的人参拿去调制成人参羹。当医生们调制好以后，努尔哈赤让大家都来品尝一下，都说浓香腻口，并一致认为，要比那阴干的鲜参好多啦！

努尔哈赤自己也亲口品尝之后，兴奋地哈哈大笑起来，抑制不住内心的喜悦，说道："多年以来，我一直想找到一种收存鲜参的方法，未想到，今天终于有了！"

努尔哈赤说的全是实话。多年来，女真人把收来的鲜参，都是靠着好天气，放在有阳光、通风处慢慢晾干。一旦阴雨天来临，鲜参往往会霉烂变质，只得扔了，造成很大的损失。

这时候，努尔哈赤拿着那蒸后的人参，对将士们说道："以前，你们把鲜参存在各族的库窖里，也不管霉烂与否，反正是与己无关。这次，我赏给了广大士卒，各显其能，终于找到了珍藏之法。从今以后，再不会有鲜参霉烂白扔的现象了！"

有了这种蒸参的好方法，努尔哈赤极力鼓励女真人大量地挖参，使人参成为建州的富贵之源，他们不仅销售鲜参，还大量地出售蒸后的干参，为建州增加了大量的收入。

那骑兵因蒸参有功，努尔哈赤马上赏赐给他很多丝缎和白银，并封他为"辽东蒸参达"。

从此，建州有了对人参进行加工的晒、煮、蒸各种炮制的技术，再也不愁参多霉烂，无法保存了。再以后，在努尔哈赤的精心指导下，建州在人参的保存上面，又有了新的突破，人参的产量越来越大，使财富越积越多，势力更加强大起来。

努尔哈赤在军师张聿华、柘祜天相继死后，他深感失臂之苦，偌大的边辖地区，缺少谋略人才，他的内心十分焦急。一天，他把自己求贤若渴的心情告诉了满浅。

满浅想了一下说道："以前我还真听说过在大兴安岭的西南部有个虎头山，山脚下有个云来洞，据说有个蒙古老人名叫苟特利尔的，就住在洞里。此人足智多谋，有经天纬地之才，只是不愿意出来做官，要活着的话，老人如今有古稀之年了。"

努尔哈赤万分喜悦，立即说道："明天就请将军辛苦一下，亲自前往虎头山的云来洞，把老人苟特利尔请来建州，可好？"

满浅听后，急忙应道："好呀，我明天早晨就出发，争取把这位蒙古老人请出山。"

次日，满浅将军早早起来，一切准备停当之后，又去向何和理大将交代一番，这才攀鞍上马，直奔大兴安岭的虎头山驰去。

因为满浅从小生活在长白山下多年，对这一带山川河流、谷口崖壁全部了解熟知，不几日工夫，他便来到虎头山下。

在山脚下，满浅向许多山里人打听，他们既不知什么云来洞，也未听说过有什么苟特利尔这个人。满浅并不死心，他在虎头山找啊找，最后终于见到了苟特利尔。

聊了一会儿，原来满浅的父亲满深曾与苟特利尔在这山里住过。

叔侄二人又谈了一会儿闲话，满浅向他介绍了努尔哈赤的一些情况，苟特利尔说道："对建州的努尔哈赤我已听说过，当前明朝的江山已是日薄西山，气息奄奄了；可是努尔哈赤此人武略过人，只是文韬稍逊，所以急需有识之士帮他运筹。"

满浅急忙向老人提出："你老人家何不出山相助，不然的话，纵有满腹经纶，又怎能有用武之地？"

苟特利尔听后，莞尔一笑："只是我年已古稀，犹恐力不从心了。"

后来，在满浅再三请求之后，苟特利尔终于答应了，不过，老人反复说道："我只愿做他的谋士，不要名分。"

满浅这才去山坡上找回战马，让老人骑上，他自己牵马引路，返回佛阿拉去。

努尔哈赤一见苟特利尔，喜出望外，二人连日谈论经国大事，把吃饭睡觉都忘记了。

他对代善、皇太极等诸王子说道："本王失去张聿华、柘祜天二军师，如伤了左右臂；如今有了苟特利尔老人，我是如虎添翼，如鱼得水。"

他向老人请教道："如今的建州将何去何从？"

苟特利尔道："如今，明朝的万历皇帝不理朝政，任用竖阉，官吏腐败，以是为非，以非为是，中原大地，民怨沸腾，正是大王率仁义之师，挞伐无道，叩关攻明的大好时机！"

努尔哈赤听完之后，高兴得眉飞色舞地道："听了您老的这番宏论，本王真是如坐春风，如沐春雨，大有茅塞顿开的感觉。"

自此，苟特利尔俨然取代了张聿华、柘祜天两人的地位，但是，这位老人一再请求道："我只愿做你的谋士，不求名分、封赏！"

努尔哈赤答应了苟特利尔的要求，只让他在帐下当了一名谋士。

以后，在苟特利尔的谋划指导下，八旗制度进一步完善起来，他建议应以八旗制度为经，把建州女真社会的军事、行政、生产统一起来，实行军事、政治、经济、司法和宗族等五种社会职能的一元化。

万历四十三年（1615年）五月的一天，有一个手持木棍的大汉闯进了万历皇帝的太子朱常洛的寝宫慈宁宫，还打死了守门的禁卒。之后，这大汉便被禁卒副首领韩温华抓住，送交东华门守卫，由指挥朱宏收禁关押。

第二天，太子朱常洛向他的父皇万历帝哭诉了大汉在慈宁宫行凶的经过，请父皇为自己做主。听了太子的哭诉，万历皇帝"龙颜震惊"，一方面安慰太子镇静，一方面命令巡城御史刘廷元秉公审讯，认真查处。

这大汉狡猾异常，满口胡言，用了很多刑也不讲实话。后来案子又移交至刑部复审。

且说刑部有个官员名叫黄宝人，此人狡猾，点子多，便对牢头王之采暗示了一番，经过王之采又是酒、又是肉的诱导下，大汉终于招出了实情："俺小名张五儿，父母早亡，因有一身武功被李三右、马外甫看中了，带俺去见一个老公公。这老公公让俺依他行事，将赏给良田千顷，他嘱咐俺'你冲进慈宁宫，见一个，杀一个，杀死了人，也不要紧，我可以救你出来'，并对俺特别提出，'能把太子打死了，定当重赏'！"

这"老公公"，便是太监的通称。再问李三右、马外甫何许人，大汉说道："这两人在蓟州城内很有名，一问便知了。"

后来，在大汉酒醉之后，又冒出来一句："全是宫里的郑贵妃娘娘所为。"

以后，户部郎中陆大受、御史过庭训派人到蓟州，把李三右、马外甫解到京师，严加刑讯之后，终于供出"郑贵妃派遣宫里的太监宠保到蓟州，……诱使大汉张五儿打进宫中，若能打死太子将能获得重赏"云云。

这样，案情已经清楚，"大汉闯宫行凶"全由郑贵妃一人指使。

万历皇帝得知以后，心里十分不快，他快快不乐地来到郑贵妃宫中。那郑贵妃本是聪敏女子，一见皇帝面带愠容，心里正想着对策之时，神宗皇帝随手从袖筒里取出奏疏一道，扔给她。郑贵妃接过一看，刚读了开头，便急得玉容变色，珠泪涟涟，慌忙跪在万历面前，哭成了一个泪人儿。

皇帝一见自己的宠妃如此伤心，不由得怜惜起来，让她自己去向太子解释清楚，免得把事态再闹大。万历走后，郑贵妃打扮得花枝招展，企图引诱太子朱常洛。太子生性老实懦弱，郑贵妃又巧舌如簧，一番哀诉，便答应不再计较。

又过了两天，那案子便了结了，那疯大汉被判为磔刑，也就是常说的五马分尸。这案子刚结了不久，万历皇帝朱翊钧病死，太子朱常洛登基，改元泰昌，为明光宗。

光宗朱常洛登基之后，郑贵妃仍住在乾清宫内，不想移宫，她又担心光宗追忆前嫌，或将报复，因此朝夕筹划。

一日，她又精心梳洗打扮，妄图去引诱已做了皇帝的朱常洛。朱常洛虽然惜香怜玉，但是这种乱伦的行为他是不做的，郑贵妃只得扫兴而回。一计不成，又施一计。郑贵妃为了博取新皇帝的欢心，又在众多的侍女中，挑选了八名美女，个个长得妖媚俏丽。她又特地为她们制成彩绣的绸衣，让她们穿上，并为她们熏上香，敷上粉，然后一齐送到光宗那里。

朱常洛见了这八名美女，高高兴兴地收了她们。除了这八姬之外，后宫还有两个李选侍，都生得如花似玉一般，光宗怎舍得冷落她们？隔几日，他总要去两人那里过夜的。

这两个选侍，一个居东，叫东李；一个居西，称作西李。其中，西李色艺俱全，更精于妖媚惑主，床上尤有新招，遂博得光宗宠爱。郑贵妃自知年老色衰，不能打动光宗了，便在西李身上下了赌注。平日，郑贵妃有意去联络西李，天天与她谈天说地，在不长的时间里，二人居然如胶似漆，形同姐妹，以至无所不谈了。

她们为自己制定了目标：郑贵妃当皇太后，李选侍做皇后。

二人秘密商议妥当，便由西李出面，向光宗吹起了枕头风。

光宗朱常洛的原配郭氏早已故去多年，想起西李对自己的恩爱情深，也真想册立她为皇后；可是，郑贵妃想当皇太后一事，确实令他为难。从年龄上讲，郑贵妃还比自己小几岁，哪有皇帝比皇太后年龄大的道理？另外，郑贵妃几次来挑逗光宗，使他每次都是意马心猿，心旌摇荡，差一点儿不能自持。

朱常洛是一个怯懦之人，遇事无主张，在西李的枕头风吹刮下，实在难以招架，先是敷敷衍衍，以后便不得不含糊答应了。可是一天又一天地过去，册封的圣旨迟迟不下，这可急坏了郑贵妃，又去托李选侍催话，可巧，光宗朱常洛生病了。

两人又借问疾为名，一同去到光宗的寝宫，二人讲了几句套话之后，便问册封事。

此时，朱常洛头昏目眩，连说话的力量都没有，心里更反感，但在两个女人的吵嚷下，他实在受不了，只得强打精神地说道："好了，好了！你们不要再吵了，朕现在就给你们宣布册立的诏书。"

说完，皇上对侍卫说道："传朕的旨意：礼部立即准备册封的仪式！"

可是，老于世故的郑贵妃，又担心礼部的官员会从中作梗，便请求光宗亲自临朝。在万般无奈之中，光宗勉强起来，让内侍扶掖出殿，派人把大学士方从哲找来，对他说道："根据先帝遗令，朕将尊郑贵妃为皇太后，此事应该速办，派礼部准备仪式，要抓紧，不能再拖了，大臣们也不必再议了。"

方从哲答应着，立即把皇帝的旨意传达给礼部了。

礼部中有人反对，其中有一个叫孙如游的，听到之后愤然说道："先帝在时，都没有册封郑贵妃为皇后；何况如今的皇上又不是郑贵妃所生，无先例可循。"

听了孙如游的话，满朝文武绝大多数人称是，一时间，大家你一言，我一语，议论起来。

最后，大家公推孙如游上书力谏道："……郑贵妃侍奉先帝多年了，从未听说有立她为后的打算，又怎么能发遗诏于逝后？这难道是先帝在弥留之际、仓猝之间作出的决定吗？……自古以来，称达孝为善继善述。义可行，则以遵命为孝；义不可行，则以遵礼为孝。因此，臣等不敢奉命！"

后来，这份奏折送到光宗那儿，他强打精神，让人读给他听了一遍，心中就全明白了。他也觉得那奏折中句句在理，字字有据，不能不准。光宗立即派内侍把这份奏折送到郑贵妃那里去。郑贵妃看了后，又愤怒又焦急。可是，光宗病体仍不见好，反而一日重过一日，郑贵妃与李选侍商议后，只得忍气吞声，耐心等待了。

宫内御医崔文升，并没有太高的医术，无非粗读过几本医学书，能背诵一些新奇的验方。他借着进宫为光宗看病之机，与李选侍一来二去，就勾搭成奸了。崔文升为光宗诊脉之后，说皇帝是邪热内聚，应下通利药品。光宗服下药后，顿时腹痛肠鸣，泻泄不止，一日之间，下痢竟达四十三次。接连几天，把光宗皇帝折腾得气息奄奄，昏迷于龙床之上。

其实，皇帝朱常洛初登大位，操劳朝政，加上好色嗜淫，昼夜兼行，弄得精力枯竭，又常服春药，渐渐的阳涸阴亏，体质弱不禁风，怎能禁得起那等泻药？

光宗服泻药一事，朝廷内外，上上下下，一片声地叫嚷开了，都说郑贵妃与崔文升勾勾搭搭，想共同谋害皇帝。

其实，李选侍与崔文升的苟且之事，郑贵妃心知肚明，但眼前又无法坦白地为自己辩解，她迫于无奈，只得忍痛与李选侍告辞，勉强从乾清宫搬出来，移居慈宁宫里，对册封皇太后之事也不敢再提及了。

一天，光宗皇帝觉得病体稍微好些，遂让内侍宣诏杨连、方从哲以及英国公张维紧等，入宫听命。

诸位大臣来后，光宗说："李选侍侍奉朕已好几年了，皇子由校的生母死后，全靠李选侍抚养长大，此人性情温良，贤淑明理，朕以为应加封为皇贵妃。"

方从哲上奏道："如今殿下的年龄已长，应立为太子，并可移居别宫。"

皇帝却爱儿心切，立即说道："朕以为由校的起居饮食，还要靠别人看护，移居他宫哪行呢？各位爱卿暂且回去，等过几天以后，朕再召见大家。"

于是，李选侍请求册封皇后的事儿，也只得暂时搁下了。可李选侍怎能甘心？她与崔文升频频幽会之中，对这位御医的床上功夫，渐渐不满起来。崔文升便又向她推荐了鸿胪寺的和尚李可灼。

次日，在李选侍怂恿之下，崔文升上书奏陈，说鸿胪寺和尚李可灼有一仙方，可以治愈光宗皇帝的疾病。对此，众大臣都请求光宗慎重，可光宗却决定一试。

待李可灼进宫为光宗诊断完后，宣称自己有奇药，保证会药到病除。光宗听了很高兴，立马赏给他白银五百两。

不久，光宗又决定立李选侍为皇后。大臣们心里都明白：前不久，皇帝已传旨册封她为忠妃，她又让皇长子朱由校向皇上乞封皇后，当时已遭光宗拒绝。

这些大臣心里十分不愿意，也不敢说出来，还是方从哲老练，向皇帝奏道："眼下皇上龙体欠安，望安心养病才好，朝廷中一切政务，全由臣等操办，定当尽力办好。"

这是方从哲等大臣们使的缓兵之计，明知李选侍不应册封为皇后，因为反对不了，只得采取拖着不予办理。

且说那李可灼本不是什么正经和尚，见到李选侍后立马与其厮混到一起。一连过了三天之后，李选侍才放和尚出宫，并再三叮嘱和尚要常来幽会。

李可灼出宫之后，与崔文升带着那五百两白银，出外玩了几天，回到鸿胪寺里，从瓶子里倒出几粒药丸，又随着崔文升一起进宫。刚进到宫里，正与一群大臣迎个照面，大臣们见到他们二人，急问道："那御药配制好了吗？"

李可灼也不搭话，只是将手一伸，现出手心里一颗红艳艳的药丸，在阳光下闪着熠熠的光芒。众大臣也不多问，便随着他们两人一路进宫去，到了乾清宫门外，崔文升与和尚去献那仙药红丸给皇帝吃，大臣们都在宫外等待消息。

大约过了一个多时辰光景，有一个小太监高高兴兴地跑出宫来，向大臣们传话说："皇上服了那仙药之后，气喘立即止住了，现在正在吃东西，那仙药可真是灵验哩！"

听了这消息，文武大臣欢喜异常，大家都望空叩拜，祈祷完毕，大臣们这才欢呼"万寿无疆"数声之后，高高兴兴地离去。

到了傍晚时分，大学士方从哲又领着一班文武大臣，来到宫门前静听消息。

不一会儿，和尚李可灼急急忙忙往宫外走，大臣们慌忙迎将过去，向他询问皇上服药之后的情况，这位和尚眉飞色舞地说道："皇上自从服了仙药之后，真是药到病除，不仅止住气喘，还吃了饭，现在正与几个妃子在有说有笑呢。"

大学士方从哲立即向他问道："你现在到哪里去？"

"我见皇上服了仙药之后身体变好，心里非常高兴，担心那仙药的力量不够，准备回寺里去再多配制几粒，争取将皇上的病根一下子全部除去！"说罢，这和尚便风风火火地急步出了宫门，往鸿胪寺走去。

这些大臣们此时方算吃了定心丸似的，也才放心地各自散去了。

谁也没有料到，还没有到五更天，宫中便传出急旨，要文武大臣速速进宫议事。众大臣听到消息，都有一种不祥的预感。谁知，进宫之后，便听到了哭声，太监们告诉大臣们说道："早在四更多天，皇上就殡天了。"

原来，和尚配制的红丸以内，是以红铅为主要原料，还有人参、鹿茸等物为副做成的所谓"仙药"，光宗服下之后，开始觉得精神为之一振，身上感到舒软，四肢也自如了。但是，皇上的身体已是久病之躯，早已是精衰力竭，不能再用味重之品了。那和尚急于邀功，让皇上连服两丸，把体内尚存的一些元气，一下子全部提出，自然成了虚脱之症，不到一夜工夫，便死了，这也并非天意，实乃人为。

一见到光宗的遗体，文武大臣都同声恸哭，哭了一会儿，大家环顾四周，却不见皇长子朱由校，按理说，文武大臣来哭灵，皇长子怎能不在呢？

原来光宗病重期间，李选侍前往侍奉，住在乾清宫里。等到光宗一死，李选侍阴谋扶持皇长子，要挟众大臣，先册立自己为皇太后，而后再放朱由校出来登基接天子位。

但是，各位大臣激于义愤，强行带走皇长子。李选侍不甘心失败，又派太监李进忠带领一帮大小太监，再去劫持皇长子。大臣们据理力争，加上杨连等挺身斥退太监们，终于使李选侍的阴谋未能得逞。

之后，各位大臣扶着皇长子朱由校登上宫辇，来到文华殿。等皇长子坐定以后，众大臣一齐双膝跪下，叩头之后，三呼万岁，然后送往慈宁宫，再准备择日登基。

为了乘胜追击，御史左光斗大义凛然地又上书奏请李选侍移宫，接着，御史王安顺等又上书检举妖僧李可灼受人指使，用药致死光宗，应揪出来幕后指使人，一起严惩不贷。

于是又一起"移宫案"，与"红丸案"同时发生，一时之间，朝廷上下，纷纷议论。

李选侍由于挟持皇长子失败，册封之事落空了，又担心李可灼案子会牵连到头上，便以攻为守，自恃将皇帝养大成人，功不可没，又有先帝光宗的多次口谕，扬言道："誓死住在乾清宫，誓死与皇长子同住，誓死要册封皇太后！"

对于这无赖式的要求，众大臣十分气愤，一向忠肝义胆的左光斗御史，慨然上书奏道："……今选侍，既非嫡母，又非生母，俨然尊居正宫，而殿下却退处慈宁，不得守几筵，行大礼，名分倒置，臣窃惑之。……及今不早决断，将借扶养之名，行专制之失，窃恐武氏之祸，再见于今，此正臣所不忍言也。望乞殿下，迅速裁断，毋任迁延！"

李选侍听说左光斗的上书内容以后，气得柳眉倒竖，杏眼圆睁，双手掐着细腰，大骂不止。可她仍然不愿移宫，直到登基大典举行的前一日，她还在硬顶着。众文武大臣一边上书给未登基的天子朱由校，一边来找大学士方从哲，然后排着长队，一起来到慈宁宫。

刚到宫门前，有一个内侍拦着大臣们说道："你们这样做，难道不念先帝的旧宠么？"

大臣们先是一愣，走在后面的御史杨连厉声喊道："天下大事，怎能徇私？"

杨连说话本是声若洪钟，这时由于心情激愤，说得声音更响、更大，早已传入宫中朱由校的耳内，这位皇长子心里想道：一旦激恼了文武大臣，他们做出越轨、出格的举动，可就……想到这里，他立即让王安出去传话说："诸位大臣少安毋躁，殿下已请选侍娘娘立即移宫。"

次日，举行了登基大典，皇长子朱由校接皇帝位，即明熹宗，年号改"泰昌"为"天启"。

熹宗登基以后，接受了大臣们的奏请，对庸医崔文升定流放岭南罪，又处置了妖僧骗子医生李可灼遣戍南海。还有大臣奏请对李选侍淫乱宫中，加以定罪，熹宗只好装着未听见，敷衍过去了。

明熹宗接位以后，并不操心朝廷大事，整日里在宫内嬉戏玩乐。熹宗自小心灵手巧，善弄机巧，什么刀、锯、斧、凿、油漆丹古，应有尽有，往往亲自动手做各种玩具。太监魏忠贤见熹宗性好游戏，便投其所好，命令工匠别出心裁，糊制狮子滚绣球、二龙戏珠等玩具，皇上见了心花怒放，高兴万分。

熹宗皇帝一心扑在玩乐上，却把朝廷要政，反而置之脑后，无暇过问。于是，魏忠贤又常常趁皇上在斧劈、刀削之时，因事奏请。熹宗一听，未免厌烦，往往随口说道："朕知道了，这事你自己去照章办理就是了。"

那些大臣的奏本，按理说，都要有皇帝的御笔亲批，可是，熹宗一律让魏忠贤去办。时间一长，魏忠贤便乘此机会，公报私仇，无所不为；即使错传御旨，产生不好的结果，皇上也从不过问。

于是，魏忠贤的胆子越来越大。他竟然用皇帝的名义，组建了一支锦衣卫队，作为自己耀武扬威的资本，公然在皇宫里操练起来。为了招降纳叛，网罗武术人才，整日练功，于是，征鼓的声音响彻禁宫内外，喊杀之声惊天动地。

更有甚者，熹宗原有一奶娘名叫客氏，生就的一副妖媚姿色，十分得熹宗皇帝宠幸，还被封为奉圣夫人。她与魏忠贤二人正是臭味相投，盘踞宫中，恃势横行。

魏忠贤自己更是作威作福，自称"九千岁"，表明他是一人之下，万人之上的"魏王爷"。朝中文武大臣，谁敢不听？稍有魏忠贤不满意者，便罗织罪名，不需通过皇上，便令锦衣卫将其严刑致死。

御史左光斗因上书皇上，参劾魏忠贤专权，遭到锦衣卫的严刑拷打，死于狱中。

从此，朝廷更加腐败，朋党迭起，冤案丛生，魏忠贤与客氏越发胆大。

两人住在宫里，魏住宫南，客住宫北，相距不远，中间修建了一条长廊，以便往来。除了每晚在一起淫乱之外，就是设计陷害，制造冤案，以达到排除异己的目的。

大明朝廷腐败昏聩，带来的是政治黑暗，官吏无能，国库空虚，军备废弛。辽东军屯破坏，军士逃散，军官骄淫，军械朽蠹，军队没有战斗能力。这一切都为建州努尔哈赤势力的迅速发展与强大，创造了良好的时机。

万历四十年（1612年）的一天，大将何和理、洛寒一起来向努尔哈赤报告："辽东巡抚郭光复的小舅子杨立涵，主动来建州联系：你们可以用十五颗珍珠、四件貂皮、八个美女，换回沈阳兵器库的刀、枪、盔甲一千五百件，火药二百斤。"

努尔哈赤听后，十分高兴地说道："这太好了！如此交易，既省工省料，又有时间，有益于建州，不利于大明，是一举数得的好事啊！"

从此，何和理、洛寒又派人买通了广宁总兵府里的兵器库保管人员，陆续用交换方式，运回大量的兵器、盔甲，特别是火药等军用物资。

万历四十二年（1614年）的六月，努尔哈赤已有进兵辽东、与大明作战的意图了。于是，他号召建州将士要注意积谷备战、贮谷实仓，决定不再向明朝纳贡了，尤其是停止向明朝贡蜜。

这消息很快传到明朝的边官耳里，他们为了探听虚实，便派遣辽阳的守官肖子玉出使建州。

这位肖子玉本是一个无赖之徒，只因他与万历皇帝宠妃——郑贵妃有些瓜葛，自称是郑贵妃的表侄儿，在辽阳巡按府里混个材官的职务。这次出使到建州，觉得自己官职低微，一怕受冷落，二怕捞不到钱财，左思右想，便冒充都督，坐着八抬大轿，到建州质问停贡之事。

努尔哈赤的两个情报大将何和理与满浅，早把这事探听清楚了，在肖子玉到建州之前，努尔哈赤已知道他的来历。本来，努尔哈赤想借此机会有意冷落肖子玉，以激起明朝边官的不满，观察明廷的动态，起到投石问路的作用。

后来，苟特利尔提醒他说："如今乌拉刚灭，兵马未能认真休整，攻明的准备尚未充分，对大明的使臣到来，还是以礼相待为好。"

再说肖子玉一行人，自称天朝使者，虚张声势地进入建州地界，既无人前来迎接，也没有官员接待，心里很不高兴，扬言道："天朝使者来到，大都督不理不睬，是何居心？有侮天朝颜面，回去以后定向表姑郑贵妃禀报，必将问罪。"

后来，努尔哈赤听从苟特利尔的建议，亲自带领建州众将领，到佛阿拉城外迎接。

这样，肖子玉才心满意足，在努尔哈赤陪同之下，进城入宫。在欢迎宴会上，肖子玉问："近年来，建州为何不向朝廷贡蜜？"

努尔哈赤听后，按照苟特利尔的建议，从容不迫地解释道："大使有所不知，这蜂蜜也像中原地区的五谷杂粮一样，时令不济，天不由人，我哪里有蜜可贡？几年来，辽东干旱，赤地千里，百花干死，蜂儿无蜜可采，自然无蜜。这只能等到风调雨顺，花满枝头，丰年存蜜的时候，再将按例朝贡吧！"

听他这么一说，肖子玉无言以对。

酒宴以后，努尔哈赤又以厚礼相赠，使肖子玉受宠若惊，十分满意。告辞时，努尔哈赤又引着众将相送，两人并辔而行，有说有笑地送到十里之外。

分手时，努尔哈赤拍着肖子玉的肩膀说道："你是辽阳巡抚的一名材官，却冒充朝廷派来的都督，我都不计较，我努尔哈赤够意思了吧？"

肖子玉听了，顿时窘得面红耳赤，不知所措地说道："感谢大都督的宽宏大量！日后，有用得着我的地方，请不必客气。"

努尔哈赤听了，高兴地说道："好！从今往后，咱们就是朋友了。"

　　以后，努尔哈赤攻打辽阳时，肖子玉作了内应，立了大功，这是后话，暂且不提。

　　一天，苟特利尔向努尔哈赤建议："兵书上说'知彼知己，百战不殆'，这里的'知彼'，就是了解对手的情况；若要把对手的情况搞清楚，必须'建立间谍'。"

　　努尔哈赤听了，非常高兴，立即说道："我们也早有一个情报组织了。"

　　说完，他把大将何和理、满浅二人负责的情报小组的情况作了介绍，又谦逊地说："在这方面，还需老人家多予指教哇！"

　　苟特利尔遂建议道："在向明朝开战之前，应该及早派遣间谍人员前去刺探明朝军队的指挥、部署、数量、兵器、城邑、士气、粮秣等情报。"

　　听了这些，努尔哈赤不由得从心里感到佩服，认为这老人确实是一个难得的人才啊！

　　努尔哈赤立即对他说道："据我多年的经验，做这事离了银子不行，我请你担任他们情报组的高参吧，同时再拨一大笔银子给你们，望老人家勿辞！"

　　苟特利尔当即答应了，接着说道："古人云：重赏之下必有勇夫！所谓钱能通神，就是这个道理。有了银子，我们可以派人打进明朝的各个重要部门，主要府城，甚至军事上的要塞，以贿赂收买手段，去刺探明军的各种情报，以求取得战争的主动权。"

　　努尔哈赤听了这些话，心里更加亮堂了，再次觉得"千军易得，一将难求"的千真万确。

　　于是，他当即派人喊来了大将何和理、满浅，对他们说道："从现在开始，我给你们情报组里送来了一个高参，希望你们像看待本王一样看待这位老人！"

　　二人一听，拍着巴掌表示欢迎，他们当即向老人介绍了一些情报组的情况，苟特利尔说："干这一行，离开朋友更不行！在开原城里，我有个朋友在那里开饭店，可以派人去与他联络一下。沈阳巡抚衙门里面，我有个表侄在里面做事，还当个小头目，可以通过他去了解明朝在辽东的兵力部署与守卫情况。"

　　何和理接着补充道："在辽阳，俺也有个亲戚在府里任职。"

　　大将满浅也说他有个朋友在辽阳做事。

　　努尔哈赤听了之后，兴奋地说道："这些人都是宝贵的火种啊！别看现在星星点点，看不上眼，一旦燃着了，很快会烧成漫天大火，形成燎原之势的！"

　　在苟特利尔帮助下，努尔哈赤派遣大将何和理、满浅，组织成一支精壮的情报间谍队伍，他们用最诡诈的计谋，最丰厚的礼物，最秘密的手段，派遣谍工，把明军在辽东的虚实动静探察得清清楚楚，为战胜明朝的军队奠定了基础。

一天，二人又在客厅里谈论着兵马的训练与整顿，苟特利尔把话题一转，说道："大王，如今的建州已非昔日可比了，不仅地域扩大，人口增多，而且内外事务庞杂，对外交往增多了，一旦与明朝开战，将有一个'正名'的问题亟待解决。"

努尔哈赤虽然认识汉文，对汉族历史也了解不少，但是关于"正名"之说却还陌生。

听苟特利尔一说，忙问道："何谓'正名'？它与攻明有什么关系？"

老人呷了一口茶，说道："古代的汉人孔丘说过'名不正，则言不顺；言不顺，则事不成'，这就是正名说，比方大王，在明廷眼里，你是建州卫的都督，是皇帝敕封的龙虎将军；若是向明朝开战，明廷就说大王背叛了大明皇帝，说你是谋反，就能号召天下人来讨伐你。这对明廷来说，他们是名正言顺的，因为建州还是它的属地呀！"

努尔哈赤听到这儿，有些明白了，便说："按孔丘说的'正名'说，我们攻打明军，就是名不正，言不顺了，对不对？"

苟特利尔笑道："大王真是睿智之人！老朽有个建议：这佛阿拉城如此狭小，居住的人也混乱，不如选个好地址，迁都！"

努尔哈赤又接着说道："迁都之后，立即称王、建国，再与明朝开战，就是名正言顺了！"

苟特利尔立刻笑起来，说道："大王说得对，经过迁都、建国、称王，大王将是一国之君，与明朝平起平坐，再不存在什么'以下犯上、作乱、叛逆'等的罪名了。"努尔哈赤当即接受了这一建议，并立即召开全军将领大会，他先请苟特利尔说明情况，然后宣布迁都赫图阿拉，之后建立大金国。

万历三十一年（1603年），努尔哈赤把都城从闭塞的旧老城——佛阿拉，迁到交通较为便利的赫图阿拉城。按照规定，内城居住满族贵族统治者；外城驻扎军队；内外城之间，聚居各种工匠和奴隶。此时，赫图阿拉城人口已有六七万人，成为当时建州的政治、经济和文化的中心。

万历四十三年（1615年），努尔哈赤公布了一系列规定："凡诸贝勒大臣，每五日参加朝会一次，议论国政、军国大事，均于此决之。"这种作为常例的联席议政的形式，成为当时在努尔哈赤领导之下的最高咨询和决策机构。

同时，努尔哈赤又"挑选公正处理国事的人，充当八大臣和四十名断事官员"，并要求这些人"勿索财物，秉公执法"。

接着，又颁布法制，设理政听讼大臣五人，都查十人，负责审理诉讼案件，要求每五天开审一次。开审过程如下：先由都堂审问，然后报告五大臣，再由五大臣复查，并把情况上报诸贝勒，讨论议决。如果诉讼者不服，可以向努尔哈赤提出申诉，由努尔哈赤亲自审查，最后裁决。

万历四十四年（1616年）正月，正当春节来临之际，赫图阿拉城分外热闹，到处张灯结彩，人来人往，洋溢着热烈的节日气氛。

此时，寒风呼啸，瑞雪飞舞，辽东大地正是千里冰封、万里雪飘。鸡鸣山昂首翘立，虎拦哈达雄姿挺拔，它们满身披挂着银妆，在苍松翠柏的掩映下，显示着蓬勃的生机。

在赫图阿拉城里，军民们都在庆贺新年的到来，而与新年一同给人们带来欢乐的，还有一件大事——正月初一这一天，努尔哈赤将正式称为汗王。

在这之前，先是八旗各个贝勒，五大臣与主要将领，举行会议，一致赞同为建州大王努尔哈赤上尊号，并作表书，请求努尔哈赤准许，并定于正月初一举行正式建国仪式。

正月初一甲申时分，努尔哈赤正式称汗王，登基典礼在内城隆重举行。

以努尔哈赤次子代善、侄阿敏、第五子莽古尔泰、第八子皇太极为首的诸贝勒和大臣，率领众文武官员齐聚"尊号台"（相当于金銮宝殿）前面，按八旗顺序站立两边。

当努尔哈赤面向群臣就座时，八大臣从众人中走出来，手捧劝进表文，跪在前面，诸贝勒、大臣率众人跪在后面。侍卫阿敦立于汗王的右侧，巴克什额尔德尼立于汗王的左侧，从两侧前迎八大臣跪呈的表文。

随后，额尔德尼在汗王的左前方宣读表文，上尊号为"奉天覆育列国英明汗王"。

读罢表文，努尔哈赤站起来，离开宝座，亲自拈香，向上天祷告，带领群臣行三跪九叩首礼。

一天早上，努尔哈赤刚吃过早饭来到客厅，忽听外面吵吵嚷嚷，遂问道："外面在干什么，闹哄哄的？"

侍卫慌忙走过来报告道："蒙古科尔沁的一个老贝勒，他的儿子名叫兀尔宰图，昨天在城里被人打折了腿，他的老母亲来喊冤告状了。"

"既然来告状，就按程序告嘛！在外面胡闹什么，有理也不能胡闹啊！"

说完之后，汗王就准备坐下办理公事，稍一思忖，便又问道："怎么？这案子里有啥问题没有？那个兀尔……宰图是被谁打折腿的？"

"报告汗王：这案子没有受理，兀尔宰图的老母亲才来喊冤的！"

听侍卫这么一说，努尔哈赤想了一下又问："为何不受理？这——"

他眉头一皱对侍卫说："你快告诉我，是什么人打的？"

"报告汗王：对这案子我也不甚清楚，听外面人说，是三个人打的，有扬阿拉罕，扈芒阿代，还有——"

"还有谁？"

"还有汗王的第十三子赖慕布。"

努尔哈赤听完，恍然大悟地说道："本王就知道这里面一定有文章。"

说罢，站起身来就往外走，到门口时，对侍卫们看了一眼，说道："走！到外面看看去！"

此时，宫门外约有好几十人围在一起，中有一个蒙古族装束的老妇人哭道："我家老贝勒已死一年多了，全家生活就靠这儿子的粮饷维持生活，如今他腿被打断了，不能去打仗，失去赏赐，我们怎么生活下去呀？这不是害我全家吗？"

努尔哈赤忙走上去，众人一见是汗王来了，急忙往四处闪避，汗王向老妇人问道："你不要哭闹，把事情向本王说清楚，由本王为你做主！"

老妇人赶紧给汗王磕头，说道："报告汗王，昨天我儿子担着一担柴，不小心撞着了一个名叫——"

原来昨天中午时分，努尔哈赤的十三子赖慕布，与他的两个好朋友——大将扬古利的儿子扬阿拉罕和扈尔汗的小儿子扈芒阿代，去城外的掇克河里游水。三人游水以后，心情很好，正走着，忽然从后面走过来一个挑柴担的人，撞了一下赖慕布的屁股。

三人回头一看，见是一个三十岁左右的大汉，正要质问时，那大汉急忙放下柴担说："实在对不起！我只顾赶路，一时不小心，撞了这位小兄弟，请各位包涵。"

扬阿拉罕一撸袖子，手指着大汉说道："你的眼长到额头上了！什么小兄弟，他可是咱们的十三王子啊！"

扈芒阿代也不说话，只见他把身子向下一蹲，对着那两捆木柴，连续使了两个扫堂腿。于是，两捆木柴立刻飞起五六尺高，撒得满地都是。

大汉有些生气，便说："你们这是干什么？我已道歉，你们还要怎么样？"

扬阿拉罕两眼一瞪，骂道："嗬！这嘴还硬呢？看老子教训他！"

说完，就上去噼噼啪啪给大汉一顿拳脚。扈芒阿代在旁边一看，可乐了，原来这大汉是个菜包子，没挨几下子就趴下了，他也走过去补给那大汉一顿拳脚。

赖慕布急忙拉过二人，对他们说道："别打了，人家又不还手。"

这时候，周围立刻围上来一群看热闹的人，都伸长了脖子，还有叫好的，突然有人惊叫道："喂，喂！你们快看。"

大家闻声往地上一看，只见大汉满脸是血，两腿抽搐，呻吟不止。

忽听人群外边喊道："是谁打我儿子？我儿子怎么得罪他啦？"

人群让开一条路，大汉的母亲见到浑身是血的儿子躺在地上，立刻号啕大哭起来。

赖慕布一看这情景，赶忙拉着两个好朋友，穿过人群，一溜烟跑走了。

次日，老妇人去找都堂告状，因为打人的三人是两位大将和汗王的儿子，都堂大臣便劝说老妇人不要告状了，答应她让绰尔济医生为她儿子治伤。可是，这位蒙古老人性格倔强，坚持要告，一定要求都堂十位大臣为她儿子讨回公道。于是，便在宫门外吵闹起来，并引来许多人围观，越吵声音越大。

努尔哈赤弄清情况以后，扶起老妇人，安慰她说道："这案子本王一定为你做主，你先回去，本王马上派医生为你儿子治伤，再让都堂抓紧查处案子，一定还你儿子一个公道！"

那蒙古妇人千恩万谢地回去了。

汗王见妇人走后，转身回到宫里，进入客厅，坐下之后便对侍卫说道："快去让都堂十位大臣来这里！"

侍卫把十位都堂大臣喊来，汗王问道："那位蒙古妇人的儿子兀尔宰图被殴打致伤两腿的案子，你们为什么不受理？"

听到汗王的质问，看着努尔哈赤那严厉的目光，都堂十位大臣你看看他，他看看你，没人回答。

努尔哈赤怒气冲冲地站了起来，在客厅里走来走去，这是他听从张聿华军师在活着时的建议，要他遇到盛怒时，就站起来走一走，以排解胸中的愤怒，既不会误伤人，也不至于有损自己的健康。大约走了十几个来回，汗王突然站住，看着对面的十位大臣，用平静的声调说道："你们以为，大将的儿子，尤其是我的儿子违犯了法律，就可以不定罪么？就能够逍遥法外了么？说轻了，这是一种糊涂认识！说得重一些，这是给我帮倒忙，这将陷我于不仁不义的境地！"

十位大臣站在那里一声不响，听着汗王的训斥，各自陷入深深的自责之中。

努尔哈赤又道："本王把执法的大权交予你们，各人都要知道自己肩上的担子有多重啊！"

这时候，负责都堂的十人的首领毕登土尔登上前一步，对努尔哈赤说道："请汗王息怒，我们都已知道错了。"

努尔哈赤听后，向他摆一下手，又说道："古人说：为国之道，存心贵乎公，谋事贵乎诚。立法布令，则贵乎严。若心不能公，弃良谋，慢法令之人，乃国之蠹也，治道其所赖焉！……生杀之际，不可不慎。必公平和气，详审所犯始末，方能得情。"

努尔哈赤要他们立即受理这个案子，并且公正地以法定罪与治罪。

都堂十位大臣不敢怠慢，立即分头去调查这件案子。经过都堂十位大臣的全面调查，将三位打人的凶手扬阿拉罕、扈芒阿代和赖慕布一齐拘押起来。

经过再三审问，三人都对殴打兀尔宰图的事供认不讳，按照努尔哈赤制定的律令规定，无论何人，"杀人者死，伤人者刑"的条例，都堂十位大臣判定三人各受杖五十，并关押五十天。

按照审判的程序，都堂将判定送交五大臣复查，再向诸贝勒上报。

努尔哈赤又亲自复查此案，除对判决无疑义之外，这位汗王又加上了一条罚款："要三位打人者的家属各自交出白银五十两，作为对兀尔宰图被打断双腿的医疗费、饮食费用的赔偿。"

这件案子终结了，在赫图阿拉影响甚大，努尔哈赤趁势对办案人员又作了若干规定。

汗王要求各大臣在每五天一次的聚会之前，先要对天焚香叩头，诚表心志，然后再去审理衙门里各种犯罪人员的案情。

努尔哈赤规定：不准办案人员向有罪者索要银两；在审理案情时，不许喝烧酒、吃佳肴。并且明令指出：允许各地部民到赫图阿拉告状申冤——如属实，给予免罪，如果是诬告，则予反罪处之。在执行法令时，努尔哈赤强调要按法规认真办理一切案件。虽子、弟、侄、孙等人，如有触犯刑律者，一律严惩不贷。

有一次，他的侄子济尔哈朗、宰桑武和孙子岳托、硕托等，居然把大将扈尔汗分得的财物占为己有。努尔哈赤知道以后，命令他们在赫图阿拉的都堂衙门里，穿上女人的衣服、短袍、裙子，加以羞辱，并画地为牢，将其监禁三天三夜。汗王又亲自去他们被关押的地方，叱责诸侄孙，当众向他们的脸上吐唾沫。

为了防止犯罪，努尔哈赤对大臣们说道："古人云'治乱世者，必用重典'，咱们后金国地域之大，人员庞杂。不光女真人，还有蒙人、汉人，不严惩犯罪，尤其是不用严酷的刑法，社会难以安定。"

在这种意识的支配下，后金国的刑法极为残酷，令闻者失声。

有一次，三个人旗士兵被蒙古人无故杀死。努尔哈赤得知这一消息，十分气愤，决定亲自处理这一事件。通过调查属实后，他命令将犯人的两手钉在木头上，两脚捆在驴腹下面，然后让人骑着驴子押到赫图阿拉行刑。

一天，有人来向汗王报告：大臣阿登纳的妻子赛乌娜用烧红的烙铁，去烫烙家婢的阴部。

努尔哈赤当即找来那家婢询问，并让人检查属实后，把塞乌娜押到都堂衙门，命令刺穿她的耳、鼻，穿上铁环，让她终生戴着，以儆效尤。

有一天夜里，工具匠茂海趁着黑夜，奸污了编户汉人妇人。

努尔哈赤很重视笼络汉人，便命令把茂海吊在旗杆上，颈子上系着一块五十斤重的石头，往下坠着，一连吊了几天几夜，将茂海活活吊死，围观的人络绎不绝。然后，又命令对其碎尸八块，让八旗每旗分尸一段，悬挂示众，以此告诫众人。

为了防止犯罪，努尔哈赤还做了一些规定，如男人盗窃，女人应规劝，不听后可以告发；否则，其妻要脚踏赤红火炭，头顶灼热铁锅，处以死刑。

第十回

摇三寸贤臣自荐，挥万钧猛将显威

努尔哈赤建立后金国之后，陶醉在胜利的喜悦之中，不由得自言自语地说道："早在五百多年前，女真族的祖先就曾经建立了一个大金国，后来灭于蒙古人之手，如今我又使女真人重振雄风，再度崛起，女真族受欺侮、被奴役的时代一去不复返了！"

正当这位刚登基不久的汗王陶醉在成功的喜悦氛围中，老人苟特利尔来了，并且说道："辽东地区闹水灾，我们后金地区的情况更加严重，天公不作美啊！"

努尔哈赤听了之后，说道："是啊，尽管咱们积蓄的粮谷不少，但是连年的大灾，导致农业不收，牛羊瘟疫，也是供不应求，时间长了，这数万兵丁，再加上数十万老百姓跟着要吃的，将如何是好？"

苟特利尔接着又说："丰稔年景社会还安定，遇到荒年，人心思乱，麻烦就多了。掀开汉人史册，农民造反多在大灾之年爆发。"

努尔哈赤点头道："依我看来，这目前的平静也未必能持久，一有风吹草动，像盛骨孛罗之流，必然跳出来闹事，每想到这些，本王真是忧心如焚哪！"

苟特利尔见汗王真动了感情，又说道："其实，明朝万历皇帝的日子比咱们更难过！他们那里主昏臣庸，宦官当权，党争日烈，社会腐败，老百姓处于饥寒交迫之中，老弱死于道路，惨不忍睹呀！"

说到这里，老人眼里放射出一道异样的光彩，干脆果断地说道："不如趁这机会，咱们来个立马扬鞭，挥师向明开战！"

努尔哈赤听了，立即一跃而起，应声道："好！这也正是我心里想说的话！"

二人相互看着，不禁开心地大笑起来。

之后，两人又坐下来，把起兵前要做的事项，认真讨论拟订，最后，汗王说道："这篇讨明的檄文十分重要，请老人家费些心血，一定要把它写成——对我，是战斗的螺号；对敌，是锋利的匕首。"

万历四十六年（1618年），后金国汗王努尔哈赤传令八旗各牛录额真，令其催促部民牧放战马，整顿兵器、盔甲，准备打大仗。

为了保证出师的胜利，努尔哈赤又向全八旗将士申明军纪，颁布"兵法"，要求认真进行军事训练，修整器械等。

他具体布置说：每个牛录额真出五十个甲士，以十个甲士守城，四十个甲士出征。在四十个甲士中，以二十个甲士制造云梯两件，以备攻城之用。

为了蒙骗明朝边将，不使走漏消息，努尔哈赤要求将士们一切准备工作都要秘密进行，连伐树制造云梯也说是为了建造楼房，大兴土木之用。

在八旗全体将领会议上，努尔哈赤重申军纪内容，他声色俱厉地向大家说道："自出兵的那一天起，至凯旋班师回城为止，任何士兵不准离开自己所在的牛录；谁若违抗命令，将严厉处罚。若是甲喇额真（即五牛录额真）不向所属军民申明汗王的法令，罚甲喇额真和违抗的人马各一匹；若是甲喇额真已经申明了军纪，那就将违抗的士兵处死。"

在会上，他又对官兵们作了具体指示说："甲喇额真、牛录额真的职务非同一般，凡是本汗王委托的人，不能胜任的，可以自行退职。如果勉强挺着干，你率领这百人的队伍，则误了这百人的大事；你率领千人的队伍，则误了千人的大事。因此，在八旗军内，官职无论大小，都要人尽其才，才为所用，这是涉及国家大事，非同儿戏！"

对攻城的策略，努尔哈赤又具体指导说："凡是攻城夺邑，如果有一两个人盲目地率先攻城，这样做不值得赞扬，即使受伤、死亡了，也不奖赏，不给记功。"

汗王又指导说："在攻城战斗中，凡是毁坏城墙的，给记首功，由固山额真记录下来。当城墙破坏了，固山额真及时吹响角螺，各队士兵同时进攻时，率先登上城头的人，记大功。"

经过这一系列的开会、谈话、指示，后金国的八旗将士们，在努尔哈赤的耐心引导与鼓励下，就像拉紧的弓弦，只待他一声号令，便万马奔腾，驰奔而去！

四月初的一天，探马来向汗王报告："明朝抚顺关游击官员李永芳最近决定，于四月十五日在抚顺大开马市。"

努尔哈赤立即对苟特利尔道："天赐的良机来到了！"

苟特利尔老人也幽默地说道："汗王的攻明日期，是这位李永芳为你订的！"

努尔哈赤听了之后，大笑不止，对老人说："后天，咱们召开会议，研究攻打抚顺的计划，可好？"

老人点了点头，对汗王含蓄地一笑，说道："这些日子，老朽夜观星相，发现在抚顺的上空有一颗很亮的星座，慢慢往建州方向靠近，在攻下抚顺之前，汗王可能喜得新人，这是值得庆贺的事情，请汗王拭目以待！"

努尔哈赤一听，有些惊讶地问道："俗话说'既有新人来，便有老人去'，果真如此么？"

苟特利尔点点头，又慢慢地站将起来道："'大河后浪推前浪，一代新人换旧人'，这是人世间的规律，谁也无法改变！"说完，与汗王摆摆手，脚步有些蹒跚地走了出去。

第二天，苟特利尔家里的佣人来报告："老人无病而终。"

努尔哈赤先是一惊，接着流下了两行眼泪，并立即出宫，来到老人的遗体前，见他穿着整齐，好像熟睡了一样。

汗王控制不住悲切的心情，哽咽着说："本王正是用人之际，你老人家怎能忍心离去，好不令人痛惜啊。"

努尔哈赤被将领们再三劝说，止住哭泣道："先殡殓起来吧，等到攻明取得决定性胜利时，再安葬他老人家！"

努尔哈赤在苟特利尔去世之后，痛感失去左右手似的，只得忍痛节哀，决心化悲痛为力量。他立即召开八旗将领开会，研究攻明问题。

会议开始，贝勒皇太极立即说道："抚顺是通向明朝边关的门户，也是咱们后金国出入的主要道路，离咱们距离又最近，先攻打这座城有一举多得的功效；又遇上李永芳大开马市，城上的防务必然松弛，真是大好的机会，不可错过！"

大将安费扬古马上建议说："李永芳开马市，咱们可以扮作贩马的商人，去抚顺城里卖马，届时就来一个里应外合。"

大将昂纳克说道："先用重金去收买守门的兵士，特别是守城的小头目，争取攻城时能让他们做内应。"

皇五子莽古尔泰不解地问道："为何只收买士兵与小头目？难道不能收买他的守城将领么？"

这一问，又引来大家的一阵笑声。

皇太极立即告诉他这位五哥道："只是因为士兵与小头目容易收买，能把守城的将领收买过来，归我所用，那当然求之不得哩！"

努尔哈赤听后，看着莽古尔泰启发他道："带兵打仗，不仅要勇猛拼杀，还要学会动脑子多想计谋，要智取，不要硬拼！"

莽古尔泰听后，说道："父王教导的话，孩儿记住了！"

到会的大臣、将领们大多讲了话，基本上赞成皇太极与安费扬古二人提出的意见。

努尔哈赤又对攻城前后的各项准备与具体措施作了补充，然后命令八旗军的众贝勒、大臣、将领们要各自分头布置，认真去执行。

万历四十六年（1618年），天命三年的四月十三日，努尔哈赤亲自率领三万人马决定誓师攻打明朝。

这位汗王浑身披挂着威风凛凛的盔甲，骑在一匹白龙马上，身背一把闪光的大砍刀。他先带领众文武官员到天坛祭天，这是努尔哈赤每次出师前必定要做的一件大事。

祭拜时，先由司礼各官员点蜡焚香，大家恭行三跪九叩首礼。汗王努尔哈赤也下了马，跪在下面，谈祝官站在台上，宣读《七大恨》的檄文。这篇长长的檄文——《七大恨》，原是汗王请苟特利尔老人起草拟写的。在这之前，努尔哈赤已读过几遍了，觉得老人写得很好，完全符合自己的心意。

读完之后，众贝勒、大臣们皆呼万岁。这时候，角声响起，螺号嘹亮，催师出发。汗王努尔哈赤离开天坛，跨上了白龙马，将手中的御鞭一指，大队兵马迅速向前移动。顿时，旌旗蔽日，刀枪如林，马蹄嗒嗒，人声喧嚷，杀奔抚顺关而去。

大军走了三十五里，来到古勒山下，努尔哈赤一声令下，兵分两处宿营。此时，侍卫前来向汗王报告："有一年轻书生前来求见。"

努尔哈赤沉吟一下，心里想道："大战之前，出来见我干啥？或许有机密事来报告，也未可知，但是不可不有所防备呀！"

于是，汗王向身边侍卫们使了一个眼色。不多一会儿工夫，已被全身搜查一遍的年轻人被领了进来。

努尔哈赤仔细一看，见这年轻人长得眉清目秀，衣裳干净，一副书生模样，很是老实。汗王向他点了点头，问道："你是满人，还是汉人，来见本王有何事？"

年轻人不慌不忙地朗声说道："鄙人名叫范文程，字宪斗，沈阳人氏，乃北宋范文正公仲淹的后代。自幼读书，十八岁中秀才，以后屡试不中，只因没有向考试官员行贿，始终榜上无名。后曾屡次上书大明皇帝，进呈建国大计，明皇不用，反遭官员嘲弄。今见汗王崛起建州，招纳贤士，敬重有能之人，才不辞辛劳，不避斧钺，效法毛遂，自荐自引，愿为陛下尽毕生之力，辅襄明主。"

努尔哈赤听着这范文程的自我介绍，猛然想起苟特利尔临终前的话语，难道就应验在此人身上？他接着问道："你读过兵书么？"

范文程立刻答道："报告汗王，兵书战策，自小熟读；韬略布阵，无所不晓；三教九流，无所不通。"

努尔哈赤对他的回答深为满意，对他说："先生远道来投，本王自然高兴，朕的身边正少一汉人先生，烦你担当此职，可随时为朕运筹军中方略。"

范文程急忙又禀道："陛下有所不知，这几年鄙人落拓不羁，曾走遍辽东大地，山川河谷，地理形貌，全都谙熟在胸，曾亲自绘出一张《辽东地形图》，请陛下御览。"

说完，范文程从怀中取出那张自绘好的地图，恭恭敬敬地送到努尔哈赤手里。

汗王展开地图一看，惊讶得连连发出"啧啧"的赞叹声，并打心眼里佩服起来："这年轻人真是一个人才呢。"

努尔哈赤把范文程当作苟特利尔去世前向他说明的那个"新人"，又见其谈吐不俗，气质不凡，便更加信任，就留在身边，参赞军机大事。

范文程见努尔哈赤十分器重他，便急忙跪下叩首谢恩，再次表示决心。

努尔哈赤称他为"范先生"，各贝勒、大臣、将领们也都喊他为"先生"，满朝文武都十分敬重他。

第二天，努尔哈赤向范文程问道："抚顺关的守将李永芳，此人有无真本领？"

范文程想了一下回禀汗王说道："李永芳识字不多，本领平常，论才能，怎能胜任这抚顺关的朝廷高官？主要因为他的母亲年轻时颇有姿色，被当时的总兵官李成梁看上了，便认他作了义子，以后他母亲改嫁给李成梁后，就让他姓李，李成梁还运用自己的权力，让他成为抚顺关的游击。"

说到这里，努尔哈赤也回忆起来了，当年自己年轻时，曾在抚顺马市上见过李永芳，并有过一面之交哩！

于是，努尔哈赤接着说道："朕也想起来了，这李永芳的父亲名叫邹华章，原是抚顺关街上一家珠宝店的老板，李成梁派人杀死了邹华章并霸占其妻，邹永芳就变成了李永芳。"

两人正在议论李永芳的事情，皇太极走了进来，向努尔哈赤报告："据探马来说，西部吉赛的骑兵约三千人，已逼近辽河，距离抚顺不远了。"

努尔哈赤听到之后，兴奋地说道："好！可以再派人去向吉赛说明，只要他的骑兵在辽河边上出动，故意让城里的李永芳看到就行了，这叫做疑兵；攻打抚顺城的任务，不劳他们，仍然由我们自己完成！"

皇太极得令而去，汗王又向范文程问道："依先生之见，攻打抚顺，应用何策？"

"在下以为，自古以来成大业的帝王，都以得民心为重；要民心服从，就要以德服人，不能以力服人。眼下，李永芳要大开马市，陛下已派人冒充商人，作里应外合的准备了；我再为陛下修书一封，对李永芳晓以利害，劝他投降，若能听从规劝，何必非拼杀不可？他若能拱手献城，百姓们岂不更会箪食壶浆，高呼万岁，歌颂陛下的恩德，欢迎陛下的兵马入城么？"

努尔哈赤听后，兴奋得眉开眼笑，他心里说道："这人真是学识渊博，能言善辩之士！他说的话句句都是兴邦治国的大道理，真是不可多得的一个人才啊！"

于是，努尔哈赤就让范文程写劝降书，准备在攻城的前夕，再派人送给李永芳。努尔哈赤派遣大将昂纳克，让他化装成一个十分有钱的商人，带着几个随从去抚顺。

一行人跟在昂纳克的马后，不到半日工夫，便来到城门前面，未等守门的士卒发话，昂纳克的随从队长兀胥友主动走上去，介绍道："这位建州的老爷，是来做珠宝、人参、貂皮生意的，在最近三几天内，咱们的驼队、马队还要来呢，请二位多予方便！"

那两名士卒正想说话，兀胥友已从口袋里掏出两只元宝，一人递给他一只。两人低头一见，大喜过望，其中一人说道："我叫王甲，他名张山，本来出入城门很方便，由于大开马市，大头儿担心混进坏人捣乱，今早发下了新规定，又换来了新头领。"

正说罢，那王甲用手向身后一指，说道："嘿！新来的王头领来了！"

昂纳克与兀胥友抬头一看，见那王头领小小的脑袋，三角脸，高鼻子，脸色黄中带着灰色，嘴唇黑紫，知道此人嗜烟爱酒又好色。

王甲先走过去，指着昂纳克介绍道："报告王头领，建州来了一位珠宝商人。"

昂纳克一身商人打扮，一步三摇地走到王头领面前，朗声自我介绍道："兄弟昂纳克，想在这里做一笔较大的珠宝、人参、貂皮的生意，望老兄多多关照！"

这王头领本是明白人，连忙点头哈腰地说："欢迎，欢迎！请到城楼上喝茶，咱们兄弟俩再好好叙谈叙谈。"

说完，王头领向王甲、张山一摆手："小子们！好好替爷们看着，别放了坏人进来；若是有个闪失，就让你们吃不了，兜着走了！"然后，大摇大摆地带着昂纳克上了城楼。

这抚顺关倒是一座石头城，东南西北方向都有城门，上面还有较大的城楼，供守城的将士躲避风雨之用。南北两门开得很少，西门通蒙古各部，常有商人等来往出入，东门通建州，进出人数更多，因此东西两门总是大开着。

王头领把昂纳克带进东门城楼上，立即对一名守城的士卒说道："快去得月楼酒店说一声，让他们快送些酒菜来，全记在老子的账上！"

那士卒刚走出去，昂纳克向兀胥友递了一个眼色，他急忙走到王头领身边，递上一个羊皮袋儿，轻轻放在桌子上，故意把口袋松开，露出里面的珍珠、元宝等，顺口说道："这点礼物是咱们老爷的一点小意思，望王头领不要见笑，等到咱们的驼队、马队来了，再以丰盛礼品感谢王头领呢！"

昂纳克接着说道："这点东西，不成敬意，请老兄包涵，今后老兄有用得着兄弟的地方，尽管吩咐好了。"

王头领看见那些珍珠、元宝等，闪着亮光，已经乐得两只小眼眯成了一条缝儿，不知有多快活了，笑着向昂纳克说道："你们太客气了！初次见面，这般重礼，兄弟何以敢当！"

正说话时，城里得月楼酒店的人员已陆续把酒菜送来，满满一大桌子，鸡、鸭、鹅，牛肉、马肉、驴肉等，还有三四坛子烧酒。

王头领立刻指着酒菜说道："老兄快坐下，咱们今天来个开怀畅饮！"

于是昂纳克与王头领便坐下来，一边喝酒，一边天南地北地扯谈起来……

李永芳自从担任抚顺关的游击官以来，已经三年多了，由于他脑子灵活，对上巴结逢迎，对下怀柔笼络，倒也平安无事地混过来了。

在李永芳手下有三个重要将领，千总官王命印，为人正直，武艺高强，城内的一千人马由他统率。其次，还有两个副将唐月顺、王学道，平日协助王命印训练兵马，把守城门，都很尽力尽职。

李永芳原有妻子两人，因为难产缘故，头一个妻子早死了，第二个女人与侍卫私通，被李永芳发现后，一怒之下，全把他们勒死了。后来又娶了两个，一个是蒙古人，一个是抚顺城里马店老板的女儿王桂英，这女人长得苗条秀丽，浑身皮肤洁白如玉，两只小手又白又嫩，一伸出来，活像那葱白、藕尖一般。

因此，李永芳十分喜爱王桂英，对那蒙古女人连眼角也不睬一下了。

这次大开马市的决定，就是王桂英受她父亲的怂恿，对李永芳大吹枕头风的结果。当然，李永芳自己也有他的小算盘。这马市一开，既可以活跃抚顺的市场，为李永芳带来良好的声誉，增加政治资本，又可以扩大税收范围，增加税收，自己也能从中捞到更多的好处。

于是，他与王命印、唐月顺、王学道一起商议以后，便定于万历四十六年（1618年）四月十五日大开马市。

王桂英的弟弟王戈胜，依仗着姐姐得宠，整日不务正业，吃喝嫖赌，在抚顺城里谁也不敢惹他！王桂英向李永芳软硬兼施，要求李永芳派她弟弟王戈胜去城门负责稽查事务。

李永芳只得答应了，王命印、唐月顺与王学道三人一齐反对，说道："他从中弄点银子事小，我们并不眼红，只是担心他放进了恶人进城，把好端端的马市给搅乱了。"

李永芳只是静静地听着，"嘿嘿"地笑着，不置可否。

王命印提醒道："咱这里距离建州最近，努尔哈赤两年前就建国自称汗王了，其志不小哩！如今，他已有兵马三万多，一旦趁马市混乱之机，派兵来袭，咱们怎能抵挡得住？"

李永芳听后，满不在乎地对他们说道："这未免太多虑了吧？努尔哈赤虽然有野心，他是要统一女真各部，征服蒙古，对大明王朝他还没有这个胆量！"

王命印又接着说道："据我听说的消息，努尔哈赤已经三四年不向皇帝朝贡了，今春以来，他要求八旗军队作攻城的训练，又命令打造兵器、盔甲，还砍伐大量的树木，制造云梯等。"

李永芳听得有些不耐烦了，忙打断道："咱们大明是天朝大国，光辽东驻兵，已不下万人，上将千员，努尔哈赤敢么？难道他吃了豹子胆了！你别在这里瞎起哄，弄得草木皆兵，风声鹤唳的！"

看到李永芳有些生气的样子，王命印也就不说了，唐月顺接过话茬，打圆场道："咱们当务之急，是把这次马市开好，绝不能出纰漏。明天就是四月十五日，还是把明天咱们要做哪些事情，怎么管好马市，如何分工等，研究一下吧？"

李永芳急忙点头，说道："对呀，这才是咱们的头等大事！"

说罢，四个人又坐下来，讨论了一会儿，各人分好工，然后才去分头布置，各自散去。

再说昂纳克与王头领喝酒，二人喝到高兴得意之时，王头领夸口说道："昂纳克兄可能还不知道哩，小弟正是抚顺关守领李永芳的内弟，俺姐姐王桂英在姐夫面前说一不二，讲红不说黑，就说这次开马市，我姐一提议，他就答应了，后来我提出让我来城门管理稽查事务，姐夫也不敢抹我的面子，就派我来了，不然的话，咱们兄弟俩怎能认识！"

昂纳克一听，立刻应道："是啊！这次来参加马市，咱兄弟俩一见如故，也算是缘分啊！不过，我这生意将越做越大，以后还得靠王头领热心扶持哟！"

王头领立刻把胸脯一拍，说："请老兄放心吧，我王戈胜向来是说一不二的，今后有用得着小弟时就只管说。"

昂纳克也拍着胸脯，对王戈胜说道："好，有你王头领这句话也就够了！从今往后，经济上若有不顺，你就不要客气，后天我的驼队、马队全要进城，上面装的尽是珍珠、貂皮、人参等，还能少了兄弟你的银钱花？"

说到这儿，昂纳克立刻一招手，兀胥友走来了，问道："老爷有何事？"

昂纳克看看王戈胜，对他说道："你要记住，从今天起，王头领的事，就是老爷我的事！王头领要什么，你就只管给他！"

此时，王戈胜一听一看，也坐不住了，急忙向外面大声喊道："快把王甲、张山喊来！"

他又与昂纳克连续碰了三杯酒，见二人来到，立刻瞪着血红的两眼，对他们说："我现在，就告诉你们记住，这昂纳克老兄是我最好朋友，以后，不管什么时候，也不论什么事情，不准任何人拦阻、干……涉！这是我的命令！记住了吗？"

王甲、张山答应了一声"是"，就出去了。

昂纳克觉得目的已达到，又与王戈胜连干了几杯，便向他告辞道："我是生意人，还有些生意上的事情需要去办理，下次由我做东，还是在这里，咱兄弟俩再来个一醉方休！"

王戈胜也真的醉了，但是他心里是明白的，只见他把那羊皮袋子紧紧抱在怀里，说道："好吧，欢迎老兄常来，小弟一定……奉陪！"

再说努尔哈赤做事一向深思熟虑，尤其是在大战之前，总是细致周密地估计可能会发生的意外事件，使战斗计划更完善，以争取战争完全胜利。

因为广宁的驻军较多，离抚顺又近，广宁的总兵官张承胤是一个勇猛善战的将领，努尔哈赤考虑到一旦吹响攻打抚顺城的螺号，广宁就会迅速派兵来救，将对自己不利。

于是，他决定派遣皇三子阿拜、皇四子汤古岱前往广宁城试探一下虚实情况。

二人带了一些珍珠、人参等土特产，骑上快马，一路风尘地驰到总兵府里。

谁知守门的两个士卒正在闲着没事下棋玩呢，他们一听说是建州努尔哈赤大王派人来送礼的，就说道："总兵大人一早就领着几个妻子去北山林子里打猎了，让他的大老婆在府里守着哩！"

阿拜与汤古岱交换了一下眼色，说道："这些礼物烦请二位等总兵大人回府时交给他，就说是建州大王送给他的礼物，让他好好享受吧！我们告辞了！"

二人遂攀鞍上马，赶回大营，向他们的父王报告了这一情况，努尔哈赤听完笑道："看来，这张承胤对咱们这里的情况是一无所知，这真是太好了！"

阿拜立即埋怨地说道："可惜父王没有让俺俩带兵马去，不然的话，不废一兵一卒，俺兄弟俩就把广宁城拿下来了！"

努尔哈赤听罢，哈哈大笑，然后正色说道："可别轻视那个张承胤啊，你们不是他的对手，凡事还要谨慎为好啊！"

等两个皇子走后，他转脸向范文程说道："大明皇帝整日不理朝政，下面的官吏也不问政事，真是上行下效，这朱姓王朝该灭了！"

范文程听后，也说道："遥想朱元璋开国的当年，何等显赫，未曾想其众多的子孙中，只有朱棣一人尚属明智。"

努尔哈赤听了这段话，哈哈大笑不止，只见大贝勒代善领着总兵官麻承塔走了进来。他对麻承塔说道："命你带着三百人马，扮作贩马商人模样，进城之后与昂纳克接头联系，听从他的安排，不得擅自行动。"

麻承塔走后，他对代善说道："你领二千兵马，隐蔽在抚顺通广宁的道口，即卧牛山下那片林子里，切不可暴露目标，等到明日攻打抚顺的战斗打响后，广宁总兵张承胤不派兵便罢，一旦派兵必经过那道口，你可以突然截住，阻止其兵马北上。"

代善得令而去，努尔哈赤对范文程说道："这叫做有备无患，派去这支打援的兵马，就可以解除后顾之忧，一心攻打抚顺城；在战场上，一步决策失算，就会影响全局，而使整个战场被动。"

范文程马上说道："陛下老谋深算，指挥若定，布置周密，步步为营，真是万无一失，焉有不胜之理？"

"范先生谬夸喽！朕自二十五岁起兵，在马上拼杀了三十五年，要说有经验，也是在打仗中学会了打仗，从一场场战争中积累了一些经验，这是用朕的血汗和众多将士们的生命换来的，其代价比黄金还重啊！"

二人直谈到夜阑，才各自休息。

四月十四日这天，正是春光明媚的日子，明天要开马市，抚顺城里人声喧嚷，热闹非凡，像迎接节日一样。

城头上旗帜飘扬，锣鼓喧天，守城的士兵也都非常高兴，都放下手中的兵器，伏在城头看着城下赶来参加马市的人们。这时候，后金国的总兵官麻承塔，领着三百人的马队，一齐扮作马贩子的形象，排着长队来到东门前面。

王戈胜一大早就来到东门前坐镇了，一见这么一大队马帮，便向王甲、张山一努嘴，两人上前去拦住麻承塔问道："你们这么多马匹，也是来参加明天的马市？"

麻承塔走上一步，弯腰含笑地答道："是啊，是啊！我们是贩马的商人，全是专程赶来参加这四月十五日的马市的，请让我们进城！"

说完，这麻承塔紧走两步，来到王戈胜面前，伸手递过去五只白花花的元宝，笑道："这点薄礼，请长官笑纳，等兄弟把这批马卖掉以后，定当重谢！"

王戈胜把那元宝在手心里掂了一掂，觉得这马贩子也够义气的，出手就五只元宝！于是，满脸堆笑地说道："好说，好说！进城，进城！等老兄出城时，兄弟一定备酒祝贺！请！"

这麻承塔便领着身后的马队，进了城里，按照预先约定的暗号，毫不费力地找到了昂纳克。在昂纳克引导下，把三百名"马贩子"及他们的马匹全都安排妥帖，让他们在屋里休息，不准出外活动。

为了防备万一，昂纳克悄悄向麻承塔说道："请总兵官坐在门前守着，不准他们出门，这是命令，谁若不听，就——"说到这里，昂纳克把右手掌向下一劈，意思是：一刀结果了他！

说完，他便忙着到四门察看守城的兵力部署情况，一见城上的守军毫无戒备，全都沉浸在迎接大开马市的喜悦之中。于是，昂纳克放心地回到住处，喊来一个随从，要他立即出城，将抚顺城里守备松懈，对后金的动向一无所知的情况，报告给汗王。

四月十五日早上，天刚放亮，李永芳还在搂着王桂芳睡觉，千总官王命印便来敲门，对他说道："根据可靠消息，蒙古吉赛及其他各部约有三四千人马，列阵辽河两岸，似有突袭咱抚顺城之势，不得不防啊！"

李永芳听了，不觉心中一惊，他知道这喀尔喀的吉赛一向善于偷袭，现在已被努尔哈赤征服了，怎么又要故伎重演？他先让王命印等一下，又派人去到辽河边上探询吉赛的真实意图，然后再说。

谁知派出去的人还未走，侍卫便来报告："蒙古的吉赛派人来讨赏，正在门外等着。"

李永芳立即大惊失色，对王千总说道："把两个把总也唤来，咱们一起商议吧！"

王命印当即派人去喊来王学道、唐月顺，李永芳看着三位部下，有些生气地说道："咱们今天大开马市，吉赛却陈兵辽河两岸，对咱讹诈，派人来领赏，岂不是捣乱么？"

王命印立即说道："吉赛是否想来捣乱，咱先不要管它！俗话说得好，'打铁全靠自身硬'！依我之见，先把守城的事情安排好，然后再派一人前去吉赛那里说明，告诉他：'这赏赐是皇上的事情，你可以向朝廷讨赏，咱抚顺关的游击官只有申奏的资格，没有决定的权力'。"

唐月顺也建议说："俺也是这样想的，只要守住城，吉赛想捣乱也是妄想。"

大家正在议论守城的事情，探马来报告道："城东三十多里的古勒山谷中，有后金的兵马好几千人潜伏着。"

李永芳吓得变了脸色，忙向他们说道："在西边有蒙古吉赛的军队，东边又发现建州的兵马，东西形成对咱抚顺关夹攻的形势，难道他们真的要来攻打抚顺关么？"

王命印马上说道："俗话说'兵来将挡，水来土掩'。先不管他们来不来攻打，咱先把城防守备做好，心里也就踏实了。"

李永芳听了之后摇了摇头，说道："若是东西都来攻打，单凭城里这点兵力，岂能挡得住？还是派人到广宁张总兵那儿去送个信息，争取早派救兵为好哇。"

这时候，又有探马前来报告："今天城里特别混乱，建州来的参加马市的人最多，头一天来了几个做珍珠、人参生意的商人；昨天来了三百多匹马，跟着好几百人；还说今天再来三千人参加马市，弄得满城乱哄哄的。"

把总王学道说道："既然开了马市，就不能不让商人来做生意，至于混乱嘛，也是情所难免，不过咱们自己不能乱，更不能乱了方寸啊！"

王命印听得有些不耐烦了，立即说道："咱们不要老在这里打嘴官司了！我的意思是：马市由商人去做生意吧，咱们就集中精力做好守城的工作，西门的守卫由你们两人负责，我到东门去，李大人总管全城，这样分工可好？"

李永芳被这些乱纷纷的消息弄得六神无主，听了王千总官的讲话内容，很合心意，便说："那就按千总的意见办，如果没有其他提法，咱们宜早不宜迟，就各自分头去执行罢！"

等他们走后，李永芳坐在凳子上发了一会儿傻，他总认为：蒙古的吉赛与建州的努尔哈赤不会来打抚顺城的吧？

这天一大早，昂纳克就起来了，急忙洗漱完毕，就领着随从抓紧时间吃早饭，然后走到麻承塔那里，大声说道："今天开马市了，大家要抓紧时间做准备，行动要一致，可不能落后啊！"

那些扮作"马贩子"的士卒们，个个都心中有谱儿，一边整理着衣服，一边把兵器收藏在怀中，只等一声螺号了。

约在辰时光景，昂纳克向麻承塔悄悄说道："咱们分散地往东门靠近，一个时辰后在东门的右边集合，届时听螺号行动。"

昂纳克来到东门外一看，扬古利大将带领的驼队和马队已在等候他了，二人打了一个招呼之后，他转身去找王戈胜。王戈胜一见到昂纳克，十分热情地问道："怎么，老兄的驼队、马队真的来了么？"

昂纳克两手一拍，兴奋地说道："算你猜对了，他们就在城外，快放他们进来吧！中午，咱们喝酒去！"

"好！我来让他们办！"说完，王戈胜向周围一看，没有见到王甲、张山，便高声喊道："王甲——！张山——！"

过了好一会儿工夫，才见到两人气喘吁吁地跑来，王戈胜很生气地喝问他俩："干什么去了？老子喊哑嗓子，也不见你们。"

王甲急忙说道："是王千总官把咱们喊去了解情况。"

王戈胜很不耐烦地训斥两人道："管它什么千总、万总的，别理他，咱们干咱们的，你俩快去放昂纳克老兄的驼队、马队进城，快去！"

这王甲、张山奉王戈胜的命令，来到城门口向扬古利招手道："快进城吧！王头领让驼队、马队全进城！"

扬古利领着身后的驼马队伍正要进城时，千总官王命印走了过来，立即制止道："不行，这么多的骆驼、马匹，不能再进城了，城里已经够乱的喽！"

王甲、张山急忙跑去向王戈胜报告说："那驼马队伍被王千总拦住了，不让进城。"

只见那王戈胜气得三角眼一瞪，骂道："我就不信这个邪，走！老子去问问他！"

王戈胜大步流星地来到王命印面前，手指着他的脸喊道："这城门的稽查事务由我管理，你凭什么来问？真是狗拿耗子——多管闲事！"

"你的嘴巴最好放干净些！这东门的守卫是由我负责的，把这么多的驼队、马队放进城去，出了事，谁负责？"

“出啥子事情？今天大开马市，为啥不让人家进城做生意？你是存心要把马市弄垮！不行，我得维护马市，还是要放他们进来！”说罢，王戈胜一挺胸脯，就要去开城门。

只见王命印气得满脸通红，对守城的士卒们喊道：“听我的命令：守住城门，不准放那些驼马队进城！谁若强行开城门，格杀勿论！”

王戈胜气得又是叫，又是骂，与王命印闹得乱七八糟。

李永芳听说东门乱得厉害，王戈胜与王命印千总官闹得乌烟瘴气，便急匆匆地向东门走来，想去调解一下。

突然，有一士卒送来一封书信，他拆开一看，乃是一封劝降书，是后金国的努尔哈赤写给他的，顿时，他吓得立在那里，两条腿像被铁钉钉住一般，再也挪动不得了！大约过了足有半个时辰，他才缓过神来，心里又急又怕，一时没有了主张。

猛然间，一阵喊杀声传来，接着，螺号吹响了，震天的人喊马叫声，从城外响起。

李永芳正想先到东门看看，哪知有一守城士卒跑来向他报告道：“那些进城的珠宝商人，全是建州的士兵，正在东门里面与王千总拼杀呢！”

李永芳听了，更加慌乱，便急步往东门前走去，忽见王戈胜气急败坏地走来，就问道：“真是建州兵马在攻城么？”

“是啊，城外全是建州的兵马了，这城已被围得水也淌不出去了！”

说完，那王戈胜就向城里跑，刚跑两步，忽又回来，很神秘地对李永芳说道：“姐夫！依俺看，建州兵马那么多，还不如投降吧！”

“胡说！”李永芳吼了一声之后，见王戈胜吓得往城里跑了，也急急忙忙往府里跑去，正迎着他的两名侍卫牵着他的马，马背上驮着他的甲胄，他也不搭话，慌忙把盔甲穿上，一步跨上战马，就向东门驰去！

东门前的昂纳克一见城外满是兵马，知道努尔哈赤已开始攻城了。他便从怀里抽出刀来，向周围的那些扮作马贩子的士卒们大吼一声：“杀啊！建州的兵马进城了。”

昂纳克一声喊叫，那些士卒们立刻随着他杀向城门，与千总管王命印迎面撞上，昂纳克也不搭话，抢刀便砍，两人便杀到一处。二人约战了十几个回合，兀胥友冷不防地一箭射去，正中王命印的后背，他当即扑倒在地，士卒们上前，一阵乱砍，王命印立即成了一堆肉泥。

李永芳已骑马赶到，昂纳克大喝一声：“李永芳！你的守将已死，城也将破，还不快快下马投降，等待几时？”

李永芳正要勒马回跑，只见昂纳克把手中刀一挥，那三百名丁卒“哗啦”一下子，围了过去，把李永芳连人带马围在中间。他这时已上天无路，入地无门，

341

只得长叹一声，下马跪伏在昂纳克面前。

昂纳克伸手把他扶起来，说道："李永芳，你现在还可以立功！赶快命令士卒打开城门，并让城上的守军立即投降！"

此时，李永芳的头脑也清醒了，他随着昂纳克一起，命令士兵们打开东门，放后金国的兵马杀进城来。"你们快去西门，要两位把总官不要抵抗了，告诉他们我已投降了后金国。"

此时，三贝勒阿敏来到，对昂纳克说："汗王要见李永芳，咱们一起去见吧！"

于是三人一齐上马，走出东门外，远远看见一顶黄罗伞下，许多将领簇拥着一个骑在白马上的人。

早年，李永芳与努尔哈赤曾在抚顺关马市上见过面，可是岁月沧桑，斗转星移，二人的境遇都是今非昔比了，哪里还能认识？李永芳情知那位就是后金国的汗王努尔哈赤了，便急欲下马叩头，努尔哈赤已知其意，立即用马鞭一挥，意思是免了。

阿敏立即小声告诉他："汗王不要你下马了！"

李永芳顿时感到心里热乎乎地，他在马上向努尔哈赤双手一拱，流着泪道："我李永芳愿终生侍奉汗王，以报答不杀之恩！"

努尔哈赤微微一笑，温和地说道："好！归顺了就好！现在，你与三贝勒一起进城去，把将士们收降过来，把战场要清扫一番，对所有财物要查点清楚。"

李永芳便随着三贝勒阿敏又回城去了。

努尔哈赤一举攻下了抚顺城。据战后统计，努尔哈赤共俘获明朝官兵八百余人，抚顺城军民死伤人数达二万人，被掠走一万余人。

抚顺城是后金国兵马向明朝开战后，攻破的第一座边城。而李永芳，则是明朝降将中的第一人。抚顺城攻下后，努尔哈赤担心明廷又派军队占领，便命令将其毁去，于是抚顺城立即被后金士卒夷为平地。

为了进一步打击明朝在辽东的兵力，防止明军反扑过来，努尔哈赤一边慰劳兵马，一边又马不停蹄地派兵去攻打东州城和马根单城的明朝驻军。

大贝勒代善与大将扬古利，带领正红旗及镶红旗兵马八千余人，前往东州讨伐。

明朝驻东州的守将李弘祖，沈阳人氏，四十岁左右，为人耿直，谋略过人，武艺高强。但是，在政治腐败的大明朝这里，有才能的贤人往往得不到重用，还经常遭到排挤。

李弘祖曾多次向广宁总兵张承胤、抚顺游击李永芳建议道："建州的努尔哈赤其志不小，总有一天他会犯明作乱，应速速早图。"

这建议遭斥责后，李弘祖又以战略眼光，对明朝军事上的落后提出改革建议，他说道："明军应迅速组建骑兵队伍，立即改变原来的那种行动慢、摆方阵的步兵，更不能再用那保守的战车了！"

谁知这些积极的改革明军落后状态的倡议，在张承胤、李永芳之流的眼里，都成为漠视上司、不安本分的罪名。

这东州城只有五百余兵马，城墙又小又矮。抚顺城被攻陷的消息传来，守城将士一时惊慌失措，都有一种朝不保夕的心理。

李弘祖却坚持守城，他在全军士兵会上说："咱们活，是大明的人；死了，也是大明的鬼！人在，东州城也在；咱们每个人都要准备与东州城共存亡！"

在李弘祖的鼓动下，东州城五百多守城将士同仇敌忾，决心与来犯的后金军拼杀到底。于是，将士们积极搬运滚木、礌石，把弓箭集中起来使用，千方百计增强防卫能力。

代善与扬古利的兵马八千余人，把东州城围得水泄不通，最初也想对李弘祖进行诱降。代善派人在城下喊话，要李弘祖出来说话，但是，任凭城外喊破嗓子，城内也无人理会。

李弘祖对守城士兵说道："我为什么要与他们说话呢？他们是来犯之敌，是强盗，是豺狼！他们能发慈悲，放下兵器不攻城，不杀我们吗？"

李弘祖赤心守城的坚定态度，感染了全城的将士，人数虽不多，却拧成了一股绳。

代善恼羞成怒，决心攻城了！

在螺号声中，代善与扬古利指挥八旗军，拼命地抬着云梯，往城下跑，喊杀声响彻云天。由于城上礌石、滚木的打击，还有如雨一般的弓箭，一齐打下来，后金军的云梯根本靠不上城墙，抬云梯的人便已被打死，或是打伤。

后金军的士卒死伤较多，攻城不得不停下来。趁这工夫，李弘祖命令守军抓紧时间搬运礌石、滚木。为此，城内有些房屋也被拆了，其墙石、木头一齐被运往城上；许多百姓也直接登城参加抗敌的战斗，年纪大的则主动为守军送饭端水，全城形成人人参战的局面。

代善与扬古利见士兵死伤惨重，便决定改变攻城的方略，用重点进攻代替四面开花的打法。

代善让扬古利带领两千兵马，用二十架云梯，集中攻击东州的东门。为防止城上的礌石、滚木的打击，命令士兵头顶木板，抬着云梯，坚持攻城。

李弘祖一见后金兵马集中攻打东门，便将西、南、北三门的兵力匆匆调来东门，增加守卫力量，以对抗城下的重点进攻。

代善早在城下观察城内的动向了，一发现李弘祖把兵力集中调往东门时，立刻命令其他三门继续再攻。

李弘祖心知上当，但是再把兵力调回来已经来不及了，只得号召守军拼命抵抗。东州城内仅以五百兵力，对抗后金八千之众，哪里能持久下去？

不到两个时辰工夫，东州城四门全被攻破，代善与扬古利等，领着兵马杀进城去，经过一番拼杀，李弘祖英勇战死。

攻占了东州城之后，代善、扬古利查点人数，竟死伤一千余人，俘获明军二百二十多人，盔甲三百多副，战马一百多匹。

皇五子莽古尔泰与大将昂纳克，率领正蓝旗兵马五千人，前去攻打马根单城。

此城守将吴大成，其父吴三楞子，原是明成祖朱棣的一个侍卫。

一天夜里，有一刺客对熟睡中的朱棣行刺时，用飞镖投掷，吴三楞子无法抵挡，只得用自己的身体护住这位皇叔。结果，那有毒的飞镖击中吴三楞子的右臂，从那以后，吴三楞子少了一条臂膀。

事后，朱棣笑着对别人说："吴三楞子并不楞，有一颗事主的忠心。"

朱棣做皇帝以后，让吴三楞子做辽东的巡抚，这位独臂将军一直活到八十多岁才寿终正寝，吴大成是他的小儿子。

作为将门之后的吴大成，自认为父子两代身受皇恩，在大敌当前之时，怎会临阵畏敌？抚顺城被攻下时，他便定下死守马根单的决心，他在城内四百名士卒大会上说道："眼下，是我们报答大明朝皇恩的机会，你们当中有胆小怕死者，若想出城，不敢参战的，我可以放你们走！"

当时，吴大成连续说了好几遍，让他们自己站出来，四百名士卒无一人离队，一齐喊道："誓死抵抗，决不后退！"

在吴大成指挥下，全城守军加强戒备，增加礌石、滚木，坚持与来敌对抗到底，决不走李永芳的投降道路。

莽古尔泰与昂纳克的兵马来到城下之后，这位正蓝旗的首领三贝勒便急于攻城，昂纳克向他劝阻道："稍等一下再攻城吧，先把城周围的地形情况摸清楚，争取智取，既省时间，又能减少损失，好不好？"

莽古尔泰也就答应了，他们让兵马驻扎下来，令士兵休息。二人趁着月色，登上高坡，发现这马根单城依山面水，背靠古凉山。若是从正面强攻，攻城的兵马就要背水作战，城前的浑河水流较急，这给攻城带来许多的麻烦。

两人又绕到城后清凉山坡，只见山上峭石嶙峋，陡崖甚多，不过，士卒若能登上后山，由此越过城墙，潜入城内，然后内外配合，可一鼓而下，将城攻破，倒是一条妙计。

昂纳克小声说道："可选出精壮士卒，二百人足矣，由后杀到前，以纵火为号，城将容易攻破。"

莽古尔泰大喜，立即说道："将军智谋过人，非我等一介勇夫所能及。从今而后，一定认真学习将军。"

次日，昂纳克要莽古尔泰领五百人马，对马根单城进行佯攻，有意促使城上守军情绪紧张，使其疲劳加速。到了天黑之后，昂纳克带领精选出来的二百名士卒，悄悄绕到后山，攀援而上，很快来到城下，查点人数，一个不曾少。于是在昂纳克率先越城之后，二百名士卒一个个跳上城墙，潜进城里。

此时，正是四更天时分，城里人们正是熟睡之时，昂纳克一声令下，士卒们一边点火，一边高声喊叫："不好啦！后金的兵马进城啦！"

城内的草房容易燃着，眨眼之间，火势熊熊，烟火滚滚，随着过山风一吹，那火焰借着风力，向四处蔓延。城内的百姓吓得哭爹喊娘，四处乱跑，又正遇到昂纳克带领的二百士卒，便成为他们砍杀的靶子。

城上的守军也被惊得莫名其妙，细看城门，仍然关着，城内哪来的后金兵马？

正在迟疑之时，昂纳克已手挥大刀，从城里杀到城门前面，那些守军怎禁得他的砍杀，大部分被砍死，剩下的则吓得一哄而散。

吴大成也是在梦中被惊醒了，一见到处是熊熊的火光，喊杀声惊天动地，一时也被吓得不知所措。他手提大刀来到街上，见到百姓的尸体到处都是，方知后金的军队确实进城了。又见守城士卒吓得乱逃，忙向东门跑去。正巧遇上昂纳克就要去开城门。于是，他大喊一声道："是何贼人，闯进城里，还敢自开城门，真是狗胆包天！给我看——刀！"

说罢，三脚两步跳到昂纳克面前，抡刀就砍，见对方闪身躲过，又连续挥刀砍去，但总是被那人闪过，不由心想：此人功夫很好，不如用计擒他，想罢就又连续急挥手中大刀，瞅准机会，将左手悄悄伸进怀中，把那石灰小袋儿掏出来，握在手中。

谁知昂纳克本是精细之人，在战场上已是戎马半生了，什么没有经历过？一见对方刀法有变，越挥越急，知道这里必定有计，又见他从怀中掏出一物，紧握在手，心中早在提防了。他也趁对方不注意，从怀中摸出一根细绳，紧攥手中，准备来个将计就计。

这时候，城外的莽古尔泰见城内火起，烟尘直冲天空，急忙点齐兵马前来攻城，一时螺号响亮，喊杀声震撼着山谷。

那吴大成一边挥刀砍来，一边向周围看去，只见城内的守军与后金的进城士卒，正在相互对峙，为他们二人的厮杀呐喊助威。

他不再犹豫，右手举刀砍来，左手迅速一扬，那石灰袋子飞向昂纳克的面门打来。

昂纳克早有准备，见小袋离自己不过二寸之时，倏地把身子一蹲，举起刀来，轻轻一横，又把那小袋弹了回去。

吴大成一见，心中一惊，见昂纳克手中小绳一抖，说也奇怪，那绳儿如一条遒劲的马鞭，猛地击中自己的两腿，又被他一扯，当即倒地。

这昂纳克本想让士卒将其捆绑起来，哪知自己带来的那些士卒如狼似虎地上前，一阵乱砍乱杀，吴大成已被砍得面目全非了。城上的守军一见主将被杀，有的吓得逃走了，有的放下兵器，跪下求饶，投降了。

昂纳克遂下令打开城门，放莽古尔泰的大队兵马进城，这马根单城便落入后金之手。这一仗，马根单城被俘一百六十余人，而后金士卒只死伤了六名，还得盔甲二百副。

事后，三贝勒莽古尔泰对昂纳克说道："我真尝到了以智取胜的甜头！以后请将军多多教我。"

再说努尔哈赤在营帐之中，与范文程谈兵论政，非常投机，忽听侍卫进来报告："东州城、马根单城全被我军攻破，大贝勒、三贝勒以及大将扬古利、昂纳克已领着兵马班师回营了。"

努尔哈赤自然十分高兴，忙问道："攻下这三座城共俘获明朝军队多少人？"

那侍卫连忙说道："大约有一千余人。"

其实，这一次出征，以抚顺城、东州城、马根单城为中心，旁及五百余座台、堡、屯、寨，地域延伸百里之外，一共俘掠人、畜数目近三十万，其中以畜类为多。

四月十六日，努尔哈赤留下兵马四千人，让他们将东州、马根单城尽其毁坏，像对待抚顺城一样，将其夷为平地。然后，把队伍带到抚顺城东北的旷野，并扎营于嘉斑城。

接着，努尔哈赤召开全军大会，论功行赏，把俘获来的人、畜等分给有功将士。把投降的百姓，共编了一千余户，全部迁往建州境内居住。

在俘虏之中，有山东、山西、苏州、杭州、易州、河东、河西等地的商人，计八路商贾十六人。努尔哈赤指示：分别发给路费，令他们各带《七大恨》书一份，返回家乡张贴。

为了调动将士们的积极情绪，努尔哈赤把缴获、掳掠来的大批人、畜、财物分别赏出去。按照他的规定，功大的多赏，功小的少赏，伤重的多赏，伤轻的少赏，其中战死的将士，要给予优等赏赐。所得的财物，连续分了五天，还余下许多，到了二十日那天，只好将余财运回都城赫图阿拉。

努尔哈赤利用这种按照军功大小进行分配的方式，缓和了因灾荒缺粮而加剧的社会矛盾。

努尔哈赤攻破了抚顺、东州、马根单三城，并把掠得的人、畜、财物分完之后，辽东的明朝驻军还"风雨不动安如山"哪！其实，细细想来，这也难怪！

数十年来，朝廷昏庸，官吏腐败，边备废弛，将士离心，兵马不加训练，真是兵器朽蛀，弄得刀也缺口，枪也生锈，士卒非老即病，哪有战斗能力？若是听得一声鼓响，早吓得魂上九霄，魄飞天外，把兵器丢得狼藉一片。

明朝的辽东巡抚李维翰，在得到努尔哈赤攻占抚顺等三城的消息之后，吓得一夜未睡，坐在椅子上抖个不停，等到站起来时，才发现自己的裤子尿湿了。

对领兵打仗一窍不通的李维翰，自称是万历皇帝的宠妃李贵妃的侄子，混个秀才之后，仗着李贵妃的权势，先是当了个县令，后来又不知怎么的，居然来到辽东当上了巡抚！

原想在这关外天高皇帝远的地方，干上几年的巡抚，捞点银子，好好享乐一番。谁知这努尔哈赤竟闹醒了他的美梦，若是不管不问，皇帝怪罪下来，那还得了？若是管吧，那个广宁的张承胤根本不把自己放在眼里。

李维翰想来想去，一筹莫展，连续把自己关在屋里，想了两天一夜，才终于想出了一个办法。于是，李维翰坐在了辽东巡抚衙门里面，一次连着一次地发文书催促广宁总兵官张承胤领兵出战。

不料，李维翰这一招又失算了。

老奸巨猾的张承胤毫不理睬，尽管他连续几次催促，张总兵就是不出兵。这一天，李维翰实在无法了，只得骑上快马，带几名随从，向广宁驰来。

广宁总兵官张承胤也有不少难处。自他上任这些年来，兵马从未训练过，整日喝酒、打牌、玩女人，若是腻烦了，就带着几个女人去林子里打猎，这就是张总兵官的"公事"！

这次，一听说抚顺城失守，他吓得大惊失色，手足无措；接着东州、马根单城又相继沦陷，张承胤几乎就要昏死过去了。

此时，他才忆起不久前，努尔哈赤曾派他的两个儿子来过广宁，以看望送礼为名，行刺探消息之实，越想越觉得：努尔哈赤真是诡计多端！正当这位总兵大人张承胤在胡思乱想之中，突然侍卫进来向他报告："辽东巡抚李大人驾到！"

二人一见面，李巡抚劈头问道："抚顺等三城已失守这些天了，我又连续派人来催，大人为何不出兵？"

张承胤听了苦笑一下，不紧不慢地说道："到这地步，我也只能如实相告了：广宁的兵马不足一万，多年来没有训练过，兵器不足，甚至不能人手一件，盔甲也少得可怜，战马又少又老，有的连牙都没有了。"

说到这里，他看看李巡抚，又提高声音道："还有更严重的问题，连年拖欠军饷，至今也未给齐，难道让士兵饿着肚子上战场么？"

"俗话说'救兵如救火'，即使眼前有些困难，也得以大局为重，抓紧组织兵马，这才对呢！若是这样无限期地拖延下去，皇上要是知道了，能不治罪吗？"

张承胤见他把皇上抬出来，并以定罪吓唬自己，更有些不悦，立即说道："就是皇上来治罪，我大不了一死！这么个烂摊子，让有能耐的人来组织兵马去打吧。"

李维翰见他抱着无所谓的态度，反而觉得更不好办了，于是，只得换了口气，用另一种方式向他说道："我考虑再三，以广宁为龙头，加上辽阳副将颇廷相，海州的参将蒲世芳的兵马，合起来也超过了一万人马，以大人的万夫不当之勇，那个常胡之子努尔哈赤怎是对手？"

张承胤一听，苦笑道："李大人别给我捧场了，捧得越高，跌得越疼啊。我如今已接近天命之年了，身子早不如前，何况那努尔哈赤的铁骑兵冲杀起来如一阵旋风刮来，厉害无比！"

"你也不要只长努尔哈赤的志气，灭自己的威风，咱是天朝大国，难道会被弹丸之地的建州吓倒？何况咱有大炮，据说，他们最怕咱的大炮，一炮打过去，就要打死他们一大片！"

"大人只知其一，不知其二了！那大炮固然厉害，但是两军阵前，未等你的大炮把药装进去，努尔哈赤的骑兵已冲杀过来，炮手的头颅早就被人家砍掉了。"

"你说得也有点太玄了吧！那些女真人本是愚盲之辈，开化得又晚，在用兵的谋略上，怎么能与你行伍出身的大人相比？"

总兵大人听到这里，确实觉得有些受之有愧了，于是，他只得说道："大人别小看那个努尔哈赤吧！这人可不简单呀！三十多年前，他用两面派的手段，蒙骗了咱们明朝多少人？直到今年春节前，还有人说他'忠顺好学，看边效力'等，现在该知道，努尔哈赤的野心不小了吧！"

李维翰也有同感，也确实觉得这位建州王不是等闲之人，但是在张承胤面前，他只得说道："那努尔哈赤就是那一身本事的孙猴子，又该如何？还不是逃不出如来佛的手心？咱大明王朝就是如来佛呀！"

"我的李大人！别在那里妄自尊大了，这三十多年来，就是这种论调掩盖住了努尔哈赤的两面政策，他才得以暗中发展势力，如今他已羽翼丰满，能张牙舞爪吃人了，还在那里自欺欺人，岂不是贻误大事？"

张总兵话锋一转，又干脆说道："明天请李大人把欠饷送来，后天就一定出兵，绝不食言！"

"唉，你怎么能如此说话？这欠饷又不是在我那里，我要回去向上边催要，一时怎能给你？你得给我时间呀！你张大人也是明白人嘛！"

张承胤见他说的也是实话，但是不发军饷，自己又怎么向士兵解释？他又为难地道："俗话说'兵马未动，粮草先行'，现在倒过来了，士兵们不吃饭，能去打仗么？"

李维翰脸色一变，抬高声音道："大人若以欠饷为由，坚持不出兵，本大人只有另谋出路，到时候你可别后悔啊！"

张承胤听了李维翰的这几句"官腔"，心中也有些发怵，真要惹恼了这位巡抚，他有权免自己的职、治自己的罪，但是在这战争紧要关头，杀了自己也无济于事，想到这，便转脸一笑道："这样吧，这上万的部队，缺这少那，连吃的都不充足，困难确实不少，你总得给我一些时间，让我组织、准备一下吧！"

李维翰也转怒为喜，立即附和着道："自然，自然，这个自然！只要张大人答应出兵，我就立即派人去催要所欠的军饷。"说完之后，李维翰便告辞走了。

张承胤回到府里，立即喊来那几个女人，先把打仗的事向她们说了，然后劝说道："我这一走，战场上的事情难说了，是死，还是活，全由老天爷定了！你们还是及早离开这里，回关内老家去吧！"

说完，他让管家拿出几百两白银，每人发一百两，还有一百两交予管家，对他说："你送她们回关内去，这一百两银子归你。"

说完，他恋恋不舍地看了看那几个女人，便出门去校场点兵，身后传来女人的啼哭声。

努尔哈赤攻破抚顺城之后，又攻破东州城和马根单城，并派兵对周围五百里内的台堡屯寨，横排扫荡，劫掠一空，俘获人、畜数目竟达三十万之多。

这是自起兵以来，从未有过的一次大胜利！三十多年来，他对大明王朝一直是畏惧的，才一直奉行那两面政策，今天看来，深感可笑！

他越想心里越发高兴，不由得沉吟道："建立后金国不到三年，刚称汗王，对明朝这个大国只是轻轻碰了一下，他竟败得这么快，使我得到如此胜利，真是意想不到啊！不过，这也让皇帝老儿知道我八旗军的厉害，知道我努尔哈赤不再去当他的龙虎将军了！如今，我已是兵强马壮，叱咤风云的八旗统帅，是后金国的汗王了！"

想到这里，见范文程走了进来，立即对他说："粮饷已足，度过这个灾荒之年已是不成问题了，朕想班师回城，观察一下大明的动向，范先生以为如何？"

范文程立即说道："陛下说得有理，班师回城，可以休整兵马，安度这灾荒之年。不过，明廷能善罢甘休么？一旦派兵来袭，不能不防啊！"

努尔哈赤听后，也觉有理，准备回到赫图阿拉，便立即下令班师。

但是，兵马刚离开嘉斑城，行进不远时，探马气喘吁吁地跑来报告道："大事不好了！广宁总兵张承胤联合辽阳副将颇廷相、海州参将蒲世芳等，率领大兵一万余众，在咱后面追赶来了。"

努尔哈赤听了，向范文程问道："明朝的张承胤、颇廷相、蒲世芳这三员将领的本事如何？"

范文程回道："陛下有所不知，此三人均是科班出身，不仅武艺高强，还有谋略，不可轻敌呀！"

努尔哈赤询问道："请范先生不吝指教。"

范文程说道："陛下兵驻嘉斑时，他们不敢来犯，这是避咱大兵的锐利；现在看咱们凯旋班师了，他们又来从后面追击，让我们措手不及。不过，请陛下立刻传令：后队作前队，前队作后队，各军都做好战斗准备，然后，再命令一支兵马，派一位大将……"

说到这里，只见范文程走到努尔哈赤近前，在他的耳边小声说了几句话，汗王笑着道："妙计，妙计！"

范文程又道："请陛下别讲出来，事不宜迟，赶快下令！"

范文程的话音刚落，果能听到后面有隐隐约约的声音传来，似有千军万马在运动，预计明朝的军队也不过只有十数里的距离了。

努尔哈赤连忙下令："各旗兵马前队作后队，做好一切战斗准备，严阵以待明军的到来，不得有误！"

他又按照范文程的意见，转脸对代善低声说了几句话，只见代善高高兴兴地领着一支人马，匆匆离去了。

努尔哈赤又对范文程说道："朕以为这些明朝的兵马，未必真要与俺打仗，说不定是把军队拉出来，做个样子，吓唬咱们一下，只要咱们离开他们的城堡，他们也就回去了，并且可以报告他们的上司道：这下好了，后金的兵马被打跑了。"

范文程听后，笑道："那是过去的事了，他们以此欺骗皇帝。这次未必如此吧？"

此时，只见明朝的兵马，已经漫山遍野地冲来，队前有一面大旗，在山风中飒飒飘扬着，上面现出一个斗大的"张"字来。

努尔哈赤虽然历经战阵，还未见过这么多兵马一起涌过来。他精神抖擞，将手中的马鞭一指，后金的兵马也像离弦的箭，飞一般冲过去。

张承胤一见，立即命令分兵三处，据险防守，让士兵挖壕堑，布列大炮，扎住营盘。由于后金的兵马已经冲杀过来了，他便令炮手立即对准阵前涌来的骑兵放炮！

猛然间，"轰！轰！轰！"一连几炮，那炮弹在后金的兵马中间炸响了，努尔哈赤的骑兵一排排地倒了下去，人马被炸得血肉横飞，骑兵吓得调头就跑，一时人马相互践踏，死伤更多。

努尔哈赤见天色已晚，不好把退回去的兵马再赶回来，于是命令收兵回营。

当晚，努尔哈赤召来各贝勒、大将们说道："明军的大炮果真厉害，必须想个对付大炮的办法，不然的话，就难以取胜呀！"

众将领被大炮的威力轰得晕头转向，都不敢乱说乱道。

只见皇太极高声说道："尺有所短，寸有所长，明廷的大炮固然厉害，但是它也有许多弱点，比如装药太慢，放了一炮之后，要停许多工夫，才能再放第二炮；若是利用这段时间，发挥咱们铁骑的长处，迅速冲过去，他的炮手还有命吗？"

经他这么一说，会场上立刻活跃起来，大家的心里也亮堂了，于是，你一言、他一语地议论着对付大炮的方法。努尔哈赤也不说话，只是听着大家的议论，心里想着自己这十几个儿子，唯有皇太极才是一个真正的人才。

第二天，张承胤、颇廷相、蒲世芳率领兵马，来到阵前，指着努尔哈赤，咬牙切齿地厉声骂道："努尔哈赤，你这个叛贼！大明朝廷对你宽厚仁慈，你却耍着两面手腕，暗中发展兵力，无故兴兵作乱，真是罪该万死！"

努尔哈赤听到张承胤的这番话语，哪能不气，他立即拍马上前，高声喝道："你张承胤全是一派胡言！你们朝廷杀我父祖，掠我财物，不把我女真人平等看待，还在女真各部中挑拨离间，滥杀无辜，还说什么'宽厚仁慈'，亏你说得出口！"

张承胤听后，又喊道："你的父祖是尼堪外兰与王台所杀，与明朝皇帝有何相干？三十多年来，你何时不想谋反、作乱，只是力量不够，整日装得老实、忠顺，还亲自去北京朝贡，耍尽两面派嘴脸，真是一个无耻之徒！"

努尔哈赤被骂得气昏了头，两眼发直，差一点栽下马来，被皇太极看到了，他忙向莽古尔泰使眼色，要他护着父王回营去休息，连使了几次，莽古尔泰也不懂，干脆扭过头来，拍马上前，指着明朝的三位将领说道："你在这里叫唤什么？你们的皇帝荒淫无道，早该把他推翻了！你们这些明朝的官吏，谁不腐败，全是无能之辈，要你们何用？俗话说'皇帝轮流做，今日到我家'。如今我们后金国如东方的旭日，该坐天下了！你们明朝像傍晚的太阳，也该灭亡了！我劝你们这些人赶快下马投降，免得为朱皇当殉葬品！"

皇太极一气说下来，还要往下讲时，那张承胤早气得哇哇乱叫道："反了，反了，真是反了！这小王八羔子也猖狂得太甚！看老子非教训你不可！"

说完，大铁枪一挺，对准皇太极的胸膛就刺！皇太极不慌不忙，侧身躲过，顺手举起大刀，望着张承胤的面门，用力砍去。此时，明军当中的颇廷相也拍马舞刀，杀将过来，被三皇子阿拜截住厮杀在一起。五皇子莽古尔泰见张承胤枪法纯熟，担心皇太极不是对手，也拍马上阵，双战张承胤。

这位总兵官确实武艺非凡，力敌两皇子，毫不怯场，只见他手中那杆大铁枪，被舞得呼呼风声，一会儿刺向这个，一会儿又刺向那个，神出鬼没，变幻不定。

这时候，蒲世芳也出阵了，被昂纳克截住厮杀，两人全使双刀，只见刀光闪亮，不见人了。

努尔哈赤见明朝三将的武艺高强，担心皇子们有失，便命令鸣金收军。

张承胤勒马后退一步，用枪指着皇太极道："我暂且放你们两个回去，明日阵上老子一定要擒住你们！"

没等皇太极说话，那莽古尔泰大吼一声："你这畜生，张口就骂人，老子怕你什么！来，咱俩再战它三百回合！"

"好啊！小东西，乳臭未干的毛孩子，口出狂言，你还是回去，让你老子努尔哈赤出阵！"

可是，努尔哈赤仍命令鸣金收军，二人只斗了十余回合，就各自悻悻地收兵回营去了。

莽古尔泰很生气地对努尔哈赤说道："那张承胤欺人太甚，骂父王的话也极难听，俺实在气愤不过，真想与他拼个鱼死网破！"

努尔哈赤道："古人说：'小不忍，则乱大谋。'你不能忍就不行喽，要做一个能屈能伸的男子汉嘛！你父王忍了三十多年，才有了今天呀！我见那张承胤枪法厉害，又担心他们打炮，以此才收军的。来日方长，慢慢想办法消灭他们。"

当晚，努尔哈赤让大家各自休息，命范文程领着一队士兵巡营查哨、防备明军来劫营。

张承胤与颜廷相、蒲世芳收兵后，也在一起商议着破敌之策。蒲世芳先说道："咱们的大炮一定要让它发挥威力，那些鞑子的兵马，最怕的就是大炮！"

"对！明日出阵前，先向鞑子阵中开几炮，然后咱们趁势掩杀过去，杀他们一个片甲不留！"

次日，天刚放亮不久，双方阵势便拉开了，明朝营中的装炮手早已就位，只待一声号令，那炮弹便会呼啸着、燃烧着腾空飞去。

在后金国阵中，那些铁骑精锐，也已整装待命，一旦螺号吹响，他们就奔驰而出，冲向明营。

由于双方都想发挥自己的优势，想用自己的优势消灭对方，于是，极为巧合的事情就发生了。

当明营中的大炮刚刚鸣响，努尔哈赤的轻骑也已飞出，突然之间，大炮响了，如天塌地陷一般，"轰！"顿时，硝烟弥漫，人马一排排倒下，人喊着，马也咴咴鸣叫，那些铁骑如离弦之箭，人头被马刀挥得在地上乱滚。

自早上开始拼杀，两军直杀到下午，太阳已偏西了，还在混战着，地上的尸首到处都是，有的地方已堆积得很高。人血与马血混在一起，在地上积着、流着，散发着一股股的腥气。

由于天色已暗下来了，两下才各自收兵，双方查点人数，互有伤亡，因为大炮威力厉害，后金的死亡人数稍多一些。努尔哈赤见明军作战勇敢，将士效力，一时难以取胜，心中甚是不快。

范文程向努尔哈赤建议道："经过整整一天的拼杀，双方将士全都疲劳了，但越是这种时候，胜利往往属于最能坚持的一方。"

汗王立刻领会了范文程话中之话，遂问道："范先生的意思是今夜……"

范文程当即笑了，努尔哈赤也觉得此计甚好，便于三更时分，向全军将士发出命令："立即出兵，去劫明营！"

众贝勒、各大臣便领着兵马，悄悄向明营摸去，正走着，忽见火光一闪，明军齐声喊道："鞑子来劫营了！鞑子来劫营了！"

原来明营早有防备，后金兵马一冲入明营，两军又混在一块了。

张承胤命令燃放大炮，向后金营中轰炸，于是大炮的火光在夜空中闪亮，炮声与人马的叫声混在一起，震得山鸣谷应。

经过一阵拼杀，后金兵马略占上风。这是因为努尔哈赤对八旗士兵要求特别严格，再加上重赏的诱惑，旗兵们奋不顾身，勇敢地拼杀，决不后退。

明朝军队与后金兵马拼杀当中，八旗兵愈战愈勇，而明军士兵渐趋劣势。

多年来，明军从不操练，加上纪律松弛，军饷又长期拖欠，官兵离心离德，兵卒的士气怎能不受影响？

努尔哈赤亲自督战，派遣三个皇子围击张承胤，皇太极、三皇子阿拜、三贝勒莽古尔泰，兄弟三人把张总兵围在中间。

尽管这位总兵枪法纯熟，武艺高强，但是已经激战了两天一夜。这些年来，由于他淫乐过度，耗去了不少精力，又面对三个年轻的虎将，已渐渐力不能支了。

由于后金将领众多，努尔哈赤听从了范文程的建议，坚持"以多打少"的策略，让全体将领一齐上阵，要求做到"三打一"，至少要"两打一"。

这样，明军将领虽然武艺出众，但是人数太少，在后金"以多打少"的战斗拼杀中，终于溃败了。先是明军中右营游击官刘遇节兵败脱逃，不久，各营相继逃亡，一时之间，阵脚大乱，纷纷溃退。

努尔哈赤与范文程骑马立于高坡之上，看得分明，急忙挥动手中红旗，命令各旗将士奋力追来，明军死伤无数，所到之处，尸横相枕。

张承胤与颇廷相、蒲世芳等见到败局已定，绝无回天之力了，便相约领着残余人马，突围逃跑。三人依恃武艺高强，杀退围兵，才冲出来。正仓皇行走之间，突然一声呐喊，一支兵马拦住去路，当先一员大将厉声喝道："后金国大贝勒代善在此等候多时，还不快快下马投降，免你们一死！"

这就是范文程对努尔哈赤耳边说的几句悄悄话，让他派遣一员上将带领一队人马，先绕到明军大营的后面，埋伏起来，对明军突然袭击，打个漂亮的伏击战。

张承胤一见，前有伏兵，后有追兵，腹背受敌，再不敢恋战了，只得杀开一条血路，落荒而逃。这时候，他身后的明兵们，见到四处全是八旗的将士，已无力反抗，有的四处逃生去了。也有的不愿拼杀，放下兵器，投降了。

这时候，天色已晚，张承胤等在心慌意乱之间，也不知方向了，后面的八旗骑兵如狂风般疾驰而来，愈追愈近。这位总兵官回头看看，身后的士兵不过数十人，且是东倒西歪，没有一点战斗力了。往哪里走呢？

后金的追兵已追近了，只听他们喊道：

"活捉张承胤，回去赏白银！"

"张承胤不投降，就要他灭亡！"

……

张承胤越听越气，便索性下马，立住双脚，圆睁两眼，嘴里的牙齿咬得咯咯发响。

他向周围一看，见追兵快到眼前，遂面对颇廷相、蒲世芳二人说道："自我用兵以来，从未有过如此的失败！此时此刻，战是死，不战也是死，倒不如与他们拼死一战！即使战死了，也不负皇恩，也不失为大明王朝的忠臣！"

说到此，他又向二人问道："你们也不怕死吗？"

颇、蒲二将见到主帅如此，又被他的激愤言辞所鼓舞，顿时热血沸腾，心潮起伏，立刻同声喊道："大丈夫能够死在疆场之上，也是人生的幸运！"

于是，三人又领着残余的士兵，重又转身杀入追兵中，转眼之间，后金士兵被斩杀一片。

张承胤正在杀得兴起之时，忽见努尔哈赤的儿子代善立马阵前，他大声喊道："贼小子，休得猖狂！本大人誓与你们这些狗鞑子拼个你死我活！"

说罢，举起手中铁枪，左冲右突，见人就刺，如砍瓜切菜一般。

这时候，忽听角螺齐响，后金兵马纷纷拥着努尔哈赤到来，他是想来劝降张承胤的。

只听"哗啦"一声响，大约有一百多八旗兵围将过来，他们手里全拿着强弓硬弩，注视着被包围在中间的张承胤、颇廷相和蒲世芳等，以及数十名的明军士卒。

此时，大贝勒代善高声说道："明军将领听着：我父王要向你们讲话，不要再执迷不悟了！"

只见努尔哈赤骑着那匹白得雪一般闪亮的马，态度极为谦和地对张承胤一拱手，不紧不慢地说道："请张大人与颜、蒲两位将军听朕两句忠言，自古以来，人们都以识时务者为俊杰，把能屈能伸的人看作大丈夫。"

"呸！闭上你的臭嘴巴！在本大人面前居然称'朕'了，还有脸宣扬你的能屈能伸的无耻论调，别在老子身上打你的鬼主意，老子活着是大明的人，死了也是大明的鬼！从出兵那一天起，老子就未打算活着回去。"

努尔哈赤微微一笑，又继续劝说道："人往高处走，水向低处流，何况人的脑袋只有一个，砍了就不能再长出来了，朕奉劝你们——"

张承胤立即打断努尔哈赤的劝降，愤怒得如一头狮子，挺起手中铁枪，就向努尔哈赤刺去，嘴里同时大声骂道："你这无耻的叛逆，老子跟你拼了！"

就在这时，只见努尔哈赤突然变了脸色，将大手狠狠地用力一挥，那些八旗的弓箭手们，迅速地拉紧了弓弦，对准张承胤等明军将士们，连续"嗖！嗖！嗖！……"地乱箭齐发。

广宁总兵张承胤、颜廷相、蒲世芳等五十余名明军将士，全死于乱箭之下。

明军主帅张承胤等战死之后，原来一万多士兵，仅剩下两三百人，向周围山上逃去。后金兵马在后面追杀，一直赶了四十余里。

此时，天已微明，如半个火球的朝阳刚从地平线上露出头来，烧了半天的红霞。放眼看去，那天上的红霞，与地上的碧血，相互映照，血红血红的光芒闪人眼目。

这一仗，明朝的军队打得壮烈，损失惨重，共丢失战马九千多匹，遗弃盔甲七千多副，大炮六门，兵器等上万件。

后来，努尔哈赤与范文程在战场上巡视时，见到遍地死伤、血流成渠，大明的旗帜七歪八斜地横倒在地上，不禁顺口说道："这一仗能获得全胜，来之不易啊！全靠先生的妙计！"

范文程却不敢贪功，立即说道："报告陛下，这一仗能打胜，全亏八旗将士的忠勇无畏，我诚心诚意地祝愿陛下洪福齐天，早定中原！"

努尔哈赤听了，不禁哈哈大笑起来，心中顿时忆起早年去北京朝贡时，每次站在高大巍峨的"天下第一关"前，曾经不止一次地向往着这"早定中原"的理想，而今三十年已经过去，当年的"龙虎将军"将要率领由他一手创建的八旗健儿，去闯雄关、定中原、成大业、坐龙庭。

范文程又说道："陛下，大明朝廷已是日落西山，气息奄奄了；当今的后金国却如旭日东华，生机勃勃！依臣之见，陛下当乘胜夺取辽东，然后兵麾直指中原，可一鼓而下也！"

努尔哈赤笑了笑，轻轻摇了摇头，说道："再瘦的骆驼也比马大！当前的明廷固然是危机四伏，问题成堆，但还未到灭亡的时候。咱们的后金国处在建国伊始，内部还需进一步稳定，与朝鲜的关系还得处理好，因此还得需有耐心，所谓虽鞭之长，不及马腹也！"

正是基于这种考虑，努尔哈赤在夺取抚顺城，攻陷东州、马根单城之后，面临着一个严重的问题，那就是急需安定内部。

他一边号召八旗将士认真训练兵马，积极备战，防止明朝军队前来进剿；另一面又缓和与朝鲜的外交关系，争取两国友好交往，以消除后顾之忧。

与此同时，努尔哈赤对明朝也采取缓兵之计，表面上为了与朝廷讲和，放回了明朝东厂的差役张儒绅等四人，让他们带回《七大恨》多份，以求消除明朝内部的主战情绪，来争取时间，把主要精力放在稳定内部上面。

在这一年的四月二十六日，在努尔哈赤授意下，后金兵马把抚顺等处的窖谷，全部挖掘出来，集中一起，随同俘获的兵马，一同押运回都城——赫图阿拉。

为稳定汉族民心，努尔哈赤也采取了一系列措施。在抚顺等城堡获得的牛、羊、马及财货、粮食等，除去把大部分搬运回赫图阿拉以外，对那些汉族降将，也以优厚的物质待遇和联姻的办法，对他们进行笼络。

尤其是对李永芳，努尔哈赤在其身上花了不少气力，想以他作诱饵，来瓦解明朝边将，使那些降顺的明将更老实地为后金效劳，因此，他对李永芳格外关注，尽力厚待。

这一天，努尔哈赤派侍卫把李永芳喊来，先让他坐下说话，然后温和地向他问道："你来到后金国一个多月了，有些什么感受？"

李永芳只得说道："感谢陛下的多方关照，我在这里生活得很愉快，比原先的生活还要好。"

努尔哈赤十分满意，喝了口茶水之后，又接着道："自古以来，满汉就是一家嘛！无论是满人，还是汉人，全是华夏的炎黄子孙，在民族之间不该有歧视，更不能仇视。最近，抚顺城投降过来的汉民，依照朕的命令，对他们单独编组，有一千多户，都给了较为细致的关照。为了尊重你们汉人的传统习惯，不让父子兄弟离散，不使夫妻分离；凡是有父子、兄弟、亲戚、家仆，没有能够相会的，全都一一调查出来，令他们各自团聚；凡是财物有遗失的，查出来以后，仍归本人所有。此外，对这一千多户汉民，又分别给予牛、马、衣服、被褥、粮食谷物，另配给食用牛一千头，每家分给老母猪两头，犬四只，鸭十只，其他家禽、食物等，都尽量给予满足。"

努尔哈赤在对待汉人的笼络上，这段时间确实费了不少精力，事无巨细，他都一一过问，无非是想让这部分降服的汉民，能够安定下来，做后金国的顺臣良民，并以此去召唤辽东各地的汉民。汗王明智地看到，一旦夺得这广阔的辽东大地，必须掌握管理汉人的一套办法与经验，更需要实行"以汉治汉"的统治政策，否则，面对如此众多的汉人，单靠满人去管理，不仅力不从心，也未必能达到目的。

这次把李永芳找来，就想以他为活样板，让他去做那些投降来的汉人的工作。

但是，想钓到大鱼，必须利用钓饵，努尔哈赤是深知这番道理的，于是他又对李永芳说："对那一千多户汉民，他们的家庭与生活方式，不予改变，仍旧依照你们汉人的旧俗，还准备设置官吏。为此，有两件事想征求你的看法。"

说到这里，努尔哈赤用探询的目光注视着李永芳，好像要一下子看到他的内心深处。

听到这些话，李永芳真有些受宠若惊，但是一当意识到自己的身份，便立刻警觉起来，这工夫，他急急忙忙磕头，说道："陛下有什么指示，尽管说出来，罪臣敢不竭忠尽智地去效命么？"

努尔哈赤看着李永芳那副诚惶诚恐的态度，心里说：那些汉民都能像他这样俯首帖耳地听话，该多好啊！他把思想收回来，接着刚才话头又道："对那一千多户汉民，朕已按照明朝的旧制，设置了各级官吏，想让你去统一管理，特此晋升你为副将。"

李永芳急忙又磕头谢恩，并表示态度道："陛下的命令罪臣唯令是从，决无二心；今后，罪臣将遵循陛下的要求，切实完成各项任务，把这一千多户汉民管理好。"

"还有一件事，"努尔哈赤看着李永芳又道，"不久前，听说你的爱妻在攻城的混乱之中，被人杀死了，朕决定把皇七子阿巴泰的女儿喇迷拉嫁给你做妻子，不知你可乐意？"

李永芳听了这些话，真有些怀疑自己的耳朵，忙说道："衷心感谢陛下的关怀，罪臣对这门亲事倍感荣幸。"

原来抚顺城被攻破时，三皇子阿拜领着一队旗兵先闯入李永芳的游击府里，一见到王桂英，便让几名士兵守着门，他上去搂住求欢，她不敢反抗。事后，阿拜把这女人交给旗兵们去轮奸，恰好王戈胜从东城逃回来，一见这情景，便动起武来。

因为旗兵众多，王戈胜被砍死，王桂英也被轮奸而死，李永芳得知消息以后，不敢向努尔哈赤报告详情，只说妻子被杀。

努尔哈赤把自己的孙女嫁给了李永芳，是想用这姻亲关系进一步约束这个大明朝第一降将，更能死心塌地地为其所用。

努尔哈赤的厚待、笼络政策，很快就收到了良好的效果。在李永芳之后，的确吸引了众多的汉人官兵，主动向后金投降，以求得到重用，如佟养真、佟养

357

性、石廷柱、李思忠、金永和等。

明朝神宗万历皇帝朱翊钧，整日在皇宫里与宫女妃子们恣情享乐，不问政事。

这一天，他正搂着贵妃娘娘亲热的时候，忽然传令官报来消息说："抚顺、东州、马根单三城全被建州的努尔哈赤攻占了，并夺去了抚顺周围五百里以内的台堡屯寨，所有的马、牛、羊及财物、粮食被掳掠一空。"

明神宗十分震惊，好长时间说不出一句话来。这位多年不上朝的皇帝，高声叫喊着要立刻上朝，马上升殿，召见百官文武大臣，迫不及待地向群臣问道："大明朝廷，人才济济，不知哪位爱卿愿意带领兵马，前去建州，消灭叛贼努尔哈赤？"

皇上问了几遍，殿下的众文武官员听而不闻，一个个张口结舌，没有一个人站出来说话。

那万历皇帝看到这种情况，万分恼怒，正要发作之时，那位传令官又气喘吁吁地跑到朝堂之上，向皇上报告了更坏的消息："抚顺城的游击李永芳投降了建州，东州与马根单本城的守将李弘祖、吴大成英勇战死！广宁总兵张承胤、辽阳副将颇廷相、海州参将蒲世芳等五十多员将领，全部战死。"

神宗一听，当即昏倒在龙椅之上，满朝文武急得在殿下抓耳挠腮，无计可施。大小太监慌忙喊来御医，对皇上又是掐人中，又是捏虎口，足足折腾了半个多时辰，才把皇上摇醒，重又扶上龙椅。

此时，忽见殿下闪出一个人来，说道："臣大学士方从哲，启奏陛下，想那建州鞑子侵犯我天朝大国，都因为这些年来辽东兵备废弛，未能及时剿灭，努尔哈赤又极为狡猾阴险，居然势力强大起来。为今之计，非要痛剿他一下不可。但是，出兵关外，非寻常战事可比，定要熟谙关外人情地理者，方可前去。臣愿保荐一人，乃兵部侍郎杨镐，他曾任过辽东巡抚，又当过驻朝鲜经略官，此人了解关外情形，胸怀韬略之术，可当此任，请陛下再委任他官职。"

神宗听后，也不知这杨镐何种人，只得死马当作活马医，立即传旨，要召见那杨镐，并当殿加封为辽东经略使，赐尚方宝剑一柄，并向百官宣布道："如有不服从命令，或者是临阵脱逃的将官，即使是皇亲国戚，也可以先斩后奏，绝不宽恕。"

万历皇帝这样做，用意很清楚：朕给你这么大的权力，你杨镐就应该不负皇恩，赶紧组织兵马，前去奋力杀敌，为皇上分忧，以纾国难。

可是，皇上的希望落空了，这个杨镐乃是一个蠢材。正如方从哲所说，他曾任过金都御史、朝鲜经略等职，究竟有无政绩呢？

据说杨镐在朝鲜任经略时，领数万人马前去援救朝鲜，却打了败仗，深感无颜见江东父老。老奸巨猾的杨镐担心皇上怪罪于他，便挖空心思地想出一个妙计：派兵到民间老百姓中掳掠来一些什物，说是在朝鲜打了胜仗，这都是缴获来的"战利品"，命令士兵们一路高唱凯歌，返回京城。

当时，朝廷里虽然有人知道这件事，却不敢告发他，担心杨镐背后有人撑腰，搞不好，反而告到自己头上了。于是，杨镐便蒙混到现在，那万历皇帝也就一直被蒙在鼓里，哪里知道杨镐不仅是个庸才，还是一个大大的骗子呢！

以后，杨镐又被调往辽东任巡抚。谁知到任后，杨镐整日只知掠财，不问政事，弄得边将离心，边民怨愤，被一御史参奏后，才调回京师挂职赋闲。这次既是复任，又是晋升，还有尚方宝剑一柄，真是官运亨通，机遇来临了。

且说杨镐退朝回到府里，顿时门前热闹起来了，车马、暖轿，挤得水泄不通。这杨镐新得了要职，那些趋炎附势的小人，如蚁群一样，贺喜的、慰问的、拜望的接二连三地前来，真是应接不暇。

次日，皇帝又把尚方宝剑发到手里，杨镐谢了圣恩，当下点了兵马，再去办齐兵需粮饷，整整经过九个多月，总算凑办齐全了。

到了选定的黄道吉日这一天，杨镐更威武了！只见他骑上高头大马，后面有专人捧着恩赐的尚方宝剑，耀武扬威地来到校场。

大将刘铤早在将台边上候着，杨镐遂当场命令刘铤为先锋官，其他将领也各有任职。

一切准备停当，于是炮声一响，大队兵马启行，出了京城，便直向关外去了。一路晓行夜宿，到了沈阳，兵马驻扎下来。

再说万历皇帝不知听从了哪位官员的建议，要他诏告天下说："有能立斩努尔哈赤的头来献者，赏金千斤，并赐予世袭的爵位。"

与此同时，由于抚顺等城失陷后，举朝震惊，京城内外，一片慌忙，那些文武大臣更是极度紧张。刑科给事中姚若水向皇帝奏请道："建酋努尔哈赤极其狡猾阴险，为了防止他派奸细混入大内，必须'罢内市，慎启闭，清占役，禁穿朝'，并给宫监各发木牌，出入凭牌查验，预防不测。"

万历准奏，立刻颁布执行。于是，宫廷上下，一时紧张万分，大有风声鹤唳、草木皆兵的气氛。

明朝皇帝悬赏捉拿努尔哈赤的消息传到赫图阿拉之后，汗王异常镇静，他立即召开朝会，说道："过去，扈伦四部中有人瞧不起朕，骂朕是'常胡之子'，其实，三十多年来，朕一直在马上拼杀，从死人堆中出入，并没有把自己的身子看作'万金之躯'；如今，万历皇帝对朕另眼看待了，居然用千金的重赏来收买朕的人头，一夜之间，把朕的身价抬高了千万倍，朕实在有些不敢承当了！"

众贝勒与大臣们听后，人人气愤填膺，个个摩拳擦掌，纷纷请求出兵攻明，皇太极说道："那万历老儿有什么了不起？他无德无能又无耻，根本不配当万乘之君！请父王发兵，夺占辽东打进关去，只有你老人家才能做那真龙天子、叱咤中原呢！"

皇太极的一番话，好像是说出了大家心中的话似的，会场立刻沸腾了，你一言，他一语，众口一词：立即发兵，攻打明朝！

努尔哈赤也甚为激愤，向范文程道："先生有何高见？"

范文程立刻说道："启禀陛下，臣也觉得这悬赏之事，实乃万历的技穷之举。据说明廷已派杨镐统兵来辽东，只是明廷军备废弛，国库空虚，未能及时组织兵马，预计不久之后，咱后金与明朝之间必有大战机会。依臣之见，不如乘此机会，一边对明朝的城堡进行蚕食骚扰，掠其人畜、财物，以充实我军饷粮，一边认真训练兵马，积极做好迎战准备。"

努尔哈赤听后，不禁大喜道："先生真乃朕之智囊也！说句老实话，在攻占抚顺等三城后，朕本想与明讲和，借以休整兵马，安定内部，可是，这万历老东西太可恶！欲置朕于死地而后快！面对他的挑战，朕只有一不做，二不休，跟他决战到底！"

努尔哈赤一贯是说干就干，雷厉风行，就在这一年的五月十九日，他派次子代善领兵三千人，攻取抚安堡、花豹冲。

不久之后，他又派莽古尔泰领兵马五千人，一举攻克三岔儿大小十一堡。

接着，又招抚了崔三屯及其周围的四堡，总计攻下十七个屯堡，并将掠夺来的人、畜、财物、窖谷等都运往都城赫图阿拉去。对明朝边境的田间禾谷，都纵马牧放，使之颗粒无收。

在这些日子里，努尔哈赤在内心深处毕竟也有些紧张，变得深居简出，夜晚也很少出来，而且随身带着护卫的兵器，以防不测。

何和理与满浅也多次协商，不仅对内城加强了警戒，对赫图阿拉全城的防卫也加强了。

白天，对出入外城的人员严加盘查，夜晚的守卫更是严密，稍有风吹草动，兵马立即就到。努尔哈赤居住的内城，不经许可，任何人也别想进去。

为了防备刺客的突然袭击，两人派五大臣之一的费英东的儿子费格拉哈担任警卫队长。此人自小随父亲费英东学得一身武功，为人耿直厚道，机智过人，勇猛超群，深得努尔哈赤的喜爱。

鉴于明朝调兵遣将的缓慢，努尔哈赤立刻进行重大的军事行动，决定推进占领辽沈的总方针——尽快夺取明朝的重镇清河城。

这清河城，历年来是努尔哈赤的眼中钉，肉中刺，使他时刻觉得它的存在对自己是一个严重的威胁！因为抚顺、清河两城是后金通向辽沈的门户，距离赫图阿拉最近，路途也比较方便。这自然对后金是个很大的威胁，使努尔哈赤昼夜不得安枕。

这清河城，位于赫图阿拉西南一百六十里处。早在四年前，来这里视察的明朝巡抚山东都御史在认真观察地形后，对守将邹储贤说道："这清河城地势险要，易守难攻，而且一旦有战事发生，明军从四面都可来救。清河城只有一条路通向鸦骨关（在今辽宁省新宾县西南三道关），因此，鸦骨关是清河城的屏障。能派一员上将守住鸦骨关，清河城就会安然无恙。"巡抚走时还嘱咐邹储贤说："一旦有战事，你若孤守清河城，准会面临绝境；要是在鸦骨关以重兵防守，与敌作战，清河城将万无一失！"

邹储贤却将此良言置于脑后，为努尔哈赤攻打清河城造成有利的形势。

七月二十日，努尔哈赤率领众贝勒、大臣，统领二万多兵马向清河城进发，当天就把鸦骨关包围起来，兵马直抵清河城下。

努尔哈赤兴奋地对部下说道："明代皇帝派这样的人来守城，焉能不败？"

范文程听后，笑着说道："都说邹储贤是一员猛将，现在看来，他徒有虚名。若是他在鸦骨关设重兵把守，咱的军队插翅也难飞过！或是在清河城外设兵埋伏于山间小径，对咱们也极为不利。"

努尔哈赤听后，心中有些不悦，但是他马上转脸看着范文程，哈哈大笑不止，然后说道："在明朝将领中间，像范先生这样的人才，能有几人？"

范文程顿时闹个大红脸，立即低下头去，有些难为情似地，不再说什么了。

清河城守将邹储贤，见到努尔哈赤的兵马很快包围了鸦骨关，大军直抵清河城下，立即命令关闭城门，准备死守。

他的副将张旆与守堡官张云程私下里说："鸦骨关且不说了，若在城外的山间小路上，埋伏两支队伍，拦腰打击后金兵马，使其首尾不能相顾，准能使其损失不小，如此好的地利却置而不用，真是令人不解！"

努尔哈赤的兵马刚抵城下时，张旆向邹储贤请求领兵出城，说："在鞑子兵马立脚未稳之时，突然打击他们一下，准会收到良好的战果！"

邹储贤却拒不听从，坚持不出战。他率领守军七千余人，利用城上设置的众多大炮以及大量的滚木、礌石、弓箭等据城设防，决心死守清河城。

万历四十六年（1618年）七月二十一日清晨，努尔哈赤立即传令各旗兵马，将清河城包围起来，刹那时，一座偌大的清河城被围得水泄不通。

努尔哈赤命令士兵喊话，让邹储贤出城说话，喊了好长时间，邹储贤都不予理睬。最后，他立于城头，对努尔哈赤说道："有什么好谈的！无非你要俺投降，绝对办不到！"

努尔哈赤仍不死心，又劝说道："俗话说'识时务者为俊杰'，明王朝气数已尽，你还保它干啥？你归顺了后金，前程似锦，有何不好？何必自寻死路？"

邹储贤听了，义正词严地说道："你算什么东西？俺是泱泱天朝的大将，岂能向你这个野人鞑子投降？俺誓与清河城共存亡，你别痴心妄想了！"

努尔哈赤气得满脸涨红，说道："这人不识时务，只有以武力相拼了！"

说罢，立刻下令攻城，眨眼之间，角螺齐鸣，八旗将士争先恐后，有的冲到城下登云梯，有的向城上放箭，喊杀声如雷霆万钧，在山间谷地回荡着。

邹储贤亲临城头，指挥守城将士，据险防守，对准后金的攻城旗兵连续开炮，与此同时，用滚木、礌石一齐打下。那些如雨点一样的石块、木头，自城头打下来，与飞鸣着的炮弹，一齐打在八旗兵中，使后金兵马死伤惨重。

努尔哈赤善于利用将士的激烈情绪，向大家鼓动道："朕是奉着上天的旨意，来讨伐有罪之人，八旗兵是不可战胜的，清河城必破，邹储贤必将死于八旗的铁蹄之下！"

在努尔哈赤的鼓动下，八旗将士奋不顾身地冲去，他们冒着隆隆的炮火，顶着飞迸的弹片，继续搬云梯攻城，勇猛地前进。

可是，后金的士卒死伤太多，从努尔哈赤的兵营到清河城下，在这段不足半里的战场上，尸积遍地，血流成河。努尔哈赤见此情景，只得命令暂停攻城，让八旗将士回营休息，自己也觉得有些疲累，就与范文程回到帐里去了。

再说清河城里，由于后金兵马攻势凌厉，从清晨连续强攻，在邹储贤等将领指挥下，全体守兵顽强反击，已经八进八退，此时已是满天星斗，打了一整天了！

邹储贤见后金兵马又被打退了，在这难得的喘息时间里，他及时召开头目会议，说道："从清晨打到天黑，咱们已八次打退努尔哈赤的进攻了！八旗的士兵，至少也被咱消灭了好几千人，这是一个不小的胜利！俺知道，大家都很累，但是在这生死存亡关头，不能有丝毫麻痹大意啊！努尔哈赤怎肯善罢甘休？这个建酋一向好偷袭，若是借着夜色来攻城，怎么办？咱们可不能学李永芳，咱们活着是大明的臣民，死了也要当大明的鬼！除此之外，再无他路了！"

邹储贤的字字句句如重锤，敲击着每个将士的心，大家都不说话，但是都在想着守好城，都不愿做大明朝的叛臣贼子！之后，邹储贤又派专人到城里居民中宣传，要求每个有战斗能力的人，都来积极参加守城，支持守城的将士，决不做汉奸！

经过这一番激励，城里的抗敌情绪又高涨起来了，城里百姓中来了很多青壮年男子，邹储贤把他们分别接领管辖，充实了守兵的队伍。

且说努尔哈赤与范文程在帐里休息，怎么也睡不着，努尔哈赤有些沮丧地说道："如此强敌，八旗士兵伤亡太重，这样的攻城方法，必须改变才行。"

范文程听后，立即提出自己独到的见解："请陛下考虑一个问题：邹储贤所以能阻止咱勇猛的八旗兵的进攻，靠的是什么？"

努尔哈赤立即说道："邹储贤依仗他的大炮，还有滚木、礌石呀！"

"不对！汗王，陛下没有说对！"范文程见努尔哈赤一愣，接着朗声说道，"邹储贤靠的是那一圈坚固的城墙！"

努尔哈赤听了，又是一愣，立即问道："那么，依先生的意见，攻城应如何进行？"

"依臣之见，咱趁着这夜色的掩护，把那城墙掏开一个缺口……"

未等范文程说完，努尔哈赤连拍脑门子说："朕这头脑就是没有范先生的好使，看来还是读书人脑子灵活呀！"

他一边说，一边坐起来把众贝勒、大臣们喊来，商议扒开城墙缺口的办法……

讨论来，商议去，最后还是皇太极的办法可行，他向大家说道："让士兵头顶木板，冲到城下掏洞，另派一队强弓硬弩在离城不远处掩护他们。"

努尔哈赤又补充道："也可用咱们传统的手推板车，推着前去，士兵们躲在木板下面的车厢里，安全又便当，不是更好么？"

大家都赞成这方法，于是都忙着准备木板、板车和铁锹等工具去了。

且说清河城里的守城将士们，眼看着后金兵马不来攻城，便渐渐松懈下来，加上一天的拼杀疲劳，再也忍受不住瞌睡的袭击，一个个终于沉沉地睡去了。这就给八旗兵造就了一个良好的机会。

他们发现东北角城墙下面的土潮湿，便于挖掘，于是便集中人力去挖东北角的城墙。约在四更多天，东北角的城墙下面居然被掏通了，又把掏通部分向两边延伸，总有两丈有余，皇太极伸手推了一下，那城墙便晃了一下，他心中大喜。

此时，努尔哈赤已吩咐八旗兵马，作好从缺口冲进去的准备，只待一声号令了。

努尔哈赤向皇太极猛一挥手，只见这位皇八子领着数十名八旗兵，用力猛推那一截城墙。

忽听"轰隆！"一声，那一截墙根被掏完了的城墙，全倒了！

城上的守将与士兵们，吓得连声喊叫："城墙倒了！后金兵马杀进城了！"

他们这一声喊叫，更给八旗兵帮了大忙，城上的守兵在睡梦中被惊醒，来不及站起来，就被冲上城去的后金将士砍死了！

面对那么大的缺口，努尔哈赤指挥八旗将士，闪电一样冲杀进去，谁又能阻止得住？他们手执大刀，风驰电掣似的，一阵砍杀，城里的守军被杀得晕头转向，溃败不堪，只得四下逃窜，死伤无数。

邹储贤一见，心知城已守不住了，便飞跑回府，把一家老小全关在一间屋里，点上火，都烧死了。此时，后金兵马已满城里追杀守城将士，邹储贤上马提刀，杀入八旗军中，连续杀死多人，忽见李永芳也在挥刀砍杀，当即骂道："你这汉奸卖国贼，必将不得好死！"

刚骂完，大贝勒代善赶来，立即向弓箭手命令道："把那个死硬家伙邹储贤立即射死！"

只听弓弦连响，"叭！叭！叭！"数声，在乱箭之下，邹储贤的身子晃了几晃，两眼还瞪了李永芳一会儿，才倒了下去。

守城的副将张旆，也与八旗兵马混战之中，死于乱刀之下。守堡官张云程，领着残余士卒在城里坚持巷战，直到士兵全部战死，他与皇太极拼杀了好几十回合，终因疲劳过度，被砍下马来。

直至二十二日清晨，城内尚有明朝官兵四千多人，居民五百多家，与冲进城里的八旗兵展开巷战。因为八旗兵不识路径，被杀伤众多，残余的明兵与百姓们合在一起共同对抗旗兵，直杀得尸塞街道，血流满地。

清河城终被攻破了，被杀军民近万人，而八旗士兵也伤亡了八千多人。

为了防止明朝军队再来占领清河城，努尔哈赤发布命令，将清河城全部拆毁，又把三岔堡到孤山堡一带所有的房屋，尽行焚毁。经过努尔哈赤这种拆毁、焚烧之后，从清河城到抚顺关一带，明朝军队再无立身之地。

之后，努尔哈赤又下令，收取各地窖中的谷物，全部运回都城赫图阿拉。对田中的青苗，都纵马牧放，造成了五六十里之内不见人烟。

清河城一战，是后金与明朝两军攻守战中最为惨烈的一次！

虽然努尔哈赤出动了八旗劲旅，但仍然损失惨重；明朝军队所表现出来的战斗力，使努尔哈赤及其众贝勒、大臣们极为震惊，尤其在八旗军中产生了重大影响。清河守城有法，官兵抗战志坚，居然没有一兵一卒投降，连后金的士卒也由衷赞叹。

明朝的抚顺等三城被努尔哈赤攻陷之后，又失去了清河城，引起了整个辽东震动，对京城的影响更大，朝野上下，一片惊慌。

这时候，明廷的征兵虽然缓慢，但也初具规模了。为了鼓舞士气，动员一切力量征伐后金，万历皇帝不惜以二十万金，犒赏官兵。

为了进一步配合出师，皇上又提高赏价，明廷大行悬赏捉拿活动，诏告天下说：若能有生擒努尔哈赤或是斩其头来献的，赏给白银万两，晋升为都指挥。对于努尔哈赤的亲子、亲孙等，所谓八十个总管，有能擒、斩的，赏给白银二千两，并晋升为指挥。对于努尔哈赤伯、叔、弟、侄等所谓十二亲属，有能擒、斩的，赏给白银一千两，并晋升为指挥同知。对于其中军、前锋、书记、汗王女婿等，所谓领兵十二个大头目，有能擒、斩的，赏给白银七百两，并晋升为指挥佥事。对于努尔哈赤的亲信，中外用事的人，所谓八十名小头目，有能擒斩的，赏给白银六百两，并晋升为正千户。以上各官都世袭不替。凡是降附后金的明朝官员，李永芳、佟养性等人，若能绑架献出努尔哈赤或作为内应的，免去死罪，并酌情升赏。

一天，努尔哈赤看过万历皇帝对"悬赏"提高了赏格的"诏书"之后，笑着对其部下道："看来，朕的头价码又提高了！万历不惜用万两白银悬赏，真是费尽心思了！"

众贝勒、大臣们听了之后，有的笑了起来，大部分却没有笑，陷入沉思之中。

努尔哈赤接着又对大家说道："各位也得当心啊！从朕以下，皇子、皇孙、各位大臣，大小头目、将领等，人人有份啊！那位整日闲得无聊的朱翊钧，企图用这种卑劣的暗杀手段，恐怖行动，来得到他在战场上所得不到的东西，到头来也不过是黄粱美梦一场空啊！"

大臣额亦都气愤地说道："自古以来，搞这种恐怖手段的人，很少有成功的。只要咱们上下一心，团结一致，形成铜墙铁壁，任何阴谋诡计，狡猾的伎俩，都不会得逞的！"

大臣费英东也说道："俗话说'有事不可胆小，无事不可胆大'，只要咱们擦亮眼睛，遇事谨慎，提高警觉性，就能逢凶化吉，遇难成祥，百事顺利！"

说到这里，费英东转过脸去，对他的儿子费格拉哈谆谆嘱咐道："你要意识到自己肩上担子的沉重，可不能大大咧咧、毛手毛脚啊！"

自此以后，对努尔哈赤的保卫更加严密了，赫图阿拉城不仅白天警卫森严，夜里更增加了巡逻人员。

白天，何和理与邵魁领着人各自巡哨、检查；夜里，满浅与皇太极在内城、外城巡逻，费格拉哈对努尔哈赤的饮食起居进行全面负责，其父费英东有时也自动参加了警卫活动。

因为警卫工作严谨缜密，杨镐派到赫图阿拉的四位刺客，终被何和理等诛杀。杨镐也终于放弃了刺杀努尔哈赤的计划。

努尔哈赤对万历的"悬赏"与刺客的袭扰十分恼火，便将一名被掳来的汉人，割去双耳，令其鲜血淋漓地送信给万历皇帝。

在这封措词强硬的信中，他说道："……若以我为非礼，可约定战期出边，或十日，或半月，攻战，决战；若以我为合理，可纳金帛，以图息事！……"

万历皇帝看信之后，气得说不出话来，只写了两句话、八个字作为回答："调兵遣将，犁庭扫穴。"

于是，双方的战争气氛日益紧张，战事已不可避免了。明廷虽然积极主战，但是兵饷不济，将不出关，兵不听调，困难重重。

明廷原定万历四十六年，即天命三年六月出兵，不得不一再延期，直到八个月之后的万历四十七年，即天命四年的二月，酌定兵马，兵分四路：以杜松为主将的西路，即抚顺路；以李如柏为主将的南路，即清河路；以马林为主将的北路，即开原路；以刘铤为主将的东路，即宽甸路。

明廷又胁迫朝鲜出兵，其官兵一万余人归刘铤节制，属东路军。

明朝四路兵马八万多人，加上朝鲜援兵，共有十万多兵马。

六月二十一日，明朝兵马大元帅杨镐在辽阳练武场誓师，他宣布军纪、军令如下：若有迟误军期或迟留不进的，大将以下者论斩；官军有临战不前的，立即斩首；当敌人败走以后，准许割取敌人首级报功；若是敌军未败，就先行争割首级的，无论官兵，立即处斩；等等。

杨镐共申明军令、军纪一十四项，官兵有违令者，立即斩首。

为了杀一儆百，以振军威，杨镐拿出尚方宝剑，命令道："将那个在抚顺官失守时，临阵脱逃的指挥——白云龙枭首示众！"

在练武场的东南角上，有一个断头台。刽子手把白云龙绑在柱子上，刽子手的大刀一挥，白云龙的人头骨碌碌滚到断头台下边去了。传令兵走上前去，把白云龙的人头挂在台边的柱子上。

经略杨镐鉴于十万大军整装待发，也觉得胜利在握，灭后金不在话下，公开扬言道："鞑子若要与官军相抵，势必以卵击石，如飞蛾之投火也。"

于是，二月二十四，即在出兵前夕，杨镐头脑发热，竟派遣女真人一名，前往后金去下战书。书中号称出动大军四十七万，三月十五日将分别挺进，公然把进军日期通知努尔哈赤。

一向善于用兵的努尔哈赤接到战书之后，及时召开会议，他在会上说道："后金国就要与明朝打仗了，希望各贝勒大臣们做好准备，是厉兵秣马的时候了！朕的原则还是那句老话：恁尔几路来，朕只一路去！"

为了及时、准确地了解明军的动向、部署、实力等情况，努尔哈赤要求负责情报工作的何和理、满浅等，把在抚顺关掠来的汉人，选出一部分进行认真训练，让他们化装成各种生意人，或是货郎、叫花子等，到关内外的明朝的各地搜集、索取军事情报。

努尔哈赤亲自去察看地形，在明朝军队将要进军的牛毛岭一带，布置士兵砍伐大树，设置路障，根据地势的险劣，分别部署兵力。

在浑河边上，他亲自下水测试河水的深度和河水的流速，对部下说："四路军是明军的主力，这浑河是他们必经之道，要让这浑河成为埋葬明军的坟墓！"

皇太极提出自己的建议："先在浑河上游筑坝蓄水，等明军涉河时，再掘坝放水；另在附近埋伏一支人马，趁他们渡河时袭击一下，可以挫伤他们的锐气！"

努尔哈赤听后，当即答应道："与朕的想法一致，就如此办吧！"

战前，努尔哈赤把一切准备工作做得有条不紊，为打败明军创造了各项有利条件。

明军各路兵马于二月二十一日誓师之后先后出边，可是后来天降大雪，到处冰水雪地，兵马无法通行，只得又停下来。

西路军总兵杜松，为人正直，敢于直言，身上有刀痕与箭疤多处，从不贪财惜命，大有名将廉颇的风度。他对杨镐的"分兵合击"提出反对意见，遭到杨镐的忌恨，心中郁郁不乐。

东路的总兵官刘𬘩，多次向杨镐申请征调川军，也遭到杨镐的拒绝，不予办理。

身为统帅的杨镐，对部下的合理建议与要求，充耳不闻，又骄躁寡谋，盲目乐观，只是催促进兵，置天时、地利和人和于不顾，强行安排四路大军出师的具体时间为：西路沈阳、开铁两路于三月二日到二道关，合营后再分路向赫图阿拉进军。四路大军务必在三月三日会师于赫图阿拉，率先到达战地的以炮声为号。

但是，杨镐作为全军统师，不知彼，不知己，又不听谏言，不熟悉地理，不察敌情，又不亲临战阵，还在沈阳坐台点将，又怎能将战争引向胜利呢？

且说杜松领兵于二月二十九日到达抚顺宿营，为了按时到达杨镐指定进军地点，不得不下令士兵手持火把，星夜急速进军。

这就为努尔哈赤的伏击提供了有利条件。

杜松军的监军张铨，虽是读书人，却遇事多谋，作风正派，他向杜松建议道："如此昼夜急行军，士兵疲劳太甚，万一误入敌方险境，后果不堪设想。"

杜松说道："若是误了杨镐规定的军期，又将奈何？"

于是，大军来到浑河边上，杜松急令兵马连夜过河。

都司刘遇节也向杜松建议道："张监军的话很有道理，如夜半三更渡河，一旦敌兵袭来，我大军将首尾不顾。"

但杜松怀着对杨镐的满腹怨愤，带着求战心切的思想，不听二人规劝，反而轻蔑地说道："大兵义旗东指，谁敢犯颜？何况杨镐的兵期切近，哪有停下来的可能！"

杜松说罢，急令士兵试探浑河水势，选择渡河地点，不多时，探马来报告说："河水不深，仅及马腹，河中还有小船数十只哩！"

杜松听了非常兴奋，他一边举杯痛饮，一边对众将领高声地说道："这真是天人齐助啊！"

于是杜松将军弃船不坐，身不披甲，策马大呼而进，一边又急催军卒过河。

此时，他手下的将士见他未披甲胄，喊道："请杜将军慢走，披上盔甲再进！"

杜松听了，大笑不止，并且大声乍呼道："置身战阵，披上坚甲，岂是大丈夫所为？老夫从军以来，不知甲重几何。今日，你们众人想以盔甲苦累老夫不成？"

在谈笑之间，杜松与众军兵已经涉水到河中间，当时，进入河中的有杜松本部步兵，以及都司刘遇节的五千骑兵，人、马近万。

兵马刚到河中段，忽见上游几丈高的水咆哮而下，向杜松军猛扑过来。

此时，总兵官赵梦林看见水势猛涨，感觉势头不对，向杜松大声喊道："杜将军！要立即停止过河，上游有人放水，小心中了敌人的埋伏。"

但是杜松毫不理会，坚持过河。此时，浑河水位猛然升高几尺，河水流速也加快了，渡河的士卒有的已被淹死，更多的人各自逃命去了。

据估计，淹死的士卒约有一千多人，大炮等重火器都阻于河对岸，杜松军被一分为二。

当时，正是早春二月，春寒料峭，夜里就更冷了。尤其是过河时衣服又湿了，夜风一吹，更是寒气逼人，冻得士卒们直打寒战。于是，军不成军，队不成队，乱作一团。

正当杜松的过河士卒在背水受冻时，忽听角螺齐鸣，鼓声大作，漫山遍野的伏兵，一下子冲将过来，向杜松军发起了攻击。这时候，一万多只火把，映红了半个天空，喊杀声震撼山谷，特别是有个喊声更加响亮："活捉杜松！不要让杜松跑了！"

直到此时，杜松才如梦初醒，知道自己是背水陷伏，处于十分危险境地。

他心里明白，若不当机立断，脱离险境，这背水作战的结果，将难以脱身。于是，他急中生智，马上下令全军迅速集结起来，近战敌人，自己立即上马，亲自带领家丁和渡河士卒，主动向后金军冲杀过去。

后金伏军首战杜松的是大将哈都，二人只战了十几个回合，哈都败阵而逃。两军混战一起，杜松虽然年老，但英勇不减当年，他奋力拼杀，时而挺枪乱刺，时而抽出腰间大刀砍杀，杀得后金军纷纷败退。

正当杜松冲出重围，哈都又来相战，杜松一见分外生气，大喊一声："贼将看刀！"

二人斗到十多个回合之时，杜松将手中枪一拧，把哈都的枪挡住，左手抽出大刀，对准哈都头部砍去，那哈都一见刀光一闪，知道不好，急忙闪向一边，只听"咔嚓"一声，哈都的左臂被砍了下来。哈都疼得大声号叫着，拍马逃跑了。

"贼将！往哪里逃？"杜松随后紧紧追赶，直赶至界开山下，向身后的士卒下令道："阵势要严守不乱！对敌军要继续放炮、放铳，要稳、准、狠！"

由于杜松带领军队主动进攻，勇猛拼杀，队伍士气很旺，但是，他的部下有些将士却被这小小的胜利冲昏了头脑。他们误以为胜局已定，便目无军纪，不听号令，各自争功，无心奋战。

努尔哈赤一向看问题很敏锐，他说道："别看明军分四路进攻，实际上杜松军为全军主力，只要网住杜松这条大鱼，其他三路就容易对付了。"

为了要网住杜松这条大鱼，努尔哈赤派遣大贝勒代善、二贝勒阿敏、三贝勒莽古尔泰、四贝勒皇太极各处率领八旗兵马，快速行军，赶到界凡城。

此时，杜松军一部分驻扎在萨尔浒山下，另一部分由杜松带领，正在激烈地攻占吉林崖，双方战斗激烈，死伤惨重。

后金四贝勒按照努尔哈赤的意思，先攻破萨尔浒的明军主力，再回头围攻吉林崖的杜松军。当时，后金八旗兵马约四万五千人，而萨尔浒的明军仅有一万五千人左右，努尔哈赤集中两倍以上的优势兵力，进行围攻，使后金军队完全掌握了战争的主动权。

明军的萨尔浒大本营，由总兵王宣、赵梦林等主持，他们用战车环阵，并在外围挖堑、埋树栅，又在外面布列火铳、大炮，用旗鼓壮威，准备与后金进行一场厮杀。

两军攻战开始以后，努尔哈赤先命令先锋军冲杀，明军立即放火铳，燃放大炮。眨眼之间，血肉横飞，八旗兵仰面扣射，万矢如雨，纷纷落在明军中，与此同时，那些铁甲骑兵奋力拼杀，反复冲击，锐不可当。王宣、赵梦林等紧守营门，指挥兵士与八旗兵激战。

由于旗兵凶悍异常，那种有进无退的战斗作风，令明军将士胆寒，特别是那铁骑，只是集中突破一点，逐步扩大，然后再攻陷方阵，突破战线，粉碎联队，驱散步兵，使全军瓦解。

这是八旗兵的一贯打法，保守的明军，用战车列成方阵，一旦被旗兵突破一点，必将全军溃败，总兵王宣已看到这危险，便说道："如今杜将军那边消息不通，这里的炮手已死伤多人，面对八旗兵的轮番冲击，咱们在此被动地死守，怎么办？"

二人正商量对策，士卒进来报告道："后金的骑兵又冲来了！"

两位总兵急忙从营里走出来，只见后金国的骑兵，如汹涌的波涛，铺天盖地，席卷而来。

很明显，努尔哈赤依恃众多的兵马，决心消灭明军的萨尔浒大营，他们的骑兵对被动的明营进行一次又一次地冲击，堑壕阻不住，树栅又怎能阻得住？战车更阻挡不住！

尽管明军的反击也很猛烈，由于火铳、大炮不能及时打出去，对旗兵的威胁减少了，就更能显出后金铁骑的威力。此时，总兵王宣与赵梦林挥舞着手中的兵器，指挥明军反击，嗓子哑了，眼睛红了，他们多盼望能有一支援军到来哟……

萨尔浒大营被攻破了，到处一片狼藉，战车、大炮、大铳、兵器、盔甲，散乱地躺在还冒着硝烟的战场上，特别是那些缺胳膊少腿的尸身，有的血肉模糊，有的面目全非，有的口歪眼斜。

攻下萨尔浒大营的八旗兵马，努尔哈赤及时指挥他们去吉林崖增援。

当时，杜松率领的兵马，虽然在吉林崖下获得了及时喘息的机会，但是听到了萨尔浒营被攻陷了的消息，军心早已动摇。此时，八旗士兵又从崖上冲下来了，由萨尔浒撤过来的八旗兵从后面包抄过来，形成前后夹击之势。

明军连续疲劳作战，士气更加低落，只是由于杜松身先士卒，率先砍杀，明军才振奋精神，积极参战。

这时候，努尔哈赤坐在高高的山坡上，俯看着两军混战的场景，被杜松的勇猛拼杀深深地吸引住了。只见他光着脊背，手中的长枪如一条游动的蛟龙，上下盘旋，左右翻滚，所到之处，八旗兵纷纷倒地，不消半个时辰，在他周围已是尸骸遍地。

努尔哈赤不由得说道："真是一员猛将啊！此人若是肯能归降，何止甚于千军万马？"

可是，转而一想，像杜松这样的老将，又怎能像李永芳那样，会轻易地投降呢？既然他不能为后金所用，在当前情况下，就不能让他脱围出去，否则，就是放虎归山。

想到这里，努尔哈赤不再迟疑，立即命令："集中兵力围击杜松军，要用五倍，甚至十倍的兵马，将其困住，决不能让杜松跑掉！"

努尔哈赤的这一声号令，吹响了向杜松最后一次进军的角螺，八旗士兵从河畔与丛林，山崖与谷地，从四面八方，以数倍于杜松军的兵力，铺天盖地，合围过来，重重包围，势如铁桶一般。

这时候，杜松已知萨尔浒大营被攻陷，大营的士卒早被攻溃了，盼望援军到来的希望已经渺茫，便想率领这些残余的兵马，奋勇杀出重围，避免全军覆灭的后果。

但是，八旗兵马层层包围，杀退一批，又上来一批，放眼一望，四周黑压压的，全是后金的旗兵，不时发出叫喊声："要活捉杜松！不要让杜松跑掉！"

杜松两眼发出火光，又饥又渴，正在用尽平生之力向前冲杀之时，突然被飞来的一箭射中面门，遂坠马而死。

这一箭为努尔哈赤的十三子赖慕布所射。他奉努尔哈赤之命，领兵埋伏于山上伏击杜松。一见这位老将中箭坠马，当即跳下马来，伸刀割下杜松的脑袋，向他的父王报功领赏去了。

跟随杜松的士兵，当即四散逃去，在八旗兵马的追杀过程中，有的幸运逃脱了，有的跳崖跌死了，只有少数人投降了后金。

这一仗结束之后，平原、山冈、河谷、树林，全被溃军塞满了，杜松军尸横遍野，八旗兵血流成河，明朝的杜松军全军覆没，努尔哈赤的八旗军获得了全胜——但是，也付出了极为沉重的代价。

赖慕布带着杜松的人头，回到大营，去向他的父亲努尔哈赤报功领赏。

努尔哈赤向侍卫招招手，说道："送过来，让朕瞧瞧。"

努尔哈赤早与杜松相识，还一向十分敬畏这位山海关的杜总兵，说道："杜太师！务请见谅，你的节操如山岳坚定，朕一定不忘你的友谊，隆重殡葬。"

然后，派人立即订做木盒，将杜松人头收管好，等到打败明军之后，要厚葬他。

这时，有士卒进来报告："杜松军中的监军张诠被捉住了。"

努尔哈赤忙向范文程问道："这位张诠是怎样的人？"

"张诠虽是文人，却耿介廉洁，质朴自爱，是明廷中少有的忠臣。"

努尔哈赤未等范文程说完，立即吩咐："快去把张诠带上来！"

不一会儿，张诠被五花大绑押进来。可是，他见了努尔哈赤却立而不跪，怒目而视。

努尔哈赤不但不气，反而热情地说道："张诠大人是一个好人，快把他的绑绳松了！"

张诠却不领情，反而张口大骂道："你这个狡猾的叛逆，明朝没有亏待过你，为何要兴兵谋叛？这不是以恶报德？"

努尔哈赤哈哈笑道："朕知道你张诠是个忠臣，只是不想让你充当明王朝的殉葬品。"

"少废话！我张诠熟知忠孝节义，礼义廉耻，绝不会叛明降你当汉奸，要杀就杀，何必拉拢？"努尔哈赤仍不死心，立刻派人把杜松的脑袋送来，想用它来敦促张诠投降。

张诠接过一只盘子，见上面有一颗鲜血淋漓的人头，仔细一看，忙用双手把那人头捧在怀里，放声大哭起来："杜将军啊！你不听俺的忠告，现有今日之败！你勇武大半生，这一仗败得这么惨！你上负皇恩，下负将士，我张诠生不能替你报仇，死当继续追杀鞑贼！"

说罢，只见他两眼圆睁，目光如炬，双手将杜松的人头使劲向努尔哈赤掷去！

说时迟，那时快，只见费格拉哈一个箭步窜过去，挥手把杜松的人头打落地上。

努尔哈赤大怒，立即喝道："混账东西！朕本来怜惜你的为人，却为何这等无礼？拉出去砍了！"

过了一会儿，侍卫将张诠的人头捧过来，努尔哈赤看后，指着张诠的人头，向范文程说道："如此腐败无能的万历朱翊钧，居然还有这样的忠臣志士，令朕钦敬之至！"

范文程听后，脸上红一阵，白一阵，默默无言，只是低下头来看着地面。

这时候，探马进来报告道："明朝的北路兵马，开原总兵官马林带领二万余人，从三岔口出边，正往都城开来。"

努尔哈赤听后，忙问范文程说道："朕听说马林是个文人雅士，真的么？"

范文程立即答道："报告陛下，这马林乃室城人，平日喜好诗文，只是装潢门面，其实，只图虚名，无真才实学，又不懂军事。"

努尔哈赤听完，立即笑道："好哇，这马林虽是一只狸猫，咱们还要把他当作一只老虎来打，不可掉以轻心啊！"

于是，他把防守开原、铁岭的兵力调来，与攻打杜松的兵力合在一起，向马林军杀去。

当初，辽阳誓师后，杨镐命令马林带领兵马从三岔口（今铁岭东南三岔子）出边，三月二日必须赶到二道关与杜松军会师，再向后金都城赫图阿拉进军。

但是，马林提出许多借口，坚持要从靖安堡（今辽宁省开原县东尚阳堡）出边。

当时在场的监军潘宗颜向杨镐说道："这马林不愿走近路三岔口出边，却要绕此而行，走远路，从靖安堡出边。请经略大人想一想，这是为何？"

杨镐立即反问道："你说马林是为什么？"

"此人一向腐懦无能，难以共事，这是他故意贻误军机大事，临阵退缩不前的表现，切不可迁就他，还应坚持原来的部署。"

可是，杨镐却把这十分严肃的军事行动，当作人情关系对待，竟不满地说："马林文武皆备，现有大学士方大人的保荐书信在此，你无需饶舌！"

潘宗颜监军碰了一鼻子的灰，气得叹道："让这一些庸人统军，我等终将自身难保。"

再说马林于二月二十八日，率领一万五千多兵马出发，因为对出边的地点有意见，居然一踏上征途，便故意拖延，行军速度十分缓慢。按照规定，他的兵马应当与杜松军在二道关会师，可是，他出兵到第四天，即三月二日中午时，仍然在三岔口外的稗子谷驻营，迟迟不肯前进。后来，马林听说杜松军已经提前到达浑河，方才紧张起来，号令兵马向二道关方向赶去，可是，他的兵马未到会师地点，杜松的兵马已全部被歼。

马林若是按规定加速进军，早与杜松军会师的话，或许萨尔浒之役的结果不是那样。

三月二日夜间，马林带领开原、铁岭的兵马，到达五岭附近，确知杜松军已被全部歼灭，当时马林就吓得浑身打战，士兵们个个惊慌失措，未打就胆寒了。

　　这时候，总兵官龚会遂向马林问道："大人为何不派人去探听后金兵力动向？"

　　监军潘宗颜立即说道："兵书上说：'知彼知己，百战不殆。'咱们像瞎子摸象，对敌情一无所知，怎么……"

　　马林有些受不住了，说道："你们的兵书学得好，杨经略为何不让你们当统帅？若再胡言乱语，本帅将严惩不贷！"

　　潘宗颜监军私下里对龚会遂、丁碧说："咱们可不是不能当统帅，而是因为没有方大学士的引荐书信。"

　　如此将帅不和，离心离德，怎能打胜仗。

　　三月初三日清晨，马林听说努尔哈赤已率领八旗兵马，向自己的"北路军"攻来，一时惊恐万分，急急忙忙避开敌人锋芒，变积极进攻为消极防守，把人马带至尚间崖（今辽宁省抚顺县附近），依山结成方阵。

　　马林让兵马扎营后，立即命令士兵绕着军营挖了三层壕堑，在壕外部署骑兵，骑兵外再布列大炮、火器等，在这之外，又设骑兵。

　　壕堑之内，部署精兵，自己则藏身帐内，命令将领、大小头目等一律在外负责指挥。

　　在这同时，马林又让龚会遂、丁碧领少数兵力，集结在斡珲鄂谟瓦湖木（今辽宁省抚顺大伙房水库）扎营，还命令监军潘宗颜带领几千人马，集中在距离尚间崖三里远的斐芬山一带扎营。

　　在分营驻扎之后，马林得意扬扬地说道："咱这牛头阵，将万无一失，既能相互救助，又能以战车、壕堑阻挡努尔哈赤骑兵的驱驰，并能以大炮、火铳、火箭来制服夷贼的弓矢。"

　　监军潘宗颜却不以为然地说道："这种消极防御，兵力分散的列阵方法，各营孤立存在，也容易形成被动挨打的局面。"

　　马林听后，耸了耸肩膀，斜睨了他一眼，拂袖而去，不再理他了。

　　善用谋略的努尔哈赤，领着兵马来到尚间崖五里处扎下营盘，却不急于攻打。

　　汗王带着他的部下，登上高岭，察看地形后，兴奋地说道："虽然马林分兵三处扎营，朕还是那一句老话——恁尔几路来，朕只一路去！"

　　努尔哈赤仍然集中优势兵力，用一个拳头打人的方法，对付马林军。

　　经过精心策划，针对马林的牛头阵，努尔哈赤以三倍于马林的兵力，运用避实就虚，寻其虚弱环节，决定先砍掉马林牛头阵的一个犄角——龚会遂、丁碧的军营。

为了牵制马林，努尔哈赤派大贝勒代善，于三月初三日拂晓，率兵马一千人进驻尚间崖扎营。他叮嘱代善："马林兵马不动，你不行；马林一旦派兵援救龚会遂，你定要拦截，这叫驻而不打，起到牵制威慑作用即可。"

　　龚会遂营也是用战车屯营，四面深挖壕沟，然后排列火铳、大炮，严密防守。

　　努尔哈赤一向用兵谨慎，为了做到万无一失，他担心代善一人牵制不住马林兵力，又派遣四贝勒皇太极率领兵马一千人，进驻龚会遂营地斡珲鄂谟瓦湖木，造成对明军的分割局面。

　　这样部署兵力，已把马林的牛头阵在未攻打前就已分割包围，使其变成一只死牛头了。

　　努尔哈赤自己带领八千人马，向龚会遂营盘发起了攻击。

　　八旗兵从攻打萨尔浒营中吸取教训，先是让铁骑带头猛冲，打开一个缺口，推倒战车，突破一点，再扩大打击面。转瞬之间，八旗兵像洪水一样从缺口冲杀进去，见人便砍，明军士兵有被旗兵砍死的，有被旗兵战马践踏而死的，一片哭爹喊娘之声。

　　由于龚会遂营只有两千兵马，力量薄弱，怎能经得起数倍于己的八旗兵的冲杀？战不多时，阵脚大乱，全军溃败，龚会遂与其部属兵马全死于两军混乱之中。

　　马林的牛头阵，被努尔哈赤毫不费劲地先砍去了一只犄角。

　　在八旗兵马追杀逃跑的明军时，努尔哈赤对四贝勒皇太极说道："不要赶尽杀绝，要争取多俘获一些，只要政策适当，安抚有法，使用合理，就可以变消极因素为积极因素，让那些俘虏变成咱们后金国八旗兵的预备队。"

　　龚会遂、丁碧营被攻陷之后，努尔哈赤向大贝勒代善命令道："你先把兵马带至山头上，然后再冲击马林的战车营，凭借这强大的冲击力量，必然导致明军的大乱。"

　　此时，探马来报告："马林正在组织兵马，准备出战。"

　　代善见马林的兵马已经逼近，便率领八旗兵冲进明军中去，迎面撞见马林的副将贺小先，二人也不搭话，便杀到一处。代善见贺小先身材矮小，便将手中大刀挥舞得风车一般，刀尖不离贺的胸前。

　　二人大约战了二十多个回合时，努尔哈赤担心代善有失，急忙命令二贝勒阿敏、三贝勒莽古尔泰各领兵马二千余人，前去助战。

　　莽古尔泰向阿敏说道："你从左边冲进，我从右边冲进，使马林不能相顾，也防止代善孤军深入压力太大！"

　　于是，这四千八旗健儿如下山猛虎一般，从左右两侧一齐袭击马林的队伍，鼓声、呐喊声震得山鸣谷应，此伏彼起。

见旗兵杀来，马林立即命令发铳、放大炮，想阻止后金兵马靠近，可是，那铁骑突然奔至，如狂风自天外飞来，迅不可挡。

代善与贺小先正在酣战，忽听营外八旗兵马纷至沓来，明军士兵节节后退，贺小先心中一惊，被代善一刀砍下马来，死了。

马林一见，顿时吓得慌作一团，又见后金兵马内外夹击，八旗兵高声叫喊道："活捉马林！别让马林跑了！"

他更加害怕，急忙对总兵麻岩说道："你留下组织兵马反击旗兵的进攻，我先回到尚间崖大营。"

说罢，竟丢下兵马，独自逃回，这在明军将士中间造成极坏的影响。

马林逃走以后，麻岩只得挺身而出，组织兵马继续抵抗，但是军心已乱，加上后金兵马众多，尽管明军士兵抵抗激烈，八旗兵死伤惨重，但仍然由于寡不敌众而纷纷溃退。

后金大将扬古利与总兵麻岩交锋，身负多处创伤，仍然坚持率领八旗兵与麻岩大战五十余回合。阿敏领兵杀进营中，见麻岩枪法厉害，扬古利不是他的对手，快要败下阵来。他便弯弓搭箭，悄悄一箭射去，正中麻岩后心，麻岩立刻摔下马死了。

主将一死，明军内部大乱，无人指挥，八旗兵马在阿敏、莽古尔泰指挥之下，对混乱的明兵一阵乱砍乱杀。

代善由里往外冲杀，三支旗兵在明军中往来冲击，杀得明兵溃不成军，四散而逃，丢得兵器、甲胄满地都是。

总兵官马林从前锋营里逃回尚间崖，一见前锋营失陷，他便率领后军又从尚间崖逃跑。一万余名兵马，见到主帅马林逃跑，也干脆置敌于不顾，放下甲胄、兵器、跟在马林身后，狼狈相随，一直逃到张家楼子，才收住脚步停了下来。

如今，曾被马林吹嘘为"牛头阵"的马林营，只有一个犄角——潘宗颜的兵营了。

斐芬山的潘宗颜监军，是马林军中有些谋略的将领，他把部分战车放到阵地前沿，火铳与大炮则布列左右，形成野战之城。

对潘宗颜的布阵，努尔哈赤了解后说道："别小看这个潘宗颜，弄不好这只牛犄角真能顶人哩！"

攻战开始前，努尔哈赤命令八旗军中重甲兵在前，轻甲兵在后，另外安排轻骑兵在远处停着，等待时机到来时出动。后金八旗兵发起攻击，明营中早已准备，潘宗颜立刻指挥火铳、大炮一齐发放，对准奔驰而来的旗兵开火。

由于明军扎营高处，能居高临下，主帅又能冲杀在前，明兵虽少，斗志却旺，使八旗兵伤亡很大。在潘宗颜的率先行动感染下，将士越战越勇，士气旺盛，严重破坏了八旗连战连决的战略意图。

在此情况下，努尔哈赤及时把尚间崖的兵马调来，将斐芬山明兵大营团团围住，然后发起全面进攻。这使潘宗颜四面受敌，首尾难顾。在此危急情势下，潘宗颜却不屈服，面对数倍于己的兵力，仍然奋力指挥，组织反击，作拼死反抗，终因寡不敌众，只有招架之势，再无还手之力了。

在两军混战之中，潘宗颜因精疲力竭，背中一箭，壮烈战死。明军终因势力单薄，被八旗兵全歼于斐芬山，到此为止，马林"牛头阵"的另一支犄角，也被砍掉了。

努尔哈赤指挥后金兵马，对溃逃出去的明兵随后追杀，其势如秋风扫落叶，锐不可当。

马林的牛头阵上，尸骸狼藉，血流如注，努尔哈赤全歼了马林军，横扫西部战场。

努尔哈赤连续打败明朝杨镐派来的西路、北路兵马，声势浩大，兵威更猛了。

虽然后金在两次战役当中伤亡了一万多人，但是，收降了明朝两万多降兵，缴获兵器、甲胄、炮火等不计其数。特别是掳来美女十多名，个个玉貌花容，娇俏美丽，比那女真、蒙古女人妖艳百倍。

努尔哈赤虽然鞍马劳顿，又是年过花甲了，却对床笫之欢看得甚重，几乎每夜必须有美人在侧，方能睡得酣畅。这几日以来，那十多名明女夜夜都有一两名侍寝，弄得这位汗王情绪亢奋，乐不可支。

范文程是一个书生气十足的呆子，见努尔哈赤沉于美色之中，便来劝谏道："陛下，咱们虽破明朝的两路兵马，却不能高枕安卧，那南路与东路的兵马早已出兵，而且快要逼近都城——赫图阿拉了，眼前应迅速回军，保卫国都才是上策啊！"

努尔哈赤笑道："朕这几日也在琢磨着打败南路与东路的计划，正如范先生你说的，也该回军了。"

说罢，立即高喊道："大将扈尔汗、二贝勒、三贝勒、四贝勒，你们各带领兵马两千，速回赫图阿拉，护卫都城，防止明军突袭！"

四人得令而去，努尔哈赤让大贝勒代善立即整顿兵马，不日将班师回城。

此时，探马进来报告道："明朝总兵刘铤、辽东总兵李如柏两路兵马，已经兵出宽甸，离此不远了。"

努尔哈赤听后，向众人说道："李如柏乃李成梁的二子，与朕有翁婿之缘，不足畏也；只是那刘铤，据说有些来历，请范先生介绍一下此人的情况吧！"

范文程咳了一声，立即说道："这刘铤乃明朝西南地区的名将，少年时就立有战功，他手持镔铁大刀，重达一百二十斤，刘铤挥舞起来，如旋转飞轮一般，毫不费力，被称为'刘大刀'。"

努尔哈赤立即插问道："那位刘铤，还有些什么本事？"

范文程只得又继续说道："这位刘铤不仅力大无穷，而且弓马纯熟，百发百中，他曾让人在门板上用笔墨胡乱点缀，然后在百步之内，用神箭射之，箭箭中那墨点。除此之外，他还善于训练战马。"

听到这里，努尔哈赤立即说道："不管他是刘大刀，还是张大刀，也不论他来了几路兵马，朕还是那句老话：恁尔几路来，朕只一路去！"

第二天，努尔哈赤带着大贝勒代善，以及文武官员，还有那些掳来的美女，一起离开斐芬山，回到界凡城里，大开酒宴。

在酒宴前，行了凯旋礼，杀了十几头牛，祭了天地。个个吃得酒足饭饱之后，就唱着得胜歌，随着努尔哈赤回赫图阿拉去了。

老将刘铤接到万历圣旨以后，从江西星夜进京，带着两个儿子刘结、刘佐，以及昔日随征人员刘招孙等，还有家丁七百三十六名，战马八百多匹，以及陆续集结的数百人，共计一千余人。刘铤向杨镐恳求：待川、贵兵一到，便立刻出兵。可是，杨镐置之不理，对刘铤的请求十分不满，拒绝征调川贵之兵。

万历四十七年，即天命四年二月二十五日，在经略杨镐逼令下，刘铤不得不从宽甸出兵。

可是兵出宽甸不久，忽然乌云四合，满天飘下大雪，路上雪深数尺，马无草料，人无粮食，大风扬起飞雪，将士不得睁眼，连方向路径都分辨不清，如何行军？

刘铤迫于军令，只得率军驻防，情绪十分沮丧，他对朝鲜王国的元帅姜宏立说："自古以来，兵家的胜算不过是得天时、得地利，以顺人心罢了。目下的天气，如此寒冷，这次出兵不能说得到天时啊！道路这样艰难，到处是险林丛莽，也是没有地利啊！我又没有兵权，也是没有人和啊！"

听了刘铤的这一番话，姜宏立劝说道："刘将军也不要太悲观了。能够跟随你这样的名将一起出征，也是我的幸运啊！"

"谢谢姜元帅的鼓励和信任，我以为这关外的春天来得迟，若是出兵的日期能推迟两个月就好了。"

"是啊，这冰天雪地，增加了行军的困难，若是在四五月份出兵，就比较适宜了。"这位朝鲜的姜宏立元帅很能理解人，与刘铤无话不谈，两人成了有共同语言的忘年交了。

刘铤本是将门之后，江西南昌人，是名将刘显的儿子，在明朝众多将领中，与杜松齐名，是有名望的勇将。

二十年前，日本侵犯朝鲜，当时担任驻朝鲜经略的杨镐，打了败仗，却向皇上谎报说他打了胜仗。疾恶如仇的刘铤在一次宴会上碰到了杨镐，在酒醉之后当众说道："古往今来，武将有杀身成仁的，但没有打了败仗反谎报军情说是打了胜仗的，这种人真是玷污了武将的名声。"

　　虽然刘铤说的是实话，公道话，却得罪了不公道的人，自此，刘铤得罪了杨镐。

　　这次出兵，杨镐依仗手中的兵权，压制并强迫刘铤出兵并非偶然，而是杨镐对二十年前那件往事的报复！

　　更令刘铤将军难以咽下这口气的，是杨镐竟派遣他的两名亲信，小小的守备官于承恩等，手持红旗到东路军中去督战，还密令游击将军乔一奇说："若是刘铤逗留不进，你可以夺取他的指挥大权，继续督率东路大军前进。"

　　这乔一奇本就不是一个好人，靠着拍马溜须的本领，取得了杨镐的信任。在刘铤军中，他目中无人，到处散布刘铤的坏话，并且狂妄地说道："四路军中的主将，除杜松勇而无谋之外，其他的全是平庸之辈！"

　　刘铤这次出师未能得到他请求的川贵兵，只带家丁和临时招募来的几千人。杨镐说要给他二万四千余人，实际上却只有一万五千人马，刘铤怎能不气？他按捺不住气愤的情绪，对姜宏立道："杨镐这次必欲置我于死地，我受皇帝的恩惠多年，这次决定以死相报。"

　　这一天，刘铤的兵马已经来到了牛毛寨。这牛毛寨是努尔哈赤对付东路军的第一道防线。

　　此处古木参天，山岭险峻，道路狭窄难行，努尔哈赤早已派兵砍伐大树放置路上，作为路障，阻止明军行进，以减慢东路军行进速度。由于出师后就遇上冰天雪地，加上翻山越岭，将士们都劳累异常，疲乏不堪，碰到路障，更加艰难，有的将士提出扎营休息。

　　刘铤抬头看了一下周围的环境，说道："这里山高路险，容易埋伏兵马，还是走好。"

　　不久，便有探马来报告了："前面不远处，有许多蒙古兵士拦住去路。"

　　刘铤听说以后，急忙传令安营。然后亲自爬上旁边高山向远处看去，见到不远的地方，努尔哈赤的战旗迎风飘扬，人马不少。于是，急忙回到营里，安排好营里的事情之后，自己带领一支兵马前去迎敌。

　　这时，天色已晚，刘铤命令各军点齐人马，准备迎敌，并让各军齐点火把，照耀得如同白昼，一场大战就要开始了。

　　刘铤手握镔铁大刀，立马阵前，喝道："咄！建州鞑子们听着，有不怕死的，来瞧我刘大刀的厉害！"

　　后金国的大贝勒代善手执大刀，上前喝道："刘铤匹夫，休得猖狂，看我取你狗头！"

二人拍马上前，各挥大刀，杀到一处。

果然名不虚传，刘铤的大刀，舞得如车轮飞转，上下挥动，左右盘旋，代善哪是对手？只战了五六个回合，代善便汗流浃背，气喘吁吁。

刘铤的镔铁大刀，重达一百二十斤，一刀砍下来，一般人是架不住、挡不了的，想躲更不行，弄不好会立刻丧命。代善只战了几回合，就坚持不住了。

三贝勒莽古尔泰，在努尔哈赤众子孙中，一向以力大闻名于八旗兵中。这时，他见代善不是刘铤的对手，再让他打斗下去，非送命不可，于是拍马上前，大声喝道："刘铤畜生，看俺来取你的狗命！"

莽古尔泰嘴里喊着，手里的长枪一挺，对准刘铤的胸前便刺，这才换下代善。

再说刘铤将军，正准备砍死刚才那位后金的将领，不想又来了位黑脸大汉把那人换了下去，心里想：这黑脸大汉看样子有些力气，得让他知道一下厉害为好！

莽古尔泰上阵后，他使的是大铁枪，与刘铤的镔铁刀，叮叮当当的碰撞得火星直冒，二人来来往往，也战了十几个回合，那莽古尔泰也不是对手，眼看就不行了。而刘铤的大刀却越舞越快，刀刀不离莽古尔泰的头部，就在这时，只见刘铤的大刀高高地举起，用力向下一劈，忽听"咣嘟嘟"一声响，接着又是一声"咔嚓"，莽古尔泰的大铁枪，竟被齐刷刷地削去了半截！这一下可吓坏了旁边的代善与皇太极，兄弟二人急忙拍马上前，顶住刘铤手中的大铁刀，莽古尔泰才算从刀下脱险。

此时，营中的刘招孙也拍马上前，和刘铤一起，与代善、皇太极杀在一处。

又战了几个回合，代善急忙向皇太极使了一个眼色，两人虚晃一枪，勒转马头，就飞一般地往营中逃去。刘铤与刘招孙一见后金的两员将领逃跑，哪里肯舍？便一齐喊道："追啊！活捉鞑子啊！"

两人领着身后的兵马，随后便追，一路高声叫着，喊着，形成一股巨大的声浪，在夜间的山谷中来回地回响、应和着。刘铤与刘招孙领着兵马，在后面追着追着，就不见踪影了，见前面一座高山挡住了去路，二人便停了下来，等着后面的大队人马赶了上来，他们也就安下营盘，准备明日再追。

努尔哈赤的第一道防线——牛毛寨，已被刘铤突破。第二天，即二月二十九日，东路大军又上路了。刘铤命令乔一奇等率领本部兵马担任先锋，在前先行进攻，一路走了四十里，所经过的部落，刘铤命令全部将其焚毁，见到的女真人，或杀，或俘，大军继续前进。

前面的马家寨，是努尔哈赤布置的第二道防线。一进寨口，后金的伏兵四起，由大将扬古利带领一队兵马，拦住去路。

刘铤拍马上前，与扬古利战到一处，因为扬古利在攻打马林军时，手臂受伤未愈，加上刘将军的镔铁大刀锐不可当，只战了几个回合，便拍马逃走了。

刘铤指挥兵马一阵追杀，沿途砍杀八旗兵八十五人，又俘获了八十八名旗兵。

三月二日中午，刘铤军来到了浑河，这是努尔哈赤的重点防守区，也是他精心安排的第三道防线。

经过反复策划，努尔哈赤决定要在这里把刘铤的东路军拖住，以备集中兵力对付西路的杜松和北路的马林。努尔哈赤在此埋伏了两支兵马，一支是其第三子阿拜率领的一千人马，占据着路旁的野猪岭，从后牵制明军。另一支兵马埋伏在明军前进的道路两旁，从正面阻止刘铤军继续前进。这支兵马努尔哈赤派遣牛录额真托保、额尔纳、额里三人率领。

为了突破防线，刘铤派勇将刘龙吉前去攻占野猪岭，他叮咛道："能把这个制高点——野猪岭拿下来，咱们前进就没有大尾巴在后面坠着了。"

刘铤自己则准备亲自打击前面的后金兵马，便命令乔一奇带兵先走。后金的托保等已在前面结好阵，等待明军前来厮杀，当乔一奇的兵马一到，二人便杀到了一块。

明将刘龙吉带领一千人马，去攻打占据着野猪岭的阿拜。根据努尔哈赤的嘱咐，要阿拜利用有利的地势，拖住刘铤军。

当刘龙吉开始攻击时，岭上的滚木、礌石如雨一般打将下来，使明军无法上去。

刘龙吉登上高处察看地形后，决定以声东击西计策，先派二百人从侧面迂回登岭，争取绕到后金军的后面，进行突然袭击，自己仍从正面继续攻击，以吸引敌人的注意。

不一会儿，野猪岭上喊杀声起，迂回登岭的二百名士兵与后金的旗兵打了起来，刘龙吉非常高兴，立即又从正面开始了攻打。谁知野猪岭上的后金兵马众多，登岭的二百明兵很快陷入包围，几乎全被弓箭射死，只逃回来十几个人。

刘龙吉只得仍从正面仰攻，他领着士兵，冒着箭矢，顶着礌石，勇敢地攻击，不幸被一块巨大的石头砸中头部，当即倒下死了。

再说刘铤的先锋乔一奇，与后金的将领托保战到十几个回合时，托保的体力渐渐不支，乔一奇一枪刺去，正中左臂，只见托保身子一闪，快要落马时，后面的额尔纳拍马上前，救走了托保，另一员后金将领额里出阵，顶着乔一奇厮杀。

刘铤在阵中看得分明，遂领着兵马大喝道："冲啊！随俺去杀鞑子啊！"

明军士兵如出水蛟龙，一齐随着刘铤冲进后金营中，两军立即混战在一块。刘铤抡起大刀在八旗兵中横扫着，那一百二十斤重的镔铁大刀被他挥舞得呼呼风声作响，一扫一大片旗兵，真是厉害无比。

两军一直战到天色已黑，后金旗兵死伤惨重，终因寡不敌众，托保带着伤臂，与额里纳等领着残兵败将，脱围逃走。

浑河这一仗，努尔哈赤的队伍虽然败了，损失了二千人马，但是拖住了明军整整半天，赢得了时间，有力地配合了西部和北部战场，致使杜松与马林军被其全部歼灭。

在马家寨、浑河之役的阻击战中遭到了失败，努尔哈赤在完全取得西部、北部战场的胜利之后，面对刘铤的东路军，不得不坐下来认真召开军事会议，制定新的作战方案。

会议一开始，大家都说刘铤的大刀如何、如何地厉害，简直是谈虎色变了。

大贝勒代善有切身的体会，他说道："刘铤那老家伙确实名不虚传，他那大刀一百多斤重，实在难以招架。"

三贝勒莽古尔泰说道："刘铤的大刀不仅重，而且锋利无比，我的铁枪竟被他一刀砍去一半，差一点把老子的命也赔上了——"

吊着伤臂的托保说道："有人说刘铤勇而无谋，我觉得此人倒很谨慎哩！行军时，他让那姓乔的将领当先锋，在前面开道，他自己带领兵马的主力居中坐帐，让朝鲜军队殿后；安营时，用鹿角枝绕成营城，像真的一座城那样，咱的旗兵不能突入，冲不进去；他又在鹿角枝营外设立火器，使咱的骑兵不能冲入营中，又很难接近。他们自己或出营征战，或回营休息，可以轮番出战，来去自如。所以，我说此人——"

"好了，经你们这么一说，刘铤成了天兵天将，无敌于天下了！朕就是不信邪，不服邪！凭着朕的八旗健儿，能治不倒一个刘铤？他长了三头六臂么？"

努尔哈赤很不高兴地说着，看着大家的表情，然后又开导大家："俗话说'尺有所短，寸有所长'，刘铤有些本事，但是他的弱点是什么？这是生死攸关的两军阵前，他是后金的敌人！要出奇谋，献妙计，争取早日捉住他，歼灭他！"

汗王说完之后，四贝勒皇太极说道："我以为，对付刘铤，不宜近战！咱们可以用远攻战法，将其引入伏击地区，用弓箭治他，那就等于大水牛掉到枯井里——有力无处使了！"

努尔哈赤听了，点点头道："对付刘铤，必须用智取，引他上钩！关键是如何引他上钩，应从这方面多想点子。"

这时候，范文程走到努尔哈赤面前，对着他耳边低声说了一会儿，只见努尔哈赤笑道："高，高！这叫做虚虚实实，实实虚虚，以假乱真，以真充假，实在是妙计！"

努尔哈赤说完，当即喊过大贝勒代善，在他耳边说了一会儿，代善便高高兴兴地出去了。接着，他又分别派遣二贝勒阿敏、三贝勒莽古尔泰、四贝勒皇太极，以及大将扈尔汗等，各领任务去了。

努尔哈赤分派已定，向内侍说道："传朕的命令：宰杀五十头牛，一百只羊，以及酒、菜、果品等，准备吃庆功宴。"

距离赫图阿拉城五十里处，有一地方名叫阿布达里冈，位于拉法河与加哈河的交汇处，那里地形复杂，易于设伏。努尔哈赤听从范文程计策，准备将刘铤诱至阿布达里冈，进而歼灭之。

代善前去利用打败杜松时缴获的杜松令箭，再从投降的明军中，找到一名浙江兵，让他冒充杜松的"材官"，去刘铤军中以假乱真。

那"材官"见到刘铤后，假装告急地说："杜将军托刘将军的威名，已幸运地深入敌境，抵达赫图阿拉了。现在担忧将军的东路大军不能同时前进，故差卑职前来，敬请将军急速起营，以备共同夹攻破城。"

说罢，将令箭交到刘铤手里。

刘铤手拿令箭，怀疑地说道："我与你们杜将军地位相当，他怎么传令箭给我？把我看作他的裨将不成？"

那"材官"立即随机应变道："刘将军有所不知，那令箭虽然是号令偏裨将领的，实际上也不常用，只是因为事急，以它取信罢了！"

刘铤对"材官"的话未加深究，便顺口道："出师的时候，各路大军相约，以传炮为号，杜师既已抵城，为何没有听见你们的炮声？"

听刘铤这么一说，那"材官"也才知道各路大军相互联络的暗号，是以炮声为准。

他听到刘的责怪，又立即辩解道："从这里距离赫图阿拉仅五十里地，若是三里传一炮，还不如骑马跑来得快呢！"

刘听把"材官"谎话信以为真，答应他传炮进军，把各军的联络暗号都讲了出来。

再说那"材官"回到赫图阿拉不久，"轰隆"的炮声便响了，这是努尔哈赤让被俘的明朝炮手燃放的，是专放给刘铤听的。刘铤被蒙住了眼，急功冒进，那假"材官"刚走他就动心了，立即命令士卒拔营火速前进，唯恐杜松独占军功。

当刘铤大军快到阿布达里冈时，果然听见炮响三声，这使刘铤将军更是坚信不疑了。

尽管道路难走，周围重峦叠嶂，山险林深，人马不能成列前进，队伍混乱不堪，刘铤仍然坚持急走，大声命令道："兵马成单列前进！

大约又走了二十多里，忽听炮声连连传来，并且一阵紧似一阵，刘铤心里想道：这是杜松将军在催促咱们快走哩！于是，他心急如焚，命令士兵丢下鹿角枝，轻装向赫图阿拉前进！

此时，沿途还有几个部落村寨，部分官兵前去掳掠，除发现几个老弱女真人之外，一无所获，因为他们早按照努尔哈赤的"坚壁清野"命令，把谷物等埋藏起来了。

刘綎知道后，训斥他们道："别去浪费时间了！当前唯一任务是抓紧行军，提前赶到会师地点，等到咱们打下赫图阿拉，粮食会有的，牛肉、羊肉都会有的！你们使足劲儿，加油跑吧！"

刘綎的前锋——乔一奇等，首先抵达阿布达里冈时，突然伏兵四起，前锋兵马立刻陷入重围。

后金大将扈尔汗带领数千旗兵，把乔一奇等团团围住，一声令下，万箭齐发，明兵连还手的机会都没有，就被射死了。

乔一奇等急忙领着残余兵马，冲出重围，回来向刘綎报信，他才如梦初醒，知道自己如今已中了努尔哈赤的诱兵计了。

这刘綎毕竟是身经百战的老将，表现得异常镇定，立刻命令道："全军集结起来，整顿好队伍，准备与鞑子大打一场血战！"

刘綎的话音刚落，周围山坡上、树林里突然响起喊杀声，后金的三万多兵马，漫山遍野地包围过来，刘綎与将士们一见，不由得大惊失色。

当大贝勒代善、二贝勒阿敏、四贝勒皇太极一齐出现在刘綎面前，他两眼环睁，怒视着三人骂道："你们几个娃子全是我手下的败将，赶快滚回去，唤老贼努尔哈赤来，看老子活活砍了他！"

大贝勒代善说道："刘綎将军！你别糊涂了，你已中了埋伏，快下马投降，还有一条活路，否则——"

刘綎气得变了脸色，喝道："呸！你们别痴心妄想！我刘大刀虽是一个武夫，却也略知君臣大义，我是堂堂大明臣子，怎能降顺你们这些鞑子！"

二贝勒看着刘綎笑嘻嘻地说道："我劝你看看周围的山上林里，你那大刀再厉害，能砍死三四万人么？还是想想你的后事吧——"

刘綎气得肺都要炸了，大喝道："我出生入死几十年，能怕你们这些小毛贼么？看刀！"

说罢，就举起手中大刀向二贝勒阿敏砍去。

大贝勒代善忙向阿敏喊道："注意他的大刀，千万别去碰它。"

说罢，拍马前去，与阿敏一起，双战刘綎，皇太极也急忙舞刀，杀向刘綎，三人把刘綎围在中心，他毫不在意，力敌三人。大约战了三十多个回合，刘綎却越打越勇，那把一百二十斤重的镔铁大刀，被他挥得呼呼生风，上下翻飞，刀光闪闪，煞是厉害。

三个贝勒共战一人，他们却累得气喘吁吁，汗流浃背。

因为刘铤那刀太重、太锋利，挥舞起来谁也不敢去碰它，多半是躲闪的多；再者，那刀又来得迅猛异常，稍有不慎，一旦被它碰着，能有活命么？

又战了二十多个回合，皇太极心里想道："何必跟他没完没了地打？不如引他到前面去，用箭射死他……"

想到这里，他立即向二人各使了一个眼色，便拍马往前跑去。代善与阿敏也勒马随着皇太极逃去，刘铤见前面怪石嶙峋，未敢轻易追去，就立马向周围察看。此时，忽见西北角上一彪兵马杀到，但见大旗上现出一个斗大的"杜"字。刘铤一见，心中大喜，急忙领着身后兵马前去迎接，可是，走了半里多路，见那队兵马进了林子，便又赶去。突然，四周喊杀声骤起，隐伏在山顶、丛林、溪谷中的八旗伏兵，一齐杀出来了，似山洪暴泻，漫山冲杀，锐不可当。

刘铤心知中了奸计，只得应战，但是身后队伍已被旗兵切成数段，首尾不能接应。此时，刘铤身边不过数十名士兵，正在危急时，又见那支高挑斗大"杜"字旗的队伍出现在前面，刘铤慌忙赶去。

突然，喊杀声又起，乱箭射来，刘铤急忙舞动大刀，但左臂已被射中，又坚持举刀砍杀，再复伤右臂，仍然带伤拼杀。接着，刘铤又面中一刀，被砍去半颊，犹左右冲突，手歼数十人而死。刘将军的义子刘招孙急忙来救，立刻陷入包围，也被乱箭射死。

那一支高挑斗大"杜"字旗的队伍，是后金兵马扮演的。这一条以假乱真的妙计，也是范文程想出来的。

努尔哈赤凭借这两条"以假乱真"的妙计，终于歼灭了刘铤的东路大军一万五千多人马，取得了这场战争的又一巨大胜利。

东路军刘铤及其将士一万五千多人马被消灭之后，朝鲜王国的元帅姜宏立接受了和谈条件，双方共立盟誓，以求和好。

南路军主帅李如柏，带了两万人马，三月一日，出清河鸦骨关，因为出师晚，行动慢，三月二日，会师的日期已过，仍然迟迟不进，逗留观望。

忽然探马来报说："西路军杜松将军全军覆没！"李如柏一听，吓得面色焦黄，连站也站不起来了，连向探马挥手，让他出去。过了不到两个时辰，又有探马来报："北路军被努尔哈赤打败了，总兵马林逃跑，不知去向。"

李如柏又吓得浑身筛糠一般，不知怎么办才好，副将贺世贤走来建议道："咱们兵马不动，又见死不救，将来怎么向皇上交代？不如偏师策应，增援东路，杀入重围，救出刘铤将军。"

李如柏听后，却犹疑再三之后说道："过两天再说吧！"

只过了一天，探马便来报了："东路军刘铤兵败身死，全军被歼！朝鲜军队接受努尔哈赤的和谈条件，讲和了。"李如柏吓得魂不附体，过了好长时间才说："那八旗兵勇若猛虎，连杜松、刘铤都败了，我去也是白送命！"

此时，李如柏想把兵马撤回去，又怕杨镐的尚方宝剑，真是不愿进兵，也不敢退兵，两头为难。

其实，李如柏也确有难言之隐啊！原来李如柏在广宁任总兵时，努尔哈赤为搞好关系，将其弟舒尔哈齐的闺女娥喇佳嫁给了他，他们之间便成了翁婿关系。

后来，努尔哈赤于万历四十三年（1615年）三月，第八次起京朝贡，也是他最后一次进京朝贡时，李如柏已调为辽东镇守，当了总兵官。过辽阳时，努尔哈赤曾在辽阳住了较长时间。

在一次酒后谈心时，努尔哈赤说道："有朝一日，若攻打明朝，你作何处之？"

李如柏想了一下，说道："我将拥兵自守，若不能，则弃甲曳兵而逃，以此报答岳翁。"

努尔哈赤听了很满意，以后，李如柏每年都从建州获得大量的珍珠、人参、黑貂皮、熊掌、蜂蜜等。李如柏再把这些土特产送到京城里，朝廷里的各部大人都有一份，谁又不喜欢这位李总兵？

当然，努尔哈赤也能从李如柏那里得到好处，单是抚顺、开原两地的产品交易、关税支付方面，由于李如柏的荫蔽和疏通，建州都能获得极大的好处。

因此，努尔哈赤与李如柏两人有互相帮衬之谊。

再说辽东经略杨镐，见四路兵已有三路兵败将亡，已铸成败局，只得发令箭到清河，召李如柏的南路军回师。早在观望、逗留的李如柏，一接到令箭，如受到大赦一般，急急忙忙回师，狼狈得如丧家之犬。

一天中午，努尔哈赤派出来的一支哨探队伍，正往虎拦山去探听军情，他们在山上看到李如柏的回师兵马，如残兵败将一般，队不成列，排不成行，兵不像兵，将不像将。

这时候，哨探头目武里堪想跟李如柏开个玩笑，便让部下吹起螺号，并且一起呐喊，声震山谷，似有千军万马攻来了。

李如柏以为中了埋伏，早吓得心胆俱裂，魂灵儿飞出了泥丸宫，也不敢停下来应战，立即向队伍传令道："快走！立即回师沈阳。"

士兵们一见主帅惊慌，真以为是努尔哈赤派兵马来了，吓得跟兔子一样跑了。

武里堪便索性来一场实战，他带着二十名哨探，大声叫喊着从山上冲下来，杀入李如柏的队伍中。那些明兵见了，也未敢看看到底有多少八旗兵杀来，便丢盔弃甲，惊慌失措地四下奔逃。

萨尔浒之战结束了。明朝军队文武将吏死亡三百一十余人，士兵死亡四万五千八百七十多人，失去马、骡、骆驼二万八千六百多匹。萨尔浒之战，使明朝国势受到削弱，后金国更加强盛，是后金与明朝兴亡史上的一个转折点。

【第十一回】

于守志火焚细作，袁应泰悬印尽忠

万历四十七年（1619年）三月，努尔哈赤夺取萨尔浒之战的完全胜利之后，在赫图阿拉城里派人搭了一个又高又大的凉棚。

他让八旗的诸贝勒、大臣们分坐八处，举行盛大的庆功宴会，把缴获来的甲胄、兵仗、衣物、枪炮等，像小山一样堆积八处，按军功进行分配。

接着，经过两个多月的厉兵秣马，于五月中旬，召开军事会议，讨论攻打开原的军略。

汗王努尔哈赤主持会议，他首先说道："明朝的四路大军被咱们打败之后，朝廷上下吵嚷一片，京城内外混乱不堪，已经过去两个月了，他们还没有什么对策。朕以为：咱们要抓住当前有利时机，夺取古城开原，你们以为如何呀？"

大臣额亦都说道："开原是一座古城，它是明朝离蒙古、建州最近的城市。它不但是一个经济交流的重要场所，也是明朝皇帝镇压蒙古和咱女真人的前哨堡垒。咱们若要进攻辽沈，必须先占领开原。"

范文程对开原城位置等作了介绍："开原形势险要，它'跨龙冈，临大漠，边靠咽喉之路'。它东临建州，西靠蒙古，北界叶赫。开原城万砖砌城墙，周围十二里二十步，高三丈五尺；城外有护城河，深一丈，宽四丈，周围二十三里二十步；城门四座，东名阳和，西名庆云，南名迎思，北名安远；另有角楼四座，分立城之四角处，远远望去，十分壮观。城内中街还有一座鼓楼。"

这时候，努尔哈赤派人喊来李永芳，让他讲讲开原城内官员情况，李永芳说："开原城道官名叫韩原善，为人正直廉洁，被郑之范排挤走了。郑之范以推事官职衔主持城道事务，是城里的首富，家资巨万，全是贪赃受贿而来。"

大臣安费扬古说道："郑之范既主政，又贪财，咱就投其所好，给他钱，让他为咱所用，到时候，像攻打抚顺那样，来个里应外合，一举夺之。"

安费大臣的建议，引得大家哄笑起来。

努尔哈赤听到这会儿，心里已有了谱儿，他准备把何和理、满浅留下来，就向大家说："打开原的事暂讨论到这儿，请各位回去再考虑得仔细一些，抽时间再议论。"

于是，他与何和理、满浅进一步研究派人进入开原，做郑之范的工作，并了解城里的兵力情况，这且不提。

再说开原城推事官郑之范，其父郑良双原是李成梁的副将。在一次与蒙古人作战中，郑良双把负了重伤的李成梁背了回来，从此两人兄弟相称，关系亲近。郑良双去世前，把儿子郑之范托付给李成梁，不久，郑之范便到开原当了推事官。后来，李成梁又将在抚顺城里开布店的表兄的女儿吴树兰嫁给了他。

也许是商人家庭的熏陶，吴树兰特别会敛财，没几年时间，她就帮助丈夫郑之范在交易场所，利用手中特权，巧立名目，捞取大量金钱。郑之范也变得阴险狡猾，上扒下压，贪污受贿，利欲熏心。

开原城的城道官韩原善，性格忠厚，是一个温文儒雅的读书人，对郑之范的所作所为曾当面指斥过，因此得罪了郑之范。郑之范夫妇二人通过李成梁，对韩原善又挤又压，将其逼走，使开原城道官位置一直空着。从此，郑之范这个本来无足轻重的推事官，在总兵李成梁的荫庇下，主持着开原道的大小事，变成开原城事实上的城道官了。

开原城里还有几名将领，副将于化龙、参将高贞、游击于守志、守备何懋宫、把总朱梦祥等，全住在城里，却无人负责城防。

原总兵马林，逃回开原后，也没有对城认真布防，而是把希望寄托在蒙古吉赛身上。他多次派人去蒙古联络，并与吉赛订立盟约，吉赛表面上答应他，当后金出兵开原时，一定出兵援助。

实际上，吉赛并不想真帮助他，只是表面上与马林虚与应付，任意周旋，暗中却向努尔哈赤递送情报，配合后金军的进攻。

马林不明真相，以为有了吉赛的支持，便可以高枕无忧了。从萨尔浒之战结束两月以来，不积极设防，兵器不修，盔甲不制，战马不喂，居然活活饿死战马二百四十九匹。由于郑之范的贪污聚财，城中守兵从未训练，人无粮饷，马无草料，毫无斗志，呈现出兵逃马倒的混乱情况。

何和理与满浅接受努尔哈赤的命令，派遣胡里、武里堪及二百名谍报人员，扮作蒙古商人分十几批陆续进入开原城里。五月下旬的一天中午，胡里、武里堪与兀佳三人前往郑之范家拜访。见面后，胡里他们用一大包珍珠就收买了郑之范，尤其是郑之范的夫人吴树兰。这郑之范素来怕老婆，吴树兰又见钱眼开，于是招待胡里他们一事全由吴树兰负责。

吴树兰提议他们住在衙门里，剩下的住在兴隆客栈。胡里几人应了下来，之后又商议，兀佳、武里堪两人带一部分人住在衙门里，胡里则带着剩下的人住兴隆客栈。

次日，三人分头行动，胡里去东门、南门探听兵力、将领和城门守卫等情况，兀佳去西门、北门探听情况。因为吴树兰明显对武里堪有意，两人就做上了那苟且之事。既然武里堪已与推事官郑之范的夫人吴树兰挂上了钩，到南门去接待那些化装成蒙古商人的谍报人员也就由他负责了。

不过几天工夫，二百名"蒙古商人"——后金的谍报人员，已完全潜伏进开原城里。这二百名谍报人员，白天到城里四处活动，借着做生意的幌子，探听各种消息，收买内应人员，散布反明言论，制造紧张空气，搅得城里人心涣散，惶惶然不可终日。

再说开原城里的几名守将，参将高贞的父亲高飞翔是一名退役的老将，虽然年过七旬，毕竟是武将出身，至今还眼不花，耳不聋，身子骨儿很硬朗。当努尔哈赤攻破抚顺城之后，焚烧房屋、劫掠财产、杀害汉人等事连续发生，这位老将再也坐不住了。看到朝廷腐败，官吏无能，特别是武备废弛，军队不能打仗，更感忧虑。在萨尔浒战后，他对儿子高贞说："快去向马林建议，抓紧备防，努尔哈赤要来攻打开原城了！"

但是，马林的行动使老人大失所望，对郑之范的人品，老人早已深恶痛绝。经过再三斟酌，老人决定站出来，振臂一呼。

他让儿子高贞把城里的那几位将领全都请到家里，他们是副将于化龙、游击于守志、守备何懋宫、把总徐梦祥，还有他儿子——参将高贞，一共五人。

他们议论出一个方案，决定由于化龙、于守志、何懋宫、高贞分别去东、西、南、北的四门城楼上，抓紧组织士兵守城，积极增加城上的滚木、礌石、箭矢，把火铳、大炮布列好，时刻准备轰击来敌。把总徐梦祥负责战马的喂养与牧放，随时准备被征用，再不能让战马活活地被饿死了！对城里的百姓，要进行宣传教育，动员全城人都来护城、守城，这事由老人高飞翔来做。

这"守城保家"的口号一提出，不仅城上的士兵积极参加，连城里的平民百姓也都踊跃行动起来了。四门城楼上的士兵们，在将领的组织下，城防加强了，有的在加固城墙，更多的是在搬运滚木、礌石，增加弓弩射位，大家干得热火朝天，再累也没有怨言。

老人高飞翔每天身背干粮口袋，提着一壶水，到处动员，按街、按巷组织人们做守城的准备，领着年轻人到四门城楼，为守城士兵增强力量。老人的行动感染、教育了开原城里的男女老少，掀起了一个守城的热潮。

居住在推事衙门东跨院里的胡里、武里堪、兀佳三人得到这一消息之后，有些惊慌失措，他们一连商量了大半天，也没有拿出一个大家都满意的方案。兀佳提议先把城里的情况如实向汗王报告，这看法得到胡里与武里堪的支持，他们立即派一人回赫图阿拉去了。

努尔哈赤得到胡里等送回的情报以后，立即于六月一日召来四大贝勒、五大臣以及范文程召开军事会议。努尔哈赤先把那情报交予各人传看一遍，然后，就攻打开原城这一议题，请大家各自发表意见。

五大臣之一的何和理首先说道："我以为，城里将士的守城行动，不一定能妨碍武里堪等迫使郑之范做内应的事情；因为攻城一开始，咱们的二百名谍报人员，乘着混乱，打开城门的可能性很大，这会与攻打抚顺时很相似。"

额亦都说道："我想问各位一个问题：这开原城的攻打，与萨尔浒的战役相比，难易如何？"

安费扬古立即说道："这小小的开原城，能挡住八旗兵马么？可是，靠强攻，能没有伤亡么？若是智取，比如通过内外结合，就可以节省时间，减少各项损失，岂不更好？"

大贝勒代善建议道："城里的战马每天都赶到城外来牧放，在攻城之前先派兵将其战马截获下来。"

范文程说道："根据情报分析，城里的布防为百姓的自发行动，马林已与吉赛结盟，把希望寄托在蒙古人身上。咱们进军可以佯攻沈阳，然后乘着夜色，对开原突然发起攻击，将可一举拿下此城。"

努尔哈赤依据胡里等提供的情报，又听取了贝勒与大臣们的意见，决定六月十日出兵。

不料，十日那天竟下雨了，努尔哈赤冒雨跨上白龙马，率领四万人马，由靖安堡深入明朝境内。努尔哈赤佯令队伍先向沈阳进发，另派一支小股队伍，去沈阳以东的村寨进行掳掠，做出真的要攻打沈阳的姿态，以吸引明军的注意。

居住在推事衙门东跨院里的后金谍报人员，整日出出进进。

一日，于化龙、高贞、于守志、何懋宫四位将领来找郑之范，责备郑之范放任后金的间谍在城里四处活动。

郑之范一听，不由眉头一皱，说道："没有真凭实据，空口说白话可不行！"

四人听了，更是责备他不顾廉耻。正吵闹之间，总兵马林到了。马林笑眯眯地进来，说道："正好，大家都在这里！"他一边说，一边坐下，向大家扫了一眼道，"现在城里的百姓都动起来了，都在谈论城防，参与布防，本是一件好事，不过，如此闹得沸沸扬扬，一旦传到建州，惹恼了努尔哈赤，后果可不妙呀！"

听了马林的话，郑之范像一个被水淹得半死不活忽然抓住一根树枝的人一样，兴奋得想说话时，高贞抢先理直气壮地反问道："请马总兵想想，早先抚顺、清河等城没有人谈城防，更无人布防，努尔哈赤不是照样去攻打了吗？"

这时候，于化龙气愤地站起来，看着马林、郑之范质问道："你们口口声声埋怨下级不恭敬，可也要认真想一想自己的言行，大敌当前，你们不准布防，不强调抗敌，到底是何居心？这不能不令人生疑。"

于化龙又说："你们身为朝廷命官，在强敌面前也该为部下做个好样子，如此怯懦，胆小怕死，还能领着兵马去打仗吗？"

就在这时，一个探马气喘吁吁地进来报告："大事不好了！努尔哈赤带领四万兵马，向开原来了！"

于化龙两手一拍，向大家说道："好了，别内斗了！到底谁是孬种，谁是好汉，等努尔哈赤攻城时，咱们再看！"

此时，高贞突然站起来，对马林说道："为了全力守城，防止敌人内外结合，必须将城内的间谍一网打尽，请总兵立即下令，派于守志将军带士兵去严办！"

于化龙立即表态道："好！这是头等大事，安排定了，咱们就立即分头守城，事不宜迟了！"

马林也不好再犹豫了，立即对于守志道："那就请于将军带兵去办吧！"

于守志高兴地答应一声，就要往外走，高贞又走过去对他耳语道："依我的意见，你先将这东跨院的肃清，再去兴隆客栈，然后在全城搜查，不让一个漏网！"

"对！就这么办！"说完，于守志便去领取士兵。

见于守志走了，马林只得说道："我原与蒙古的吉赛签有盟约，现在不能等了，咱们就分工把守四门，大家看可好？"

高贞首先说道："经过前几天的组织整顿，四门的守兵都有了准备，炮火的布列，弓弩的射位，全都安排妥当，只要咱们为将的能事事率先，凭借这坚固的城墙，再肃清了间谍，也够他努尔哈赤攻打一阵子的。"

郑之范又建议道："为了防备万一，是否派人去沈阳请求派一支人马来援救？"

马林当即答应了，然后做了分工：南门于化龙，西门何懋官，北门高贞，东门郑之范，马林负责全城，照顾四门，发现问题及时处理。遂各自奔去。

于守志领着五百士卒，先把推事衙门的东跨院包围起来，手提大刀，带领一百多士卒，走进院里。原来，这帮后金谍报人员全在呼呼大睡，于守志指挥士卒将他们捆个结结实实，一共一百三十五人。然后把门窗关紧，留了二十多个士卒守着。

刚走出东跨院，有一个老头儿对于守志道："有个后金的间谍头儿在后院小屋里。"

于守志一听，高兴地说道："谢谢大爷的指点，请老人家带咱们去！"

于守志一脚将房门踹开，眼前的一幕画面把大家惊得连退几步！只见床上两个男女光着身子搂在一块，正在耕云播雨呢！

于守志向士卒喊道："把他们捆起来！"

此时，武里堪一个后滚翻下了床，就想夺门逃走，被于守志一刀砍在腿上，只听"哎呀"一声，两条小腿全被砍掉了，顿时血流如注，吴树兰全看到了，光着身子，抖作一团。

那老头儿走到于守志身边，小声对他说："这女人是郑之范的夫人，不如也让她……"

于守志点了点头，走前几步，来到床前，伸手抓住吴树兰的头发，向下一摁，她那雪白两腿刚刚跷起来，他便一刀砍去，她的两条小腿也被齐刷刷地斩断了！

然后，于守志向士卒们一挥手："走！到兴隆客栈去！"

说完，他头也不回地出了屋子，向外走去。

以后，于守志赶到兴隆客栈，把住在那里的六十多个后金间谍，连同他们的头目胡里和兀佳一起抓住。于守志让士卒把后金派来的这二百多谍报人员，一起关在衙门后院那间小屋里，连同吴树兰一起，全部一火焚之。

办完了这事，他带领那些士卒奔向北门，与高贞一起，与八旗士兵展开了殊死的搏斗。

努尔哈赤于六月十日夜里三更多天，四万多兵马直抵开原城下。次日，即六月十一日清晨开始，努尔哈赤命令八旗士兵，先从南、西、北三门攻打，东门虽然有重兵前去，只是佯攻。

大贝勒代善带领一万人马，来到南门城下，向城上喊话，要守将出来说话。这南门守将于化龙乃锦州人氏，父亲于京国，是明朝老将，已去世多年。在父亲影响下，于化龙不仅学得一身武艺，也学会了做人。他正直、稳重，对自己要求极严。

这次登城前，他对妻子说道："我从今日上城开始，一直战到城破，不再回来了。若听到南门破了，便是我战死之时。你与孩子们也不要活着去见敌人。"

妻子与孩子们立即号啕大哭起来，只见于化龙两眼一瞪，厉声喊道："能为大明王朝而死，也是我于家的光荣！"说罢，头也不回地往南门而去。

于化龙是抱着与南门共存亡的决心登城的，在守城士兵当中，他表明心志道："作为一名军人，能为守卫城土而壮烈赴死，是一种幸事；若是被敌人捉住，引颈受戮时，那是可悲的；若是被敌人围困，自杀而死的，那却是可鄙的。"

在他的感召下，士兵们互表决心，立下誓言，准备与敌人拼杀到底。

代善喊话，要城上守将出来说话时，于化龙对士兵们说道："不要理他们！

他们是侵犯者！咱们信守正义，保持操节，与他们没有共同语言！"

于化龙始终没有与代善搭话。

攻城开始了，代善指挥八旗士兵先用战车在前开路，后面的士兵抬着云梯，迅速往城上架去，又用了弩手在后面掩护，不停地向城上的守军射箭。

开始，于化龙不让士卒反击；当旗兵爬上云梯，快到城头时，他一声令下，礌石、滚木如雨一般砸打下去，旗兵们伤亡很大，一个也没有爬到城上。尽管代善一次次组织八旗士兵攻城，尽管那些旗兵勇如猛虎，仍是一次次地被打下去，或是被打得头破血流，或是被砸得腿断胳膊伤，有的已被摔死。

代善心里非常不服气，还要继续组织进攻，被大臣安费扬古劝阻道："这种强攻，死伤太多，代价太大，要想办法智取，不能蛮干！"

后经安费扬古再三提醒，代善才决定：白天，以少数兵力进攻，以折其锐气，使其疲劳，留下大部分兵力于夜间强攻。

于化龙在城上看得分明，见攻城的策略变了，兵力少了，立即向士兵们说道："贼变咱也变，咱们也只留下少数人守城，其余的人去搬运滚木、礌石，与他们来一个针锋相对。"

于是，南门的攻守都在修正打法，改变策略，各自积蓄力量，预示着夜间要有一场艰苦的拼杀，残酷的血战。

西门的战事，三贝勒阿敏率领一万人，从上午开始猛攻硬打，却被城上用滚木、礌石，一次次地打下来，伤亡不小。

这西门的守将何懋宫，也是出身将门。此人沉稳老练，性格内向，但作战勇敢，顽强，能与士兵打成一片。他善于利用火炮袭击，当八旗士兵蜂拥攻城时，他一边指挥守兵打滚木、礌石，一边命令炮手瞄准八旗兵的后续队伍，连续开炮，打得旗兵血肉横飞，首尾不能相顾。

三贝勒莽古尔泰攻打北门的情况，也不理想。开始攻城时，这位一向鲁莽的三贝勒，仗着一万人马，心里说道："老子这一万人马开上去，硬压也把你的城墙压垮了！哪还用得着去一次次地攻打？"

北门的守将是高贞，面对莽古尔泰的人海战术，他毫不慌张，指挥士兵们一边用礌石、滚木和弓箭，一边让火炮发挥重大威力。

三贝勒莽古尔泰的集团式冲锋，一次次地遭到重创之后，他忽然忆起了他父王曾经叮嘱他的一句话："打仗也要动脑子，要用智谋，不能硬拼。"这时候，他又想起了一年前攻打清河城的情景，他们趁着夜色掩护，派遣士兵把城墙挖开了一道很大的缺口，然后兵马由缺口冲进去，十分坚固的清河城，便被一举攻破。

想到这里，莽古尔泰与众将领研究了一下，决定只以部分旗兵继续攻城，吸引城上明军的注意力，让大部分旗兵休息，准备夜里起来"挖墙脚"。

老人高飞翔在城里百姓当中连续几天的鼓动宣传，收效很大，居民都积极踊跃地参加了护城抗敌活动。老人粗略地统计起来，报名守城的老壮年人数，足有六千人以上；六十岁左右的人数为八百人；十四五岁的男孩子也有四五百人，总共近万人要求上城守卫。

为把这些人的积极行动，化作实实在在的抗敌力量，老人又与四门的守将一起合计，要求守将们热情地欢迎，并把他们接纳到守城的队伍中去，对这些人给予指导、训练，要求他们准备兵器，或刀、枪，或剑、戟，或铁棍、木棒也可，凡能致敌于死命的工具，皆可用作兵器。

把这近万人的抗敌力量安置好之后，老人来到北门城头，这是他儿子高贞的防地。高贞把八旗士兵攻城的情况向父亲叙述之后，认为受到炮火重创的旗兵胆小怕死了，现在只以少数兵力来攻城了。

临走前，高飞翔特别嘱咐儿子道："夜里要值班巡查，防止敌来偷袭，特别要防止敌人来挖城墙，去年清河城就是白天没有攻破，夜里被偷挖了城墙，才被八旗士兵扒开缺口，冲进城的。"

这东门的守将郑之范，他见后金的兵马只是攻打南、西、北三门，留下东门不攻，心中万分庆幸。郑之范认为努尔哈赤不攻打东门，就是对自己的关照，就是想讨好自己，想与自己套近乎，留下一份人情。

于是，他决定：你们不来攻，俺也不守了，趁这机会回家收拾细软，让吴树兰先回关内去，把那些元宝、珍珠等全带走，我也就心安了。

郑之范就这么想着，一路回到推事衙门里面，虽然一切照旧，特别是那些金银财宝全都在，但却不见了吴树兰的面。后来从看门老头那才得到消息："她随后金的谍报队长跑了，据说去了很远很远的地方。"

郑之范恨得咬牙切齿地骂道："这个无耻的骚娘们！"

然后，他又开始痛恨那些后金的谍报人员。郑之范心想：你们扮作蒙古客商，我早就察觉了，为了庇护你们，我得罪了所有将领，遭全城百姓的咒骂，现在倒好，你们居然拐走了我的夫人，使我赔了夫人又挨骂。

他又这么想着，恨着，回到了东门城楼。不料，迎面就撞见了高飞翔，高飞翔见他擅离职守，便斥责了他一顿。

老人道："努尔哈赤是在盼望他派遣进城的谍报人员为他充当内应呢！当然，他更希望咱们队伍中的内奸能与他里应外合呀！"

刚说到这儿，总兵马林来了，老人又把自己的话，再说一遍给马总兵听，马林说道："这一次，努尔哈赤的希望可是要落空了！不过，当他意识到他的谍报人员可能出了事，内应的希望成了泡影之后，他就会以百倍的疯狂来攻打东门的——这样，东门的压力就大了，必须做好这个准备呀！”

马林总兵官的侍卫来向他报告："天黑以后，北、西、南三门都开始攻城了，北门打得最激烈，八旗士兵一边攻城，一边派兵到城下挖城墙根。"

高飞翔听说北门打得激烈，忙向马林道："请总兵大人在此多坐一会儿，看看努尔哈赤有何动作，老夫到北门去看看。"

说罢，老人径自往北门而去。

努尔哈赤见在三门连续攻打了一整天，旗兵伤亡不少，攻城没有进展，便立刻召开阵前会议。他向大家强调说："白天拼杀了，夜里又要拼杀，有人说需要休整，太疲劳了；朕要问：城上的守军不累么？朕以为，城上的明兵比咱们累，他们更加疲劳！"

莽古尔泰说道："这座城墙体坚固，守备又严密，炮火特别厉害，我想今夜派人去挖城墙脚儿，请父王准俺去挖。"

努尔哈赤立即告诉儿子道："你尽管派旗兵去挖就是，何必要报朕哩！"

此时，努尔哈赤忽然说道："今日一整天没有攻打东城门，也没有得到胡里、武里堪的消息，难道他们那么多人全都栽了么？"

四贝勒皇太极说道："今夜里一定要攻打东门了，无论能不能有人做内应。只有四门一齐打，才能削弱城内的防守力量，才能早一天破城！"

"好！需要强攻的就强攻，可以智取的就智取，该挖墙脚的就挖吧！今夜，谁先攻进城去，朕就重赏谁！"

散会后，众人各自回到旗里去，没过多久，便听到震天的呐喊声，各门的攻城开始了。

四贝勒皇太极在攻城前，先把旗里的牛录额真喊来，对他们说道："今夜攻城要依次序进行，不能混乱，谁若乱来，不仅无功，还要受到惩处。"

接着，皇太极把他的攻城四步骤仔细地对部下说了一遍，然后就开始了攻打东门的战斗，军营里顿时响起了角螺的响亮声音……

城上的马林总兵官与郑之范还在谈着话，忽听城下后金兵营里角螺吹响了，马林说："他们今夜真要行动了，咱俩也分工吧，你在城上，我在城门附近。"

马林说完，就往城门口走去，郑之范满心不愿意，也只得留在城上，他对守军们说道："听到我的命令后才能还击，不许自由行动！"

他的话音刚落，八旗兵马便开始用弓箭向城上射击。城上有一个守军刚伸头向城下看时，被城下的旗兵一箭射来，正中面门，当即仰面而死！郑之范立即对其他守军说："他不听我的号令，是自己找死！"

于是守军没有人敢再伸头了，任凭城下旗兵怎么叫喊，如何爬城，没有谁再伸头去看了。

这是皇太极的攻城第一步，先是用弓箭掩护，接着就命令旗兵抬着云梯靠城，这是第二步。他见城上没有反应，接着便命令旗兵爬云梯登城，这是他的第三步。

这时，急坏了城门旁边的马总兵，他见城上无声无息，既不打滚木、礌石，也不放箭，更不放炮，这是怎么了？

马林三脚两步跑到城上，向守军喊道："为什么不还击？是让敌人上城以后再打么？"

听了马林的责问，守军们这才把滚木、礌石一起打下，炮手们对准蜂拥上城的旗兵，连续发炮。

皇太极的兵马受到极大的损失，他们先是看到城上没有还击，胆子便大起来，谁知攀着云梯快到城头的时候，却全被滚木、礌石砸下来了。

马林从守兵口里知道全是郑之范所为，心里有些不满，便对他责备道："难怪他们说你消极抗敌，你这样做，无异于开城献降！"

郑之范听了，也不搭话，只是嘿嘿一笑，连头也不回，径自下城回府里去了。

马林正在焦急时，忽见游击于守志领着二三百名士兵匆匆赶来，他赶忙上前说道："于将军，你来得好！这里正无人指挥哩！"

于守志也不搭话，对守兵们大声喝道："看准攻城的鞑子，狠狠地打！"

守军早就憋着一股愤怒，听到于守志的一声令下，对准攻城的旗兵，滚木、礌石一齐砸将下去，大炮也连续燃放，使皇太极的兵马受到惨重的损失。

努尔哈赤亲自来到皇太极营里，听到城上还击的情况，知道胡里与武里堪遭到了挫折，气得咬牙切齿地说道："要不惜一切代价，把这东门攻破！"皇太极不敢怠慢，立即组织了一支敢死队，在强弓硬弩的掩护下，抬着云梯，强行登城。

后来，于守志被旗兵一箭射中脑门，当场仆地而死，城上的守军一时混乱，皇太极的敢死队乘乱跃上城头，经过一番混战，守军崩溃了，东门终于先被攻破，总兵马林在混战中被杀。

皇太极派旗兵打开东城门，八旗兵马如狂风一般，冲入城里，逢人便杀，向北门、西门和南门一路杀去。

由于东门被攻破，消息传到南门，于化龙将军正在组织守军反击，突然从城下射来一箭，正中胸部。他一咬牙，伸手用力往外一拔，竟把箭矢从胸部硬拽出来了！

于将军当即疼得昏迷了，那箭孔往外"咕嘟、咕嘟"地喷着鲜血，守军们围着他齐声喊道："于将军！于将军！"

这时候，城下的旗兵在大贝勒代善的带领下，已攻上城头，旗兵与守军相互拼杀在一起，守军数量太少，由于寡不敌众，被杀的被杀，受伤的倒在地上，多被践踏而死，这南门也被攻破了。西门守将何懋官、北门守将高贞，全都战死；老将军高飞翔手挥大刀，连续砍杀十几个旗兵后，被乱箭射死。

此时，四大贝勒见全城已被攻破，立即向旗兵们下令道："冲进城里，追杀逃兵！"

谁知旗兵在城里扑了空！这开原城里的百姓，与抚顺、清河等城大不相同，当旗兵沿街挨户抢掠时，全都遭遇了狙击，许多旗兵死于铁锄、菜刀下面。八旗兵在城里遇到反抗，十分恼火，他们见人就杀，不分老少，一律杀死。

努尔哈赤占领开原之后，登上城，坐南楼，又巡视一番，听取了各旗兵报告劫掠的战报。

他举目四顾，楼台亭阁，尽入眼帘，不禁自言自语道："这小小的开原城已令朕流连忘返，那偌大的明朝古都，朕更要去领略它的风采了！"

努尔哈赤夺取开原后，将掳掠的财宝、金钱、布匹、粮食等，用马骡驮载，牛车装运，竟达三日夜。然后放火焚烧了开原城的衙署、房屋、仓廪、楼台，大火连烧了三日三夜。

为了庆贺胜利，努尔哈赤对各贝勒、大臣按军功大小，进行分配、赏赐，数额之大，前所未有，对一等功的贝勒、大臣们分银二百两，金三两；二等功的分银一百两，金二两；以下三至八等，各分银均有差别。

在夺取开原之后，努尔哈赤更为重视对投降的明朝官吏的政策，原任开原城千总王一屏、戴集宾等六位下级将领，都在城破后投降了后金，努尔哈赤分别赐给他们许多马匹、牛羊、骆驼、银两等，目的是想利用他们去影响其他明朝官吏，进一步夺取更多的辽东城镇。

努尔哈赤在界凡城宴庆三天，分完掠财之后，带兵回到赫图阿拉。

第三天，后金召开军事会议，讨论攻打铁岭城的方略，努尔哈赤首先讲话："兵书上说：'知彼知己，百战不殆。'前次的萨尔浒之战，咱们打的是算定战、舍命战、明白战。而明朝的经略杨镐，他打的却是糊涂战，他既不知彼，也不知己，焉能不败？这次打开原城，咱们只知道郑之范贪财，可以收买，却不了解城里还有许多将领忠于明朝，不接受降服，结果使咱们的谍报人员被杀，未能在攻城时起到作用，这是一个教训。暂定一个月之后，兵发铁岭，请大家发表意见。"

范文程首先讲话："明朝在辽河以东有四大镇，它们是开原、铁岭、沈阳、辽阳。能占领这四城，就等于占有了辽东。而铁岭又是沈阳北部的重要城堡，若能夺占了铁岭，沈阳以北广大地域全在咱们辖内，为夺取沈阳、辽阳奠定稳固的基础。"

何和理说道："据了解，铁岭城原来守将是李如桢，以后又换了参将丁碧主持，但是将领之间矛盾不小，有两个游击喻成名、吴贡卿等均与丁碧意见不合。"

努尔哈赤立即说道："你要把他们的矛盾关系了解清楚。"

说完，努尔哈赤派人把李永芳喊来，李说："铁岭城原来的守将是李如桢，此人是李成梁的第三子，虽然出身将门，却不懂军事，依恃父兄权势，又常以锦衣卫的近臣自诩，在铁岭的将领中很不得人心。时间不长，杨镐升任他为沈阳总兵，临走时，让参将丁碧负责，这丁碧整日吃喝玩乐，不问政事，与几位将领之间常有口角。"

努尔哈赤又问："开原城的几位千总与丁碧关系好么？"

李永芳道："千总王一屏是丁碧的表弟。"

"那太好了，快去把王一屏喊来吧！"

努尔哈赤让李永芳喊王一屏，他问何和理："这位千总王一屏由你去谈，好不好？"

何和理答应一声，便到门外等着，心里想着开原城里的失败，这次务必要小心谨慎了。

铁岭城里，自从抚顺、清河失守之后，特别是萨尔浒之战以后，有些商贾大户纷纷外逃，人心浮动，惶惶不安。将领中的怯战心理也比较严重，尤其是主持城防的参将丁碧，整日入酒楼，出妓院，沉湎于酒色，对守城之事不予理睬。

一天，几位游击官喻成名、吴贡卿、李光泰、史凤鸣凑在一块，谈起了守城，都感到十分着急，李光泰提议去找丁碧谈谈。于是四人一起来到丁参将府里，丁夫人却要他们去烟月街找。

"烟月街"，是妓院集中的场所。四人找到丁碧后，便到一家酒店里，要了几个下酒菜，一大壶酒。丁碧向四人说道："这些日子丁某身体不适，精神恍惚，未能过问城里的政事与防务，全是仰赖各位，实为愧疚，今日借这小店，略备酒菜，权作谢忱，望诸位赏光了。"

喻成名代表大家，说道："好啊！恭敬不如从命，咱们都领了！"

于是，五人围坐在一张桌子上喝酒。

三杯酒下肚，只见李光泰把嘴巴一抹说："赫图阿拉已经传来消息，努尔哈赤正在厉兵秣马，快要来攻打铁岭城了！"

史凤鸣接着说道："兵来将挡，水来土掩。我们是军人，这个时候，正是为朝廷挺身效命的机会。和平年月，老百姓养育了咱们，如今努尔哈赤到处抢劫财物，杀人放火，咱们不出来保护百姓，要咱军人何用？"

这一席话说得慷慨激昂,丁碧听了,沉默不语,只顾埋头喝酒,吃菜。

喻成名看了大家一眼,对丁碧说道:"俗话说'养兵千日,用兵一时',大敌当前,咱可不能当那缩头的乌龟啊!"

听了几人的谈话,丁碧只得说道:"各位也该清楚,萨尔浒一战,杨镐兵分四路,本想分兵合击,使努尔哈赤首尾不能相顾,疲于奔命,然后将其消灭。未曾想,西路大军的杜松孤军冒进,北路的马林畏缩不前,东路军主帅李如柏又驻留观望,南路的刘铤含愤带领弱卒冒雪进军。于是各路大军分而不合,相互不顾,正中努尔哈赤集中优势兵力,各个击破的战术,造成全军溃败。但是,这一仗过去半年之久,决策失误的杨镐未受处理,李如柏竟被提升,杜松、刘铤英勇战死,反受到来自各方的指责,这怎能不令我们这些带兵的将领心寒?"

听了丁碧的这些话,大家默默不语,但是他这话里有意、弦外有音,喻成名立即说道:"丁参将的话,很有道理。不过,处理不处理,是朝廷的事,咱们也操不上这份心。作为一个军人,保边安民、守城拒敌,这是咱们的天职,尤其是在大敌当前的今天,弄不好就会被扣上一顶临阵脱逃的帽子,那可是灭门的罪啊!"

丁碧听完之后,想了一下,然后说道:"既然各位都有这方面的要求,咱们就加强城防,各人负责一门的守备,我向上催催饷银,抓抓粮饷,负责全城的防卫,各位若无不同的看法,就可以分头去进行了!"

四人听了,相互看了一遍,心里都在说:"这倒好,把城防全推到我们四个人身上,你丁碧还干啥呢?更可以在烟月街上长住,在销魂坊里销魂了!"

但是,丁碧既然提出来,也不好不接受,只得各自分工:东门李光泰,北门喻成名,西门吴贡卿,南门史凤鸣。

这时候,喻成名便半真半假地说道:"丁参将啊,你是负责抓四门、抓全城守务的啊!可不能变成四门全不抓、单去抓那销魂坊里的女人去喽!"

"放心,放心,请各位放心吧,丁某一定言而有信。"

酒席散后,喻成名、李光泰、史凤鸣、吴贡卿四将领各自去城门楼上抓守备去了。

丁碧站在酒店门口,看看四将的背影笑道:"想来找我的麻烦,真是不自量力。你们是闲得没事干了,这可好,守城的事四人平均分摊,受累去吧。"想到这里,连续冷笑两声,迈着方步,又回到了烟月街的销魂坊里销魂去了。

何和理与开原城降将、千总王一屏见面后,问道:"来到咱后金国里,生活得还习惯么?"

王一屏听后,立即回答道:"由于汗王与各贝勒、大臣们的关照,我生活得很安定、习惯。"

"后金国如此厚待于你，若是汗王给你一个任务，你愿意去完成吗？"何和理说完，两眼盯着他看，期待着回答。

王一屏本是一个心眼儿很活的人，立即说道："我一定认真完成任务，报答汗王对我一家人的恩惠，即使以死相报，也在所不顾！"

"好！我要的就是你这句话！"何和理接着对王一屏问道，"听说，你与铁岭城的参将丁碧是表兄弟？"

"是的，我与他是亲姑表兄弟，他母亲是我姑妈，我父亲是他舅父；丁碧他父亲死得早，他在我家住过好几年，我们表兄弟从小感情就好。"

何和理听了王一屏这一段亲戚关系的介绍，又问道："咱一家人不说两家子话了，告诉你一个军事秘密，汗王已经传下来命令，快要攻打铁岭城了！你听了这消息，有什么打算没有？"

王一屏立刻领悟到何和理话中的意思，马上沉稳地表态道："汗王若是信任我，放我去铁岭，我就去劝说表兄，让他开城献降，来投后金。"

两人又谈到这丁碧因老去妓院，把家里花得一贫如洗，如果给些银子，丁碧也许会投降后金。王一屏十分有把握地告诉何和理，丁碧肯定会听从他的劝告投降的，他一定会完成任务回来向汗王报功的。

王一屏走后，何和理向努尔哈赤作了汇报。第二天，努尔哈赤让何和理给王一屏一匹好马、一千两白银、一百颗珍珠等，让他去做丁碧的工作，王一屏赶紧打马向铁岭奔去。

东门的李光泰，做事十分稳重，遇事好动脑子，他先在东门城楼一看，城外那些小堡怎么办？努尔哈赤一旦派兵来攻，附近的小堡首先就要遭殃，岂非让他们作无谓地牺牲？想到这里，他立刻亲自前去说服、动员，建议他们搬进城来，并安排他们的住、吃等生活，和一切问题。

李光泰把兵力组织一起，共有二千余人，便开始了半天训练，半天搬运滚木、礌石，又重新布列了大炮位置，增设了弓箭的射位，对城墙又进行了加固。为了提高士兵的作战能力，增强守城的责任心，他在士兵中申明了军纪，强调遵守军纪的重要性。在训练中，有一个士兵态度不够严肃认真，李光泰按纪律打了他五十军棍，经过这一教训，谁也不敢在训练场上松松垮垮了。

还有一个士兵逃跑了，后被捉回来，他又及时召开守城士兵大会，他说道："从今日开始，我就不下城了，决心与大家在一起，同吃，同住，一同守卫住这东门！努尔哈赤的八旗兵马来了，咱们誓与他们拼杀到底！誓与铁岭城共存亡！"

说完之后，命令手下把那个逃兵拉去砍了头。这样守军再也不敢马虎了，又见李光泰真的与他们住在一起，受到了鼓舞与教育，抗敌的决心也更大了。

看到李光泰在东门抓防备，既有特色，又有效果，其他三城门的守将也按照李光泰那样，对城上的守军认真做了整顿，加强了训练。

丁碧见明朝一天天地衰落，而努尔哈赤的后金国却一天天地强大起来，心里矛盾极了，连睡觉也不能安枕了。他想来想去，觉得若是学习杜松、刘铤，像他们那样英勇地战死，又有什么用呢？能阻挡得住努尔哈赤的铁骑吗？能挽救得了岌岌可危的明王朝吗？但是，要学习李永芳，打开城门，主动投降，努尔哈赤一定会欢迎，并给予极高的礼遇！可是，这样做会被人们骂为"汉奸""卖国贼"，这样的日子也难过，那么自己到底应该何去何从呢？

丁碧决定不再想了，还是听天由命吧。于是，他又一步三摇地，迈着方步走进了烟月街，走进了他熟悉的销魂坊。

这天，他在这家妓院迷上了一个姑娘。这姑娘名叫清荷，长得十分漂亮，原是开原于守志的女儿，城破后逃了出来，却被人卖到妓院。

丁碧曾与开原守备官于守志有一面之交，未曾想到他的女儿竟会落到这里，真是太意外了，就告知了姑娘自己的身份。丁碧将她赎了出来，并在铁岭城北的乌山脚下，买了一处幽静的小院落，把她安置进去。

清荷心里想着为父报仇，于是督促丁碧去城上布防、训练兵马，如此自己才会以身相许。丁碧急于抱得美人归，就答应了。

从此以后，丁碧果然白天到城上去帮助布防，参与训练兵马；晚上回到清荷身边，两人恩恩爱爱，情深似饴。丁碧把府中那个夫人早忘到耳后，弃之如敝屣了。

王一屏没用几天时间，便来到铁岭城里，他原以为径直到府中可以见到丁碧，谁知守门侍卫对他说道："半年多未见丁大人回府了！"

连续打听了两天，王一屏才找到丁碧，他们来到一家僻静的小酒店里，王一屏悄悄告诉表兄说："我来铁岭之前，努尔哈赤亲自接见了我，并让我带礼物来送给你。"

说罢，用手比划着白银和珍珠等。丁碧道："他送来这么多礼物，目的是让我像李永芳那样，把铁岭城献给他，这是用白银来买我的命啊！"

王一屏立即问道："那你打算怎么办？"

"你先在府里住着，别出门，过一阵子再说！"

丁碧先把王一屏稳在府里，自己装作无事人一样，白天到城上走走，晚上去与清荷温存，日子过得也还快活。可是，丁碧心里并不平静，见到四门守将那么认真，他总感到不好理解，这小小的铁岭城明明守不住，他们还要"死马当作活马医"，岂不是自去送死吗？

但他的想法却被清荷得知了。这丁碧睡觉爱说梦话，清荷听了后猜出个七八分。后来，在她的逼问下，丁碧终于道出了王一屏来劝降的事。

清荷想了想，对丁碧问道："你打算投降吗？"

丁碧想起清荷要自己报父仇的事，怎敢承认要投降呢，只得敷衍地说道："怎么可能呢？我丁碧是什么样的人，你能不清楚？我要当忠臣哩！我一定会替你报仇的！"

清荷见他说得理直气壮，也不好再说了，但又提醒丁碧说道："你说话要算数，要言而有信！"

万历四十七年（1619年）七月二十三日，努尔哈赤经过一个多月的厉兵秣马，亲自率领四大贝勒、诸位大臣等，统领兵马五万五千多人，扑向铁岭。

铁岭城的守将喻成名，在七月二十日的中午，收到一个人送来的书信，他拆开一看，见上面清清楚楚地写道："向你报告一个消息：努尔哈赤派人来向丁碧劝降，还带来许多礼物，都在丁府里藏着，快去抓人吧！"

喻成名看完后，立即把李光泰、史凤鸣、吴贡卿喊来，大家都看了那信。史凤鸣把三人拉到一块，头靠得很近地低语了一会，便各自回去了。

当晚三更多天，史凤鸣带了几十名守兵蒙了面闯进丁碧的府里，抓住了王一屏。在他的逼问下，王一屏只得把努尔哈赤派自己来劝降的情况，从头至尾，一五一十地说了一遍。

史凤鸣先让王一屏穿上衣服，又派士兵背着那些银子、珍珠等，大模大样地押着王一屏，回到了城上。

次日早上，史凤鸣在守军大会上宣布道："这个人本是开原城的千总官，投降了后金，努尔哈赤又派他来做间谍，被我们捉住了。大家说，对他怎么处理？"

守军们乱纷纷地说道："砍他的头！扒他的心！抽他的筋！"

史凤鸣让士兵把王的头砍掉，拿到其他三门换着示众，让全城守兵都知道这件事。从此，铁岭城的四门守得更严了，任何一人进城都要经过严格检查。后来，丁碧看到王一屏的头颅，装着不清楚的样子，向喻成名、史凤鸣打听了一遍。

三天后，探马向守城的四位将领报告："后金国努尔哈赤带领兵马近六万人，向咱的铁岭城开来。"

史凤鸣建议道："努尔哈赤连续击败明朝军队，气焰很盛，咱们四人各带一千人马，先冲他一下，给他一个下马威，打掉他的威风再说。"

四位将领商议已定，没有让丁碧知道，便做好了一切准备，随时可以出击。

七月二十四日深夜，努尔哈赤的兵马经过一天一夜的急行军，赶到了铁岭城下。正当各旗兵马停下，准备安营扎寨之时，忽听喊杀声从四面传过来，近六万人在黑灯瞎火的深夜，一时惊慌得不知怎么一回事了。

明将李光泰、喻成名、史凤鸣、吴贡卿四人各带兵马一千，从东、南、西、北四个方向一齐杀向混乱的八旗士兵。

因为后金兵马没有准备，兵马刚刚停下，怎么也不会相信明朝的将领敢带兵前来劫营。从抚顺城到开原城，努尔哈赤的兵马如狂风暴雨，所到披靡，谁敢拦阻？

喻成名等四将领，各人带着一千兵马，杀入八旗军中，左砍右劈，一阵乱砍乱杀，旗兵死伤不少。等到努尔哈赤得到消息，命令各旗奋起反击时，这四支兵马早已一声唿哨，回到铁岭城中去了。

努尔哈赤让各旗查点人数，居然死伤了八千余人，他生气地说道："小小的铁岭城，胆敢派兵来劫营，真是吃了豹子胆了么？"

说到这里，他忽然想到那个王一屏，不是自吹能说服丁碧主动来降的么？

于是，汗王问何和理道："难道王一屏进了铁岭城，又像前次胡里、武里堪等谍报人员进了开原城一样么？"

何和理听了，不知怎么回答才好，等了好一会儿工夫，只得慢吞吞地解释，为自己开脱道："胜败乃兵家之常，何况攻城尚未开始，丁碧说不定正潜伏着，我们就耐心等着吧！"

第二天，即七月二十五日，努尔哈赤登上铁岭城东南的一座名叫黑山嘴的小山，让范文程坐在自己的旁边，指挥他的八旗士兵，开始了对铁岭城的攻打。在攻城之前，努尔哈赤先召开了阵前会议，他对参加会议的各大贝勒、大臣们说道："这铁岭城里的兵马，总共不会超过一万，先集中攻击东门，其他三门只是围而不攻，等把城里兵力吸引到东门以后，再展开全面攻击也不迟。"

说罢，让大贝勒代善领一万八旗士兵，对东门展开攻击。

城上守将李光泰对守兵们大声喊道："对攻城的鞑子要看准了再打，哪怕是一块石头，也要让它起到作用，不能白扔到城下。"

由于东门的明军士气高，打法灵活，在八旗士兵奋勇攻城的情况下，不慌乱，打得稳，打得准，使拼命攻城的旗兵死伤众多。代善见到旗兵的死伤人数在激增，一时打得兴起，便命令用集团冲锋形式，以人海战术继续强攻。城上李光泰面对强敌，指挥若定，用大炮轰击集团冲锋的八旗士兵，增强了守城的威力，加大对后金旗兵的杀伤。

喻成名等见到努尔哈赤集中攻击东门，便纷纷派兵支援，并派人找来了丁碧，说道："这铁岭城兵马不过万人，怎能抵挡得住后金五六万人的进攻，还是向沈阳请求派兵来支援吧！"丁碧虽然决心投降后金，但四门明将坚持抗敌，使他无法插手，只得写信派人去沈阳向李如桢请求派兵来援救。

北门守将喻成名有个副将名叫王文龙，这时候，忽听城下有人喊话，王文龙说："丁参将，城下后金兵营里有人要你说话！"

听王文龙一说，丁碧心里一惊，问道："喻将军可知道？"

"喻将军在城楼里休息，他不知道。"听了王文龙的话之后，丁碧急忙走到城头，见城下马上一位年纪较大的将领，正喊道："请丁参将出来说话，我是后金大臣何和理。"

丁碧早从王一屏口中得知何和理这人了，他转脸见周围无人，对王文龙使了一个眼色，让他去看着喻成名，然后向城下何和理说道："我就是丁碧，你有何事？请讲！"

"丁参将！你表弟王一屏去找你，见到他了吗？"

丁碧不敢明说，只得装作不知就里，答道："听说他在开原已经死了，我未见到他。"

何和理一听，吃惊不小。

此时，喻成名突然从城楼里走出来，向城下何和理看着，然后抢着回答道："王一屏把银子留在这里，他自己走了，找阎王爷去了！"

何和理听了，不由一惊，这才知道王一屏被杀了，只得对丁碧说道："丁参将，你好自为之吧！咱们后会有期！"话未说完，正要勒马时，喻成名已经弯弓搭箭，对准何和理一箭射去，说道："送你去见王一屏吧！"

何和理急忙滚在马腹下面，那箭正中马背，马昂起头来，跑回营里去了。

此时，丁碧脸上白一阵，红一阵，尴尬地说道："这王一屏真该死，把我也扯进去了，弄得不清不白的。"

喻成名听后，忍不住说道："你丁参将想弄清身子，必须拿出实际行动来！"

一来二去，两人便吵了起来。忽听城下人喊马叫，后金的兵马来攻城了，喻成名灵机一动，对着丁碧一挥手，指着城下说道："是忠是奸，跟攻城的八旗兵马拼杀一番就看出来了！"

丁碧一听，趁机向他提出："你别在门缝里看人！从现在开始，你把这北门交给我，你到东门去吧，看我能不能守住？"

喻成名忙说道："你想得倒美！交给你，我能放心吗？"

这句话刚说完，气得丁碧两眼圆睁，"刷"的一声抽出腰间的宝剑，对准喻成名的腋下便刺，嘴里还不停地骂着："你欺人太甚了。"

喻成名一边用刀挡住，一边对王文龙说道："快去指挥守城！"

因为他们全在城楼里面争吵，守城士兵全然不知，王文龙来到城上，八旗兵马正在蜂拥着攻城，守军们虽然没有主将指挥，也都在自动地抛打礌石，也学着东门那样，相互比赛着用礌石打旗兵，用弓箭射击，一旦中了，城头便出现叫好声。

论武艺丁碧本来功夫很深厚，从小随父亲学得十八般武艺，但近两年来因日夜贪恋酒色，身体已亏虚得厉害了。喻成名见他无力还手，便奋力向前，一刀紧似一刀地砍去，丁碧只得认输，他向喻成名说道："大敌当前，咱俩怎能在此打斗？"

喻成名也不理他，猛地一刀刺向丁碧胸膛，见他未死，又一脚踢去，丁碧这才倒地身亡。

喻成名走到丁碧跟前，伸手将尸体抓在手里，走出城楼，对准攻城的旗兵，用力掷下，嘴里大声喊道："去吧！向努尔哈赤报功去吧！"

此时，天色已晚，努尔哈赤已从黑山嘴上下来，对众贝勒说道："东门攻打了一天，也没有攻破，夜里四门同时攻打，今夜一定要把铁岭城拿下！"

大贝勒代善说道："我攻了一整天，城下的尸体堆积如山，我想趁着夜色掩护，就用尸体挨着城墙堆上去，当作梯子，然后爬上去与守军拼杀，反正我的兵马众多，何愁攻不上去！"

努尔哈赤听了代善的这个"尸梯"计策，不好反对，只得说道："兵马在你们手里，八仙过海，各显其能，先攻进城去，才是功臣。不过，伤亡人数太大，也不算有功啊！"

代善听了之后，高高兴兴地走了。

攻打北门的三贝勒莽古尔泰说道："何和理已同丁碧搭了话，王一屏被杀之后，丁碧也做不了主，这次内应的希望又不大了！"

努尔哈赤用不满的口吻说道："这情报抓得很不得力，开原造成派去的人员全军覆没，这铁岭城又出了事，以后怎么办？"

莽古尔泰听后却说道："别埋怨了，他今天差一点送了命，幸好那匹战马救了他，他年纪大了。"

努尔哈赤点点头说道："等会儿朕去看他，你今夜怎么攻，想好了么？"

"用爬山虎悄悄登城，我已准备了一二百个爬山虎，这得在夜深以后进行。"

这爬山虎是用铁打制成的三齿爪儿，用绳子拴住把儿，扔上城头，人在城下，抓住绳子便可攀城墙而上。

四贝勒皇太极说："这城虽不大，墙体坚固，守兵抵抗顽强，不如借着夜色，还是挖墙根的办法稳妥。"

努尔哈赤听后，对两个儿子说道："天色已晚了，夜攻有利，城上兵少，他们白天得不到休息，夜里容易睡觉，你们可以趁他们熟睡之机，悄悄行动。"

约二更多天，大贝勒代善亲自领着旗兵们，悄悄摸到城下，仔细一看，横七竖八全是旗兵的尸体，大部分是被滚木、礌石打死的。

代善心里说：未料在这小小的铁岭城下，竟遭到如此大的阻击，死伤这么多的旗兵！

他们把尸体沿着城墙堆上去，然后再顺着尸体一层层地爬上城墙，由于代善的率先行动，旗兵们打消一切顾虑，终于登上东门城头。

城上的值班守兵发现了，立刻大喊："八旗军攻城了！八旗兵杀来了！"

李光泰急忙指挥守军反击，但代善已领着部分旗兵登上城头，顿时两军在城头展开了拼杀，李光泰与代善杀在了一起。

守军人数太少，旗兵越聚越多，守军终因寡不敌众，在拼杀中全部丧生，李光泰也被乱箭射死，东门终被攻破了！大贝勒代善派人把城门打开，八旗的铁骑从城门一泄而入，疾如狂风一般，冲进城里。

此时，三贝勒莽古尔泰的爬山虎也派上了用场，他们趁着东门已破，城上守军一时混乱，飞快地登城，眨眼之间，登城者已有二十多人。

莽古尔泰也爬上城头，在旗兵与守军的巷战中，他见到守将喻成名也在其中拼杀，遂弯弓搭箭，射中了喻成名的后背，喻成名立马仆地死了。主将一死，守军立刻混乱起来，莽古尔泰领着旗兵四处追杀，北门也被攻破了。

接着，南门的守将史凤鸣、西门的守将吴贡卿也没能守住城门，二人在拼杀中战死。

铁岭城又被努尔哈赤攻占了，共杀死明朝军丁五千余人，城内男女居民被杀、被俘的约有一万余人。

沈阳总兵李如桢，在沈阳接到铁岭城的求援书信后，迟迟不愿出兵，直到二十五日早晨才领兵前来。后来，距铁岭城还有二十五里的路程时，李如桢听说努尔哈赤已派兵在前面拦击，吓得不敢再往前走，就地扎营了。

为了回去邀功领赏，这位总兵官李如桢居然异想天开，命令士兵们在攻打铁岭战死的八旗士兵的尸身上，割取首级一百七十多个以后，惊慌失措地溜走了。

七月二十六日的上午，努尔哈赤正在铁岭城的南城楼上，与范文程以及众贝勒、大臣们，遥望着广阔的辽沈地域，筹划着如何进兵的时候，忽有一侍卫前来报告："有人前来向汗王敬献铁岭城的官衙印玺。"

努尔哈赤听后，心中十分高兴，打进开原、抚顺、清河几个城之后，都没有找到官衙玉印，没想到攻占这个小小的铁岭城后，却有人来主动献出印玺，不能不说这是一个吉祥的征兆！于是，努尔哈赤非常欢喜，忙说道："让献玺印的人前来见朕！"

不一会儿，一个打扮得花枝招展的少女，手里捧着一个扁方的锦匣，外面罩着彩金的绸缎，走上城楼，来到离努尔哈赤不过五步远的地方，双膝跪下。这姑娘便是清荷。原来清荷发现丁碧准备投降后金时，便亲手写了那封书信，让佣人送到城头交给喻成名将军。在铁岭城破前，她想出了这个借着献玺印刺杀努尔哈赤的计策。但站在努尔哈赤右后边的费格拉哈护着，没有成功，最后咬舌自尽了。

努尔哈赤对这件事十分恼恨，在很长一段时间之内，这位汗王都没有笑脸，以后，努尔哈赤对汉族人更加不信任了。

在萨尔浒一战之后，明朝四路出师，三路被歼，一路逃跑，辱国丧师，辽东告警。

京城里文武大臣一片惊慌，以吏部尚书赵焕为首的大臣，一齐来到文华门跪请万历皇帝出宫，共议辽东战守计策。可是，万历皇帝沉迷于淫乐声色之中，坚持不上朝，不问国事。急得群臣捶胸顿足，呼天号地，从清晨一直跪到傍晚，万历才派一个中宫小官出来传话说："朕躬违和，众卿且退。"

一时气得众大臣目瞪口呆，赵焕等人当场写出奏疏，对万历提醒道："有朝一日，鞑子攻进京城，杀害臣民，陛下还能高卧深宫之中，称疾谢却之乎？"

万历皇帝这才来到文华殿听政，接受群臣追究丧师辱国的责任，一致请求严惩主帅杨镐、总兵李如柏。于是，万历准奏，下令处死杨镐。李如柏到底胆小，未等皇帝下旨，他就畏罪自杀了。处理了这两个罪魁祸首之后，算是找对了替罪羊，文武大臣总算出了一口胸中的恶气。

为了收拾辽东惨败后的残破局势，在群臣促议之下，一致推荐起用原任御史熊廷弼为大理寺丞兼河南道御史，定慰辽东。

这熊廷弼，字飞百，是湖北江夏（今武昌）人。万历二十六年（1598年）中进士，以后担任御史、兵部侍郎。此人身高七尺，有文才武略，能左右开弓射箭，有胆知兵，刚直不阿，作风雷厉风行，严明有声。

明神宗万历皇帝接受大臣建议，于闰年六月二十二日，提升熊廷弼为兵部右侍郎兼右佥都御史，经略辽东，主持辽东军事，并赐给尚方宝剑，准他先斩后奏。

熊廷弼奉了朝命，不敢怠慢，第二天就点齐了兵马，校阅了一遍，他发现兵器朽蚀、兵马衰弱、甲胄蛀坏、军旗腐烂，心中不免叹息。到了七月初七日，熊廷弼还未到任，又传来开原城失守的消息，局势变得异常危急。

熊廷弼决定这一次出兵，一定要把朝廷失去的面子重新争回来，让天朝的威风再次得到展现。熊廷弼连夜写了一本奏章，心才安定下来。

刚睡下不久，天已五更时候，熊廷弼遂穿衣起床，带了十八万人马，匆匆向山海关进发。

熊廷弼的那奏章写道："臣闻辽东好比是北京的肩膀，要保住京师，决不能放弃辽东。河东（指辽河以东地区）是辽东的腹心，开原则是辽东的根本。现在开原失守，铁岭等城居民都逃难已尽，唯独剩了辽阳、沈阳两座孤城，在民逃、兵逃的情况之下，辽、沈怎能防守呢？但是，守不住辽、沈，就保不住辽东；不收复开原，一定保不住辽、沈。总观形势，开原、辽阳、沈阳和北京，是一条紧密相连的锁链。因此，既要顾及整体，也要照料局部。"

这位有胆有识的熊廷弼，在他这套以防御为主体的作战计划里，说得言辞恳切，情感真挚，既有聪睿，又有忠心。可是，这份奏章却落在了太监手里，没有送给万历皇上看，而是被作为垃圾处理了。

熊廷弼领着兵马，一路上风餐露宿，由于他对待士兵温厚和气，常常嘘寒问暖，丝毫没有官老爷的架子，以致赢得士兵们的信赖，即使辛苦，也无怨言，都说熊经略"爱兵如子"。

队伍刚出山海关，探马又送来后金占领了铁岭城的消息；沈阳城里，一片惊慌，商民出走，百姓逃亡。

熊廷弼忧心如焚，立即催马疾进，日夜兼程，眼看沿途逃难的百姓，扶老携幼，哭爹喊娘，凄凄惨惨，十分可怜。那些逃难的百姓，一听说皇上派天兵来了，都虔诚地跪在路旁，请求救助。此情此景，熊廷弼见了，在马上再也坐不住了，急忙跳下马来，用好话去抚慰他们，劝他们重新回到沈阳去。

难民们见到这位巡抚能体恤民情，十分高兴，便随军前行，各自返回家园，甚至开小差的逃兵，也折回头重新返回营地。

七月二十九日，熊廷弼的兵马到达明朝在辽东的治所——辽阳，展现在他面前的，是一幅残破凋敝的画面。他先到驻军处一看，到处都是零落不整、腐败不堪的情景，士兵犹如一群讨饭花子，哪像是军队？次日，熊廷弼委任李怀信为辽东总兵官，命令他抓紧整治军队，不得有半点拖延，如有违命者，立刻斩首。

为了整肃军纪军风，将那些故意怠慢不进、临阵脱逃的将领及逃兵带来。这些人跪在熊廷弼面前，张口结舌，无话可说。熊廷弼一见，火冒三丈，立刻喝道："全都绑起来！"

那些人吓得一个个两腿乱颤，有的哀求饶命，有的推诿责任，熊廷弼一听，怒上加怒，他先是指着原辽东总兵官李如桢问道："为何援救铁岭不力，迟迟不进兵？"

"路途难行，时间仓促。"

熊廷弼压住火气又问："那一百七十多个八旗士兵的首级是怎么一回事？你的军队未到铁岭，又未与努尔哈赤拼杀，何来那么多的敌兵首级？"

李如桢无言以对，只求饶命。熊廷弼喝道："你身为朝廷命臣，又是将门之后，怎能故意滞兵，见危不救，还谎报军功，先寄押狱中，再解往京城，由朝廷问斩。"

熊廷弼又指着两个脱逃的将领道："身为将领，临阵脱逃，如何打仗？如何领兵？不杀你们，如何服众？如何整肃军纪？"说罢，熊廷弼请出尚方宝剑，一声断喝："拉出去，砍了！"

接着，熊廷弼又以辽东经略的名义颁发了几张布告，晓谕百姓们安心生产，照常经营，不必惊慌。若有私造谣言，扰乱人心的，一经查到，立刻严惩不贷！

经过这次整治，满城军民，人人慑服，个个感恩，人心大快，混乱局面大有改观。

一天，有人来告状道："辽阳的军需官陈伦，玩忽职守，贪污军饷，把军马的饲料都拿到市场上卖了。"

熊廷弼不声不响，先是到兵器库一看，一空如洗；见兵士所操的兵器，弓皆断背断弦，箭皆无翎无镞，刀皆缺钝，枪皆顽秃。甚至辽阳校场的三万士兵，有的全无一物，不仅无甲无盔，连兵器也没有；居然有两万多人因无军衣，只得戴着毡帽、穿着夹衫。

熊廷弼又忍着愤怒，到粮库、马棚一看，更是火冒三丈！军兵无粮，变卖袄裤，夺民粮窖，夺马饲料，种种劣迹，气得熊廷弼厉声喊道："真是无法无天！这些人不杀不足以严军纪，不能平民愤，更不能打胜仗！"

于是，让人把陈伦拉出去砍了。严惩陈伦，引来辽阳军中的一片叫好声，将士们公开嚷道："熊经略来了，兵有饷，马有料，手里有了兵器，努尔哈赤的八旗兵再来，管叫他有来无回！"

熊廷弼来到辽东，通过一系列措施尤其是整顿了军纪，抓住了根本，得了民心，更得了军心，赢得了一片叫好声。

为了防备努尔哈赤对辽沈用兵，熊廷弼亲自到校场训练兵马，日日操练；制造战车火炮，修理火器；对沈阳、辽阳的城墙进行加固，并在城外挖掘深沟壕堑，放入河水，使后金骑兵无法靠近城墙。

时间不长，熊廷弼打造宗边大炮数百尊，百事炮数千尊，三眼枪七千条杆，盔甲四万五千余副，枪刀、锐叉二万四千余件，火箭四十二万余支，双轮战车五千余辆等。

为了慰问守城将士，熊廷弼派佥事韩原善前往沈阳，他却多方借口，不愿去，主要原因是害怕后金兵来袭。又改派佥事阎鸣太前去，此人到了虎皮驿，听说八旗兵来了，吓得恸哭而回。于是，熊廷弼不再派人，亲自躬行，去巡视各地。他先到了虎皮驿，又去了沈阳，然后趁着一个风高之夜，准备前往抚顺。

总兵官贺世贤知道后，竭力劝阻道："抚顺城离建州太近，大人亲自去危险太大，一旦救援不及，奈何？"

熊廷弼却不以为然地说道："似此冰雪满地，努尔哈赤断不会料到我去抚顺的。"

这位熊经略只带将士数百人，大模大样地进了抚顺城。这里原是辽东的一块繁华之地，经过这场战争的浩劫，在努尔哈赤的焦土政策下，变成了一片废墟，周围数百里内杳无人迹，令人不胜感叹！

离开抚顺后，熊廷弼带着随行人员，又到奉节巡示。他对部下说道："一是警示后金，使之有所顾忌；再者，也是让自己人看，以增强自信心。"他每到一地，立即召集流散的百姓难民，劝告他们安居乐业。

自努尔哈赤袭破抚顺城，至夺占铁岭城，只有一年零三个月的时间，辽东形势急转直下，在熊廷弼短时间治理后，守备周密，功绩卓著。

努尔哈赤在攻占开原、铁岭之后，想把兵力由辽南转向辽沈腹地，他对部下说道："只要夺占了辽沈，辽东诸地便唾手可得。"

何和理说道："据可靠情报说，熊廷弼上任以来，通过整顿军队，将士同心，兵力大大提高，将人心收拢在一起了，不可不防啊。"

范文程说道："这熊廷弼有胆有识，文武全才，他的策略是步步为营，稳扎稳打，对咱是以守为攻，渐进渐逼的方针。"

四贝勒皇太极听了很不以为然，说道："照你们这么说，咱们就只能息兵回营，马放南山了？他熊廷弼再有能耐，也未必能把明朝的腐败治理好。"

努尔哈赤对皇太极的锋芒毕露的态度很为不满，立即训斥他道："讨论问题可以各抒己见，畅所欲言，态度要诚恳平和，与人为善；切忌自以为是，尖刻伤人。"接着，努尔哈赤为部队的行动定下了基调："鉴于熊廷弼的防御为主策略，改变全力进攻辽东的兵力部署与计划，短期内以小股兵力，进行袭扰性的试探。"

这一年的八月，努尔哈赤带领诸贝勒、大臣，带兵卒万余人，围击懿路、蒲河，兵临沈阳城下。熊廷弼得到消息之后，从辽阳领兵来救，与城内明军内外夹攻，八旗兵马损失惨重，退回灰山，不久，撤回界凡城。

这次出师不利，努尔哈赤十分恼火，将十几名将领捆绑起来处罚，连大臣额亦都也自缚请求处分。

九月，努尔哈赤又派莽古尔泰领兵进入懿路、蒲河两地掠抢粮食，被贺世贤领兵追杀数十里，斩杀旗兵三十九人。

虽然努尔哈赤频繁地派兵袭扰辽沈地区，但多是小股，往往是小败，或是小胜，一直没有大的军事行动，这是努尔哈赤采取的试探性进攻。他明显感觉到熊廷弼的整顿军队与防备，卓有成效，于是不得不改变原来的进军计划，决定等待时机，来达到自己的战略目标。

正当熊廷弼整顿辽东，收效明显的时候，皇帝派了钦差大臣姚宗文前来阅兵！那钦差大人也是阉党魏忠贤的爪牙，此次前来竟还要求熊廷弼备办黑貂皮、人参等物。

熊廷弼听后，心中十分恼怒，说道："廷弼来辽东不过一年多一些，整日忙于军队的整顿，防务的增强，训练兵马，催征粮饷，夜不成眠，食不甘味，这才使辽东人心安定，军心振奋，后金兵马不敢再来骚扰了。我为官多年，一向廉洁自律，公而忘私，只知上报皇恩、下亲百姓，从不贪占一分兵饷，更未搜刮百姓一粒粮食。眼下将军传下九千岁的钧旨，命我备办那些地方珍品，我就是把妻子儿女卖了，也操办不起呀！"

熊廷弼说罢，也不管姚宗文这位钦差大人如何，便气呼呼地走出去了。

姚钦差听了之后说道："这种人秉性难改，回去如实向九千岁报告，随他老人家处置吧！"

次日，熊廷弼对姚钦差护送十里之外，放心地走了，然后回到城里，忙向侍卫说："快将行李准备好，我们回家种田去吧！"

可是，熊廷弼又觉得这样地走了，也太窝囊！我胸怀坦荡，心地光明，来到辽东好事做了山高一堆，这辽东人民有口皆碑，又怕他九千岁什么？于是，他立即走到桌前，拿起笔来，将胸中的一切苦衷，写成一篇长奏章，请求辞官回乡。

哪知熊廷弼的奏章未出，皇帝的圣旨便已经送来了，把他革职还乡，说他胆小怕死，按兵不动。熊廷弼听了圣旨上宣谕他的过错，只是一笑置之，不禁冷笑道："胆小怕死？哼！"

他急忙卸了兵权，匆匆回京复命，明知是那位九千岁所为，也只好叹口气走了。

原来，明朝统治集团内部发生了变化。

万历四十八年（1620年）七月二十一日，明神宗万历皇帝朱翊钧死去，其长子朱常洛于八月一日接皇帝位，是为明光宗泰昌皇帝。但是，九月一日他又吞下了红丸，死于乾清宫，一月之内，梓宫两哭。

朱常洛长子由校袭受皇位，是为熹宗天启皇帝。自此，九千岁魏忠贤便得势了，熊廷弼受池鱼之殃，已在所难免。在这之后，尽管熊廷弼五次上书，为自己辩解，仍然被再次挤下政治舞台。

新任辽东经略袁应泰，本是进士出身，虽然"历官精敏强毅，用兵非所长，规勇颇疏"。因他是一个文官出身，不懂兵法武备，怎能与那文韬武略的熊廷弼相比！到任以后，袁应泰一改熊廷弼的部署，撤换将领，安置亲信，引起军心混乱。

熊廷弼在辽时，部武整肃，法令严，守御为主。袁应泰正与之相反，他宽纵将士，无法令约束，军纪很快松弛下来。袁应泰不顾明军的实际情况，制定谋取抚顺的计划，时间不长，熊廷弼好不容易稳定下来的辽东局势，一乱而不可收。

411

但是，朝廷里的那一群大臣，他们不明辽东的真相，反说袁应泰有进取之心，不像熊廷弼那般保守，在任一年多没有收复辽东一城一地，赞颂袁应泰颇有壮志。

这时候，恰逢蒙古闹饥荒，那些饥民成群结队地入塞乞食。袁应泰见了，动起恻隐之心，命令士兵准许灾民前来乞食，并大量收降蒙古人为兵卒。袁应泰的这一做法，又为努尔哈赤派遣"奸细"提供了机会，于是后金的间谍大量地混入明军之中，袁应泰还被蒙在鼓里，全然没有一点察觉。

努尔哈赤经过一年多的耐心等待向明朝进军的机会，随着熊廷弼的离职，袁应泰的到任，这个机会终于到来了。努尔哈赤紧紧抓住明朝皇帝交替，辽东经略易人，军心涣散，边防紊乱的有利时机，向辽沈大举进兵。

在军事会议上，努尔哈赤掩饰不住兴奋的心情，向诸贝勒、大臣们说道："熊廷弼走了，袁应泰来了，咱们也该向辽沈进兵了！这是千载难逢的良机啊！"

范文程首先说道："在辽东南区，沈阳、奉节堡和虎皮驿三地成为鼎足之势，这是人所共知的。熊廷弼一来到辽东，也是抓住这三地，认真布防。若想攻占沈阳，必先攻占奉节堡；若想攻占奉节堡，必先攻占虎皮驿。因此三地互为掎角，若是先把虎皮驿、奉节堡拿下来，沈阳便成为孤城。"

大家议论了一会儿之后，皇太极建议道："大家都对范先生的说法无异议，说明攻打沈阳之前，必须先拿下虎皮驿和奉节堡。咱们兵力众多，可以对虎皮驿、奉节堡同时进攻，然后再攻打沈阳。"

努尔哈赤补充说道："一旦对虎皮驿、奉节堡两地打起来，还要有打援兵的准备，说不定有沈阳的和辽阳的明兵去支援。"

努尔哈赤又做了充分准备，命令抓紧修造攻城用的爬山虎、云梯、战车等。又把行宫从界凡城迁到萨尔浒，并在那里大兴土木，建城池，营建军民房舍。努尔哈赤说道："萨尔浒离沈阳不过一百余里，这里山势险峻，道路崎岖，易守难攻。进攻沈阳时，既有利于指挥，也有利于部队的调动。"

天启元年（1621年）三月初十，努尔哈赤率领雄师猛将，倾后金国之师十万余人，带着大量的木板、云梯、战车等，顺浑河而下，水陆并进，向沈阳进发。

为了扫除攻占沈阳城的障碍，努尔哈赤派遣四贝勒皇太极领兵马五千人，去攻打虎皮驿。同时，他又派三贝勒莽古尔泰带兵马五千人，去攻打奉节堡。三月十二日，努尔哈赤带领大队人马，兵抵沈阳城下，只是派出小股兵力，沿城进行突袭性的侦探，等待前锋军攻打虎皮驿和奉节堡的消息。

虎皮驿守将梁仲善，见努尔哈赤派兵来攻打，又听探马来报，奉节堡也同时被围，沈阳城已被围得水泄不通了，心中想道："这小小的虎皮驿怎能阻挡得住后金的铁骑，不如先用大炮猛轰，到了夜里，悄悄出城，往辽阳撤兵，也许还能保住性命。"

想到这里，便吩咐城头大炮猛烈轰击后金兵营，四贝勒皇太极急忙命令大将嘎盖领一千骑兵到南门外扎营，伺机围歼。

等嘎盖走后，皇太极严密监视城里动向，认为明军也可能从西门逃出，往辽阳方向跑。眼看天色已晚，皇太极忙令八旗士兵早吃晚饭，准备夜里厮杀。

梁仲善亲自登上城楼观看，见南门、西门外均有后金兵马，北门与东门空着，若从东门逃出，路途较远，还是从西门合适。想定之后，约在二更多天，他让副将徐世行领五百士兵守城，自己领着一千多骑兵从西门悄悄出城，来到后金营前，大喊一声，一齐杀将进去。

不料营内空无一人，梁仲善心知中计，慌忙命令撤出，忽听四周呐喊声暴起，随着喊声过后，四面乱箭齐发，人马纷纷倒下。他急忙领着骑兵向外冲去，迎头一员将领挡着去路，梁仲善不敢恋战，只斗了两三回合，拍马便逃，幸亏夜色漆黑，他仗着路径熟悉，终于冲出八旗兵的包围。

天亮之后，梁仲善已跑出数十里程，见身后只有骑兵三百余人，这时候，奉节堡方向喊杀声依然很大，知道那里还在打着，不知守将李秉成能不能突围出来，一路想着，往辽阳驰马奔去。

四贝勒皇太极见明将逃跑，只领兵追杀一阵，便重又回到城下，向城上喊道："你们主将已逃跑，还不赶快投降？"

徐世行一听，觉得再守下去也无意义，不如开门投降。

皇太极收编了城上的守军，对嘎盖说道："给你一千人马，守住此城，对汉人要尊重，要按照后金的法令办事。"说完，便领着旗兵，出城往东北方向的奉节堡驰去。

三贝勒莽古尔泰领着人马来到奉节堡城下，便从北门攻打。前些日子在攻城战斗中，这位三贝勒也积累了一些经验教训了，这次攻城前，只派了五百旗兵，用云梯攻城。莽古尔泰自己则领着一支弓弩队伍在后面为其掩护，于是城上的守军在抛打滚木、礌石时，被后金的弓箭射死不少。

经过半天的厮杀，城上的守军已很疲劳，守将李秉成心想："沈阳、虎皮驿全已被围，我只有往辽阳城逃去，不能被困死在这小小的奉节堡里。"

想到此，便命令炮手发炮，想在突围前多杀伤旗兵，夜间逃跑时遇到的阻力会小些。

当夜三更以后，李秉成领着一千多人马，悄悄出了南门，往辽阳方向逃跑。

三贝勒莽古尔泰正睡着，探马忽然来向他报告李秉成弃城逃跑的消息。

莽古尔泰急忙领着兵马，尾随着李秉成逃跑的方向，追杀过去。由于八旗的铁骑跑得快，大约追到二十里路便赶上了明军，李秉成不敢恋战，只得拼命往前跑。正在这时，前面又来了一支后金兵马拦住去路，原来是四贝勒皇太极的旗兵赶到了。李秉成一见，吓得不知怎么办了，后有追兵，前有拦截，若想逃出去，只有拼杀出一条血路了。

于是，他手举大刀，向身后士兵喊道："想活命的，冲呀！"迎着八旗兵的拦截，冲击过去，顿时把毫无防备的旗兵冲得七零八落。

两个贝勒兄弟会师之后，皇太极道："别追了，咱们的任务已经完成，沈阳城的这两个犄角全被咱们砍了，下一步攻打沈阳城就容易得多了！"

兄弟二人便合兵一处，向他们的父王努尔哈赤报功去了。

明朝的哨兵于三月初十的晚上，发现后金的大队兵马向沈阳开来，便将建在山顶上的烽火台点燃了，顿时浓烟滚滚而上。

烽火台上的烟一出现，不仅沈阳城里的守将贺世贤、尤世功两个总兵官知道了，连辽阳的袁应泰经略也得到了消息。

这沈阳城，对明朝来说，虽不如辽阳重要，但也是辽东重镇之一，一直被当作辽阳的"藩蔽"而受到重视。沈阳城高池深，明朝把它誉为一座"坚城"。为了保住这座城，使它发挥对辽阳的护卫作用，几年前曾经过一番加固。在城外挖深壕，用大木头立为栅栏。在靠近城墙的地方，挖壕两道，各宽五丈，深二丈，壕底埋下光木桩。在壕的内侧，即接近城墙的一则，再构筑马墙一道，间留炮眼，排列战车、枪炮。在大壕外边，挖了一道道沟堑，设下陷阱，并底插上光木桩，上面铺上秫秸，掩上土。城外这套复杂的工事，是专门用来对付后金骑兵的，并能阻止步兵及其攻城器械接近城下，若是不了解情况，准会吃亏的。

努尔哈赤得到虎皮驿、奉节堡已被拿下的战报后，于三月十二日早晨，指挥八旗兵马进抵沈阳城郊。

从侦探那里，努尔哈赤得知沈阳防守甚严的消息，便没有轻举妄动，吩咐军队驻马在城东七里的王家湾，用大量的木板搭成栅营。

沈阳城守将尤世功，河北保定人，武举出身，性格敦厚，不善辞令。努尔哈赤发兵来时，尤世功向贺世贤说："沈阳是一座坚城，后金的骑兵固然厉害，谅他们也不敢贸然前来攻城，何况援兵也会来的，暂时先紧守城门不要出战。"

贺世贤却说道："努尔哈赤的兵马已来两天，未来攻城，我想领兵与他们拼杀一场。"

"我以为不出城是上策，努尔哈赤的兵马众多，有十万以上，过个十天半月，他们人无粮，马无料，不打就退了。"

贺世贤却带着七八分酒意笑道："看来尤总兵被努尔哈赤的气势吓怕了，我可不怕他！"

尤世功听后，微微一笑，他知道贺世贤又喝多了，就不再多言，回到东门去了。

二人各守两门，东门、北门为尤世功防守，贺世贤防守西门、南门。

努尔哈赤听范文程介绍说，贺世贤与尤世功两位总兵官，尤世功有勇有谋，难以对付；贺世贤则嗜酒，往往会在酒后干一些蠢事。

努尔哈赤听说李永芳与贺世贤是好朋友，便要他去游说贺世贤投过来。

随后又派大贝勒代善前去东门讨战，诱敌出城。

努尔哈赤又派三贝勒莽古尔泰领兵一千人，渡过浑河，到浑河南岸去劫掠明朝屯寨的粮食、马牛羊等，也是想引诱城里兵将出城。

李永芳先到东门城下，向城头一看，贺世贤不在城头，他对城头守兵说道："请总兵大人贺将军出来说话！"

"贺将军到南门去了。"

李永芳又随着努尔哈赤派来的几个侍卫，一路小跑地来到南门，他向城头士卒喊道："请总兵大人贺将军出来讲话！"

不一会儿，贺世贤来了，他向下一看，见是李永芳，便头一扭，背过身去，走了。

李永芳立即高声喊"世贤兄！世贤兄！……"连喊三四声"世贤兄"，可是，城上的那位"世贤兄"根本不理他。

诸贝勒、大臣们急呼呼地要攻城，但是，努尔哈赤却不动声色，等了一会儿，他对四贝勒皇太极说道："给你一个去向贺世贤骂阵的任务，选几个大嗓门的旗兵，争取把这个酒鬼骂出城来！"

皇太极听了，正要走时，汗王又叮咛道："贺世贤一旦带兵出城，只能败，不能胜，要诱敌深入，懂么？"

城里的贺总兵见李永芳走后，努尔哈赤迟迟不来攻城，便有些得意了，骂道："这鞑子毕竟还是未开化！领着那么多的兵马都不敢攻城，却派一个汉奸来当说客，真是胆小！"

这贺世贤一向鲁莽从事，面对着强敌，他把努尔哈赤的诱敌计策误认作怯战，竟然忘却了不久前战死的杜松、刘铤的教训。他多次要部下为他备马、抬刀，出城去！部下们屡次劝阻，他仍不听，又用尤总兵的话去提醒他，贺世贤竟恼羞成怒起来，大声地训斥部下说道："尤总兵也不是我的上司！他管他的北门和西门，我管我的东门和南门！我为何一定要听他的安排！"说完，竟把忠告良言置于脑后，大声喊道："拿酒来！老子要出城！"

正当贺世贤在大口、大口地喝酒时，城下传来了骂阵的喊声。贺世贤一听城外旗兵骂他不敢出城，一下子跳起来，把酒瓶子"唰"的一声，扔到城下去了！接着，拿起铁鞭，率领一千多人马，打开沈阳南门，冲了出去。

　　四贝勒皇太极一见，真是喜出望外，立刻立马阵前，用大刀指着贺世贤骂道："呔！来将可是那个酒鬼贺世贤？赶快下马投降吧！"

　　贺世贤气得酒气直往上涌，也不搭话，拍马过去，举起手中铁鞭就打。皇太极见了，又哈哈一笑，急忙闪身躲过，也举刀砍去，二人便杀到一处了。

　　努尔哈赤听说贺世贤已带兵出南门了，兴奋得两手一拍，立刻命令大贝勒代善、二贝勒阿敏两人各带兵马两千人，前去围歼贺世贤。

　　两个贝勒领兵刚走，侍卫来报告道："四贝勒已把贺世贤诱到离城半里远了！"

　　"好！咱们又逮住一头笨熊！"

　　说罢，领着范文程以及诸贝勒、大臣们兴高采烈地往南门走去。

　　皇太极只是用刀应付着，故意装作武艺不精的架势，且战且退，将贺世贤诱得远离城门。这时，代善与阿敏的旗兵已将贺世贤团团包围起来，三个贝勒一齐向他砍杀。面对这种形势，贺世贤方知中计，但是任凭左冲右突，那么多的旗兵围着，又有三员将领跟着，怎能冲出去呢？

　　贺世贤确实骁勇异常，他手中那根铁鞭，简直如一条游动的蛟龙，"叭"的一鞭扫去，旗兵立即倒下一片！三个贝勒虽然紧紧盯着，但是他们不敢靠近半步，生怕被他那铁鞭碰着了。

　　这时候，在一边观战的努尔哈赤发出命令："快向贺世贤放箭！"

　　此时的贺世贤虽然领着近千人的士兵，手舞铁鞭，杀死的旗兵无数，但是，四面全是八旗兵马，自己也累得筋疲力尽，身上又连中几箭。

　　有个部下立即劝告贺世贤道："现在回城已不可能，不如退往辽阳，也许还有脱身的机会。"

　　贺世贤却坚持说道："身为朝廷的一员大将，不能守住城池，哪有颜面去见上司！"

　　贺世贤拒绝听从部下的建议，又与众兵卒用力拼杀，终于转战到沈阳城的西门外。

　　努尔哈赤见到贺世贤已退到西门不远的地方，他担心城里若有兵马来救，这条进网的大鱼便会破网而去，于是，又大声命令道："快放箭！快放箭！"

　　于是，如飞蝗一般的箭矢，向贺世贤射去！他那铁鞭尽管挥舞得呼呼风响，似飞轮一般，终因挡不住飞来的箭矢，身上连连中箭，死于乱箭之下。

　　尤世功总兵官，先是听说贺世贤出城交战，他就急匆匆披挂起来，提着大刀，跨马往西门而来。走到半路，又有士卒前来报告："贺总兵已被八旗兵马包围在西门外！"

　　尤世功遂快马加鞭，往西门驰去，一心想去为贺世贤解围。谁知他领着兵马一出西门，立刻就被铺天盖地的八旗士兵围住了。他身后的一千多明兵，在疾风暴雨一样的后金铁骑的冲击下，顿时溃败、崩散了。面对层层包围，尤世功凭着一身武功，两把大刀，左砍右劈，前遮后挡，八旗士兵纷纷倒退。

四贝勒皇太极只是站在远处指挥旗兵，让旗兵紧紧地围绕在尤世功周围，一批被杀退，又是一批围上去，倒下一片，又有一大片围过去，不给尤世功一点喘气的工夫。

皇太极看在眼里，不禁赞了一句："这武举真是名副其实，好一员勇将啊！"

努尔哈赤见贺世贤已死，尤世功又出城被围，心中十分兴奋，认为两员主将均已出城，城里正是群龙无首的时候，乘这混乱机会，应该抓紧攻城，沈阳城唾手可得了！

于是，他只以很小一部分兵力，让四贝勒皇太极领着，一定把这条大鱼——尤世功逮住！

他把主要精力放在攻城上，亲自指挥八旗士兵，用毡被裹身，推着四轮战车前进，让精锐的骑兵藏身车后，竭力靠近城墙。

城中的两员主将虽然出城，还有副将、参将、游击等大小头目数十人，他们在各自位置上指挥守兵对攻城的旗兵进行打击。

尤世功被层层士兵包围着，任凭他双刀砍杀死再多的旗兵，仍然脱身不得。最终，他也倒在乱箭之下。

攻城的战斗正在激烈地进行着，一向多谋善断的后金汗王努尔哈赤，见到沈阳城的两位总兵贺世贤、尤世功双双战死，立刻抓住这个机会，命令八旗将士向城上喊话："城上的明军兄弟们！你们的贺总兵、尤总兵全都战死了，你们也赶快投降吧。"

他们一边喊着，一边把贺世贤、尤世功的两颗血淋淋的人头，用竹竿高高地挑起来，让城上的守军看个清楚。

努尔哈赤的这一招确实厉害！城上的明军慌了，原来绷紧的神经一下子松弛了。

就在这时，忽然来了一群人，他们手执刀斧，砍断桥绳，放下吊桥，大声地喊道："咱们是后金国的先遣军，你们赶快投降吧！"

这一声喊，又把明军吓迷糊了，见到他们拼命的样子，又见城外的八旗兵马如潮水一般涌进城里，只得老老实实地放下刀剑，投降了。

这些"先遣军"是新上任的辽东经略袁应泰收编的"蒙古人"，被他"充实"到明军中。其实他们都是后金的"谍报人员"，是努尔哈赤安插在明军中的"奸细"。

被明朝人称为"坚城"的沈阳城，努尔哈赤只用了三天时间，就一举攻占了。**沈阳之战，明朝的总兵官贺世贤、尤世功以下，道吏、副将、参将、游击、千总、百总等大小将官共战死三十多人，兵民被杀死者据说有七万余人。**

沈阳城被围之时，辽东经略袁应泰、巡按大臣张铨早已部署了各路援军，准备以沈阳为犄角，对后金军展开内外夹攻，不料两位总兵官主动出城迎战，导致将死城破的后果。

当时，川浙总兵童仲揆、陈策从黄山领兵来增援；虎皮驿、武靖营、奉节堡三处的梁仲善、朱万良、姜弼、李秉成等领兵也向沈阳集结。

陈策领着兵马来到浑河桥南，听说沈阳城已经失守，便想下令回师。这时，他的裨将周敦吉说道："现在趁后金兵马在沈阳城立脚未稳之时，可以打过去，使他们措手不及。"

副总兵秦邦屏也建议道："咱们为救沈阳而来，不能前去一战，还要我们军队干什么呢？"

在众将领的一片报国之心感染之下，陈策坚定了战斗信心，随即下令：把明军分为两大营，命令周敦吉、秦邦屏先渡浑河，在北岸安营扎寨，摆下阵势。

且说后金汗王努尔哈赤得知明朝的援兵已到，便迅速派遣兵马，向正在渡河的明军猛扑过去，想将援军消灭在浑河里。

此时，周敦吉等领兵刚上浑河北岸，兵分两营，还未来得及站稳脚跟、扎下营盘，努尔哈赤派来的右翼兵马，已经围了上来。

与此同时，努尔哈赤又派遣一支兵马，截断了浑河桥通道，阻止河南岸的童仲揆、陈策带领的队伍过河。

两军激战开始了，努尔哈赤以五万兵力，围攻河北岸不足五千人马的明朝援军。

初战时，努尔哈赤只以白旗士兵冲阵，认为明军全是弱卒，不经打，往往是一经战阵便会溃不成军。他万万没有想到，这支援军非同寻常！

原来这支川军，特别能战斗，他们拼杀顽强，行动矫健，两军交战不多时，白旗士兵未能顶住川军的冲杀，败下阵来。

后金兵马众多，努尔哈赤又以黄旗军接着厮杀。由于川兵的英勇顽强，努尔哈赤的黄旗兵又被杀退，旗兵死伤枕藉，血流成河。

面对明朝援军的顽强反击，努尔哈赤也看得触目惊心，只得又派遣红旗兵接着厮杀，并将白旗、黄旗的残余士兵聚集起来，配合红旗兵一齐杀上去，将川军四面包围。

在此情况下，双方经过厮杀、激战，相互各有死伤，在川军反击下，八旗兵三进三退，死伤近三千人。

这时候，明朝来自虎皮驿、奉节堡、武靖营的援军，由于主将朱万良、梁仲善、李秉成、姜弼等怕死怯战，兵至白塔铺便观望不前，贻误了战机，使川军处于孤军无援状态。

后来，努尔哈赤见川军拼杀顽强，心生一计，派李永芳前去收买明军中的炮手，把沈阳城头的大炮搬来，对准川兵老营开炮，摧毁其指挥中心，致使川军处于群龙无首状态。努尔哈赤又调来八旗兵马，以数倍于川军的兵力，从两翼对其冲击，形成夹攻之势。

此时，川军的将领周敦吉、泰邦屏等，在与八旗兵拼杀中已先后战死，唯有周世禄等率领少数士卒，退到浑河南五里的浙营驻地。

努尔哈赤怎肯放弃机会，又带领兵马乘胜追击，迅速渡过浑河，将浙兵营也重重包围起来，决心全歼这两支援军。

忽有探马来向努尔哈赤报告道："离此不过数十里路的白塔铺，有明军四万正向这里开来。"

诸贝勒、大臣们一听，心中十分惊骇，都把目光投向他们的统帅。大家心中全都有数，攻打沈阳城的战斗结束不久，又与劲敌川军激战了一天，如今川浙两兵合营在前，这四万援军若是从后面再赶上来，八旗兵马将面临腹背受敌的危险。

努尔哈赤当机立断，从容镇定地对其部下们说道："代善、莽古尔泰二人带领右翼的兵马，去围歼这川浙两营的援军！这一仗，事关重大，要拼出死力，速战速决，只许胜，不准败！"

两贝勒急忙答应一声，就匆匆领着兵马去了白塔铺。

明朝几位总兵正在营中议事，姜弼说道："刚才李总兵代表咱们说的话，要言行一致，老是驻扎在白塔铺观望不进，川浙大营正在拼杀，如逗留不前，怪罪下来也是死，不如与努尔哈赤拼杀一场，死了也是忠臣！"

朱万良听后，说道："先派一支人马前去探听消息，咱们随后起兵，那努尔哈赤善用智谋，这里地形复杂，别中了他们的埋伏。"

就在几位明朝的总兵大人说话的工夫，忽听"冲啊！杀啊！"喊了起来，只见八旗士兵手执明晃晃的大刀，在皇太极的带领下，如一股旋风刮来，冲进明军大营。

尽管几万兵马，将领大大小小数十员，因为怯战怕死，转眼之间，四万兵马就四散奔逃，溃不成军了。只有姜弼手提长枪，迎着皇太极杀奔前进，可是，众多的八旗士兵纷纷上前围住，使姜弼脱身不得。

皇太极一声令下："放箭！射死他！"

姜弼也刺死了十几名旗兵，临死前大声喊道："老子也够本了！"

这一仗，皇太极仅以几千人马，却把四万明军杀得丢盔弃甲而逃，八旗兵乘胜追杀四十余里，沿途杀死明军三千余人。

朱万良、李秉成、梁仲善早被吓得魂不附体，各人带着零星的残余人马，逃向辽阳去了。

努尔哈赤笑着向部下道："这是老天爷庇佑后金，这支四万人的明军，若像那川军一样，咱们能如此轻松吗？"说罢，立即命令急速回师，全力去围歼川浙二大营，与大贝勒、三贝勒合兵一处，立即拼杀在一处了。

浑河桥南之战更加激烈，比桥北之战有过之而无不及。

努尔哈赤有些着急了，命令全军要猛攻，猛杀，争取及早消灭两大营。谁知明军炮火威力大，八旗士兵纷纷倒下，由于旗兵有进无退的军纪，只得迎着乱飞的弹片，勇敢地拼杀，死伤惨重。直到明营的炮火打完，两军才开始了短兵交锋，相互肉搏拼杀，杀声响彻四野。

此时，明军中的主将陈策战死，童仲揆拼命杀出重围，派参将刘洪急赴辽阳请求救兵。

这刘洪见了经略袁应泰，大声哭道："咱们队伍到达浑河边上，沈阳便已陷落，将领们坚持进战。谁知鞑子兵马太多，把咱们团团包围，川军大部分战死，残余兵马已与浙军联合，又被贼军包围，炮火用尽，陈策战死，请大人快发救兵。"

袁应泰却坚决不肯发救兵。

童仲揆盼望辽阳发救兵，却久盼不至，只得挥舞大刀，杀开一条血路，吓得旗兵纷纷倒退。他冲出重围之后，忽听身后有人喊道："童将军慢走！"

他回头一看，见是副将戚金，便说："咱们一同走吧，何必要死在这关外异乡？"

戚金却提醒他道："不知童将军想过没有？即使咱们冲了出去，也难保不死，还落个临战脱逃！能够战死沙场，也是咱们的幸事！现在，咱何不杀回去，领着兵马与鞑子们再拼杀一番。"

童仲揆听后，羞愧万分，立即说道："好兄弟！幸亏你及时提醒，不然，愚兄倒是做了一件错事。"遂与戚金一起，手舞大刀，又杀入大营，聚集残余兵马，再与八旗士兵混战在一块，直杀得旗兵尸积如山，血流成河。

此时，努尔哈赤亲率八旗兵马，对浙川两营的明军大开杀戒，数千明军除少数随周世禄脱围之外，其余全部被歼。

浑河南北之战，是辽沈战争中最为惨烈的一仗。

努尔哈赤攻占沈阳之后，在沈阳城里屯兵五天，士兵沿街挨户劫掠财物，金银细软，搜罗殆尽。然后宰杀千头牛羊，让部下大宴数日，又论功行赏，奖励诸位贝勒、大臣。

因为浑河南北之战，八旗将士死伤万人以上，为努尔哈赤与明朝军队开战以来所未有，旗兵深受重创。为了鼓舞士气，稳定军心，努尔哈赤命令搭高台，杀黑牛，宰白马，祈告天地，愿神祗福佑后金国。他又亲自带领四大贝勒、各大臣们，对阵亡将士大行祭奠，以慰亡灵。

明熹宗天启元年（1621年）三月十八日，也就是夺取沈阳城，同时击败明朝两路援军之后的第五天，后金国汗王努尔哈赤向各位贝勒、大臣们说道："沈阳城已被咱们攻陷，明朝的军队被咱们打败了。咱们应该抓住当前有利的机会，乘胜前进，夺取辽阳城。等城破之日，朕当与诸公痛饮于辽阳城内！"

诸贝勒、大臣对汗王的决策齐声叫好。会后的当天，努尔哈赤亲率大军，八旗兵分八路，旌旗蔽日，弥山亘野，齐头并进，到虎皮驿扎下营盘。

明朝的探马立即把这一消息报告给袁经略："努尔哈赤的大军人数众多，旌旗蔽日，漫山遍野地向辽阳开来。"

袁应泰一听，大惊失色，向部下说道："鞑子兵马来得如此迅速，令人意外。"

他当即采取应急措施，下令打开闸门，把太河水放入护城河，在壕沟的内侧排列火炮，城上布满士兵，严阵以待。

为了加强对辽阳的镇守，袁应泰接受部下的意见，尽撤辽阳以北咸宁营等地的守军，将他们全部集中到辽阳城里。因为辽阳是明朝在辽东的首府，是朝廷统治辽东的政治、经济和军事的中心，历属的辽东经略长官一向驻扎辽阳以镇守辽东，视辽阳为辽东的根本，视保卫辽阳更胜于保卫沈阳。

明朝天启皇帝接位之后，整日在宫内钻研技巧，制作各种精巧玩具，不问国事。这一天，他玩了一阵，累得够呛，就躺在树荫下休息。在闭目休息的工夫，他听到有两个人在说话。

一个道："听说沈阳城被鞑子占了！"

另一个答道："你才知道啊！努尔哈赤打下沈阳城之后，又带大军打辽阳了！"

前面那个人又说："打下辽阳，关外就全完了，咱这京城也危险了！"

……

天启急忙坐起来，担心鞑子打下辽阳城，会危及他的皇位，赶紧换上金龙御衣，向太监们喊道："朕要上朝！"

魏忠贤一见皇上着急的样子，也不敢多问，忽听皇上向他问道："这些天，有辽东地区送来的奏章没有？"

魏忠贤不敢怠慢，只得如实报告："有一份奏章是辽东巡抚张钧写的。"

"快取来！朕现在就要看！"皇上一读张钧的奏章，向魏忠贤瞪眼骂道，"这么大的事也不向朕报告，等鞑子攻进关内来，你们还能如此快活？上朝！"

天启皇帝朱由校见大臣们来齐了，右手扬着张钧的奏章给文武大臣们看，左手拍着龙书案子，大发雷霆之怒地责问道："你们都知道了吗？辽东来的十万火急的奏章，要你们发兵前去救应，却无人过问！要你们这些无用的东西干什么？难道还要坐观辽阳失守吗？难道等着那个努尔哈赤打进关来吗？"

皇上"龙颜大怒"，可把那些大臣们吓坏了，他们忙把张钧的奏章拿过来一看，原来是一份关于辽沈战场上的形势战报的奏章，这才放下心来。

421

那奏章里主要是说袁应泰对援救沈阳不力，对各地的援军行动迟缓，以致贻误了军机，让努尔哈赤夺占了沈阳城。

大臣们赶忙派人送信给袁应泰，要他赶快调整部署，加紧布防，务必要守住辽阳城，不能再让努尔哈赤攻占辽阳了。袁应泰得到指示之后，再不敢怠慢，连夜安排部署，把原来驻守辽阳的总兵刘孔胤的军队与川军的余部合在一起，统一交由刘总兵管辖。

接着，他又调来宽甸总兵胡嘉栋、副总兵刘光祚的青州兵马，相互配合，两部合在一起，也有两三万人，共同守卫辽阳。

为了整肃军纪，袁应泰命人把临阵退缩的朱万良、梁仲善、李秉成三位总兵喊来，说道："大敌当前，你们身为朝廷命臣，怯战怕死，临阵畏畏缩缩，在士兵中造成极坏的影响，哪有一点将领的样子？"

说罢，把皇上赐给的尚方宝剑请出来，往台案子上一放，声色严峻地喝道："拉出去，一齐把他们斩了！"

这时候，总兵侯世禄立刻出来建议道："请经略大人息怒，大战之前，斩杀大将不利，让他们戴罪立功，以观后效吧！"

巡抚张钧也有些语带双关地说道："沈阳之战当中，对援救不力，怯战怕死者并非只他们三人，上上下下，大有人在，暂时羁着也好，等到再有战事发生时，若是不加改正，再老账新账一起算，也未为迟。"

这张钧的话里，明明是影射着袁应泰的，这位经略大人到底有些把柄在人家手里，便装作什么也不懂似的，顺水推舟地说道："好吧，暂时不处置你们，以后若有战事，望你们立功自赎吧！"

张钧立刻建议道："辽阳西北的武靖方向，往往把太子河作为守辽阳的屏风，不如派他们三位前去驻守，也可扼住渡口，防止后金兵马从那里过河。"

袁应泰听了，立刻表示同意，遂拨给他们五千人马，命令三位总兵前去沿河列阵，以堵截努尔哈赤进军辽阳。为了显示自己抗敌的决心，袁应泰把自己的家丁、亲兵组成一支队伍，名为虎旅军，以他们帮助守城。

后金汗王努尔哈赤统领八旗兵马，来到虎皮驿驻扎下来，当晚，便召集各位贝勒、大臣们，研究攻打辽阳的方略。

范文程首先发言道："辽阳是明朝在辽东的首府，地坚池深，据说城外有四通壕沟，且兵力众多，火炮布满城头，给咱们正面进攻带来不少困难。"

他说到这儿，大贝勒代善立即说道："这次攻打沈阳城咱们遇到了明朝的川浙军，旗兵伤亡较大，将士也疲劳得厉害，如果不很好修整，是会影响战斗力的。何况这辽阳城防严密，兵力又多，我看不如暂时退兵，休整一段时间再来攻打吧！"

努尔哈赤见代善打断范文程的讲话，已经有些不悦，又听他讲了退兵的泄气话，更是心中不快，不过，他隐忍不发，说道："还有什么看法，再说说，各抒己见嘛！"

这时候，三贝勒莽古尔泰也说道："我也觉得暂时退兵有利，等兵马休整好了，再来攻打这辽阳城也不迟！"

努尔哈赤越听越气，对这几个儿子的发言相当不满，压着怒火道："自古以来，气可鼓，不可泄；兵可壮，不可抑。大家可以回顾一下，从攻打抚顺、清河、开原、铁岭，以至城防坚固的沈阳城，全是咱们上下一心，一鼓作气攻下的。"

说到这里，努尔哈赤对大家扫了一眼，又从另一面启发他的儿子们说道："累，疲劳，这是事实，难道明朝的将士不累、不疲劳么？难道袁应泰想让咱们出兵么？再说，明朝军队里像川军、浙军的能有多少？如今，咱们的大军刚临辽阳城下，就有人就打退堂鼓了，真令朕痛心！"

努尔哈赤冷笑两声，逼视着自己的儿子道："这样吧！你们三人先回去休息，好好地休息！兵马由朕自己带着，辽阳一定要去打，朕意已决！你们不去，朕就一个人去攻打！如果这你们都不答应，那就先把朕杀了，然后你们再退兵！"

这时候，代善、莽古尔泰、阿拜兄弟三人吓得大气也不敢出，只有四贝勒皇太极心思机敏，急忙走上前，"扑通"一声跪在努尔哈赤面前，连声劝说道："请父王息怒，别伤了龙体。我以为，辽阳城也可以很快地夺过来，咱们可以用调虎离山之计。"

努尔哈赤听后，立刻消了一大半的气，眉头也舒展开了，心里不由得叹息道："这才是朕的儿子！"

范文程也向他说道："辽阳城虽然是城墙坚固，壕沟又深又宽，城内的兵马又多，咱们如用计策，诱他们出城，在野战中消灭其主力，然后再攻城，可以万无一失了。"

"是啊！范先生毕竟是朕的智囊，朕知道你准有计策。"

这工夫，有探马进来报告说："在辽阳城西北方向，太子河渡口沿岸发现明军在驻扎，据说是为阻止我们大军渡河的，兵马约有四五千人。"

听了那探马的报告之后，努尔哈赤拿过辽阳城的地图仔细地看了一会儿，然后笑道："你们看，跟这样的对手打仗，怕什么？只要咱们略施小计，就能把袁应泰的兵马打得连东南西北的方向都分不清了！"

说完，努尔哈赤向身旁的皇太极问道："你对那个渡口的驻军怎么看？"

四贝勒皇太极说道："他们在辽阳城西北方向拦阻，咱们就去辽阳城东南方向过河，世上道路千万条，袁应泰总不能全都驻上军队吧！"

"这就对了！咱们有腿有脚，天下这么大，他袁应泰能拦阻得了吗？打仗要用计谋，朕说过多少次了，有的人就是一个榆木疙瘩的脑袋，遇事比牛还笨三分！"

努尔哈赤边说，边用目光斜着代善兄弟三人，希望他们也能像皇太极一样用智慧打仗。

这时，有侍卫来报告道："辽阳城里李小芳派人来汇报情况。"

努尔哈赤听后，高兴地看着李永芳说："快让他进来吧！"

一个中年汉人进来向努尔哈赤报告道："李小芳派我回来汇报，辽阳城里的谍报人员已发展到一千五百余人，只等攻城以后，一定在两天之内打开小西门。"

努尔哈赤听后，忙向一个侍卫说道："你带他去休息，用大碗酒、大块肉招待他，临走时再去找内务大臣洛寒领银子赏他！"

等送信人走后，努尔哈赤哈哈笑道："有的人，只看到辽阳城坚固，难以攻打，又说城里兵马众多，你看，城里有咱的人一千五百多，可别小看他们呵！"

说到这里，他转过脸来问李永芳："小芳今年多大了？"

"还差五个月二十三岁。"

"你们听到了吧？还不到二十三岁，辽阳城防图就被他弄到手送来了！"

努尔哈赤一边说着，一边拿起那张城防图，向在座的贝勒、大臣们抖着，让大家看，又说道："一个不到二十三岁的年轻人，孤身一人在辽阳城里，靠着自己的聪明能干，在城里发展谍报人员一千五百多，四条街，二百余户，这个数字不小，这个成绩更不小啊！"

早在两年前，何和理见李小芳聪明能干，遇事反应快，又是李永芳的儿子，便派他到辽阳城里开了一家珠宝店。不过，珠宝生意只是门面，李小芳主要任务是干后金的谍报工作。

两年多来，李小芳凭着自己的机敏善变，又有大量的珠宝金银做开路先锋，在辽阳城里终于混出了一个模样——"津河路上第一好人"。辽阳城里上上下下，首府的中下级将吏，地方上的头面要人，全是他的座上宾，有的已成为他的谍报成员了。

努尔哈赤说的辽阳城防图，便是李小芳从他在经略府任书记官的连襟——高大宏手中，以十根金条换来的。可见，被辽阳城里不少的人称为"津河路上第一好人"的李小芳，确实很能干，难怪努尔哈赤当着李永芳的面说道："你们父子俩好好地干，朕不会亏待你们的。"

因此，李小芳送来的消息，更坚定了努尔哈赤攻打辽阳的决心和信心。

三月十九日清晨，努尔哈赤向全军发布命令道："从辽阳城东南方向的太子河东岸渡河！"

由于没有阻挡，后金十万大军迅速渡河，飞速前进，他们躲开了辽阳城西北方向武靖门驻防的明军。

这时候，四贝勒皇太极前来请示道："兵马是否立即包围辽阳城？"

努尔哈赤却大声宣布了一个惊人的消息："大军向山海关前进，准备攻打明朝京城！"

听了努尔哈赤的命令，四大贝勒立刻愣住了，尤其是大贝勒代善更是不解地问道："报告父王！辽阳还未占领，这时候怎能去打山海关？"

努尔哈赤很不耐烦地把脸色一沉，连代善看也不看，仍然向着面前的部下们大声命令道："大军立刻向山海关前进，刻不容缓！"

四贝勒皇太极忽然觉得眼睛一亮，心里已明白了八九分，马上向大家喊道："快走！"

后金的十万大军按照努尔哈赤的命令，沿着千山（在今辽阳西南）去山海关的大道，浩浩荡荡地前进。

大贝勒代善实在急得无法了，他以为是父王气糊涂了，才发出这明显有错的号令。于是，代善一马跑到范文程身边，问道："范先生，父王的这命令，你为何不劝阻？"

听了大贝勒代善的话后，范文程莞尔一笑，连忙对他小声地说道："天机不可泄漏！你连汗王的用兵如神也敢怀疑么？快回去，执行命令罢！"

辽阳城里，见努尔哈赤兵驻虎皮驿，快要来攻打辽阳城了，全城上下，一片紧张。

经略袁应泰更加忙乱，他与巡抚张钧等商议，决定以炮声传谕全城居民，并命令全军务必要严守城池。

不久，探马来报告道："努尔哈赤的兵马从辽阳城东南方渡过河以后，绕辽阳城西南开过去，沿着千山去山海关大道，准备攻打山海关。"

面对这突然发生的战况，袁经略与张巡抚一时惊呆了，他们顿时乱了方寸，慌了手脚，打乱了他们原先的战略方案，不知如何是好。

等了好长时间，袁应泰才说道："这个努尔哈赤一旦打到山海关下，皇上能饶了咱们？这到底该怎么办？"

张钧更是着急，他说道："这些鞑子越过辽阳不打，去打山海关，岂不是舍近求远么？何况山海关这边还有好多城池，又有重兵把守，他就不怕被围歼？"

这时候，总兵刘孔胤过来说道："说不定这是努尔哈赤放的烟幕，目的是诱我们出城，然后用他的骑兵来包围咱的兵马。"

袁应泰又说道："努尔哈赤这么干，不怕咱们前后夹攻他？"

刘孔胤总兵又提醒两位上司说："他们打沈阳城时，就用诱战的计策，引诱贺总兵出城与他交战，结果被他围起来。"

袁应泰持不同看法道："那时沈阳兵力少呀，咱兵马众多，还怕他包围不成？依我的意见，不如把兵马开出去与他干一场！"

说罢，袁应泰又向大家讲出自己的计策："先把武靖门方向，驻守在太子河边的朱万良、李秉成、梁仲善的兵马调回来，加上总兵侯世禄、周世禄的兵马，合起来也有五万之众，出城到辽阳城西驻扎下来，列成阵式。这样，进可以攻，退也可以守，对努尔哈赤必然构成威胁。"

刘孔胤听后，仍然坚持自己的看法道："我的意见还是坚守辽阳城。"

袁应泰立即说道："你就执行命令吧！我再让宽甸总兵胡嘉栋、刘光祚领着兵马，从后面尾追着努尔哈赤，希望与山海关方面的兵马形成前后夹击之势。说不定这次可以一举击溃后金的八旗兵，活捉努尔哈赤哩！"

刘孔胤不再坚持自己的意见，立即派人传达经略大人的命令。

努尔哈赤的兵马正走着，忽有探马跑来向他报告道："咱后面尾随着一支明朝的队伍，咱快，他也快；咱慢，他也慢。"

努尔哈赤听后，立即命令道："兵马暂时停下来，并随时做好战斗准备！"

工夫不大，又有探马来报告："辽阳城里派出一支兵马，人数众多，约有四五千人，在城西结阵。"

听到这消息之后，努尔哈赤掩饰不住兴奋的心情，不禁哈哈大笑道："到底被调出来了！这叫做虎已出山，蛇也出洞，鱼又咬钩，袁应泰完全按照朕的意图在指挥他的兵马。此时再不动手，还等到几时？"

说罢，遂向全军发出命令道："各旗兵马前队作后队，后队作前队，全军将士做好一切准备，随时准备出击！"

努尔哈赤对大贝勒代善命令道："带领你的红旗军，打击尾随咱大军后面的明朝军队，只准胜，不许败，要干净、全部地歼灭所有的明兵，不准放走一人！"

代善到这时才明白过来，高兴地答应一声，便走了。

然后，努尔哈赤又命令面对辽阳城西的明朝军队，摆开决战的阵式，随时准备向明军冲击过去。他领着贝勒、大臣们向明营一看，见到战车排列营外，作为鹿寨，又粗又长的大炮筒子昂着头，令人生畏。

这时候，明营里呼啦啦一声响，总兵官刘孔胤领着几位总兵，来到阵前。

努尔哈赤马鞭一指，向明营高声问道："哪位是袁经略大人？请上前说话。"

刘孔胤等拍马上前，大声说道："袁大人有军机大任在肩，怎能与你这未开化的鞑子贼首见面？"

努尔哈赤忍住怒火，不禁冷笑道："你们屡战屡败，城破将亡，不吸取教训，还在妄自尊大，死到临头，还不醒悟，真是一群蠢猪！"

刘孔胤总兵恼羞成怒，大刀一举喝道："少废话！要战，老子陪你杀三百回合！"

此时，皇太极、莽古尔泰等要出阵厮杀，被努尔哈赤制止了，他又说道：

"别逞那匹夫之勇了！你的武艺跟刘铤、杜松比怎么样？跟贺世贤、尤世功比又怎么样？他们全死在朕的铁骑下面。识时务者为俊杰！大明的气数已尽，别死抱住朱姓江山不变，赶快投降吧！"

刘孔胤与朱万良、李秉成、梁仲善等听了，气得肺都快炸了，但又没有恰当的反驳话语。

朱万良一马上前，朗声说道："别在那里炫耀武力！自古得天下者靠的是仁德，你们这些人嗜杀成性，贪婪如豺虎，能有好下场吗？"

未等努尔哈赤说话，莽古尔泰一马飞去，对明营前的几位总兵大喝道："打天下靠的是大刀！来！让老子教训你们！"

朱万良手执长枪迎了过去，二人枪来刀往，叮叮当当，打在一起。两军阵中，鼓声咚咚，喊杀声不断，三皇子阿拜拍马出阵，也来战朱万良。

明营中总兵李秉成急忙上前，喊道："小鞑子别猖狂，老子来教训你！"

阿拜一边用大刀迎架他的长枪，一边笑道："你们几位老蛮子全是咱八旗的手下败将，有啥可骄傲的，快快下马投降，还能保住你们的老命，别不识抬举了！"

总兵李秉成也不搭话，只是挺枪刺去，二人正杀得性起，明营中的梁仲善也出阵了。

这梁仲善已是五十余岁的老将了，一大把花白胡子飘洒在胸前，他一出阵，后金营中立即发出一阵哄笑声。

四贝勒皇太极拍马上前，看着梁老将军笑道："你这老头儿太不知趣了！这么一大把年纪，偏要死在战场上，为那朱皇帝陪葬，值得么？俺不杀你，快回去吧！"

梁老将军受了侮辱，气得花白胡子都翘起来了，也不说话，只是把手中长枪使得神出鬼没，那雪溜溜尖的枪头儿总不离皇太极的前胸，让这位四贝勒心中大惊："这位老将真有一些武功，不可轻视啊！"

皇太极想罢，也抖擞精神，把手中的大刀挥舞得呼呼作响，二人杀得热烈异常。

这时候，努尔哈赤在阵中看得分明，见这几位老将年纪虽都不小了，但毕竟是行伍出身，武艺高强，如果长此拼杀，几个儿子未必是他们的对手。

他正在想着，忽见明营中的刘孔胤也拍马舞刀直向自己杀来，未等努尔哈赤抽刀，二贝勒阿敏飞马出阵，迎着刘总兵大喝道："老蛮子休得放肆，看俺取你首级！"

努尔哈赤见双方厮杀激烈，又见明军中几位老将全是刀马纯熟，武艺高强，渐渐担心几位贝勒抵挡不住，一旦有失，便有性命之忧。身后的范文程上前建议道："乘明营主将正在拼杀，不如让咱的骑兵突然冲击过去，定能大获全胜。"

汗王点头称是，遂向各旗牛录额真一声招呼之后，将手中的御鞭高高举起，命令道："前边是明军大营，勇猛地冲垮它！立功的时候——到了！"

未等努尔哈赤的喊声落音，数万八旗士兵如离弦之箭，飞快地冲向明军营里。此时，几位明朝的总兵一见，只得放弃与对方拼杀，勒马回营想组织反击。谁知那些旗兵如一阵狂风到来，对明营进行冲击，浑身披着铁甲的铁骑士，连战车也挡不住他们的冲击。明军的大炮来不及燃放，炮手便被骑兵的大刀砍死了。

　　四贝勒皇太极领着他的镶白旗士兵，首先向明营的左翼朱万良兵营冲去。由于朱万良是戴罪参战，刚才与三贝勒莽古尔泰一番厮杀，又见皇太极领兵来冲击兵营，于是抖起精神，再不敢临阵退缩了。朱万良领兵追杀过去，努尔哈赤急忙命令二贝勒阿敏统领正蓝旗士兵上前助阵。

　　两军展开激烈拼杀，正当势均力敌，不分胜负之时，努尔哈赤又命三贝勒莽古尔泰领兵杀入，一齐围歼朱万良部。

　　明营中的中营刘孔胤与梁仲善，及右营中的李秉成却都死守自己的营寨，不知前去助战，眼睁睁地看着左营的朱万良部被后金的三旗兵马包围。朱万良终因寡不敌众，战死于马下，以身赎罪，所余兵马立即溃散，被旗兵追杀蹂躏，能逃脱者寥寥无几。

　　努尔哈赤善于抓紧战机，立即指挥他的八旗子弟，命令白旗兵突然冲入明军，将其右、中两营兵马一截为二，要蓝旗兵在后，黄旗兵在前，形成包围夹攻的形势。后金旗兵擅长野战，更善于近战，明军的炮火已失去作用，被迫与骑兵进行肉搏拼杀。

　　三位总兵刘孔胤、李秉成、梁仲善尽管刀马纯熟，武艺精湛，终因被层层围住，八旗兵马又多，为乱军所杀。这两营明军不下三万人，与旗兵拼杀之后，尚有一万多人，随着几名副将突出旗兵包围，仓皇逃去。

　　努尔哈赤命令四贝勒皇太极、三贝勒莽古尔泰乘胜追杀，以免留下后患。后金兵马一直追杀六十余里，直到鞍山，才收军回营，沿途的枯草都被鲜血染红了。

　　大贝勒代善领着一万余人，对不到五千人的青州军，如下山的猛虎一样，先是进行包围，然后再将其截断成三四块，指挥铁骑在明军中砍杀。这些青州军一向缺乏训练，更没有近战的拼杀能力，遇到旗兵的左砍右劈，早已吓破了胆，眨眼之间，便溃不成军，两位总兵相继战死。

　　当晚，努尔哈赤在消灭了两支明军之后，领着得胜的八旗健儿，分兵为四营，进抵辽阳城下。他命令，右翼四旗兵马围攻东西城，左翼四旗兵马围攻南北城。双方在辽阳城的小西门，首先展开了争夺战。

　　辽阳城里，为了派兵出城一事，张钧与袁应泰又争吵起来，张钧生气地说道："努尔哈赤扬言攻打山海关，明明是计，你袁大人不听忠告，偏要派兵出城，铸成两军被围被歼，损失兵马数万，将领十多人。"

袁应泰也气得厉害，他据理力争道："前不久沈阳之战时，你说我怯战怕死，只知孤守城池，不敢派兵出城迎战，不仅当面指责，还呈表朝廷，弄得满朝文武都说我不是，差一点撤我的职。这次我坚持出城作战，你又出来拦阻，你让我怎么办？"

　　张钧道："彼一时，此一时也！你应该分析形势，接受正确建议，不能固执己见呀！"

　　"别再纠缠不休！你若想当这个经略，我情愿让贤了！好不好？"袁应泰说完，拂袖而去。

　　三月二十日早晨，袁应泰置守城任务于不顾，亲自带领数千虎旅军，冲出辽阳的平夷门，即东城门，扎营于辽阳城外的东山上，决心与后金兵马拼个鱼死网破！

　　这虎旅军，是以袁应泰的家丁、亲兵为主，组成的一支能征惯战的队伍，士兵中有不少的人都有着精湛的武功，有万夫不挡之勇。袁应泰带着一腔怨气，想用这支队伍狠狠地击杀努尔哈赤的狂傲气焰，打败八旗士兵，为自己伸张一身的正气给张钧他们看看！袁经略将其数千精兵，分开扎营为三，并且部列三层火炮，准备与后金兵马拼杀一场，用以牵制努尔哈赤攻打辽阳城的兵力。

　　可是努尔哈赤依仗兵马众多，一边命令左右各四旗兵马攻城，一边不断地抽调兵力，与东山袁经略的虎旅军进行野战。

　　努尔哈赤先是派出红护军——即红旗军中的护卫兵卒，精卒二百名，对东山的明营进行冲击。谁知这二百名红护军未到阵前，便被袁应泰的炮火炸死了。努尔哈赤一生气，立即派出红旗军一千名冲击东山虎旅营。这一次一千红旗军冒着炮火冲到阵前时，只剩六百余名，被明军炮火打死三分之一。

　　两次冲击失败，使努尔哈赤十分生气，他连续派兵冲击，不给东山虎旅营一点喘息工夫。

　　最后，努尔哈赤亲自指挥黄旗兵马，把东山虎旅营包围起来，一边用弓弩手在前掩护，一边派铁骑进行轮番冲击，后面又派一支白护军（白旗军中的精卒）相助。

　　尽管虎旅营用炮火还击，炸死了许多旗兵，可一万多旗兵以席卷之势扑来，虎旅营奋力拼杀，终因势单人少，抵挡不住两旗的冲击，渐战渐退，导致溃败。

　　在炮火掩护下，袁应泰带着残余的虎旅营明军，一起逃回城里。许多士兵忙着过护城河时，由于后金军在后面追杀厉害，有的被弓箭射死，有的掉在护城河里淹死了。

　　辽阳城里巡抚张钧见袁应泰逃回城里，忙去慰问，并向他表示歉意，又表示心态道："大敌当前咱俩不能再闹意见，都要以朝廷利益为重，协力守城，打击鞑子，这才是咱们应该做的。"

袁应泰听了，也说道："这样就好，咱们把精力都放在守城上吧！"

于是，袁应泰负责东门、南门，张钧负责北门与西门的守卫。

再说努尔哈赤的右翼兵马，攻打辽阳城东门时，那些八旗兵用毡被蒙着头，推着战车，让旗兵躲在车厢里，后面跟着铁骑兵，穿着盔甲的步兵抬着云梯，拿着爬山虎等，往城下迅速前进。

明军在城头燃放大炮、火箭，连炸带烧，旗兵死伤甚多，未到城下，人便炸死。城下的护城壕沟，水面宽，而且水深一丈有余，人马掉下去多被淹死，给攻城带来很大的困难，为此，努尔哈赤十分伤脑筋。

正在这时，老将扈尔汗来向汗王报告："我已看过，护城河里的水全是从太子河里放进来的，而且水是从东向西流，咱们把东头的入水口堵死，西头的出水口扒开，壕沟里的水即使流不尽，也余下不多了。"

努尔哈赤听后，十分兴奋，高声赞叹道："还是你有心计呀。"

努尔哈赤又一手拉着扈尔汗，一手拉住范文程，一边走，一边说道："咱们再实地考察一番，若能把壕沟里的水放走，就真是老天佑我了，攻城将指日可待了！"

三人虽不能到近前观察，远远看着沟壕里的水面上有树枝、青草等，自东向西漂去。

回到营帐里，努尔哈赤当机立断，命令四贝勒皇太极领着自己所辖的正蓝旗兵马，指挥旗兵运土堵塞水口。

皇太极正要走时，努尔哈赤又叮嘱道："城上守兵一旦发现，必然打炮，要注意掩护，减少伤亡。"

天刚亮时，壕沟里的水已基本流完，只有沟深处还有很浅的水，有些地方已干涸见底了。

努尔哈赤及时向各贝勒、大臣们说道："城外壕沟里的水已没有了，攻城的机会来了，各自回到所在旗里，与属下一起商量，找到攻城的好办法。"

不久，各旗又呐喊着，开始攻城了，数万旗兵，有的顶着木板，有的披着棉被，向城下跑去，有许多旗兵抬着云梯，走在中途就被城上的炮弹炸死或被礌石、滚木打死了，后面的旗兵又上去抬着继续前进，一个接着一个，一批随着一批，真是勇不可当。

努尔哈赤站在高处，看着他亲手缔造并建立起来的八旗军队，不忍再让他们去轻易地送死，便命令暂停攻城。

三贝勒莽古尔泰气喘吁吁地来到他父王面前报告："那些护城壕里虽然没有水，但是很深，阻碍兵马过去，若是不把它们填平，城就难攻了，请求父王发命令，背土填壕。"

努尔哈赤听后，心里说道："朕这个愣头小子也知道动脑子了。"

便用手拉他起来，温和地对他说道："别急躁，再等等，看看城里的李小芳能不能把城门打开，到那时，就可以一马冲进去，不必再背土填壕了。"

辽阳城里的李小芳，这些日子忙得焦头烂额，那个送信的人回来向他讲述了汗王努尔哈赤如何表扬他的一些事，他听后感到万分的高兴，甚至有些受宠若惊了。他正在得意地想着这些好事，听到有脚步声由远及近地走来，便急忙前去开门一看，是他的连襟高大宏。

李小芳忙拉他进屋，有些着急地说道："攻城几天了，咱们老是不能行动，这怎么办？再这样下去，咱们还有啥功可立？"

高大宏一听，也有些着急地说道："你急我也急呀！这几天，城头看得紧，城内盯得也紧，无法下手呀！"

原来，二人准备在三月二十日的夜间，先把城里士兵营房点着火，再把草料场烧着，城上士兵必然要来一部分救火，趁此混乱，占领小西门，然后打开城门。不料，这两处全由巡抚张钧管辖，此人办事认真，看管严密，很难有下手的机会。所以，原定计划只得往后推了。

这高大宏是辽阳首府里的书记官，为人谨慎、勤恳，硬是被李小芳一手拉进后金的谍报组织。如今，他见后金努尔哈赤确实势力强大，明朝灭亡已是不可避免了，于是也就死心塌地跟着李小芳干了。

这时候，他忽然想起火药库的守将吕宝良来，忙说道："如果能把火药库弄爆炸了，比烧营房、烧草料场更有效果。"

李小芳一听，立即跳起来说道："你快说吧，有何计策能让它爆炸，咱花再多的银子也值得！"

这吕宝良不爱钱财，不嗜酒馔，专好美色。两人一计议，便花钱买了两个少女。这天，高大宏带着这两个少女来到吕宝良的住处，三说两说就搞掂了吕宝良。

高大宏说完，就高高兴兴地走了，心里说这事已经办妥，便让李小芳赶快联络人，准备夜里就行动的事，这一天正是三月二十一日。

努尔哈赤正为攻城受阻的困难，与范文程商讨良策，又派何和理派人去与李小芳联系做内应的事情，忽然有探马来报告："李小芳有信传来。"

努尔哈赤知晓李小芳的计划后，马上叫来众贝勒道："城内李小芳已送来了消息，他争取今夜行动。咱们要很好地配合，加紧攻城，就能吸引城上的注意力，而放松了对城内的控制，他们便可以乘机行动。"

几人走后，努尔哈赤站在高处，看到明军在城上向蜂拥攻城的八旗士兵施放大炮，旗兵一大片、一大片地倒地死去。

不一会儿，阿敏前来报告道："小西门桥可以夺下来！"

努尔哈赤听后，立即兴奋地命令道："你们先夺桥，然后再从桥上冲进城去！"

三贝勒莽古尔泰、二贝勒阿敏便领着旗兵拼命夺桥，城上礌石滚下，万矢下射，旗兵冒死前进，双方混战一场。

突然之间，"轰！轰！轰！"几声爆炸，西门的火药库燃起冲天大火。

城上的将士正不知城内发生什么大事时，高大宏与李小芳趁着混乱，领着一千多人，手里拿着刀枪，急匆匆奔到西门城上。

卢庆州等将领迎上来，急问道："怎么一回事？你们这是……"

这一句话还未说完，高大宏立即喝道："把他们全都拿下！"

然后，转身面对城上的明朝守军喊道："咱们全是后金国的八旗军队，你们立即放下兵器投降，才有活路，不然，只有死路一条！"

那些明朝的守军，见主将有的逃跑，有的被逮，只得老老实实放下了兵器，投降了。

李小芳指挥随行人员，打开一面长条幅，往城外顺着墙体挂出去了，上书："恭迎后金国汗王努尔哈赤进城！"

与此同时，高大宏急忙领着数百人，手执兵器，赶下城头，把守门士兵包围起来，一阵砍杀，将其全部消灭，然后立即打开城门。

努尔哈赤一听到城内爆炸声响，便知道李小芳等人一定得手了，立即命令各贝勒整装待发，一见城门大开时，便可冲进城去！不一会儿，听到西门城上人声鼎沸，混乱了一会儿，便看到了城墙上悬挂着的大条幅。

后金的兵马立即爆出了山呼一般的喊声，努尔哈赤欣喜万分，不由得心中说道："这个李小芳真是人小鬼大啊！亏他想得周到，干得如此出色，难得的一个人才！"

此时，西门一打开，攻城的阿敏、莽古尔泰急忙领着八旗兵马冲进城去。

辽东经略袁应泰，这时正在辽阳城东北角的镇远楼督战，见到辽阳城终被攻破，知道大势已去，急忙写下遗书，交给亲兵，嘱咐他们逃城去。他正忙着整理官服，佩剑挂刀时，忽见巡抚张钧红着脸，气喘喘地跑上楼来。

袁应泰见了张钧，满眼流着泪水，说道："我身为经略，上不能报皇恩，下不能顾民命。如今，守士已亡，兵败城破，唯有一死以报朝廷，别无他途了。阁下乃一文官，无守土之责，希望你躲避起来，还可以保全性命。若能近守河西，招集残部，还可以再图后举，说不定有朝一日还可以收复失地。"

张钧未等他说完，便说道："大人知道报答皇恩，难道我不知道么？如此形势，再活着还有什么颜面。"

袁应泰听了，也不好再说什么，只得连声叹息，连连点头。

此时，楼外呐喊声、喊杀声，由远及近，袁应泰把那印玺往身上挂好，向西朝着朝廷，又叩头拜辞，然后解下带子，悬梁自缢而死。监军崔儒秀、巡抚张钧等，也西望朝廷，拜了又拜，然后解带自缢而死。

这时候，后金汗王努尔哈赤命令各贝勒、大臣们，立刻搜查明朝主将，他说道："对明朝主将等一定要做到：活要见人，死要见尸，决不能让他们藏匿起来，或是逃出城去，以免留下祸患，所谓斩草不除根，必伴遗祸生！"

一队旗兵涌进镇远楼，见到几个主将全都挂到梁上，便急急忙忙把他们一个一个地解将下来，并抬到努尔哈赤面前。

努尔哈赤一一查清姓名后，吃惊地说道："啊呀！都是忠良之臣啊！可敬，可敬！"

之后，努尔哈赤又命令李永芳等，用上等的棺木埋葬了袁应泰、张钧等明朝的官员将领。后金夺取辽沈之后，努尔哈赤不再让士兵毁弃城池，而是把它们当作继续前进的基地。

他向各贝勒大臣们说道："这些城池要完好地保存下来，因为它是兴王肇迹之所；毁了它，还要重建，不如保留下来。"

努尔哈赤这话里的意思，是指这次辽沈之战的胜利，与大清的兴起，是连在一起的。

努尔哈赤攻破辽阳城之后，于三月二十二日举行盛大的入城仪式。

在一声声礼炮鸣响声中，努尔哈赤不再骑马，换乘一顶轿子，进了辽阳城。原来的辽东经略衙门，成为这位新主人——后金国汗王努尔哈赤的临时行宫。

努尔哈赤刚坐下不久，忽有探马来报："在辽阳周围地区，特别是辽南的金州、海州、复州、盖州等大小七十余城，全已传檄飞来，主动投顺咱后金了！"

听到这消息之后，努尔哈赤心中大喜，范文程急匆匆走到汗王面前，跪下磕头道："恭喜汗王，贺喜汗王！大军所向披靡，威风横扫辽东，汗王兴仁义之师，举恩威之政，广大辽民主动归降，这是汗王得天下的吉祥之兆！"

顿时，后金广大军民沉浸在胜利的欢乐中。

整个辽沈之战，从明朝天启元年（1621年）三月十日开始，到三月二十一日，加上中间休战的五天，仅用十来天的时间，努尔哈赤在军事上获得了空前巨大的胜利，这在后金的发展史上具有划时代的意义。

汗王努尔哈赤志得意满，无比振奋，他命令在辽阳城里举行盛大庆典，设宴招待为他建立功勋的诸贝勒、大臣和将领们。席间，人们频频举杯，祝贺胜利。

努尔哈赤对夺占辽沈并不满足，他把目光又投向广阔的辽西地区。在酒宴中，他向部下们说道："既然开始攻打明朝，岂能半途而废？如果只是满足眼前这点胜利，那就是鼠目寸光、胸无大志的表现了！"

当八旗将士兴高采烈地接受战利品之时，努尔哈赤又在运筹着夺取辽西的重镇——广宁的准备工作。广宁城在辽河西岸，为山水环抱，形势若盘，俗谓之盘城，恃三岔河作屏阻，是明朝丢失辽阳之后辽东巡抚的驻地。

努尔哈赤派大臣扈尔汗等人，去辽东各地广泛收集船只，并抓紧制造新船，以备攻打广宁时步骑兵渡河之用。经过认真研究，努尔哈赤已将进军路线预先确定下来：自辽阳往南，一路军走水路，从太子河顺流而下，到牛庄；另一路军走陆路，经鞍山，到海州，会于牛庄。两路军合兵以后，渡过辽河，直取广宁。

范文程向努尔哈赤建议道："从牛庄到广宁，约有二百余里，地势低洼，春夏秋三季泥泞不堪。这里四面无山，田野与天穹混成一色，浩浩荡荡，陆地成舟，如乘船大海中。据史书载，唐朝时，称这一带为'辽泽'，想从这里通过，也非用船不可。"

努尔哈赤接受大家的意见，在积极准备船只的同时，一面派出游动骑兵，沿辽河东岸巡逻，注意明军动静。为了掌握明朝对辽作战动向，努尔哈赤又派出大批谍工，进广宁城里，甚至深入北京，千方百计窃取明朝在辽西兵力部署的情报。

努尔哈赤对广宁虎视眈眈，兵力部署早已就绪，八旗兵马正处在剑拔弩张状态，却隐忍不发，按兵不动，其主要原因是：一向用兵谨慎的努尔哈赤，善于窥测方向，把握机会，在夺取辽沈之后的十个月期间，主要是在探察明朝的动向，未敢轻启干戈。

努尔哈赤深知，大明王朝固然腐败不堪，但是"再瘦的骆驼也比马大"，一旦这个庞然大物发起"雷霆之怒"，尽起全国之兵，任用一个有智有识的能人干将，领兵前来，八旗兵马未必能够阻挡得住。

于是，他需要等待一个契机，一旦良机到来，便可猛扑过去，一举攻下广宁城！

明朝丢失辽、沈之后，举国震惊，京师戒严，九门尽闭。

朝中不少正直的大臣为熊廷弼鸣不平，也有人在失败中想起了听勘回籍的熊经略。

大学士刘一燝在沈阳丢失后，向皇上奏道："熊廷弼在辽东当了一年经略，努尔哈赤未敢用兵，不知什么原因，熊廷弼刚被撤职，努尔哈赤就兴兵夺占了沈阳。"

辽阳城陷落以后，山西道御史江秉谦又竭力表彰熊廷弼保守危辽有功，上奏皇帝道："熊廷弼是一个有才有识、胆略过人的人才，可是，当了一年的辽东经略就被以莫须有罪名撤职、待勘，真是太可惜了。当时，若能让他在辽东继续任职，给他施展抱负、发挥才能的机会，辽东的形势不至于糟到如此程度。"

天启皇帝也觉得这些大臣说得有理，遂晓谕部院道："熊廷弼防守辽东一年，未丢失一寸土地；换了袁应泰去了，先失沈阳，后丢辽阳，局势一败涂地，不可收拾了。"

于是，明廷在不得已的情势下，再次起用熊廷弼。

因为熊廷弼被重新起用，对于原来弹劾熊廷弼的御史冯三元、张修德，以及给事中魏应嘉，各降三级处分。去辽东阅兵的钦差大臣姚宗文，为人阴险，有意陷害熊廷弼，散布流言蜚语，任意给熊廷弼罗织罪名，导致他被撤职罢官，误了封疆大事，给予削职为民处置，押送回原籍。

至于姚宗文背后的策划人魏忠贤，却仍然安坐宫中，手握朝中大权，他对重新任用熊廷弼表面上积极支持，暗中却在咬着牙说道："让他出来放个风，瞅准机会再治他一个死罪，不是更能服众么？"

尽管明朝皇帝希望重整旗鼓，在关外积极备战，想一举收复失地，打败努尔哈赤，可这要求实在有些不切实际了。

辽东的国土已失，辽西又残破不堪，特别是边关的将吏又积恶难改、困难重重，连天启皇帝也说道："辽东原有兵士七万，额饷七十多万两。新兵十三万，岁饷五百多万两，这已经不算少了。但是去年赏银二百多万两，士兵却没有得到一文钱，那些文武官员都中饱私囊。在辽沈地区失守之后，辽阳的军资都被努尔哈赤夺走了，如今再发银两，又有什么用处？"

熊廷弼来到京城才几天，就制定了一套固守辽西、以图恢复的战略防御方案，这便是"三方布置策"。这是熊廷弼针对努尔哈赤短于攻坚、缺乏水师、后方不稳、兵力不足等弱点，制定的一套战略方案。

所谓三方布置策，即是：陆上以广宁为中心，集中主要兵力，坚城固守，沿辽河西岸到处筑堡垒，用步骑防守，造成有利的军事态势，从正面牵制后金的主力；在海上各置舟师于天津、登州、莱州三处，袭扰后金辽东半岛沿海地区，从南乘虚击其侧背，这是从海上进行牵制；利用各种力量，扰乱其后方，动摇其人心——待后金回师内顾，即可乘势反攻，复辽阳、沈阳等城。并在山海关设置经略，统辖三方，节制全局，以一事权。

熹宗一见这积极防御的计划，遂说道："熊廷弼确实有才有识，不过几日工夫，便拟出如此完善、翔实的作战方案，有熊爱卿驻守辽西，朕无忧矣！"

皇上立即批准了这一方案，下令马上实施，并提升熊廷弼任兵部尚书，兼右副都御史，驻守山海关，经略辽东军务。同时提升王化贞为广宁巡抚，驻守广宁，受经略节制。

熊廷弼谢了圣恩，于天启元年（1621年），离京启程上任。启行前，天启皇帝赐麒麟服一袭，敕设郊宴饯行，命令文武大臣陪着，以示宠任。

熊廷弼到任后不久，他到广宁视察，城里的文武官员都出城迎接，熊廷弼一一与他们见面、认识。这时候，忽然有个侍卫递上一个名帖，上写"辽东巡抚王化贞"。熊廷弼见了，心中十分不解，出京前只听说王化贞是广宁巡抚，怎么这么短的时间，又变成了"辽东巡抚"了？

熊廷弼只得与之相见，寒暄了几句，便一同向行辕走去。

这王化贞是河间府肃宁县人，进士出身，先由吏部主事历右参议，后提升右佥都御史，巡抚广宁。此人胆小怕事，又刚愎自用，素不习兵，又爱说大话，却得到了廷臣的宠信，因为他以辅臣叶向高为座主，以兵部尚书张鹤鸣为后台。而叶向高、张鹤鸣全是投靠阉党之人，为魏忠贤所用，他们都对朝廷起用熊廷弼心怀不满。

原来，为了削弱熊廷弼兵权，达到"制熊"目的，魏忠贤怂恿熹宗皇帝，提升王化贞为广宁巡抚，并指使兵部尚书张鹤鸣暗中又把"巡抚广宁"改为"巡抚辽东"。

王化贞陪着熊廷弼进入府里，准备了接风酒，为熊廷弼洗尘，席间喝酒划拳，行酒令，谈笑风生，气氛十分融洽。谁知谈起战守问题，刚谈几句，二人便发生了争执，对战争各持异议，并且互不相让。

对付后金国，熊廷弼主守，按照他的方针，明朝军队应取守势，要积极防御，因为守住以后，才能进取。王化贞的意见正好相反，他主战，强烈反对熊廷弼的防御方针。

王化贞一到广宁，先派二万兵马守三岔河，河长一百二十里，命令一字摆开，每数十步搭一土窝棚，安排士卒六人，画地分守。

熊廷弼对此布防很有意见，他说道："那二万兵马沿河部署在一百二十里长的河岸上，后金兵马来了，能阻挡得了么？一旦有事，既无力独挡，相互又难以支援。"

王化贞听后，很不以为然，轻松地说："等我打下牛庄，在后金军队里必有内应；另外，还有四十万蒙古骑兵也来助俺。"

两人各持己见，互不服气，下边的将吏无所适从。当时，朝廷的大权落在魏忠贤及其一帮死党手里，王化贞有魏忠贤作后台，自然不把熊廷弼放在眼里。

照理说，熊廷弼身任全辽军队统帅，有权决定广宁的战守方针大计，何况他的"三方布置策"早已由天启皇上御批了。但由于魏忠贤独揽朝廷大权，事事被颠倒了，兵部尚书张鹤鸣公然偏袒王化贞，竭力排斥熊廷弼，把兵马都交给王化贞指挥，只留五千人归熊廷弼掌握，使他成为徒有虚名的经略。

实际上，王化贞对兵马、甲仗、粮秣、营垒，一概不问。他的军队中，有的士卒戴着破毡帽，穿着烂衣衫，手里的唯一兵器便是木棍。许多人饿得无法子，便沿村向百姓乞讨，有的士卒把弓刀全卖了，去买烧饼充饥。

可是，王化贞却盛气凌人地公开说："我以六万兵马进战，就可以一举荡平赫图阿拉，活捉努尔哈赤！"

王化贞还向朝廷许下诺言道："到了中秋八月，皇上及各位大臣可听捷报传来。"

由于王化贞破坏熊廷弼集中兵力于广宁的部署，擅自分兵，坚持沿辽河西岸一线布防，又于西平诸堡镇驻兵，做出要渡辽河进攻的架势，这就极大地削弱了广宁的防御力量。对此，熹宗皇帝并不知情，朝中又多是魏忠贤余党，所以，传入皇帝耳朵的多是熊廷弼的坏话。无奈，此时努尔哈赤又率领十万兵马，分两路向广宁开进。所以，熹宗下旨要两人同心协力，共同御敌。

一天，努尔哈赤正与范文程谈论辽沈地区的汉人编户等问题，李小芳与高大宏来了。

努尔哈赤立刻高兴地说道："朕听说你们与广宁的游击孙得功有些交情，不知是否属实？"

高大宏马上报告道："孙得功是俺的姨表兄弟，汗王有何指示？"

"那太好了！如今辽沈都属后金，各个城堡全要派兵据守，兵力分去不少，军队的数量也就少了。想让你们到广宁去劝说孙得功归顺后金，争取不战而得广宁。若能如此，你们将立大功，朕要重谢你们！"

李小芳与高大宏走后，努尔哈赤只觉浑身疲劳不堪，头脑昏昏沉沉，心里以为太累了，便走进里屋床上倒下了。不一会儿，他竟迷迷糊糊地梦到费英东来向自己告别。

醒来不久，果真有侍卫来报大臣费英东病逝的消息。努尔哈赤听罢，立即大叫一声向后倒去。范文程和额亦都急忙上前用手扶住。

侍卫们听到喊声，急忙跑来，把汗王抬往卧室，范文程与额亦都还跟在后面喊着："汗王要节哀！汗王要保重龙体！"

大家七手八脚，忙了好大一会儿工夫，才见努尔哈赤缓过气来，只见他睁眼一看，见到额亦都站在自己面前，慌忙伸出双手，二人拥抱在一起，齐声号啕恸哭。

一见这番情景，可急坏了范文程，他一边派人去喊绰尔济医生前来，一边劝告汗王道："陛下务要节哀！古往今来，生死有命，富贵在天，非人力所能挽回！据说，费将军已卧病很长时间，久病不治，现已跨鹤而去，进入天堂仙界，望陛下珍重龙体要紧。"

努尔哈赤坐在那里听着范文程的唠叨，仍然泪流满脸，一手仍然拉着额亦都的手不放，好像一旦松了手，他的这位战友加兄弟，也会跨鹤归去，再也见不到了似的。

等到范文程停止了唠叨之后，努尔哈赤睁着那双失神的眼睛，看着地下，慢慢地说道："英东，朕的好兄弟！朕要厚葬你！"

次日，努尔哈赤留下族弟铎弼以及额驸沙津和苏巴海等统兵守辽阳，然后带着诸贝勒、大臣，部分八旗士卒，回赫图阿拉。

殡葬那天，后金国自努尔哈赤以下，全都戴孝，举哀祭奠，还有喇嘛庙里的喇嘛们前来超度英灵等。一连过了七日，将费英东葬在赫图阿拉都城旁边的鸡鸣山上，在那又高又大的坟前，立下一块大石碑，上面写着："后金国大臣费英东之墓。"

努尔哈赤带领诸贝勒、大臣和将领们，再次行礼祭奠后，才无限怅惘、恋恋不舍地离开坟墓，回到赫图阿拉。

又过了两天，努尔哈赤才领着他的部下，回到辽阳城里。费英东去世、殡葬，其子费格拉哈不在身边，这其中还有许多微妙之事。

一年多以前，明朝派来的刺客在赫图阿拉闹得很厉害，幸亏费格拉哈及时护卫，才使努尔哈赤幸免于难。为了警卫及时，努尔哈赤便让费格拉哈住进了内城。

努尔哈赤十多个妻子，在宫里每人一个单门独院，主要是为了他出入方便。平日，他出征归来，或是从议事厅里回来，想到哪个妻子那里，可以直接进入，不必惊动他人。

他的继妃富察氏衮代，如今一个人居住在一个院子里，她生的两个儿子莽古尔泰和德格类都已长大，早搬出去单独成家了。富察氏衮代还生了一个女儿莽古济，也早已出嫁。几个孩子原来住的房子，现在都空着无人居住，努尔哈赤就让费格拉哈住进去了。

平日，费格拉哈早出晚归，随着努尔哈赤的习惯生活。若是回到都城赫图阿拉，白天的警戒，就由满浅他们承担了，费格拉哈便可以白天在家里睡觉，夜里为努尔哈赤值班警戒。费格拉哈是个有武功的人，他每天的练功时间都是在夜里三更多天。多年来如一日，一旦夜里值班，就改在白天中午时间练。

每次回来，费格拉哈都在院里练功，好在院里没有别人，只住着继妃富察氏衮代一人。

这继妃富察氏衮代，原为蒙古人，能自弹自唱，还会跳舞，十三岁嫁给努尔哈赤，共生一女二男。平日，小院里只有她一人，连个说话的人也没有。

这十多年来，努尔哈赤忙于统一战争，戎马倥偬，偶尔回到宫里，另有叶赫纳喇氏孟古、大妃乌拉氏阿巴亥，特别是小妃纳泽，琴棋书画，弹拉唱跳，无所不精，努尔哈赤哪有工夫到衮代这儿来呢！

自从嫁给努尔哈赤，二十岁以前生了两子一女之后，这十几年的锦衣玉食，加上自己善于保养，富察氏衮代仍然风姿绰约，富态艳丽，其肌肤之玉腻，体形之妖娆，容貌之姣美，美丽掩饰不住。如今，在眼皮子底下来了一个二十多岁的年轻小伙子，一看到他在院子里练功时的情景，她潜藏于内心深处的对异性渴求的激情又重新骚动起来。自此以后，这位继妃开始了美容修饰，因为本是天生丽质，稍加打扮，仍像一个二十多岁的少妇。

每当费格拉哈练功结束，继妃便热情地递汤送水，嘘寒问暖，使小伙子大为感动。

一天夜里，在费格拉哈又在挥拳踢脚之时，富察氏衮代过来引诱了他。之后，两人便有了男女之间的那种关系。

一天午后，莽古尔泰来看望自己的母亲，却发现母亲与费格拉哈赤身裸体地躺在院子里的大木床上，气得差一点昏死过去。生性鲁钝的莽古尔泰，平日行动莽撞，遇事直来直去，不知机敏灵活，常被汗王看作愣小子。这时候，他捡起院角的一根木棒便走过来。

富察氏衮代与费格拉哈两人在惊慌之中急忙翻身坐起，此时，莽古尔泰正高举着那根大木头跑来。费格拉哈是个有武功的人，一个鹞子翻身，躲过朝自己砸来的大木头，蹿进房内，穿上衣服，三跳两纵，跨墙过院，就跑得无影无踪了。

可怜那富察氏衮代一见是儿子莽古尔泰来了，一时之间，心里又慌又羞，正不知怎么办时，突然被儿子手里的大木头击倒在地，再也爬不起来了。等莽古尔泰再次举起大木头，想去打费格拉哈时，却早不见他的影子了。此时，莽古尔泰的头脑才醒悟过来，见母亲已被自己打死，不由得悔恨交加！他急忙向努尔哈赤请罪。

努尔哈赤听后，沉思了一会儿，对儿子道："你处理事情太急躁，太莽撞，这事被你弄乱了！本来是很简单的一件事，被你弄成一团乱麻了。"

莽古尔泰听了父王这一席批评话，感到莫名其妙，正想问，只听父王又说道："孩子，'家丑不可外扬'，这事你看见了以后，不声也不响，悄悄地走出来，装作什么也未看见，也就完事了。再说，费格拉哈住在那儿，是朕要他去的，两个人扯到了一起，有什么可奇怪的？何况费格拉哈是朕的救命恩人呢？他那一身的武艺，咱后金国有第二人么？再说，你母亲是自愿的，能全怪他么？"

莽古尔泰听了父王的话，不解地问道："难道母亲的仇就不报了？难道他给我的侮辱，特别是藐视父王的罪就不处置了么？"

努尔哈赤却反问道："糊涂啊，孩子！你母亲是你打死的，为什么向他报仇？至于侮辱与藐视的罪行，与他的功劳相比，可以'功过相抵'了。只是他现在跑了，是被你打跑的，吓跑的，是你太不冷静了！"

莽古尔泰听了父王这么一说，也似乎觉得是自己太鲁莽了，但又咽不下这口气，又道："他逃跑是他自己觉得干了亏心事，干了那见不得人的事，自己逃跑的，难道要我去找他回来，再向他赔礼道歉不成？"

努尔哈赤听后，连连摇头说道："这倒不是，现在，你只要装作什么事也没有发生，你母亲的死，费格拉哈的跑，都与你无关，也就行了。"

莽古尔泰听后，不好再说什么，只得听从父王的处理，一声不吭地走了。

再说费格拉哈蹿墙过院，逃了出去，一口气跑到了山上，在一块大石头上坐下来。他越想越后悔。费格拉哈想到二十多年来，父亲费英东教自己怎样为人和武艺，把一生的心血，全都灌注到了自己身上。平日，费英东对儿子重视身教，很少训斥他，更没有打骂过他，总是用自己的行动去教育儿子，用自己良好的风范去感动儿子。

近一两年来，费英东因长年积劳成疾，加上头部多处负有箭伤，因此不能骑马了，头晕得厉害，努尔哈赤让他休息。可是，费英东却对别人说道："我吃着后金国的皇粮，怎能赋闲在家？"他自己跑到内宫门前，白天、夜里在那里守门，无论寒冬、炎夏、阴晴、雨雪，费英东都像一块岩石伫立在内宫门口，他说道："我不能再为汗王驰骋沙场了，不过，我还能坐在这里，替汗王守好宫门！"

费格拉哈对父亲的感情特深，他觉得这次干的这件丑事，闯下了大祸，首先就对不起父亲！当前，费英东正在病中，费格拉哈心想父亲若是知道他干的这丑事，肯定不会饶恕自己，父亲的病一定会加重，说不定会被气死的。费格拉哈越想越懊悔，越想越害怕，越想越觉得对不起父亲，更对不起父子两代都十分敬仰的汗王努尔哈赤！

后来，费格拉哈觉得，这事即使汗王原谅他，父亲也不会原谅他的！何况，即使都原谅了自己，自己今后又哪有脸面去见人呢？

想到此，费格拉哈觉得活着已没有一点意义，与其不顾廉耻地活在世上，还不如尽早、尽快地一死了之。费格拉哈不再迟延，立刻解下腰带，在一棵大树上自缢了！

努尔哈赤得到费格拉哈的死讯，心疼得失声恸哭。之后，他又召集诸贝勒、大臣开会说："这是明朝刺客干的，要彻查。另外，对费格拉哈要厚葬，因为费英东将军卧病在床，所以对他要封锁消息，绝不能让他知道儿子死了——就说费格拉哈在界凡城里教咱的谍报人员学武功，一时走不开，不能前来看他。"

努尔哈赤刚说完话，有侍卫进来报告："继妃富察氏衮代因病去世。"

三贝勒莽古尔泰遵照父王的安排，立刻号啕大哭起来，一边哭，一边去看望母亲的尸骸了。为了安抚费英东，努尔哈赤又亲自带着礼物，前去费英东家登门看望，并把预备好的一套关于费格拉哈的"谎言"，向费英东说了一遍，然后又道："费格拉哈是你养的，但是，他现在跟着朕，就是朕的儿子，让他在朕身边，你就放心吧！"还带来了上等的人参等补品，把费英东感动得热泪盈眶。

天启二年（1622年）正月十八日，努尔哈赤带领诸贝勒大臣，领兵十万余人，向辽河以西进发。十九日，大军在东昌堡（牛庄附近）宿营。二十日，前哨兵挺进到辽河岸边。

范文程向汗王建议道："对熊廷弼到任后的情况查实之后，再作具体用兵的部署，对广宁暂时只是起到威慑作用，正如古人所说的'引而不发，跃如也'。"

果然不出所料，广宁巡抚王化贞得到消息说："努尔哈赤率领十几万兵马，要进攻广宁，正星夜赶来。"

这位一向好说大话的王巡抚吓得大惊失色，一时手忙脚乱起来，仓促之间布兵防范。

王化贞先派总兵刘渠领兵二万守镇武，又派总兵刘玉寿领兵一万守闾阳。这就形成南北两路，与广宁成犄角之势，是王化贞自认得意的布置。他又派遣副总兵罗一贵率三千兵守西平堡，又派兵去守镇宁。

罗一贵当即提出意见道："西平堡虽不大，却是广宁的前哨；若把镇武和闾阳当成犄角，西平堡即是脑门。仅用兵三千防守，兵力太弱，一旦鞑子避实就虚，从中间开刀，两边犄角又有何用？"

王化贞听后，很不耐烦地斥责道："为将之道，只有服从二字。"

罗一贵也是一个忠厚耿直之人，对王化贞刚愎自用、自以为是很有意见，遂针锋相对地驳斥道："为兵之道，在知彼知己，方能百战不殆！"

王化贞气得一时说不出话来，竟听不进一句建议，为西平堡留下一个隐患。为了阻击努尔哈赤大军的进犯，王化贞自己领兵二三万人，防守广宁，企图以四堡屏障广宁。

熊廷弼对王化贞分散兵力的布防，十分不满，为了朝廷的利益，又不得不提出意见："努尔哈赤最喜欢利用集中兵力、攻击弱点的打法，阁下如今分散兵力驻防，更容易被其各个击破。"

可是，王化贞有魏忠贤的死党张鹤鸣、叶向高的支持，哪把熊廷弼的话放在心上，根本不予理会。

李小芳与高大宏接受努尔哈赤的派遣，前往广宁城里去做说客。

此时的广宁城，尽管城门口已开始戒严，士卒手执兵器，虎视眈眈，但是检查却十分马虎，防守也较松懈。李小芳上前去，一提到是孙得功游击的亲戚，守卒立刻放行，不再询问了。两人很容易就见到了孙得功。

高大宏是孙得功的表兄，一见面便把李小芳介绍给了孙得功。孙得功听后，忙把大门关上，低声问道："你们在城门口没有直说自己的名字吧？"

"我们只说是你的亲戚，那守门士卒就放咱进城了。"

孙得功听高大宏如此一说，也就放心了，然后，就把熊廷弼与王化贞之间在攻守上意见不合、相互矛盾的情况叙述一遍，并告诉道："城门口也有熊廷弼的人在那儿，若是他们知道你们的真实身份，那就麻烦大了……"

说到这里，孙得功又岔开话题对高大宏问道："母亲很想念表兄，你不去看望她老人家？"

"去，现在就去看望姨妈！"说罢，一伸手拉住李小芳，并向他使了一个眼色，暗示他也去，然后对孙得功道，"请表弟在前带路，我也真有些想念她老人家了，回想当年……"

原来，孙得功的父亲死得早，他母子二人就投奔在辽阳城里当参将的高兆行姐夫家生活。那时，高大宏与孙得功都是十来岁的娃娃，二人在一块读书、练武，像亲兄弟一样。后来，高兆行又把孙得功母子送到了广宁，并为孙得功谋得一个游击职位。

再说高大宏见到姨妈之后，亲热得不得了，动之以情，晓之以理，将明朝快要灭亡，后金将会取而代之，八旗兵马如何厉害，得功应该迷途知返，不能坐等厄运来临等，把利害说了个透彻，终于说动姨妈劝表弟投金。

孙得功是一个十分孝顺的人，向二人说道："好吧，小弟不明，请为我指明出路！"

李小芳马上站起来，把孙得功拉到自己身边坐下，亲切地对他说道："如今明朝腐败，太监当权，官吏无能，社会混乱，全国已呈土崩瓦解之势，天下人心向着后金。这辽东已属后金版图，辽西广宁这弹丸之地，还能苟安几时？孙将军是明智之人，不如寻机献出此城，立一大功，也可作为向后金的进见之礼。这是一举两得之事，孙将军该不会犹豫吧？"

孙得功听完李小芳的话，说道："我孙得功自即日即时起，便是后金的人了！"

第二天，孙得功送李小芳、高大宏出城，二人先向西走了一段路，然后转身直奔东昌堡的牛庄。二人先把孙得功的情况作了汇报，又将辽东经略熊廷弼与广宁巡抚王化贞的不和、广宁军备废弛、沿河防守薄弱、西平堡兵少将寡等情况详细讲予努尔哈赤、范文程以及众贝勒、大臣等听。

大家听得全神贯注，汗王双手一拍，道："那个熊蛮子已成为一头'困熊'，不足畏也！王化贞乃满腹草莽之人，更不在话下了！现在正是夺占辽西的极好机会，不能让这大好的良机白白失去啊。"

当晚，努尔哈赤用盛宴招待李小芳与高大宏。

次日，努尔哈赤率领大军，不直接攻打广宁，却先去攻打西平堡。

汗王心情特别高兴，便向莽古尔泰问道："知道么？大军为何不去广宁，而去西平堡？"

这位三贝勒想了一下，回答道："父王的战略意图是为了引诱广宁的驻军出城来援，把他们诱到旷野地方，然后令八旗兵马在运动战中将其歼灭。这样，可以减轻在攻打广宁城时的困难，也减少一些伤亡。"

努尔哈赤听后，向他周围的部下们笑着说："看来，我这个儿子有长进了！"王化贞布置在沿河的二万士兵，由于兵力过于分散，每几十步远有三名士卒，又是划地分守，后金的十万大军一来，有如泰山压顶一般，那些守卒便不战自败，望风而逃了。

建基雄主：努尔哈赤

努尔哈赤将御鞭向前一指，命令道："追！从后面掩杀过去！"

后金的兵马猛追二十余里，二万明军被追杀得所剩不多，一直赶到西平堡城下，一举攻克了西平堡。

孙得功一见三路援军都遭到了围追堵截，心中窃喜，立即跟李小芳、高大宏商量计策。三人一合计，孙得功立即回府，把家兵集中起来，分派到四个城门据守。然后找来一些闲散人员教他们散布流言道："明军打败了！努尔哈赤的兵马进城了！"

顿时，广宁城里一片混乱，老百姓与士兵们，一齐往城外逃，一夜之间，广宁城几乎变成了一座空城。

广宁巡抚王化贞却还蒙在鼓里，对城里的事一无所知。那天夜里，他还搂着女人睡觉，大做他的巫山会神女的美梦呢！次日早晨，他起床后，还要侍卫送军报来阅读，突然，他的亲信、参将江朝栋推门而入。王化贞见他行动鲁莽，怪他不敲门而入，正要发火时，被江朝栋上前一把拉住，气喘吁吁地说道："情况非常危险，快走！快走！"

这时候，王化贞方知情况不妙，立即吓作一团，半天说不出一句话来。江朝栋也顾不得他的巡抚身份，忙伸出胳膊，把王化贞挟起来，直奔马厩跑去。守门士卒全是孙得功的家兵，被江朝栋挥刀砍杀了一阵，才保护着王化贞出城，向西逃去。

这一行人逃到大凌河时，恰好遇到了熊廷弼，此时，已是二十三日的上午。

熊廷弼指着身后的五千兵马，对他说："巡抚大人拨给我的五千兵马，全在这里！阁下说的，要用六万兵，一举荡平辽阳，现在你那六万兵呢？"

王化贞听后，羞愧难当，不能回答了，只得大哭起来，停了一会儿之后，又提出要去守宁远、前屯等地，熊廷弼听了，没好气地说道："哼！一切都晚了。如果你坚守城池，不出战，不撤广宁兵，也不会有如此大败。现在正是兵溃之时，谁还肯为你固守？唯一可做的，就是保护百万老百姓进关，使他们不被努尔哈赤的兵马掳去！"

王化贞听了，不敢再强词夺理，不吭声了。

熊廷弼见他不吱声了，便把五千兵马交给他指挥，自己殿后，掩护他领着那些逃难的老百姓进关。在撤退中，熊廷弼下令清野，将沿路城镇中带不走的仓库物资全部烧掉。

孙得功控制了广宁城，立了大功！他当即与李小芳、高大宏商议，派人去西平堡送信，迎接汗王努尔哈赤兵进广宁城。

二十四日，努尔哈赤领着兵马，刚到沙岭，这里距离广宁一百五十里，孙得功前来迎接。

努尔哈赤见到李小芳、高大宏时，笑道："你们干得好啊！"

第十二回

范文程投石问路，康进思暗箭伤人

　　明朝的辽西重镇广宁失守之后，消息传到北京，满朝文武吓得心胆俱裂，一片惊慌。天启熹宗皇帝也极为恼怒，立即传下圣旨，把熊廷弼、王化贞逮捕下狱，交刑部议罪。阉党魏忠贤趁机把罪名全加在熊廷弼头上，以"失陷封疆"的大罪首先处死。

　　天启五年（1625年）八月，熊廷弼慷慨赴市，含冤而死。

　　魏忠贤又亲自出面，对王化贞百般袒护，但是，王化贞的罪行确凿，又无法平息朝廷内外的舆论，也被迫处死。为了泄恨，魏忠贤又指挥锦衣卫，让熊廷弼暴尸街头，不准安葬，并割下熊的首级在街头示众。

　　为了挽回败局，熹宗皇帝立即下令，从各地集结数万军队，成百吨的战略物资也源源不断地运来。经过文武大臣共议，决定征调各地兵马，对山海关增加兵力，全力固守。但是，辽东经略一职，虽经大臣的反复议举，仍没有合适人选。后经许多大臣集体推荐，皇帝才任王在晋为兵部尚书经略辽东。王在晋也不过是纸上谈兵之人，到山海关上任后，迟迟拿不出像样的方案与策略，几经周折之后，又老调重弹，提出了"堵隘抚赏"的战略方针。

　　所谓"堵隘"，就是在山海关以外，再修一座关城，以此护卫山海关。所谓"抚"，就是要明朝皇帝拿出大把的金银，来收买蒙古；至于"赏"，就是指望用蒙古的力量，来对抗后金。

　　但是，王在晋的这个方案一经提出，立即遭到其部下们的反对，特别是富有远见的袁崇焕反对得更加激烈，部将孙元化等人也坚决反对。

　　袁崇焕说道："大明王朝本是在推翻元的统治后建立起来的，因此自建立那一天起，蒙古势力便一直与它对立，并在以后常年处于战争状态，若是双方和好，只是谈和，关系仍然不稳定。大人想借用蒙古势力去打击后金，岂不是一厢情愿，那是永远不可能的事。"

445

他的部将孙元化说得更是有力：“当年，开原城总兵马林，曾用重金收买蒙古的吉赛等，当时还签了约，结果又怎么样？努尔哈赤攻打开原时，吉赛却帮助后金，使马林前后受击。至于不久前的王化贞，也曾奢望蒙古势力能帮他守广宁，结果还是完全落空，等于竹篮子打水———一场空！”

至于那“堵隘”，更不值一驳，袁崇焕道：“在山海关外，再修一座城，还要筑一道几十里长的城墙，才能把它连起来，这就形成了关外有关，墙外有墙，用以保障山海关的安全，这也是行不通的。因为修筑这道关城，既耗费大量金银物资，又要费工、费时，需用多长时间修好且不说，一旦在修筑期间，后金的兵马前来攻打，那又怎么办呢？”

可是，王在晋却固执己见，听不进去这两个部下的意见，仍要坚持执行。这消息传到京城里，皇帝让文武大臣讨论，大臣们吸取以往教训，对辽东的事都不敢轻易表态，生怕讲错了，将来会祸及自身。这时候，朝廷里负责兵部事情的孙承宗说：“既然定不下来，请皇上让我到辽东去实地考察一番。”

熹宗正在着急，一听孙承宗要去考查，便立即准奏，派他前去了解实情。

孙承宗，字稚绳，高阳人，长得相貌奇伟，满脸络腮胡子，根根如钢针一般，活脱儿一个打鬼的钟馗。平日，与人说话，声若洪钟，音量甚大，似乎能把周围的墙壁震倒。

别看孙承宗的外貌长得像个粗俗的汉子，却是满腹经纶，有着一肚子的学问，他是万历三十二年（1604年）的进士，开始担任朝廷中编修的官职。天启帝接任以后，孙承宗以左庶子充任日讲官。起初，熹宗皇帝每次听孙承宗讲授完了，都说有一种豁然开朗的感觉。因此，天启帝特别喜爱和看重这位日讲官，对他另眼看待，殷殷关切。孙承宗担任大学士分管兵部事，很关心辽东战事，对两辽的形势和险要关塞全都谙熟胸中，了然于心。

孙承宗亲自来到山海关外，经过一番实地考察，对王在晋提出的修筑重关的计划很不赞成，于是，他对王在晋说道：“修筑一座重关，是事倍功半的举措，绝对不可取；至于利用蒙古人去制约后金，更是可望而不可即，虽鞭之长，不及马腹也。”

孙承宗回到北京后，向明熹宗陈述道：“重建宁远城的意见可取，再建重关的计划，劳民伤财，万万不可以执行。”

天启帝又问：“王在晋任辽，卿意若何？”

孙承宗直言不讳地回奏道：“此人偏激、固执，不能胜任，必须尽快调离，免得两辽再生事端。”

明熹宗听从了孙承宗的意见，随即下了圣旨，把王在晋免了职。满朝文武大臣都说孙承宗“一向知兵，又熟悉两辽事”，一致推举他主持辽东军事。皇上当即封孙承宗为兵部尚书，并经略辽东，又赐尚方宝剑，给他先斩后奏的权力。

此时，孙承宗不得不奏道："能得到皇上的信任，臣备受鼓舞，只是有一点，我想说出来，又担心皇上听了生气，因此我又不敢说。"

熹宗听后，点点头说道："孙爱卿，你就大胆地说吧，朕不怪你。"

孙承宗便向皇上奏道："我去辽东任事，一定会竭忠尽智，效犬马之劳，以报答皇上对我的知遇之恩。只求圣上明察秋毫，不要听信挑拨我君臣之间关系的言辞。"

熹宗听了，表面上虽没有现出不愉快的样子，心里却总有些不大舒服，认为自己对你孙承宗已经够相信的了，何必临上任前还对朕这般"耳提面命"式地说教，当着满朝文武来刮朕的面子。但转而一想，当前的朝廷正面临着危急存亡的关口，山海关再守不住，大明的江山、朱姓的王朝很可能会葬送在自己手里。因此，在这用人之际，可不能发火，还要依靠孙承宗这样的有识之士，去捍卫江山社稷，为自己拼杀疆场呢！

想到此，熹宗皇帝立即说道："孙爱卿，你就放心大胆地干吧！等你打败了后金，收复了辽东、辽西，朕还要重重地赏你呢！"

第二天，明熹宗皇帝又亲自送孙承宗到城外，手捧御酒，为他饯行，给予了极高的殊荣。

于是，孙承宗拜谢圣恩，领了家兵家将，满怀着治辽的希望，奔向山海关而去。

后金汗王努尔哈赤于天启二年（1622年）正月下旬不战而取广宁之后，又招降了这一地区各城堡的明朝军队和百姓，缴获了明朝大量的粮饷、兵器、甲仗等军用物资等。因为广宁是辽西的重镇，占领了广宁就等于占领了辽西地区。又因为占领广宁之后，辽东、辽西便连成了一片，偌大的辽河两岸全归顺了后金，这是继辽沈决战之后的又一巨大胜利。

努尔哈赤再也掩饰不住内心的激动与兴奋的心情，向众贝勒、大臣们说道："快去请后妃们，和诸贝勒、大臣们的妻妾，一起来广宁，观赏这一胜利的成果，共同来分享这胜利的喜悦。"

正月二十六日，努尔哈赤在广宁举行盛大宴会，众贝勒、大臣们全都参加。

宴会开始的时候，由乌拉大妃领头，她带领众后妃，在铺设红地毯的衙门里，向坐在衙署正堂的后金汗王努尔哈赤贺道："老天爷眷佑着后金国，百业兴旺，诸事顺利；老天爷庇护着汗王，攻无不克，兵马更强壮，占领广宁，未曾打一仗！恭喜汗王！贺喜汗王！恭贺汗王身体健康，福寿绵长！"

随后，依次向汗王努尔哈赤行庆贺礼。此时，鼓乐齐鸣，笑语喧哗，热闹非凡。

二月二十七日，努尔哈赤在众后妃的陪同下，离开了广宁，回到辽阳城里。

一天，努尔哈赤与范文程登上辽阳城楼，他忽然问道："请范先生运筹一下，咱后金国的都城，应当建在何地为好？"

范文程沉思了一下，然后说道："恕臣直言，赫图阿拉的后金国，与当前的后金国相比，已不可同日而语了。另外，国之都城应建在国之中心地区比较恰当。"说到这里，范文程立即把话打住，又道，"建都是大事，需大臣们认真研究，意见统一之后再定为妥，还有些话，等到开会时臣再说罢，请陛下于近日开会讨论吧！"

次日，努尔哈赤召开众贝勒、大臣以及部分将领们开会。他先说道："由于老天爷的庇护，他老人家把广宁城赏给咱后金国了。如今，有一个问题又摆到议事日程上了，那就是都城的问题，是迁到这辽阳来呢？还是仍在赫图阿拉好？请大家权衡利害，发表意见。"

大贝勒代善首先说道："赫图阿拉是咱后金国的发祥地，在它周围是咱女真人聚居的区域；这辽阳城，是汉人的城市，我总不能长期住在这里，我还要回到赫图阿拉去。"

三王子阿拜说道："俗话说'落叶归根'。赫图阿拉是咱后金国的根，咱终究还是要归根呀！"

年龄较小的十五王子多铎说道："前面两位阿哥的意见，我不同意。按照父王的意见，咱们还要打进关去，攻占北京城，难道咱们占领了中原地区，推翻了明朝，还要回到赫图阿拉去？"

努尔哈赤听后，带头鼓掌、叫好，笑道："这话讲得好，问得有力！继续谈吧！"

三贝勒莽古尔泰说道："这辽阳城比赫图阿拉大，好玩的地方也多。不过，咱是女真民族，怎能居住在汉人当中？"

二贝勒阿敏提了一个问题要大家考虑："当年，蒙古人推翻了大宋王朝，入主中原，他们就在今天的北京建都。这蒙古人能在汉人中间居住，咱女真人就不能住在汉人中间吗？"

四贝勒皇太极说道："咱后金国要打进关去，也要入主中原，如果不迁都，出兵能方便吗？现在的都城在辽阳，将来的都城在北京哩！"

范文程清了清嗓子，说道："辽阳城是明朝在辽东的古城和巡抚的治所，这里人口众多，交通便利，商业繁荣，是明朝在辽东的政治、经济和文化的中心。另外，这里还有盐，咱后金平时苦于没有盐吃。占有了辽阳城，就控制了整个辽东的中心枢纽，不仅有盐吃，还有利于争取朝鲜，有利于去夺取大明的江山。因此，不迁都，还在赫图阿拉，那是只看到眼前利益，是近利；把国都迁到辽阳来，是放开眼界看未来，是远谋。"

大臣额亦都、安费扬古、何和理等都发表了意见，都认为范先生的话有道理，都赞成把都城迁到辽阳来。

后来，努尔哈赤又说道："朕先讲第一个问题，眼界对一个人来说，是很重要的。咱们在赫图阿拉建都城，那时的眼界只是要统一女真各部；如今，咱们已占领辽东、辽西广大地域了，眼界也要随之扩大；将来，咱们夺取了明朝的天下，入主中原了，眼界还是关外这片地方，那又跟不上形势的发展，显得眼界狭小了。对一个国家来说，最重要的是土地和臣民。如今咱们占有了广大辽沈地区，这里的土地和人民全属于咱后金国所有。如果咱们再回到赫图阿拉去，这辽沈地区又会回到明朝手中，以后再发兵前来征讨岂不是违背了天意？再说，咱后金国的人口大量地增加，土地也日益扩大，八旗军队更加强大，国力空前强盛，咱们的军政中心，也应该相应地转移。你们回忆一下，自从萨尔浒大战以后，都城实际上早已从赫图阿拉迁出来了。"

佛阿拉是努尔哈赤的第一个根据地。

万历十五年（1587年），努尔哈赤二十九岁，当时他已起兵五年，杀了父祖的仇人尼堪外兰，报了父祖之仇，统一了建州本部。为了求得进一步发展壮大，努尔哈赤决定在佛阿拉建城。

那时建的佛阿拉城，共筑三层，又兴建了衙门、楼台，并设宴祭天。佛阿拉城东依鸡鸣山，南靠喀尔萨山，西临烟筒山，北临苏克素浒河的支流——加哈河与首里口河之间三角形河谷平原的台地上，交通比较方便。

努尔哈赤在这里"定国政，立法制，自中称王"，使佛阿拉成为当时建州的第一个政治、经济、军事的中心。

在佛阿拉城，努尔哈赤居住了十六年，在统一建州八部之后，又吞并了哈达部，创建了军队，创制了满文。

万历三十一年（1603年），努尔哈赤四十五岁，为了扩大势力，为了统一女真各族的需要，他又在虎拉哈达南冈，苏克素浒河与加哈河之间的山冈上，建成了赫图阿拉城。赫图阿拉城是继佛阿拉城之后，努尔哈赤的第二个都城。他在这里也居住了十六年。在这期间，努尔哈赤灭了辉发，吞并了乌拉，创建了八旗军队，实行了屯田制，又征服了东海女真，收降了萨哈连部，发布了"七大恨"誓师，取得了萨尔浒大战的胜利。

从此，后金与明朝换了位置——后金由防御转入进攻，明朝由进攻转为防御。

但是，努尔哈赤不因循守旧，总是执着追求，随着形势的发展，又放弃了赫图阿拉，把都城迁到了界凡城。

万历四十七年（1619年）二月，努尔哈赤又在赫图阿拉城西一百二十里的界凡筑城。界凡位置在苏克素浒河与浑河之间，地势极为险阻。在萨尔浒战役取得胜利之后，努尔哈赤决意将后金的政治重心西移。于是在界凡建衙门，修行宫，屯田牧马，寻找机会攻打明朝。这时，努尔哈赤六十一岁。

从赫图阿拉迁往界凡之前，由于诸贝勒、大臣不理解努尔哈赤的政治抱负和军事意图，曾一度不想迁都。但是，努尔哈赤当机立断，力排众议，决计将都城迁往界凡。

不久，努尔哈赤从界凡城率领八旗士卒出征，两月之间，捉吉赛，攻陷了铁岭，灭亡了叶赫部，为向辽沈进军打下了坚实良好的基础。

因此，界凡城是努尔哈赤在发展与前进道路上的第三个都城，也是他向明朝发动大规模进攻的前哨阵地。

努尔哈赤在界凡城居住了一年零三个月之后，又移居于萨尔浒山城。萨尔浒城在界凡以西十里处，努尔哈赤在此居住不到半年，就攻陷了沈阳、辽阳。

其实，那些不愿意迁都的将领们，多是思想因循守旧，不图进取，只满足于女真人原先那种游猎、掠抢的生活方式。努尔哈赤极其耐心地，以其远见卓识，终于说服了他们。

在这次会后不久，努尔哈赤便把都城迁到了辽阳。那些贝勒、大臣、将领们的亲属，也都陆续来到辽阳，而后金的军民，也都一批一批地迁到了辽沈地区。

在辽阳住了一年之后，努尔哈赤觉得这座古城年久失修，城墙倒塌严重，而且此城过大，不宜防守。因此，他又决定在辽河城以东的太子河畔另筑新城，当作都城，被称作"东京"。

后来，通过实地考查，努尔哈赤发现沈阳的战略地位更比辽阳优越。于是，他又当机立断，决定将都城迁到沈阳。

天启五年（1625年）三月，努尔哈赤将再次迁都的想法，告诉了诸贝勒、大臣们。一石击起千层浪，大家纷纷反对，认为放弃立即修建的东京城十分可惜。

努尔哈赤说道："沈阳是个十分理想的都城地址，它四通八达，交通便利，进可以很快地攻，退也可以很迅速地守。如果从沈阳出兵，攻打明朝，从都尔鼻（今辽宁省彰武县）渡辽河，路直又近；若是向北攻打蒙古，不过两、三天的路程；若是向南攻打朝鲜，从清河路走，非常便利。今后，咱后金要向外发展，八旗兵要出去打天下，一切都要从这一点着眼，因此，朕再三考虑，国都迁到沈阳最合适。"

天启五年（1625年），努尔哈赤迁都沈阳，后来沈阳又叫"盛京"。

按照努尔哈赤的命令，八旗士卒全都驻扎在沈阳城里，又招募良工巧匠，对沈阳城重加修筑，建造宫殿，把沈阳城开了四门。中置大政殿，又名笃恭殿。前殿名崇政殿，后殿名清宁宫；东有迎凤楼，西有飞龙阁。又盖了十五亭等，楼台掩映，金碧辉煌，虽是塞外都城，却丝毫不亚于大明京阙。

不久，努尔哈赤带着六宫后妃，满朝文武，一齐来到沈阳，住进宫里，终日与大妃乌拉氏、小妃纳泽等饮酒作乐。

大贝勒代善与其弟兄十几个人，不是去上林里打猎，便是去校场练武，玩得也很开心。

孙承宗到山海关上任以后，从辽阳、广宁失守中，总结出一条覆车之鉴，那就是：选边将，重将权。为了申明自己的观点，并用这条经验教训借以警醒皇上，孙承宗写了奏表给天启帝。

孙承宗在表中疏言道："对辽用兵以来，兵是未经训练的兵，饷也是不足的饷；而且多是以将带兵，用文人当统帅。这就形成了一个弊病，带兵的将领没有指挥军队的权力，不懂用兵之人，却在指挥打仗。因此，每战必败，每败必是兵死将亡，而统帅却稳坐高台以招摇，这种弊病不革除，必将危及江山社稷。为今之计，必须重将权，使带兵的将领手握实权。"

随后便开始了遴选将领的工作，通过一段时间的接触，他对性格沉雅又有先略的杰出将领袁崇焕越发器重。两人对辽东的局势，对两辽的防务，以及对后金的作战方案，都有共同的认识。他们谈得投契，一见如故。为了共筑宁锦防线，二人密切合作，整日忙于练兵备战，有时在一起切磋武艺，谈兵论武，大有相见恨晚之慨。

袁崇焕，字元素，广西藤县人。父亲袁怀山，本是明朝的一个将领，退役回乡后以养花自娱，兼教儿子崇焕习文练武。袁崇焕六岁上学，先练习了放箭，九岁以后，在习文的同时，兼学各路拳脚功夫。因为崇焕聪明好学，十四五岁时，便能打败大人了。

万历四十七年（1619年），袁崇焕考中进士，到福建邵武任知县。因为他为人机敏，胆子大，善骑艺，又喜谈兵，见人辄拜为日盛，对人慷慨，被称为"热肠之人"，深得闽中人士的赞许。

天启二年（1622年）的正月，袁崇焕单骑出阅塞外，巡历关上形势，考察一番之后，他胸有成竹地来到北京，在朝见皇帝时大胆地奏道："若能给我兵马钱粮，我一人足以守关！"

当时，正值广宁失守，京城内外一片惊慌，袁崇焕请求一人守关的壮语，对那些匆匆忙忙收拾珍宝、准备南逃的朝臣来说，正是一剂安神的良药。同僚们一致赞叹他的胆略，当时任御史的侯恂立即上书皇上，请求破格擢用袁崇焕，这位侯御史在表中说道："来朝觐的邵武县知县袁崇焕，其人英风伟略，心雄胆壮，胸有韬术，当此用人之时，不妨破格留用。"

朝中大臣也竭力支持，皇帝提升袁崇焕为兵部职方司主事，旋升为山东按察司佥事山海关监军。袁崇焕到山海关赴任后，又上表天启皇帝，他在奏疏中一反文臣武将中普遍存在的悲观、恐惧气氛，力请练兵选将，整械造船，固守山海关，定可远图恢复。

在王在晋麾下的这段时间，由于袁崇焕尽心尽职，政绩突出，又被提升为宁前兵备佥事。孙承宗到任之后，袁崇焕力主积极防御，坚守关外，屏障关内，修筑宁远城，以图大举。这些主张与孙承宗不谋而合，时间不长，二人便成为密不可分的契友。从此，孙承宗与袁崇焕两人志同道合，密切合作，共同修筑宁锦防线，这且不提。

后金汗王努尔哈赤攻占辽阳之后，曾向辽民下达剃发的命令："城内所有汉民，一律剃去额前头发，以示归顺；有不听命令者，一经查到，格杀勿论。勿谓言之不豫也！"

为了宣传这项剃发令，努尔哈赤指使李永芳等要求做好示范鼓动工作。但是，许多汉人认为这是对汉民的有意侮辱，拒不剃发。

辽南街有四个小伙子，是结成八拜之交的兄弟。老大名叫黄亚南，老二丁守山，老三杨立洪，老四王乃仙，这四人的父亲全在辽阳保卫战中战死，他们聚在一起，效法刘关张的"桃园三结义"，结为八拜之交，随时准备袭击后金将士。

这天，四人跑到黄亚南曾当过明朝将军的外公邱成金家。他们经过商议，就悄悄地联络了那些不愿剃发的辽民，足有七八百之众，一起从西门逃了出去。当四贝勒皇太极领着兵马赶到时，早已看不见人影了。

努尔哈赤听说之后，十分恼火地说道："真有不怕死的人啊！咱们得想一个办法，不能让这样的事再发生了！"

范文程说道："不以规矩不成方圆。咱们得制定几项法令，让他们有所遵循。"

还规定，大户院室，每人只许留下衣服九件；中等人家，准许留下五件；下等人家，准许留下衣服三件。各户其他的财物，都要一律交出，不准藏匿。

这样一来，八旗士卒以各户收集来的衣服财物等，聚集在辽阳校场上面，堆得如山一样地高。根据努尔哈赤的意见，全部分给八旗的大大小小的头目以及蒙古的各部首领。

还有一项规定，原辽阳城的官民，要全部住到城北半部去，把城的南半部空出来，留给后金的头目们以及女真的军户居住。

邱成金老将军带着黄亚南等四个年轻人，后面跟着近千名辽阳城里的百姓，一口气跑到铁山矿上。

有个矿工头赵家林是王乃仙的表兄。王乃仙去向他的表兄一说，讲到后金在辽阳城里公布的剃发和搬迁等法令以及任意杀人的事情，赵家林与矿工们听了后，都十分气愤。

这位赵家林从小失去父母，在表弟王乃仙家长大，与王家感情很深，从小在王家学得一身武艺，在矿山上又能乐于助人，喜欢行侠仗义，深得矿工们的信赖。

赵家林带着矿山上的几个头目，与邱老将军、黄亚南等，经过一番筹划，矿工们一齐推举赵家林为首领，让邱老将军充任参谋，以反对剃发为号召，掀起一股轰轰烈烈的抗金斗争。

为了防止后金派兵前来镇压，赵家林在邱老将军协助下，把矿上的工人们编成军队，在铁山矿周围修筑了防御工事，准备了大量的弓箭、礌石、滚木等，又打造了刀枪等兵器。

他们在旗帜上写着"反对剃发，拥护明朝"四个大字，又派人前往离铁山矿不远的辽南四卫——金州、复州、海州、盖州，请求与他们的抗金组织联合起来，共同抗金。一时之间，以铁山矿为中心的，反对剃发为名号的抗击后金的斗争浪潮，很快波及金、复、盖、海四州，尤其是镇江的斗争更为激烈，在辽南形成了一股巨大的反金势力。

努尔哈赤搬进新都城沈阳之后，一天，他带着范文程在新落成的皇宫里，东走走，西看看，非常高兴。尤其对那大政殿和十五亭这两座主体工程，十分满意。

大政殿坐北朝南，雄伟壮丽，金碧辉煌。基台周围用雕刻着精美图案的大理石垒砌，文饰生动，造型优美。台基上矗立朱红圆柱，正面有金色双龙盘绕，玲珑剔透秀丽，象征威严吉祥。它为亭子式八角垂檐建筑，殿顶满铺黄色琉璃瓦，缘镜绿色剪边，上列十六道五彩琉璃脊。在大政殿左右列署为十五亭，即右翼王亭，正黄旗亭，正红旗亭、镶红旗亭、镶蓝旗亭，左翼五亭，镶黄旗亭、正白旗亭、镶白旗亭、正蓝旗亭。大政殿与十五亭合成一组完整的建筑群，它既是后金汗王与八旗贝勒等议政的殿亭，又是八旗在宫殿建筑上的反映。

二人面对金碧辉煌的建筑，赞不绝口，并被深深吸引着的时候，忽有探马来报："辽南铁山（即鞍山）矿以赵家林为首，联合辽阳城逃出来的难民，组织在一起，挑起'反对剃发，拥护明朝'的旗帜，又与金、复、盖、海纠集在一起，共同抗金，声势不小。"

努尔哈赤听后，不由暗吃一惊，问道："范先生，这铁山矿是怎么一回事？"

范文程立即向汗王答道："陛下有所不知，这铁山矿是明朝设在辽东的大铁矿，有一千人以上。他们若是与辽南的金、复、盖、海四卫联合起来，不可轻视，必须尽早地铲除！"

努尔哈赤又说道："请范先生讲具体一些。"

"这铁山靠近复州，它是辽南出海的交通要道和门户。有良田沃土，是辽南仓廪基地。若能夺取金、复、盖、海四卫，就可以解决后金兵马的粮饷供应。另外，这辽南四卫还有铜、铁、银等矿，有利于发展手工业。"

努尔哈赤又问道："依范先生所见，夺取复州，征服铁山，是咱当前最主要的任务了？"

范文程立刻说道："陛下说得不错，这是当务之急，刻不容缓！"

努尔哈赤点点头，说道："好吧，咱就宜早不宜迟了！"

第二天，努尔哈赤派遣额驸、副将乌尔古岱、李永芳等率领三千人马，前往铁山，去镇压矿山工人的抗金斗争。

这乌尔古岱是大将扬古利的弟弟，身高一丈，面如锅底一般黑，两侧压耳的毫毛足有三寸多长，手使一根大铁棍，足有百十斤重，威风凛凛，杀气腾腾。

兵马来到矿山脚下，抬眼望去，看那铁山高耸突兀，屹立在平川之上，山坡陡峭，矿就建在山上，四周是高高的围墙，与城墙差不多高，又宽又厚。由于山势陡峭，矿山在丰山坡以上，旗兵们只能仰攻，他们用弓箭向上射，手执兵器向上攀登。但是，旗兵们未登到矿山围墙下面，便被一排排的滚木、礌石打下来了。为了尽快攻下矿山，努尔哈赤又派副将厄鲁巴带领五千人马，前来助战。

双方经过多次血战，仍然攻不下来，旗兵伤亡惨重，乌尔古岱虽有一身力气，却如同掉进枯井的一头水牛——有力使不上！

正当双方激战之时，又传来了镇江暴动的消息，使努尔哈赤异常震怒。

范文程对努尔哈赤说道："镇江位置重要，它与盖州、复州互为表里，是辽南四卫的门户，也是扼守后金通往朝鲜的陆路咽喉重地。"

努尔哈赤急忙把李永芳从铁山调回，留下乌尔古岱坚持攻打，让李永芳与四贝勒皇太极一起，带领兵马五千人，前往镇江镇压抗金暴动。

这时候，大贝勒代善、三贝勒莽古尔泰气呼呼地走了进来，一屁股坐下直喘粗气儿。

努尔哈赤一见两个儿子如此模样，知道又有什么事情发生了，立即问他们："又发生了什么事情？"

三贝勒莽古尔泰赌气地说道："咱们在前方跟敌人玩命，有人在家里搂着女人快活，这个仗我不打了！"

努尔哈赤以为这两个儿子受谁离间，说自己这一阵子在新落成的宫里与几个明女一起朝欢夜乐，忘了国事，向自己提意见哩！一时血气上涌，声色俱厉地喝道："好哇！你们胆大包天，居然敢向朕发难了！朕且问你们，是谁在向你们……"

努尔哈赤一发火，两个儿子顿时愣住了！

旁观者范文程看出门道来了，立刻跪奏道："陛下请息怒，两个贝勒有事要奏，请别弄误会了，还是让他们把话说明白才好。"

努尔哈赤这才收敛了怒容，说道："也好，让你们说个明白！"

大贝勒代善慌忙说道："父王怕是误会了！我俩是说济尔哈朗几个人，把库房里的财物拿出去，吃喝玩乐，嫖妓女，胡乱鬼混。"

努尔哈赤听后，这才放心，原来他们不是针对自己，便顺口问道："真有这样的事么？你们是否听错了？"

三贝勒莽古尔泰急忙插话道："没有弄错，乌尔拉齐在外面，他可以作证呀。"

努尔哈赤便点点头，意思是让他进来吧。代善走了出去，把乌尔拉齐带进来。

努尔哈赤看着乌尔拉齐，问道："发生了什么事？你要说老实话！"

乌尔拉齐向汗王跪报道："济尔哈朗与巴布泰、赖慕布、多铎四个贝勒，经常……"

原来济尔哈朗与乌尔拉齐负责管理国库。这济尔哈朗是努尔哈赤的弟弟舒尔哈齐的儿子，为人忠厚老实，深得汗王信任，被指派与乌尔拉齐一块儿共同看管国库。

搬来沈阳后，有一天晚上，巴布泰来喊济尔哈朗去喝酒，开始他不愿去，但是经不住巴布泰纠缠，最后还是去了。从这两次以后，济尔哈朗便经常去喝酒，有一次回来时，居然兴奋地说道："玩得真快活！真像那仙女下了凡尘……"

后来，在济尔哈朗酒醒之后，乌尔拉齐问："昨晚上你们都干了一些什么？"

济尔哈朗得意地说道："咱们四个人，一边喝酒，一边搂着女人玩。"

从那以后，济尔哈朗便从库里带银子出去了，有时也拿珍珠等财物。巴布泰不止一次地对乌尔拉齐正告道："整个后金国全是我们家的，我用自己家的银子有何不可？你别多管闲事、瞎操心了！"

最后，乌尔拉齐又向努尔哈赤报告道："俺觉得这么下去，时间长了，库里的银子、珍珠、玉器等少多了，我也是有罪的，便主动告诉了大贝勒、三贝勒，请汗王定我的罪吧！"

努尔哈赤越听越气，只觉头脑发晕，说道："这事尽管你未跟着干，但是，你没有及时来向朕报告，这就是你的罪了！现在你能主动来讲，朕就饶恕你，不杀你了！不过，朕要告诉你，自此以后，没有朕的允许，任何人也不能取走一钱银子！记住没有？一定要当一个把门的铁将军才行！"

乌尔拉齐连声谢恩，磕头之后走了。

努尔哈赤转身对侍卫们说道："传朕的命令：立即把济尔哈朗、巴布泰、赖慕布、多铎四人抓进监狱，关起来审问。"

努尔哈赤又对大贝勒代善说道："告诉五大臣，立即对这四个人立案调查，一定要把事情查清，并对那些汉人女人弄清身份与来历，以防止是明朝派来的奸细，或者是使的美人计……"

努尔哈赤又向范文程问道："看来对国库的管理还得加强呀！不能再让类似事件发生了！"

范文程立即说道："这国库确实要管理严密，依臣之见，不仅要两人管理，还要各持一把锁，并有第三人监督。"

努尔哈赤受到了启发，立即补充道："一人开不开国库大门，两人不准开，必须三人同时到了，才能开门。"

范文程听后，又补充说道："第三人不拿钥匙，但是他贴封条，也由他揭封条，这三人必须同时到场才能开。"

努尔哈赤听后，高兴地说道："这样好，这样就严密了！两个拿钥匙的人想勾结起来盗银子也不行，第三个人以封条能起监督作用，还是范先生想得周到啊！这件事，就请范先生明天亲自去布置吧！"

过了几天，五大臣把案情调查清楚了，经过四大贝勒审议清楚以后，案卷送到努尔哈赤处最后审批。他把案卷看了一遍，乌尔拉齐反映的情况完全属实。在这段时间里，四个小王爷共盗走国库白银一千多两，那些珍珠、玉器还不在内，合计也价值一千多两白银。

看完之后，努尔哈赤十分气愤地说道："这是一群家贼啊！"

"根据情节的严重，手段的恶劣，盗取财物数额的巨大，论罪当杀！"但是，后金的法律是有倾向性的，凡是亲王（贝勒无论大小）、大臣等，犯了罪以后，可以免去死刑，改用罚款、监禁等手段，能够予以通融。为了防微杜渐，杀一儆百，努尔哈赤准备要严肃处理这次盗窃国库财物的案子。

第二天，正赶上五天一次朝会的日子，努尔哈赤向到会的众贝勒、大臣们说道："济尔哈朗、巴布泰、赖慕布、多铎四人公然大胆地盗窃国库财物，拿出去吃喝玩乐，嫖妓女，犯下死罪！请各位发表意见，看如何执行？"

大贝勒代善立即说道："他们四人罪行严重，论律该杀，但是，咱后金国的法律，对贝勒犯罪给予宽大，可以免他们的死罪，给予罚款处置吧！"

三贝勒莽古尔泰却有不同意见："这国库的财物不同于私人财物，它是容易来的吗？是咱们成千上万的八旗将士用鲜血，用生命换来的！他们竟拿去嫖妓女！拿去挥霍！我不能同意大阿哥的意见，罚几个钱算了？说得何等轻巧！如果不给他们一点厉害尝尝，谁都想去国库里伸手捞一把，那还能起到以儆效尤的作用？"

三贝勒莽古尔泰说完之后，努尔哈赤道："别看朕这儿子混混沌沌，对这件事看得多准、说得多好啊！"

努尔哈赤又道："朕同意三贝勒莽儿的意见，对这四个人的处理，不能轻易放过他们，更不能过于宽大！朕以为，死罪可赦，活罪难免！必须给他们一些皮肉之苦尝尝，也让他们知道流血的滋味是什么样的，朕的处理意见是：监禁三年，打五十军棍！"

不一会儿，济尔哈朗、巴布泰、赖慕布、多铎四个人都已带来。当处理意见一宣布，四个人听了，立即号啕大哭起来，一起跪到努尔哈赤面前，请求别打军棍了。

努尔哈赤正在犹豫着想答应对他们免打的请求时，三贝勒莽古尔泰突然大声向四人质问道："你们还有脸在这里哀求免打，你们搂住妓女快活时，是何等得意呀！"

九王子巴布泰听后，红着脸喊道："报告父王！我盗窃国库财物该打军棍，有人亲手打死生身母亲，该不该打军棍？"

听了这几句话，到会的大部分人都十分惊诧，许多人更加莫名其妙，只有极少数的人心中有数。莽古尔泰听后，把两眼一瞪，额头上绽满青筋，攥着两个拳头，正准备出手时，忽听他们的父王努尔哈赤大喝一声道："胡说！给朕拉下去打！重打！"

四个人各自挨了四十军棍，臀部已皮开肉绽、鲜血淋漓了。

努尔哈赤还想对四个人再安慰两句，忽见有一名侍卫匆匆忙忙地跑着进来报告："总兵官大臣额亦都之子任廷邪前来报丧，正在大殿外面等候汗王召见呢！"

努尔哈赤听后，泪如雨下，嘴里断断续续地说道："他也走了！朕的好兄弟！为什么偏要先朕而去呢？"

一等大臣总兵官额亦都终因积劳成病，不治而死，终年六十岁。

这镇江的抗金头目名叫陶瑞安，武举出身，原是辽阳府里的军卒教头，在回复州服母丧期间，辽阳失守，遂逗留复州老家。鞍山矿起事后，邱成金原与陶瑞安熟识，就派了外孙黄亚南到复州联络起义。

这陶教头本是侠肝义胆之人，黄亚南一说，他就当即答应了，并带着黄一起去了镇江城南的缪家寨，去见他的知交缪立仁。

大家见面之后，从辽沈的失守到剃发令，谈到因不愿剃发、辽民被杀时，缪立仁举起酒杯，一饮而尽，当即摔在地上，他指着破碎的酒杯瓦片，激动地说道："我决心随二位一起抗金，若是口是心非，言而无信，将有如此杯！"

顿时，激动得陶教头、黄亚南一起上前，三人手拉手拥抱在一起。经过商议之后，一边派人去金、盖、海州联络起事，一边让人把镇江府里的领兵将领吴够找来。

这位吴够将军，与陶瑞安、缪立仁均是肝胆朋友，见面之后谈起抗金之事，虽然有些勉强，但是，他答应领他们去见佟养真，想动员这位弃明投金的佟游击再反正回来。

佟养真原是辽东商人，是努尔哈赤往日赴京朝贡、途经沈阳时认识的，以后往来频繁，常为后金提供军事情报。天启元年（1621年）三月，佟养真帮助后金攻陷沈阳后，努尔哈赤因其对后金有功，便封他任镇江游击。

近些日子，由于辽沈地区反抗剃发命令，到处掀起抗金浪潮，尤其是铁山矿工暴动，对辽南金、复、盖、海震动甚大，而镇江又处在这四卫的咽喉地带，他生怕出了问题。

这一天，佟养真坐在府里正在苦思良策，忽然侍卫走来报告道："缪家寨主缪立仁、陶武举二人求见。"

佟游击对缪立仁的为人早有耳闻，对陶武举也曾拜访过，想请他担任府中教头，但遭到拒绝。

佟养真是个有心计之人，认为当前兵荒马乱的，还是小心谨慎为好，于是对吴够道："这二人全是武功高强，要防备一下吧！"

吴够只好出去招呼卫队埋伏于客厅两边。

不大工夫，缪立仁、陶瑞安、黄亚南以及随从五六个人一起走进客厅坐下。

佟养真当即问道："缪大爷、陶教头光临本府，有何指教？"

这缪立仁也直言不讳，立即问道："鞑子的剃发命令已受到两辽人民的反抗，不知佟大人对镇江地区如何安排？"

"剃发是后金国汗王的命令，镇江属于后金管理，当然要执行命令听指挥的！明后天开始，咱镇江也要颁布执行了。"

陶教头立即说道："当年，小小建州只是明朝的一个卫，努尔哈赤的龙虎将军乃皇帝敕封。那时候，明朝皇帝并没有强迫女真人改变生活习俗，要让他们与汉人一样，这是不同民族之间的不同习俗，为何要强求一律，强制改变生活习惯呢？"

"陶教头也是官家身份，为明朝做事多年，这事我怎能有权不执行汗王命令？"

"佟大人此言差矣！你也是汉人出身，总该会念及祖宗亲情，不能数典忘祖，置血缘于不顾，而一心投靠……"

佟养真听不下去了，不耐烦地站起来说："不用再说了，送客！"

佟养真怒容满面，转身就走向里间。谁知陶瑞安纵身一跳，立在佟的前面，拦住他的路，正告道："背叛祖宗的人绝没有好下场！"

此时，佟养真害怕极了，立即喊道："吴将军在哪里？"

吴够立即走出来，对陶瑞安说道："请陶教头少安毋躁，有话好好说！"

陶瑞安也不搭话，迅速伸出右手，用食指和中指顶在佟养真的脖子上说："你这汉奸走狗，我让你立刻就死！"

说着，二指往上一顶，不消一刻工夫，佟养真仰面倒下去，死了。

吴够有些惊慌，立刻说道："陶教头，你把他杀了，教我咋办？"

缪立仁冷笑道："这狗汉奸活着为虎作伥，成千上万的汉人被他害死，他死了活该！咱们一不做，二不休，就此起事吧！"

说到此，向吴够下命令式地说道："吴将军，快把你的士卒招集起来，让陶教头向他们宣布咱们抗金斗争的计划！"

努尔哈赤闻知镇江已反，立即派遣二贝勒阿敏、四贝勒皇太极与李永芳一起，带领五千兵马，向镇江开来。

当后金的兵马来到镇江城下，陶瑞安等早已领着士兵修城设防，准备了大量的礌石、滚木、弓箭等，遍布城头。镇江百姓得知抗金大军的起义目的，纷纷参加守城队伍，半日之内，军队已增至五千多人，守城力量大大增强了。陶瑞安又把城上的大炮整治一新，准备了大量的火药、炮弹，随时就可以开炮。

次日，四贝勒皇太极领着兵马来到城下，开始攻城。顿时，城上与城下，呐喊声响成一片，旗兵仍是用战车开道，随后让弩手往城头射箭，接着，旗兵们抬着云梯、铁钩、爬山虎等，勇敢地冲到城下，奋不顾身地攀登城墙。

陶瑞安、缪立仁、吴够终因寡不敌众，最后领着残余士卒，掩护三万多镇江居民，渡江避入朝鲜王国境内。

二贝勒阿敏、四贝勒皇太极出于报复，血洗了镇江城，有一万二千多名男女老少，全被当作俘虏，带回沈阳。接着，皇太极与阿敏又领着兵马，前往鞍山铁矿增援，乌尔古岱已在矿山下屯兵半个多月了。

由于后金坚持用大炮轰击，铁山的墙体很快倒塌了，铁骑兵冒着矢石冲上山去，经过大半天的混战、厮杀，赵家林与邱老将军等只得领着残余的矿工队伍，退回锦州方向去了。

在这斗争日益尖锐的时候，明朝政府也派了一名总兵官名叫王朝定的，坐镇朝鲜王国进行指挥。在辽阳城失守时逃出的参将毛文龙，也占据了海岛，不断地派遣辽人，暗中潜入南辽四卫进行策反，于是，明朝的官军与辽民一道，相互配合起来袭击辽南各城的八旗兵。

在较长一段时间内，辽南四卫成为朱明王朝与努尔哈赤的后金政权激烈争夺的第一线。

在额亦都与安费扬古两员大将连续去世之后，努尔哈赤仍然没有从沉痛的怀念与追忆中解脱出来，年纪尚轻的另一位大臣扈尔汉又病逝了。

努尔哈赤痛苦万分，整日哀叹不已，哽咽着说道："……你们全是朕的好兄弟！比亲兄弟还要亲十分的好兄弟！你们为朕、为后金国立下汗马功劳！如今，辽沈已属后金版图，不久，朕将挥师打过山海关，与明朝逐鹿中原。"

范文程与众贝勒也整日陪着他在悼念死去的四位大臣，为了给汗王解忧，范文程只得陪着他下象棋，借以宽慰他内心的伤痛。谁知不久之后，何和理也病危了。努尔哈赤闻之，急忙前去探望。

这五大臣中的最后一位大臣何和理，自从得病以来，一直高烧不退，浑身烧得滚烫，以致饮食不能进，夜夜不能寝。绰尔济医生想尽办法，也治不好他，他的病情愈加严重起来。何和理自知得了不治之症，便不由得想起了费英东、额亦都、安费扬古、扈尔汗四位战友、兄弟，时常是想着想着便哭起来了，有时竟然自言自语地说话，如此一来，病情越发加重。

这一天夜里，他梦见额亦都对他说道："咱们五人同生死，共患难，四十年来一起扶助努尔哈赤打天下，如今辽东天下已定，汗王的子孙均已长大成人，咱们四人早已捷足走了，只差你一人，现在不来聚会，还要等到几时？"

醒来之后，何和理喊来了大儿子何连山、二儿何乘强、小儿子何升贤，说道："孩子们！你们的父亲快要死了！"

三个儿子哭作一堆，何和理又道："多想再见汗王一面。"

努尔哈赤听到消息，来到病床前，何和理却一时昏迷过去，汗王连声喊道："和理！朕的好兄弟！和理！你快回来与朕见面、谈心啊！"

何和理苏醒过来，努尔哈赤上前拉住何和理的手，哭道："好兄弟，你不能走啊！"

何和理听后，也流下了泪水，断断续续说："我与额亦都、安费扬古、费英东、扈尔汗……跟随你四十年来，虽然建立了后金，但是还未进关，还未打进……打进北京……"话未说完，何和理头一歪，咽气了。

努尔哈赤不禁大声号啕恸哭！他失声喊道："四十年来，朕的并肩友好诸大臣，为何没留下一人以送朕老也？"

至此，五位大臣都已离开人世，努尔哈赤一想起来，便情不自禁地流下泪来。

这何和理自从祖父克彻颜巴开始，便当上了建州卫的董鄂郡长，并把当时的董鄂部治理成为建州卫里最强盛的一个部落。

万历十六年（1588年）五月，在额亦都的引荐下，他结识了努尔哈赤，并一见如故，不久，何和理便率领董鄂部里的全部人马，前来归附努尔哈赤。后来，努尔哈赤将其长女东果格格嫁与何和理为妻，从此加深了感情，成为翁婿关系。

近四十年来，何和理紧紧跟随努尔哈赤统一建州，帮其襄理政务，筹措粮饷，打制兵器、甲仗盔械等，无不兢兢业业，事事完善。

在征伐黑龙江女真、灭乌拉，打叶赫、血战萨尔浒，无不立下战功。为了战争需要，何和理为努尔哈赤组织后金谍报组织，刺探明军情报，收买明军将士，为攻陷抚顺，占领辽阳等城，均立下奇功。

连努尔哈赤自己也公开承认道："没有何和理，就没有后金的谍报组织；没有何和理的谍报人员，攻占明朝的这些城市时，也不知要死去多少八旗兵马呢。"

这些日子里，努尔哈赤经常地叹息着说："五位大臣走了，朕失去了股肱之臣，失去了左右手。"

孙承宗上任以后，对袁崇焕十分信任，二人对辽东的防务有共同的认识，关系十分密切，合作得很好。

后金自得广宁城之后，也没有派兵驻守辽西地区，加上两辽百姓处处掀起抗金怒潮，努尔哈赤不得不派兵镇压，使努尔哈赤深深感到自己兵力不足了。

由于明朝的军队也都撤进山海关内，辽西这一广大地盘一时成为无主之地，后金与明朝，双方不断派出游骑侦察，经常捕捉对方人员，发生了一些小摩擦事件。

袁崇焕建议道："依我看来，这宁远城是攻守两备的军事要地，咱们务必要守住它！"

说到此，袁崇焕转身指着墙上的军事地图："守住了这宁远城，山海关则平安无事了；凭借着这宁远城，咱们就可以在有朝一日，时机到来时去收复失地！"

孙承宗听后，立即附和道："将军所言不错。"

其实，宁远位置的重要性，在于它是山海关的一个很理想的前卫。在宁远城的两面，紧紧靠着连绵起伏的热河丘陵，南面对着滔滔缥缈的渤海。宁远城的南面三百米处，有山海关通往沈阳的一条大道；再往南十余里就是大海。海中有觉华岛（今菊花岛）耸峙海中，岛上可驻兵屯粮，与宁远城遥相呼应。

于是孙承宗又补充说道："宁远位置的重要，是说它正处在辽西走廊的中间。守住它，也就等于扼住了这条走廊的咽喉，在西南二百里之外的山海关，就不会受到惊扰了，北京也就安全了。"

袁崇焕听后，兴奋地说道："大人站得高，看得更深远。宁远如此重要，咱们就抓紧干吧！当前，努尔哈赤被辽民反抗剃发令发展成的抗金斗争运动弄得兵力分散，无法派兵南来，正是咱们筑城的大好时机呀！请大人下命令吧！"

不久，孙承宗便派祖大寿负责修筑宁远城。

可是，这位祖大寿却没有意识到筑城的重要，他到了宁远，对部下们道："这是劳民伤财！皇上哪有心思长守这荒凉的地方！如今，满朝文武只是叫嚷着要守住山海关。"

于是，祖大寿敷衍塞责，没有认真地筑城，按照孙承宗原来订的标准，他只完成了十分之一的任务，而且质量又差。

一天，孙承宗带着袁崇焕，一起来到宁远城，察看以后，他们十分不满意。祖大寿却当着孙承宗的面，重谈"劳民伤财"之说，被当面斥责一番。孙承宗指着地图，向祖大寿说明宁远城的重要位置，说明守住宁远，就是守住山海关的道理。

后来，孙承宗对袁崇焕道："还是你去修筑吧！"

袁崇焕亲自对宁远城重新设计了新图纸，规定城墙高三丈二尺，雉高六尺，城墙底部宽三丈，顶部三丈四尺。

经过一段时间的辛苦修筑，新的宁远城终于竣工了，孙承宗又亲临视察，非常满意，两人一起精心部署了一条抗击后金的新防线——宁锦防线。

这条宁锦防线，是指从锦州、松山、杏山到右屯、大小凌河等地，不仅遣将派兵把守，还对原来的城墙进行认真修缮，进驻重兵，严密防守。

在孙承宗指导下，经过袁崇焕亲率军民辛苦了一年，一度荒凉凋敝的宁远，变为明朝抵御后金南犯的关外重镇。

在孙承宗、袁崇焕的"以辽人守辽土，以辽土养辽人"的战略思想指引下，天启四年（1624年）九月，孙承宗派遣总兵马世龙偕巡抚喻安性及袁崇焕东巡广宁，历经十三山，经过右屯，又从水路抵三岔河，让都司杨朝文去盖察访。

这次袁崇焕等东巡三州两河，相度形势，察访虚实，训练了士卒，增长了胆气，实在是一次壮军威、鼓士气的举动。

自孙承宗上任以来，定军制，建营垒，备火器，治军储，缮甲仗，筑炮台，买战马，"层层布置，节节安排，边亭有相望之旌旗，岛屿有相连之舸舰，分合俱备，水陆兼施"，一时之间，警报不传，烽火熄灭，逃难的百姓又陆续返回家园，开垦屯种，一度沉寂的辽西大地，又变得生机盎然。

后金汗王努尔哈赤见到孙承宗与袁崇焕将帅一心，联手合筑宁远城，又建了一条宁锦防线，一时无懈可击，不便兴兵南来。

一天，汗王对范文程说道："近来，朕的心情不好，你可知道，朕心里在想一件什么事吗？"

范文程一听，嘿嘿笑了一声，说道："报告陛下，这兴兵南下之事不可贸然行事，孙承宗与袁崇焕携手共建宁锦防线，那新筑成的宁远城就像钉子一样，挡住了咱南下的铁骑，还是谨慎小心为好。"

努尔哈赤听后，赞许地说道："你讲的这些，就是朕这些日子里所苦苦思索的事啊！朕已六十有六，总想在有生之年领着八旗健儿打进关去，把后金国的军

462

旗插上北京城头啊，然后，朕再坐上那龙椅。"

范文程听后，立刻跪下磕头，忙着说："报告汗王！臣何尝不知陛下的心思！只是眼前机会未到。不过……"

想到此，只见范文程眼睛一亮，计上心来："陛下，咱可先来一个'投石问路'，咋样？"

努尔哈赤听后，笑得连声哈哈，说："对，对！投石问路。好，好！"

说完，向门外大声喊道："让大贝勒进殿！"

大贝勒代善走了进来。

努尔哈赤让他率领三千骑兵去攻打锦州，实施范文程的投石问路计策。

代善领兵出发前，努尔哈赤嘱咐道："要见机行事，打得赢，就打；打不赢，就走。不要被拖住了，脱身不得。"

代善连声答应之后，带领兵马往锦州而去。

锦州的明朝将领马世龙，宁夏人，武举出身，历任游击、副总兵等职。孙承宗来山海关就任后，见马世龙勤谨职守，对辽东防务比较重视，便向皇上推荐他为总兵，并派他守锦州。

锦州为宁锦防线的最前沿，孙承宗说道："马将军意识到肩上担子的分量了么？"

马世龙听后，也立即说道："请大人放心，马某不忘大人的知遇之恩，一定专心于锦州的防务，使它固若金汤！"

后来，马世龙确实对锦州的防备很重视，先后修补了城墙，在认真训练士兵的同时，把城上的火炮装置妥当，带领士兵运来大量滚木礌石，并准备了充足的粮草，还加强了军情的刺探，建立了完整的军事情报组织。

因此，大贝勒代善的兵马一出沈阳城，就引起了锦州探马的注意，他们一方面派人继续监视这支骑兵的动向，一边向锦州报告："沈阳城里出来一支数千骑兵的队伍，有向锦州来的可能。"

马世龙听后，立即登上城头，布置防备，沿城巡视，命令守军严阵以待，不可粗心，玩忽职守。

不久，探马正式来报："这支骑兵队伍，带着攻城器械，约有三千人，正向锦州而来。"

马世龙立即命令道："赶快关闭城门，点燃烽火台报警，城上的守军将士一律进入临战状态。"

在宁远，侍卫向袁崇焕报告道："锦州城已报来警讯，后金的兵马来打锦州了。"

袁崇焕早已成竹在胸，立即派遣副将左辅、朱梅二将，带领二千人马，迅速前往锦州救援。二人走后，袁崇焕又让传令分别前往宁锦线上的松山、杏山二城，命他们也派出少量兵马前往锦州援助。

大贝勒代善的兵马来到锦州城下，一见城上早有防备，若是领兵回去，不仅被敌人耻笑，也会受到兄弟贝勒的讥讽，只得命令骑兵攻城。

顿时，城上城下喊杀声爆起，鼓声与角螺声相互应和，城上的大炮连续在旗兵中间爆炸，一排排旗兵倒在地上。

马世龙在城上指挥守军，用滚木、礌石打击靠近城下的旗兵，把那些攀爬云梯的旗兵一次次地打下去。

大贝勒代善骑在马上，指挥着他的旗兵攻城，只待城墙能倒下一个豁口，他就可以命令身后的铁骑，一马冲进城去！猛然之间，城南方向尘土扬起，呐喊声渐渐近了，大贝勒代善不由一惊，知道是明朝的援军到了，耳畔响起父王那"打得赢就打，打不赢就走"的叮嘱。

明朝守军们见有援军到来，斗志更旺，对准后金兵马猛开大炮轰击，滚木与礌石打得后金兵马晕头转向；后金兵又看明朝援军到来，不免惊慌起来。

这时，马世龙见松山、杏山的兵马已杀向后金队伍的背后，便当机立断，把城头守卫安排已定，立即领着五百精卒，从城里杀将出来。

大贝勒代善腹背受敌，被前后夹攻，心知再不撤退，就要受到包围了，遂命令停止攻城。他领着残余兵马，丢下攻城的器械，与围上来的明军混战在一起，拼命往外面杀去。

努尔哈赤自大贝勒带兵走后，总觉得心里不踏实，向范文程问道："不知代善怎样了？"

范文程立刻建议："陛下何不再派一支队伍前去接应，免得节外生枝，或有意外也可放心了。"

"我也这么想。"说罢，便命四贝勒皇太极迅速带兵前去增援，以防代善有失。

皇太极的兵马刚出沈阳不久，便有探马回来，要他快去救援，急急对他说道："大贝勒在锦州城下被前后夹击……"

皇太极未等探马说完，便对座下战马连加三鞭，领着铁骑如旋风一般，沿着锦州大道，飞速地驰去！

宁远来的救兵左辅、朱梅对手下说道："咱们快马加鞭，争取赶到锦州城，多杀几个鞑子兵！"

二将领着五百士卒，也急匆匆往锦州赶来。等他们赶到时，见后金兵马杀开血路，想往沈阳方向逃跑，左辅向身后士卒大声喊道："快呀！杀鞑子呀！别放走鞑子呀！"

左辅一边喊着，一边手执大刀，迎头就向代善砍去。朱梅将军领着士卒随着围前来，把大贝勒代善围在中间。

正在十分危急之时，四贝勒皇太极的兵马赶到了，在潮水一样的铁骑的冲击下，明军再也拦截不住，大贝勒代善才得以逃出重围，与四贝勒的铁骑合兵一处，往北逃去。马世龙等领着兵马随后追杀，他们用弓箭，又射杀了许多受伤的旗兵，直至天色将晚，才各自收兵回去。

代善与皇太极领着残余兵马，回到沈阳城里，一查点人数，大贝勒的三千兵马，只剩下了一千二百多人。皇太极领去的三千兵马，也损失了一百多人，兄弟二人深感明军有了变化，再不可轻视了。

努尔哈赤见到两个儿子带着败军回来，特别是代善那一副无精打采的样子，遂安慰道："战场上的胜负是常有的，别计较一次两次的失误。人贵有志，兵贵有气。"

尽管努尔哈赤嘴上如此说，心中也真切地感到孙承宗、袁崇焕绝不再是杨镐、袁应泰之流了！这块石子投去的结果已很清楚，对明军再不可低估它的战斗力，必须谨慎对待！

锦州反击战之后，孙承宗来到宁远城，又与袁崇焕一道亲赴锦州城里，让侍卫把从山海关带来的慰问品，分发给城上守军。

孙承宗又让马世龙通知松山、杏山、右屯及大小凌河的守将，齐集锦州，在庆功宴会上，他抑制住激动的心情，面对他的部下们说："这一次锦州反击战的胜利，有两点收获：一是打破了八旗士兵是打不败的神话，努尔哈赤吹嘘他的铁蹄天下无敌，这次他的旗兵败在锦州城下，真是丢盔卸甲，气急败坏而逃。二是咱们明军如能协同作战，彼此相互合作，同心协力，所谓攒成一个拳头打击敌人，就可以战胜强大的对手，取得战场的主动权。"

袁崇焕也说道："这次锦州反击战，是对咱们刚建成的宁锦防线的一次考验，显示出宁锦防线的威力。当年杨镐的四路出师，分兵却未能合击，分散了兵力，被努尔哈赤各个击破，这是历史的教训，咱们要永远记住！"

锦州主将马世龙感慨地说道："在松山、杏山的援军到来之前，咱在城上见到后金兵马攻城，他们的战车快要把城墙撞倒之时，也确实有些担心，幸亏援军及时赶到，明天，我就领着士兵加固城墙，并在城外把护城河挖深加宽，以增强防守能力！"

袁崇焕又提醒大家道："这次努尔哈赤只派了一支数量不多的队伍来打锦州，可能是一次试探性的进攻战，咱们不能松懈、麻痹，古人说的'骄兵必败'，一定要牢牢记取，随时准备打击来犯之敌，才能立于不败之地哩！"

孙承宗也说道："这个当年的龙虎将军报复心极强，对这次失败他是不会服气的，不久必有一场大战等着咱们，请各位厉兵秣马，严阵以待吧！"

为了向皇帝报捷，为将士们请功，孙承宗在酒宴之后即写了奏表，派快马送去京城。但这报捷奏章一进宫门，便杳如黄鹤，因为魏忠贤压着不报，深居皇宫、整日忙于嬉乐的皇帝怎么能见到呢？

尽管没有皇帝的嘉奖，没有来自朝廷的犒劳慰问，这次反击战的胜利其意义和影响，仍是巨大的。从山海关到锦州，广大明军将士全都受到鼓舞，提高了士气，增强了战斗力。

后金汗王努尔哈赤，自从派代善领兵攻打锦州败回，心中不服，总想伺机报复，又见孙承宗与袁崇焕二人同心协力，宁锦防线固若金汤，无懈可击，苦思多日，终无良策。

一日，李永芳前来向他献计道："在锦州与松山之间，有一座北石山，这山有三百多米高，方圆四五里路大。在山的南部是松山城，北部是锦州城，东面是大凌河，西边是高桥镇。那里地势险峻，易守难攻，能防能退，是个理想的埋伏之地。山下又有一条很深很长的山沟，可以藏兵十万之众。若能派兵以攻取锦州为名，先占据此山，则松山城、锦州城将唾手可得！另外，还可以拦腰截断孙承宗、袁崇焕的所谓'宁锦防线'。然后再相机攻打宁远城，则易如反掌了。"

听过李永芳的建议，努尔哈赤仔细地查看着地图，反复地思索着，觉得这意见确实有利。为了慎重起见，他对李永芳说道："你先回去，让朕再想想你这建议。"

李永芳走后，他派人喊来了范文程，并把李的建议说予范听，然后问道："这个李永芳该不会像三国的庞统那样，为朕献了一个连环计吧？"

范文程听后，好长时间不好回答。

努尔哈赤见他沉吟不语，自知失言，笑道："朕刚才说的是戏言，还是来谈谈他这建议，看看有无漏洞之处。"

范文程这才试探地说道："这建议的有利之处，在于速战速决，将是一举多得；可一旦军队被困在那里，也是很危险的结局。"

二人又伏在地图上看了好长的时间，指指划划了一会儿，范文程又补充着说道："若能派兵马先占住北石山，就真地切断了宁锦防线。然后再攻打锦州，或是松山，就真能一鼓而下，唾手可得这两座城池！"

努尔哈赤问道："一旦不能占领北石山呢？"

范文程答道："所以这是一个冒险的举动啊！"

"不入虎穴，焉得虎子？好！朕以为，不妨一试。"

范文程只得建议道："这是大的用兵举措，还是让众贝勒都来参加讨论，集思广益，岂不更稳妥？"

次日，众贝勒、大臣和全体将领都来参加会议，对李永芳的出兵方案进行认真研究。

由于锦州一战的溃败，大家很不服气，大都同意出兵，尤其是大贝勒代善说道："自长这么大，跟随父王南征北战，从未像打锦州这样败得如此凄惨，若不是八弟接应，那天的结局真是不敢想象啊！"

阿敏贝勒说道："若是先占领北石山，截断了孙承宗、袁崇焕自吹的什么宁锦防线，从山上往下冲击，就可以发挥咱铁骑的优势，即使山下有千军万马明朝的军队，也经不住咱们的冲击，这个进兵方案可行。"

八王子皇太极也说道："执行这方案，若能取得全面胜利，既可以打乱孙、袁建立的针对咱后金的宁锦防线，消灭明军中的有生力量，又可以一雪攻打锦州的失败耻辱，为攻打山海关外的重城——宁远扫清障碍。"

三贝勒莽古尔泰说道："八弟的话，向来是一锤定音的，他说可以打，就准能打赢，就派兵干吧！有句话说得好：迟打不如早打，慢打不如快打！"

见大家谈得热烈，努尔哈赤心里也就更有底了，又准备了几天之后，便决定出兵。

在出师之前，努尔哈赤在军中故意说是去攻打锦州的，暗中却对代善和阿敏道："你们二人领兵一万，作为先头部队，直接向锦州城前进，但要注意等待命令。"

他又对三贝勒莽古尔泰、四贝勒皇太极说："你们二人领兵马四万人，在后面进军，然后不声不响，突然占领北石山。"

这里后金汗王努尔哈赤积极进军，明言攻打锦州，暗中却要去攻占北石山。

孙承宗从山海关带着几名侍卫往宁远城而来。这一阵子，因为那饷银被魏忠贤压着不发，报捷奏表又被他压着不报，心中郁火太盛，弄得唇焦舌烂，两眼喷火，眼珠子被烧得血红血红的，似乎随时都会流下血来似的。

孙承宗一行人刚进宁远城，迎头便撞见袁崇焕，二人边走边谈，袁崇焕对他说："据探马报告，后金正在准备攻打锦州，这一次，努尔哈赤可能要亲自出马了。"

孙承宗听了，冷笑道："咱的卧槽马还未到，老帅就出宫了，也太沉不住气了，毕竟只是一个龙虎将军罢了！"

将帅二人，一路谈谈笑笑，来到府衙里，刚刚落座，便有探马前来报告："努尔哈赤带兵四万，前来攻打锦州，前锋是大贝勒代善、二贝勒阿敏，他们的兵马离城不过二十多里路了。"

不过半个时辰，又来一探马，他报告道："后金的兵马分两部分前来，前队约有两万人左右，已接近锦州城下；后队兵马多，总有四五万哩，听说是努尔哈赤亲自带领的。"

孙承宗听完，见他还不走，问道："还有什么情况吗？"

"报告大人：鞑子的前队兵马快到锦州城下，后队兵马走走停停，好像是另有目标。"

"啊？他的后队兵马是向哪个目标前进的呢？"

那探马继续说道："前次鞑子来打锦州，只带三四千人，败回去了，原因是咱的援军到来，前后夹攻，才被咱打败的；这支后队，人马很多，不急着前来，可能是准备打咱的援军，或许是想去打松山城，因为松山离此不远……"

孙承宗听到这里，笑道："分析得不错，等这一仗打完，让袁大人重赏你，好好干吧！"

袁崇焕指着地图说道："在松山与锦州之间，有一座北石山，山下有一个很大的山沟，若是在山沟里埋伏一支兵马，既可以援锦州，也可以救松山，当然，还可以出其不意地打击来攻打松、锦两城的敌人，这是一个很重要的必争之地啊！"

孙承宗点点头，表示赞许地说道："那山沟里藏兵，还不易被敌人发现，真是设埋伏的好地方啊！"

袁崇焕又说道："我带一支兵马进山沟里埋伏，这宁远城就请大人代守了。"

"不过，努尔哈赤若是真的要打松山，你还得另想办法，比如说，在松山城外多设伏，使其多面受敌，你可以借助地利。"

孙承宗一边说着，一边指着地图上松山的位置，提醒他的部下。

袁崇焕带兵马五千，告别了孙承宗，急匆匆地往松山方向去了。

锦州城里的马世龙，这些日子里也忙得够呛，因为前次反击战的胜利，全体守军士气很高，他领着士卒们修补城墙，还挖了又深又宽的护城壕沟。为了增强防守力量，搬运了许多滚木、礌石，调整了炮火的位置，赶造了许多弓箭。

这一天，他正在城头与守军们一起布防，忽然听说后金努尔哈赤亲领大批兵马，又要来攻打锦州城，马世龙大声地告诉守军们说："努尔哈赤不来则已，若是真来了，咱们让他竖着来，横着回去！"

不久，探马又来报告道："努尔哈赤亲领四万八旗兵马，扬言要踏平锦州城，不达目的，绝不撤兵！"

马世龙听后，心中不免一惊。他不敢耽搁，立即走上城头，命令守军做好临战的准备工作，并通知烽火台立即点火报警。

不久，只见通向辽沈的大道上尘土飞扬，马蹄声嗒嗒，后金旗兵快要到了，他急忙命令守军把四门吊桥高高吊起，准备迎战！

且说大贝勒代善、二贝勒阿敏，带着二万兵马来到城下，一声令下，兵马散开，"哗啦啦"一声声响过，把一座锦州城围得水泄不通。因为天色已晚，便命令士兵埋锅造饭，饭后抓紧休息，明天攻城。

　　汗王努尔哈赤见已完成对锦州城的包围，又见天色将晚，便吩咐三贝勒莽古尔泰、四贝勒皇太极道："立刻命令队伍，乘着夜色向北石山进军！"

　　转眼之间，后金四万八旗兵马浩浩荡荡，旌旗猎猎，远远望去，宛如汹涌澎湃的大海怒潮，奔腾而去。

　　努尔哈赤的兵马一调头，往松山方向刚走不到半里，探马早已跑向袁崇焕报告了。袁崇焕立即派遣左辅领兵马两千，埋伏于松山城外东树林中，并在他耳边低声说了几句话，左辅将军领兵而去。接着，他又命令朱梅领兵二千人马，在松山城西两山谷中，也在朱梅耳边小声交代一番，只见朱梅将军也笑眯眯地带着兵马走了。

　　在他身边还有一千人马，袁崇焕不紧不慢地将马鞭一甩，对将士们说道："咱们回到松山城里去！"

　　进城以后，袁崇焕与守将孙元化合兵一处，共有一万余人，二人共同商议了守城方略，对城头的各项防御设施认真做了检查和补充。

　　孙承宗在宁远城里，对松山方面比较放心，以为锦州城里兵力薄弱，不过几千兵马，确实有些担心。他立即派人回到山海关，命令祖大寿领兵五千人，迅速从海上乘船支援锦州，要祖将军行动要快，不得拖延。然后，孙承宗又派出几个探马，分别到锦州、松山方面了解情况。

　　努尔哈赤连夜行军，直扑北石山，天亮前，兵马已到北石山下，立即传令："所有兵马全部隐伏于大山沟里！"然后，努尔哈赤带着范文程、三贝勒莽古尔泰、四贝勒皇太极等，后面随着一些侍卫人员，迎着晨光，登上北石山顶。

　　三贝勒莽古尔泰向山下一指说道："看，那松山城就那么小啊！"

　　大家向松山城望去，努尔哈赤说道："别看那城不大，城墙可是怪高呢！而且墙体全由大石块砌成，不易攻啊！"

　　这时，有探马跑来向汗王报告道："袁崇焕昨天领着大约一千多人马进城。"

　　范文程想了一下说道："城里守将名叫孙元化，是开原人氏，也是科甲出身，城里兵马不过三千人左右。"

　　努尔哈赤听后，兴奋地说道："加上袁崇焕带来的一千多，不超过五千人马，朕以四万对四千，这十倍于敌的兵力，一定要踏平这座松山石头城，活捉袁蛮子！"

　　此时，前锋大将扬古利从山下呼哧呼哧地跑上山来，报告道："松山城四门大开，城上没有一兵一卒，也没有一面军旗，只是在城门附近有一二十个老百姓努尔哈赤听后，笑了一笑，不大相信，遂带了众人走到前面山口，离松山城又近了一程。再向松山城看去，果真是城上无士卒，无军旗，城里空空如也，安安静静，只有十几个老百姓模样的人，拿着大扫帚在扫大街，那"哗啦""哗啦"的响声，听得都十分清楚。

努尔哈赤陷入沉思中，三贝勒莽古尔泰说道："这是袁崇焕听说父王亲率四万大军前来，吓得逃跑了，留下了一座空城！"

听了儿子的估计，努尔哈赤又笑了笑道："没有那么简单！他并非李如柏之流的胆小鬼。"

他心里擂起了小鼓：四十年来，身经百战，还一直未遇到过这样的场面，难道这个袁蛮子已设下了埋伏？他向松山城周围一看，见城外山峦层叠起伏，城东又有大片树木，不由身上顿起一层鸡皮疙瘩，心里说：他们有威力很猛的大炮，再加上伏兵，利用有利的地势，咱们的兵马再多，铁骑再不怕死，也难以抵御。

想到这里，他立即转过身来，领着众人匆匆下山，回到营里大声命令道："快！以后军作前锋，前锋作后军，立即把兵马退出山沟，退往锦州去！"

四贝勒皇太极立即上前说道："父王！这可能是袁崇焕想像诸葛孔明那样，摆个空城阵吓唬吓唬父王，不如让我领一支人马进城去探个虚实，然后再退兵也不迟！"

听了皇太极的建议，努尔哈赤脸色陡地一变，两眼瞪着他说道："胡说！父王是容易被吓唬的么？"

说完，又大声命令道："快！这袁蛮子诡计多端，城门大开，肯定有埋伏。若不赶快撤退，必然会中他的奸计！快！赶快撤兵！"

于是，众将领分别回到各自所在的兵马中去，组织队伍，抓紧撤退。谁知那偌大的山沟，进去时容易，出来时却困难。四万八旗士兵，集中在里面，加上那众多的战车、云梯等，原已挤得满满的了。现在，撤退的命令一下，顿时乱了起来。

努尔哈赤立即命令道："不许乱嚷，按照顺序撤退，违令者立刻斩首！"

他的话音刚落，突然传来"轰！轰！轰！"三声炮响，从松山城里"哗啦啦"一下子冲出一万多兵马，向后金的队伍杀过来。明军一万多人手执大刀、长枪高声呐喊着说道：

"杀鞑子呀！活捉努尔哈赤呀！"

"杀啊！别让努尔哈赤逃跑啊！"

此时，炮声、呐喊声，震荡着山谷。

努尔哈赤毕竟历经战阵，急忙命令三贝勒莽古尔泰、四贝勒皇太极组织旗兵应战，他说道："再乱，队伍不能乱！即使炮弹炸在身边，也不要乱跑。"

两军混战在一起，松山城上的大炮，也不断呼啸着，在后金队伍中爆炸，更增加了混乱。突然，松山城两边埋伏的兵马，由左辅、朱梅领着，从两边一齐杀出，冲击后金的队伍。

努尔哈赤与范文程骑在马上，由四贝勒皇太极保护着，周围是层层叠叠的旗兵，护卫着往外撤退。

不久，从大、小凌河派来的明朝军队，也从两边冲杀过来，八旗兵马不敢恋战，只得边应战，边往锦州方向退去。当后金的兵马撤退到锦州城下时，那里也早已炮声隆隆，喊杀连天，打得非常激烈。

由于城外新挖了又宽又深的护城沟，后金的战车、铁骑一时都无法通过，等到抬土填沟时，又遭到城上炮火的轰击，给旗兵们攻城带来了很大困难。

努尔哈赤大队兵马退到城下时，本想联合起来一起攻城，谁知松山方面的明军也随着追杀过来，于是双方军队在锦州城下展开了一场混战。正当拼杀激烈之时，城东门那边突然杀来一支人马，立即与松山的明军配合起来，杀入八旗兵中。原来这支兵马是祖大寿从山海关乘船从海上来支援的。

努尔哈赤看到后面松山方面的明军紧紧盯着追杀过来，锦州城又一时难以攻下，山海关方面又从海上派来了援军，不由得连声叹息。

四贝勒皇太极见到他不停叹息，便问道："父王为何连声叹息？"

努尔哈赤顺口说道："孙承宗、袁崇焕这二人果然用兵不凡。"

皇太极有些不服气地说道："胜败乃兵家常事。父皇也太抬高了孙、袁这两个鸟蛮子！"

努尔哈赤说道："唉！这宁锦防线果然名不虚传，它能在战时迅速会聚，平时分散各守其城，或合或分，召之即来，挥之即去，可真不简单啊！"

皇太极见父王过于消极悲观，忙说道："这次用兵受挫，也属偶然，不如先暂时撤兵回去，等到机会到来之时，再兴兵前来，报这一箭之仇也不晚！"

努尔哈赤听从了儿子的建议，长叹一声道："这道宁锦防线不除，咱的兵马就别想攻下锦州城，现在只有退步，伺机再来了！"

说罢，努尔哈赤将御鞭举起来，无力地一挥，向众贝勒、全军将士命令道："退兵！回沈阳！"

努尔哈赤回到沈阳，计点兵马，损失了将近一万人；丢失了攻城器械、兵器、甲仗等不计其数。

努尔哈赤见众贝勒、将士们有些颓唐的样子，心中也有些闷闷不乐，但是他只得说道："胜败乃兵家常事。"

停了一下，他看看大家，然后又说道："休息两天之后，各旗要抓紧训练，这次撤退很混乱，给明军钻了空子，说明咱的旗兵纪律差了。人家未打来，自己先乱了。"

于是，努尔哈赤就坐镇沈阳，一方面督促训练八旗士兵，一边静观明朝上层政局的变化，准备伺机再兴兵南攻。

明朝天启帝熹宗，一天忽然心血来潮，向身边的魏忠贤问道："怎么不见辽东战事的奏表？"

魏忠贤把孙承宗连续两次反击努尔哈赤南犯的报捷表章，都压着不给皇帝知道，反而向皇上告孙承宗的黑状，他居然对熹宗说："孙承宗拥兵十万之众，在山海关整日游山玩水，不思报效皇恩，对辽事不闻不问，长此下去，不得了啊。"

皇上听了，有些怀疑地说道："不会吧？这个孙承宗不似杨镐、袁应泰，你是否弄错了？"

魏忠贤一听，吓得冷汗湿背，忙说道："这孙承宗原先倒是一个好人，只是纱帽子一戴，他的嘴就……就歪了！"

熹宗听后，又"嗯"了一声，也就过去了。平日，皇上只是知道玩乐嬉戏，这回也是随便问一下，过后就忘了。只要努尔哈赤打不过山海关，只要京城安定，也就心安理得了。至于明复辽东失地，以及辽民遭难、受苦、被杀等，他根本就未问过。

天启五年（1625年）的下半年，孙承宗因为皇帝批发的二十四万两饷银，被魏忠贤扣住不发，收复辽东失地的计划不能实施，便想借着西巡蓟辽，路过北京的机会，面见皇上，陈述详情，顺便告魏忠贤一状。另外，孙承宗也想在十一月中旬，再去北京城，兼贺万寿节，以便奏明皇上。

孙承宗哪里想到，自己身边被魏忠贤竟暗中埋下一颗定时炸弹，此人便是监军纪文华。平日，孙承宗的一言一行，纪文华都记录在案，交专人送北京，交给魏忠贤审察。一向耿直厚道、忠心朝廷大事的孙承宗，尽管在军事上谋略过人，却被身边的营利小人算计了。

孙承宗临走前，竟对纪文华说道："我去蓟辽巡察，顺道去北京，亲向皇上讨那二十四万两饷银，你在府里照应着，下面各城堡我已关照过了。"

孙承宗说罢，即带着几名侍卫，骑上快马，向蓟辽而去！

孙承宗前脚刚走出山海关府门，纪文华便匆匆喊来了自己的贴身侍卫纪培苟，对他小声道："你立即回北京向魏公公报告，就说孙承宗巡视蓟辽之后，顺道去北京要……"

魏忠贤得知消息之后，心中十分惊慌。他心里说：那二十四万两饷银，是皇上亲自批发的，拖了两三年不给，皇上知道这事儿，能饶了自己么？还有这两次反击战，孙承宗的报捷表章被压着不报，皇上被蒙在鼓里，一旦都抖出来了，皇帝不满，大臣们也一定会起哄，自己便吃不了——兜着走了。

怎么办呢？魏忠贤想来想去，没有好办法，后来，把他的几个亲信一齐找来，他们是张广微、顾秉谦、高第、崔呈秀等，终于想出阻止孙承宗进京的理由。

当晚，魏忠贤向皇上奏道："大事不好！孙承宗拥兵十万之众，扬言要进京为东林党翻案，还要'清君侧'，这不是'挟兵震主'吗？"

嘉宗听了，不大理睬，还将信将疑地说："不会吧！孙承宗不是那种人吧？"

说完，皇上便到御床上睡觉去了。

魏忠贤泪水止不住地流，绕着御床哭道："不得了啊！这是典型的挟兵震主，是逼宫，是变相的造反！一旦孙承宗的阴谋得逞，其后果不堪设想。"

魏忠贤绕着御床哭求，皇上把脸扭向里边，他就跑到里边哭；皇上脸向外，他就绕到外面哭。连续绕着御床转了四五圈，反复哭道："陛下啊！我魏忠贤可是赤胆忠心保皇上！孙承宗的目的若是达到，咱后悔无及啊！"

经过反复哭诉，哀求，魏忠贤的"忠心"终于感动了天启皇帝，他立刻翻身坐起来，又从御床上下来，大声说道："让阁部的次辅顾秉谦来拟写圣旨！"

那顾秉谦正愁着没有报答魏忠贤的机会呢，现在契机来了，听皇上一说，只见他洋洋洒洒，一挥而就："奉天承运皇帝诏曰：孙承宗自负守边大任，干系甚重，不能擅离职守。历有祖宗遗制，边将一旦远离信守戍地，当法不宽宥。钦此。"

魏忠贤兴奋得双手直抖，捧着圣旨，交予传旨官，派他连夜送往山海关，不得延误！与此同时，魏忠贤又让兵部连续三次派飞骑，驰向山海关，阻止孙承宗入觐。

不久，他又听人说，孙承宗已到了通州。这消息就像一声惊雷，吓得魏忠贤魂不附体。通州离京城这么近，孙承宗一抬腿便进了京，怎么办？

当时，尽管是午夜了，魏忠贤仍然急急忙忙假传圣旨，亲自跑遍京城九门，对守门的宣官再三叮嘱道："皇上有旨：孙承宗若是回京城，到这里就把他捆上，及时送到我府里去！谁若放他进城，就是抗旨，就杀他全家！"

孙承宗确实到了通州，有人把这事儿告诉他，劝他回关上去，孙承宗气得一时说不出话。回到山海关，孙承宗左思右想，他不知道是什么原因，皇上要阻止自己进京入觐。正当他百思不得其解之时，贴身侍卫郑方良把事情真相告诉了他。

孙承宗已预感到噩运不久便会到来，他知道魏忠贤手段残忍，而皇帝又事事任他胡作非为，心里想："与其留在身边祸害自己，不如先动手除掉这个毒瘤，与那个一手遮天朝廷大事的恶魔斗到底！即使碎骨亡身，也在所不惜了！"

想到这里，孙承宗起来一看，见夜已很深，便手提宝剑出了房门。沿着墙脚，孙承宗一到监军院里，推门进去一看，见那送信的纪培苟睡得正香。孙承宗也不说话，走上去一把拽下床来，扔在地上，对他问道："你去京城干什么了？老实向我说清楚。"

纪培苟一见孙大人用宝剑指着自己，心里也觉得对不起这位一向对自己态度温和的巡抚，便来个"竹筒倒豆子"全说了出来，最后哀求道："这都是纪大人让我干的，请孙大人饶命！"

孙承宗一边冷笑着，一边用一根麻绳将他捆牢，找块抹布塞住他的嘴，然后走了出去。

隔壁便是监军纪文华的卧室，孙承宗推门进去，见他睡得正香，心里说："畜生！你倒快活！今夜，我也让你知道作恶人的下场是怎样的。"

他走到床前，用脚往上一跺，那床便翘了起来，纪文华骨碌碌地滚下来了。

纪文华一见是孙承宗所为，知道不妙，但是，只好装糊涂对着他笑道："这么晚了，大人还来与本官开玩笑？"

说完，他见孙承宗一脸怒容，手提宝剑，也不说话，心里更加害怕，又装出恭敬的样子说："大人有什么话，明天再说吧？"

"明天？还要等到明天？我现在就要你讲，你派纪培苟去京城干什么事了？"

纪文华以为孙承宗不知详情，就不动声色地说道："大人何必多疑，我让他去办点私事。"

孙承宗气得肺快要炸了，看着眼前的仇人，真想立即给他一剑，但是，他忍住说道："看来，你是不想要活命了？"

说罢，用宝剑往他大腿上刺了一下，说道："你还以为我不知道吗？"

纪文华老奸巨猾，连声喊着"哎哟、哎哟"，嘴里还反抗着，对孙承宗进行指责道："我是朝廷命官，孙大人怎能这样对我？你要想想后果啊！"

孙承宗听后，不禁冷笑道："你是朝廷命官？你是魏忠贤的爪牙才对！是他安插在我身边的猎犬吧！"

"请大人息怒！别受坏人挑唆。"

"你为魏忠贤效劳，诬陷本官，还想抵赖！"

这时，孙承宗又走到隔壁，伸手一把抓住纪培苟，将他放到纪文华面前，气愤地说道："他已老实承认了，你这条狗还装什么？"

纪文华沉思了一会儿，突然双膝跪下："请孙大人饶了我，从今以后，我再也不敢了！这都是魏忠贤逼我干的啊！"

孙承宗心里说道："我再放了你们，等到有朝一日，你还要害更多的好人。"

他不声不响地走出屋子，反手关了房门，将门扣紧，然后把房草点着火，转眼之间，房子烧着了。起先，两个人还喊着，叫着，打门，砸窗户，后来，随着大火的蔓延，屋子里渐无声息，一点声音也没有了。

在房子燃着时，侍卫们全起来了，当他们看到孙大人站在房门不远的地上时，心中才明白是怎么一回事，便回去睡觉了。

次日早晨，郑方良与几个侍卫来到孙承宗面前，对他报告道："昨天夜里，纪监军与纪升一起喝酒，因醉后失火，二人全被烧死。"

孙承宗听了之后，看着他的这些忠诚属下，眼里顿时涌出了泪花，向着他们点点头，表示感谢，说道："我知道了。"

等侍卫们走后，孙承宗写了辞职报告，主动请求皇上罢他的职，放他回家务农。

在孙承宗被罢职之前，又发生了柳河事件，这就让魏忠贤有了可乘之机，迫使孙承宗提前退职回籍。

柳河事件发生在天启五年（1625年），由于马世龙误听传言，贸然出兵，结果兵败柳河，死伤上百余人，弃下甲胄六百副。这本不是一件兵戎大事，一次偷袭失利，原为兵家常事，有什么可大惊小怪的呢？

可是，魏忠贤得到这一消息，便如获至宝，在朝廷上大肆声张，唆使他的死党数十位文武大臣，纷纷上表，对孙承宗进行弹劾，一时之间，闹得朝议汹汹。

魏忠贤向皇上哭奏道："若再不撤换孙承宗，山海关不保，连京师也将岌岌可危了。"

熹宗听了，却说道："孙承宗在任四年，朕也安稳四年，你们却说他不行，这到底是怎么一回事呢？"

满朝文武没有一个敢为孙承宗说句公道话，都眼睁睁地看着魏忠贤瞒天过海。

此时，魏忠贤一个眼色，大学士张广微出班奏道："陛下！兵部尚书高第文武全才，熟通韬略，胜过孙承宗十倍，让此人前去代替孙承宗，必能阻止努尔哈赤的南下铁骑。"

皇上对这些事本也不想多管，又早想退朝了，于是便遂口说道："孙承宗不是请求退职回乡吗？那就准他回家去吧！让高第担任辽东经略，去主持两辽的军事吧。"

魏忠贤立即大喜过望，终于去除了心中的一个大患，从此更可以为所欲为了！于是，他一边为高第备酒饯行，一边派遣武林高手夜袭孙承宗，心里说："想平平安安地回家去，不能那么便宜吧？你孙承宗让我这么长时间提心吊胆，我也要你尝尝厉害。"

魏忠贤对那刺客说道："一定要他的命！要他的命！"

孙承宗接到罢职回乡的圣旨之后，便准备立即离开山海关。可是，袁崇焕、马世龙、祖大寿等一班部下，再三挽留，非要他多住两天不可。盛情难却。后来，又喝了两天的闷酒，才让他走。孙承宗原先的十五名侍卫，坚持与他一起回乡，袁崇焕听后，高兴地说道："也好，你们随孙大人一起走，也有个照应。"

袁崇焕一直送了十里路，孙承宗再三劝阻："送君千里，终有一别；咱们只要心相知，志相投，我也真的满足了！"

袁崇焕还将自己养了好几年的一条名叫阿宝的黑色猎犬送到孙承宗面前，说道："大人！这条猎犬对你也许有用，沿途难免会有艰险。"

孙承宗心中顿然有所领悟，说道："谢谢你的关照！希望你能在宁远建树功勋，打击努尔哈赤。"

袁崇焕又搂住阿宝的脖颈，一次次地摩挲着它的脑袋，对它说道："阿宝！一定要听孙大人的话，保卫大人的安全，做一个好猎手啊！"

他站起来，又拉住孙承宗的手，嘱咐道："不知大人可记得，在前边碣石山下有片林子，那里地势偏僻，往往发生一些凶险之事，请大人务必小心！"

魏忠贤派遣的刺客名叫康进思，此人原是一个和尚，因为酒色犯了戒，被住持逐出寺门，后被魏忠贤收进锦衣卫里。康进思武功高强，善用暗器伤人，被魏忠贤视为心腹，留在身边作保镖。

这次派康进思带十名锦衣卫人员，全是挑选出来的亡命之徒，一心要置孙承宗于死命。他们经过精心策划，埋伏在山海关与北京之间的碣石山下，想在那片林子里刺杀孙承宗。

这是第三天的上午，康进思在林子里正等得有些不耐烦之时，突然从西北大道边的林子里传来了长长的哨声。康进思不禁精神一振，知道孙承宗来了，便急忙带着锦衣卫，往大道上跑去。

孙承宗一行人正飞马疾驰，突然在山林里响起一声长长的哨声，哨声尖厉，又冗长，尤其在这荒僻的山林里骤然响起，显得格外恐怖。

阿宝首先竖起起双耳，脖子上的长毛也根根直立起来，它向林子里吠了几声，并立即如箭一般向林子里窜去。孙承宗立刻想起袁崇焕的话语，知道林子里有人，但不知他们是强盗，还是刺客，便大声向阿宝喊道："回来！阿宝！快回来！"

正向林子里窜去的阿宝，听到主人喊声，只得戛然停下来，有些不大情愿地回来了。

孙承宗立刻跳下马来，轻声向侍卫们道："林子里有人，各位做好准备！"

他们正在说话工夫，只听林子里"唰！唰！唰！"一下子窜出来十几条大汉，拦住大道。孙承宗抬头一看，一共十一条汉子，个个用黑布蒙面，手执大刀，杀气腾腾。

未等他说话，那伙人中有一人走前两步，阴阳怪气地笑道："哈哈！孙承宗，咱们已等候多时了，今天，明白地告诉你，这是奉九千岁之命，来要你命的！明年的此时就是你的祭日！"

孙承宗把阿宝的牵绳交给身边的郑方良，对着那些蒙面人冷笑两声，说道："看来，今天不动手是不行了！依我的本意，留点力气去杀鞑子不更好吗？为何要在这关内搞内斗呢？既然到了这步田地，我也不会束手就擒的。"

康进思立刻接下去喊道："手不留情！"

孙承宗不再搭话，只见他斜身仄背，从身后拉出那把龙阙宝刀，那宝刀一出鞘，便有龙吟虎啸之声。迎着阳光，刀光闪闪，冷气森森，令人见了不由得毛发悚然。

对面的康进思一见，倒吸了一口凉气，心中立刻想起：不少人说孙承宗有一口宝刀，今天果然开了眼界，等会儿交手时，倒真要多加些小心为好啊！想到这里，康进思将手中的九节钢鞭一抖，说道："请！"

孙承宗手握宝刀，也说声："请！"

接着，"哗啦啦"一声响后，康进思的九节钢鞭直奔孙承宗面门掷了过来。

孙承宗立刻后撤一步，斜身躲过，顺势一晃，向康的面部砍去！康进思闪过这一刀，甩起九节鞭，使了一个"流星赶月"，又向孙承宗的头砸来。孙承宗旋转身躯，那九节鞭落空，他顺势挥起宝刀，来了个"顺水推舟"，向康的腰间斩去。

两人就这样来来往往，刀劈去，鞭打来，战了十几个回合，不分胜负。

只见康进思突然虚打一鞭，借着转身的机会，从袋子里取出一把小东西，分别两手拿着。

然后，猛然转身，对着孙承宗大喝道："看打！"

康进思用右手食指一弹，一个铁珠约有莲子大小，直奔孙承宗的面门打来！其实，孙承宗早已看出他的行动有异，这时略一偏身，那小铁珠儿便从眼前飞过。

幸亏孙承宗早有警觉，要是粗心大意一点，准被那铁珠子打中不可。他见康进思又想打那小铁珠，便纵身一跃，拦腰一刀扫去，吓得康进思不敢再打珠子，忙用九节鞭去挡。

谁知那龙阙宝刀真有削铁如泥的过硬功夫，只听"哐啷"一声，那鞭儿被宝刀拦腰裁为两半，康进思稍一发愣，未曾想被孙承宗又是一刀扫去，他的两条小腿被齐刷刷地一齐削掉！

顿时，康进思一跤跌坐在地上，伤口往外喷着鲜红的血水！他咬住牙，忍住钻心的疼痛，想作一番"困兽犹斗"，准备以铁珠报复孙承宗。正当他手拿铁珠，准备弹向孙承宗之时，未想到被飞蹿而来的阿宝一下子扑倒在地上。

原来，郑方良拉着阿宝不放，忽见孙承宗一刀砍倒了对手，又见那人正要发射暗器时，便放了阿宝，用手指着向阿宝命令道："快去！咬死他！"

那阿宝猛地一下蹿过去，将康进思扑倒在地，又一口咬着他的脖颈，未等康进思还手，他的喉管已被阿宝撕断，气绝而亡！

魏忠贤哪里想到，他豢养了好几年的爪牙，会葬身在这荒凉的碣石山下。

那十名锦衣卫早见他们的师傅被砍倒，心知不妙，便想逃跑，却被随孙承宗而来的十五名侍卫围在林子里全歼灭了。

孙承宗喘了口气，对侍卫说："我要回高阳老家去。你们要回家的，发给你们路费。愿意去高阳的，咱们一起去！"

其中有七名侍卫想回家，孙承宗给足了路费，又另加给每人五十两银子，他叮咛道："这些银子全是袁大人他们凑的，别乱花了，带回家去，孝敬父母，成个家吧。"

天启五年（1625年）十月，明熹宗听从魏忠贤建议，派高第以兵部尚书，佩尚方宝剑，经略辽东，进驻山海关。他一到任上，就借口柳河兵败为理由，撤掉山海关总兵马世龙的职，让他立即从锦州回到关内去，等候朝廷问罪。

接着，高第准备将山海关外的驻兵全部撤进关内，完全采取不谋进取、只图守关的消极防御策略。

由于高第畏敌如虎的政策，激起袁崇焕等将领的竭力反对，袁崇焕当面说道："锦州、右屯一带，既驻防兵将，藏卸粮料，又郡署厅官，怎能不加防守，就撤退下来？若是从一地撤防，势必影响到全局，这不是公开地向努尔哈赤示弱？辛苦经营四年的防线，就这样不战而撤，不败而退，影响太坏了！"

总兵马世龙也不满地说道："柳河兵败，是因为我误信了消息，这是我的罪责，本来是兵家常事，不值得大惊小怪，更不能牵涉到宁锦防线上去！至于锦州、右屯、大凌河三城是关外的要塞，如果仓皇撤防，不仅使刚兴工修建的城堡毁弃了，而且也等于把关外的四百里封疆拱手送给后金国。"

可是，高第凭借着皇上赐给的尚方宝剑，又有魏忠贤及其死党们的暗中支持，把将领们的建议置于脑后，固执己见，坚持把关外的驻军撤回来，他对马世龙说道："这次撤防，不仅要撤除锦州、右屯、大凌河的守军，宁远、前屯的军队也要撤！谁若不听命令，有尚方宝剑在此！"

由于高第不战而退的策略，闹得军心不稳，民怨沸腾，难民塞于路，哭声震于野，并且丢弃米粟十余万石，造成军无战心，士气低落。

高第对这混乱的情况竟视而不见，还坚持催袁崇焕撤军。这立即遭到袁崇焕的坚决反抗，袁崇焕义正辞严地对高第说道："锦州、右屯等城的驻军已撤了，宁远、前屯若再撤兵，山海关将完全暴露在鞑子面前，关内也受到震动。请问大人，你的撤兵命令，到底对谁有利？"

高第仍不愿意接受意见，对袁崇焕道："本官的撤兵命令必须执行！望你尽快把宁远、前屯的军队撤回来！"

袁崇焕简直气炸了肺，自己辛辛苦苦修筑的宁远城，如此坚固的一座前沿堡垒，却要拱手送给敌人，哪有这样的道理？

袁崇焕的性格刚直，胆略过人，从来不服邪的，对高第的专横跋扈甚为不满，特别是动辄以尚方宝剑论处，更为反感。袁崇焕对撤军之事置之不理，高第也是不答应，执意要他撤军，甚至挥着御赐的尚方宝剑，威胁着说道："我是蓟辽经略，谁不听我的命令，我就有权制裁谁！"

高第见袁崇焕拒不撤兵，又知道皇帝垂信于他，就不再坚持要袁崇焕从宁、前撤军了。但是，高第仍然用心险恶，他把宁远、前屯以外的其他各城堡全都撤防，使宁远城变成一座孤城！高第的用心之险恶，目的之卑鄙，手段之恶劣，都是前所未有过的。

努尔哈赤在占领广宁之后的四年之间，虽然派兵两次打锦州，一次打松山，均遭败绩而归，以后便不敢再兴兵南犯了。

善于闻风而动的努尔哈赤，曾经乘着熊廷弼下台之机，派兵夺占辽沈，这次又得到孙承宗被罢职还乡，高第撤军关内、宁远城孤守的消息，决定派兵攻打宁远城，向袁崇焕报那两次兵败之仇。

于是，对侍卫喊道："快去把范先生喊来！"

等范文程进来坐下以后，汗王问道："明朝新任的辽东经略高第是什么样的人？"

范文程急忙答道："高第是洛阳人，年轻时是个无赖，成人后，通过张广微的介绍，巴结上了魏忠贤，帮他弄了个进士，并提拔做了兵部尚书，此人胸无文墨，不懂军事。"

努尔哈赤听了介绍，又问道："范先生，依你看现在可是攻打明朝的极好时机？"

"依臣看来，这高第是魏忠贤的人，不会与袁崇焕合作得很好，既然是将帅不一心，怎能用好兵、打好仗？正是咱们攻明的大好良机呀！"

努尔哈赤听了范文程的话，非常兴奋地道："对呀！这是老天爷为咱送来一个千载难逢的攻明机会，咱们要抓住这良机，不能让它溜过去呀！"

范文程又提醒道："陛下！袁崇焕的宁远城仍没有撤兵啊！这座城才修成不

久，城上配置了不少大炮，也不可轻视啊！"

努尔哈赤却不以为然地笑道："不管怎么说，它也只是一座孤城。"

范文程听汗王这么说，也不再说什么，仍然小心翼翼地建议道："为了慎重起见，还是先派个将领带些兵马，前去试探一下，更为稳妥一些。"

努尔哈赤听了，笑道："你说得对！先让朕那愣小子去试探一下再说。"

范文程知道，汗王说的他那"愣小子"是指三贝勒莽古尔泰，此人生性鲁莽，作战勇猛，有万夫不当的本事，只是缺少谋略，头脑简单，汗王常以"愣小子"看待他。

不大一会儿，莽古尔泰来了，汗王对他说："你带领一千人马，到锦州、松山一带去看看，了解一下他们的防守情况，尽量不要与他们打起来，更不能被他们捉住啊！"

莽古尔泰回来后，努尔哈赤立刻召开各贝勒、大臣和将领们开会，研究发兵问题。

会议一开始，努尔哈赤先说道："三贝勒已经去了锦州、松山等地，先让他为大家介绍一下那里的布防情况吧！"

三贝勒莽古尔泰高兴地介绍说："这次我带兵从锦州到宁远，见到明朝的驻军全都撤回到山海关以内去了，只剩下宁远一座孤城，还有少数守军在城上驻守。什么松山、杏山、大凌河、小凌河等，几乎全成了一座座的空城，若不是那一座宁远城在中间挡住，咱们的八旗骑兵就可以一马放到山海关前了。"

努尔哈赤接着说道："由于孙承宗和袁崇焕这两个蛮子的阻挡，已整整耽误了咱四年！不过，经过这四年的息兵，咱的兵马更强壮了！如今，孙承宗已被罢职，高第又不懂军事，剩下一个袁蛮子他也是单丝不成线，当前正是攻明的极好时机，请大家再各自谈谈看法。"

李永芳首先发表自己的看法："宁远城虽然是重新修建而成，城里驻军至多不过一万多人，外面没有援军的情况下，袁崇焕本事大，恐怕也难以守住此城，咱的八旗兵马一到，宁远将土崩瓦解。"

刚投降后金不久的明军将领张孝诚说道："若能先攻下宁远城，再设兵置器，诱攻山海关，然后从一片石入关，这是出其不意、攻其不备之举；此后再收掠通州谷物，可以直达明朝的京城。明朝的天下，便全是咱后金的了。"

二贝勒阿敏听了，很不耐烦说道："别扯得太远了！现在是讨论攻打宁远城的问题，你讲到哪里去了。"

张孝诚吓得低着头，大气儿也不敢出一声儿。努尔哈赤看到了，立即横了一眼阿敏，接着说道："原来，咱们怕的是宁锦防线；如今，孙蛮子被罢职，袁蛮子孤军无援，宁锦防线不攻自破，咱还怕什么？不过，当前出兵有一条不利，那就是天气过于寒冷，若能再过数月之后，大地回春，天气暖和时，将更有利了。”

四贝勒皇太极也说道：“明朝军队中有怯战心理，但是也有几场恶仗大家切不可忘记呀！那西平堡一战，打得多激烈啊！袁崇焕的用兵，确实智谋深远，要对他当心一些，不能存轻敌思想。”

三贝勒莽古尔泰说道：“今天你怎么啦？光长袁蛮子的威风了，父王，快出兵吧！”

努尔哈赤说道：“不管怎么说，当前是攻打明朝的最理想的好机会。尽管是天寒地冻，咱们也要兴兵去打！若是等到明年春后再打，到那时形势变了，或是那孙承宗要再复职回来了，怎么办？形势难以预料哇！”

经过充分酝酿、准备，后金国于天启六年（1626年）正月十四日，也就是努尔哈赤去广宁一带围围之后的第四天，便迫不及待地从沈阳出发，亲自统率大军十三万，号称二十万人马，向明朝发动新的、大规模的进攻。

十六日，后金兵马到达东昌堡，十七日渡过辽河，没有受到任何阻挡。

为了显示八旗兵马的雄威，努尔哈赤布兵于旷野，南到大海，北越广宁大道，漫山遍野，浩浩荡荡，看不到首尾，只见剑戟如林，刀枪的寒光刺人眼目，令人望之胆寒。

大军抵达西平堡时，前哨军卒捉住几名明军的探马，经过审问，得知除宁远城以外的城堡，均无大部队防守，只有屯卫守员一千人，大凌河城守兵五百人，锦州守兵三千人。

大贝勒代善听后，对周围将士道：“这一点儿兵马，对咱们来说真是‘老虎吃蚂蚱——简直不搪牙’！”

事实果同代善说的那样，后金兵马一到，右屯卫守城参将周守廉、锦州游击肖盛、中军张贤、都司昌忠、松山参将太辅、中军毛风义，以及大小凌河、杏山、塔山等各处军民，按照袁崇焕的布置，实行坚壁清野，焚烧房屋，运走所有的谷物粮食，毫无反抗，纷纷逃走，故意显示出畏敌如虎的逃跑姿态。

于是，努尔哈赤十几万兵马如入无人之境，毫无阻挡地开进不设防的右屯、锦州、松山、杏山、塔山、大小凌河各城。

这时，三贝勒莽古尔泰对将士们说道：“咱们这次出兵攻明，好像游山玩水一般，明军已望风而逃，哪还要咱动刀拿枪去拼杀哩！大明灭亡的日子，已经为时不远了，咱们一起去迎接这日子的到来吧！”

汗王努尔哈赤也心情异常轻松，不时地看着他亲手缔造的这支队伍，心里想：“朕已戎马四十余年，目标就是为攻打明朝。这次攻下宁远之后，就直接攻打山海关，打进中原，眼下已是胜利在握了。朕已六十八岁，在有生之年，还可以登上北京的龙庭，坐北向南，称孤道寡，做几年中原的皇帝。"

正当努尔哈赤退思时，忽然四贝勒皇太极打断他的思绪，说道："父王请看，前面便是宁远城了！"

努尔哈赤举目向前一看，果然名不虚传，宁远的城墙又高又宽，煞是巍峨壮观。

皇太极请示道："父王，这大营扎在哪里合适？"

努尔哈赤立即不假思索地命令道："朕早已想定，兵驻七大营！"

说完之后，他又解释道："咱的兵马扎营此处，就可以截断宁远城通往山海关的大道，既能阻挡从山海关方面派来的援军，又可以扼制宁远城内的军队往山海关方面逃窜……"

皇太极听罢，从内心深处佩服自己的父王。

当后金的兵马从沈阳一出发时，袁崇焕的探马便来向他报告了。他与总兵满桂等商议后，对守城作了严密部署。他先喊来参将姚抚民、胡一宁、金冠还有游击季善、张国青等，对他们说道："立即把龙宫寺的屯粮运入觉华岛，并率水师的大营战船二千多艘，兵将商民等近三万多人，进行守卫。"

总兵满桂说道："如今已是天寒地冻，为了防止后金兵马履冰入侵岛上，可以预先命令士兵凿冰十五里。"

尽管宁远城兵将不足三万人，袁崇焕却临战不惊，指挥若定，团结守城将领，迎战后金兵马。首先，袁崇焕将兵力集中于宁远城内，撤中左所、右屯等处的兵力，连同从西洋购来的大炮，全部入城，精心布置于城头。

为了吸取以往教训，袁崇焕命令同知陈维模负责稽查城内奸细，及时肃清后金的间谍人员在城内活动，发现一个消灭一个，绝不手软。

袁崇焕准备长期守城，命令通判金启宗专门负责供应守军将士的饮食。对将领也作了分工，袁崇焕派总兵满桂守城东，副将左辅守城西，参将祖大寿守城南，副总兵朱梅守城北；而袁崇焕自己则总督全局，负责全城守御。

从这一天开始，袁崇焕不再下城，就在城上与守城将士一起吃住。在他的鼓舞下，全城军民立即行动起来，身强力壮的登城防守；不能打仗的，参加后勤巡守巷口，提防奸细。为向皇上表示决心，袁崇焕在写给天启帝的卷表中，表达了他和宁远城军民的战斗意志，誓死捍卫大明江山社稷，狠狠打击兴兵来犯的后金兵马！

熹宗见了袁崇焕的报告后，十分满意地说："若文武大臣都能像袁崇焕这样地赤胆忠心，朕无忧矣！"

魏忠贤却向皇帝说道："袁崇焕骄傲自大，不接受高第的劝告，不听从命令，连皇上赐给的尚方宝剑也不放在眼里，真是目空一切！"

天启帝听了，不得不说道："孙承宗在辽东四年，鞑子不敢兴兵南来，高第一去上任，努尔哈赤就派兵来犯，这是怎么一回事？如今袁崇焕坚持抗战，你们又说他的坏话，这真让朕不明白，难道他抗战也错了么？”

魏忠贤不敢再说了，不过朝中的大臣们，也不相信宁远城能守得住，又无力解救宁远，只得惶恐不安地在静观战况。

此时，身为经略的高第，拥兵山海关，却坐视宁远城的紧急状况，而不派兵援救。

努尔哈赤本是一个深谋远虑之人，许多事情都是未雨绸缪，事前早做好准备了。在向宁远出兵之前，他曾单独找李永芳、李小芳父子二人，布置往宁远城派遣谍报人员的事情。

李小芳向努尔哈赤报告道：“宁远城的总兵满桂，与我岳父马如龙认识，以前满桂到辽阳办事，总要去看望我岳父。”

马如龙遵从努尔哈赤的旨令，给满桂写了一封信，交给李小芳。

努尔哈赤让自己的侍卫队长柯汝州陪李小芳一起去，并嘱咐二人道：“你们一文一武，万一满桂不答应，让柯汝州来点硬功夫吓他一下，以促其就范。”

二人肩负着后金汗王努尔哈赤的使命，怀里揣着马如龙的书信，进了宁远城。当时，虽说后金还没有出兵，宁远城里已显示出紧张的备战气氛。城上守军各就各位，严阵以待。站岗的，游动的，还有一队队巡逻士卒穿街过巷，盘查可疑行人，既紧张，又有秩序。

李小芳与柯汝州以商人装束混进城去，来到总兵府里，将马如龙的书信交予满桂。

满桂展开书信一看，那上面写道：

满桂贤侄台鉴：

一别经年，不胜想念之至。近闻贤侄荣任总兵，深谓可喜可贺。今有李小芳、柯汝州二人，前往贵城经营商业，望予关照，不胜感激。

恭颂

大安！

愚叔马如林再拜

二月初二日

满桂读完信，便留下他们住在府里，以为二人是来做生意的，就未加注意。

次日，两人一天未归，直至半夜，袁崇焕派侍卫来请满桂去议事，见面后，袁崇焕说：“你府里来的两个朋友，是什么人呀？”

满桂不经意地答道："是我父亲当年的朋友介绍来做生意的。"

袁崇焕笑了笑，说道："你上当了。他们二人来做什么生意？跑到咱们城上去，记咱们大炮的位置，被左辅的士兵当场抓住了。"

"啊？原来是这样。"

满桂说着，就把马如龙的来信递到袁崇焕手里，沉思了一会儿，说道："看样子，是后金的间谍了。他们昨天才到，我还没来得及了解一下，他们就行动起来。看这情况，努尔哈赤快要发兵了。"

袁崇焕接着说道："努尔哈赤善于使用谍报人员，从抚顺到沈阳、辽阳，尤其是广宁，都是里应外合。"

袁崇焕停了一下，又说道："清查之事，明天就着手进行。那两个人你还是领回去，不如……"

说到此，袁崇焕凑到满桂耳边，小声说了一会儿，满桂点头应着，然后一起往关押李小芳、柯汝州的屋子走去。

原来两人住在满桂府里，当晚私下里商议，对满桂只能伺机劝说，可一见那十一门西洋大炮，不禁大惊失色。据说大明从英国买来三十门大炮，也就是英国制造的早期加农炮，具有身长、管壁厚、射程远、威力大的特点，是对付密集骑兵的有力武器。这三十门加农炮，北京都城留下十八门，炸毁一门，余下的这十一门强力大炮，被孙承宗要来，解往山海关，让袁崇焕放在宁远城头。

李小芳、柯汝州两人在城头一见到这些"庞然大物"，立即绘出大炮装设的位置、方向等。谁知守城的士卒早就盯上了他们的行动，并报告了左辅将军，等他们把图纸装进口袋之时，城上的守军立即包围过去，将他们扭送到左辅那儿。因为所绘图纸被查获，二人虽然百般狡辩，左辅将军基本认定他们是后金派来的谍工人员。

袁崇焕、满桂见到左辅把情况说明之后，三人一起来见李小芳、柯汝州。

见面后，袁崇焕一再表示歉意，满桂说："这是大水淹了龙王庙——一家人不认识一家人了。今晚，我摆酒为二位压惊。"

本来，李小芳、柯汝州还担心脱不了身，现在袁崇焕亲自来致歉，还有什么说的，正是求之不得，所谓磕头来不及，就地打个滚哩！

当晚，满桂真的在府里大摆酒宴，又请来左辅、朱梅二将作陪。

又过了两天，后金兵马已经从沈阳出发，战争将要开始了，满桂向袁崇焕道："这两天，他俩在城里转悠，因为有人盯着他们，未敢有什么行动，今晚可能到了摊牌的时候。"

袁崇焕立刻提醒道："要当心啊，听说那个姓柯的会武功，那天在城上五六个士卒才按住他，你千万不可大意！"

满桂听后，笑道："感谢大人关照！他们想在我这里讨便宜，这次可能要失算了！"

二人说话工夫，天色已晚，满桂回到府里，向李小芳、柯汝州二人直言不讳地道："从明天起，我就要到城上居住，不能奉陪二位了，请多多包涵了！"

二人听后，相互交换了眼色，李小芳道："那也好，晚上我还有一件事想向你谈谈。"

"好吧，留喝酒时再谈。"说罢，满桂就吩咐人准备酒菜，然后走了出去，把几个贴身侍卫召到一块，小声叮咛几句，便各自行动去了。

不到半个时辰，酒菜摆满一大桌子，三人分宾主落座，满桂先说道："今晚没有别人，咱三人用大杯喝，来个一醉方休！"

李小芳也笑道："好吧！今晚咱们来一个开怀畅饮。"

于是，三人用大杯喝了起来，满桂说道："今晚与二位多喝一些，明天登城以后，就不能回家，也不准饮酒了，说不定还会死在战场上，那就真的永远喝不上这美酒，吃不上这佳肴了。"

三人推杯换盏，一顿豪饮后，李小芳说道："这宁远一座孤城，你们还守个啥？能守得住吗？请满总兵想想，后金汗王努尔哈赤御驾亲征，带领几十万人马，这小小的一座宁远城，如水中的一叶浮萍，能顶得住吗？还不是鸡蛋碰石头？"

满桂只装着未听见，忙端起酒杯，说道："咱还是喝酒，不谈政事。"

"要谈政事！"柯汝州站起身来，说完之后，伸出右手，按着桌角，使了一个"力劈华山"的架势，忽听"咔嚓"一声，那槐木的桌角被他齐斩斩地劈下了。他两眼盯着满桂，接着说道："今晚当着满总兵的面，直说了。我俩是肩负着努尔哈赤的王令，前来劝说满总兵归降我们后金国。如今，八旗兵马已经出发了，快要兵临城下，你若明智的话，立即归降，咱们是好朋友；若是不答应，你也别想走出这屋子，这桌角，便是你总兵大人的下场！"

满桂却满脸赔着笑，说道："有话好好讲，别激动嘛！这事关重大，要坐下来慢慢商量呀。"

李小芳见满桂赔着笑，也就让柯汝州坐下，示意他别急躁，然后说道："满总兵本是聪明人。你可知道，早在后金攻打辽阳城时，马如龙已主动打开城门，投降了后金。这次他因卧病，不能前来当面劝你，才写这封书信给你，只是不好在信中明说，所以请不要再犹豫了。"

满桂有些为难地道："这献城之事，非我一人能做得了主的，等明天我与袁崇焕商议后，再答复二位，你们看如何？"

李小芳未及搭话，只见柯汝州双目一瞪："这事必须立即决定，怎能拖到明天？你若再拖延下去，可别怪我不讲情面！"

满桂显出无可奈何的表情说道："我满桂与二位素昧平生，正是往日无冤，近日无仇，只凭着马如龙的一纸书信，我已热情招待这几天，何必对我如此相逼，又如此绝情？这么大的事情，不让我考虑，也太……"

柯汝州听得很不耐烦，又厉声喝道："不要再拖延了！你要是再固执下去，就别怪我不客气了！"

李小芳也随着催促道："既然话已说到这个份上，满总兵再多讲也无用，何不来个快刀斩乱麻呢？"

满桂见李小芳、柯汝州都坐在位置上未动，于是就镇静地说道："二位既然要我表示态度，我就……"

说到此处，二人正在专心地听满桂的下文，未提防满桂的右手伸到桌子下面，那桌腿顶端有一个按钮，他猛一搬动，只听"哗啦"一声，李小芳、柯汝州两人连凳子一起，跌入一丈多深的地窖。

说也奇怪，他二人一坠下去，一块木板又"呼啦"一下从地层中穿出来，恰好将那地窖口盖得严严实实，只在中间留了几个气孔。

这个总兵府原来是一户财主的私人住宅。熊廷弼来辽阳任经略时，把它买来作为府第。这个地窖不为外人知道，今晚倒是派上了用场。

李小芳、柯汝州两人坠入地窖后，见四面墙壁，光滑异常，下面还在渗水，上面一块又大又厚的木板盖住，只有几个小孔透光、漏气，想从下面上来，比登天还难！

二人焦急万分，只得哀求道：

"满总兵，请你高抬贵手，让我们出去罢！"

"满大人，请看在马如龙面上，放我们出去，那归降之事咱们任你决定吧！"

满桂说道："你们在城上偷画大炮的位置图，我念得马如龙的交情，放了你们！连袁大人也来道歉！你们身为汉人，甘心为奸，都不自谅，在咱府里居然如此猖狂！幸而有这地窖，不然，我好心待你们，反遭了你们的暗算！是可忍，孰不可忍！"

说到此，满桂又一次扣动那按钮，只听水声"哗哗"，继续往窖里流淌着，直到水深齐胸，满桂才住手，然后说道："三天以后，我再放你们！若是叫嚷，立刻放满水，将你们淹死在里面！"

满桂喊来两个侍卫，叮嘱道："你们二人轮流看住他们！三天之内，不要给他们吃的，里面有水，死不了；三天以后，等咱们打退了努尔哈赤的兵马，再来处置他们。"

次日清晨，满桂上城去了。

后金大军于二十三日抵达宁远城。

努尔哈赤把御鞭一指，命令道："八旗健儿们！立刻包围宁远城！"

转眼之间，训练有素的八旗兵马，由各个贝勒带领着，如潮水般地从四面八方把一个孤零零的宁远城围得水泄不通！

鉴于山海关外只有这一座孤城，努尔哈赤向贝勒、大臣们说道："咱们再用招降的办法，争取不战而得宁远这座孤城，岂不更有利？"

于是，努尔哈赤让范文程写一封《敦促大明宁前道袁崇焕大人投降书》，派遣从锦州俘获的一名汉人进城，给袁崇焕带去这封书信，那信中写道："我以二十万大军攻打宁远城，你们能守得住吗？你们若是明智的话，就应该放下兵器，及早献城投降。我将以高官厚禄封赐予你……"

袁崇焕与守城将领谈话时，忽有侍卫报告："鞑子派人送信来了。"

袁崇焕镇定地说道："让他进来。"

袁崇焕断然拒绝了努尔哈赤的武力威胁和高官厚禄的引诱，表示要与宁远城共存亡的雄心壮志。

众贝勒见劝降遭到了袁崇焕的拒绝，纷纷请求攻城，大贝勒代善说道："别把袁崇焕估计过高了，说不定他也是杨镐一类的人。你们看，那城上既听不见鼓声，连旗帜也不敢竖了。莫不是看到咱们大军到来，他们吓破了胆？"

努尔哈赤听后，不耐烦地说："是你太无知了，这是袁崇焕使的疑兵之计，你竟上当了！"

三贝勒莽古尔泰说道："管它什么疑兵不疑兵，咱只要大刀挥过去，给他来一个冲锋，登上城头，割下他的头，就完成了任务。"

汗王努尔哈赤本想再到城下用激将法，诱引袁崇焕出城应战，以消灭他的有生力量。可是，看到众贝勒摩拳擦掌，急呼呼地请求出战，只得打消这个念头，便向全军发出攻城命令："袁崇焕不投降，就叫他灭亡！杀啊！"

这喊声如春雷滚动，震撼着山谷、原野。

努尔哈赤以六十八岁高龄担任八旗兵马的统帅，在凛冽的寒风中，在冰冻的大地上，亲自督战，指挥他一手缔造的八旗子弟兵，奋力攻打宁远城。

平日在旷野打仗时，努尔哈赤多采取战车和步骑相结合的"结阵"方法。也就是在阵前排列战车，车前面挡上五六寸厚的木板，上面裹上生牛皮。这种战车专门是为了对付明朝军队里的火器，因为人藏身车内，既可避弹，又能避火，还可以防止滚木、礌石的砸打。战车后面是弓箭手，再后是一排小车，专载泥土，用以填塞明兵挖掘的沟堑壕渠，以此铺平道路。最后面的才是八旗铁骑，人马全披着重铠甲，号称"铁头子"，厉害无比。

努尔哈赤的军队进入辽沈以来，采用这种战术，每每都能取得胜利。如今，面对宁远的坚城利炮，特别是面对足智多谋、坚持抗敌的以袁崇焕为首的宁远城的全体将士，努尔哈赤仍然没有意识到要改变战法，坚持那套原有的平原野战的战法。

然而，后金的进攻尽管猛烈异常，却失去了往日的效果。宁远城上的守军凭着坚城，既不怕骑兵冲击，又不怕箭矢射击，处于有利地位。

袁崇焕坐在高大的钟楼之上，指挥全城的反击作战，毫无惧色，沉着应战。每次后金兵攻城时，袁崇焕便对守将说道："不要早放大炮，要等对方士兵靠近城下、进入射程时，再发炮还击。"

当八旗士兵进入射程之内，面对蜂拥的后金兵马，城上十一门大炮同时发射，只听一声声巨响，有如地裂山崩，威力强大的重型炮弹，在旗兵中间爆炸。眨眼之间，土石飞扬，炸得地上布满了尸体，连战车也抵挡不住，只要被击中，便被炸得粉碎。飞起的木片打在人的身上，不死也要受重伤。

在努尔哈赤的亲自督战下，后金兵马不顾死伤众多，踏着尸体拼命向城下推进。有许多战车已抵达城墙脚下，猛烈地撞击城墙。旗兵们借着厚板的掩护，用斧头捶城，有三四处城墙竟被捶了几个大窟窿。幸亏天寒地冻，城墙才没有坠塌。

袁崇焕在城楼得到消息，立即奔赴出事地点，指挥作战。

由于后金旗兵见凿城有了效果，更加拼命用各种铁制品撞击城墙。大家看得分明，大炮打不到城墙脚下，滚木、礌石也无济于事，情况有些危急。

就在这时，金通判急中生智，试验把火药均匀地撒在褥子上和被子上，然后将其卷成一捆，用火点着，于是，火一下子熊熊燃烧起来。火药星子飞溅到人身上，立即会燃起大火，想救也来不及，转眼之间便会被大火烧死了。

袁崇焕发现这方法甚好，对敌人的杀伤力很大，立即传令推广这方法，守将们纷纷效仿，如法制作，把城里居民献出的被褥、被单等衣物，卷成一捆捆，陆续向城下掷去。

后金旗兵们，正在城下拼命凿墙时，忽见城上丢下许多成捆的被褥、被单等，经火把一燃，火药便腾地燃烧起来，眨眼之间，火势飞腾，能窜起一人多高。

那些八旗士兵被火烧着之后，惊慌地扑打着身上的火苗，不料一扑打起来，因为煽动成风，火借风力，烧得更旺，凿城的旗兵，就这样一个个、一群群地被活活烧死了。

二十三日一天时间，努尔哈赤仗着兵马众多，想一举攻进城去，虽然全面出击，四面开火，出动无数次冲击，却没有收到预期效果，反而死伤惨重，伤亡旗兵数千人以上。

二十四日上午，努尔哈赤决定改全面进攻为重点进攻，寻找明军防守的薄弱环节——宁远城的西南角。他立即命令大贝勒代善与二贝勒阿敏领兵重点进攻西南城，他们仍采取以战车掩护的办法冲击城下，让旗兵用铁斧、镐、锹等铁器用力凿城。

谁知城上袁崇焕又让将士们用柴草扎成一捆捆，在上面浇油，撒上一些火药，再用铁索垂挂下去，靠在城下的后金的战车上，或是搁置车板顶棚上面，然后投下火把。

于是，城下立刻燃成一片火海，后金凿城的旗兵想跑也来不及，身上燃了火苗被烧死。

一连两天攻不下来，死伤了那么多人，努尔哈赤有些着急，他向众贝勒、大臣们说道："这座小小的宁远城攻不下来，还怎么去打山海关？朕就不信，难道这宁远城就是铁打钢铸的吗？"

宁远城上的袁崇焕，见后金兵马在屡攻不下、连遭重创之后，不得不退兵回去了。但是，作为这座孤城的总指挥，自己心中是有数的——前有强敌，后无援军，隐匿着多大的危机啊！

袁崇焕挂着受伤的左臂，绕城慰问守城将士，当他来到城东满桂防区，正见一队士兵押着李小芳、柯汝州往城上走来。

见到袁崇焕，满桂问："对这两人如何处置？"

袁崇焕见到两人如落汤鸡似的，知道是在地窖中被淹泡的，遂对满桂小声说道："那晚上，如果没有那桌下的机关，你恐怕早不在城上了。何况，既然他们是汉奸，留下又有何用？只会为敌效劳。"

说完，袁崇焕走了，满桂心中明白了。他把东城的守军召集一块，指着李小芳、柯汝州二人，将他们来宁远对自己劝降的经过情形简要地叙述一遍，问大家："请将士们说，如何处置他们？"

"砍头！不能放他们回去！"

满桂让守军将二人挂在城外墙上，活活吊死。

这消息传到李永芳那里，他哭着去找努尔哈赤，要领兵为儿子报仇。汗王对他说："宁远城下死伤的旗兵无数，你只想着自己的儿子，像一个后金的官员么？"

李永芳不敢再说，只得抹着泪水回去了。

二十五日早晨，努尔哈赤冒着凛冽的寒风，对兵力作了调整。他派降将李永芳攻打东门，在东边的城墙上他的儿子李小芳的尸体被冻得像一截树桩，挂在墙外，努尔哈赤有意这样安排，让他去为儿子报仇。他又派佟养性带兵攻打西门，并把八旗兵马分成一百队，让众贝勒率领，集中南、北两门强攻。

攻城打得很激烈，努尔哈赤亲自到阵前督战，八旗士兵拼命冲锋，自上午打到下午，仍然攻城不下，毫无进展。

明朝守城将士见炮火收效甚大，便乘势猛烈地发炮轰击。由于努尔哈赤正在奋力督战，突然被炮火击中，头上的额角被炸伤一块，他立马就昏倒在地、不省人事了。

大贝勒代善也被炸得头脑发昏，知道父王也在阵中，便挣扎着起来，到各处去寻找。可是，到处是尸体，都是断手折腿，谁是将领，谁是小兵，到哪里去找哇？

正在着急之时，在前面的四贝勒皇太极也慌忙走过来，满面泪痕地问道："大阿哥，你见到父王没有？"

代善急忙回答道："我正在找哩！"

说罢，兄弟二人在众多的尸体中翻找着。

此时，城上的大炮还在继续发射，被炸得惊慌失措的旗兵们如无头的蝇子般乱窜。二人猛抬头，看见一身泥土、满脸血污的三贝勒莽古尔泰也夹在逃跑的旗兵中，遂问道："你见到父王了吗？"

忽听背后有个人喊："啊！快来呀，快来救汗王啊——"

三兄弟急忙转过身来，见一个旗兵正在掀动着尸体，走到近前，果见他们的父王昏倒在尸丛里，上半截身子还被旗兵的尸体压着呢！

三人一齐上前，把汗王扶起来，莽古尔泰用手摸了一下父王的嘴巴，立即说道："没死，还有气哩！"

听他这么说，皇太极横了他一眼后说道："大阿哥！你先背父王回去休息。"

代善听了，迅速背负着他的父王，逃往大营里去。代善一路小跑将他背回营里，经过这么颠簸、折腾了一番，努尔哈赤已经从昏迷中醒来，一时觉得额头疼痛难忍。经过随征的医生诊视之后，说是额角负伤，只被炮弹的弹片划去一块肉皮，实在是不幸之中的万幸！

医生又叮嘱道："一定不要乱动，要静下心来，休息几天，等到血脉周转随和了，身体也就康复了。"

可是，努尔哈赤满心牵挂着攻城大事，额头这点小伤算得了什么？何况这是两军阵前，怎能够卧床休息？

这天晚上，努尔哈赤躺在床上怎么也睡不着，头脑里想着破敌大计。突然之间，努尔哈赤眼前一亮，心想：当前，正是冰天雪地，海湾结冰的时刻，何不去攻袭一下，让袁蛮子马无草料人无粮，也让我出一口胸中的恶气！

这样，他再也睡不着了，便大声喊道："来人哪！"

侍卫急忙走进来，只听汗王问道："现在是什么时候了？"

“正是四更天时分。”

“很好！快去喊大贝勒和武纳格来！”

没有多大工夫，代善与武纳格都是一副睡眼惺忪的样子，走了进来。

努尔哈赤指着墙上的军用地图，对他们说：“觉华岛离此二十多里地，代善带领一千骑兵，武纳格带领蒙古八旗三千骑兵，从冰上过去，袭击岛上守军。在将其全部消灭之后，把岛上储存的明军粮草，尽行烧毁，不得有误。”

二人领命出去，带着骑兵，直扑觉华岛，想在天亮前赶至岛上。

努尔哈赤见代善、武纳格领兵走后，心里稍安，这才迷迷糊糊地睡着了，直至大天亮，方才醒来。早饭之后，努尔哈赤向部下喊道：“咱们还要继续攻城，不给敌人喘息工夫！”

努尔哈赤猛攻宁远城，从正月二十三日下午开始攻城，二十四日一天，二十五日又一天，直至二十六日中午仍然攻城不下，而且损失惨重，他被迫下令退到城西南的龙宫寺里扎营。

觉华岛位于辽西海湾，西距宁远二十余里，岛的形状呈两头宽，中间狭，像个不规则的葫芦形状，孤悬海中。觉华岛历来为明朝军队在辽东的屯粮之所。现存粮食八万二千余石，驻兵七千余人。这支军队不仅护卫粮料，还与宁远城互为支援，未料会受到后金的偷袭。

此时，正值隆冬，海水结冰，而且冰层特厚，行人马匹全可通行。岛上的明军营房，多驻于冰上，外围用战车圈起，从外形上看去，活像一座城郭。在后金攻打宁远城之前，袁崇焕便把觉华岛上存粮之事放在心上，并派遣参将姚抚民等前去防守，他对姚抚民叮咛道：“后金一旦包围宁远城，就有可能会攻袭觉华岛，以断绝咱的粮草来源。你可以把靠近海岸的冰凿开，当然凿得越宽越好。”但是，天气异常寒冷，冰刚被凿开，很快又冻上了，而且冰层在不断地加厚。

大贝勒代善和武纳格带领军队，来到海边，一看冰层很厚，他们高兴万分地说：“这是老天爷相助呢！”

于是，代善、武纳格分兵十二路，履冰进入岛上，明朝的守军身无盔甲，而且多数都是水手。不善于战阵，又无险可守。尽管将士们英勇奋战，可后金的骑兵往来冲杀，战车被毁，阵势大乱，岛上守军纷纷战死。

代善与武纳格的兵马占领全岛后，对驻岛设施和运不走的物资，全部点火烧毁，大火的浓烟直上云霄，二十里外都看得清清楚楚。

二十六日正午，袁崇焕与众将士坐镇城中，正在享受胜利的喜悦，突然有人来报告：“觉华岛上空浓烟滚滚。”

大家立刻意识到觉华岛已被后金占领了！由于天寒地冻，海湾冰层结得太厚，无法救援，只能眼睁睁看着岛上的粮草被后金焚毁。

满桂对大家说道："努尔哈赤攻打宁远，没有捞到好处；偷袭觉华岛，也算是从失败中得到一点补偿，他总算是捞到了几根稻草！"

袁崇焕也说道："看来，他快要撤兵了，咱们也该写表申奏朝廷，向皇上报捷！"

果不出袁崇焕所料，二十七日，就在攻下觉华岛的第二天，后金汗王努尔哈赤下令撤围退兵。

此时，他的心情十分不快，责备李永芳道："当初，你说宁远城易破，为什么如此难攻？差一点儿把朕的老命留在这儿！你到底安的是什么心啊！"

李永芳听后，也有些不服气地说道："请求汗王明鉴，罪臣能安什么坏心？罪臣的儿子已献出去了，何况……"

"好！别再啰嗦了！每逢紧要关口，你们汉人都不可信！"兵马沿着去沈阳的大道往回走，努尔哈赤再次扭回头来，望着高大的宁远城，兴叹不止。

袁崇焕的特使怀揣报捷奏表，绾城进京报捷，天启皇帝闻听这一喜讯，龙颜大悦，欣慰异常，立即特命户部、兵部发币金十万两，犒赏宁远城的将士。

此外，皇上又单赏袁崇焕白银一千两，升职为辽东经略，仍然镇守宁远城。主要将领满桂、左辅、朱梅、祖大寿等，都受到了提升和重赏。朝廷上下，文武百官，都一齐盛赞袁崇焕的功绩。

魏忠贤却妒火中烧，心中十分不快。为装潢门面，不得不派遣张广微作为特使，带着礼物，亲到宁远城去慰问，想暗中拉拢袁崇焕，却遭到严词拒绝："请你传话给九千岁，我袁崇焕没有升官发财的欲望，只有为保卫大明江山的铁胆忠心！以后，也请九千岁以大明江山为重，因为没有大明江山，何以有九千岁呢？"

张广微很不高兴地回到京师，魏忠贤听到"传话"内容，冷笑一声道："袁崇焕未必能比熊廷弼的下场好多少。"

建基雄主：努尔哈赤

第十三回

弃世生殉悯幼子，继统开元立大清

努尔哈赤在宁远的兵败，是他有生以来最惨重的一次失败。

他自二十五岁起兵，四十多年来，身历百战，旌旗所指，无往不胜，未曾想以六十八岁高龄，却兵败宁远，损兵折将，回兵沈阳，心情沮丧，情绪低落，常常陷入深深的回忆之中。他日渐感到自已年岁大了，有些力不从心了。于是，他开始考虑立储的问题。其实，早在多年以前，他就跟五大臣谈过这个事情。

一天，努尔哈赤便在有众贝勒、五大臣参加的会议上，提出这一问题，请大家发表意见。

到会人一听努尔哈赤的话，立刻意识到这是立储问题，是确定继承人的大事。

大臣额亦都先说道："如今的建州已今非昔比，地大、人多，事无巨细全由大王一人操理，实在难为您了。当务之急，是选一个得力的助手。虽然建州没有'立储以长'的旧例，但是自古以来总是以德才看人，不妨把大王诸子的武功师傅英达请来，让他谈一谈。"

努尔哈赤一听，觉得这提议甚好，便派侍卫把英达请来列席会议，参加讨论。

这时候，大臣安费扬古说道："据我观察，大王长子褚英少年英俊，武艺不凡，万历二十六年（1598年），褚英才十八岁，带兵征讨安楚拉库，得胜归来，被大王赐号洪巴图鲁（在满文里，"洪巴图鲁"意为无敌的勇士）。我提议，就让褚英辅佐大王处理政务，既能减轻大王的负担，对褚英也是一个锻炼的过程，岂不很恰当么？"

大臣费英东接着说道："我也觉得褚英虽然年轻，也可以先让他锻炼一下，帮助大王处理政事。"

努尔哈赤听得直点头，向英达师傅问道："请英达师傅谈一谈，他讲的话一定更有说服力和权威性吧？"

英达听了努尔哈赤点名后，说道："褚英今年才二十八岁，根据平日的表现，他是可以帮助大王管理好政事，并能从中受到锻炼、得到提高的。"

几个贝勒只有莽古尔泰说了几句褚英的好话，其他几个都没说什么。

在这种情况下，努尔哈赤便接受了大家的意见，决定让褚英帮助自己执掌国政。从此，褚英便登上了太子的宝座，代替努尔哈赤管理政务。

当晚，褚英回到住处，睡在床上，思潮翻腾起来，激动得满脑子纷乱如麻，一直到二更多天才理出了头绪。为了庆贺自己荣登储位，他决定摆酒两桌：一桌是以师傅为首的铁哥们酒；另一桌是同父异母兄弟参加的贝勒酒。

第二天，褚英对两个贴身侍卫狄盖特、尤一夫说明了他的决定，狄盖特道："今明两天的酒菜由我负责操办，请客、通知的事由尤一夫办吧。"

于是两人便分头行事去了。

第一场酒菜已备好，除了英达师傅以外，全是一帮小朋友，他们是：大臣安费扬古的小儿子安文子，他长得仪表堂堂，身材高挑，眉清目秀，一副风流倜傥的派头。额亦都的三子龙辛五，他身材魁梧，两肩很宽，脖颈粗壮，赤红脸膛，浓眉大眼，一看就知道是武艺高强的骁将。还有扈尔汗的四子扈拉山、何和理的小儿子何其儿，以及其他将领的儿子兀西、路约齐、正旦儿等，全都来了。

酒宴一开始，褚英站起来，端起酒杯说道："我褚英能有今天，多亏师傅辛勤栽培，这第一杯酒是谢师酒，请师傅先干！"

然后，褚英又端起酒杯向铁哥们说道："从这往后，我辅助父王管理国政，难免会遇到一些麻烦事儿，还得靠弟兄们多多关照，这第二杯酒是交心酒，希望咱们交个知心朋友，请弟兄们干了此杯！"

喝过之后，英达师傅说道："如今的小王爷已是储君了，今后咱们大家要全力支持他，帮助他成为一个好太子，切不可给他招麻烦。"

安文子乐哈哈地说道："行啊！师傅的话咱们一定牢记心头，只要大哥（指褚英）一声令下，前面就是火海、刀山，小弟也一定去闯的。"

第二天，英达师傅就来提醒褚英道："你现在身份不同了，对这帮小兄弟要谨慎相处，不能与他们成为酒肉朋友，遇事要有原则。"

可是褚英听了，却不以为然地说道："师傅你别多虑，他们都是咱的铁杆子兄弟，全可以信赖，我对他们放心！"

褚英为了庆贺自己当了储君，又请了十几个贝勒兄弟，全来赴宴。来赴宴的，首先是四大贝勒代善、阿敏、莽古尔泰、皇太极。此外，还有德格类、阿济格、多铎、汤古代、巴布泰、塔拜、阿巴泰、巴布海、赖慕布、多尔衮等，全是褚英的同父异母兄弟。

酒席一开始，褚英首先端起酒杯，说道："感谢各位兄弟的支持，我才能当上储君，今后，还得兄弟们提携啊！来，咱们共同干了这杯兄弟酒。"

莽古尔泰大口地吃菜，嘴里不停地说道："嗨！咱的大阿哥今非昔比了，这一桌丰盛的菜肴，够得上是王爷的规格了，咱们小小的贝勒是办不起的。"

大家热热闹闹地喝了起来，推杯换盏，觥筹交错，猜拳行令，一片喧嚣声浪。

褚英又借着酒意，向兄弟们说道："老实向兄弟们讲，我名为立了储，实际上只是一个空架子，哪有你们实惠！特别是你们四人各为旗主，手握军权，拥有权势，又有大量的金银财帛，领着众多的部民，可比我富裕得多！今后，咱们兄弟之间应该有福同享，有事多商量，大家要拧成一股绳，攥成一个拳头，共同打击反对咱们的人！"

莽古尔泰醉醺醺地说道："放心吧，我的大阿哥！从今往后，我一定听你的。在我心目中，除了父王，第二个就是你了！"

大家都已酒醉饭饱，正想告辞时，只见褚英把双手举起来，手掌向下一按，要大家重新坐下来，脸向门外喊道："尤一夫，快把香案摆上，咱众兄弟来对天盟誓吧！"

听了这话，大家不由一怔，皇太极遂问："大阿哥，要咱们立什么誓啊？"

褚英扭头看着他，说道："等一会儿你就知道了！走，咱们去院里。"

众兄弟只好都站起来，跟在他后面，来到院子中间的香案前。

褚英第一个先跪下，众兄弟也挨着一大溜儿都跪下来。只听褚英对天祝告道："老天爷明鉴：自今而后，褚英一定善待这些众兄弟，信任他们，爱护他们，请老天爷睁开眼睛，做个证人吧！有朝一日，褚英接了王位，一定要将兄弟们的财产拿出来重新分配，让它体现出亲疏远近来。一定要杀死那些反对我们的人，并没收他们的财产。"

立誓结束之后，褚英又劝大家喝酒，并端来许多美味佳肴，说道："如今，父王老了，兄弟们有什么话，有什么事，不一定要去向父王说，咱们兄弟之间商量一下，就行了。该隐瞒的，一定要隐瞒！不必事事都向父王报告，有些事情，连父王也要隐瞒！"

众贝勒在褚英那里喝酒过后，各人都有一些想法，对他讲的一些十分露骨的话语，稍微深思一下，就觉得那是不恰当的。

第二天晚上，阿敏来到皇太极家里，说道："他说他登基之后，要把众兄弟的财产拿出来再重新分配，分出亲疏远近。这分明是在要挟咱们，也太明目张胆了！"

皇太极冷笑一声道："你看他以后能登基吗？"

说到这里，皇太极压低了声音，小声道："他这样背着父王，强迫咱们向天立誓，那誓中的话，全是背叛言论，把父王扔到一边，岂不是要孤立父王？还不让我们向父王汇报事情，实有二心之意！"

二人言之凿凿，都有共同的看法，阿敏说："我看他这储君能当多久！"

皇太极说道："父王去进贡不在家，他就胡作非为，狂言乱语，咱就睁大眼睛瞧他的结果吧。"

其实，褚英的那些话，早被那些年龄小的贝勒传得沸沸扬扬了，有的公开说道："今后，咱得跟紧大阿哥，免得在他登基后成了反对派呀。"

"还是大阿哥说得干脆！谁反对他，就以牙还牙，以血还血。"

再说褚英的那帮铁哥们，喝过酒之后，更加有恃无恐了，安文子竟口出狂言道："要不了多久，这建州的天下便是咱们的了！"

平日，安文子领着龙辛五、扈拉山、何其儿、兀西、正旦儿、路约齐等，不干正事，借打猎为名，到山林里胡作非为。见到孤身打猎的男子，就一哄而上，把人家的猎物抢个干干净净；若是见到孤身的女子，不仅抢猎物，还对其进行侮辱。

大将扈尔汗有个女儿，名叫扈米拉，与那个扈拉山是同一个月里生下的。这是扈尔汗的两个小妾同时生下的一子一女。儿子扈拉山不学好，整日与安文子一溜神气，扈尔汗打多少顿也无用。扈米拉长得千姿百媚，苗条娇艳，在佛阿拉城里，被人称作"扈家一朵花"！

对扈米拉这朵娇艳的花，安文子早已垂涎了。有一次扈米拉和几个女同伴一起上山打猎，安文子得到消息后，就带着几个狐朋狗友准备上山。幸好扈拉山借口拉肚子，赶紧回家把这事告知了扈尔汗，让他快去救妹妹。于是，扈尔汗带上佩剑、腰刀，骑上战马，尾随着安文子一行人，也进了山林。

安文子跑到扈米拉近前，强行搂着她就去亲。扈米拉拼命挣扎，两手乱抓、乱撕，居然把安文子的脸上抓下四道很深的血口子，鲜血流得他满脸满身。安文子感到又恼又恨，索性搂得更紧，连拉带拖地把她拉到一棵大树下边，正想把她摔倒之时，忽听一声大喊："住手！混账东西！"

安文子不由双手一松，抬头见扈尔汗两眼怒视着自己，吓得连连退后两步，说道："你想干什么？你……你看她把我脸抓的！"

扈尔汗气得大吼一声："再不走，老子打死你！"

安文子本想再讲两句，可看到扈尔汗那凛然不可犯的面颜，逼人的气势，再也不敢耽搁，慌忙骑马逃出林子去了。且说龙辛五、何其儿等一帮人，看那三个姑娘也不是别人，都是出门便见的邻居，便未敢轻举妄动，早放她们走了。

这时，扈尔汗见女儿伏在马鞍子上低声啜泣，便好生安慰了一番。

开朝会的一天，努尔哈赤去进贡了，协助父王管理国政的褚英来主持朝会，这事是顺理成章的。参加朝会的人，有五大臣、四大贝勒、四小贝勒、扬古利、昂纳克等少数将领。

会议开始之后，褚英先说道："近日听到一件新闻，说是一位大臣的女儿跟一男子约会，正在山林里亲热缠绵之时，这位大臣竟追到山林里，把他们活活拆散，对小伙子进行辱骂之后，还抓伤其脸，留下四道深深的血痕！"

他说到这里，扫视一下会场上的人们，然后又带着揶揄的表情，面对着扈尔汗说道："这位大臣，就是咱威风凛凛的大将军扈尔汗！"

大家听了，立即惊诧万分，不由得把目光都投向扈尔汗。扈尔汗"呼"的一声站起来，大吼一声："胡说！这是编造的谣言！你不经查实，就乱说，这要负责任的！"

褚英见扈尔汗生气了，立即又挖苦道："激动什么？你把人家的脸抓得稀巴烂，我在这里讲你两句，你就受不了啦？"

这时候，扈尔汗还想争辩，旁边的扬古利将他按在座位上，然后高声说道："小王爷的说法不合事实！这事我清楚，我的女儿可以作证！"

褚英生气地瞪着扬古利叱道："这里没有你说话的权利，能让你来列席就不错了！还咋咋呼呼地叫嚷什么？"

扬古利是个正直的大将，功勋卓著，深得努尔哈赤的信赖，听了褚英这些连挖带刺的话语，怎能受得了？他立即抗议道："这是你父王让我来参加这个朝会的，是他老人家给我的权利，难道你敢剥夺我这权利？"

褚英大喝一声道："滚！你滚出去！"

贝勒们吓得不敢说话，大臣们心中积满了愤怒。这时候，大臣安费扬古说道："这全是我那小畜生造成的！至今我还被蒙在鼓里，我去让他来说个明白，不就清楚了吗？"

未等安费扬古话说完，扬古利早已气呼呼地离开座位，大步跨了出去，说道："我根本就不想参加你主持的会。"

大臣何和理一把拉住安费扬古，说道："你就别再添乱了，这事我也了解一些。"

扈尔汗仍然气不过，又说道："这样颠倒黑白，无中生有的事都往我身上栽，我哪还有脸参加朝会呢？不如自动离开，免得被人家赶出来！"说着，扈尔汗也悻悻地走了出去。

代善"呼"的一声站起来，对褚英说道："来参加朝会的人，全是父王决定的，都是咱建州的功勋大臣，你怎能违反父王的决定，任意赶走他们？"

褚英听了，却冷笑一声说道："既然他们眼里没有我，走了也好。"

听了褚英的这句话，会场立刻"嗡"的一声议论起来，这工夫，额亦都与费英东立刻站起来，嘴里自言自语地说道："咱们都成了敌人，还是早走为妙！"说罢，一齐拂袖而去！

代善站起来还想说话，褚英却把手一摆："散会！"

这一次朝会便不欢而散了。

没过几天，努尔哈赤去北京第七次朝贡回来了，刚坐下就听说张聿华卧病在床的消息，随即亲自登门看望。张聿华老人见他风尘仆仆的样子，说道："最近褚英得罪了五大臣，贝勒们也是人心惶惶的，看来对褚英要加强教育，不能任其发展。"

努尔哈赤了解了事情后，说道："以眼前情况看，对内部要抓紧整顿。在立储上，本想让他主政，既能减轻我的负担，也使他经受锻炼、提高，看来，这孩子不一定能成大器呀！"

第二天，努尔哈赤便喊来褚英，对他说道："为父辛勤劳碌，马上拼杀了大半生，总结出一条为官之道——'公生明，廉生威'。"

这几句话的意思是说：当官的想树立威信，不能光靠着严厉的法令，还要自己廉洁；自己光有本领不行，还要办事公道。这样，你的下级官吏就敬重你，老百姓也拥护你了。

褚英听后，立刻说道："父王讲的这些道理，我都记住了。"

"光记住这些道理还不行，关键是在行动中做到。比如说处理纠纷事件，一定要讲公道，有原则，不能感情用事。比如分配财物，要论功行赏，不能按亲疏远近，把部下分为三六九等，与自己亲的多分，反对自己的少分，甚至不分给人家，这都不是大公无私的态度。"

褚英老老实实地听着，表面上唯唯诺诺，心里却不服气，立刻怀疑是五大臣、四大贝勒告了自己的黑状，心里恨透他们了，暗自发誓道："等到将来登基之日，一定先拿这些人祭旗，把他们作为杀鸡儆猴的典型！"

次日，努尔哈赤又带着褚英到五大臣家里抚慰一番，希望这些并肩战斗的兄弟们，能够原谅褚英年轻无知，并能辅佐他当好这个储君！

可是，经过父王的教育之后，褚英内心不但不接受教训，反而更加不满。一天，他去找莽古尔泰打听情况，问道："你怎么能违背誓言，跑到父王面前告我的黑状？"

这位憨直的五王子老实地告诉他："那是皇太极、阿敏去报告的，我当时虽然在场，却没讲你一个不好。"

气量狭小的褚英，一听这话，立刻咬牙切齿地说道："好吧，别看他们两人现在神气，有朝一日，在我登基那一刻，便是他俩丧命之时！"

其实，褚英向莽古尔泰讲了这话，也等于向皇太极、阿敏两人讲了一样。果然，没过三天，皇太极、阿敏便把这话原原本本报告了努尔哈赤。这位建州大王顿时气得说不出话来，只是冷笑了几声。

又有一次，利令智昏的褚英，对着阿济格和德格类等，又扬言道："皇太极、阿敏两人仗着父王的势力，不把我放在眼里，将来我登了王位，首先没收他们的财产，然后全分给你们；那些反对过咱们的大臣和贝勒，我要把他们全部都杀死，一个不留！"

这些威胁、恫吓的言论，很快传到努尔哈赤的耳里，他担心众贝勒、大臣以及将领们会因此而离心离德，造成人心混乱。于是，努尔哈赤先找来五大臣，他先是谈到了褚英的问题，希望他们各自说出心里话。

何和理首先说道："这孩子人小心大，有个人野心。为了达到个人目的，他可以不择手段，比如这次责难扈尔汗。"

费英东接着说："他没有当首领的器量，心胸太狭小，遇事动辄要杀死反对自己的人，在五大臣之间挑拨离间，在贝勒之间拉拉扯扯，时间一长，人心全被他搞乱了。"

额亦都叹口气说道："这孩子是咱们看着他长大的，没想到变得咱们快不认识了，当上储君才多长时间，就闹得人心惶惶，扬言登基称王以后，要杀这个杀那个，要重分财产，满嘴胡言乱语，这样能当继承人吗？"

努尔哈赤听得仔细，不时地点头说："这种种事例表明，这孩子有野心，不得不防。今后，我带兵出征时，何和理要加倍警惕他，注意他的动向，随时与我联系。"

万历四十年（1612年）九月，努尔哈赤率领兵马第一次攻打乌拉部，褚英提出让他出征，努尔哈赤摇头道："都城要留下人监国。"

褚英以为：这是父王有意不给自己立功的机会，让自己不能增加财物，这是在断自己的财路。在当时的建州，每个人的生活必需品——粮食、牛羊马、金银财物，以至部民等，全靠从战争掠取中获得。每次战争一结束，便将财物放在一起，论功分赏，凡是参战者均能获得财物的奖赏。这时候，褚英有些害怕了，担心父王会突然宣布废除他的储位，以致长吁短叹，常常显得闷闷不乐。

万历四十一年（1613年）正月下旬，刚过春节，努尔哈赤又率领八旗兵马，再次征讨乌拉部。出征前，褚英又向父王请求随军出征，努尔哈赤又像前次一样，对他说道："都城需要留人监国，你还是留下来吧！"

褚英满心里不高兴，也只得服从，咬着牙恨恨地诅咒着：为何不被飞箭射死！为何不能坠马摔死！

一天，何和理遇到了尤一夫，遂问道："小王爷出外总是带着狄盖特，你为何不跟着？何况你的功夫比他好？"

尤一夫只得说道："小王爷说我是榆木脑袋，不会办事！"

何和理接着说："小王爷若是不想要你，以后你就到我这里来，当我的贴身侍卫，怎么样？"

尤一夫听了，高兴地说："好啊，免得在这里受狄盖特的气，又常挨小王爷骂。"

何和理顺口问道："最近一个时期，小王爷与狄盖特老是往城门口那个算命的茅屋里去，不知是去干啥的？"

尤一夫听了，有些不满地说："两个人整日一起叽叽咕咕，我一去便不说了，还撵我走，肯定不是什么好事！"

何和理听后，又关照他道："你得细心一些啊！你也是小王爷的贴身侍卫，别让狄盖特把小王爷领到邪路上去，若是有啥情况，可以向我报告。"

尤一夫为人老实，说话不会拐弯抹角，更不会阿谀奉承，所以褚英不喜欢他。

这一天的正午，天晴得好，冬天的太阳温暖异常，晒在身上暖洋洋的，尤一夫便爬上房顶，躺下来，晒着太阳，舒服极了。忽然，他听到院子里有轻微的响声，并夹杂着低微的说话声。他昂起头向院子里一看，只见褚英双膝跪在香案前面，先磕了几个头，拿着一张写满字的白纸，口中小声地念着，然后对天焚烧。之后，又叩了几个头，站起来长长地出了一口气，对狄盖特道："这一次，让父王和他爱如心肝的四贝勒，以及与他同甘共苦的五大臣们，一起见鬼去吧！"

此时，狄盖特急忙摆手示意，提醒道："说话声音小一些，别让尤一夫听见了，他就在后面屋里。"

"不怕！他不敢去报告的。"褚英又说，"现在就等老天爷睁开眼，给我一个扬眉吐气的机会！这第二次出兵乌拉，最好是打得全军覆没，或是打个大败仗，我就满意了！到时候，咱就不让父王和弟弟们进城！"

尤一夫听了这些话，不由吃了一惊："原来他们是要谋反！"

当晚，约在二更多天，尤一夫趁他们熟睡之后，悄悄爬起来，跑到何和理家里，将白天的所见所闻，向他作了报告。何和理听后十分惊讶，反复叮嘱他说道："你一定要冷静，不要再向任何人提起这事，要装作什么也不知道的样子，更不能打草惊蛇，这是人命关天的大事情！"

这第二次征乌拉的战争又大获全胜，出乎褚英的意料之外，他的父王与诸贝勒全都安然归来，这使褚英又一次陷入苦恼中。

当晚，何和理向努尔哈赤作了汇报，气得这位五十五岁的建州大王暴跳如雷，大骂不止。

第二天，努尔哈赤隐忍不发，派人把城门口的算命先生抓来。经过审问，那算命先生老老实实地说了褚英曾找他算命，并让他施法害父王及贝勒、大臣的事情。

何和理带着努尔哈赤的手令，领人把狄盖特抓起来，经询问，在算命先生对证后，也不敢抵赖，只得如实交代。他们又从褚英屋内的地板下面泥土中，掘出十几个小木头人儿。其中最大的一个木头人，就是努尔哈赤，身上钉满钉子、针儿之类；其余还有五大臣、四大贝勒等，全是满身钉针，若非亲眼所见，绝不会相信是事实。褚英站在那里，一言不发。

努尔哈赤看看面前那些木头人儿，尤其是那一根根铁钉、银针，气得浑身发抖，又看一眼自己的儿子、立储不久的褚英，忍着气道："你还有啥说的，这物证、人证、旁证，所谓三证俱在，没有人冤枉你吧？"

万历四十一年（1613年）三月二十六日，褚英由于犯了诅咒罪，被其父王努尔哈赤监禁起来。褚英被关押在小屋里，真是度日如年，深感失去自由的痛苦。

在这些日子里，褚英对自己三十多年短暂的足迹，作了认真回顾。佟家庄园的童年生活，固然是幸福的，但是，却使自己养成了贪图享受，害怕艰苦，不求上进的性格。后来，随着父亲过上军旅生活，到处拼杀，整日在死伤人员中往来，他又逐渐对战争产生了厌恶，渴望过安定的和平日子。

褚英想着那些难忘的往事，激动的心情平静不下来，忽然，他又想到了二叔舒尔哈齐的死。二叔舒尔哈齐曾因与汗父争权夺利，被押后自缢而亡。如今，这当年关押二叔的地方，又成了我的囚室，父亲真的会处死我吗？如今，大错已铸成，自己身陷囹圄，真是呼天不应、喊地不灵，可悔之已晚，只有引颈等死了！

褚英躺在那间小屋里，整日坠入苦思冥想之中。这天夜里，他忽然想起了安文子等一帮小朋友，也不知他们都在干什么。忽然，他听到房子上面传来轻微的响声，于是，他急忙坐起来，竖起耳朵谛听，是有人在房顶上。不久，房顶上的瓦被揭掉了！

褚英的精神为之一振：是安文子等来救我了！一时之间，心情激动万分。

这时候，只听上面有人小声喊道："快上来。"

褚英也来不及多想，立即站起身来，紧紧身上的腰带，抓牢绳子，一截截地爬了上去……褚英被安文子等救出囚室，来到外城北门处时，扈拉山牵来了几匹军马。

正当他们风驰电掣一般向前疾驰之时，忽见前面火光一闪，顿时出现成百上千只火把，把周围照得如同白日。打头阵的安文子抬头一看，不禁大吃一惊，大道两旁站满了兵马，当中一匹马上坐着大将费英东！未等费英东喊话，安文子惊慌之中把缰绳一带，让马向右拐去，刚跑几步，只见皇太极领着兵马当头拦住。

次日，努尔哈赤召集负责管理行政和司法事务的二位都堂，以及四贝勒、五大臣开会。

因为参与这次劫牢反狱的案犯全部抓回来了，案情也比较清楚，都堂把判决意见逐层上报，最后由努尔哈赤裁决。他手拿判决文书，看上面分明写着：褚英犯诅咒罪，又越狱逃跑，判死刑；安文子策划、组织这次劫狱行动，判死刑；龙辛五、扈拉山、何其儿、兀西、路约齐、正旦儿参与劫牢事件，又盗窃军马、奶酪，判各人监禁三年，并罚银每人二百两。

努尔哈赤手拿判决文书，不禁思潮滚滚，心情激荡，深感这次劫狱事件的严重性。

八个人褚英在外，其余全是大臣的后代！他们小小的年纪，竟目无法纪，平日胡作非为，吃喝玩乐，不务正业，这次竟然策划、组织劫牢反狱，公开对抗法律，猖狂地向自己的长辈挑战，真是胆大包天，法纪不容！

突然，努尔哈赤的目光又在"安文子"三个字上停了下来，心里不由一颤，想道："安费扬古的长子早已战死，这是他唯一的一个儿子了！怎么办呢？"

他目光不由得投向安费扬古大臣，恰巧两人的目光相遇了，安费将军似乎猜出了努尔哈赤的心意，只见他昂然站立起来："请大王放心！臣宁愿没有儿子，也不要这个逆子了！"

努尔哈赤听后，心里顿时热乎乎的，还说什么呢？

在名单里，那龙辛五是额亦都的小儿子，扈拉山是扈尔汗的小儿子，何其儿是何和理的小儿子，兀西是扬古利的小儿子，路约齐是昂纳克的小儿子，正旦儿是噶盖的小儿子。

努尔哈赤想了一会儿之后，把那张判决文书在手里掂了一掂，看着大臣费英东说道："这事情由你去执行吧！"

连这位战马上砍杀了大半生的建州王也不忍亲眼看着自己的儿子被处死的场面，于是他走过去，伸手拉着安费扬古，两人骑上快马，借口去喇嘛庙敬香，回避了他们的儿子被处死的情景。

于是，万历四十一年（1613年）八月二十二日，根据努尔哈赤的命令，两具尸体悬挂示众两天，以儆效尤。这一年，褚英三十六岁，安文子三十五岁。

万历四十四年（1616年）正月初一日，努尔哈赤建立后金国，年号天命，并同时宣布代善代政，协助汗王管理国家政务。

这一年，努尔哈赤正好五十八岁。这是他囚死二弟舒尔哈齐五年之后、处死长子褚英一年之后的又一次立储。为了强化主权，巩固自己的地位，努尔哈赤不得不采取果断措施，毅然杀弟戮子，及时清除了内部的反对势力，纠正了首次立储的失败。但是，有王位，就有争夺，这是一条不以人们的意志为转移的客观规律。在努尔哈赤的晚年，"立储"风波此伏彼起，且有愈演愈烈之势。虽然他的子侄众多，但斗争主要发生在大贝勒代善和四贝勒皇太极之间的明争与暗斗。

经过广泛征求意见，特别是从五大臣那里，得到众口一词的推荐，努尔哈赤终于得出"三长三短"的结论。所谓"三长三短"，是指代善和皇太极相比，就德才说，代善为人宽厚，能得到大家信赖，而皇太极性格威厉，好弄权术，为人所畏惮；以武力论，代善独掌二旗，皇太极只领一旗；再从序齿而言，代善居长，是嫡出，皇太极为弟辈，又是庶类。

努尔哈赤依据这"三长三短"肯定代善代政之后，当着全体宫妃、众子侄的面许诺道："在朕百年之后，你们都得听代善的命令！"

可是，代善只是一名武将，才气平庸，除了带兵打仗、多立战功以外，在抚民理政、处理纠纷等方面，表现出优柔寡断，措置失当。因此，努尔哈赤又常常感到很不得力，父子二人在某些重大问题的决策上，经常有观点相悖、父子各执一端的时候。

如在对待朝鲜王国战与和、对待住在后金的朝鲜兵将杀与放的问题上，代善与努尔哈赤始终意见相左，曾发生过多次争执。在他们父子俩各持一理、互不相让之时，皇太极总是主动站在努尔哈赤一边，以他的伶牙俐齿、机锋敏锐之长，讨得父王的欢心与赏识。

就在这时，发生了一件与代善有关联的宫廷大案，立刻把代善裹了进去，并使这位代政的承继人声名狼藉。

万历四十八年（1620年）三月的一天，努尔哈赤的小妃泰恩察主动来向他报告：大妃乌拉纳喇氏两次备佳肴送给大贝勒，又连续两三次深夜出去，与大贝勒之间……

小妃泰恩察乃是随叶赫纳喇氏孟古嫁来的使女，那时，孟古十四岁，她才八岁。

十四岁的叶赫纳喇氏孟古生得面如满月，庄敬聪慧，词气婉顺，闻恶言愉悦不改其常，不好诡谀，不信谗言，耳无妄听，口无妄言，不预外事，殚诚毕虑以事努尔哈赤，并深得宠爱。两年后的万历二十年（1592年）十月二十五日，生下皇太极。

后来，一个很偶然的机会，努尔哈赤出征归来，走进孟古的屋子，突然眼前一亮，看到一个俏丽苗条的少女，在领着皇太极玩耍。他上前一问，方知是孟古的使女泰恩察。

努尔哈赤见孟古不在，便上前搂住求欢，泰恩察正求之不得。正当两人云收雨住，沉浸在缱绻缠绵之中时，孟古突然回来从窗隙中看到。以后，泰恩察便成了努尔哈赤的小妃。

孟古生性善良，对泰恩察偷情之事不予追究，反而更加体贴，权把她当作妹妹看待。皇太极自小随她长大，孟古让儿子以姨娘呼之，天长日久，二人便建立了深厚感情。

万历二十九年（1601年）十一月，布占泰送其侄女（原满泰女）乌拉纳喇氏阿巴亥到建州，与努尔哈赤成亲后，是为大妃。当时，阿巴亥年仅十二岁，却生得体态婀娜，妖艳风流，其风韵更胜孟古十倍以上！努尔哈赤遂宠新欢，自然冷

503

落了那位叶赫纳喇氏孟古。

孟古因忌生妒，郁郁闷闷，终于忧烦成疾，不到两年的工夫，貌若鲜花一般的叶赫纳喇氏孟古便香消玉殒了，当时才二十九岁。

生母死了，年仅十三岁的皇太极，在幼小的心灵深处，早已埋下仇恨的种子，从感情上来说，他对大妃乌拉纳喇氏阿巴亥早有忌恨，也是情理之中的事情。

一天晚上，努尔哈赤正在泰恩察房里，两人搂在一块亲热之时，阿巴亥的使女尤拉菲进来报告道："大妃替汗王炖的'参茸大补汤'快凉了，请陛下过去饮用。"

努尔哈赤便放下泰恩察，去了。这事对泰恩察刺激很厉害，咬着牙道："这个狐媚子太霸道了！"

原来，乌拉纳喇氏阿巴亥的外号叫"狐媚子"。听说她一生下来时，长着一身绒毛，颜色与狐毛无异；满月之后，绒毛退去，现出一身洁白的皮肤，其质细如玉。长大以后，她不仅面若芙蓉，而且聪慧异常，能说会道，后来一连生了三个儿子，也就是阿济格、多尔衮、多铎。

皇太极一次出征归来，来到泰恩察屋里，见到一个如花似玉般的少女与他的姨娘坐在一块说话，经询问，方知是大妃阿巴亥的使女尤拉菲。四贝勒悄悄在泰恩察的耳边说道："姨娘，我想与这尤拉菲单独坐一会儿。"

泰恩察当即明白皇太极的意思，便又对尤拉菲神秘地一笑，然后也附耳说道："等一会儿，你切勿慢待了他。"说完，借口出去有点事，泰恩察随即关上房门走了。

皇太极走过去，对尤拉菲说道："我想收你作妾，不知你可愿意待候我？"

尤拉菲红着脸答道："我是大妃屋里的人，这事得由她做主。"

但是，皇太极已是欲火升腾，便说道："等与你度过这美好时光之后，再去找大妃讨要也不迟！"说罢，皇太极便把她揽进怀里，尤拉菲也半推半就，不得不脱去衣衫与这位八王子在泰恩察的床上，成就了好事。

此时，泰恩察突然开门进来，故作生气道："你俩怎能在我床上……"

尤拉菲羞红了脸，无话可说之时，皇太极一边穿衣，一边说道："姨娘息怒，是我想收她为妾，请为咱们玉成这桩好事吧！"

泰恩察立即说道："她是大妃的使女，那女人又是一个忌而多疑、心狠手辣之人，你去讨要未必能如所愿，她若是得知你们两人已在我这里做成了那事，更不会善罢甘休，到那时，更苦了尤拉菲了！"

听了这话，尤拉菲立即跳下床来，满脸流着泪水，向泰恩察哀求道："今天这事，不能让大妃知道，以后我不会忘了你的恩情。"

皇太极立即向泰恩察挤了挤眼，二人一齐看着尤拉菲，心知她已就范，计策已成，皇太极便告辞走了。

从此泰恩察对尤拉菲更加关心，皇太极一来，便把尤拉菲钓出来，让两人幽会。尤拉菲也更加信赖泰恩察，更希望她能从中帮助，使自己早日离开大妃阿巴亥，去皇太极那儿做个小妾。

不久，大将安费扬古领兵征讨渥集部的佛纳赫拖克亭时，掳得一个十五岁的美女纳泽，其弹唱歌舞无所不精，努尔哈赤一见，便把她留在自己身边了。从此，努尔哈赤一有空闲时间，便到纳泽那里，听歌看舞，欢喜异常，又把那"狐媚子"大妃乌拉纳喇氏阿巴亥忘到了九霄云外。

大妃阿巴亥一见汗王只往小妃纳泽屋里去，对自己却久不照面，心中不免有些埋怨起来。她心里顿时一动，想起一件事。

那是不久前的一次宴会上，努尔哈赤让大妃给四大贝勒敬酒时，当她走到代善身边时，还未来得及敬酒，只见代善猛然站起，说道："我已……喝……喝醉，再不能……"

他的话未说完，便一个跟跄，倒了下去。此时，阿巴亥右手提着酒壶，急忙伸出左手去扶他。未曾想，代善的大手一下子抓住了她的手臂，另一只手突然往她那丰满的胸脯上抓了一把，抓住了她的乳房，她不由得啊呀一声，立即用尽气力扶住了代善。之后，阿敏走过来，帮她把身材高大的代善扶起来，代善的手才从乌拉氏的胸脯上抽回去。

这件事，她一想起来，心里便平静不下来，总是引起一阵阵的骚动，代善比自己还大五岁哩！如今，代善已被立储，汗王又公开说过：希望在他百年之后，要代善照应一切。

她不由得想到了代善那高大的身躯，浑身立即燥热起来，觉得能跟他好上，不仅能得到从汗王那里得不到的快活，更为重要的，这后半生也就有了依靠！

乌拉氏说干就干，她精心做了几个菜，喊来尤拉菲嘱咐道："你把这几个菜为大贝勒送去！就说是我亲手做出来，留给他补养身子的。"

后来，尤拉菲去泰恩察那里，讲述了阿巴亥与代善之间的事情。皇太极听了之后，兴奋地说道："父王迷上了纳泽，老是不登大妃的门，她就急得受不住了，竟主动去找代善，要出事了。"

这时，尤拉菲又提出那小妾之事，皇太极一边与她温存，一边教她如何注意大妃的行动，特别提醒她道："一旦发现代善与大妃之间真发生了那事，立即来向我报告。"

这一阵子，大妃乌拉氏对代善的亲近姿态，确实有深深的诱惑力。阿巴亥的美貌，在努尔哈赤十多个后妃中，是无人可比的，这也是吸引代善的主要原因。在女真人中，前妻之子与年轻的后妈之间发生苟且之事，在当时屡有发生，是不足为怪的生活小事。对于这一点，代善与大妃阿巴亥也是了然于心，这也是促成他们暗中往来的因素之一。代善终于抗不住大妃的诱惑，又一次登门以看望为名，去体会那高唐梦雨的甜蜜滋味。

当代善走进她的卧室，掀起门帘，只见乌拉氏立即从床上坐起来，说道："进来吧！家里没有别人，屋里说话方便。"代善听了，胆子更大了。阿巴亥一边说话，一边转过身子去，顺手将胸衣上面的纽扣解开了，故意袒露出大半个肥硕的胸脯。

此情此景，代善没多言语，便立刻扑过去，把大妃搂在怀里，抱到床上……

一向精明强干、好玩弄权谋的皇太极，把代善与大妃之间的事情到处传扬，还唆使莽古尔泰那个头脑简单的人四处传播。

没有多长时间，代善与大妃之间的丑事，先是在四大贝勒、五大臣之间传扬。以后，在众将领和十多个小贝勒当中，也纷纷议论开来，只是瞒住了努尔哈赤一个人！

如此一来，最幸灾乐祸的当然是皇太极了！

早在褚英主政期间，皇太极虽然年龄较轻，但是由于他才智出众，作战勇敢，军功甚多，再加上他是努尔哈赤众子侄中，唯一认识汉字的人，便得到父王的信任，得以重兵在握。因此，这个四贝勒早就在内心深处，觊觎那触手可及的储位了。可是，褚英死后，代善主政，又把储位占了。皇太极心里恨恨地说："太不公平了。"眼下，代善与大妃之间的丑闻，已传得沸沸扬扬，对皇太极来说，正是早就盼望的良机！

小妃泰恩察向努尔哈赤告发大贝勒代善与大妃乌拉纳喇氏之间关系暧昧、经常幽会之后，努尔哈赤起先不由一惊，但立刻二目一瞪："你胡说什么？你手里有证据吗？"

泰恩察大着胆子又说道："连续多次单独为大贝勒做菜吃，如今每隔三天，就出去一个晚上，直到深夜之后才回来。"

努尔哈赤想了一下，又说道："你讲的这些算不得什么证据，朕派人去查，若是不像你说的这样，绝不饶你！"

泰恩察听说派人去查，立即胆子更壮了，更加放肆地向努尔哈赤说道："这事儿谁不清楚？五大臣与所有贝勒全都知道，只有汗王你一人被蒙在鼓里哩！"

努尔哈赤听了泰恩察的这些话，立即感到这里必有背景，肯定有人在背后指使，遂喝道："你别得意！朕再问你，到底是谁指使你来告状的？不说老实话，朕非杀了你不可！"

谁知这女人早已铁了心了，又被皇太极打足了气，对努尔哈赤的恐吓竟毫不在乎，她居然说道："汗王！我只是想维护你的尊严，没有一点私心，请汗王明察。"

努尔哈赤不由得想："今年又是多事之秋！二月份才发生了继妃富察氏被儿子莽古尔泰打死的事情，好不容易遮遮掩掩地处理了，既保住了儿子的性命，也维护了自己的尊严，连衮代的面子也保住了。三月又出现了代善与大妃的丑闻，再抖出去，这影响有多坏！而且代善被宣布代政的时间也不长，弄不好又是一场混乱，势必会扬散到将士们中间去，还怎么与明朝打仗？大妃的三个儿子现已成人，一旦处理了这件事，让他们何以自处？怎么能去带兵打仗？于是，便命人将小妃泰恩察关了起来。"

这三月份真是一个霉月，先是大臣费英东死了，刚才办完了丧事，又出现了这桩宫廷丑闻，一旦处理不当，将会出大乱子！想到这里，努尔哈赤便对侍卫说道："快去喊扈尔汗、额尔德尼、雅逊和莽阿图四位大臣来这里。"

不一会儿，四位大臣来了，努尔哈赤问道："近来发生了一件丑闻，据说已传得沸沸扬扬，不知你们都听到了吗？"

听了汗王的问话，四位大臣他看看你，你再看他，都没有说话。

等了好一会儿，还是扈尔汗大臣胆子大，他看一下那三个人，然后对努尔哈赤说道："我是一个直汉子，既蒙大王问，我也不得不说了！这大贝勒代善与大妃乌拉氏之间，即使有那么回事儿，也不该如此传扬。其实，传扬这事情的，几乎全是汗王的子侄与后妃们！这里必有文章，定是有人想借机会把大贝勒拉下来，把大妃也弄臭！"

大臣雅逊说道："这事牵涉到立储，也是后妃间争宠的表现，不能单纯当作丑闻一事处理。"

大臣额尔德尼建议道："这小妃背后是谁指使？若是无人插手，吓死她，她也不敢来向汗王报告的，一定要对她进行审讯，不能让她蒙混过去！"

听到这里，努尔哈赤插话问道："若是那女人告得属实呢？"

大家又沉默了一会儿，莽阿图说道："即使那事属实，也应回避，对大贝勒可以不予追究，在以后的时间里慢慢教育他吧！对大妃乌拉氏的处置，也得谨慎，她还有三个儿子，处理不好只怕会出大乱子……"

努尔哈赤觉得四人的意见甚合自己的心意，便悄声对他们说道："朕以为，对那丑闻还是要作调查，至于处置之事，等以后再说，朕自有办法。"

再说四贝勒皇太极一听小妃泰恩察被他父王关押起来，吓得一天没敢出门，心里十分担心那女人会说出是他指使告状的。晚上又想了半夜，终于想出了对策：从现在开始，保持缄默，对大贝勒与大妃乌拉氏的那件事不再说了，对泰恩察更不能前去打探。以静待动，观其变化。直到半夜之后，皇太极才迷迷糊糊睡去。

次日一早晨，莽古尔泰与阿敏一起来找他。

皇太极向二人献计道："从现在开始，那两个人的事情暂时不要再传了，只装作不闻不问的样子，看父王如何收拾吧！反正影响已经产生了，父王再不会像往日那样信任他（指代善）了。"

在皇太极看来，这一箭双雕之计，均已中的，完全收到了效果，自己仍然是胜利者！

四大臣通过细致调查，发现小妃泰恩察的告发内容完全属实。努尔哈赤稍一斟酌，早已成竹在胸，决定这事既不能加罪于儿子代善，又不能使家丑因此而外扬，便想出了节外生枝的妙计。

他又把四大臣找来，对他们说道："朕已从泰恩察那里查明，此人动机不纯，她的告状，其背后有人在操纵、指使，以致蒙蔽了不少不明真相的人。希望你们不要把案情再往外说了，谁说出去，追查出来，朕一定要处罚他。至于大妃乌拉氏，此人是有问题的。有人反映她私藏金银财物等，望你们现在就派人前去搜查，不要等她转移走了。"

其实，在努尔哈赤的后妃中，大部分女人的金银财物都有隐匿，努尔哈赤对此早已心明如镜了，只要一搜，或多或少都会有些问题。果不出所料，从大妃阿巴亥那里，经过搜查，发现她隐匿大量的金银等贵重财物。努尔哈赤最善于把握时机，立即召开四大贝勒、诸大臣及将领们齐集一堂，在会上宣布道："这女人奸诈邪恶，欺诳盗窃。"

接着，努尔哈赤又宣布必须"离弃这女人，并废之"，总算是给她留下了一条活命。

至于那小妃泰恩察，努尔哈赤早让人把她勒死了，她原是叶赫纳喇氏孟古的使女，与皇太极必然有联系。努尔哈赤既不想处理大贝勒代善，也不想再把四贝勒皇太极再牵扯进这丑闻中去，让这个多嘴多舌的女人当作替罪羊，是再恰当不过了。

皇太极得知泰恩察被处死的消息之后，心里反倒踏实了许多，他以为少了一个祸根总是好事，从此，气更粗，胆更壮了。以后，他又通过关系，几经周折，把尤拉菲领到自己的身边，不到两个月，便将其毒死，向外说是得瘟疫而死。于是，在大贝勒代善与大妃乌拉氏的丑闻一案中，知道其底细的两个人全都死了。

皇太极兴奋得彻夜难眠，他认为这一箭双雕已取得完全胜利！不仅废了大妃阿巴亥，为死去的生母报了仇恨，也使大贝勒代善被弄得抬不起头，同时，还离间了父王与代善之间的父子之情。

事实也恰如皇太极所料的那样，尽管努尔哈赤出于种种原因，没有对代善加罪，但是这毕竟使他对代善失去了信任——由当初十分属意于代善变为不满，对这位不久前才定的汗王继承人产生了积怨。

为了对代善进行穷追猛打，实行落井下石一样的残酷打击，皇太极又把阿敏、莽古尔泰鼓动起来，一起向他们的父王报告道："萨尔浒城的贝勒府，建造得雄伟高大，这太不公道了。甚至个别人的住宅，建造得比汗王的宫室还大，还讲究。"

努尔哈赤听后，知道他们的意见是针对代善的，沉思了一下之后，对他们三人问道："你们三个人，是谁先提出要来报告的？"

听了汗王的问话，三个人心知不妙，谁也不敢说出真情，都沉默不语，等了一会儿，只见莽古尔泰歪头看了一眼皇太极，之后说道："报告父王！这是咱三人同时提出来的。"

努尔哈赤又好气，又好笑，便对他训斥道："你就喜欢跟在别人后面瞎起哄，别人唆使你干啥，也不想想该不该干，就糊里糊涂地当了传声筒，成了喇叭虫！"

皇太极大着胆子问道："这事情众贝勒议论纷纷，难道咱们不该来反映吗？"

努尔哈赤听了，又一看皇太极，心想道："头儿自动跳出来了！也好，出来就打！"

于是，他清了清嗓门，对三人说道："你们可曾想到，代善家有多少口人？你们家有多少口？他那府院盖得大些，是应该的，若是按人口计算，与你们相比，还不如你们的府院大哩！"

说到这里，他看一下三个人，生气地说："你们当中，有的人两只眼就盯着代善，就在盼着代善倒霉，甚至能像褚英那样被处死，他就高兴了，就称心满意了！想依仗你那小聪明，或是想用阴谋达到不可告人的目的，那是不可能的！"

三个人被努尔哈赤训斥得灰溜溜地走了，皇太极的嚣张气焰被他的父王狠狠打了一下。

次日，努尔哈赤把代善找来，向他谈到了萨尔浒城贝勒府事情，给他讲了许多道理之后，联系到他平日的私心太重，处事不公时，说道："一个人目光短浅，贪图私欲，不能顾全大局，将来又如何能够服众？"

由此，在王位继承的问题上，努尔哈赤又生动摇了。在后来的一段时间内，努尔哈赤又有意重用皇太极，想以他代替代善。可是，他这想法在众大臣中完全得到了否定，将领中的大部分人仍然支持代善。大家一致的意见认为：尽管皇太极文武双全，又是有勇有谋，但他为人诡诈，待人尖刻，得不到民心。而代善对人宽宥，处事平稳，不搞阴谋诡计，深得众心。

这些意见，努尔哈赤仍然听不进去，他对代善已失去信任，因为代善与大妃乌拉氏的那件丑闻中，他实在是无法原谅这个缺才少德的儿子！

从这之后，努尔哈赤独自思考，花了好大气力，独自谋划如何让皇太极能代替代善，从而让皇太极顺利登上王位。经过一段时间的深思熟虑之后，努尔哈赤决定，要扭转人心所向，又能不失信于民，只有在暗中对代善地位进行巧妙的否定。

努尔哈赤年事已高，选立嗣君的计划一次又一次地失败，使这位戎马四十余年的后金汗王烦恼不已。经过较长一段时期的反复思考、权衡，努尔哈赤为了使其汗权具有稳定性和延续性，以彻底解决择立汗位继任者的难题，他试图废除立储旧制，改革后金政体，实行八大贝勒共治国政的制度。

天启元年（1621年）二月二十一日，努尔哈赤在众贝勒、大臣及将领们参加的大会上，宣布道："以后四大贝勒按月分别执政。"

努尔哈赤决定在实行"八王共治"之前，先以"四王执政"进行试验，观其效果如何。这种四大贝勒按月分别执政之法，也就是"按月分值"，将后金国的一切政务，总归值月的贝勒全面掌握与管理，而且四个大贝勒轮番坐庄。

不久之后的一天，阿敏、莽古尔泰在皇太极家喝酒时，莽古尔泰问道："父王实行这四大贝勒轮流坐庄，我搞不清是啥意思？有名堂没有？"

阿敏听后，也接着说道："四个贝勒按月轮值，负责处理全部政务，还要他干什么？这不是将他架空了吗？"

皇太极听了两人的话，冷笑一声道："你们还不明白吗？这样的轮流坐庄，实际上就是否定了大阿哥原有的执政地位。"

莽古尔泰这才听懂了，然后说道："我明白了，这四人执政，把大阿哥的主政一分为四，可见父王的用意已很清楚了。"

阿敏也说道："你们说得对，咱们四个人把大阿哥原先一个人的权力，分成了四份，这就等于取消了大阿哥的立储地位。"

皇太极兴奋地接着说："这是没有宣布废除的废除，代善的'立储'已是有其名、无其实了！"

二贝勒阿敏又说道："这一招真高明！在与大妃乌拉氏的那件事上，没有处置他，这次暗中取消了他的立储地位，也算是对他的惩戒了！其实，论代善的能力，带两旗兵马，已是力不从心了，他确实不是当汗王的胚子！"

莽古尔泰对皇太极道："依我看来，这汗王的位置将来还是你的！"

二贝勒阿敏也说道："据我的推测，汗王的意思也是这样，这是一个过渡阶段，他老人家向大家暗示，代善已经不行了，汗王必须由皇太极继任！"

皇太极又提醒他们说："未必如此！因为他是长子，又是嫡出。"

三贝勒莽古尔泰把嘴一撇，说道："褚英倒是嫡出，又是真正的长子，还不是照样被处死了？建州没有立储以长的旧制！"

这时候，皇太极趁势向二人说："代善不当汗王，是咱们的万幸；他若当了汗王，咱们会死在他的刀剑之下！"

这两句话如一发炮弹爆炸了，震得阿敏与莽古尔泰晕头转向，二人一齐惊愕地问道："你这话是什么意思？"

皇太极严肃地告诉他们道："代善早已放出空气了：他若当了汗王，要把过去反对褚英的人全部杀死！你们看，他毒不毒？狠不狠？可是，却有那么多人都说他为人宽厚、善良等等，全是被他的伪善蒙住了眼睛。"

莽古尔泰立即站起来，气愤地说："既然他想杀咱们，还不如咱先去把他杀了。"

阿敏见莽古尔泰咋咋呼呼，立刻要动手的样子，慌忙提醒道："这事可不能乱来，若是让汗王知道了，说不定反说咱们要闹事！"

莽古尔泰根本听不进去劝告，嘴里骂骂咧咧地，像是代善马上就要来杀他了，愤怒地道："他现在已是一个被废了的太子，还有什么了不起？即使先把他杀了，父王也不会怪咱们的，说不定心里还高兴哩！"

皇太极看到目的已达到了，忙劝道："这事的确不能急躁！真想杀他也不难，不过，咱们要想一个万全的办法，干得利利索索，不留把柄才行。"

皇太极说罢，把两人拉到面前，三人凑到一块，小声嘀咕了一会儿，莽古尔泰与阿敏一边点头赞成，一边吟吟笑个不止，一齐说道："好计，好计！你真是个智多星！"

皇太极赶忙摇手示意，对二人说道："一定要严守机密。"

阿敏与莽古尔泰连声答应，一路嘻嘻哈哈，高高兴兴地离去了。

在天启元年九月的一天午后，努尔哈赤与其堂兄弟、近身侍卫阿敦坐在府里，他知道阿敦足智多谋，看问题深刻，悄声问道："古人说'江山易打不易守'，其实打江山不易，守江山也不易！你看如今的大明王朝，朱元璋的不肖子孙把国家弄成什么样了！再看一下咱们后金国，若不能选出恰当的王位继承人，还不是一样吗？"

阿敦听后，慢声说道："汗王不是正在实行四王轮流执政吗？"

努尔哈赤说道："是啊！依老弟之见，在朕的诸子中，可以接替王位的应该是谁？"

阿敦表现出不知所措的样子道："立储之事，是国之根本大计，我这身微浅陋之人怎敢多嘴多舌，何况知子莫若父，我实在不敢妄说！"

努尔哈赤听了，知道他在推诿，又催道："但说无妨，你是旁观者，说不定你的意思很有见地，朕倒是真想听听哩！"

阿敦无奈，只得说了，不过他说得含而不露，不指名地让汗王去自己揣摸："汗王本是明智之君，当然把王位传给文武齐备、人皆信赖之人了。"

努尔哈赤听后，已经会意，笑道："你是指朕的八王子皇太极是吧？"

阿敦也笑着点头，应道："这汗王之位，并不是等闲人所能胜任，在陛下成年王子之中，非他莫属了。"

在立储问题上，努尔哈赤越加坚定了抛弃代善、立皇太极的决定。

有一次，大臣何和理来坐，努尔哈赤问道："在代善与皇太极两人之中，你喜欢谁？"

　　这位共事近四十年的大臣，却说出了他意想不到的答话："请恕我直言，陛下这两个儿子都不是理想的角色，一个过于愚直，一个又锋芒太露。其实，陛下还有一个儿子，既有代善的忠善，又有皇太极的聪慧，尽管年龄幼小，却已现出终成大器的端倪，陛下也可能尚未注意呢！"

　　努尔哈赤听了，不禁一怔，立刻笑道："你是说那个十四王子多尔衮吧？"

　　何和理进一步提出了自己的看法："陛下当前以四王轮流执政的措施，作为过渡阶段，也不失一种好的办法。建州向无立储以长的传统，再从下面小王子中观察，说不定能选出理想的王储！"

　　努尔哈赤听得连连点头，遂说道："这个多尔衮确实是讨人喜欢，只是年龄小了一些。"

　　听到这里，何和理立即说道："战国时的甘罗十二岁时便担任秦国的使臣，出使到赵国去，终于说服赵王割王城以事秦，出色地完成了使命，成为历史佳话。秦始皇十三岁接王位，终于击败吕不韦等，把权力集中到自己手中，由于他能任贤用能，很快使国力强盛起来，兼并了六国，完成了大一统的江山，何等地显赫！"

　　听了何和理的这一段话，努尔哈赤心中一动，觉得以前没在这方面想过，遂说道："你这建议甚好，让朕再认真考虑一下，先由他们四人轮流执政一段时间再说。"

　　一天晚上，大贝勒代善来了，哭诉道："报告父王！有人扬言要杀我，请父王为我做主！"

　　努尔哈赤听了一惊，忙问道："谁要杀你？快说！"

　　"是皇太极与莽古尔泰要来杀我！"

　　"你是怎么知道这消息的？"

　　"是阿敦叔对我说的！绝对没错！"

　　听说是阿敦告诉他的，努尔哈赤的火气立刻上来了，这样的话怎么能乱说呢？阿敦平日很少说话，这次因为什么？遂告诫他道："你的年龄也不小了，怎么还如此简单、幼稚？对别人的话不要轻易相信。"

　　这个阿敦原是努尔哈赤的大伯礼登巴图鲁的儿子，当年努尔哈赤生母去世之后，兄弟三人常遭受后妈虐待，礼登巴图鲁的妻子，也就是努尔哈赤的伯母兀吉氏，经常周济他们兄弟三人。

　　努尔哈赤在佛阿拉称王以后，因为礼登巴图鲁早死，他就把兀吉氏大妈接到自己家里，当作生母赡养，直到其去世。对阿敦，努尔哈赤把他看作自己的兄弟一样，先是让他担任守城将领，以后就把他调到身边担任近身侍卫。可阿敦并不

建基雄主：努尔哈赤

是一个平庸之辈，他有自己的理想，在他的内心深处，积压着一件沉重的心事。他父亲礼登巴图鲁兄弟五人，努尔哈赤的父亲塔克世排列第四。后来，祖父觉昌安认为塔克世足智多谋，便把建州卫都督职位让努尔哈赤的父亲承袭了。阿敦对祖父没把职位传给他父亲礼登巴图鲁耿耿于怀。他以为，这可能是阴差阳错，不然的话，建州的首领就不是努尔哈赤，而是他阿敦了。

几年来，阿敦在努尔哈赤身边担任侍卫，十分谨慎小心，对后金的大臣、将领们的关系一直相处很好，从不得罪任何人。近年来他亲眼见到努尔哈赤在立储上的一次又一次地失败，心中交织着一种复杂的感情。

在阿敦看来，努尔哈赤虽有众多的儿子，却没有一个如他们的父亲那样，具备雄才大略、智勇双全的能力。唯皇太极的智商略微高一些，但此人气量狭小，做起事来同他那小头小脑的长相一样，一点也不大方，很令人瞧不起。在褚英死后，代善"代政"了一段时间，如今努尔哈赤又以四贝勒轮流执政的方式，取代了代善的立储地位。但是，皇太极与代善之间已明争暗斗，早晚会发展成一场"兄弟阋于墙"的斗争。如今，努尔哈赤已明显地衰老了，若能让这二人拼杀一场，或者说来一场火拼，努尔哈赤一气之下，突然暴卒……到那时候，自己又处于有利地位，也许可以趁混乱之机，一举取而代之，这也不是没有可能的。

于是，阿敦跟莽古尔泰见面之后，便开门见山地问道："这一段时间，汗王让你们四大贝勒轮流执政，有什么体会呀？"

莽古尔泰本没有什么感受，便把从皇太极那里听来的几句话复述了出来，对阿敦道："什么轮流执政？这不过是父王玩的一个新招罢了！"

阿敦一听，忙问道："你这话是什么意思？什么'新招'？"

"你怎么不明白呀！父王对代善主政不满，又不想公开宣布废除，就借着搞这个'轮流执政'，来一个未宣布废除的废除，看样子，储位又要有新人了！"

莽古尔泰说完之后，看阿敦在发怔，又说："反正我不是当王的胚子，只要代善当不上，我就放心了！"

阿敦听出了话里有音，立即问道："代善是个厚道人，你怎么这样反对他？"

莽古尔泰是个心里搁不住话的人，便道："他老实个屁！他心里毒得很呐！"

阿敦接着问道："代善是你的大阿哥，你怎能这么说他？"

莽古尔泰为了向阿敦证明代善歹毒，便说："你听说过没有？代善早就扬言他若当了汗王，就把反对褚英的人全部杀掉！这话歹毒不歹毒？"

阿敦心中不由一惊一喜，惊的是老实巴交的代善能说出这大话吗？喜的是他们兄弟之间确实隐伏着杀机，而且时时都有发生拼杀的可能。

于是，阿敦决定再替他们加点温，争取让那"兄弟阋于墙"的厮杀，再来得快一些。

阿敦又关切地说道："若是真像你说的那样，代善那人也是说到会做到的，你得提防着呀！"

莽古尔泰把头一拧，大声说道："我才不怕他哩！说不定，没等他来杀我，咱们早把他的头割下来了！"

阿敦又追问道："难道你们都有了准备？"

莽古尔泰走到阿敦面前，小声地把他和皇太极、阿敏三人一起商定的，如何设计杀死代善的办法，一一说予阿敦知道。然后，他又提醒道："这事我全向你说了，你在父王身边，可不能向父王报告！若是那样，我也不饶你！"

"不会的，我会替你们保守秘密的，你就一百个放心吧！"

回到家里，阿敦坐卧不安，他想：莽古尔泰说的这件事，若是暗中传于代善，也许他会主动与他们拼杀。但是，代善若是去向努尔哈赤报告，追查到自己头上怎么办？若是把这事报告给努尔哈赤，自己又立了一功，肯定受到汗王的表扬。但是，那令自己十分神往的"兄弟阋于墙"的事件就不会发生了，而自己的希望也会落了空。想来想去，阿敦觉得不冒这个险太不甘心了！想好之后，阿敦连夜跑到代善家里，把消息透给了代善。

当代善走后，努尔哈赤立即派人去把阿敦找来，向他问道："你听谁说的，皇太极、莽古尔泰和阿敏联合起来，要杀代善？"

阿敦只得如实相告："是莽古尔泰亲口对我说的。"

"你既然知道这消息，又为何要去告诉代善？幸亏代善来这里报告了，如果他们当面闹起来，那将会出现什么后果。"

阿敦一听急忙把预先想好的理由说出来："我是担心他们兄弟之间真的相互残杀，想让代善有个防备，以免受到突然袭击。"

努尔哈赤道："你这些空话谁能相信？如果你真是好意，应该先来向朕说，而你却不让朕知道，私自去找代善。可是，你的目的并未达到，代善没有上你的当。"

阿敦还想辩解，被努尔哈赤阻止了。努尔哈赤气愤地看着他，训斥道："平日，我把你当作亲兄弟一样看待，不料你如此居心叵测，存心想加剧朕的儿子间的矛盾，唯恐天下不乱。"说到这里，努尔哈赤大声喊道："来人！把阿敦关起来！"

在立储上的一次次失败，努尔哈赤并没有灰心，他决心改革政体，从四大贝勒轮流执政再升一级，以八大贝勒共治国政，来维护后金长治久安的统治。

经过认真考虑之后，努尔哈赤把想法告诉了军师范文程，他说道："对立储问题，朕决心进行改革，实行八王共治，这八王就是四大贝勒、四小贝勒。范先生以为如何？"

听了这个新鲜提法，范文程说道："八个贝勒共治国政，会不会出现人人都管，结果是人人都不管了！或者是各吹各的号，各唱各的调，变成群龙无首，失去权威作用，没有一个中心咋办？"

努尔哈赤立即说道："不是群龙无首的，这个'首'，也就是新的汗王，是八个贝勒王共同推选出来的一个新汗王。这个新汗王既不是由先汗王指定的，也不是自封的，而是经过八王们共同议论，重新推选出来的。"

范文程越听越不明白了，遂问道："新汗王推选出来，与原来的八王共治还有没有关系呢？这新汗王的产生与原先的立储不是一样吗？"

努尔哈赤道："不一样的，因为这个新汗王被推举出来，不能独揽后金国的大权，他的权力受到很大限制。每当决定军国大事时，新汗王要和八王共同议决，集体裁定。"

这时候，范文程听懂了，高兴地说道："这种集体裁决的制度，可以使八王共掌后金国军国大事的最高裁决权，能防止新汗王独断专行。"

努尔哈赤又说道："这个新汗王若不听训言，不接受八王的规劝，一意悖理行事，这时，八王可以对其处置法则定罪；若是不改，就可以没收他的财物；假如再不改，就可以对其监禁——即撤去他汗王的职位。"

努尔哈赤又说："关于财物的分配，也是按'八分'分法。凡是战争中掠获来的财物，如金帛、牲畜等，一律归八王所共有，将其分成八份。这种分配方法，可以避免因财富分配不均，而祸起萧墙，也可以防止新汗王一人垄断财物，使新汗王与八王在经济上享有同等的权力，以此对新汗王的经济权加以限制。"

努尔哈赤又道："朕打算把后金国审理诉讼的程序，分为三级，先由理事官初审，再由诸大臣复审，最后由八王定案。因为裁定权在八王那里，新汗王对生杀予夺之权，也受到了限制。"

听了努尔哈赤的叙述，范文程恭维道："这已经够全面了，政治、经济、司法，以及任用贤能全都有了。这种改革，已经破除了立储的旧制，解决了择立汗王继任者的难题，确实是个创举！"

天启二年，即天命七年的三月三日，努尔哈赤召集四大贝勒代善、阿敏、莽古尔泰、皇太极，四小贝勒德格类、济尔哈朗、阿济格、岳托，即八王开会。

在会上，努尔哈赤宣布了他的改革方案。

努尔哈赤把原来的君主集权，改革为八王共同治理国政，使其拥有汗王立废、军政议决、司法诉讼、官吏任免等重大权力。因此，八王会议就成为后金国的最高权力机关，成为约束新汗王的监督机构。努尔哈赤试图通过"八王共治"这种共同管理国政的制度，在新汗王嗣位之后，改革君主专制，实行贵族共治。

可是，这个八王共治的政策，也有其不可忽视的局限性，那就是以努尔哈赤的健在为前提，一旦努尔哈赤死去，这个制度又将出现新的问题或危机。在具体实行期间，"八王"为了按照共同治国的方案行事，必须选择一个汗王出来。

"八王"当中，尤其是四大贝勒，他们中间的任何一个人，都不可能遵守共同治理国政的规定，而是时刻窥伺着汗王的地位，梦想着有朝一日，自己能登上汗王的宝座。

实行"八王共治"一年多来，努尔哈赤时刻留心，注意观察，发现八子皇太极总是处于主攻的地位。他发现，皇太极常常以宴请的方式，与阿敏、莽古尔泰两大贝勒，紧紧地拉扯在一起。有时，也与德格类、济尔哈朗相互交往，甚至连代善的儿子岳托，也常是皇太极酒宴席上的座上宾。

努尔哈赤通过一段时间的观察，发现在四小贝勒中，只有阿济格为人还比较正派。但是，他与大贝勒代善一样，命运不佳，也常遭受皇太极的排挤、倾轧与打击。

于是，努尔哈赤终于得到了一个结论：善于玩弄权术的皇太极，变得越来越跋扈，居然把"八王共治"当作他发号施令的机器，这将预示着将来必有这么一天，他会利用这个机器，去达到他登上汗位的目的。

天启三年（1623年）六月的一天，努尔哈赤让人喊来了皇太极，针对他的一些行为严厉地训斥道："前次，你不顾父兄之情，到处攻击大阿哥，甚至联合阿敏、莽古尔泰妄图刺杀他，这已是罪不容诛了！现今，你又与德格类、济尔哈朗、岳托一起，经常在一起吃吃喝喝，吹吹拍拍，干一些鬼鬼祟祟的勾当，又要干什么伤天害理的坏事？今后，你再不改正，让我再发现你耍花招、弄权术的行为，绝不宽恕！"

皇太极吓得魂不附体，生怕父王会夺去他的兵权，或是治他的罪，慌忙跪下磕头求饶，老老实实表示了态度，决心痛改前非，洗心革面，增强兄弟团结，认真遵守"八王共治"的规定。

对于八子皇太极，努尔哈赤一方面赏识他的才干，知道他在运筹权谋上超过他的众兄弟，并且志大心远，想有所作为。就这些长处看，皇太极是自己王位的理想继承人，在他的十多个众兄弟中，比他更为合适的人，再难找到第二个了。但是，从另一方面衡量，努尔哈赤又不能原谅皇太极的"妄行傲慢"，在众兄弟中间玩弄权术，甚至以不正当手段来夺取王位。每当这时，努尔哈赤便想起大臣何和理生前曾为他提出过的方案——让十四王子多尔衮继承汗王高位，再命代善摄政。唉！为了"立储"之事，努尔哈赤一直在苦苦思索着良策，寻求理想的王位继承人。

天启六年（1626年）的四月初三日，努尔哈赤召开众贝勒、大臣们开会，他在会上说道："蒙古各部在草原上散聚，就像天上的云彩一样。只要云聚集起来，就能下雨。蒙古各部若是团结起来，形成一股力量，必然'成兵'。咱们要乘蒙古各部分散的时机，尽快消灭蒙古各部中反对咱的势力，为将来攻打明朝，消除身后的隐患！"

四贝勒皇太极说道："在蒙古的喀尔喀各部中，反对咱后金国最坚决的是巴林部的囊奴克；一旦消灭了这个囊奴克，其他诸部便可以一鼓而下，各个击破，毫不费力了。"

二贝勒阿敏也献计道："蒙古军队多以骑兵见长，咱们也用骑兵的突袭办法，让他们想逃跑也来不及！"

出兵之前，范文程建议道："陛下的伤势稍好一些，又是长途奔袭，鞍马劳顿，还是不要亲自去蒙古吧？让几个大贝勒去，也就可以了。"

努尔哈赤听了，却说道："这点伤算什么？何况已基本痊愈了。朕若不去，心里也是要牵挂着，还是去吧！"

四月初四日，努尔哈赤好像忘掉了败给袁崇焕的苦闷与不安，不顾众贝勒与大臣的劝阻，坚持亲率两万精锐骑兵，又精神抖擞地踏上了征程，在众贝勒大臣们的簇拥下，疾驰在奔往漠北的大道上，铁骑过后，卷起了漫天的黄沙。

这次征讨，几乎没有遇到任何阻力，初五日，后金大军到达十寺，悄悄地渡过了辽河，安营扎寨。初七日，兵分八路，向囊奴克部居住地急驰而去。这时，担任前锋的四贝勒皇太极、二贝勒阿敏，以及阿济格、岳托等小贝勒领着队伍，猝然赶到囊奴克的寨前。

寨子里的囊奴克，事前也没有得知后金来袭的任何消息，在毫无准备的情况之下，一见八旗兵马杀来，慌忙上马，带领少数亲兵，急匆匆地逃走了。

但是，四贝勒皇太极一见囊奴克逃跑，随后便追，没有多长时间，眼看就要追上了。

那位囊奴克被皇太极等追得疲于奔命，只得且战且走。皇太极见蒙古马跑得特快，遂让阿敏绕到旁边岔道去，从他的后面围追过来。囊奴克前后受敌，正在走投无路时，被皇太极一箭射去，正中头部，坠马而死。

消灭了囊奴克之后，努尔哈赤又于四月九日，不失时机地命令大贝勒代善、二贝勒阿敏、四贝勒皇太极，以及济尔哈朗、阿济格、岳托等，带领精锐骑兵一万人，向西喇木伦河一带进军。

这一大队兵马，所到之处，将沿途两边的围寨子里的蒙古各部的人、畜、财物等，全部掠走，来个扫地出门！与此同时，努尔哈赤又派遣三贝勒莽古尔泰与其他将领，带着二千轻骑兵，随后增援，也到了西喇木伦河，把一路掠来的牲畜，全部驱赶到努尔哈赤的大营里来。

经过半个多月的征讨，努尔哈赤几乎派出了他全部精锐骑兵，终于把蒙古各部族完全征服。

回师沈阳之后，努尔哈赤在科坤河畔的大营中，屠牛杀马，祭旗奠神，告慰天地祖宗。经过查点，这次出兵蒙古，共掠取牲畜、人口达五万六千五百多，其他的财物也分别等级，分赏给众位将领与旗兵。

在努尔哈赤看来，这次胜利既挽回了宁远兵败的名声，重振了军威，也补充了财力方面的亏空，把喀尔喀部完全征服了。由于这一阵子的劳师远袭，还有连日来的酒宴应酬，努尔哈赤常感到疲惫不堪，体力不支。

这一年，辽东又遇上百年未见过的大旱，后金国呈现出一片不景气的样子。

由于干旱，农业歉收，造成粮食缺少，人心不稳。与明朝对立，使人参、貂皮等特产，也销售不出去。而生活日用品，也严重缺乏，又不能从明朝管辖区里买进来。

面对这些难题，努尔哈赤怎能不忧心如焚？六十八岁的努尔哈赤为此患上了一种毒疮痈疽症。七月二十三日，努尔哈赤觉得疮痛难忍，遂让二贝勒阿敏护送，离开了沈阳。

努尔哈赤前脚刚走，他的宝贝儿子们便为了那个王位开始了串联与阴谋的活动。

三贝勒莽古尔泰见众兄弟与后妃们各回自己府里去了，便一扭头来到皇太极府里。未等皇太极发话，这位三贝勒立即问道："这次父王去清河，只带了阿敏去，却不让我们随着护送，这是为啥呀？"

皇太极诡谲地一笑，说道："不必费心劳神地想了，阿敏去了，对我们是有利的！在这一点上，父王又失算了！"

莽古尔泰对他的话似懂非懂的，也就含含糊糊地说道："对！阿敏是咱这边的人，他不会向着代善。"

这时，莽古尔泰忽然想起一件事来，忙问："如今代善又该神气了，因为乌拉氏又恢复了大妃地位，父王去了清河，二人又可以重温旧梦，再叙旧情了！"

皇太极听了，沉思了一下，说道："你说的那事并不重要，他们两人若是只想着幽会，对咱们并无大碍，只是有一件事倒使我放心不下。"

莽古尔泰立即问道："什么事你放心不下，快说呀？"

皇太极见他着急的样子，更不敢说了，只得低声地责备他道："你一喝醉了酒，什么话都吐出去了。"

莽古尔泰立即严肃地说道："放心吧，这次我一定戒酒！否则，以后你就不要再理我了！"

皇太极听了，这才告诉他道："目前，有两件事值得咱们重视，一是父王的病可不轻呀！年龄那么大了，说有事就会有事的，一旦父王有个三长两短，咱们怎能坐等、观望呢？要争取主动才行。再一件事，你别老是盯着那女人与代善的幽会，你可知道，她还有一个'聪颖异常'的十四王子呢？父王喜欢他。"

这时候，莽古尔泰猛然想起一件事，忙说："你不说我倒忘了！就是那次与阿敦谈话，他向我说过这事哩！"

皇太极一听，急忙问道："阿敦怎么说的？"

"大臣何和理曾建议父王立多尔衮为汗王，让代善摄政，后来……"

"后来怎么啦？父王为何未这样做？"

莽古尔泰想了一会儿，才说道："后来父王告诉他，再过两年吧！让这'八王共政'试行一段时间，等多尔衮长大一些再说吧。"

皇太极听后，认真地说道："看，这说明我的担心不是多余的了！如今，多尔衮已经十五岁了，他确实机敏过人，父王多次说他'聪颖异常'，不是说着玩的呀！不过，这'八王共治'的方案也是父王制定的，到时候，无人推举他，即使他再有能耐，汗王的高位他也登不上！"

莽古尔泰又担心地说道："父王若是亲口提名，咱就没法了！或是父王果真这次回不了沈阳，一旦有了遗言，那也不好办。"

皇太极立即说道："即使有遗言也不行！因为'八王共治'也是父王制定的，而且也没有废除呀。咱们一定要坚持以它为依据，共同推选出新汗王。"

莽古尔泰兴奋地说道："对！仍然坚持共同推选，到时候，还不是咱们八大贝勒说了算！"

皇太极趁热打铁地说道："这事可不能盲目乐观啊！你看，在四大贝勒中，咱们以三比一居优势；在四小贝勒中，咱们未必能操纵他们，因此在未来的共同推选当中，咱们也未必能稳操胜券！"

听了皇太极的话，莽古尔泰立即说道："你就放心吧！这件事全包在我身上了。"

皇太极听了，心中十分高兴，但又道："这事不可急躁，要谈必须耐心，既要晓之以理，摆出利害，又要动之以情，在手足亲情上下工夫。"

莽古尔泰立即说道："这几个小兄弟与我的关系本来就不错，只要我去一说，准能成！"

皇太极当即许愿道："咱们兄弟二人在一起共事已不是这一次了。有朝一日，我若能如愿以偿，一定会重重地报答你的。"

又过了两天，皇太极来找莽古尔泰说道："代善到辽阳、广宁处理事情去了，咱俩趁这工夫到清河去，探望一下父王的病情。"

其实，皇太极是借着探视父王的病情为名，想与阿敏见面，达到互通情报的目的。

努尔哈赤见到莽古尔泰与皇太极之后，询问了一些政务方面的事情，要他们与代善一起同心协力，管理好国政，不要牵挂他的病情，不久他就可以回沈阳去了。

回沈阳前，阿敏送二人出来时，皇太极说："一切全拜托你了！父王的病情有啥变化，请及时通知咱们，为了方便起见，我留下两名侍卫在这里，有什么事时，可随时派他们向我报告，以免出啥意外！"

阿敏告诉二人道："这里有我在，你们还不放心吗？"

莽古尔泰叮嘱道："父王年岁大了，又在病中，你要多操心，望你不离左右，防止有坏人靠近，以免出什么意外事情。"

皇太极立即说道："对代善还得提防着些，眼前大妃又东山再起，他们勾搭一起来欺蒙父王，也不是没有可能的。"

莽古尔泰立即说道："代善已是拔了毛的凤凰不如鸡了！大妃也没有先前的傲气了！"

阿敏听了，笑道："不过大妃乌拉的那个'聪颖异常'的儿子，却深受汗王的喜爱，说不定倒是你们潜在的对手哩！"

三人正在叽叽咕咕地说个没完没了，有个侍卫急匆匆跑来，对阿敏喊道："二贝勒快回去，汗王喊你呢！"

阿敏这才急忙把话打住，向二人扬了一下手："放心地回去吧。"

乌拉纳喇氏阿巴亥，自从努尔哈赤又复立她大妃之后，处处谨慎，时时小心，再不像往日那样地恃宠跋扈了。

努尔哈赤从宁远兵败负伤回沈阳之后，虽然心情不好，但在她的精心护理、细心侍奉下，伤势很快好转，身体恢复得也较好。

后来因为征讨蒙古的劳累，年已六十八岁高龄的努尔哈赤，终因疲劳过度，突发了痈疽毒症。

努尔哈赤赴清河时，乌拉氏曾提出陪同前去侍奉，当时，这位汗王并不以为他得的是绝症，反而劝慰大妃说道："朕去疗养一段时间，很快就会回来的，你在家里好好照顾三个孩子。"

可是，自努尔哈赤走后，乌拉氏心里一直忐忑不安，老是想着三个儿子年纪尚幼。长子阿济格才十八岁，虽然身列四小贝勒之中，但是毕竟羽翼未丰。次子多尔衮十五岁，尽管长得一表人才，努尔哈赤多次夸他"聪颖异常"，可一旦汗王"山陵崩"，他"位尊而无功，俸厚而无劳"，将何以自托于后金？三子多铎，年龄更小，才十三岁，更需要提携。

想到这里，这位大妃阿巴亥不禁潸然泪下，低声啜泣起来。

阿巴亥想来想去，只有皇太极是最有希望的汗王继承人了。于是，在与三个儿子的谈话中间，这位大妃不知不觉间暗示了他们，要他们尽量与这位四贝勒建立良好的感情，切勿得罪他。

对母亲的谈话，多尔衮与多铎都可以接受，只有长子阿济格听了反感。皇太极也深感对大妃乌拉氏做得有些过分，因而遭到阿济格的忌恨，他时时惴惴不安，便托莽古尔泰出来做工作，阿济格才有所收敛。

十四王子多尔衮的个性与阿济格大不一样。尽管他小小年纪，待人处事却和和气气，不光脑瓜子聪明，做事也灵活、随和，从不与谁发生争执。平日，多尔衮总是一副笑眯眯的样子，特别是他那眉清目秀的面容，一头乌黑的亮发，满口雪白的牙齿，加上他那高挑的身材、潇洒的风度，使兄弟、侄儿们都喜欢围着他转。

有一次，他到皇太极府里去，不巧，他的八阿哥不在，无意间竟邂逅到他的八王嫂——博尔济吉特氏。

这博尔济吉特氏原是蒙古科尔沁贝勒莽古恩的女儿，小名为大玉儿。在努尔哈赤众多的儿媳中，这博尔济吉特氏大玉儿是长得最美丽的，而多尔衮，在努尔哈赤众多的子侄中，也是生得最漂亮的。

叔嫂二人相视良久之后，才恍如梦中醒来一般，那博尔济吉特氏莞尔一笑，说道："难怪今天喜鹊连叫几遍了，原来是十四王子小弟光临寒室，不胜欢迎之至！"

多尔衮听了，立即满面春风地笑道："王嫂何必如此客气，咱们本是一家子人嘛！小弟早就听说王嫂人长得好，心肠更好，今日得睹芳颜，真像见了那南海的观世音一样！"

二人客气寒暄了一会儿，这大玉儿便问道："王子今年十几岁了？"

"小弟虚长一十五岁。"

"哎呀，我比小弟只大一岁呢！"

多尔衮一听，急忙弯腰施礼道："因为大这一岁，你才正是我的王嫂呢！"

正当叔嫂二人说话之时，忽听院里传来了四贝勒皇太极的声音："听说我的风流小弟来了？"

随着喊声，皇太极乐呵呵地走了进来。

多尔衮急忙走上前去，向他的八阿哥施礼："八阿哥，你到哪里去了？"

皇太极对多尔衮说道："父王不在沈阳，衙门里有些公事要处理，未能早些回来，实在抱歉！"

多尔衮忙解释道："八阿哥说哪里去了，我是无事来和兄长叙叙话，又没有正经事儿。"

自从那天与莽古尔泰、阿敏见面之后，皇太极心中早有了底儿，于是对多尔衮不得不分外亲近起来。说不定，有朝一日多尔衮真的当了汗王，不与他先弄好关系还行吗？今天，他又是自动上门，必须要分外热情，早与他套上近乎，有备无患。

皇太极向博尔济吉特氏说道："你去厨房吩咐一下，多准备几个好菜，我要与小弟喝上几杯！"

多尔衮见八阿哥十分热情，又见那位王嫂的风韵实在可人，也觉却之不恭，便来个客随主便，留了下来。

不大工夫，丰盛的佳肴摆上了，美酒也端来了，兄弟二人边吃边喝，皇太极说道："小弟啊！你比我幸福得多，你不仅母亲健在，还有兄弟三人。我就不能跟你比了，母亲早死，就我孤单一人。"

说到这里，皇太极真的动了感情，禁不住流下了几滴泪水。

多尔衮连忙说道："八阿哥，你这话说得有些见外了！咱们同是父王的儿子，你不必这么伤感啊！"

皇太极又说道："说是这样说，'打虎还是亲兄弟'呀。"

多尔衮的脑瓜子确实好使，他已从皇太极的话中听出了弦外之音，便立刻说道："八阿哥，恕小弟直言相告，即使是同胞兄弟，也未必能处得多好，真正能患难与共，风雨同舟的，也不必都是亲兄弟！远的不说，就说咱后金国原来的五大臣，他们与父王之间，相处得咋样？再说，咱们的二叔舒尔哈齐，他倒是咱父王的亲兄弟，又咋样？"

多尔衮的这一番话说得条条在理，言简意赅，听得皇太极兴奋异常，忙说道："你这话说得我心服口服！小弟啊，从今以后，咱们就是亲兄弟了！"

多尔衮又说道："古人说：四海之内皆兄弟。八阿哥，何况咱们都是一个父王，难道不应该亲吗？"

听了多尔衮的话之后，皇太极不由得内心一震，难怪父王喜欢他，说他"聪颖异常"，今日一见，果然不凡！

皇太极立即给多尔衮夹菜，一边说道："小弟，以后你有空就来，做到有福同享，有难同当，肝胆相照，互助互帮。"

多尔衮也高兴地说道："好！八阿哥放心吧！咱今后一定常来看阿哥、阿嫂。"

这时候，站在屏风边上听兄弟二人说话的博尔济吉特氏，见多尔衮小小年纪，不光人长得风流倜傥，而且谈吐不凡，真是一个风流才子！

她袅袅婷婷地走过来，说道："你八阿哥是一棵独苗，希望小弟以后常来常往！"

多尔衮急忙表示态度道："王嫂请放宽心吧！今后，小弟一定常来，只怕王嫂还有嫌烦的时候哩！"

皇太极忙接过去说道："她也希望我身边能有一个好兄弟呀！"

多尔衮见博尔济吉特氏站着未去，遂灵机一动，急忙站起来，双手捧着满满一杯酒，对她笑眯眯地说道："请王嫂喝下小弟这一杯酒！"

皇太极见了，笑着对她说道："喝吧，这是小弟敬你的酒。"

博尔济吉特见丈夫叫她喝，正求之不得哩，遂上前两步，伸出雪白的纤手，从多尔衮手里接过酒杯，一饮而尽。

未等她说话，多尔衮立即赞道："王嫂好酒量！来，王嫂，小弟陪你再碰两杯！"

于是，叔嫂二人又连碰两杯。皇太极见了，更加高兴。

你敬我敬的，三人又喝了不少，博尔济吉特氏便让皇太极打发着给多尔衮铺床去了。

等博尔济吉特氏走后，多尔衮装着有一些醉意的样子，对皇太极说道："八阿哥，小弟还是年轻，今天一高兴，真的不能回……回去了，真是不好意思了。"

就在这时，有个侍卫进来向皇太极使了一个眼色，他立即会意，转脸对多尔衮道："小弟，你就在这休息一夜，我派侍卫去向大妃报告。"

说完，便随着那个侍卫出去了，过一会儿，他又回来对多尔衮匆匆说道："有急事等待我去处理，你就在这里安心休息吧！"

说完，皇太极又向博尔济吉特氏交待一番，然后急急忙忙地出去了。

此时，多尔衮装着酒醉的样子，趴在桌子上呼呼地睡着了。博尔济吉特氏喊来一个侍卫，让他背起多尔衮往她卧室旁的西厢房走去。

那侍卫把多尔衮放在床上，正要弯腰去替他脱靴子时，博尔济吉特氏用手一挥道："你去吧！这里有人照顾小王爷！"

等那侍卫走后，她先走出门去，把庭院大门关好，才回到这西厢屋里，随手带上房门。

她静静地看着这位英俊潇洒的美男子，正当她从上到下，又从下往上地注视着这位小王爷时，忽见他伸出双手，低声地重复着说："水，水，喝水！"

博尔济吉特氏慌忙去自己的卧室，为多尔衮端来一大杯凉开水，对他说道："小弟，给你水喝。"

这时，多尔衮也不睁眼，仍然躺在床上说："水，我要喝水！"

她只得走到床边坐下，把多尔衮搂在怀里，端起那杯水，送到他嘴边喂他喝。

多尔衮连续喝了几口凉开水，似乎有些清醒似的，伸出双手搂住博尔济吉特氏说道："谢谢八阿哥！谢谢八阿哥！"

由于他用的力气大，一下子把她紧紧地搂在怀里，嘴里还不停地说道："咱们不仅要亲在嘴里，更要亲在心里！不信，你摸摸我的心。"

说着，多尔衮似不睁眼，便拉着博尔济吉特氏的玉手去摸自己的肚子。

博尔济吉特氏立刻头皮一麻，浑身觉得一颤，在多尔衮耳边轻轻喊道："小弟，小弟！我是你王嫂！你快快醒来！"

等她连喊数声之后，多尔衮才慢慢睁开眼睛，一见自己躺在王嫂怀里，吓得急忙坐起来，翻身下床，"扑通"一声跪在博尔济吉特氏面前说："请王嫂海涵，恕小弟酒后无礼了！"

博尔济吉特氏看着多尔衮那一副似笑非笑的顽皮面容，心上立刻掠过一阵疑云："这风流浪子未必真醉，说不定是有意套我。"

想到这里，立刻装着生气的样子，叱道："你这风流鬼，是有意想来占我的便宜，等你八阿哥回来，我……"

她说到这里，多尔衮立即向前膝行一步，双手搂住博尔济吉特氏的双腿，近于哀求道："好王嫂！这又何必呢？既然知道我不是真醉，又来吓唬我干啥……"

他一边说着，站起身来，把博尔济吉特氏抱将起来，放到床上去，两人一起去享受那云雨之欢了……

皇太极随着那侍卫，去见一个人。原来是清河那边送来阿敏的口信："汗王想要大妃乌拉纳喇氏去清河。"

皇太极得到这消息之后，立即与莽古尔泰商议，决定将这命令暂时压下，不向别人说出去，更不能让大妃乌拉纳喇氏知道。

努尔哈赤于天启六年（1626年）七月二十三日，到达清河后，仍觉背疮灼热难禁，烧得浑身疼痛。

皇太极忽然想道：一旦父王回到沈阳，乃知是他隐瞒此事，封锁消息，能饶得了自己吗？于是，皇太极越想越有些后怕，便急忙去找莽古尔泰，对他说道："将来父王得知是我隐瞒了他的命令，怎好交代啊？这不是欺君之罪吗？那是要杀头的呀！"

这时，听了皇太极的话，这位一向遇事莽撞，不知道用权谋的莽古尔泰竟说道："亏你一向以足智多谋闻名于众兄弟之间！对这么一件小事，你却乱了方寸，失去了主见？你现在把那侍卫杀了，到时候，咱俩一推干净，父王向谁查去？"

皇太极听后，只得说道："我是被吓糊涂了，不过，这虽是一条妙计，这无缘无故地杀人，特别是那侍卫又没犯什么错，就把他杀了，岂不是……"

这位三贝勒听后，嘻嘻地嘲笑他道："如今，你这个一向主张杀戮的人，却突然变得仁慈起来，成了一个谦谦君子？快点动手吧！"

皇太极听了，觉得他说得有理，立即回到府里，派人把那侍卫杀了。

次日，大贝勒代善来说："父王去清河疗养不少日子了，不知病情怎样，我想去看看他老人家，好不好？"

皇太极一听，心里顿时紧张起来，觉得不能让他去清河！他若是去见到父王，那条被隐瞒的要大妃乌拉氏去清河的消息怎么办？再说父王追查起来又怎么办？于是，皇太极立即说道："那不行！你想去清河探望父王，难道我不想去探望他老人家？但是，能走得了吗？眼下，这后金国的大大小小的事情全由咱三人负责管理，走了一人，出了纰漏谁负责？这样吧，让莽古尔泰来商议一下，他若同意，你再走不迟！我一人做不了这个主。"

代善忙说道："你说得过于严重了吧？我去不过一两天时间，能耽误多少事情。"

皇太极"刷"的一声站起来，说道："不行！我一人不敢当这个家。"

代善本是一个忠厚老实人，见皇太极那样地把国事放在前头，也就立即取消了去清河的打算，并对皇太极说道："我不去也就罢了，别去惊动他了，只是我心里对父王有些放心不下呀！"

代善与大妃乌拉纳喇氏发生那事之后，心中十分后悔，知道父王不处置自己的难言之隐，一直懊悔了好长时间。

在清河疗养的努尔哈赤，见大妃乌拉纳喇氏老是不来，心中甚为焦急，对阿敏道："你派去送信的人已走了好几天了，大妃阿巴亥仍未来到，这是什么原因呀？"

阿敏一听，心知这是那消息被皇太极与莽古尔泰挡住了，一时又怕又急，只得说道："我让侍卫回去向皇太极报告的，不知什么原因，至今未来，也许大妃有急事，抽身不得，或者有别的原因。"

努尔哈赤一听，生气地说道："胡说！大妃是你讲的那种人吗？再大的事都会放下，只要是朕召她来，她会立即赶来！"

努尔哈赤感觉背疮的疼痛减轻了许多，心中顿时十分愉快，便认为病体果真好转，快要康复了，便忙对阿敏说道："朕觉得背疮渐愈，不如回沈阳去吧！"

阿敏劝阻道："再过两天吧！我已派人去通知大贝勒，等他与大妃来了之后，再一起回去不好吗？"

努尔哈赤听了，想了一下，说道："那样也好，等他们一起来了之后，咱们大家一起走！"

谁知那送信的侍卫，回到沈阳之后，未见到代善，却被皇太极撞见，皇太极遂把他领到自己府里，又把他杀了，代善与大妃乌拉氏仍然没有得到努尔哈赤要他们去清河的命令。

努尔哈赤在清河盼着代善与大妃早点到自己身边来，第一天过去了，没有来；第二天又过去了，他们仍然没有来！努尔哈赤气得暴跳如雷，大骂阿敏道："好一个混账东西！胆子也大了，你竟敢不听朕的命令！这到底是为什么？你说，快向朕说清楚！"

阿敏吓得站在那里，如一根木桩，好长时间说不出话来，嗫嚅了一会儿工夫，才说："我确实派人去送信了，他们没来我有什么办法？要不，我自己回去一趟！"

努尔哈赤大手猛一挥，对他说道："快去准备，朕要马上回沈阳！"

阿敏再也不敢劝阻，但又说道："现在正是酷热盛暑天气，坐车回去既受热又颠簸厉害，怎么办呢？"

努尔哈赤大声地冲口而出道："不可以坐船回去吗？快去准备船只！"

阿敏听后，不敢怠慢，立即答应着，快步出去准备船只。

努尔哈赤越想越气，一时恨不得背生双翅，立即飞回沈阳，找那几个逆子算账！谁知那背上的毒疮不能生气，一激动起来，病处烧得滚烫，疼得钻心，只得咬着牙躺下来休息。不知不觉，努尔哈赤只觉头脑发晕，沉沉迷糊了一会儿，竟然晕了过去。

阿敏准备好了船只，回来见到努尔哈赤脸色苍白，形容憔悴，连喊了好几声，他才醒转过来，急切地对阿敏说道："咱们快回沈阳去！你再派人去沈阳，让代善和大妃坐船前来迎接朕！"

阿敏急忙答应着，遂走出去派人到沈阳送信，然后又回来搀扶着努尔哈赤上船。他们坐着船，沿着太子河，顺流而下，往沈阳驶去。

虽然有时处在昏迷之中，但是一旦清醒过来，努尔哈赤心中还是十分明白，认为自己这一次恐难度过难关，可能大限将近，归天有日了。

努尔哈赤觉得代善与大妃迟迟不来，其中必有人阻拦，或是从中作梗，不如趁着头脑清醒，赶紧立下遗诏，尤其是传位之事，这是有关后金国社稷的大事！

努尔哈赤又睁开双眼问道："阿敏，代善和大妃还没来吗？"

一直守候在他身边的阿敏，只好说道："快了！我估计他们也该到了。"

努尔哈赤不由得又长叹一声，低声自语道："唉！悔不该来清河，更不该……"

这话还未说完，便觉得背疮疼得如火烧一般，再也忍受不住，大叫一声："啊！疼死朕了！"

由于用力过猛，背上的毒疮脓头往外喷着脓血。阿敏忙着用毛巾去擦。

等到努尔哈赤清醒过来，喘息着说道："代善与大……大妃还是未到？只……只怕朕已等……等不到见他们了！只得先……先立下诏……诏书罢！"

阿敏听了，急忙拿来笔墨纸张，努尔哈赤看着他，很费劲地努一下嘴，意思是让阿敏记下他口授的诏书。

这时候，努尔哈赤用尽平生力气，说道："朕死后，传位于十四王子多尔衮，让次子代善辅政。"

阿敏记完，又送到努尔哈赤面前，他看了一眼，点头说道："好，好。"

阿敏又从努尔哈赤枕边拿过玉玺，盖上玺印，将那诏书折叠好，放在他的枕下。

由于背上的毒疮先是往外流脓，以后便往外流血，血流过多的缘故，努尔哈赤连日来又很少进食，身体已虚弱不堪，老是处于昏迷状态。

八月十一日，这支被悲哀笼罩了的船队，走到沈阳以东四十里处的瑷鸡堡时，由于流血过多，这位后金国的汗王，他那强大的生命力，随着那西下的太阳一起，走完了人生之路。

这是天启六年（1626年），努尔哈赤终年六十八岁。

秋风萧瑟，黄叶飘零，天低云重，细雨霏霏。在昏暗的夜幕下，载着努尔哈赤遗体的那艘大船，回到了沈阳。

代善领着众兄弟，跪泣于浑河岸上，虔诚地迎接努尔哈赤的遗体，连夜运回沈阳那座幽深的王宫里。

次日上午，皇太极与阿敏、莽古尔泰经过一夜的密议之后，三人忙着去找代善，提出汗王一位的继承问题。

莽古尔泰首先说道："这王位不需要推选了，父王去世前已留下遗诏。"

代善听了，心中不免有些猜疑，但是面对三比一的阵式，加上近年来他对争王夺位已不感兴趣了，于是，便顺口说道："父王既有遗诏，就可以召集众兄弟当面宣读，遵照遗诏办就行了。"

接着，在努尔哈赤众子侄面前，阿敏向大家宣读了那"遗诏"的内容："……传位于八王子皇太极，并让大妃乌拉纳喇氏、小妃纳泽、金泰三人生殉。"

阿敏刚读完，殿内顿时一片骚动，议论声音一片汹汹然。

德格类、阿济格几乎同声喊道：

"这遗诏可是真的？"

"昨晚船到时，为什么不把这'遗诏'拿出来？"

……

阿敏听了大家的质问，只得说道："昨晚一到沈阳，一时忙昏了头，把'遗诏'的事忘了；另外，这白纸黑字，玉玺分明，哪里是假的！"

四王子汤古代提出疑问道："你说'遗诏'既是真的，就应该有时间、地点，由什么人执笔，有何人在场作证，为什么这些全没有呢？"

阿敏说道："是汗王在船上让我代写，有侍卫昂赛克尔作证，谁若不信，去问他吧！"

德格类又大声说道："往日父王从未提到过立皇太极为储之事，这诏书纯属意外，怎么能令人相信！"

十二王子阿济格更是直言不讳道："这诏书有诈，怎能服众？"

阿敏听了，不禁大怒，喝道："我受先汗王重托，你们竟敢亵渎遗诏，蔑视先汗王，这是违逆犯上行为，该当何罪？来人！将阿济格推出斩首！"

两旁侍卫正想上前，德格类突然站立起来，拔出腰刀，大喝一声："看谁胆大包天，敢来杀他？"

阿济格冷笑道："如果诏书无诈，你阿敏昨晚本可以光明正大地于船上，当着众兄弟的面，把它拿出来，过了整整一夜，谁能信你？"

德格类手挥宝剑，厉声说道："我早听说，父王在清河曾两次派人要大妃和大阿哥前去，是谁把父王的命令压下了？这又该当何罪？让阿敏向大家说清楚！"

阿济格、汤古代、阿巴泰、赖慕布等众王子，一齐议论，要求阿敏说清楚。

阿敏急得脸上青一阵，白一阵，既不好照说，也不能解释。正当他左右为难，十分尴尬之时，皇太极站起来说道："父王在世之日，没有立我为储，这是事实。但是，他老人家也从未说过，不立我为储的话。如今，既有遗诏，蒙父王隆恩，任命于我，我内心甚觉愧疚！眼下，父王尸骨未寒，难道因为这汗位之争，使我兄弟之间骨肉相残吗？果真那样，父王能在九泉之下心安吗？有鉴于此，请众兄弟们还应当以后金国社稷为重！"

皇太极说完，莽古尔泰早已忍耐不住，拔出剑来，大声喝道："谁再敢违抗遗诏，刀剑无情！"

皇太极立即向莽古尔泰制止道："圣殿之上，不准动刀使剑！"

此时，德格类用鼻子先"哼"一声，又说道："正是一狼两狈，勾结成奸！"

莽古尔泰哪能听得下去，立即吼道："我先杀了你这个犯上作乱的叛逆！"

只见他一边吼着，一边抽出宝剑，跳起来向德格类奔去。

德格类也抽出佩剑，站在那里，怒视着自己的胞兄莽古尔泰。

皇太极一手拉着莽古尔泰，一手拉着代善表现出十分恭敬的姿态与表情，说道："大阿哥，是你出来说明的时候了！你身为兄长，总不能眼看着你的众兄弟在这里互相残杀吧？"

代善从众人的说话之中，早已胸中有数了，但是，只怪自己昨晚一时忽略，未能及时把遗诏之事提出来，现在已无力回天了。代善见德格类、阿济格等情绪激烈，又见阿敏已败露形迹，便灵机一动，向大家说道："先请众兄弟把刀剑收起来，在父王的遗体前，不得无礼，更不准动武！"

听了大阿哥的发话之后，德格类、阿济格等一齐收了刀剑，莽古尔泰不服气地看了一眼代善，又见周围的小兄弟们都瞪眼盯着自己，只得也收了佩剑入鞘。

这时，代善又接着向大家说道："父王已经归天，咱们应该继承他老人家创下的这份家业，不让它中途毁弃，这才是大事。现在，既然有了'遗诏'，就该照'遗诏'上说的办。不论谁当汗王，只要能把父王辛苦建立的后金国管理好，咱们就该拥戴他！在这里，我要向众兄弟表明我的态度，无论怎样，我代善不当汗王，也不会与任何人争夺这王位！还有一点，请阿敏兄弟考虑一下，既然有这许多兄弟要求你在父王遗体前发誓，为了表明你的清白身子，不妨你就立个誓愿，让大家心服口服吧！"

听了代善这一席话，大家分明看到他已接受了那份"遗诏"，拥护皇太极继承王位。

于是，未等旁人说话，皇太极首先对阿敏说道："大阿哥已经发话，众兄弟又有请求，你就在父王的遗体前立个誓愿吧！"

皇太极说完，见阿敏还在犹豫，又催促道："不管怎么说，这'遗诏'本无伪诈，你心地无私，胸怀坦荡，就实话实说了吧！"

迫于无奈，阿敏只得去到努尔哈赤的遗体前，双膝跪下，带着哭声地立誓道："对于那份'遗诏'，我阿敏若有隐瞒、虚假的行为，当不得好死！"

阿敏一说完，皇太极立即向代善耳语几句，然后站起来，当仁不让地对众兄弟们说道："众位兄弟连日辛苦，暂且回去休息吧！"

等大家走后，皇太极把大阿哥代善请到自己府里，又将阿敏、莽古尔泰也请来。四大贝勒兄弟先是喝酒，然后慢慢谈到主题上去，也就是逼着代善答应了皇太极继承王位，并商量了登基典礼的大事。

后来，莽古尔泰又说道："那遗诏上关于大妃与两个小妃生殉的事，请大阿哥发话，对她们何时执行为宜？"

代善处在这种情况下，只得任凭皇太极他们的决定，遂说道："一切按'遗诏'办就是了。"

第二天，四大贝勒与四小贝勒召开会议，又召来小妃纳泽与金泰。

三个女人一听说要她们生殉，都不由得痛哭失声，并对生殉流露出不满的情绪。

皇太极对她们说道："这是先汗王的遗命，你们不能不答应。你们还有什么要求，尽管提出来，我一定满足你们的愿望。"

于是大妃乌拉纳喇氏阿巴亥哭诉道："我自十二岁来到先汗王身边，二十六年来，锦衣玉食，荣华富贵都已经历。如今，我也不忍离开先汗王，只得相见于黄泉之下。唯所顾虑的是我的三个儿子，阿济格、多尔衮、多铎，特别是两个小的年纪尚幼，请诸位王子善待他们。"

诸贝勒也似乎被这凄切的场面所感染，泣着告诉她道："咱们若不恩养二幼弟，是忘父也！"

之后，大妃乌拉纳喇氏阿巴亥自尽身亡，当时，年仅三十七岁。接着，两个小妃纳泽与金泰也相继自缢。

努尔哈赤的皇八子——皇太极，继承了后金国汗王位，使后金进入一个新的大发展的时期。

明朝崇祯九年（1636年），皇太极去汗王称号，改称皇帝，改国号后金为"大清"，改族名女真为"满洲"。

崇祯十七年（1644年）四月，清军入山海关；十月，在北京建立了大清王朝。